高中化学思想方法导引

主　编　任雪明

编　委　周学工　沈彩娣　李发顺　吴文中　郭君瑞　杨广斌　陆燕海　王　强

编　者　陆燕海　任雪明　林　炯　费芳芳　皇甫莹　车月芬　蔡玲玲　许海卫　周学工　程召龙　周忠辉　冯　柳　郭君瑞　吴　伟　肖中荣　孙凤艳　朱旗红　王　飞　徐宇峰　林张媚　王　强　商琼毅　叶依丛　张　明　赵　翠　李　滢　金忠敏　苏香妹　胡新锋　吴文中　叶跃娟　杭伟华　徐　军　张克龙　陈　红　吴朝辉　俞真蓉　李志鹏　李芳芳　叶望尧　汪志成　吴应枝　张文龙　费　阳　蒋晓乾　廖旭杲　林　丹　周伟伟　汪纪苗　金立新　沈彩娣　邵传强　龚　贤　陈　钧　林思俭　杨广斌　董　杨　余银飞　华利平　李发顺

ZHEJIANG UNIVERSITY PRESS

浙江大学出版社

·杭州·

图书在版编目（CIP）数据

高中化学思想方法导引 / 任雪明主编. -- 杭州 ：
浙江大学出版社，2025. 4(2025. 10 重印).
ISBN 978-7-308-26033-6

Ⅰ. G634.83

中国国家版本馆 CIP 数据核字第 202534P2U7 号

高中化学思想方法导引

主　编　任雪明

策划编辑　陈宗霖(QQ:970174610)
责任编辑　周　芸
责任校对　沈国明
封面设计　林智广告
出版发行　浙江大学出版社
（杭州市天目山路 148 号　邮政编码 310007）
（网址：http://www.zjupress.com）
排　　版　杭州星云光电图文制作有限公司
印　　刷　杭州捷派印务有限公司
开　　本　787mm×1092mm　1/16
印　　张　21.75
字　　数　437 千
版 印 次　2025 年 4 月第 1 版　2025 年 10 月第 10 次印刷
书　　号　ISBN 978-7-308-26033-6
定　　价　59.80 元

浙江大学出版社市场运营中心联系方式：0571-88925591；http://zjdxcbs.tmall.com

编写人员及单位

陆燕海　浙江工业大学附属德清高级中学

任雪明　浙江省湖州市南浔高级中学

林　炯　浙江省上虞中学

费芳芳　浙江省海宁市第一中学

皇甫莹　浙江省湖州中学

车月芬　浙江省绍兴市越州中学

蔡玲玲　浙江省台州市第一中学

许海卫　浙江省天台中学

周学工　浙江省海宁市教师进修学校

程召龙　浙江省湖州市南浔高级中学

周忠辉　浙江省杭州第十四中学

冯　柳　浙江省天台平桥中学

郭君瑞　浙江省台州市东方理想学校

吴　伟　浙江省嘉兴教育学院

肖中荣　浙江省杭州市基础教育研究室

孙凤艳　浙江省桐乡高级中学

朱旗红　浙江省杭州市萧山区第三高级中学

王　飞　浙江省衢州第二中学

徐宇峰　浙江省温州科技高级中学

林张媚　浙江省泰顺中学

王　强　浙江省长兴中学

商琼毅　浙江省杭州第十四中学

叶依从　浙江大学附属中学

张　明　浙江省永康外国语学校

赵　翠　浙江省诸暨中学

李　滢　浙江省缙云县教育局教学研究室

金忠敏　浙江省杭州市萧山区教育发展研究中心

苏香妹　浙江省瑞安中学

胡新锋　浙江省绍兴鲁迅中学

吴文中　浙江省绍兴市越州中学

叶跃娟　浙江省湖州市南浔高级中学

杭伟华　浙江省长兴中学

徐　军　浙江省湖州市南浔高级中学

张克龙　浙江省瑞安市教育发展研究院

陈　红　浙江省天台中学

吴朝辉　浙江省东阳中学

俞真蓉　浙江省德清县第六中学

李志鹏　浙江省杭州学军中学

李芳芳　浙江省海宁市静安高级中学

叶望尧　浙江省绍兴市第一中学

汪志成　浙江省开化中学

吴应枝　浙江省湖州市南浔高级中学

张文龙　浙江省金华市教育教学研究中心

费　阳　浙江省湖州市长兴县教育研究中心

蒋晓乾　浙江省杭州第二中学富春学校

廖旭杲　浙江省宁波市鄞州中学

林　丹　浙江省宁波市北仑区泰河中学

周伟伟　浙江省嵊泗中学

汪纪苗　浙江省宁波市鄞州高级中学

金立新　浙江省金华市外国语学校

沈彩娣　浙江省杭州市长河高级中学

邵传强　浙江省富阳中学

龚　贤　浙江省嘉善县教育研究培训中心

陈　钧　浙江省杭州第二中学

林思俭　浙江省宁波诺丁汉大学附属中学

杨广斌　浙江省丽水市教育教学研究院

董　杨　浙江省湖州市南浔高级中学

余银飞　浙江省常山县第一中学

华利平　浙江省宁波市镇海中学

李发顺　浙江省杭州市余杭（临平）第二高级中学

前　言

化学思想方法是学习、理解和应用化学知识和原理的利器，能帮助学生更好地理解物质的结构、性质、变化及其内在逻辑，并将理论应用于实际问题中。化学思想方法包括实验方法、理论分析、模型构建、数形结合和归纳演绎等。

本书共介绍72种思想方法，大体按高中化学学习顺序编排，方便高中不同年级学生基于不同的知识基础和认知能力渐次掌握和运用。前24种思想方法适用于高中化学必修模块的学习，帮助学生了解化学学科的基本特点和学习策略，有助于学生顺利进入化学世界，打下扎实基础；后48种思想方法对应高中化学选择性必修模块的相关内容。本书不仅与教材同步性较好，同时作了一定的综合，应用性较强；既适合同步学习时使用，又适合在高考复习阶段使用。对这些方法的领悟和应用，有助于学生提升化学问题解决能力和化学学科思维能力。

本书介绍的每一种思想方法均由"方法导引""应用赏析""小试身手"三部分组成。"方法导引"言简意赅，主要阐述思想方法的化学原理、主要内容，以及适用范围；"应用赏析"是该思想方法在解决不同类型化学问题时的精彩演绎，所选例题大多为精选或改编的学业水平考试真题和高考真题，以及中学化学学习中的常见重难点问题；"小试身手"则是该思想方法的基础、综合应用场景，方便学生在习得方法后及时训练，以强化理解和运用。

本书呈现的72种思想方法，既是高效解决化学问题的金钥匙，又是科学运用化学思维的好工具，更是全面提升化学科学素养的心法秘笈。学生在学习、应用这些思想方法时应努力做到"形""神"兼备，不仅要学习模仿其关键步骤、要领，以解决具体化学问题，还要深刻理解这些思想方法背后蕴含的化学原理和化学思想，融会贯通，举一反三。

为保证本书的编写质量，我们诚邀浙江省11个地市的60位名师共同编写。各位名师都有着丰富的化学教学经验，对新课程背景下的浙江和全国其他各地化学高考都有着深入的研究，其中不少作者还参加过各级各类试题的命制和评价工作。编委会经过线上、线下反复讨论，在全体作者提供的上千种思想方法（存在大量交叉和重叠)中精选了 72 种实用、具代表性和覆盖面广的思想方法,力求在方法的呈现上做到既简明扼要,又通俗易懂。这些思想方法聚焦化学学科关键问题,体现化学学科核心思想,对引导学生系统理解和掌握化学原理、熟练和正确解决化学问题、全面提升化学核心素养具有提纲挈领的作用。

化学学科思想宏微相济,是自然科学宝藏中的珍贵“灵珠”;化学学科方法妙趣横生,堪称解决科学问题的“魔丸”。期待本书成为化学教师教学的好帮手,成为学生学习化学的高效“催化剂”。

任雪明

目　录

1　分类研究法 ……… 1
2　定 1 法 ……………… 5
3　待定系数法 ……… 9
4　电子守恒法……… 13
5　极值法…………… 17
6　差量法…………… 20
7　化归法…………… 24
8　关系式法………… 28
9　平均值法………… 32
10　线型分析法 …… 35
11　数轴分析法 …… 38
12　热重法 ………… 41
13　类比推理法 …… 46
14　拆分法 ………… 51
15　递变分析法 …… 54
16　分离模型法 …… 58
17　结晶模型法 …… 63
18　叠加法 ………… 68
19　三段式法 ……… 73
20　控制变量法 …… 77
21　等效 H 法 ……… 81
22　奇偶互换法 …… 84
23　商余法 ………… 88
24　图示法 ………… 91
25　电池模型法 …… 95
26　绿色取舍法…… 100
27　终始态分析法 … 104
28　数形结合法…… 108
29　等效转化法…… 113
30　关键点法……… 118
31　催化分析法…… 122
32　耦合促进法…… 126
33　近似计算法…… 130
34　K 值判断法…… 134
35　物料守恒法…… 137
36　动静转换法…… 140
37　主次分析法…… 144
38　溯源法………… 148
39　程序选择法…… 153
40　综合分析法…… 157
41　缺项配平法…… 160
42　辩证分析法…… 163
43　极性分析法…… 167
44　键角比较法…… 171
45　等电子体法…… 175
46　结构分析法…… 178
47　氢键模型法…… 182
48　分数坐标法…… 185
49　均摊法………… 189
50　几何套用法…… 192
51　六元环状法…… 196
52　降维法………… 200
53　按图索骥法…… 205
54　同位素示踪法 … 211
55　通式模型法…… 215
56　几何模型法…… 219
57　不饱和度法…… 223
58　角色互换法…… 227
59　增减碳法……… 231
60　残基法………… 237
61　片段分析法…… 241
62　逆合成推断法 … 245
63　插入法………… 251
64　强弱比较法…… 257
65　整体思维法…… 261
66　菜单法………… 264
67　“打包”法……… 268
68　图像特殊值法 … 271
69　归纳法………… 276
70　演绎法………… 280
71　电性分析法…… 284
72　渐变分析法…… 288

参考答案 ……………………………………………………… (293)

1 分类研究法

引路人 浙江工业大学附属德清高级中学 陆燕海

方法导引

以“类”聚“物”，事半功倍。在化学学习中，分类研究法就是把某些特征相似的物质归类到一起进行研究的方法，它是我们掌握化学知识、突破试题难点的科学手段和重要路径。基于物质组成、结构、性质等方面的差异，运用树状分类、交叉分类等分类研究法，不仅能使相关化学物质的性质与变化实现系统化，还可以通过分门别类的研究，加快对物质性质、用途及变化规律的认识进程，从而巧妙地绕过试题陷阱，做出正确、合理的解答。

应用赏析

一、分类研究法的标准与结果

例1 分类研究法是化学学习中的一种重要方法，下表中物质的分类都正确的是 （　　）

选项	碱性氧化物	酸性氧化物	碱	酸	盐
A	Na_2O_2	CO_2	NaOH	HNO_3	Na_2CO_3
B	Na_2O	SO_2	$Mg(OH)_2$	CH_3COOH	$NaHCO_3$
C	Fe_2O_3	CO	KOH	HCl	$FeCl_3$
D	CuO	Cl_2O_7	$Ca(OH)_2$	$NaHSO_4$	$BaSO_4$

解析 A项，Na_2O_2 属于过氧化物，与水反应时有 O_2 生成，不属于碱性氧化物；C项，CO与碱或碱性氧化物均不能反应生成盐，不属于酸性氧化物；D项，$NaHSO_4$ 在水中电离产生的阳离子除 H^+ 外还有 Na^+，所以该物质属于盐而不是酸。

综上，该题的合理选项是B。

点评 在对若干化学物质或反应进行分类时，要先吃透相关物质或反应的类别“定义”的内涵，再据此研究各个对象是否符合“定义”的标准。按此思路，在解答化学试题时，若已经明确分类结果，则可以通过逆向思考与推定，获得具体分类所依据的标准。

二、分类研究法的应用

例 2 根据物质的组成、结构、性质等进行分类，可推测物质的性质和变化。已知 SiO_2 是普通玻璃的主要成分，与 CO_2 同属于酸性氧化物。请写出 NaOH 溶液溶解 SiO_2 反应的化学方程式：________________。

解析 SiO_2 与 CO_2 同属于酸性氧化物，根据 CO_2 与 NaOH 溶液的反应可推得 SiO_2 溶于 NaOH 溶液生成的产物应为 Na_2SiO_3 和 H_2O，因此可得反应的化学方程式为 $SiO_2+2NaOH = Na_2SiO_3+H_2O$。

例 3 已知物质 X 与化合物 $Ca(OH)_2$ 在水溶液中发生反应的化学方程式为 $X+Ca(OH)_2 = Y+Cu(OH)_2\downarrow$。下列分析不正确的是（　　）

A. X 不可能是酸

B. X 和 Y 的相对分子质量之差为 24

C. X 可能是单质，也可能是化合物

D. Y 可能是 $CaCl_2$ 或 $Ca(NO_3)_2$

解析 反应 $X+Ca(OH)_2 = Y+Cu(OH)_2\downarrow$ 为复分解反应，可知 X 为可溶性铜盐，Y 为 X 的酸根离子与 Ca^{2+} 结合而成的盐。由此可知：A 项，当 X 为酸时不可能生成 $Cu(OH)_2$ 沉淀，即 X 不可能是酸；B 项，X 为可溶性铜盐，Y 为 X 的酸根离子与 Ca^{2+} 结合而成的盐，X 和 Y 的相对分子质量之差为铜和钙的相对原子质量之差，即 24；C 项，根据金属活动性顺序，铜与 $Ca(OH)_2$ 溶液不反应，X 只可能是铜的化合物；D 项，X 为可溶性铜盐，Y 可能是 $CaCl_2$ 或 $Ca(NO_3)_2$。

综上，该题应选 C。

例 4 科学家在研究化学物质时，常常先对物质进行合理分类，属于同一类的物质在性质上具有相似性。请回答下列问题。

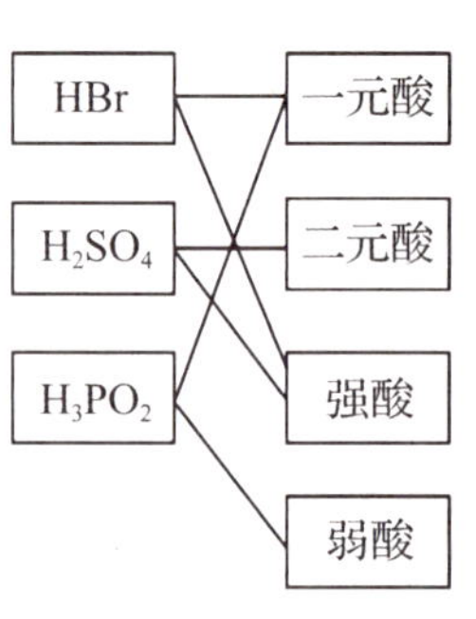

(1)右图的分类方法是________分类法。

(2)氢溴酸(HBr 气体溶于水形成的溶液)与盐酸属于同一类，则下列反应不会发生的是________(填序号)。

A. $2HBr+Na_2CO_3 = 2NaBr+CO_2\uparrow+H_2O$

B. $HBr+AgNO_3 = AgBr\downarrow+HNO_3$

C. $HBr+NaOH = NaBr+H_2O$

D. $2HBr+2Ag = 2AgBr+H_2\uparrow$

(3)写出 H_3PO_2 与 NaOH 反应的化学方程式：________________。

(4)金属锶(Sr)是人体不可缺少的微量元素，与钙元素同属于第ⅡA 族元素，它们的单质及其化合物在性质上很相似，已知单质 Sr 在空气中久置会生成 $SrCO_3$。$SrCO_3$ 是一种________色粉末，它与盐酸反应的离子方程式为________________。

解析 (1)对同一物质进行多种分类的方法,是交叉分类法。

(2)溴离子与氯离子类似,可与银离子生成 AgBr 沉淀;氢溴酸与盐酸属于同一类物质,从强酸角度分析,二者均可与 Na_2CO_3 反应制取 CO_2,可与 NaOH 发生中和反应,但不能与金属活动性弱于氢的 Ag 置换 H_2。综上选 D。

(3)H_3PO_2 是一元弱酸,H_3PO_2 与 NaOH 反应的化学方程式为

$$H_3PO_2+NaOH \xlongequal{} NaH_2PO_2+H_2O$$

(4)锶与钙属于同一主族元素,利用二者的单质及其化合物在性质上的相似性,可判断 $SrCO_3$ 的性质类似于 $CaCO_3$,均为白色难溶于水的固体,因此,$SrCO_3$ 是白色粉末,它与盐酸反应的离子方程式为

$$SrCO_3+2H^+ \xlongequal{} Sr^{2+}+CO_2\uparrow+H_2O$$

点评 在面对陌生化学物质时,要判断或推测其可能的性质,可以从物质分类的视角,利用分类研究法进行分析。此外,分类研究法也可用于寻找具有结构和性质相同或相似的物质,或者用于物质的鉴别。

小试身手

1. 事物分类的关系有并列、包含、交叉等。下列逻辑关系图示正确的是( )

A. 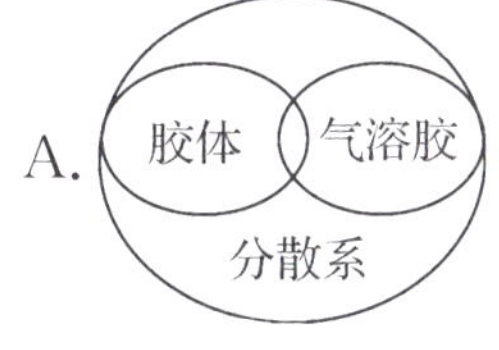

B. 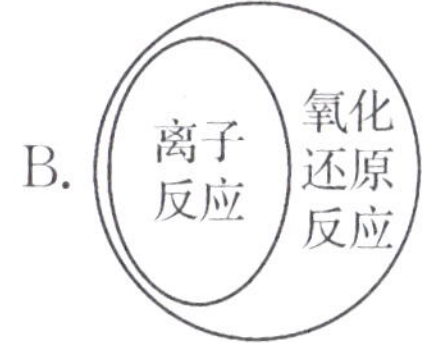

C. 

D. 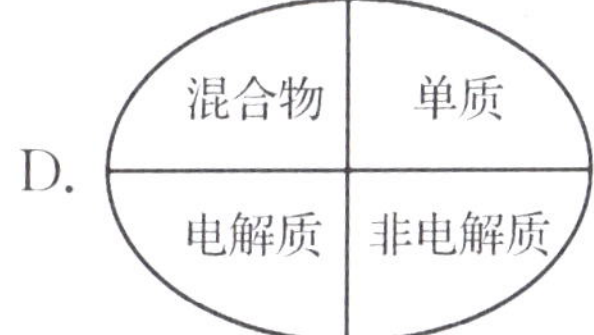

2. 已知物质 X 可发生反应 X+碱⟶盐+H_2O,则 X 不可能是 ( )

A. CO_2　　B. Fe_2O_3　　C. H_2SO_4　　D. SO_2

3. 关于物质的分类,下列组合正确的是 ( )

选项	碱	酸	盐	碱性氧化物	酸性氧化物	纯净物
A	$Fe(OH)_3$	$KHSO_3$	$MgCO_3$	Na_2O	SO_2	纯净的空气
B	NaOH	HNO_3	NaCl	CaO	CO	蒸馏水
C	KOH	H_2SO_4	$Ba(HCO_3)_2$	CuO	SO_3	$FeSO_4\cdot 7H_2O$
D	$Cu_2(OH)_2CO_3$	CH_3COOH	$CaSO_4$	$NH_3\cdot H_2O$	CO_2	石墨烯

4. 分类研究法是学习化学的一种重要方法，科学分类对于系统掌握知识、解决问题都有着重要的意义。请回答下列问题。

(1)2022 年 6 月 5 日，搭载“神舟十四号”载人飞船的“长征二号 F 遥十四”运载火箭在酒泉卫星发射中心点火发射。“神舟十四号”载人飞船的成功发射离不开化学燃料。火箭分级推进中使用的燃料主要有①煤油、②液氢、③肼(N_2H_4)和④铝粉，氧化剂主要有⑤液氧、⑥N_2O_4 和⑦高氯酸铵(NH_4ClO_4)。上述物质中，属于混合物的是________(填序号，下同)，属于氧化物的是________，属于单质的是________。

(2)SO_2、SO_3、CO_2 都是酸性氧化物，由 $CO_2+Ca(OH)_2 \xlongequal{} CaCO_3\downarrow+H_2O$ 可知，SO_3 与 NaOH 反应的化学方程式为________________。

(3)$NaHCO_3$、$NaHSO_3$、NaHS 都属于弱酸形成的酸式盐，已知

$$NaHCO_3+HCl \xlongequal{} NaCl+H_2O+CO_2\uparrow$$

$$NaHCO_3+NaOH \xlongequal{} Na_2CO_3+H_2O$$

则 NaHS 分别与 HCl、NaOH 反应的化学方程式为________________，________________。

(4)砷有多种化合物，其中 As_2O_5 溶于水能缓慢化合生成一种三元酸(H_3AsO_4)。某工业废渣中含有 As_2O_5、Fe_2O_3 和 MgO 三种物质。现要分离提取出砷元素，有同学建议用 NaOH 溶液，理由是________________。

2 定1法

引路人 浙江省湖州市南浔高级中学 任雪明

方法导引

许多化学现象和化学问题都与“量”的相对多少有关。这种“量”的相对多少有时候体现在语言表达上，有时候体现在药品添加的次序或量的大小上，有时候也体现在物质组成上。当元素组成或反应物的“量”的相对多少发生变化时，化学反应的方式、现象和表示方式也都会发生变化。在处理这类与“量”的相对多少有关的问题时，定1法由于对其中某一因子进行了“定1”的简化处理，可以达到事半功倍的效果。

应用赏析

一、离子方程式的书写

例1 向 $NaHSO_4$ 溶液中滴加数滴 $Ba(OH)_2$ 溶液，写出该反应的离子方程式：______________。

解析 书写这种类型的离子方程式，关键是要判断出两种反应物中哪种物质是过量的，哪种物质是量不足的。本题中量不足的显然是 $Ba(OH)_2$ 溶液。由此，我们在分析和书写离子方程式时，可以把 $Ba(OH)_2$ 的物质的量设定为 1.0mol，且其中的 1.0mol Ba^{2+} 和 2.0mol OH^- 全部参加反应，即

$$1.0\text{mol } Ba(OH)_2 \text{ —— } \begin{cases} 1.0\text{mol } Ba^{2+} + 1.0\text{mol } SO_4^{2-} \Rightarrow 1.0\text{mol } BaSO_4\downarrow \\ 2.0\text{mol } OH^- + 2.0\text{mol } H^+ \Rightarrow 2.0\text{mol } H_2O \end{cases}$$

故该反应的离子方程式为

$$Ba^{2+} + 2OH^- + 2H^+ + SO_4^{2-} = BaSO_4\downarrow + 2H_2O$$

例2 向 $Ba(OH)_2$ 溶液中滴加数滴 $NaHSO_4$ 溶液，写出该反应的离子方程式：______________。

解析 虽然两种反应物与例1完全相同，但本题中量不足的是 $NaHSO_4$ 溶液。由此，我们在分析和书写离子方程式时，可以把 $NaHSO_4$ 的物质的量设定为

1.0mol，且其中的1.0mol H^+ 和1.0mol SO_4^{2-} 全部参加反应，即

$$1.0\text{mol NaHSO}_4 \begin{cases} 1.0\text{mol } SO_4^{2-} + 1.0\text{mol } Ba^{2+} \Rightarrow 1.0\text{mol } BaSO_4\downarrow \\ 1.0\text{mol } H^+ + 1.0\text{mol } OH^- \Rightarrow 1.0\text{mol } H_2O \end{cases}$$

故该反应的离子方程式为

$$H^+ + SO_4^{2-} + Ba^{2+} + OH^- = BaSO_4\downarrow + H_2O$$

点评 同样两种反应物，由于添加顺序的不同(实际上是反应物有过量或不足量)，导致化学反应的方式和化学方程式的差异。定1法的要义是，将量不足的反应物的物质的量确定为1.0mol，并确保将其中能参与反应的微粒全部“消灭”。

二、某些复杂化学反应方程式的配平

例3 配平化学反应方程式：

______ C_3H_8O + ______ O_2 —— ______ CO_2 + ______ H_2O。

解析 对于此类化学反应，可选择先将化学式最复杂的物质(如 C_3H_8O)的系数定为1，再根据主要元素原子个数相等的原则依次配平其他各物质$\left(\text{如 } CO_2 \text{ 前面系数应为 } 3, H_2O \text{ 前面系数应为 } 4, O_2 \text{ 前面的系数应为 } \frac{9}{2}\right)$，最后将化学方程式两边的所有系数化为最简整数比，完成配平：

$$2C_3H_8O + 9O_2 = 6CO_2 + 8H_2O$$

点评 化学式最复杂的物质往往“牵一发而动全身”，将它的系数确定为1，就能大大简化配平的过程。

三、化学反应过程的量比分析

例4 化工生产中需要寻找两种有机化合物甲和乙，等质量的甲和乙在空气中完全燃烧时产生二氧化碳的量相等。甲是一元饱和羧酸(通式为 $C_nH_{2n}O_2$)，乙是苯酚的同系物(通式为 $C_mH_{2m-6}O$)(n、m 表示碳原子的个数)。请在两类同系物中找出符合条件的两种相对分子质量最小的物质的化学式。

解析 甲和乙两种物质在空气中完全燃烧时产生二氧化碳的量相等，显然，这两种物质中碳元素的质量分数相等。

设羧酸为 $C_nH_{2n}O_2$，苯酚的同系物为 $C_mH_{2m-6}O$。用定1法求解如下。

物质	化学式	定1式
一元饱和羧酸	$C_nH_{2n}O_2$	$CH_2O_{\frac{2}{n}}$
苯酚的同系物	$C_mH_{2m-6}O$	$CH_{2-\frac{6}{m}}O_{\frac{1}{m}}$

显然，只要两个定1式的式量相等，甲、乙两种物质的含碳量(质量分数)就相等了，即 $12+2+\frac{32}{n}=12+2-\frac{6}{m}+\frac{16}{m}$，解得 $n:m=16:5$ 。

由于苯酚的同系物碳原子数大于等于6，因此两类同系物中相对分子质量最小的两种物质，$m=10$，$n=32$，即该一元饱和羧酸的化学式为 $C_{32}H_{64}O_2$，该苯酚同系物的化学式为 $C_{10}H_{14}O$。

点评 化学物质在反应过程中，在许多情况下是符合一定比例的。将其中某一部分设定为1，既不会破坏原来的比例关系，又可以大大简化计算处理的过程。

例5 某混合金属粉末由镁、铝、铁、铜四种金属中的两种组成。现称取该粉末12.0g，将其投入足量稀硫酸中，充分反应后，可收集到标准状况下的 H_2 11.2L。该混合粉末可能是下列选项中的 （　　）

A. 铁和铝　　B. 铝和铜　　C. 铁和铜　　D. 镁和铝

解析 相同质量的不同金属与足量稀硫酸反应时所产生氢气的量是不一样的。本题给出的已知条件是，12.0g 混合粉末与足量稀硫酸反应可以生成标准状况下的 H_2 11.2L。由此，我们可以确定一个统一的标准，以区分不同金属与酸反应时产生 H_2 的能力。为了方便比较，我们不妨把这个标准设定为“产生标准状况下11.2L(即1.0g) H_2 的能力”。根据相关反应的化学方程式，我们可以计算出，产生1.0g H_2 需要各种金属的质量(填写在括号中)如下。

$$\begin{array}{ccc} Mg & \sim & H_2 \\ 24 & & 2 \\ (12.0g) & & 1.0g \end{array} \qquad \begin{array}{ccc} 2Al & \sim & 3H_2 \\ 54 & & 6 \\ (9.0g) & & 1.0g \end{array}$$

$$\begin{array}{ccc} Fe & \sim & H_2 \\ 56 & & 2 \\ (28.0g) & & 1.0g \end{array} \qquad \begin{array}{ccc} Cu & \sim & H_2 \\ & & 2 \\ & & 1.0g \end{array}$$

显然，12.0g 混合粉末与足量稀硫酸充分反应能够产生1.0g H_2。则当纯净金属单独与稀硫酸反应产生1.0g H_2 时，必定有一种金属反应的质量大于12.0g，另一种金属反应的质量小于12.0g。由此我们可以判断，选项A、B是正确答案。

点评 把多种物质的某些性质统一到一个标准下(本题中是“生成1.0g H_2 的能力”)，就可以十分轻松地进行分析和比较，这也是定1法的又一种灵活应用。

小试身手

1. 写出下列化学反应的离子方程式。

(1)向 $NaHCO_3$ 溶液中加入过量 NaOH 溶液。

(2)向 $NaHCO_3$ 溶液中加入过量 $Ca(OH)_2$ 溶液。

(3)向 $Ca(HCO_3)_2$ 溶液中加入过量 NaOH 溶液。

(4)向 $Ca(HCO_3)_2$ 溶液中滴加少量 NaOH 溶液。

(5)向 $Ca(HCO_3)_2$ 溶液中滴加少量 $Ca(OH)_2$ 溶液。

2. 用定1法配平下列化学方程式。

(1)____ NH_3＋____ O_2——____ NO＋____ H_2O。

(2)____ Cu_2S＋____ HNO_3——____ $Cu(NO_3)_2$＋____ NO↑＋____ H_2SO_4＋____ H_2O。

3. 某溶液中 Cl^-、Br^-、I^- 三种离子的个数比为1∶2∶3，欲使该溶液中 Cl^-、Br^-、I^- 三种离子的个数比变为3∶2∶1，则需通入 Cl_2 的物质的量应为原溶液中 I^- 物质的量的 (　　)

A. $\frac{1}{2}$　　B. $\frac{1}{3}$　　C. $\frac{2}{3}$　　D. $\frac{1}{4}$

4. 金属铝分别与足量的稀盐酸和氢氧化钠溶液反应，当两个反应放出的气体在相同状况下体积相等时，反应中消耗的 HCl 和 NaOH 的物质的量之比为(　　)

A. 1∶1　　B. 2∶1　　C. 3∶1　　D. 1∶3

5. 称取一定质量的 $KClO_3$ 和 MnO_2 的混合物，共热一段时间后，MnO_2 的质量分数从加热前的25.0%提高到30.0%。计算 $KClO_3$ 的分解率。

3　待定系数法

引路人　浙江省上虞中学　林炯

方法导引

简单氧化还原反应的配平可以利用化合价升降法，但对于复杂的氧化还原反应，特别是有陌生物质参与的氧化还原反应，用化合价升降法也很难解决问题。此时，我们可以利用待定系数法进行处理。

待定系数法是对体系中较为复杂的某一或某些物质进行系数设定，利用守恒原理列出等式，然后用数学方法解出未知数的值，因此也是所有化学方程式配平的一种通识方法。

应用赏析

一、化学方程式的书写

例 1　适量过碳酸钠（Na_2CO_4）可以用来对衣物进行漂白、消毒，请写出 Na_2CO_4 与稀硫酸反应的离子方程式。

解析　Na_2CO_4 中 Na 为 +1 价，C 为 +4 价，故 O 的平均价态为 $-\frac{3}{2}$ 价，介于 −2 价和 0 价之间，故与稀硫酸反应的产物为 CO_2、O_2 和 H_2O。将该反应的离子方程式中各微粒前的系数分别设为 a、b、c、d、e，即

$$aCO_4^{2-}+bH^+ = cCO_2\uparrow+dO_2\uparrow+eH_2O$$

根据守恒定律可以得出如下关系式。

电荷守恒：$2a=b$。

碳原子守恒：$a=c$。

氧原子守恒：$4a=2c+2d+e$。

氢原子守恒：$b=2e$。

综上可得出 $a=c=e=\frac{b}{2}=2d$，代入并化简得

$$2CO_4^{2-}+4H^+ = 2CO_2\uparrow+O_2\uparrow+2H_2O$$

进一步从得失电子守恒角度看，氧价态变化既有从$-\frac{3}{2}$价升高到0价，又有从$-\frac{3}{2}$价降低到-2价，同样可得$3d=(2a-d)$，即$a=2d$。

例2 向$FeCl_2$溶液中加入足量的Na_2O_2固体，生成红褐色沉淀和气体，写出该反应过程中可能的化学方程式。

解析 本题中Na_2O_2固体足量，说明Fe^{2+}全部氧化成Fe^{3+}且还会有O_2逸出，同时生成的NaOH使Fe^{3+}全部转化为$Fe(OH)_3$沉淀。由此，我们得出该反应为$H_2O+Na_2O_2+FeCl_2 \longrightarrow Fe(OH)_3\downarrow+O_2\uparrow+NaCl$。我们可以设其为$aH_2O+bNa_2O_2+cFeCl_2=\!=\!=dFe(OH)_3\downarrow+eO_2\uparrow+fNaCl$，由守恒定律可以得出如下关系式：由钠原子守恒得$2b=f$，由氯原子守恒得$2c=f$，由氢原子守恒得$2a=3d$，由氧原子守恒得$a+2b=3d+2e$，由铁原子守恒得$c=d$。由此可得出$\frac{4a}{3}=2b=2c=f=8e=2d$，即$aH_2O+\frac{2a}{3}Na_2O_2+\frac{2a}{3}FeCl_2=\!=\!=\frac{2a}{3}Fe(OH)_3\downarrow+\frac{a}{6}O_2\uparrow+\frac{4a}{3}NaCl$，化简得$6H_2O+4Na_2O_2+4FeCl_2=\!=\!=4Fe(OH)_3\downarrow+O_2\uparrow+8NaCl$。当$Na_2O_2$固体继续过量时，会继续发生反应$2nH_2O+2nNa_2O_2=\!=\!=4nNaOH+nO_2\uparrow$，$n>0$。我们可以与上述反应加合得到如下总反应：$(2n+6)H_2O+(2n+4)Na_2O_2+4FeCl_2=\!=\!=4Fe(OH)_3+(n+1)O_2\uparrow+8NaCl+4nNaOH$，$n>0$。因此，此反应有许多种可能的化学方程式。

点评 待定系数法的原理并不复杂，最关键的是要找到反应前后守恒的要素，其中最常见的有质量守恒(元素原子个数)、电荷守恒、得失电子守恒等。

二、化合价不确定的化学方程式的配平

例3 配平化学方程式：

____ $CuFeS_2$+____ O_2——____ CuO+____ Fe_2O_3+____ SO_2。

解析 $CuFeS_2$中Cu、Fe的价态具有不确定性，但$CuFeS_2$中化合价代数和为0，我们可以通过整体法来配平。假设$CuFeS_2$中元素Cu、Fe、S的化合价都为0价，那么$CuFeS_2$中化合价一共升高13价，O_2中化合价一共降低4价，根据化合价升降总数相等，$CuFeS_2$化学计量数为4，O_2化学计量数为13，再利用原子守恒，将生成物配平，即$4CuFeS_2+13O_2=\!=\!=4CuO+2Fe_2O_3+8SO_2$。

例4 配平化学方程式：

____ $CuFeS_2$+____ O_2——____ CuO+____ FeO+____ Fe_2O_3+____ SO_2。

解析 本题虽然与例3反应物相同，但产物有差异，生成物中的Fe有+2价、+3价。待定系数法可以对体系中任何物质的计量数进行字母设定，也可以将某一

物质的计量数设定为1，对其他物质的计量数进行字母设定，这样可以减少字母数，降低计算量。我们可以设 $CuFeS_2$ 的化学计量数为1，Fe_2O_3 的化学计量数为 a，根据原子守恒得到 $CuFeS_2+\frac{6+a}{2}O_2 = CuO+(1-2a)FeO+aFe_2O_3+2SO_2$。此时须满足各物质化学计量数大于零，即 $0<a<\frac{1}{2}$。当取 $a=\frac{1}{2}$ 时，就是例3的配平结果。不妨取 $a=\frac{1}{3}$，代入得 $6CuFeS_2+19O_2 = 6CuO+2FeO+2Fe_2O_3+12SO_2$。综上，该反应有多组配平结果。

点评 当组成较为复杂的物质参与化学反应时，可以把不明价态的物质中的所有元素当作零价，并灵活运用待定系数法进行配平。

三、陌生物质参与反应的化学方程式配平

例5 配平化学方程式：

____ Cu_2O_2+ ____ H^++ ____ I^- —— ____ $CuI+$ ____ HI_3+ ____ H_2O。

解析 本题中 Cu_2O_2、HI_3、CuI 三种物质均为中学化学中不常见的物质，且 Cu、O、I 元素的化合价也较难确定。如果用待定系数法配平，为减少未知数，我们可以设 Cu_2O_2 的化学计量数为1，HI_3 的化学计量数为 x，根据原子守恒得

$$Cu_2O_2+(4+x)H^++(3x+2)I^- = 2CuI+xHI_3+2H_2O$$

由电荷守恒得 $4+x=3x+2$，解得 $x=1$，代入得

$$Cu_2O_2+5H^++5I^- = 2CuI+HI_3+2H_2O$$

反思该反应的配平，我们可以认为是

$$Cu_2O_2+5H^++(2+3)I^- = 2CuI+(HI\cdot I_2)+2H_2O$$

即1mol Cu_2O_2 得到的电子数等于2mol I^- 失去的电子数。当然也可以直接设氢离子前的化学计量数为 x，则有

$$Cu_2O_2+xH^++xI^- = 2CuI+\frac{x-2}{3}HI_3+2H_2O$$

$x=\frac{x-2}{3}+4$，得 $x=5$。

例6 配平化学方程式：

____ $CuSO_4+$ ____ H_3PO_2+ ____ H_2O —— ____ $CuH+$ ____ $Cu+$ ____ $CuO+$ ____ H_2SO_4+ ____ H_3PO_4。

解析 本题中 H_3PO_2 的氧化产物为 H_3PO_4，但 $CuSO_4$ 的还原产物 CuH 和 Cu 比较分散，故可用待定系数法配平：$1CuSO_4+xH_3PO_2+aH_2O = (2a-2)CuH+(3+2x-3a)Cu+(a-2x)CuO+1H_2SO_4+xH_3PO_4$，由于 x 和 a 之间没有必然的

联系，因此反应具有多组化学计量数。根据化学计量数大于零，得出取值范围。当 $a=1.2, x=0.4$ 时，化学方程式为

$$5CuSO_4+2H_3PO_2+6H_2O=2CuH+Cu+2CuO+5H_2SO_4+2H_3PO_4$$

若 $(a-2x)=0$，且 $(3+2x-3a)=0$，则反应为

$$4CuSO_4+3H_3PO_2+6H_2O=4CuH+4H_2SO_4+3H_3PO_4$$

点评 当陌生物质较多且分散时，用待定系数法配平往往有"异曲同工"之妙。

小试身手

1. 已知 $aMnO_4^- + bH_2O_2 + cH^+ = dMn^{2+} + eH_2O + fO_2$，下列关于该反应的配平不合理的是 ( )

选项	a	b	c	d	e	f
A	4	12	12	4	18	11
B	2	3	6	2	6	4
C	2	5	6	2	8	5
D	2	7	6	2	10	6

2. 配平下列反应的化学方程式。

(1)____ CO_2 + ____ SiH_4 —— ____ CO + ____ H_2O + ____ SiO_2。

(2)____ $(N_2H_3)_2CO$ + ____ Fe_2O_3 —— ____ Fe_3O_4 + ____ $N_2\uparrow$ + ____ $CO_2\uparrow$ + ____ H_2O。

(3)____ $CuSCN$ + ____ KIO_3 + ____ HCl —— ____ $CuSO_4$ + ____ HCN + ____ ICl + ____ KCl + ____ H_2O。

3. 已知 $CuSO_4$ 在某温度下分解，生成 Cu_2O、CuO、SO_2、SO_3、O_2，该反应有多组配平结果，试写出其中一组反应的化学方程式：________________。

4. 配平以下反应的离子方程式。

____ $CuFeS_2$ + ____ ClO_3^- + ____ [ ] —— ____ Cu^{2+} + ____ Fe^{3+} + ____ SO_4^{2-} + ____ $Cl_2\uparrow$ + ____ [ ]。

4 电子守恒法

引路人 浙江省海宁市第一中学 费芳芳

方法导引

氧化还原反应的本质是电子发生转移，任何氧化还原反应中，氧化剂得到的电子总数与还原剂失去的电子总数相等。利用电子守恒法解决氧化还原反应的计算问题，可以抛开烦琐的反应过程，甚至可以不写出具体的方程式。做题时需要确认初态物质和终态物质，找齐有价态变化的元素，从得电子和失电子两个方面进行整体思维。

该方法的具体思维模型如下。

(1)找出氧化剂、还原剂及其相应的还原产物和氧化产物。

(2)标出变价元素的化合价并判断出化合价的升降。

(3)根据化合价的升降，准确写出变价元素得失电子的物质的量。

(4)根据得失电子守恒列出等式(注意化学式中微粒的个数)：

n(氧化剂)×变价原子的个数×化合价变化值(高价－低价)＝n(还原剂)×变价原子的个数×化合价变化值(高价－低价)。

应用赏析

一、简单反应的电子守恒问题

例1 金属 Zn 与一定浓度的硝酸反应，假定只产生单一的还原产物，当参加反应的 Zn 与被还原的硝酸的物质的量之比为 2∶1 时，还原产物是 ( )

A. NO_2 B. NO C. N_2O D. N_2

解析 该反应中 Zn 被氧化，化合价从 0 价升高至＋2 价。假设硝酸中 N 元素价态从＋5 价降低至＋n 价，根据电子得失守恒，可列出关系式

$$2\times(2-0)=1\times(5-n)$$

解得 $n=1$，故答案选 C。

点评 对氧化还原反应运用电子守恒法的前提是准确判断氧化剂、还原剂的价态变化情况，以及对未知产物的化合价设未知数。

例 2 用氯气漂白棉织物后，加入 $Na_2S_2O_3$ 除去余氯，反应中________被氧化；若反应中生成 0.2mol SO_4^{2-}，则溶液中余氯有________ mol。

解析 该反应中，$Na_2S_2O_3$ 的 S 从 +2 价（这里可用平均化合价）升高至 +6 价，被氧化，Cl_2 被还原为 Cl^-。假设余氯有 n mol，根据电子守恒可得

$$0.2\text{mol}\times(6-2)=n\ \text{mol}\times2\times[0-(-1)]$$

解得 $n=0.4$。故反应中 S 被氧化，余氯有 0.4mol。

点评 在对氧化还原反应运用电子守恒法时，要特别注意物质中有价态变化的元素原子的个数。

二、多元关系的电子守恒问题

例 3 Cl_2 在热的氢氧化钠水溶液中反应，反应后测得溶液中 NaClO 与 $NaClO_3$ 的物质的量之比为 2∶1。若产物中只有三种钠盐，则另一种钠盐与 NaClO 的物质的量之比为多少？

解析 若设 NaClO 的物质的量为 2mol，则 $NaClO_3$ 的物质的量为 1mol。由于 Cl_2 与 NaOH 反应生成 NaClO 与 $NaClO_3$ 时，氯元素的化合价都是升高的，而氧化还原反应中既有化合价升高，又有化合价降低，0 价的 Cl 只能降低到 −1 价，故另一种盐必然是 NaCl。假如生成 NaCl 的物质的量为 n mol，则根据电子守恒，可得如下关系：

$$2\text{mol}\times1+1\text{mol}\times5=n\ \text{mol}\times1$$

解得 $n=7$。故 NaCl 与 NaClO 的物质的量之比为 7∶2。

点评 在氧化还原反应中，有物质的元素价态升高，就必然有物质的元素价态降低，找齐升降两方，准确列出守恒式，就能顺利求得答案了。

例 4 4.6g 铜和镁的合金完全溶于浓硝酸。若反应中硝酸被还原只产生 4480mL 的 NO_2 气体和 336mL 的 N_2O_4 气体（都已折算到标准状况），则在反应后的溶液中加入足量的氢氧化钠溶液，生成的沉淀的质量为多少？

解析 合金与沉淀的关系如下：$M-ne^-\longrightarrow M^{n+}\longrightarrow M(OH)_n\downarrow$。

由上述关系可知，生成的沉淀的质量与原合金的质量之差为 OH^- 的质量。而 OH^- 的物质的量恰好与转移电子的物质的量相等，因此只要求出转移电子的物质的量，就可以求出 OH^- 的物质的量。

因为每生成 1mol NO_2，转移电子 1mol，而 1mol N_2O_4 相当于 2mol NO_2 气体，故可理解为 NO_2 的体积为 (4480+336×2) mL=5152mL=5.152L，物质的量为 0.23mol，则转移电子 0.23mol，OH^- 的物质的量也为 0.23mol，OH^- 的质量为 (0.23×17)g=3.91g。沉淀的质量为 (4.6+3.91)g=8.51g。

综上，本题中生成的沉淀的质量为 8.51g。

点评 铜和镁的合金与浓硝酸反应时，铜、镁失去的电子总数等于氮得到的电子总数，这一守恒关系是容易求得的。而生成的沉淀的质量与原合金的质量之差为 OH^- 的质量，此 OH^- 的物质的量恰好与转移电子的物质的量相等，这一守恒关系需要根据变化过程推断得到，也是解这道题的关键所在。

三、多步反应的电子守恒问题

例 5 称取 11.2g 铁粉溶于过量的稀硫酸中，再加入一定量的无水硝酸钾晶体，经加热完全反应后，冷却至室温。再用 $0.5mol \cdot L^{-1}$ $KMnO_4$ 溶液滴定（MnO_4^- 还原为 Mn^{2+}，NO_3^- 还原为 NO）此溶液，当滴定液用去 20.0mL 时，溶液中 Fe^{2+} 恰好被完全氧化。求加入的硝酸钾晶体的质量。

解析 11.2g 铁粉的物质的量为 0.2mol，则其与过量的稀硫酸反应后，溶液中 Fe^{2+} 的物质的量为 0.2mol。Fe^{2+} 与 $KNO_3(H^+)$、$KMnO_4$ 发生氧化还原反应后转化为 Fe^{3+}，Fe^{2+} 失去的电子数目等于 $KNO_3(H^+)$ 和 $KMnO_4$ 两种物质得到的电子数目。若 KNO_3 的物质的量为 n mol，则根据氧化还原反应中转移电子守恒有

$$0.2mol\times 1=n\ mol\times 3+0.5mol\cdot L^{-1}\times 0.02L\times 5$$

解得 $n=0.05$，则加入的 KNO_3 晶体的质量为 $(0.05\times 101)g=5.05g$。

点评 审题时千万不要遗漏 Fe^{2+} 被 $NO_3^-(H^+)$ 氧化这一反应。该反应中 Fe^{2+} 失去的电子数目等于 NO_3^- 和 MnO_4^- 两种物质得到的电子数目。

例 6 足量的铜溶于一定量浓硝酸，产生 NO_2、N_2O_4、NO 的混合气体。这些气体若与 3.36L O_2（标准状况）混合后通入水中，气体恰好能被水完全吸收。若向原所得溶液中加入 $5mol \cdot L^{-1}$ H_2SO_4 溶液 250mL，则能继续溶解一定量的铜。求最多溶解的铜的质量。

解析 铜与浓硝酸反应时，铜失去的电子总数等于 HNO_3 得到的电子总数，产生的 NO_2、N_2O_4、NO 的混合气体与 0.15mol O_2 一起恰好被水吸收转化为 HNO_3，此时氮的氧化物失去的电子总数又等于 O_2 得到的电子总数，就相当于铜失去的电子最终给了 O_2，生成了 0.3mol Cu^{2+}，根据电子得失守恒求得溶液中产生 0.3mol $Cu(NO_3)_2$。若向原所得溶液中加入 $5mol \cdot L^{-1}$ H_2SO_4 溶液 250mL，发生反应 $3Cu+8H^++2NO_3^- = 3Cu^{2+}+2NO\uparrow+4H_2O$，$n(NO_3^-)=0.6mol$，$n(H^+)=2.5mol$，最多溶解的铜的物质的量为 0.9mol，其质量是 $0.9mol\times 64g\cdot mol^{-1}=57.6g$。

点评 在连续的氧化还原反应过程中，电子可以看作在氧化剂和还原剂之间传递，类似传球游戏，找到最初传出“球”和最终接到“球”的物质，就可以列出电子守恒式。

小试身手

1. 24mL 0.05mol·L^{-1} Na_2SO_3 溶液与 20mL 0.02mol·L^{-1} $K_2Cr_2O_7$ 溶液恰好完全反应。已知 Na_2SO_3 可被 $K_2Cr_2O_7$ 氧化为 Na_2SO_4，则元素 Cr 在还原产物中的化合价为 （　　）

A. +2 价　　B. +3 价　　C. +4 价　　D. +1 价

2. 将一定量的氯气通入 60mL 10.0mol·L^{-1}氢氧化钾浓溶液中，加热少许时间后，恰好完全反应，测得溶液中含氯元素的离子有 Cl^-、ClO^-、ClO_3^-。下列说法不正确的是 （　　）

A. 一共消耗了 0.6mol 氯气

B. 当溶液中 $c(ClO^-):c(ClO_3^-)=5:1$ 时，反应的离子方程式为

$$8Cl_2+16OH^-=\!=\!=10Cl^-+5ClO^-+ClO_3^-+8H_2O$$

C. 若反应中转移的电子为 n mol，则 $0.3<n<0.5$

D. 反应生成的 ClO^-、ClO_3^- 有一定的氧化性

3. 1.52g 铜镁合金完全溶解于 50mL 密度为 1.40g·mL^{-1}、质量分数为 63% 的浓硝酸中，得到 NO_2 和 N_2O_4 的混合气体 1120mL(已换算为标准状况)。向反应后的溶液中加入 1.0mol·L^{-1} NaOH 溶液，当金属离子全部沉淀时，得到 2.54g 沉淀。下列说法不正确的是 （　　）

A. 该合金中铜与镁的物质的量之比是 2∶1

B. 该浓硝酸中 HNO_3 的物质的量浓度是 14.0mol·L^{-1}

C. NO_2 和 N_2O_4 的混合气体中，NO_2 的体积分数是 80%

D. 得到 2.54g 沉淀时，加入 NaOH 溶液的体积是 600mL

4. 取 a g 铁粉投入 600mL 某浓度的稀 HNO_3 溶液中，充分反应后铁粉完全溶解，硝酸恰好完全反应，同时生成标准状况下 NO 气体 6.72L(硝酸的还原产物只有一种)。向反应后的溶液中加入足量 NaOH 溶液，将沉淀过滤、洗涤、充分灼烧，得到 32g 红棕色固体。

(1)加入铁粉的质量 a=________g。

(2)原稀 HNO_3 溶液的物质的量浓度是________mol·L^{-1}。

5. 一定条件下，将 28.8g Cu_2O 固体投入 100mL 12.0mol·L^{-1}硝酸溶液中充分反应后，固体全部溶解，硝酸被还原为氮氧化物(NO_x)，并收集到标准状况下氮氧化物(NO_x) 4.48L (生成的气体全部逸出)。

(1)x=________。

(2)向反应后的溶液中加入 4.00mol·L^{-1} NaOH 溶液，为使沉淀质量达到最大，至少需要 NaOH 溶液________mL。

5　极值法

引路人　浙江省湖州中学　皇甫莹

方法导引

极值法是一种巧妙运用极限思维的解题方法。该方法将研究对象或过程设想为极端状态，即使这些状态根据题意不可能发生或不可能存在，也能使因果联系显而易见。在这种理想化的极端条件下，我们能够迅速揭示问题的本质，进而高效解决实际问题。

运用极值法解题的步骤通常如下：先依据题目所提供的条件和化学反应特性，界定不确定因素的可能范围；然后分别求出这些条件的最大值和最小值；最后，综合分析各条件，确定最适宜的解决方案和答案。

应用赏析

例 1　在标准状况下，a L H_2 和 Cl_2 的混合气体，经光照完全反应后，所得气体恰好使 b mol NaOH 完全转化为盐，则 a 与 b 的关系不可能是　（　　）

A. $0<b<\frac{a}{22.4}$　　B. $b=\frac{a}{22.4}$　　C. $\frac{a}{11.2}>b>\frac{a}{22.4}$　　D. $b\geqslant\frac{a}{11.2}$

解析　由化学反应

$$H_2+Cl_2 = 2HCl,\ HCl+NaOH = NaCl+H_2O$$

$$Cl_2+2NaOH = NaCl+NaClO+H_2O$$

可知，混合气体中 Cl_2 所占的比例越大，b 值就越大。由题意知 H_2 和 Cl_2 的总体积为 a L，即无论 $V(H_2)$和 $V(Cl_2)$如何变化，必须始终满足 $V(H_2)+V(Cl_2)=a$ L。当 $V(H_2)\to a$ L 时，$V(Cl_2)\to 0$；当 $V(Cl_2)\to a$ L 时，$V(H_2)\to 0$。且 Cl_2 必定与 NaOH 完全反应，即

$$\begin{array}{cc} Cl_2 & \sim\ 2NaOH \\ 1\text{mol} & 2\text{mol} \\ \frac{V(Cl_2)}{22.4} & b\ \text{mol} \end{array}$$

由此可得 $b=\dfrac{V(Cl_2)}{11.2}$。

当 $V(Cl_2)\to a$ L 时，$b\to\dfrac{a}{11.2}$，即 $b<\dfrac{a}{11.2}$。

当 $V(H_2)\to a$ L 时，$V(Cl_2)\to 0$，即 $b\to 0$ 且 $0<b$。

综上可得 $0<b<\dfrac{a}{11.2}$，答案选 D。

例 2 某混合物含有 NaCl、KCl 和 Na_2CO_3，经分析氯元素含量为 27.08%（质量分数），则该混合物中 Na_2CO_3 的质量分数可能为（　　）

A. 43.2%　　B 50%　　C. 55.4%　　D. 56.8%

解析 设现有该混合物 1g。极限假定：所有氯元素均来自 KCl。由此有

$$\omega(KCl)=\frac{1\times 27.08\%}{35.5}\times 74.5\times 100\%=56.8\%, \omega(Na_2CO_3)=43.2\%$$

若所有氯元素均来自 NaCl，由此有

$$\omega(NaCl)=\frac{1\times 27.08\%}{35.5}\times 58.5\times 100\%=44.6\%, \omega(Na_2CO_3)=55.4\%$$

因混合物中同时含有 NaCl 和 KCl，故 $43.2\%<\omega(Na_2CO_3)<55.4\%$。选 B。

例 3 常温下，将盛有 a mL NO_2 和 b mL NO 的混合气体的试管倒置在水中，并向其中通入一定量的氧气，一段时间后试管内剩余 c mL 气体，求通入氧气的体积。

解析 由反应 $3NO_2+H_2O=2HNO_3+NO$，本题可看作试管中仅有单一气体 NO $\left(b+\dfrac{a}{3}\right)$mL，通过极限假设，将混合气体问题简化为单一气体问题。

接下来只需讨论剩余 c mL 气体成分，即可得出最后结果。

若剩余 c mL 气体为 NO，则根据反应 $4NO+3O_2+2H_2O=4HNO_3$ 可知

$$V(O_2)=\frac{3}{4}\left(b+\frac{a}{3}-c\right)\text{mL}=\frac{3b+a-3c}{4}\ \text{mL}$$

若剩余 c mL 气体为 O_2，根据反应 $4NO+3O_2+2H_2O=4HNO_3$ 可知

$$V(O_2)=\frac{3}{4}\left(b+\frac{a}{3}+c\right)\text{mL}=\left(\frac{3b+a}{4}+c\right)\text{mL}$$

综上可知，通入氧气的体积为 $\dfrac{3b+a-3c}{4}$ mL 或 $\left(\dfrac{3b+a}{4}+c\right)$mL。

例 4 在一定温度下，将一定量的铁粉加到含有 $CuSO_4$ 和 $Fe_2(SO_4)_3$ 各 0.1mol 的混合溶液中充分反应，铁粉无剩余，过滤得到滤渣和滤液。请计算可能得到的滤渣的质量范围和滤液中 Fe^{2+} 的物质的量范围。

解析 铁粉与 $CuSO_4$ 和 $Fe_2(SO_4)_3$ 都能反应，但有先后顺序，所以需要分别讨论以确定铁粉能够完全还原多少 $CuSO_4$ 和 $Fe_2(SO_4)_3$。

当铁粉只与 $Fe_2(SO_4)_3$ 反应，而 $CuSO_4$ 不参与反应时，无固体剩余，滤渣质量为 0。

根据反应的计量关系 $Fe+Fe_2(SO_4)_3 = 3FeSO_4$ 可知，0.1mol $Fe_2(SO_4)_3$ 需要 0.1mol Fe，生成 0.3mol $FeSO_4$。

当铁粉与 $CuSO_4$ 和 $Fe_2(SO_4)_3$ 都完全反应时，此时，所有的 $CuSO_4$ 和 $Fe_2(SO_4)_3$ 都被还原。根据反应的计量关系

$$Fe+Fe_2(SO_4)_3 = 3FeSO_4, Fe+CuSO_4 = FeSO_4+Cu$$

可知 0.1mol $CuSO_4$ 与 0.1mol Fe 反应生成 0.1mol Cu 和 0.1mol $FeSO_4$；0.1mol $Fe_2(SO_4)_3$ 与 0.1mol Fe 反应，生成 0.3mol $FeSO_4$。因此，此时滤渣 6.4g，$FeSO_4$ 0.4mol。

综上可得，滤渣的质量范围为 $0<m(Cu)\leqslant 6.4g$，滤液中 Fe^{2+} 的物质的量范围为 $0.3mol<n(Fe^{2+})\leqslant 0.4mol$。

点评 要确定一个数值范围，最简便、最有效的方法是极限法。在不违背化学原理的前提下，从极限思维出发，抓住关键的关系式可迅速解题。

小试身手

1. 在标准状况下，由 CO 和 CO_2 组成的混合气体 13.44L，质量为 20g，此混合气体中 C、O 两种原子的物质的量之比为 ( )

A. 3∶4　　B. 4∶3　　C. 1∶2　　D. 2∶1

2. 常温下，向 20L 真空容器内通入 a mol H_2S 和 b mol SO_2（a 和 b 都是正整数，且 $a\leqslant 5$，$b\leqslant 5$），反应完全后，容器内气体可能达到的最大密度约为 ( )

A. $5.1g\cdot L^{-1}$　　B. $8.0g\cdot L^{-1}$　　C. $14.4g\cdot L^{-1}$　　D. $24.5g\cdot L^{-1}$

3. 标准状况下，刚性容器甲中盛满 NO_2 和 NO 的混合气体，刚性容器乙中装满 O_2，将容器甲倒置在水槽中，打开 K，使甲、乙中的气体充分混合，再打开玻璃片，一段时间后，甲、乙两容器中充满溶液，无气体剩余。假设容器内物质不扩散至容器外，所得溶液的物质的量浓度的值 c 可能的范围是( )

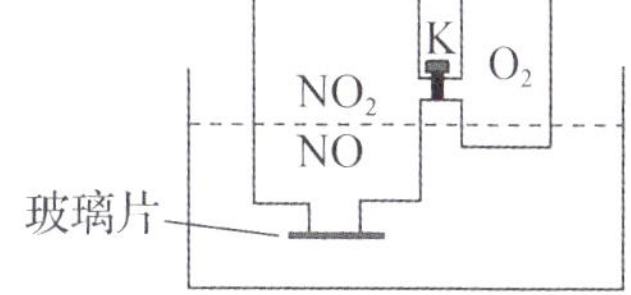

A. $0<c<\frac{1}{22.4}$　　B. $\frac{1}{39.2}<c<\frac{1}{22.4}$

C. $\frac{1}{39.2}<c<\frac{1}{28}$　　D. $c>\frac{1}{28}$

4. 某碱金属单质 R 及其氧化物 R_2O 的混合物共 0.99g，与水充分反应后，将溶液蒸发、结晶，得到无水干燥固体 1.38g，请判断原混合物的组分和各自的质量。

6　差量法

引路人　浙江省绍兴市越州中学　车月芬

方法导引

差量法是高中化学中一种常用的定量分析方法，需要先分析反应原理，从物质转化和物质组成上弄清产生差量的本质，根据反应的化学方程式或离子方程式，找出反应物和生成物中某物理量（如质量、物质的量、体积等）的变化量即“理论差值”，然后计算实际发生化学反应的变化量即“实际差值”，列出比例关系去求解。

应用赏析

一、质量差量法

例 1　加热 20.0g 碳酸钠和碳酸氢钠的固体混合物，使碳酸氢钠完全分解，混合物质量减小了 6.2g，求混合物中碳酸钠的质量。

解析　加热固体混合物，碳酸氢钠完全分解，根据化学方程式，固体减小的质量即 CO_2 和 H_2O 的质量，可利用差量法计算碳酸氢钠的质量，从而求得碳酸钠的质量。

$$2NaHCO_3 \xlongequal{\triangle} Na_2CO_3 + CO_2\uparrow + H_2O \quad \Delta m(\text{减小的质量})$$

168　　　　　　　　　　　　　　62

$m(NaHCO_3)$　　　　　　　　　　6.2g

$$\frac{168}{m(NaHCO_3)} = \frac{62}{6.2g} \Rightarrow m(NaHCO_3) = 16.8g。$$

$m(Na_2CO_3) = m_{总} - m(NaHCO_3) = 20g - 16.8g = 3.2g$。

因此，混合物中碳酸钠的质量为 3.2g。

例 2　将一块铁片（足量）置于含有 $CuCl_2$ 和 $FeCl_3$ 的溶液中一段时间后，向溶液中滴加 KSCN 溶液，无血红色出现；同时取出铁片，称重，铁片质量不变。求原溶液中 $CuCl_2$ 与 $FeCl_3$ 的物质的量之比。

解析　溶液中发生反应①（Fe 与 Fe^{3+} 的反应）和反应②（Fe 与 Cu^{2+} 的反应），利用差量法求解，反应①铁片减小的质量与反应②铁片增大的质量相等。设 Fe^{3+}、

Cu^{2+}的物质的量分别为 n_1 mol、n_2 mol，反应①铁片质量减小 m_1 g，反应②铁片质量增大 m_2 g。

① $2Fe^{3+} + Fe = 3Fe^{2+}$　　Δm(减小)

2mol　　　　　　56g

n_1 mol　　　　　m_1 g

由此可得 $m_1 = 28n_1$ g。

② $Cu^{2+} + Fe = Cu + Fe^{2+}$　　Δm(增大)

1mol　　　　　　$(64-56)g = 8g$

n_2　　　　　　　m_2

由此可得 $m_2 = 8n_2$ g。

铁片减小的质量与增大的质量相等，即 $m_1 = m_2$，$28n_1$ g $= 8n_2$ g，得 $n_2 : n_1 = 7 : 2$，即原溶液中 $CuCl_2$ 与 $FeCl_3$ 的物质的量之比为 7∶2。

点评　利用反应的化学方程式进行质量差量法计算时，注意一定要先保持上下单位一致，左右单位相当，再列出比例式求解。

二、气体压强(或体积)差量法

例 3　向一个容积为 6L 的密闭容器中，充入 3mol X(g)和 2mol Y(g)，二者在一定条件下发生反应 $4X(g) + aY(g) \rightleftharpoons 2Q(g) + 6R(g)$，反应达到平衡后，容器内温度不变，混合气体的压强比原来增大了 5%，X 的物质的量减小了$\frac{1}{3}$。求该反应中的 a 值。

解析　在等温等容条件下，压强之比即气体的物质的量之比，平衡时混合气体的压强比原来增大了 5%，即物质的量增大了 5mol×5% = 0.25mol，由于平衡时 X 的物质的量减小了$\frac{1}{3}$，即减小了 1mol。

$4X(g) + aY(g) \rightleftharpoons 2Q(g) + 6R(g)$　　Δn(增大)

4mol　　　　　　$[2+6-(4+a)]mol = (4-a)mol$

1mol　　　　　　　0.25mol

由此可得$\frac{4}{1} = \frac{4-a}{0.25}$，解得 $a = 3$，故该反应中的 a 值为 3。

例 4　在标准状况下，等体积的 O_2、CO_2、N_2 组成的混合气体通过一定量的过氧化钠后，气体的体积变为原来的$\frac{7}{8}$，此时混合气体中 O_2、CO_2、N_2 的物质的量之比为多少？

解析　混合气体中只有 CO_2 能与 Na_2O_2 反应。设三种组分体积均为 x，根据反应的化学方程式中的体积差量和实际反应的体积差量列式，计算参加反应的 CO_2 和生成的 O_2 的体积。

$$2Na_2O_2+2CO_2 \xlongequal{} 2Na_2CO_3+O_2 \quad \Delta V(\text{减小})$$

$$2L \qquad\qquad 1L \qquad\qquad 1L$$

$$V(CO_2) \qquad\qquad V(O_2) \qquad\qquad 3x\times\left(1-\frac{7}{8}\right)$$

$$\frac{2L}{V(CO_2)}=\frac{1L}{3x\times\left(1-\frac{7}{8}\right)}\Rightarrow V(CO_2)=\frac{3}{4}x。$$

$$\frac{2L}{V(CO_2)}=\frac{1L}{V(O_2)}\Rightarrow V(O_2)=\frac{3}{8}x。$$

由此可知，反应后的混合气体中，

$$V(O_2):V(CO_2):V(N_2)=\left(x+\frac{3}{8}x\right):\left(x-\frac{3}{4}x\right):x=11:2:8$$

由于三种气体处于相同的状况下，则其物质的量之比等于其体积之比，故

$$n(O_2):n(CO_2):n(N_2)=11:2:8$$

点评 气体压强差量法的计算方法与质量差量法的相同。在等温等容条件下，压强之比即气体的物质的量之比，气体压强差量之比即物质的量差量之比，由此列出比例式求解；同样，在同温同压下，体积之比等于物质的量之比，故体积差量之比等于物质的量差量之比。

三、反应热差量法

例 5 已知：C(金刚石，s)+O_2(g)══CO_2(g)　$\Delta H=-395.41kJ\cdot mol^{-1}$；C(石墨，s)+$O_2$(g)══$CO_2$(g)　$\Delta H=-393.51kJ\cdot mol^{-1}$。

在人造金刚石的模拟装置中，放入 30g 石墨，通过电弧放电提供 3800J 的能量，求石墨转化成金刚石的质量分数。

解析 根据盖斯定律，1mol 石墨转化金刚石需要吸收 395.41kJ－393.5kJ＝1.9kJ 的热量，再由实际提供能量求出有多少克石墨转化成金刚石，利用差量进行计算。

$$C(\text{石墨},s) \xlongequal{} C(\text{金刚石},s) \quad \Delta H=+1.9kJ\cdot mol^{-1}$$

$$12g \qquad\qquad 1.9kJ$$

$$m(\text{石墨}) \qquad\qquad 3.8kJ$$

$$\frac{12g}{m(\text{石墨})}=\frac{1.9g}{3.8g}\Rightarrow m(\text{石墨})=24g。$$

石墨转化成金刚石的质量分数为 $\frac{24}{30}\times100\%=80\%$。

点评 差量法同样适用于反应过程中热效应的计算，这里要借助盖斯定律。

小试身手

1. 有 NaCl 和 NaBr 的混合物 16.14g，溶解于水中配成溶液，向溶液中加入足量的 $AgNO_3$ 溶液，得到 33.14g 沉淀，求原混合物中钠元素的质量分数。

2. 取一定量的 CuO 粉末与 0.5L 稀硫酸充分反应后，将一根 50g 的铁棒插入上述溶液中，至铁棒质量不再变化时，铁棒质量增大 0.24g，同时收集到 224mL 气体（标准状况），求此 CuO 粉末的质量。

3. 有 11.5mL 某气态烃与过量的 O_2 混合点燃爆炸后，气体体积减小了 34.5mL，再用 KOH 溶液吸收后，气体体积又减小了 34.5mL，气体体积均在室温和常压下测定。求该气体的化学式。

4. 胆矾样品用热重仪进行热重分析，结果如下图所示。

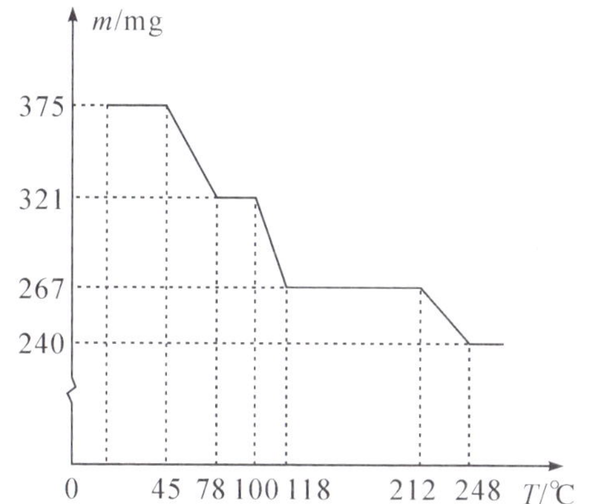

写出 212℃～250℃温度范围内发生反应的化学方程式：________________。

7　化归法

引路人　浙江省台州市第一中学　蔡玲玲

方法导引

化归法是通过公式的逐步变形、转换，化陌生为熟悉、化繁为简、化难为易、化隐为显，构建未知量与已知量间的关联，实现问题的解决。化归法的核心是化未知为已知。该方法可用于梳理多种物理量之间的联系，数形结合判断焓变和熵变，以及判断改变温度时活化能大小对速率变化幅度的影响等。

应用赏析

一、阿伏加德罗定律推论的推导

例 1　常温常压下，分别向三个气球（同一规格，忽略气球自身的重量）中充入两种按体积比 1∶1 混合的气体，得到体积相等的①②③三个气球（下图），则 n(①)∶n(②)∶n(③)=________ m(①)∶m(②)∶m(③)=________。

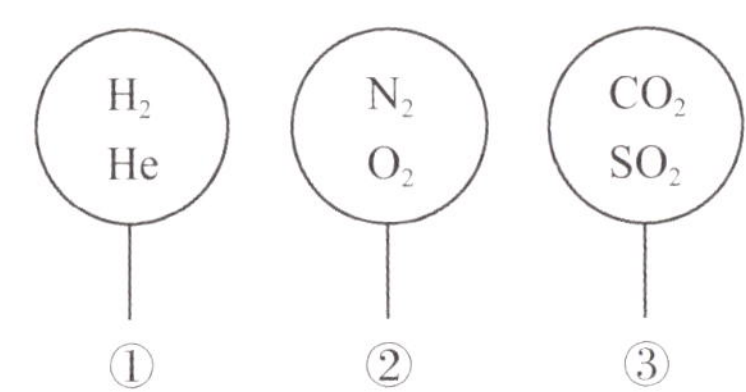

解析　根据理想气体状态方程 $pV=nRT$（从大量的科学实验中总结出来且经过大量科学实验证实的结论。在温度不太高、压强不太大的情况下，所有气体都遵循这个方程。式中：p、V 和 n 分别表示气体的压强、体积和物质的量；R 为气体常数，在国际单位制中 $R=8.314\text{J}\cdot\text{mol}^{-1}\cdot\text{K}^{-1}$；$T$ 为热力学温度）。“气体 1”“气体 2”的理想气体状态方程分别为

$$p_1V_1=n_1RT_1,p_2V_2=n_2RT_2$$

当 $T_1=T_2$、$p_1=p_2$ 时，可得 $\frac{V_1}{V_2}=\frac{n_1}{n_2}$，即阿伏加德罗定律的推论 1：在同温同压下，任何气体的体积之比等于其物质的量之比。

现在常温常压下，三个气球的体积相等，故这三个气球中所含气体的物质的量

相等,即

$$n(①):n(②):n(③)=1:1:1$$

根据 $pV=nRT$, $n=\frac{m}{M}$,可得 $pV=\frac{m}{M}RT$。对"气体1""气体2",分别有

$$p_1V_1=\frac{m_1}{M_1}RT_1, p_2V_2=\frac{m_2}{M_2}RT_2$$

当 $T_1=T_2$、$p_1=p_2$、$V_1=V_2$ 时,可得 $\frac{m_1}{m_2}=\frac{M_1}{M_2}$,即阿伏加德罗定律的推论3:同温同压下,相同体积的任何气体质量之比等于其摩尔质量之比。

现在常温常压下,三个等体积的气球中含有的是两种按体积比1:1混合的气体,①②③的平均摩尔质量分别是 $3g \cdot mol^{-1}$、$30g \cdot mol^{-1}$、$54g \cdot mol^{-1}$,故

$$m(①):m(②):m(③)=1:10:18$$

例2 右图表示1g O_2 与1g X气体在相同容积的密闭容器中的压强 p 与温度 T 的关系,则X气体可能是(　　)

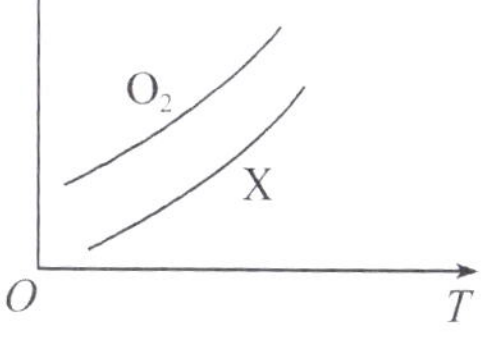

A. C_2H_4　　B. H_2S

C. NH_3　　D. NO

解析　根据 $pV=nRT$ 与 $n=\frac{m}{M}$,得 $pV=\frac{m}{M}RT$,对"气体1""气体2",分别有

$$p_1V_1=\frac{m_1}{M_1}RT_1, p_2V_2=\frac{m_2}{M_2}RT_2$$

当 $T_1=T_2$、$V_1=V_2$、$m_1=m_2$ 时,可得 $\frac{p_1}{p_2}=\frac{M_2}{M_1}$,即阿伏加德罗定律的推论5:在同温同体积下,相同质量的任何气体压强之比等于其摩尔质量的反比。

由题图可知,当温度相同时,氧气的压强大于X气体的压强,则X气体的摩尔质量大于氧气的摩尔质量,C_2H_4、NH_3、NO的摩尔质量均小于 $32g \cdot mol^{-1}$,H_2S 的摩尔质量大于 $32g \cdot mol^{-1}$,因此X气体可能为 H_2S,故选B。

点评　阿伏加德罗定律及其推论常用来解决一些与气体相关的问题,但因其涉及的物理量多,条件易混淆,我们在使用时经常记不清关系式。引入理想气体状态方程 $pV=nRT$ 对阿伏加德罗定律及其推论进行推导,通过转化演绎出不同物理量之间的联系,将隐性的物理量之间的联系显性化,可得出相应的阿伏加德罗定律的推论。

二、数形结合判断焓变和熵变

例3 在C和 O_2 的反应体系中,存在以下反应。

反应1, $C(s)+O_2(g)$ —— $CO_2(g)$　ΔH_1, ΔS_1;

反应 2，$2CO(g) + O_2(g) \xlongequal{} 2CO_2(g)$　$\Delta H_2, \Delta S_2$；

反应 3，$2C(s) + O_2(g) \xlongequal{} 2CO(g)$　$\Delta H_3, \Delta S_3$。

反应 1、2、3 的 ΔG 与温度的变化关系如下图所示，图中线条 c 对应的是反应________。

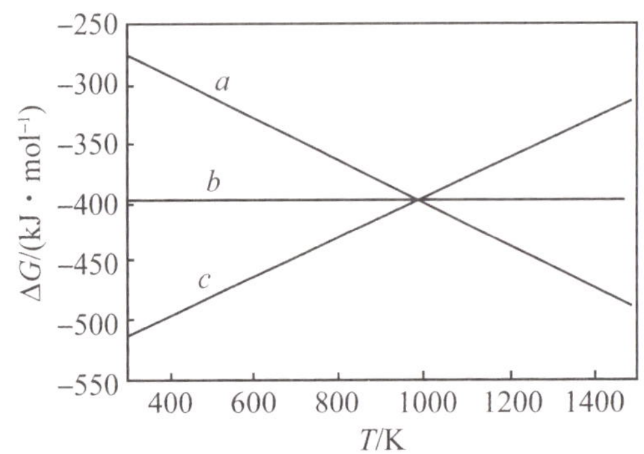

解析　这三个反应皆是燃烧反应，可判断三个反应皆为放热反应，故 $\Delta H_1<0$，$\Delta H_2<0$，$\Delta H_3<0$；根据燃烧前后气体化学计量数的变化可判断：ΔS_1 变化很小，近乎为 0，$\Delta S_2<0$，$\Delta S_3>0$。根据 $\Delta G=\Delta H-T\Delta S$，要求 ΔG 随 T 的变化，可将 ΔG 设为 y，将 T 设为 x，则 $y=(-\Delta S)x+\Delta H$，这是数学中的一次函数，$-\Delta S$ 是斜率，ΔH 是与 y 轴的交点，线条 c 斜率大于 0，即 $-\Delta S>0$，则 $\Delta S<0$，故对应反应 2。

点评　将 $\Delta G=\Delta H-T\Delta S$ 转换成 ΔG 随 T 变化的直观图像，形成通过数形结合判断焓变、熵变及自发反应进行条件的思维方式。观察图像延伸思维，以"形"思"数"，可进一步去思考线条 a、线条 c 与 x 轴的交点所代表的意义，以便更好地理解反应自发进行的条件中所描述的"较高温自发"或"较低温自发"中"较高""较低"的内涵。

三、活化能大小对速率变化幅度的影响

例 4　在一定温度下，某反应达到了化学平衡，其反应过程对应的能量变化如右图所示。温度升高，逆反应速率的增大幅度________正反应速率的增大幅度（填"大于""小于"或"等于"）。已知：阿伦尼乌斯公式为 $k=Ae^{-\frac{E_a}{RT}}$（其中 k 为速率常数，A 和 R 为常数，E_a 为反应的活化能，e 为自然对数的底，T 为热力学温度）。

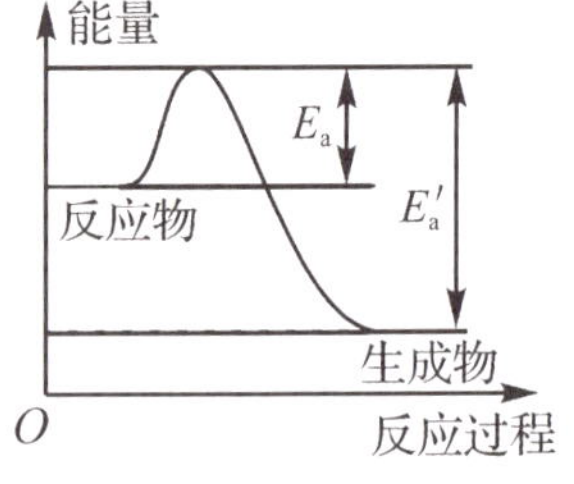

解析　将温度由 T_1 升高到 T_2，速率常数的变化幅度为

$$\frac{k_2}{k_1}=\frac{Ae^{-\frac{E_a}{RT_2}}}{Ae^{-\frac{E_a}{RT_1}}}=e^{-\frac{E_a}{R}\left(\frac{1}{T_2}-\frac{1}{T_1}\right)}$$

即 $\ln\frac{k_2}{k_1}=-\frac{E_a}{R}\left(\frac{1}{T_2}-\frac{1}{T_1}\right)$，可知改变温度时，活化能高的反应速率常数变化幅度大，即升温时，活化能高的反应加速更明显。

由题图可知活化能 $E_{a正}<E_{a逆}$，所以升高温度，逆反应速率的增大幅度大于正反应速率的增大幅度。

点评 阿伦尼乌斯公式的转化，直观地反映了改变温度时活化能高低对速率变化幅度的影响，借以判断改变温度时两个反应速度的相对变化趋势。在研究复杂反应时，通过分析不同步骤反应的活化能或温度对反应速率的影响程度，可判断反应的决速步骤，这有助于我们优化反应条件。

小试身手

1. 某密闭容器中间有一可自由滑动的导热性隔板（厚度不计），当左侧充入 1mol O_2、右侧充入一定量的 CO_2 时，隔板处于如右图所示的位置。下列说法正确的是（　　）

$\frac{4}{5}$　　$\frac{1}{5}$

A. 左侧与右侧的原子数之比为 8∶3

B. 左侧与右侧的气体摩尔体积比为 4∶1

C. 相同条件下右侧气体密度是左侧气体的 11 倍

D. 若右侧再充入 0.5mol CO_2，则隔板可以处于容器正中间

2. 1mol $SrSO_4$ 与 1L 1mol·L^{-1} Na_2CO_3 溶液充分反应，$SrSO_4$ 的转化率为________[已知室温下 $K_{sp}(SrCO_3)=1.6\times10^{-9}$，$K_{sp}(SrSO_4)=2.5\times10^{-7}$]。

3. 在一定温度下，以 I_2 为催化剂，氯苯和 Cl_2 在 CS_2 中发生平行反应，分别生成邻二氯苯和对二氯苯，两产物浓度之比与反应时间无关。反应物起始物质的量浓度均为 0.5mol·L^{-1}，反应 30min 测得氯苯 15%转化为邻二氯苯，25%转化为对二氯苯。保持其他条件不变，若要提高产物中邻二氯苯的比例，可采用的措施是①________（填“提高”或“降低”）反应温度，②改变催化剂。

8　关系式法

引路人　浙江省天台中学　许海卫

方法导引

关系式法是化学计算中常用的一种高效解题方法，适用于连续多步的化学反应计算。它通过分析各步反应的物质及其量的关系，巧妙避开烦琐的过程计算，直接建立已知量物质和未知量物质之间的关系式，实现快速解题，既可简化计算步骤节约运算时间，又可避免运算出错对计算结果的影响。

应用赏析

一、复杂反应计算

例 1　向一定量铁粉和氧化铁的混合物中加入 200mL 4.0mol·L^{-1}的稀硫酸，恰好完全反应，放出 4.48L 氢气（标准状况）。向反应后的溶液中滴加 KSCN 溶液不显红色，且无固体剩余。求反应后得到硫酸亚铁的物质的量。

解析　解决这类问题的关键是先厘清化学反应过程。由于稀硫酸与铁粉和氧化铁恰好完全反应，向反应后的溶液中滴加 KSCN 溶液不显红色，说明所有的铁元素都转化成 Fe^{2+}。因此，本题所涉及的反应的化学方程式有

$Fe+Fe_2O_3+3H_2SO_4 = 3FeSO_4+3H_2O$，$Fe+H_2SO_4 = FeSO_4+H_2\uparrow$

根据化学方程式可得已知量物质和未知量物质之间的关系式为 $H_2SO_4 \sim FeSO_4$。

因此，硫酸亚铁的物质的量计算过程为

$$n(FeSO_4)=n(H_2SO_4)=4.0mol\cdot L^{-1}\times 0.200L=0.80mol$$

二、物质含量计算

例 2　测定含 I^- 浓度很小的碘化物溶液中的 I^- 浓度时，可利用振荡反应进行化学放大，以求出原溶液中碘离子的浓度。主要步骤如下。

①在中性溶液（15.00mL）中，用 Cl_2 将试样中的 I^- 氧化成 IO_3^-，再除去过量的 Cl_2。

②在①得到的溶液中加入过量的碘化钾，在酸性条件下，使 IO_3^- 完全转化成 I_2；反应的化学方程式为

$$IO_3^- + 5I^- + 6H^+ \xlongequal{} 3I_2 + 3H_2O$$

③将②中生成的碘完全萃取后，用肼将其还原成 I^-，反应的化学方程式为

$$N_2H_4 + 2I_2 \xlongequal{} 4I^- + N_2\uparrow + 4H^+$$

④将生成的 I^- 萃取到水层后，再用 Cl_2 将试样中 I^- 氧化成 IO_3^-，再除去过量的 Cl_2。

⑤向④得到的溶液中加入适量的 KI 溶液，并用硫酸酸化。

⑥将⑤反应后的溶液以淀粉作指示剂，用 $0.1080mol \cdot L^{-1}$ $Na_2S_2O_3$ 标准溶液滴定，消耗标准溶液 20.00mL(已知 $2Na_2S_2O_3 + I_2 \xlongequal{} Na_2S_4O_6 + 2NaI$)。

求原溶液中的 I^- 的物质的量浓度。

解析 本题涉及的实验步骤较多，反应过程复杂，但主线是碘元素的转化。我们可以先观察各步反应的化学反应方程式，借助关系式厘清碘元素在各步转化过程中物质的量的变化关系，再结合已知条件求解。由题意可知，碘元素在反应过程中的物质的量的变化关系为

$$I^- \xrightarrow[①]{Cl_2} IO_3^- \xrightarrow[②]{I^-} 3I_2 \xrightarrow[③]{肼} 6I^- \xrightarrow[④]{Cl_2} 6IO_3^- \xrightarrow[⑤]{I^-} 18I_2 \xrightarrow[⑥]{Na_2S_2O_3} 36I^-$$

因此，原溶液中的 I^- 与最终消耗 $Na_2S_2O_3$ 的物质的量关系为

$$I^- \sim 18I_2 \sim 36Na_2S_2O_3$$

$$\begin{aligned} c(I^-) &= [c(Na_2S_2O_3) \times V(Na_2S_2O_3) \div 36] \div V(I^-) \\ &= [(0.1080 \times 0.02000 \div 36) \div 0.01500]mol \cdot L^{-1} \\ &= 4.000 \times 10^{-3}mol \cdot L^{-1} \end{aligned}$$

点评 在对连续多步的化学反应进行计算时，要先审清题意，利用各步反应之间物质的量的传递关系，找到题给已知量物质和未知量物质之间的(计量比)关系式，再进行计算。

三、工业生产计算

例 3 由 NH_3 氧化制 NO 的转化率为 96%，NO 转化为 HNO_3 的转化率为 92%。现有 10t NH_3，可制得 63%的 HNO_3 多少吨?

解析 本题所涉及的反应的化学方程式：

$4NH_3 + 5O_2 \xlongequal[加热]{催化剂} 4NO + 6H_2O$;

$2NO + O_2 \xlongequal{} 2NO_2$;

$3NO_2 + H_2O \xlongequal{} 2HNO_3 + NO$;

$4NO + 3O_2 + 2H_2O \xlongequal{} 4HNO_3$。

虽然反应过程复杂，但主线是氮元素的转化。观察各步反应的化学方程式可知，工业生产中氨除损失之外，可完全转化成硝酸。因此，原料 NH_3 与产物 HNO_3

物质的量关系为 $NH_3 \sim HNO_3$。

$$\frac{m(NH_3)\times96\%\times92\%}{m(HNO_3)\times63\%}=\frac{M(NH_3)}{M(HNO_3)}$$

$$\Rightarrow\frac{10t\times96\%\times92\%}{m(HNO_3)\times63\%}=\frac{17g\cdot mol^{-1}}{63g\cdot mol^{-1}}$$

由此可得 $m(HNO_3)=51.95t$。

点评 对反应过程进行分析,可使物质转化一目了然,从而迅速从变化中寻找到不变,建立已知量物质与未知量物质之间的关系式,极速解决问题,让你体验快刀斩乱麻的感觉。

例 4 2-噻吩乙醇($M_r=128$)是抗血栓药物氯吡格雷的重要中间体,其制备方法如下:

噻吩 —(Na)→ 2-噻吩钠 —(环氧乙烷)→ 2-噻吩乙醇钠 → 2-噻吩乙醇

若利用 4.60g 金属钠最终制得产品 2-噻吩乙醇 17.92g,请计算产品的产率(计算精确至 0.1%)。

解析 本题虽然涉及多步化学反应,但题干已给出转化过程,分析此过程可得关系式

Na ~ 2-噻吩乙醇

因此,$n(Na)=n$(2-噻吩乙醇),则

$$a(\text{2-噻吩乙醇})_{\text{产率}}=\frac{m(\text{2-噻吩乙醇})_{\text{实际}}}{m(\text{2-噻吩乙醇})_{\text{理论}}}\times100\%$$

$$=\frac{m(\text{2-噻吩乙醇})_{\text{实际}}}{\frac{m(Na)_{\text{理论}}}{M(Na)}\times M(\text{2-噻吩乙醇})}\times100\%$$

$$=\frac{17.92g}{\frac{4.60g}{23g\cdot mol^{-1}}\times128g\cdot mol^{-1}}\times100\%$$

$$=70.0\%$$

点评 对反应过程运用关系式法,可以绕开多步反应过程中大量化学方程式的书写,迅速找到已知量物质和未知量物质之间的关系,实现快速解题。

小试身手

1. 将 a g Fe_2O_3、Al_2O_3 样品溶解在过量的 200mL 0.1mol·L^{-1}硫酸中，然后向其中加入 NaOH 溶液，使 Fe^{3+} 和 Al^{3+} 恰好完全沉淀，用去 NaOH 溶液 100mL，则 NaOH 溶液的物质的量浓度是多少？

2. 氯化亚铜(CuCl)是重要的化工原料，国家标准规定合格氯化亚铜产品的主要质量指标为 CuCl 的质量分数大于 96.50%。工业上通过以下反应制备氯化亚铜：

$$2CuSO_4 + Na_2SO_3 + Na_2CO_3 + 2NaCl = 2CuCl\downarrow + 3Na_2SO_4 + CO_2\uparrow$$

准确称取氯化亚铜样品 0.2500g，置于一定量的 0.5mol·L^{-1} $FeCl_3$ 溶液中，待样品完全溶解后，加水 20mL，用 0.1000mol·L^{-1} $Ce(SO_4)_2$ 溶液滴定到终点，消耗 24.60mL $Ce(SO_4)_2$ 溶液。相关反应的化学方程式为

$$Fe^{3+} + CuCl = Fe^{2+} + Cu^{2+} + Cl^-，Ce^{4+} + Fe^{2+} = Fe^{3+} + Ce^{3+}$$

通过计算说明上述样品中 CuCl 的质量分数是否符合标准。

3. 某矿山的黄铁矿石中所含 FeS_2 的纯度为 40%。若配套的硫酸厂生产工艺流程中第一步反应的原料利用率为 70%，第二反应的原料利用率为 90%，第三步反应的原料利用率为 96%，则 10000t 矿石可生产 98%的硫酸多少吨？

9 平均值法

引路人 浙江省海宁市教师进修学校 周学工

方法导引

平均值法常用于处理多组分体系中的化学问题，即根据混合物的某些平均物理量，推知混合物组成必有大于和小于该平均值的物理量存在，从而实现速解、巧解。平均值法常用于判断混合物的组成、产物的组成，计算混合物中各组分含量等，此法能求出混合物的可能组成，不用考虑各组分含量。常见类型有算术平均法、平均摩尔电子质量法、平均分子式法等。

应用赏析

一、算术平均法

例 1 在 CO 和 M 的混合气体中，测得氧的质量分数为 50%，则气体 M 可能是 （ ）

A. CO_2　　B. N_2O　　C. SO_2　　D. SO_3

解析 先计算出 CO 中氧的质量分数 $=(16\div28)\times100\%>50\%$，混合气体中氧的质量分数为 50%，说明 M 气体中氧的质量分数一定小于 50%。CO_2 中碳元素和氧元素的质量比为 12∶32，氧的质量分数大于 50%，A 项不可能；N_2O 中氮元素和氧元素的质量比为 28∶16，氧的质量分数小于 50%，B 项可能；SO_2 中硫元素和氧元素的质量比为 32∶32，氧的质量分数等于 50%，C 项不可能；SO_3 中硫元素和氧元素的质量比为 32∶48，氧的质量分数大于 50%，D 项不可能。选 B。

点评 我们不需要把每种物质中氧的质量分数分别计算出来，利用平均值法的原理便可把另一种未知气体找出来。

二、平均摩尔电子质量法

例 2 有两种金属混合粉末 12.8g，加入足量的稀盐酸充分反应后，得到 5.6L H_2（标准状况），则构成上述混合物的金属组合不可能是 （ ）

A. 钙和锌　　B. 镁和铜　　C. 铝和镁　　D. 钠和铁

解析 运用“平均摩尔电子质量法”要先明确以下两个概念：摩尔电子质

量——某纯净物在反应中转移 1mol 电子所需要的质量;平均摩尔电子质量——某混合物在反应中一起转移 1mol 电子所需要的质量,通常指在反应中提供单位物质的量的电子所需要的物质质量。$n(H_2)=\frac{5.6L}{22.4L\cdot mol^{-1}}=0.25mol$,生成 0.25mol H_2 需要转移 0.5mol 电子,故该金属混合物的平均摩尔电子质量是 25.6g。金属的摩尔电子质量分析计算:钙在反应中表现+2 价,其摩尔电子质量为 20g;锌在反应中表现+2 价,其摩尔电子质量为 32.5g;铜与盐酸不反应,无论质量为多少都无法提供电子(思考:其摩尔电子质量应为多少?),镁在反应中表现+2 价,摩尔电子质量为 12g;铝在反应中表现+3 价,摩尔电子质量为 9g;钠在反应中表现+1 价,摩尔电子质量为 23g;铁在与非氧化性酸反应中表现+2 价,摩尔电子质量为 28g。根据平均值法,$x(A)<25.6g<x(B)$,不难得出两种金属的摩尔电子质量一个大于 25.6g,一个小于 25.6g。答案为 C。

点评 对反应中金属的化合价进行判断即对其失电子数进行判断,如铁在与非氧化性酸反应时失去 2 个电子,在与强氧化性酸反应时失去 3 个电子。不反应的金属的摩尔电子质量的值可认为是$+\infty$,如金属铜与稀盐酸、稀硫酸不反应,则它的摩尔电子质量的值就是$+\infty$。

例 3 由两种金属组成的混合物 4.8g,与氯气完全反应时,消耗氯气 0.1mol,则混合物的组成可能是 ( )

A. 铜和铁　　B. 铁和镁　　C. 钠和铝　　D. 钠和铁

解析 两种金属的混合物共 4.8g,与足量氯气反应后,消耗氯气 0.1mol,则反应中提供 0.2mol 电子,所以该金属混合物的平均摩尔电子质量是 24g。金属的摩尔电子质量:铜在反应中表现+2 价,其摩尔电子质量为 32g;铁在反应中表现+3 价,其摩尔电子质量为 18.7g;镁在反应中表现+2 价,其摩尔电子质量为 12g;钠在反应中表现+1 价,其摩尔电子质量为 23g;铝在反应中表现+3 价,其摩尔电子质量为 9g。根据平均值法,$x(A)<24g<x(B)$,不难得出两种金属的摩尔电子质量一个大于 24g,一个小于 24g。答案为 A。

点评 特别要注意:铁与氯气反应生成 $FeCl_3$。

三、平均分子式法

例 4 在 120℃时,两种气态烃的混合物 2.0L,完全燃烧生成 4.0L 水蒸气和 3.0L CO_2。下列对混合气体成分的判断正确的是 ( )

A. 一定含有 C_2H_4,可能含有 C_2H_6　　B. 一定含有 C_2H_4,不一定含有 CH_4

C. 一定含有 CH_4,可能含有 C_2H_4　　D. 一定含有 CH_4 和 C_3H_4

解析 平均分子式法是一种用于计算混合物分子式的方法,它通过考虑混合物中各种原子的总数量而不是具体的分子结构来找到平均值。这种方法适用于计算两种或多种化合物组成的混合物的平均分子式。两种气态烃的混合物 2L 完全燃烧，得到相同状况下 3L CO_2 和 4L 水蒸气。设混合烃的组成为 C_xH_y，相同条件下，体积之比等于物质的量之比，由原子守恒可知 $x=\frac{3}{2}=1.5$，$y=\frac{4\times2}{2}=4$，即烃的组成为$C_{1.5}H_4$，只有甲烷的 C 原子数小于 1.5，则一定含有 CH_4，由平均 H 原子数为 4 可知，另一种烃中 H 原子数等于 4，C 原子数大于 1.5，C_2H_4、C_3H_4 均符合，即一定含有 CH_4，可能含有 C_2H_4。答案为 C。

点评 本题先根据相同条件下，气体的体积之比等于其物质的量之比，等于其燃烧反应中的化学计量数之比，结合原子守恒判定烃的组成，再利用平均值法即可解答。

小试身手

1. 仅含氧化铁(Fe_2O_3)和氧化亚铁(FeO)的混合物中，铁元素的质量分数为 73.1%，则混合物中氧化铁的质量分数为 ( )

A. 30% B. 40% C. 50% D. 60%

2. 由 Na、Mg、Al、Fe 四种金属单质中的两种组成的混合物共 12g，与足量盐酸反应，产生 5.6L H_2(标准状况)，由此可判断混合物中必定含有 ( )

A. Fe B. Na C. Mg D. Al

3. 有镁、铝、锌、铁和铜 5 种常见金属，现取其中 3 种金属组成混合物。15g 该混合物与足量的稀硫酸反应，标准状况下产生氢气的最大体积为 11.2L。由此推断该金属混合物的组合方式有 ( )

A. 6 种 B. 7 种 C. 8 种 D. 9 种

4. 两种气态烃组成的混合气体 0.1mol，完全燃烧得到 7.04g CO_2 和 3.6g H_2O。下列说法不正确的是 ( )

A. 一定有甲烷 B. 一定是甲烷和乙烯的混合气体

C. 一定没有乙烷 D. 可能是甲烷和 C_3H_4 的混合气体

5. 常温常压下，a mL 三种气态烃以任意比混合后，与足量 O_2 混合点燃，恢复到原状态后，测得气体体积共缩小 $2a$ mL(不考虑 CO_2 的溶解)，则三种烃可能的组合是 ( )

A. C_3H_8、C_4H_4、C_4H_6 B. CH_4、C_3H_6、C_2H_2

C. C_2H_6、C_3H_4、C_4H_6 D. C_2H_4、CH_4、C_3H_4

10　线型分析法

引路人　浙江省湖州市南浔高级中学　程召龙

方法导引

线型分析法是对传统“三角”关系学习的拓展与延伸。将某种元素（如 Al、Fe、C、P、S、Cl 等）的不同存在形式按酸碱性或氧化还原性强弱顺序进行线型排列，根据“相邻共存，相间反应”的原则，预测反应关系和产物。

应用赏析

一、复分解反应

1. 离子方程式的书写

例 1 向 $Al(OH)_3$ 悬浊液中滴加少量盐酸，写出该反应的离子方程式。

解析　现将铝元素的各种存在形式按酸性递减、碱性递增的顺序排列如下图所示。

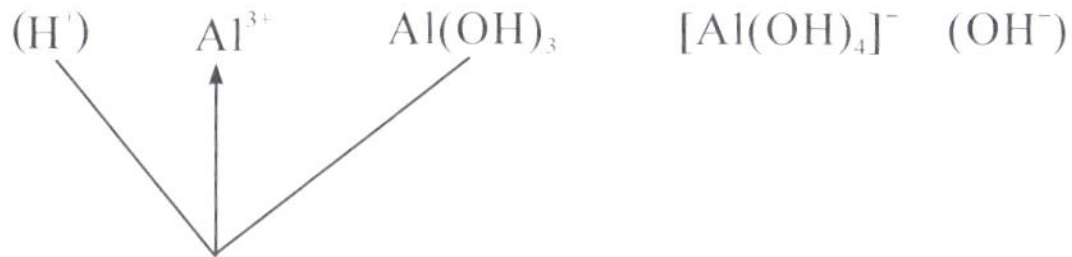

根据“相间反应”的原则，向 $Al(OH)_3$ 悬浊液中滴加少量盐酸，生成 $AlCl_3$ 溶液。该反应的离子方程式为 $Al(OH)_3+3H^+ = Al^{3+}+3H_2O$。

例 2 向 $AlCl_3$ 溶液中滴加数滴 NaOH 溶液，写出该反应的离子方程式。

解析　由线型分析图可知 Al^{3+} 和 OH^- 之间有 $Al(OH)_3$、$[Al(OH)_4]^-$ 两种微粒。

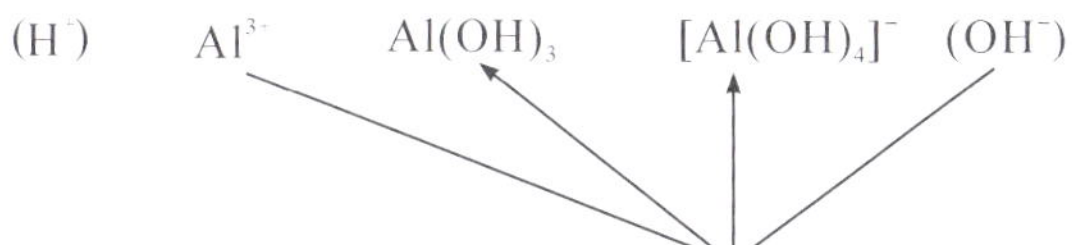

但因为 $AlCl_3$ 过量，所以产物为靠近 $AlCl_3$ 的 $Al(OH)_3$。该反应的离子方程式为 $Al^{3+}+3OH^- = Al(OH)_3\downarrow$。

如果将题干改成“向 NaOH 溶液中滴加数滴 $AlCl_3$ 溶液”，此时 NaOH 过量，则反应产物为靠近 OH^- 的 $[Al(OH)_4]^-$，即 $Al^{3+}+4OH^- = [Al(OH)_4]^-$。

拓展 多元弱酸(以 H_3PO_4、H_2S、$H_2C_2O_4$ 的部分反应为例)

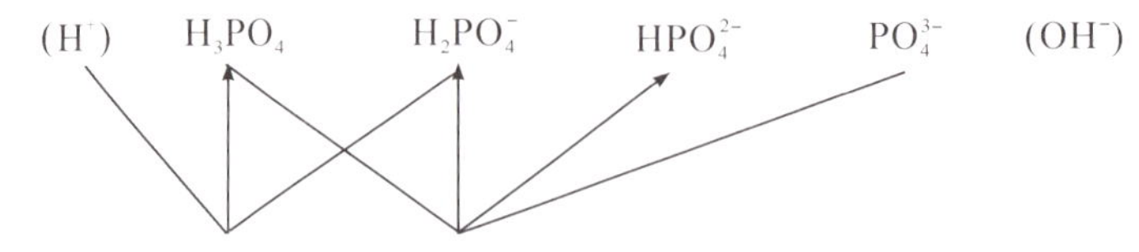

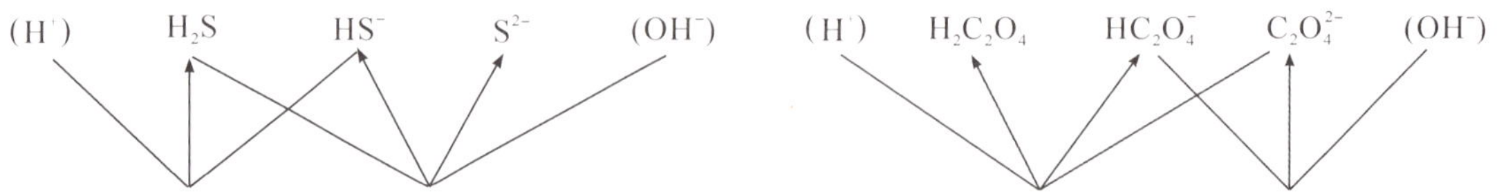

2. 离子共存的判断

例 3 下列可以大量共存且溶液是无色的离子组是 ( )

A. H^+、K^+、Fe^{3+}、SO_4^{2-}　　B. H^+、Na^+、NO_3^-、Cu^{2+}

C. Na^+、$H_2PO_4^-$、PO_4^{3-}、NO_3^-　　D. NO_3^-、SO_4^{2-}、K^+、Mg^{2+}

解析 选项 A 中 Fe^{3+} 溶液呈棕黄色,选项 B 中 Cu^{2+} 溶液呈蓝色,都不符合题意。选项 C 中 $H_2PO_4^-$ 和 PO_4^{3-} 会发生反应生成 HPO_4^{2-},不符合题意。选 D。

点评 运用线型分析法需要把握以下特点。

(1)如果两种反应物之间有多种微粒,则实际反应产物为靠近过量反应物的那种微粒(也可能两种产物共存)。

(2)相邻的三种存在形式中,"左右归中"属于化学反应,反应程度一般比较大;"中间开花"(即中间微粒转化为左右两种微粒)为"电离"或"水解",程度一般比较小。

二、氧化还原反应

线型分析法也适用于氧化还原反应,将某种元素常见化合价的存在形式按化合价升高或降低的顺序排成线型,同样根据"相邻共存,相间反应"的原则,预测反应关系和产物。

例 4 向浓硫酸中通入 H_2S 气体,请写出该反应的化学方程式。

解析 将 S 元素常见的四种微粒按化合价升高(氧化性递增)的顺序排成线型。

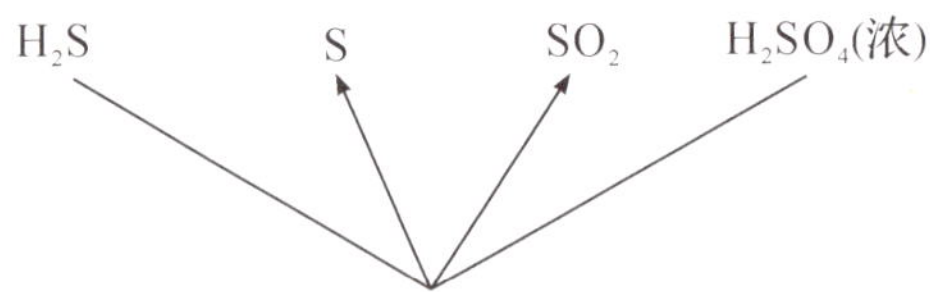

显然,根据"相间反应"的原则,该反应的化学方程式有以下两种可能:

$$H_2S + H_2SO_4(浓) = S\downarrow + SO_2\uparrow + 2H_2O \quad ①$$

$$H_2S + 3H_2SO_4(浓) = 4SO_2\uparrow + 4H_2O \quad ②$$

值得注意的是,在用双线桥法分析反应①时,应遵循同种元素化合价升降"不交叉"的原则(即还原产物中该元素的化合价不能低于氧化产物中该元素的化合价)。因此,该反应中氧化产物是 S,还原产物是 SO_2。

拓展 其他变价元素(以 Fe、Cl 元素的部分反应为例)

点评 对氧化还原反应运用线型分析法时要注意以下三点。

(1)随反应物"量"的改变,反应产物会不同。如:

Fe 与过量稀硝酸反应的离子方程式为

$$Fe+4H^++NO_3^- \xlongequal{} Fe^{3+}+NO\uparrow+2H_2O$$

过量 Fe 与稀硝酸反应的离子方程式为

$$3Fe+8H^++2NO_3^- \xlongequal{} 3Fe^{2+}+2NO\uparrow+4H_2O$$

(2)同一物质(如含氧酸根离子)的氧化性(或还原性)受环境(如酸碱性)的影响比较大,因此反应进行的方向和程度会受到较大影响。如:ClO^- 和 Cl^- 在碱性条件中不能反应,因而可以大量共存;在酸性条件下二者则会发生归中反应,离子方程式为 $ClO^-+Cl^-+2H^+ \xlongequal{} Cl_2\uparrow+H_2O$,因而不能大量共存。

(3)物质的氧化(还原)性强弱受微粒结构和反应环境等多种因素影响,并不一定是化合价越高,氧化性越强,化合价越低,还原性越强。因此,"相间反应"能否发生,要根据实际情况进行分析。

小试身手

1. 写出下列化学反应的离子方程式。

(1)向 $AlCl_3$ 溶液中加入少量 NaOH 溶液。

(2)向 $AlCl_3$ 溶液中加入过量 NaOH 溶液。

(3)向 $AlCl_3$ 溶液中加入 $Na[Al(OH)_4]$溶液。

(4)向 Na_2S 溶液中通入 H_2S 气体。

(5)向 $H_2C_2O_4$ 溶液中加入过量 NaOH 溶液。

2. 下列能大量共存且溶液呈无色透明的离子组是 ( )

A. Na^+、$HC_2O_4^-$、K^+、$C_2O_4^{2-}$　　B. K^+、MnO_4^-、NO_3^-、Ca^{2+}

C. Na^+、Al^{3+}、NH_4^+、$[Al(OH)_4]^-$　　D. Fe^{2+}、SO_4^{2-}、ClO^-、S^{2-}

3. 已知在热的碱性溶液中,NaClO 发生反应 $3NaClO \xlongequal{} 2NaCl+NaClO_3$。在相同条件下,$NaClO_2$ 也能发生类似反应,其最终产物合理的是 ( )

A. NaCl、NaClO　　B. NaCl、$NaClO_3$

C. NaClO、$NaClO_3$　　D. $NaClO_3$、$NaClO_4$

4. 已知反应 $K^{35}ClO_3+6H^{37}Cl$(浓)$\xlongequal{}KCl+3Cl_2\uparrow+3H_2O$,试求生成物氯气的平均相对分子质量。

11　数轴分析法

引路人　浙江省杭州第十四中学　周忠辉

方法导引

数轴分析法即将某些化学知识用数轴表示，它具有直观形象、简明易懂的特点。利用数轴分析法，可以巧妙地将定性和定量的概念联系起来，并能将抽象的内容形象化，有助于理解和把握概念。例如，按照分散质粒径大小的差别对分散系进行分类，共有三种类型，可用数轴表示如下。

有很多化学反应，因反应物用量的变化，产物可能发生变化。主要有两种类型：一类是连续进行的反应，如 CO_2 通入 NaOH 溶液中先生成 Na_2CO_3，继续通入 CO_2，Na_2CO_3 转化为 $NaHCO_3$；另一类是先后进行的反应，如 Cl_2 通入 $FeBr_2$ 溶液中，Cl_2 先氧化 Fe^{2+}，然后氧化 Br^-。对于这些与量有关的化学反应，在分析的基础上，用数轴表征反应过程，可以清晰地理解和解答问题。

应用赏析

一、分析“连续型”反应的产物

例1 向含有 0.2mol NaOH 的溶液中通入一定量的 CO_2 气体，充分反应后，将得到的溶液小心减压蒸干，得到固体 10.0g，则该无水物为　　　　（　　）

A. Na_2CO_3、$NaHCO_3$　　　　B. Na_2CO_3、NaOH

C. $NaHCO_3$、NaOH　　　　D. Na_2CO_3

解析　CO_2 气体通入 NaOH 溶液中先生成碳酸钠，继续通入 CO_2 气体，碳酸钠转化为碳酸氢钠。恰好生成碳酸钠的反应为①$2NaOH+CO_2 = Na_2CO_3+H_2O$；恰好生成碳酸氢钠的反应为②$NaOH+CO_2 = NaHCO_3$。

若$\frac{n(NaOH)}{n(CO_2)}=2$，只发生反应①，则 0.2mol NaOH 会生成 10.6g Na_2CO_3。

若$\frac{n(NaOH)}{n(CO_2)}=1$，只发生反应②，则 0.2mol NaOH 会生成 16.8g $NaHCO_3$。

若$1<\frac{n(NaOH)}{n(CO_2)}<2$，则反应①②都发生，生成的固体为$Na_2CO_3$和$NaHCO_3$的混合物，其质量介于10.6g和16.8g之间。可用数轴表示如下。

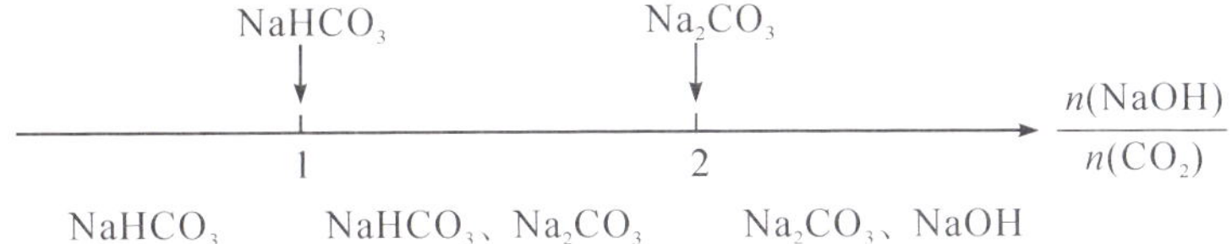

由数轴可以看出，随着两反应物的物质的量之比的增大，所得固体生成物的质量减小。现生成10.0g固体，则两反应物的物质的量之比大于2，所得固体为Na_2CO_3和NaOH。答案为B。

点评 本题中出现不同计量比的不同反应，本质原因是碳酸为二元酸，而氢氧化钠是一元碱。把二氧化碳换成硫化氢，可以编制同样类型的题目。磷酸是中学阶段常见的三元酸，它与氢氧化钠的反应会有几种情况呢？读者不妨写一下二者按不同计量比反应的化学方程式，并把结果在数轴上表示出来。

二、分析“先后型”反应的产物

例2 现向含有1mol $FeBr_2$的溶液中通入氯气。下列情况下，反应后溶液中存在的离子分别是哪些(忽略溶液中水的电离)？

(1)通入0.5mol Cl_2。

(2)通入1mol Cl_2。

(3)通入1.5mol Cl_2。

解析 氯气是应用广泛的强氧化剂，能将Fe^{2+}氧化为Fe^{3+}，将Br^-氧化为Br_2。考虑到Fe^{2+}的还原性大于Br^-的，当氯气较少时会优先氧化Fe^{2+}。如果Fe^{2+}正好被完全氧化，$\frac{n(Cl_2)}{n(FeBr_2)}=\frac{1}{2}$。在此情况下继续通入氯气，$Br^-$会被氧化。当$Br^-$被完全氧化时，$\frac{n(Cl_2)}{n(FeBr_2)}=\frac{3}{2}$。引入数轴法进行分析：

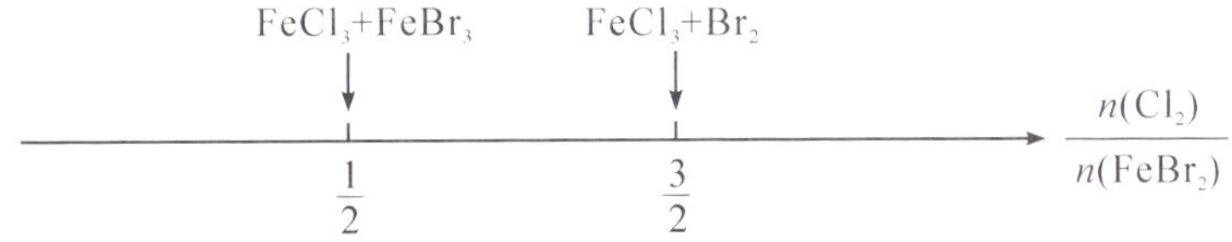

根据这一数轴，可以得出如下结果：

(1)通入0.5mol Cl_2时，溶液中的Fe^{2+}恰好被完全氧化，溶液中含有的离子为Fe^{3+}、Cl^-、Br^-。

(2)通入1mol Cl_2时，溶液中的Fe^{2+}已被完全氧化，Br^-被氧化了一半，溶液中

含有的离子为 Fe^{3+}、Cl^-、Br^-。

(3)通入 1.5mol Cl_2 时，溶液中的 Fe^{2+} 和 Br^- 均被完全氧化，溶液中含有的离子为 Fe^{3+}、Cl^-。

点评 建议把上述三个小题发生的反应各用一个离子方程式表达出来。若将例 2 中的 $FeBr_2$ 改为 FeI_2，已知还原性强弱顺序为 $I^- > Fe^{2+}$，则上述三个小题发生反应的离子方程式会发生什么变化？请尝试写出相应反应的离子方程式。

小试身手

1. 向 100mL 2mol·L^{-1} NaOH 溶液中通入一定量的硫化氢气体，NaOH 充分反应完毕，所得溶液在常温和减压条件下，用氮气把水吹出，得到白色固体 7.92g，通过计算确定白色固体的组成及各组分的质量。

2. 含有 n g HNO_3 的稀溶液，溶解 m g 铁粉形成溶液，该过程中 HNO_3 的还原产物只有 NO，若有 $\frac{n}{4}$ g HNO_3 被还原，则 n 与 m 的比例应满足什么条件？

3. 已知酸性：$H_2C_2O_4 > HC_2O_4^- > H_2CO_3 > HCO_3^-$。根据强酸制弱酸原理，写出以下反应的离子方程式。

(1)碳酸钠溶液中滴加少量草酸溶液。

(2)碳酸钠溶液和草酸溶液以溶质的物质的量之比 1∶1 反应。

(3)碳酸钠溶液中加入过量草酸溶液。

4. 已知还原性：$SO_3^{2-} > I^-$。向含 a mol KI 和 a mol K_2SO_3 的混合液中通入 b mol Cl_2 充分反应(不考虑 Cl_2 与 I_2 的反应)。下列说法不正确的是 ( )

A. 当 $a \geqslant b$ 时，发生的离子反应为 $SO_3^{2-} + Cl_2 + H_2O = SO_4^{2-} + 2H^+ + 2Cl^-$

B. 当 $5a = 4b$ 时，发生的离子反应为

$$4SO_3^{2-} + 2I^- + 5Cl_2 + 4H_2O = 4SO_4^{2-} + I_2 + 8H^+ + 10Cl^-$$

C. 当 $a \leqslant b \leqslant \frac{3}{2}a$ 时，反应中转移电子的物质的量 $n(e^-)$ 的范围为

$$a\ \text{mol} \leqslant n(e^-) \leqslant 3a\ \text{mol}$$

D. 当 $a < b < \frac{3}{2}a$ 时，溶液中 SO_4^{2-}、I^- 与 Cl^- 的物质的量之比为 a∶$(3a-2b)$∶$2b$

12 热重法

引路人 浙江省天台平桥中学 冯柳

方法导引

热重法即热重量分析，是在程序控制温度的条件下，测量物质的质量与温度(时间)之间关系的一种重要的化学定量分析方法。通过该方法得到固体残留质量(也可以是残留率)或固体失重率对温度(时间)的变化曲线，即热重曲线。分析热重曲线，我们可以得到样品在受热过程可能产生的中间产物的组成、热稳定性、热分解情况及生成的产物等与质量相联系的信息。对热重曲线的分析，关键在于把握图像中的特征数据，并结合结构特点和可能发生的反应找到定量变化背后的定性原因，进一步综合判定物质的组成、结构和相关反应。

应用赏析

一、热重法确定化合物的化学式

例 1 $Mg_aAl_b(OH)_c(CO_3)_d \cdot xH_2O$(碱式碳酸铝镁)常用作塑料阻燃剂。

①准确称取 3.390g 样品与足量稀盐酸充分反应，生成 CO_2 0.560L(标准状况)。

②另取一定量样品在空气中加热，样品的固体残留率(固体样品的剩余质量÷固体样品的起始质量×100%)随温度的变化如右图所示(样品在 270℃时已完全失去结晶水，600℃以上残留固体为金属氧化物的混合物)。

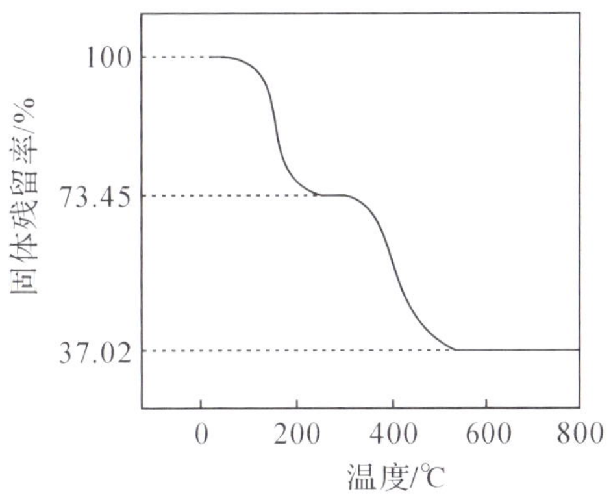

根据以上实验数据计算碱式碳酸铝镁样品中的$\frac{n(OH^-)}{n(CO_3^{2-})}$。

解析 不妨暂定 3.390g 样品为 1mol。

$n(CO_2)=\frac{0.560L}{22.4L \cdot mol^{-1}}=0.025mol$，根据碳元素守恒，即可确定为 $d=0.025$。

270℃时失去结晶水的质量为 3.390g×(1−73.45%)≈0.9g，600℃时失重的质量为 3.390g×(1−37.02%)≈2.135g，将其减去结晶水的质量和分解产生 CO_2 的质量即得氢氧根再生成水的质量，2.135g−(0.025mol×44g·mol^{-1})−0.9g=0.135g。$n(\mathrm{H})=\dfrac{0.135\mathrm{g}\times 2}{18\mathrm{g\cdot mol^{-1}}}=0.015\mathrm{mol}$，根据氢元素守恒可得 $c=0.015$。故碱式碳酸铝镁样品中的 $\dfrac{n(\mathrm{OH^-})}{n(\mathrm{CO_3^{2-}})}=\dfrac{0.015}{0.025}=\dfrac{3}{5}$。

点评 一般认为加热结晶水合物的反应经历的过程：先脱去结晶水，然后进一步发生碳酸盐、氢氧化物的分解而生成金属氧化物。

二、热重法辅助分析化合物的结构

例 2 某兴趣小组称取 2.500g 胆矾晶体，逐渐升温使其失水，并准确测定不同温度下剩余固体的质量 m，得到如下图所示的实验结果。下列分析正确的是 ( )

A. 结晶水分子与硫酸铜结合的能力完全相同

B. 每个结晶水分子与硫酸铜结合的能力都不相同

C. 可能存在 3 种不同的硫酸铜结晶水合物

D. 加热过程中结晶水分子逐个失去

m/g 2.500 2.140 1.780 1.600 O 102 113 258 T/℃

解析 由题图可知胆矾($CuSO_4\cdot 5H_2O$)失水分 3 个阶段：102℃时失去 2 个水分子，113℃时失去 2 个水分子，258℃时失去 1 个水分子，并不是逐个失去。由此可推知过程中还生成了 2 种新的水合物，故 C 项正确。

胆矾($CuSO_4\cdot 5H_2O$)晶体中的水分子所处化学环境可以分为 3 种，失去 3 种结晶水分子温度不同，说明克服的作用力大小不同，则 3 种水分子与硫酸铜结合的能力不完全相同，而同一次失去的 2 个结晶水与硫酸铜结合的能力相同。

点评 热重曲线可以辅助我们分析胆矾结构(右图)。其中最先失去的是最左边以配位键与铜离子结合的两个水分子，然后是中间同时以配位键与铜离子结合以及以氢键与右边水分子结合的两个水分子，最后失去的是最右边的水分子，因为它的氢原子与周围的硫酸根离子中的氧原子形成氢键，它的氧原子又与以配位键结合铜离子的水分子中的氢原子形成氢键，总体上构成一种稳定的环状结构，因此破坏这个结构需要较高的能量。

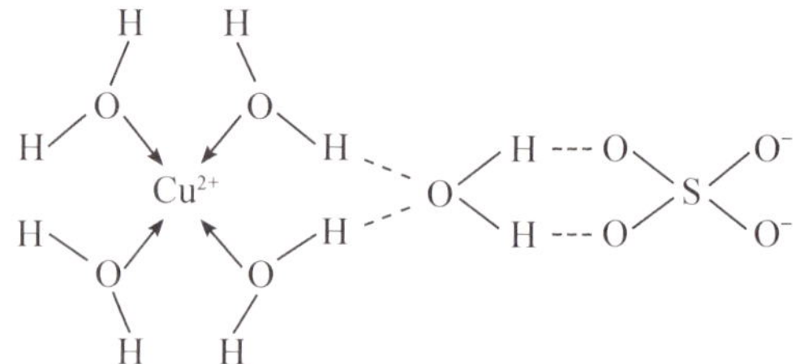

三、热重法综合分析化合物受热过程的反应及产物

例 3 化合物 $YW_4X_5Z_8\cdot 4W_2Z$ 可用于电信器材、高级玻璃的制造。W、X、Y、Z 为短周期元素，原子序数依次增加，且加和为 21。YZ_2 分子的总电子数为奇

数，常温下为气体。该化合物的热重曲线如下图所示，在200℃以下热分解时无刺激性气体逸出。下列叙述正确的是 （　　）

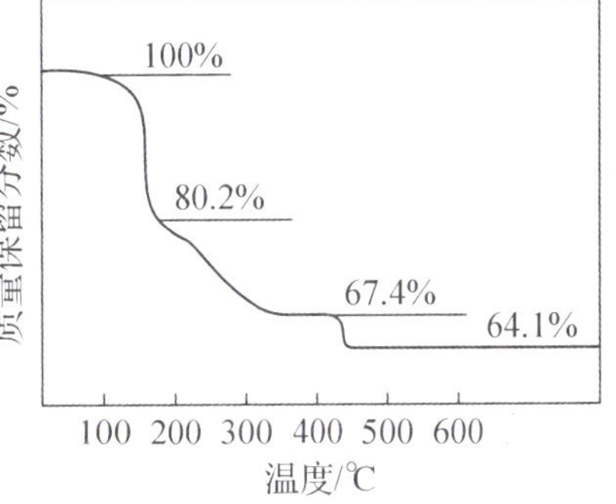

A. W、X、Y、Z的单质常温下均为气体

B. 最高价氧化物的水化物的酸性：Y＜X

C. 100℃～200℃热分解失去4个W_2Z

D. 500℃热分解后生成固体化合物X_2Z_3

解析　200℃以下热分解时无刺激性气体逸出，则W为H，Z为O，YZ_2分子的总电子数为奇数且常温下为气体，则Y为N，原子序数之和为21，则X为B。X(B)的单质在常温下为固体，A项错误；根据N的非金属性比B的强，推知最高价氧化物的水化物酸性强弱关系为$X(H_3BO_3)<Y(HNO_3)$，B项错误；由200℃以下热分解时无刺激性气体逸出可知失去的是水，若100℃～200℃热分解失去4个H_2O，则质量分数为$\frac{14+4+11\times5+16\times8}{14+4+11\times5+16\times8+18\times4}\times100\%\approx$73.6%，由此说明不是失去4个$H_2O$，C项错误；若化合物($NH_4B_5O_8\cdot4H_2O$)在500℃热分解后生成固体化合物$X_2Z_3(B_2O_3)$，根据硼元素守恒，可得到关系式$2NH_4B_5O_8\cdot4H_2O\sim5B_2O_3$，则通过计算可以得到固体化合物$B_2O_3$的质量分数为$\frac{(11\times2+16\times3)\times5}{(14+4+11\times5+16\times8+18\times4)\times2}\times100\%\approx64.1\%$，说明假设正确，D项正确。

点评　先假设再求证是分析实验结果的一种重要研究思路。

例4　将1.800g $FeC_2O_4\cdot2H_2O$固体样品放在热重分析仪中进行热重分析，测得其热重曲线（样品质量随温度变化的曲线）如下图所示。

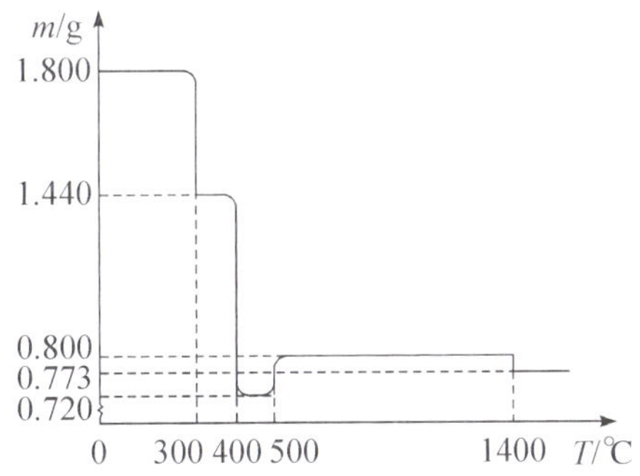

已知：草酸盐受热分解易放出碳的氧化物；500℃之前，该热重分析仪的样品池处于氩气气氛中，500℃时起，样品池与大气相通。

(1)300℃时是样品脱水的过程，试确定350℃时样品是否脱水完全。

(2)写出400℃时发生变化的化学方程式。

(3)写出500℃～1400℃时所得固体的化学式。

解析 (1)1.800g $FeC_2O_4 \cdot 2H_2O$ 固体样品中含有结晶水的质量为 1.800g×$\frac{36}{180}$=0.36g，剩余固体质量为1.44g，故350℃时样品已经完全脱水。

(2)根据铁原子守恒，400℃时固体质量为0.720g，其中铁元素为0.0100mol，质量为0.560g，剩余的质量0.016g应该是氧的质量，其物质的量为0.0100mol，则铁、氧原子的物质的量之比为1∶1，为FeO，结合化合价有升必有降，则还有一氧化碳和二氧化碳生成，反应的化学方程式为 $FeC_2O_4 \xlongequal{\triangle} FeO + CO\uparrow + CO_2\uparrow$。

(3)500℃～1400℃时固体质量为0.800g，铁元素质量为0.560g，剩余氧元素质量为0.024g，其物质的量为0.0150mol，则铁、氧原子的物质的量之比为2∶3，因此该固体是氧化铁。

点评 热重实验中可能发生不同类型的反应：试样以脱水、分解等非氧化还原方式失重；试样以氧化、还原等方式发生质量变化；环境中的氧气参加反应等。

小试身手

1. 在 N_2 气氛中，$FeSO_4 \cdot 7H_2O$ 的脱水热分解过程如下图所示。根据实验结果，可知 x=________，y=________。

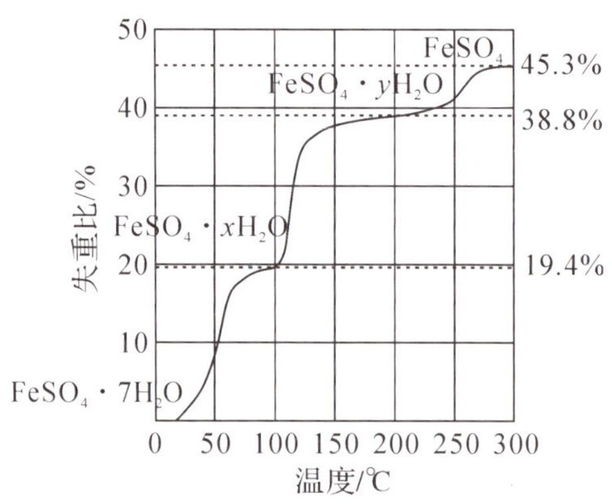

2. PbO_2 在加热过程中发生分解反应的失重曲线如右图所示。已知失重曲线上的 a 点为样品失重4.0%$\left(\frac{\text{样品起始质量}-a\text{点固体质量}}{\text{样品起始质量}}\times 100\%\right)$的残留固体。若 a 点固体表示为 PbO_x 或 $mPbO_2 \cdot nPbO$，计算 x 值和 $m:n$ 的值。

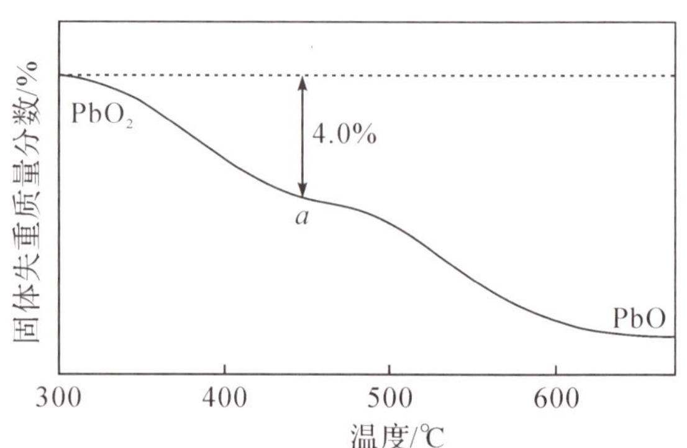

3. 化合物 $WY_2Z_4 \cdot X_2Z$ 中的四种元素 X、Y、Z、W 为前 20 号元素，且原子序数依次增大，Y 和 Z 位于同周期的不同主族，W 最高价氧化物对应的水化物是检验 YZ_2 气体的常用试剂，该化合物的热重曲线如下图所示。下列叙述正确的是 （ ）

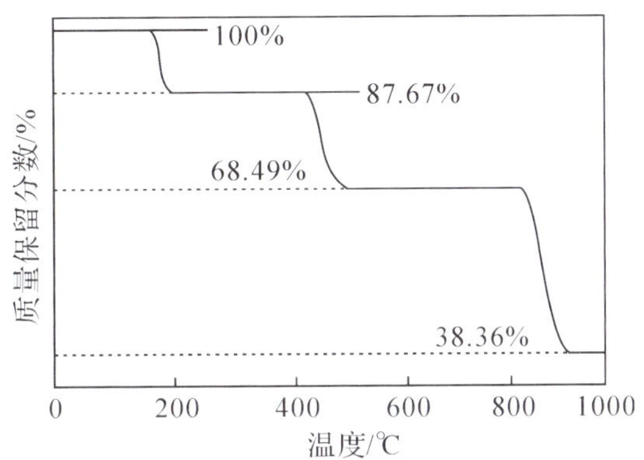

A. X、Y、Z、W 四种元素只能形成一种离子化合物 $W(XYZ_3)_2$

B. 200℃～400℃阶段热分解将失去 1 个 X_2Z

C. 600℃时热分解后生成固体化合物 WYZ_3，且该反应为非氧化还原反应

D. 化合物 YZ_2 中的只有 Z 原子满足 8 电子稳定结构

4. $Co(OH)_2$ 在空气中加热时，固体残留率随温度的变化曲线如下图所示。已知钴的氢氧化物加热至 290℃ 时已完全脱水，则 1000℃ 时，剩余固体成分为________（填化学式，下同）；在 350℃～400℃时，剩余固体成分为________。

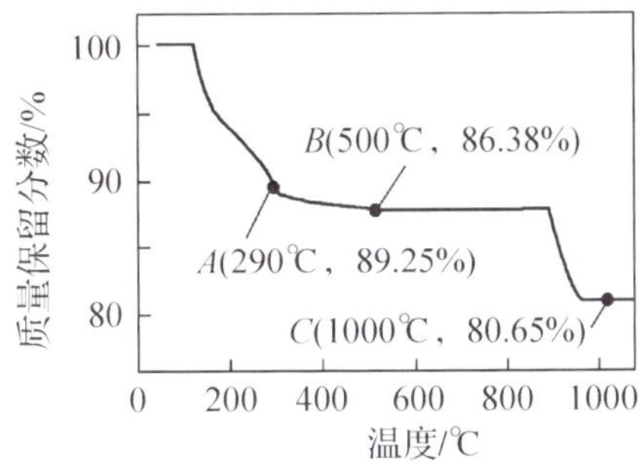

13 类比推理法

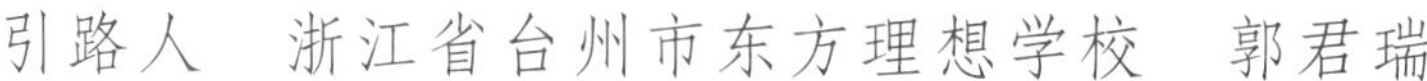

引路人 浙江省台州市东方理想学校 郭君瑞

方法导引

类比推理法是人们认识事物或解决问题的常用方法，通常是根据两个或两类对象有部分属性相同或相似，进而推理出它们的其他属性也具有相似性。运用类比推理可巧妙地将一些陌生问题与自己熟悉的问题联系起来，再运用熟悉的方法解决陌生的问题。在高中化学中，我们可以根据物质结构相似、同类物质性质相似、元素周期律等进行类比推理，从而快速、准确地解决许多复杂的化学问题。

应用赏析

一、根据概念相近进行类比推理

例 1 氮的化合物种类繁多，应用广泛。与碳氢化合物类似，N、H 两元素之间也可以形成氮烷、氮烯。请回答：

(1)下列说法不正确的是________。

A. N_2H_4、NH_2OH、NH_3 三种物质属于氮烷，具有还原性

B. Ca_3N_2、NH_4Cl、KNH_2 为离子化合物

C. 最简单的氮烯分子式为 N_2H_2

D. N_2H_4 与一定量的盐酸作用可生成 N_2H_5Cl 或 $N_2H_6Cl_2$

(2)氮和氢形成的无环氮多烯，设其分子中氮原子数为 n，双键数为 m，则其分子式通式为________。

解析 本题中出现了陌生的“氮烷”“氮烯”，我们可类比有机化合物中熟悉的烷烃与烯烃，其特点是烷烃中碳碳键均为单键，烯烃中存在碳碳双键，由此可推知，氮烷中氮氮键均为单键，氮烯中存在氮氮双键。

(1) NH_2OH 分子中含有氧原子，不属于氮烷，A 项不正确；Ca_3N_2、NH_4Cl、KNH_2 分别由相应的阴、阳离子组成，为离子化合物，B 项正确；氮烯中存在氮氮双键，最简单的氮烯应是 NH═NH，C 项正确；NH_2NH_2 与 NH_3 组成相似，与酸反应的性质相似，但由于 NH_2NH_2 中有 2 个—NH_2，NH_2NH_2 可与少量 HCl 反应生成

N_2H_5Cl，与足量的 HCl 反应生成 $N_2H_6Cl_2$，D 项正确。答案为 A。

(2)简单的氮烷分别是 NH_3、NH_2NH_2，NH_2NHNH_2 等，氮烷分子中氢原子比氮原子多 2 个，其通式为 N_nH_{n+2}，而每出现一个氮氮双键，氢原子数减少 2，若无环氮多烯中含有 m 个氮氮双键，则氢原子减少 $2m$ 个，其通式可表示为 N_nH_{n+2-2m}($n\geqslant 2$，$m\leqslant \frac{n}{2}$，m 为正整数)。

点评 相近概念可帮助我们快速认识新概念的特点，并运用旧概念的内涵解决新问题。其他类似的还有从盐类的水解到有机化合物的氨解和醇解等，如乙酸乙酯在一定条件下与甲醇发生醇解，可得到乙酸甲酯和乙醇。

二、根据组成相似进行类比推理

例 2 Ca_3SiO_5 是硅酸盐水泥的重要成分之一。下列关于其性质的说法不正确的是 ( )

A. 可发生反应 $Ca_3SiO_5+4NH_4Cl \xlongequal{\triangle} CaSiO_3+2CaCl_2+4NH_3\uparrow+2H_2O$

B. 能吸收水分，需要密封保存

C. 能与 SO_2 反应生成新盐

D. 与足量盐酸反应，所得固体产物主要为 SiO_2

解析 从组成上可以将 Ca_3SiO_5 看作 $2CaO\cdot CaSiO_3$，这样就可类比 CaO 和 $CaSiO_3$ 的性质来进行推理。类比 $CaO+2NH_4Cl \xlongequal{\triangle} CaCl_2+2NH_3\uparrow+H_2O$，A 项正确；类比 CaO 能与水反应生成 $Ca(OH)_2$，B 项正确；类比 CaO 与 SO_2 反应生成 $CaSO_3$，C 项正确；Ca_3SiO_5 与足量盐酸作用，所得固体产物为 $CaCl_2$ 和 H_2SiO_3，D 项错误。答案为 D。

点评 对一个陌生的化合物进行组成上的解剖，将其转化为熟悉的化合物，进而从熟悉物质的性质思考陌生物质的性质，这是解决此类问题的常用方法。例如 ClF、IBr 等卤素互化物的性质与卤素单质类似。

三、根据结构相似进行类比推理

例 3 丙烯酸乙酯天然存在于菠萝等水果中，是一种食品用合成香料，可以用乙烯、丙烯等石油化工产品为原料进行合成：

$CH_2{=}CH_2 \xrightarrow[\text{催化剂}]{\text{无机物M}}$ 有机化合物A

$CH_2{=}CHCH_3 \xrightarrow[\text{催化剂}]{O_2}$ 有机化合物B

有机化合物A + 有机化合物B $\xrightarrow[\triangle]{\text{催化剂}} CH_2{=}CHCOOCH_2CH_3$（丙烯酸乙酯）

请回答：

(1)由乙烯生成有机化合物 A 的化学反应的类型是______________。

(2)有机化合物B中含有的官能团是________(填名称),A与B反应生成丙烯酸乙酯的化学方程式是________________,其反应类型是________。

(3)久置的丙烯酸乙酯自身会发生聚合反应,所得聚合物具有较好的弹性,可用于生产织物和皮革处理剂。请用化学方程式表示上述聚合过程:________。

(4)丙烯酸乙酯可能具有哪些物理性质和化学性质?________。

解析 这是一个有机化合物转化推断题,从产物丙烯酸乙酯的组成和结构,可推得A、B应是丙烯酸和乙醇,结合合成有机化合物A、B的原料,则可推得A是乙醇,B是丙烯酸。

(1)乙烯与水发生加成反应可得乙醇,其反应类型是加成反应。

(2)B是丙烯酸,其官能团是羧基,化学方程式为

$$CH_2{=}CHCOOH + HOCH_2CH_3 \xrightarrow[\triangle]{催化剂} CH_2{=}CHCOOCH_2CH_3 + H_2O$$

属于酯化反应。

(3)$$nCH_2{=}CHCOOCH_2CH_3 \xrightarrow{催化剂} {\left[\!\!\begin{array}{l} CH_2-CH \\ \qquad\ \ | \\ \qquad COOCH_2CH_3 \end{array}\!\!\right]_n}$$。

(4)丙烯酸乙酯是酯类化合物,密度比水小,难溶于水,易溶于苯等有机溶剂,分子结构中含碳碳双键、酯基2种官能团,因而丙烯酸乙酯能水解,能与氢气、溴等发生加成反应,能被酸性$KMnO_4$溶液氧化等。

点评 认识有机化合物的性质,要善于从有机化合物的结构出发,因为结构决定性质,性质反映结构。对有机化合物的结构进行分析,通常从碳骨架和官能团入手,了解其类别,再推测其可能有的化学性质。

四、根据元素周期律进行类比推理

例4 W、X、Y、Z四种短周期元素,它们在周期表中的位置如下表所示。下列说法不正确的是 ( )

		X		
W		Y	Z	

A. W、Y、X三种元素的原子半径依次减小

B. Z元素的气态氢化物的热稳定性比Y元素的气态氢化物的热稳定性高

C. W元素与氢元素可能会形成W_2H_6

D. Y元素的单质能从NaZ溶液中置换出Z元素的单质

解析 由元素在周期表中的相对位置可推得W、X、Y和Z对应的元素分别是Si、O、S和Cl。Si、S、O的原子半径依次减小,A项正确;Cl元素的非金属性较S元素的强,则HCl的热稳定性较H_2S的强,B项正确;Si元素与C元素同主族,在性质上有许多相似性,C元素能形成许多氢化物,如CH_4、C_2H_6等,推测Si也能形成Si_2H_6,C项正确;Y元素对应的单质为S,其氧化性较Cl_2的弱,S单质不可能从NaCl溶液中置换出氯气,D项错误。答案为D。

点评 同主族元素在性质上具有相似性和递变性，利用同主族元素性质的相似性，可推测某陌生物质的性质。例如：H_2S_2 的某些性质可类比 H_2O_2 的；PH_3 的结构与性质也可类比 NH_3 的。

小试身手

1. 烃 A 是一种重要的化工原料。已知 A 在标准状况下的密度为 $1.25g \cdot L^{-1}$，B 可发生银镜反应。它们之间的转化关系如下图所示。

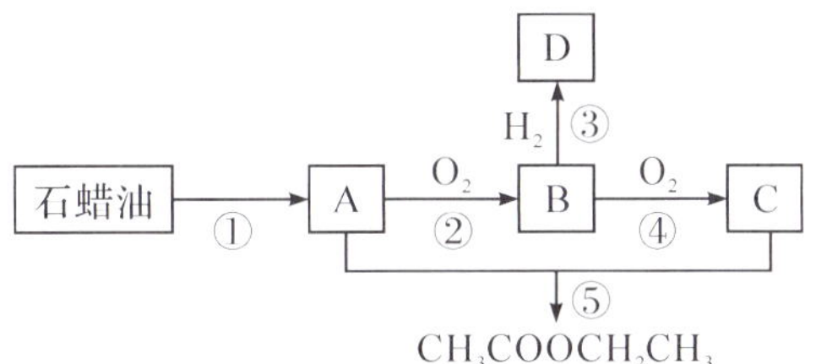

下列说法正确的是 （ ）

A. 有机化合物 A 与 D 在一定条件下可反应生成乙醚[$(CH_3CH_2)_2O$]

B. 用新制碱性氢氧化铜悬浊液无法区分有机化合物 B、C 和 D

C. 通过直接蒸馏乙酸乙酯和有机化合物 C 的混合物，可分离得到纯的乙酸乙酯

D. 相同条件下乙酸乙酯在氢氧化钠溶液中水解较在稀硫酸中水解更完全

2. 过碳酸钠（$2Na_2CO_3 \cdot 3H_2O_2$），外观为白色结晶，主要用作漂白剂、氧化剂、去污剂、清洗剂、杀菌剂等。生产过程的主反应为

$$2Na_2CO_3+3H_2O_2 = 2Na_2CO_3 \cdot 3H_2O_2$$

下列说法不正确的是 （ ）

A. 过碳酸钠具有强氧化性

B. 生产过程中采用较低温度，目的是防止产品和反应物的分解

C. 在生产过程中酸、铁盐、铜盐等都可能导致产率下降

D. 将过碳酸钠溶液和亚硫酸氢钠溶液混合，发生的反应为

$$2Na_2CO_3 \cdot 3H_2O_2+3NaHSO_3 = 2Na_2CO_3+3NaHSO_4+3H_2O$$

3. 短周期元素 X、Y、Z、W、Q 在元素周期表的位置如下表所示，其中 X 元素的原子内层电子数是最外层电子数的一半。下列说法正确的是 （ ）

X		Y	
Z		W	Q

A. 钠与 W 可能形成 Na_2W_2 化合物

B. 由 Z 与 Y 组成的物质在熔融时能导电

C. W 的得电子能力比 Q 的强

D. X 有多种同素异形体，而 Y 不存在同素异形体

4. 工业上煅烧含硫矿物产生的 SO_2 可以按如下图所示的流程脱除或利用。

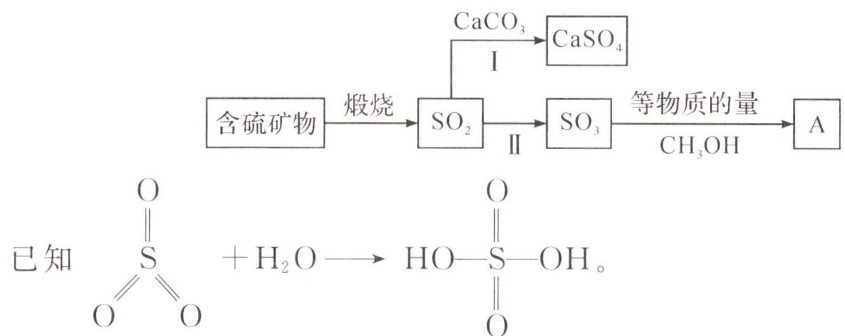

煅烧含硫量高的矿物得到高浓度的 SO_2，通过途径Ⅱ最终转化为化合物 A。请回答：

(1)下列说法不正确的是________。

A. 燃煤中的有机硫主要呈正价

B. 化合物 A 具有酸性

C. 化合物 A 是一种无机酸酯

D. 工业上途径Ⅱ产生的 SO_3 也可用浓硫酸吸收

(2)写出化合物 A 与 NaOH 溶液反应的化学方程式：____________________。

14　拆分法

引路人　浙江省嘉兴教育学院　吴伟

方法导引

化学是在原子、分子水平上研究物质的组成、结构、性质、转化及其应用的一门基础学科，也是一门用来诠释物质世界的语言。元素符号相当于它的字，物质的化学式相当于它的词，化学方程式则相当于它的句。

在中学阶段，我们要认识许多陌生的物质和较复杂的化学反应。运用拆分法，可以推测复杂物质的化学性质，也可以更好地理解复杂的化学反应。

应用赏析

一、推测较复杂物质的化学性质

例 1　组成 K_3ClO 这种物质的微粒是什么？推测其可能的化学性质。

解析　认识物质的一般方法可循如下路径：

依据组成元素的金属性或非金属性，可先确定化合价，再分析可能存在的化学键类型、原子之间的组合方式等。组成复杂的物质，根据其化合价和电性作用，运用拆分法，可将其成拆解为最基本的二元化合物，此处的二元，既可以理解为仅含两种元素，又可以理解为两种离子、两种基团等。因此，该物质的化学性质，可能相当于这些简单的二元化合物化学性质的“合集”。

当物质中存在多种元素，且有些是常见的、化合价可变的元素时，建议先从金属性最强和非金属性最强的元素开始确定。理由是：化合价取决于该元素与其他何种元素化合——若与同种元素化合，其化合价为 0；金属性强的元素化合价为正；非金属性强的元素化合价为负。非金属性最强和金属性最强的主族元素，其可能达到最低负价和最高正价。再根据化合物中各元素化合价之和等于零，判断剩下(可变价)元素的化合价。由此可判断 K_3ClO 中，3 种元素的化合价依次是＋1 价，－1 价(氯的化合价是最后确定的)和－2 价。

接下来把 K_3ClO 拆分成“$KCl \cdot K_2O$”，故其化学性质与 KCl 和 K_2O 相似，如可与水反应生成 KCl 和 KOH。

点评　拆分法仅适用于对物质化学性质的推测，通常并不能用于对结构的推测。如 K_3ClO 由微粒 K^+、Cl^- 和 O^{2-} 构成，但 $NaAlH_4$ 用拆分法拆分成“$NaH \cdot AlH_3$”来表示后，却并不能因此认为 $NaAlH_4$ 由 Na^+、Al^{3+} 和 H^- 构成，而实际上其电子式是 $Na^+\left[\begin{array}{c} H \\ H:\ddot{Al}:H \\ H \end{array}\right]^-$。再如 Fe_3O_4，其构成与结构是非常复杂的。

例 2 100%硫酸吸收 SO_3 可生成焦硫酸(分子式为 $H_2S_2O_7$)，1mol $H_2S_2O_7$ 与 NaOH 溶液反应时，最多可消耗多少 NaOH？写出该反应的化学方程式。

解析 $H_2S_2O_7$ 中，三种元素的化合价依次是+1 价、+6 价和-2 价，可以将其拆分为“$H_2SO_4 \cdot SO_3$”(或“$2SO_3 \cdot H_2O$”)，容易知道 1mol $H_2S_2O_7$ 与 NaOH 溶液反应时，最多可消耗 4mol NaOH，反应化学方程式为

$$H_2S_2O_7 + 4NaOH = 2Na_2SO_4 + 3H_2O$$

点评 看到焦硫酸的分子式为 $H_2S_2O_7$ 时，不能主观地认其为一种二元酸，而错误得出每摩尔焦硫酸最多消耗 2mol NaOH 的结论。

二、运用拆分法认识复杂的化学反应

例 3 如何理解下面侯氏制碱法的主要反应？

$$NH_3 + CO_2 + H_2O + NaCl = NaHCO_3\downarrow + NH_4Cl$$

解析 侯氏制碱法是教材中“科学史话”和“研究与实践”栏目中的内容。侯氏制碱的基本原理为将 CO_2 通入饱和氨盐水中，控制一定的温度析出 $NaHCO_3$。

这是一个相当复杂的化学反应，总共涉及 6 种物质，也无法用初中阶段所学的“四大基本类型”去分类。但是若将其按步骤拆分，则可发现每一步反应均比较简单且容易理解：

Ⅰ. $NH_3 + H_2O \rightleftharpoons NH_3 \cdot H_2O$(化合反应)；

Ⅱ. $CO_2 + 2NH_3 \cdot H_2O = (NH_4)_2CO_3 + H_2O$(化合反应，$CO_2$ 少量时)；

Ⅲ. $(NH_4)_2CO_3 + CO_2 + H_2O = 2NH_4HCO_3$(化合反应，$CO_2$ 过量时)；

Ⅳ. $NH_4HCO_3 + NaCl \xlongequal{\text{一定温度}} NaHCO_3\downarrow + NH_4Cl$(复分解反应)。

把上述反应的化学方程式相加，消去一些中间产物，就可得到总反应的化学方程式。历史上，德国人曾经以碳酸氢铵和氯化钠为原料，利用反应Ⅳ来生产碳酸氢钠，称作察安法。

点评 我们认识的一些无机反应或有机反应的化学方程式，可能是一个总反应，在实际发生过程中，往往分好多步进行。我们将对怎么反应的探索，称作反应机理研究。此外，还可以用半反应法书写并配平氧化还原反应等，这些都是对方程式进行拆分的常用技巧。如

$MnO_4^- + 5e^- + 8H^+ = Mn^{2+} + 4H_2O$，$SO_2 + 2H_2O - 2e^- = SO_4^{2-} + 4H^+$

根据得失电子守恒，将以上两式分别乘以 2 和 5 再相加，化简后得到 SO_2 通入酸性高锰酸钾溶液中的离子方程式为

$$2MnO_4^- + 5SO_2 + 2H_2O = 2Mn^{2+} + 5SO_4^{2-} + 4H^+$$

例 4 工业制备$(NH_4)_2SO_4$，所需的NH_3可以合成，但缺SO_4^{2-}。工程师提出，可以把石膏矿中的Ca^{2+}转化为难溶的$CaCO_3$，留下的SO_4^{2-}与NH_4^+形成$(NH_4)_2SO_4$，即通过反应

$$CaSO_4 + 2NH_3 \cdot H_2O + H_2CO_3 \xlongequal{} (NH_4)_2SO_4 + CaCO_3 + 2H_2O$$

生产$(NH_4)_2SO_4$。这个方法是否可行？请通过计算说明。

已知$K_{sp}(CaSO_4)=9.1\times10^{-6}$，$K_{sp}(CaCO_3)=2.5\times10^{-9}$，$K_{a1}(H_2CO_3)=4.2\times10^{-7}$，$K_{a2}(H_2CO_3)=5.6\times10^{-11}$，$K_b(NH_3\cdot H_2O)=1.8\times10^{-5}$。

解析 总反应可拆分成如下反应：

$CaSO_4(s) \rightleftharpoons Ca^{2+}(aq)+SO_4^{2-}(aq)$ $K_1=K_{sp}(CaSO_4)$；

$2NH_3\cdot H_2O(aq) \rightleftharpoons 2NH_4^+(aq)+2OH^-(aq)$ $K_2=[K_b(NH_3\cdot H_2O)]^2$；

$H_2CO_3(aq) \rightleftharpoons 2H^+(aq)+CO_3^{2-}(aq)$ $K_3=K_{a1}(H_2CO_3)\cdot K_{a2}(H_2CO_3)$；

$Ca^{2+}(aq)+CO_3^{2-}(aq) \rightleftharpoons CaCO_3(aq)$ $K_4=\dfrac{1}{K_{sp}(CaCO_3)}$；

$2H^+(aq)+2OH^-(aq) \rightleftharpoons 2H_2O(l)$ $K_5=\dfrac{1}{K_w^2}$。

总反应的平衡常数

$$K=K_1\cdot K_2\cdot K_3\cdot K_4\cdot K_5$$

$$=9.1\times10^{-6}\times(1.8\times10^{-5})^2\times4.2\times10^{-7}\times5.6\times10^{-11}\times\frac{1}{2.5\times10^{-9}}\times10^{28}$$

$$=2.8\times10^5$$

说明这个反应可以自发进行，方法可行。

小试身手

1. 试用拆分法，仿照例子，将下列物质进行“拆分”，推测其可能的化学性质。

化合物	化学性质相当于
$NaHSO_4$	$Na_2SO_4+H_2SO_4$
$Cu_2(OH)_2CO_3$	______+______
$Fe(NH_4)_2(SO_4)_2$	______+______
$CaOCl_2$	______+______
$MnOOH$	______+______
K_3ClO	______+______
Ca_2NH	______+______

2. 写出下列反应的化学方程式。

(1)孔雀石[$Cu_2(OH)_2CO_3$]高温下与碳反应。

(2)K_3ClO与足量NH_4Cl溶液反应。

(3)$NaAlH_4$与水反应。

(4)$MnOOH$与浓盐酸反应。

(5)Cl_2与足量的Na_2CO_3溶液反应得到Cl_2O。

15　递变分析法

引路人　浙江省杭州市基础教育研究室　肖中荣

方法导引

“量变引起质变”描述的是事物在发展过程中的量的变化积累到一定程度导致事物性质或状态发生根本性转变。在元素周期表中：同周期元素从左到右随着原子序数递增，电子层数相同，核外电子递增，呈现“金属→准金属→非金属”的变化；同主族元素从上到下随着原子序数递增，呈现“非金属→准金属→金属”的变化。另外，某些物理性质或特定性质也可能体现周期性变化，如状态、毒性、可燃性等。递变分析法就是基于“量变引起质变”规律解释说明、预测推理物质及其化合物的性质，建立“结构-位置-性质”三位一体的框架，形成“相邻者多相似，相间者多递变”的思路。结构、位置、性质的关系如下：

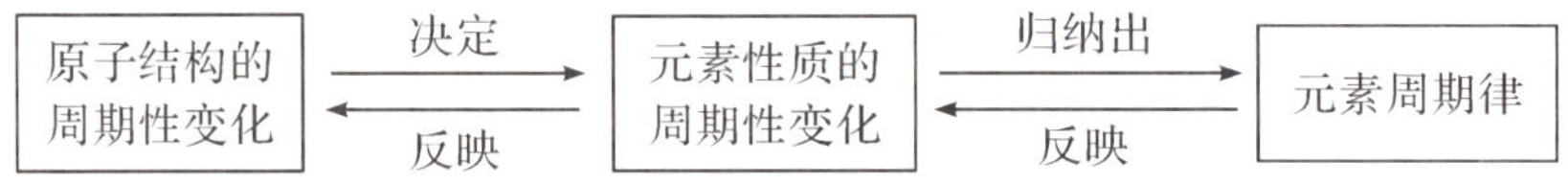

应用赏析

一、通过元素位置推测物质结构、性质

例 1 下列基于元素在周期表中的位置推测的结果正确的是　　　（　　）

A. 硝酸是强酸，则 H_3AsO_4 也为强酸

B. NH_3 分子的空间结构呈三角锥形，则 PH_3 分子的空间结构也呈三角锥形

C. 氮气的熔点低于白磷的熔点，则镁的熔点也低于钙的熔点

D. 钠在空气中受热能生成过氧化钠，则锂在空气中受热也能生成过氧化锂

解析　选 B。N 的非金属性强于 As 的，不能推测硝酸的酸性强于砷酸的，A 项错误；NH_3 分子和 PH_3 分子的空间结构相似，呈三角锥形，B 项正确；同主族单质熔点与其状态相关，没有明显递变规律，镁的熔点高于钙的熔点，C 项错误；锂不如钠活泼，锂在空气中受热生成氧化锂，D 项错误。

点评　通过元素位置推测物质结构、性质的一般思路：先确定元素在周期表中的位置，再结合熟悉的元素化合物的性质进行推测，遵循“相邻者多相似，相间者多递变”的原则。要特别注意同周期、同主族元素性质的相似性和递变性适用的范围(主要描述金属性和非金属性),某些物理性质如熔沸点、某些化学性质如气态氢化物的酸性则无明显规律。

二、通过物质性质推测元素位置、结构

例 2 下列现象与某种元素有关:该元素与成语“信口雌黄”有关;它的某种氧化物是两性氧化物;最低负价为−3 价;它的原子半径比 Br 的大,比 I 的小;它的某种氧化物是砒霜的主要成分。

(1)推测该元素是何种元素。

(2)写出该两性氧化物的化学式。

(3)该元素最低价氢化物可能具有哪些化学性质?

解析 (1)它的某种氧化物是两性氧化物,说明该元素位于金属和非金属的分界线附近;最低负价为−3 价说明它是ⅤA 族元素;它的原子半径比 Br 的大、比 I 的小,说明该元素和 Br 同周期:判断该元素为 As。

(2)雌黄是一种矿物,化学成分是 As_2S_3,呈黄色。雌黄可以作为染料等,因颜色与黄纸相近,古人用它来涂改文字,成语“信口雌黄”形容不顾事实、随口乱说的行为。一般地,元素的高价氧化物多为酸性氧化物,低价氧化物多为碱性氧化物,推测 As_2O_3(砒霜的主要成分)是两性氧化物(它既能与酸反应生成盐和水,又能与碱反应生成盐和水);五氧化二砷(As_2O_5)属于酸性氧化物。

(3)AsH_3 和 NH_3 的化学性质相似:AsH_3 受热更容易分解为 As 和 H_2,AsH_3 具有较强的还原性,AsH_3 具有碱性等。

点评 通过物质性质推测元素位置、结构的一般思路:主族元素的最外层电子数等于族序数,元素电子层数等于周期数,元素的金属性和非金属性强弱暗示了元素的位置,金属性强的元素处于周期表的左下角;非金属性强的元素处于周期表的右上角,分界线附近的元素常同时具有金属性和非金属性。

三、元素位置、结构和物质性质的综合推测

例 3 下列关于硫、磷、硅的叙述错误的是 ( )

A. 硅在自然界中无游离态,单质硫存在于自然界中,不能推测单质磷是否存在于自然界中

B. 常温下,硅、硫可以与强碱溶液反应,推测磷也可以与强碱溶液反应

C. 它们最高价氧化物对应水化物的酸性:$H_2SO_4>H_3PO_4>H_4SiO_4$

D. 氢化物的稳定性:$SiH_4>PH_3>H_2S$

解析 选 D。单质是否存在于自然界与其还原性有关,不能根据硅、硫单质的存在推测单质磷是否存在,A 项正确;磷位于硅和硫之间,推测磷可以与强碱溶液发生氧化还

原反应(生成磷化氢和次磷酸盐),B 项正确;Si、P、S 三种元素中,S 的非金属性最强,因此其最高价含氧酸的酸性最强,C 项正确;这三种元素中 Si 的非金属性最弱,因此 SiH_4 的稳定性最弱,D 项错误。

点评 元素最高价氧化物对应水化物的酸性、氢化物的稳定性与元素性质有关,活泼非金属单质可与碱反应、活泼的金属单质可与酸反应,准金属可与酸和碱反应,以上现象体现物质性质的渐变规律。

小试身手

1. 根据元素周期律判断,下列说法正确的是 (　　)

A. F、Cl、Br 原子的最外层电子数都是 7,次外层电子数都是 8

B. 由 HF、HCl、HBr、HI 的酸性递增的事实推出 F、Cl、Br、I 的非金属性递增

C. F、Cl、Br、I 的非金属性逐渐减弱的原因:随着核电荷数增加,电子层数增多,原子半径增大,原子核对电子的吸引作用减弱

D. 根据卤族元素性质的递变规律可知,单质砹易与 H_2 发生反应

2. 根据元素周期律判断,下列推测或结论不合理的是 (　　)

A. 气态氢化物的稳定性:HCl>HBr;还原性:Cl^->Br^-

B. X^{2-} 和 Y^+ 的核外电子层结构相同,原子序数:X<Y

C. 锗位于元素周期表中金属与非金属的交界处,推测锗的某种化合物可以作半导体材料

D. Ra 是第七周期ⅡA 族的元素,$Ra(OH)_2$ 的碱性比 $Mg(OH)_2$ 的碱性强

3. 短周期主族元素 X、Y、Z、W 原子序数依次增大,X 的内层电子总数与最外层电子数相差 3,Z 的最外层电子数等于周期数,Y 与 W 同主族,W 的最高正价与最低负价的代数和为 4。下列说法正确的是 (　　)

A. W 的最高价氧化物对应的水化物是强酸

B. Z 的单质既有氧化性又有还原性

C. 简单氢化物的稳定性:W>Y>X

D. 简单离子半径:Y<X<W<Z

4. 元素周期表是元素周期律的具体表现形式,是学习化学的一种重要工具。下列关于元素周期律的叙述不正确的是 (　　)

A. Na、Mg、Al 原子的最外层电子数依次增多,其阳离子的氧化性依次增强

B. P、S、Cl 元素的最高正化合价依次升高,对应气态氢化物的稳定性依次增强

C. 同周期元素ⅦA 族原子的半径最大

D. Na、Mg、Al 的氢氧化物的碱性依次减弱

5. 科学家已经实现了铷原子气体超流体态与绝缘态的可逆转换，该成果将在量子计算机研究领域带来重大突破。已知铷是第 37 号元素，相对原子质量是 85。

(1)铷在元素周期表中的位置是________。

(2)下列关于铷的说法不正确的是________(填序号)。

a. 铷与水反应比钠更剧烈

b. Rb_2O 在空气中易吸收水和二氧化碳

c. Rb_2O_2 与水能剧烈反应并释放出 O_2

d. 单质 Rb 具有很强的氧化性

e. RbOH 的溶解度比 LiOH 的溶解度小

6. A、B、C、D、E、F 为常见的原子序数依次增大的短周期元素，B、C、D、E、F 的简单离子的电子层结构相同，A 和 E 同主族，且其原子的最外层电子数的关系为 $N(A)+N(D)=N(B)+N(F)=8$。

(1)写出由上述元素组成的、含有 4 个原子核且为 18 电子结构的物质的分子式：________。

(2)向含有 F 的阳离子溶液中加过量 E 的最高价氧化物对应水化物的溶液，反应的离子方程式是________________________。

(3)已知 B_2A_4 与 BA_3 具有相似的性质，B_2A_4 通过炽热的氧化铜粉末，粉末由黑色变为红色，且产物对大气无污染，该反应的化学方程式是________________。

(4)已知某化合物 EB_3 可以与水反应生成两种气体单质和一种碱，写出其化学方程式：________________________。若 0.1mol 该化合物完全反应，转移电子的物质的量为________。

16　分离模型法

引路人　浙江省桐乡高级中学　孙凤艳

方法导引

物质的分离通常依据各组分的物理性质（如溶解性、粒径大小、挥发性、密度）的差异，也可根据其化学性质的差异，经过适当的化学反应进行提纯或转化。分离过程须遵循四大基本原则：一是不增新的杂质；二是不减被提纯物质；三是被提纯物质与杂质易分离；四是被提纯物质易复原。常见固体混合物的分离方法如下：

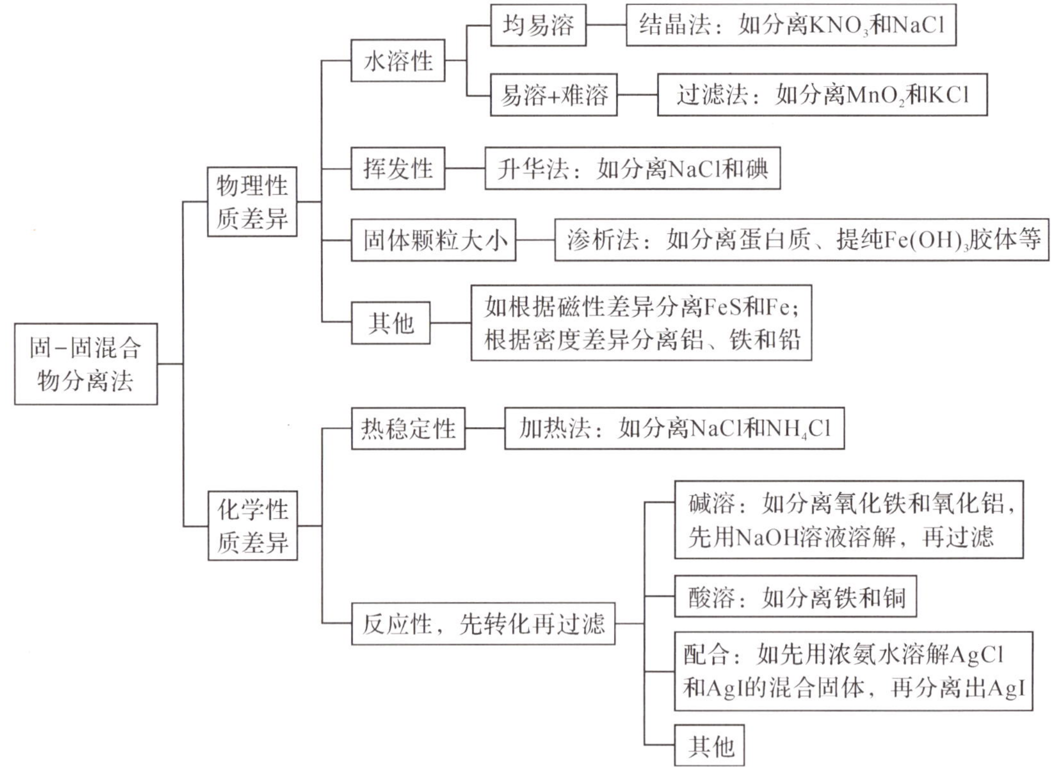

应用赏析

一、依据物理性质差异分离固体混合物

例 1　如何从 NaCl 和 I_2 的固体混合体系中提取碘？

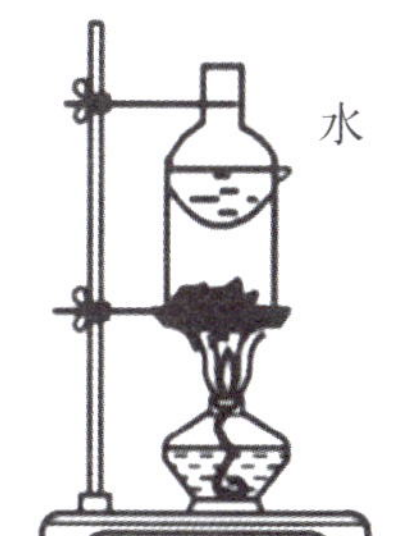

解析 由于 I_2 易升华，在分离 NaCl 和 I_2 的固体混合物时，可采取直接加热升华的方法，将二者分离开来（装置如右图）。将固体混合物置于烧杯中，向圆底烧瓶中加入冷却水。加热时，碘蒸气遇冷在圆底烧瓶底部重新凝结，而 NaCl 固体留在烧杯中。

思考：如何从 NaCl 溶液和碘水的混合液中提取碘？

例 2 常见的用于分离或提纯物质的方法如下：

A. 萃取 B. 分液 C. 过滤 D. 加热分解 E. 结晶 F. 蒸馏 G. 渗析

下列各组混合物的分离或提纯选择上述哪种方法最合适？

(1)将含有 NaCl 的硫酸铜溶液中的硫酸铜晶体提取出来：________。

(2)用自来水制备医用蒸馏水：________。

(3)精制胶体(含有 NaCl 溶液)：________。

解析 (1)硫酸铜溶于水，且硫酸铜晶体带结晶水，加热时容易失去结晶水，应用蒸发浓缩、冷却结晶的方法获取硫酸铜晶体，故选 E。

(2)利用加热时水容易蒸发、水中离子难挥发的性质，应用蒸馏的方法获得蒸馏水，故选 F。

(3)分离和提纯胶体的方法为渗析，故精制胶体(含有 NaCl 溶液)采用渗析法，故答案为 G。

点评 在对物质进行分离提纯时，应全面考虑被分离物质在物理性质、化学性质上的差异。方法的选用要力求简便易行。一般来说，优先选择常温分离法，其次选择加热(如热分解或蒸馏)的方法；优先选择物理方法，其次选择化学方法。

二、化学转化法分离固体混合物

例 3 高纯硅是现代信息、半导体和光伏发电等产业都需要的基础材料。下图为一种工业上由粗硅(含铁、硼、磷等杂质)制高纯硅的路线。

$$\text{Si(粗)} \xrightarrow[460℃]{Cl_2} SiCl_4 \xrightarrow{②} SiCl_4\text{(纯)} \xrightarrow[1100℃]{H_2} \text{Si(纯)}$$

① ③

相关信息如下：

铁、硼、磷在高温下均能与氯气直接反应生成相应的氯化物；

相关物质的物理常数如下表所示。

物质	$SiCl_4$	BCl_3	$FeCl_3$	PCl_5	Si	SiH_4
沸点/℃	57.7	12.8	315	—	2355	−111.9
熔点/℃	−70.0	−107.2	—	—	1410	—
升华温度/℃	—	—	300	162	—	—

请回答：

(1)步骤①选用 Cl_2 作为提纯粗硅反应物的原因是________________。

(2)步骤①需在无氧无水环境下，控制温度在 460℃左右得到 $SiCl_4$ 粗品，欲提纯 $SiCl_4$，步骤②采用的工艺方法依次是沉降、冷凝和____________，需收集温度在________℃左右的馏分。

解析 (1)在高温条件下，氯气不仅能与硅反应，还能与铁、硼、磷等杂质反应，且生成的氯化物沸点差异较大，容易分离。过程中也不会引入新的杂质。

(2)步骤①生成的 $SiCl_4$ 中含有 BCl_3、$FeCl_3$、PCl_5 等杂质，根据表格中各物质沸点的差异，步骤②采用的工艺方法依次是沉降(依据密度大小进行初步分离)、冷凝和蒸馏，需收集温度在 57.7℃左右的馏分，以得到纯四氯化硅。

点评 分离体系若不能通过一次操作达到分离的目的，可通过化学方法转化为其他物质，使二者性质差异更加明显，再进行分离。若要达到最终分离的目的，还需要将转化的物质恢复为原物质，比如以上例题中还需继续将四氯化硅还原为硅单质(在处理液体混合物时也可采用类似的方法，如分离乙酸和乙醇时，可向体系中加入生石灰，将乙酸转化为沸点更高的乙酸钙，蒸馏得到乙醇，得到的乙酸钙固体还需要加酸酸化然后再次蒸馏获得乙酸)。

三、分离、提纯和制备固体物质

例 4 某学习小组按如下实验流程探究海带中碘含量的测定和碘的制取。已知

$$3I_2+6NaOH \xlongequal{} 5NaI+NaIO_3+3H_2O$$

实验(一) 碘含量的测定

实验方案如下：

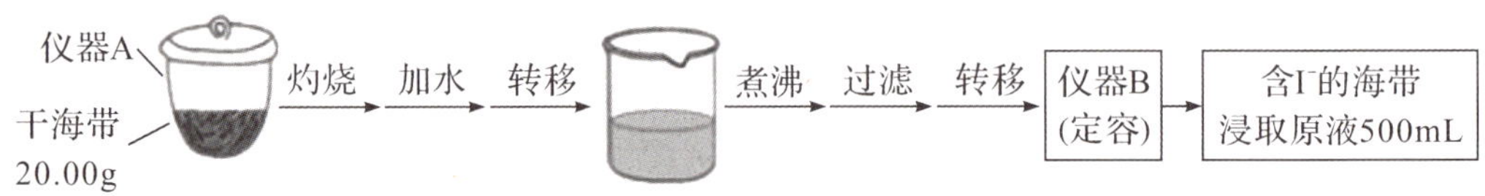

实验(二) 碘的制取

另制海带浸取原液，并以此进行甲、乙两种实验，方案如下：

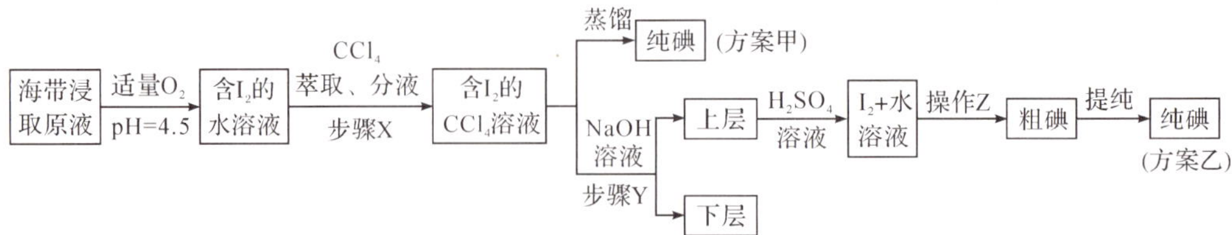

(1)实验(一)中仪器的 A 名称为________。

(2)下列有关实验(二)中步骤 Y 的说法,正确的是________。

A. 应控制 NaOH 溶液的浓度和体积

B. 将碘转化成离子进入水层

C. 主要是除去海带浸取原液中的有机杂质

D. NaOH 溶液可以由乙醇代替

(3)实验(二)中操作 Z 的名称是________。

(4)实验(二)方案甲中采用蒸馏不合理,理由是________________________。

解析 (1)A 的操作步骤为灼烧,所用到的仪器为坩埚。

(2)步骤 Y 加入 NaOH 的目的是把 I_2 转化为离子(I^- 和 IO_3^-)进入水层而与 CCl_4 分离,并非浸取有机杂质,也不能用乙醇代替,但 NaOH 的用量要控制,用量过多会使后续酸化操作步骤消耗硫酸过多,故选 AB。

(3)经过步骤 X、Y 后,溶液中的碘元素被充分富集,所以在上层清液中加入 H_2SO_4 后,碘单质以固体的形式析出,Z 步骤为过滤。

(4)I_2 的 CCl_4 溶液采用蒸馏的方法,虽然可以把 CCl_4 蒸馏出去,但同时碘易升华,导致碘损失,所以一般采取减压蒸馏的方法,通过减压操作降低 CCl_4 的沸点,在碘未升华之前将 CCl_4 蒸馏出去。

点评 化学流程图中物质的分离与提纯问题综合性强,涉及知识面广,解答时需要看懂流程图,抓住原料、杂质、产品三者的转变过程,明确待分离产物组分的性质差异,根据差异选择分离方法。特别注意流程图以外的文字描述、表格信息和后续设问中的提示性信息,并在下一步分析和解题中随时进行联系和调用。

小试身手

1. 选择下面的实验装置完成相应的实验。

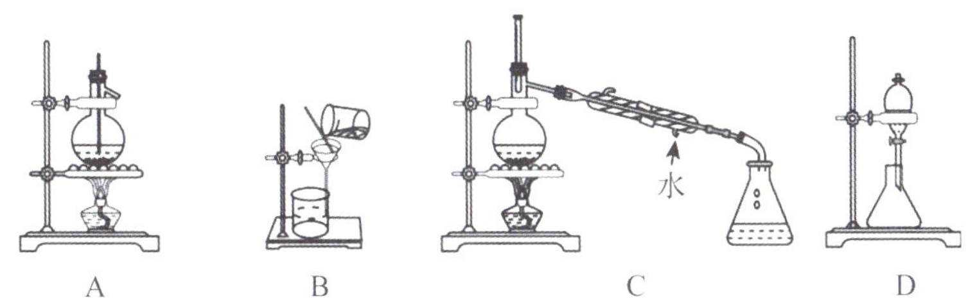

(1)提纯含有氯化钠杂质的苯甲酸时,进行分离操作时用到的装置是____________。

(2)分离苯和甲苯的装置是____________。

(3)用 CCl_4 萃取溴水中的溴用到的装置是____________。

2. 一水硫酸四氨合铜(Ⅱ)的化学式为$[Cu(NH_3)_4]SO_4 \cdot H_2O$是一种重要的染料及农药中间体。某学习小组在实验室以氧化铜为主要原料合成该物质,设计的合成路线如下图所示。

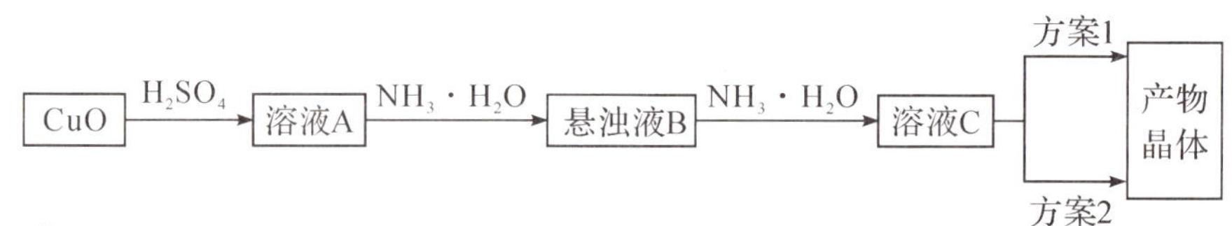

相关信息如下:

①$[Cu(NH_3)_2]SO_4 \cdot H_2O$在溶液中存在电离(解离)过程。

$$[Cu(NH_3)_4]SO_4 \cdot H_2O = [Cu(NH_3)_4]^{2+} + SO_4^{2-} + H_2O$$

$$[Cu(NH_3)_4]^{2+} \rightleftharpoons Cu^{2+} + 4NH_3$$

②$(NH_4)_2SO_4$在水中可溶,在乙醇中难溶。

③$[Cu(NH_3)_4]SO_4 \cdot H_2O$在乙醇、水混合溶剂中的溶解度随乙醇体积分数的变化的曲线如下图所示。

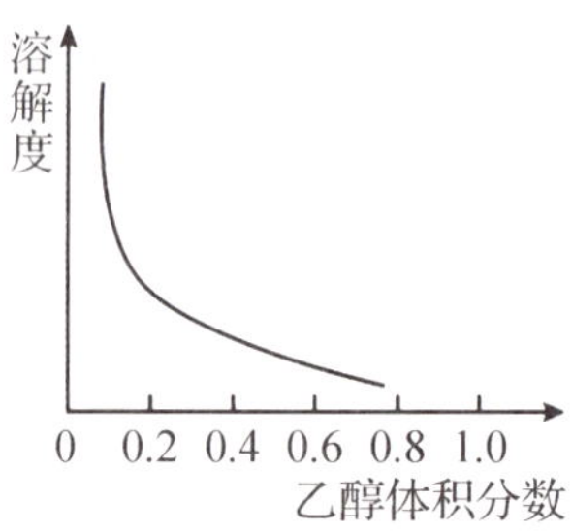

请根据以上信息回答下列问题。

(1)方案1的实验步骤:a. 加热蒸发,b. 冷却结晶,c. 过滤,d. 洗涤,e. 干燥。该方案存在明显缺陷,因为得到的产物晶体中往往含有________杂质,产生该杂质的原因是____。

(2)方案2的实验步骤:a. 向溶液C中加入适量________,b. 过滤,c. 洗涤,d. 干燥。

下列选项中,最适合作为步骤c的洗涤液的是________。

A. 乙醇　　B. 蒸馏水

C. 乙醇和水的混合液　　D. 饱和硫酸钠溶液

17　结晶模型法

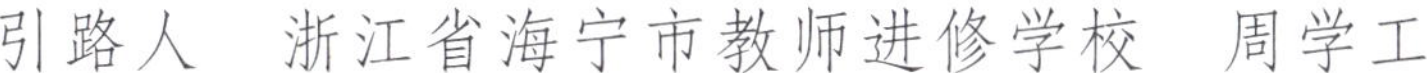

引路人　浙江省海宁市教师进修学校　周学工

方法导引

结晶模型法是化学实验中常见的一种物质分离与提纯的方法。要从溶液中得到晶体一般有两条途径：一条是增大溶质的量或减小溶剂的量，使溶液过饱和，方法是增大某种离子浓度（加溶质或减溶剂）；另一条是改变溶质的溶解度，方法是改变温度或改变溶剂的组成。结晶的原理就是在条件（如温度、浓度、溶剂组成等）发生变化后，溶质在溶剂中的溶解度（或浓度）发生变化从而以晶体的形式析出。常见的结晶方式有蒸发结晶、冷却结晶和改变溶剂结晶等。

应用赏析

一、蒸发结晶的问题

例 1　常见物质的溶解度与温度的变化关系如右图所示。如何由 NaCl 溶液获得 NaCl 晶体？

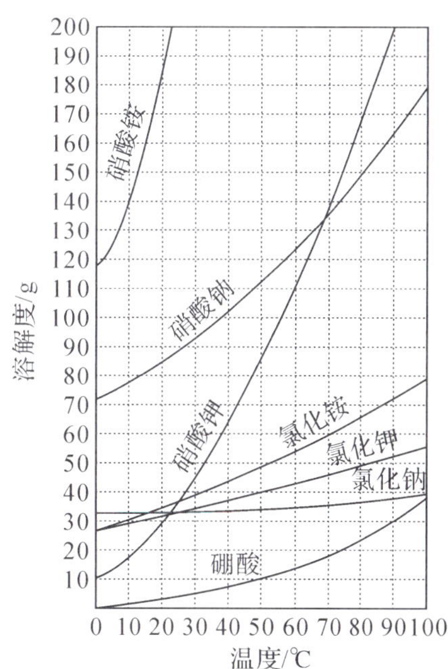

解析　NaCl 的溶解度随温度的变化不大，因此需要蒸发溶剂让溶质析出，故本题的参考答案为蒸发结晶，然后再过滤。

点评　加热蒸发溶剂，使溶液由不饱和溶液变为饱和溶液，继续蒸发，过剩的溶质就会以晶体析出，这就是蒸发结晶，它适用于温度对溶解度影响不大且对热稳定的物质。沿海地区“晒盐”的原理即如此。操作上要注意的是，蒸发结晶时为防止液体局部过热飞溅，要边加热边搅拌，当有大量晶体析出，只有少量水存在时，停止加热，用余热蒸干；对于易分解的晶体，应采取减压或低温蒸发结晶。

二、冷却结晶的问题

例 2 如何由 KNO_3 溶液获得 KNO_3 晶体？如何由硫酸铜溶液获得$CuSO_4 \cdot 5H_2O$？

解析 KNO_3 的溶解度受温度的影响较大（见例 1 题图），$CuSO_4 \cdot 5H_2O$ 热稳定性差，因此可通过先蒸发再冷却的方法进行结晶，故本题的参考答案为蒸发浓缩，冷却结晶，过滤。

点评 冷却结晶是指冷却热的饱和溶液使溶质结晶析出的方法。它适用于随着温度升高，溶解度增加比较大的物质，特别适用于提取对热不稳定的溶质晶体，如获得结晶水合物，必须使用冷却结晶，而不能直接使用蒸发结晶。如我国北方地区的盐湖，夏天温度高，湖面上无晶体出现，每到冬季，气温降低，纯碱（$Na_2CO_3 \cdot 10H_2O$）、芒硝（$Na_2SO_4 \cdot 10H_2O$）等物质就会从盐湖里析出。从热饱和溶液来源看，冷却结晶一般可分为两种情况：一种以反应过程中得到的稀溶液为对象，另一种以固体直接配制形成的溶液为对象。冷却对象浓度不同，具体操作也不完全相同。一般在化学反应制备过程中得到的溶液，浓度较小，就需要先蒸发浓缩溶液，再冷却结晶。

三、蒸发结晶和冷却结晶的综合应用

例 3 设计实验方案提纯下列固体混合物。

（1）KNO_3（含少量 NaCl）。

（2）NaCl（含少量 KNO_3）。

解析 从 KNO_3、NaCl 的混合物中分离晶体，要根据两种固体量的相对多少来确定结晶方式。若 KNO_3 的量多，要根据 KNO_3 的溶解性设计方案，采用冷却结晶，具体操作：溶解，蒸发浓缩，冷却结晶，过滤。结晶方式：蒸发浓缩，冷却结晶。若 NaCl 的量多，要根据 NaCl 的溶解性设计方案，采用蒸发结晶，具体操作：溶解，蒸发浓缩，趁热过滤。结晶方式：蒸发浓缩、趁热过滤。故本题的参考答案：

（1）溶解，蒸发浓缩，冷却结晶，过滤。

（2）溶解，蒸发浓缩，趁热过滤。

点评 在蒸发浓缩时，当晶膜出现时就表示溶液已经饱和了，这时就要停止加热。结晶出来的 NaCl 需要趁热过滤，如果冷却过滤的话会有 KNO_3 杂质同时结晶出来。一般来说，无论是蒸发结晶还是冷却结晶，既可以用于从溶液中提取溶质晶体，又可用于从混合物中提纯物质。对于由 A（大量）和 B（少量）组成的混合物：如果 A 的溶解度受温度影响不大，一般用蒸发结晶提纯 A；如果 A 的溶解度受温度影响较大，一般用冷却结晶提纯 A。

四、改变溶剂结晶的问题

例 4 由溶液 A(高浓度的 $AlCl_3$ 溶液)制备 $AlCl_3 \cdot 6H_2O$ 的装置如右图所示,通入 HCl 的作用是____________和____________。

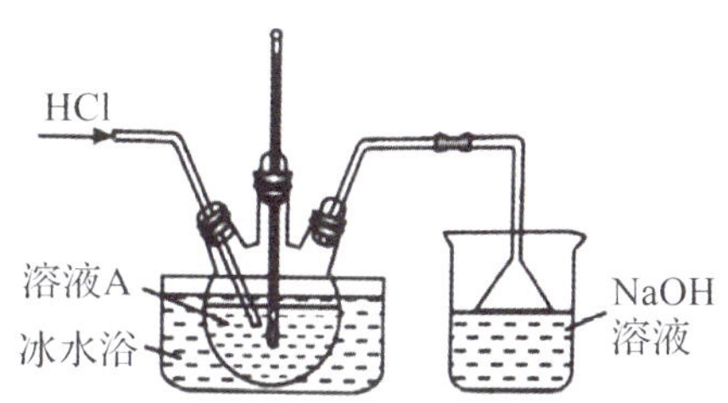

解析 在 $AlCl_3$ 溶液中存在水解平衡

$$AlCl_3+3H_2O \rightleftharpoons Al(OH)_3+3HCl$$

在蒸发浓缩过程中,由于盐酸挥发使平衡右移,导致蒸发溶液时得到 $Al(OH)_3$,蒸干灼烧时得到 Al_2O_3。该试题中 $AlCl_3$ 溶液的浓度比较大,由题图可知是通入 HCl 后在温度不变的条件得到了 $AlCl_3 \cdot 6H_2O$,说明通入 HCl 增大了 Cl^- 浓度,从而降低了 $AlCl_3$ 的溶解度,其另外一个作用是增大了 H^+ 浓度,抑制了 Al^{3+} 的水解。因此,在以氯化镁、氯化铝、氯化铁等易挥发性强酸的弱碱盐溶液制备对应的晶体盐时,除采用蒸发浓缩,冷却结晶的方法之外,还要不断地加入过量的盐酸抑制溶质的水解。但是对于难挥发性强酸的弱碱盐或易挥发性弱酸的强碱盐,如硫酸镁、硫酸铝、硫酸铁、碳酸钠、偏铝酸钠、醋酸钠等,则可以采用蒸发结晶的方法,如硫酸铝溶液中存在平衡 $Al_2(SO_4)_3+6H_2O \rightleftharpoons 2Al(OH)_3+3H_2SO_4$,但由于硫酸难挥发,在持续加热过程中水分不断挥发,最后因平衡左移而仍然得到硫酸铝,故对其可以采用蒸发结晶的方法。

本题的参考答案:增大 Cl^- 浓度,从而降低 $AlCl_3$ 的溶解度;增大 H^+ 浓度,抑制 Al^{3+} 的水解。

点评 这里说的常温结晶是指在温度不变的情况下通过改变饱和溶液的极性来降低溶质的溶解度,使溶质结晶出来,其原理就是沉淀溶解平衡的移动。如不改变温度,可向 NaCl 饱和溶液中通入 HCl(g)或加入无水乙醇、浓盐酸等,以降低 NaCl 的溶解度,使 NaCl 晶体析出;又如利用盐析来分离和提纯蛋白质,在皂化反应中分离肥皂,调节 pH 分离提纯氨基酸等。

五、结晶条件的控制问题

例 5 结合右图中溶解度可知,从 $MnSO_4$ 溶液中得到 $MnSO_4 \cdot H_2O$ 的操作是______________。从 $MnSO_4$ 溶液中得到 $MnSO_4 \cdot 5H_2O$ 的操作是______________。从 $MnSO_4$ 和 $MgSO_4$ 混合溶液中分离得到 $MnSO_4 \cdot H_2O$ 和 $MgSO_4 \cdot 6H_2O$ 的具体操作是______________。

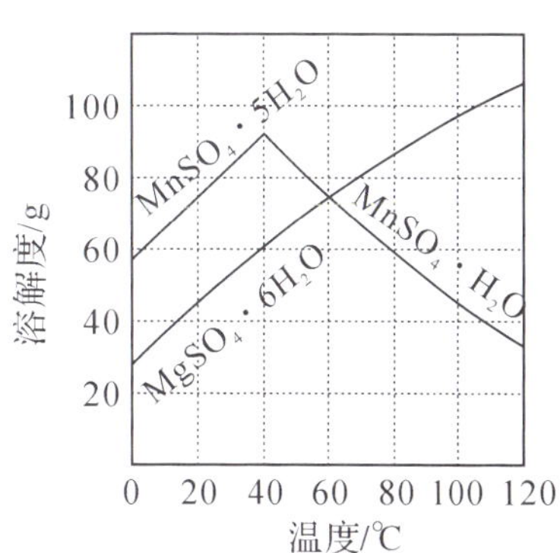

解析 由题图中信息可知，温度高有利于 $MnSO_4 \cdot H_2O$ 结晶析出，温度低有利于 $MnSO_4 \cdot 5H_2O$ 结晶析出。因此要得到 $MnSO_4 \cdot H_2O$，操作是在 60℃ 以上蒸发结晶，趁热过滤。而要得到 $MnSO_4 \cdot 5H_2O$，蒸发温度不宜过高，以防止 $MnSO_4 \cdot H_2O$ 晶体析出，温度又不宜太低，否则蒸发速度太慢，因此最好在 60℃ 左右蒸发浓缩，再冷却结晶，过滤。同理分析，分离得到 $MnSO_4 \cdot H_2O$ 和 $MgSO_4 \cdot 6H_2O$ 的具体操作是在 60℃ 以上蒸发结晶，趁热过滤，得到晶体 $MnSO_4 \cdot H_2O$，滤液冷却结晶得到晶体 $MgSO_4 \cdot 6H_2O$。

故本题的参考答案：在 60℃ 以上蒸发结晶，趁热过滤；在 60℃ 左右蒸发浓缩，再冷却结晶，过滤；在 60℃ 以上蒸发结晶，趁热过滤，得到晶体 $MnSO_4 \cdot H_2O$，滤液冷却结晶得到晶体 $MgSO_4 \cdot 6H_2O$。

点评 化学反应都是在一定条件下进行的，反应的现象、结果都与实验条件密切相关。因此，我们在解决实验问题时，必须有控制条件的思想。在晶体析出的实际操作中，常根据需要控制适宜的结晶条件，析出更多、更纯净、粒径大小适宜的目标晶体。结晶方法应用的基本模型如下图所示。

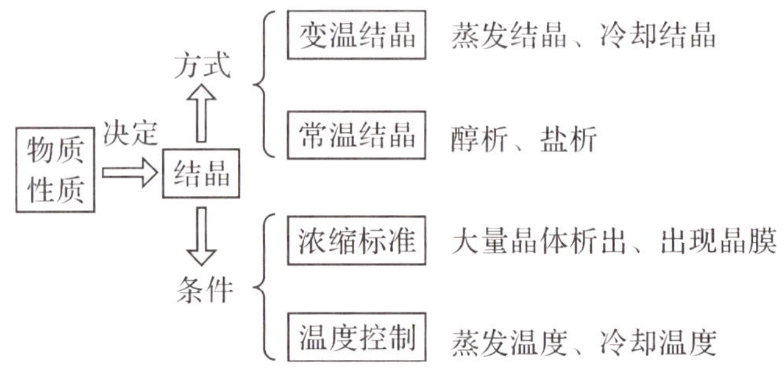

小试身手

1. 古籍《天工开物》收录了井盐的生产过程。其中“汲水而上，入于釜中煎炼，顷刻结盐，色成至白”的描述，涉及的物质分离操作为（　　）

A. 趁热过滤　　B. 萃取分液

C. 常压蒸馏　　D. 浓缩结晶

2. 实验室提纯含有少量氯化钠杂质的硝酸钾的过程如右图所示。下列分析正确的是（　　）

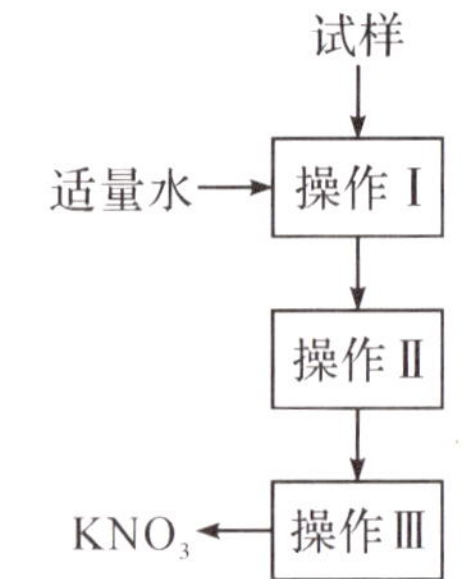

A. 操作Ⅰ是过滤，将固体分离除去

B. 操作Ⅱ是加热浓缩，趁热过滤，除去杂质氯化钠

C. 操作Ⅲ是过滤，洗涤，将硝酸钾晶体从溶液中分离出来

D. 操作Ⅰ～Ⅲ总共需两次过滤

3. 某同学欲在重结晶时获得较大的晶体，查阅资料得到如下图文信息：

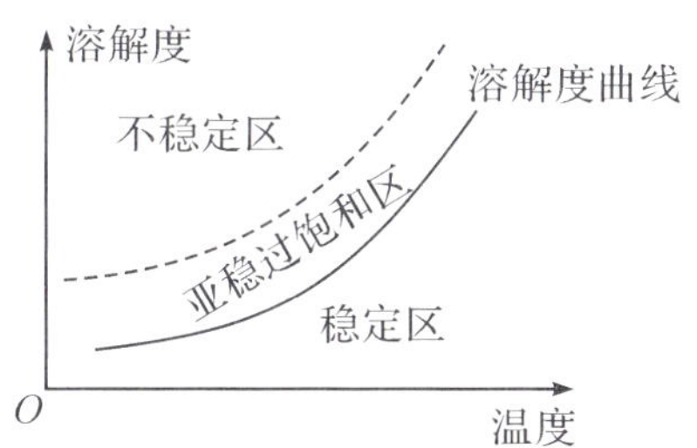

①不稳定区，出现大量微小晶核，产生较多颗粒的小晶体。

②亚稳过饱和区，加入晶种，晶体生长。

③稳定区，晶体不可能生长。

由以上信息可知，从高温浓溶液中获得较大晶体的操作为____________。

4. 工业上用重铬酸钠（$Na_2Cr_2O_7$）结晶后的母液（含少量杂质 Fe^{3+}）生产重铬酸钾（$K_2Cr_2O_7$），工艺流程和相关物质的溶解度曲线分别如图 1 和图 2 所示。

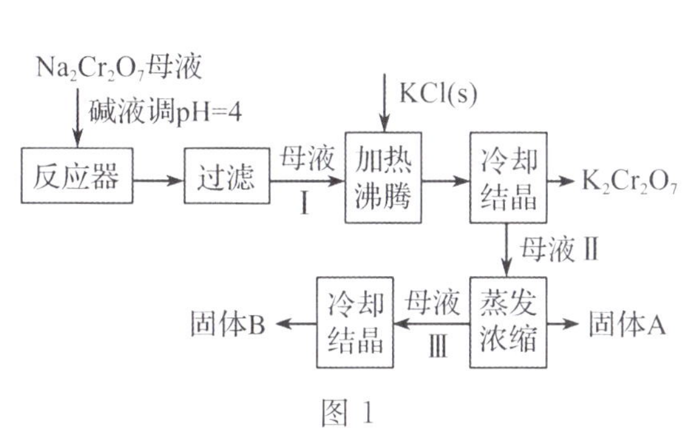

图 1

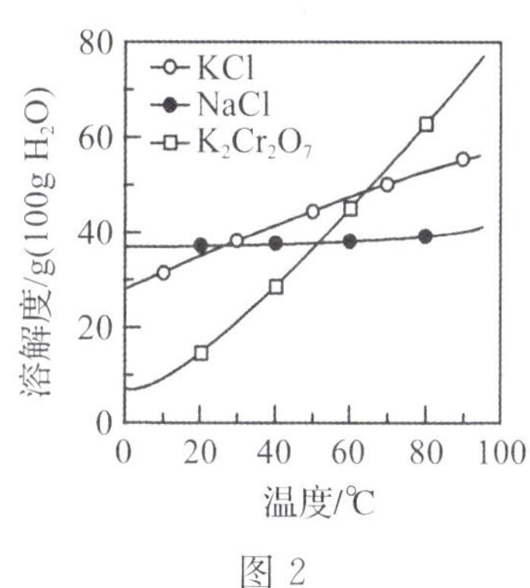

图 2

(1)由 $Na_2Cr_2O_7$ 生产 $K_2Cr_2O_7$ 的化学方程式为____________。

(2)由图 2 分析选择冷却结晶的原因：____________。

(3)向 $Na_2Cr_2O_7$ 母液中加碱液调 pH 的目的是____________。

(4)分离得到固体 A 的方式为______，用热水洗涤固体 A，回收的洗涤液转移到母液______（填“Ⅰ”“Ⅱ”或“Ⅲ”）中，既能提高产率又可使能耗最低。

(5)固体 A 主要为__________（填化学式），固体 B 主要为__________（填化学式）。

18　叠加法

引路人　浙江省杭州市萧山区第三高级中学　朱旗红

方法导引

盖斯定律指出化学反应焓变只与起始状态和终了状态有关，而与变化途径无关。在面对难以测量或不能直接测量的反应焓变的计算时，基于盖斯定律的叠加法是常用的方法，叠加法分为加合法、虚拟路径法等。

应用赏析

一、加合法

例 1 聚苯乙烯是一类重要的高分子材料，可通过苯乙烯聚合制得。

已知下列反应的热化学方程式：

①$C_6H_5C_2H_5(g)+\frac{21}{2}O_2(g)=8CO_2(g)+5H_2O(g)$

$\Delta H_1=-4386.9kJ\cdot mol^{-1}$。

②$C_6H_5CH=CH_2(g)+10O_2(g)=8CO_2(g)+4H_2O(g)$

$\Delta H_2=-4263.1kJ\cdot mol^{-1}$。

③$H_2(g)+\frac{1}{2}O_2(g)=H_2O(g)$　$\Delta H_3=-241.8kJ\cdot mol^{-1}$。

计算：

④$C_6H_5C_2H_5(g)\rightleftharpoons C_6H_5CH=CH_2(g)+H_2(g)$　$\Delta H_4=$____ $kJ\cdot mol^{-1}$。

解析　待求：④$C_6H_5C_2H_5(g)\rightleftharpoons C_6H_5CH=CH_2(g)+H_2(g)$　ΔH_4。

对比找出：根据物质在待求方程式中的先后顺序

$$C_6H_5C_2H_5(g)\longrightarrow C_6H_5CH=CH_2(g)\longrightarrow H_2(g)$$

在给出的已知方程式中找出物质唯一出现的位置，$C_6H_5C_2H_5(g)$出现在已知方程式①中，$C_6H_5CH=CH_2(g)$出现在已知方程式②中，$H_2(g)$出现在已知方程式③中。

调位置，调系数：已知方程式①中$C_6H_5C_2H_5(g)$的位置与其在待求方程式④中的位置同侧，两式相加；方程式②中$C_6H_5CH=CH_2(g)$的位置与其在待求方程式④

中的位置异侧，两式相减；方程式③中 $H_2(g)$的位置与其在待求方程式④中的位置异侧，两式相减。待求方程式④中 $C_6H_5C_2H_5(g)$和 $C_6H_5CH=CH_2(g)$、H_2 的化学计量数与已知方程式中的一致，所以已知方程式中的化学计量数保持不变。

叠加后求焓变：依据关系式①－②－③对三个已知的方程式进行叠加运算，得到待求方程式 $C_6H_5C_2H_5(g) \rightleftharpoons C_6H_5CH=CH_2(g)+H_2(g)$。将 ΔH_1、ΔH_2、ΔH_3 数据代入进行计算，可得

$$\begin{aligned}\Delta H_4 &= -4386.9\text{kJ}\cdot\text{mol}^{-1}-(-4263.1\text{kJ}\cdot\text{mol}^{-1})-(-241.8\text{kJ}\cdot\text{mol}^{-1})\\ &= +118.0\text{kJ}\cdot\text{mol}^{-1}\end{aligned}$$

例 2 资源的再利用和再循环有利于人类的可持续发展。选用如下方程式，可以设计能自发进行的多种制备方法，将反应副产物 $NaBO_2$(偏硼酸钠)再生为 $NaBH_4$。(已知：ΔG 是反应的自由能变化量，其计算方法也遵循盖斯定律，可类比 ΔH 的计算方法；当 $\Delta G<0$ 时，反应能自发进行。)

①$NaBH_4(s)+2H_2O(l)=NaBO_2(s)+4H_2(g)$　$\Delta G_1=-320\text{kJ}\cdot\text{mol}$。

②$H_2(g)+\frac{1}{2}O_2(g)=H_2O(l)$　$\Delta G_2=-240\text{kJ}\cdot\text{mol}^{-1}$。

③$Mg(s)+\frac{1}{2}O_2(g)=MgO(s)$　$\Delta G_3=-570\text{kJ}\cdot\text{mol}^{-1}$。

请书写一个方程式表示 $NaBO_2$ 再生为 $NaBH_4$ 的一种制备方法，并注明 ΔG：__________________。(要求：反应物不超过三种物质；氢原子利用率为 100%。)

解析　结合题干信息，反应能自发进行，即 $\Delta G<0$，要使得氢原子利用率为 100%，则 $NaBO_2$ 再生为 $NaBH_4$ 的这种制备方法为

$$NaBO_2(s)+2H_2(g)+2Mg(s)=NaBH_4(s)+2MgO(s)$$

待求：④$NaBO_2(s)+2H_2(g)+2Mg(s)=NaBH_4(s)+2MgO(s)$　ΔG。

对比①②③④找出：根据物质在待求方程式中的先后顺序

$$NaBO_2(s)\longrightarrow H_2(g)\longrightarrow Mg(s)\longrightarrow NaBH_4(s)\longrightarrow MgO(s)$$

在给出的已知方程式中找出物质唯一出现的位置，$NaBO_2(s)$出现在已知方程式①中，$H_2(g)$出现在已知方程式①和②中，$Mg(s)$出现在已知方程式③中，$NaBH_4(s)$出现在已知方程式①中，$MgO(s)$出现在已知方程式③中。

调位置，调系数：

已知方程式①中 $NaBH_4(s)$、$NaBO_2(s)$ 和 $H_2(g)$的位置分别与其在待求方程式④中的位置异侧，方程式①要改变符号；方程式③中 $Mg(s)$、$MgO(s)$的位置分别与其在待求方程式④中的位置同侧，方程式③不用改变符号。

已知方程式①中 $H_2O(l)$在待求方程式④中没有出现，故要与已知方程式②中的 $H_2O(l)$抵消，即已知方程式①和②调整为②×2+①。

继续调整使已知方程式③中 $Mg(s)$、$MgO(s)$ 的化学计量数与其在待求方程式④中的化学计量数一致，即已知方程式③×2。

最终可得待求方程式为③×2－(②×2＋①)，即 $\Delta G = 2\Delta G_3 - (2\Delta G_2 + \Delta G_1)$。

叠加后求反应的自由能变化量：

依据关系式④＝③×2－(②×2＋①)对三个已知的方程式进行叠加并运算，得到待求方程式的 ΔG。

$$\begin{aligned}\Delta G &= 2\Delta G_3 - (2\Delta G_2 + \Delta G_1)\\ &= 2\times(-570\text{kJ}\cdot\text{mol}^{-1}) - [2\times(-240\text{kJ}\cdot\text{mol}^{-1}) + (-320\text{kJ}\cdot\text{mol}^{-1})]\\ &= -340\text{kJ}\cdot\text{mol}^{-1}\end{aligned}$$

同理，由③×4－②×4－①可得符合题意的方程式为

$NaBO_2(s) + 2H_2O(l) + 4Mg(s) \xlongequal{} NaBH_4(s) + 4MgO(s) \quad \Delta G = -1000\text{kJ}\cdot\text{mol}^{-1}$

点评 加合法：针对题给已知反应方程式，依据盖斯定律，具体解题路径如下图所示。加合法解决焓变问题有灵活且正确率高的特点。

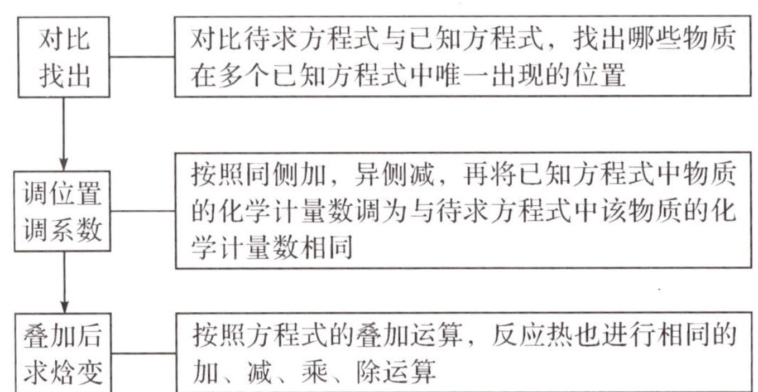

对比
找出
对比待求方程式与已知方程式，找出哪些物质在多个已知方程式中唯一出现的位置
调位置
调系数
按照同侧加，异侧减，再将已知方程式中物质的化学计量数调为与待求方程式中该物质的化学计量数相同
叠加后
求焓变
按照方程式的叠加运算，反应热也进行相同的加、减、乘、除运算

二、虚拟路径法

例 3 钢铁的防腐在日常生活中非常重要，已知氧化亚铜常用于制作船底防污漆，用 O_2 与 Cu 在一定条件下可制取 Cu_2O。已知热化学反应方程式：

$2Cu(s) + O_2(g) \xlongequal{} 2CuO(s) \quad \Delta H_1 = -314\text{kJ}\cdot\text{mol}^{-1}$；

$2Cu_2O(s) + O_2(g) \xlongequal{} 4CuO(s) \quad \Delta H_2 = -292\text{kJ}\cdot\text{mol}^{-1}$。

制取 Cu_2O 的反应 $2Cu(s) + \frac{1}{2}O_2(g) \xlongequal{} Cu_2O(s)$ 的 $\Delta H_3 =$ ________ $\text{kJ}\cdot\text{mol}^{-1}$。

解析 根据已知条件可以虚拟如下路径：

2Cu —ΔH_3→ Cu_2O —ΔH_2→ 2CuO

2Cu —ΔH_1→ 2CuO

根据盖斯定律，得 $\Delta H_1=\frac{1}{2}\Delta H_2+\Delta H_3$；变换等式关系，得

$$\Delta H_3=\Delta H_1-\frac{1}{2}\Delta H_2$$

$$=-314\text{kJ}\cdot\text{mol}^{-1}-\frac{1}{2}\times(-292\text{kJ}\cdot\text{mol}^{-1})=-168\text{kJ}\cdot\text{mol}^{-1}$$

点评　若反应物 A 变为生成物 D 有两个路径：由 A 直接变成 D，焓变为 ΔH；或者由 A 经过 B 变成 C，再由 C 变成 D，每步的焓变分别为 ΔH_1、ΔH_2、ΔH_3。路径的示意图如下：

由此可得 $\Delta H=\Delta H_1+\Delta H_2+\Delta H_3$。

虚拟路径法是比较直观的图像分析法，通过重新规划路径将复杂问题分解为若干简单步骤，降低了分析和解决该问题的难度，提高了整个反应的焓变计算的准确性。虚拟路径法是解决热化学问题的一种灵活且准确的方法。

小试身手

1. 已知：

①$CaO(s)+H_2O(l)=Ca(OH)_2(s)$　$\Delta H_1=-65.17\text{kJ}\cdot\text{mol}^{-1}$。

②$Ca(OH)_2(s)=Ca^{2+}(aq)+2OH^-(aq)$　$\Delta H_2=-16.73\text{kJ}\cdot\text{mol}^{-1}$。

③$Al(s)+OH^-(aq)+3H_2O(l)=[Al(OH)_4]^-(aq)+\frac{3}{2}H_2(g)$

$\Delta H_3=-415.0\text{kJ}\cdot\text{mol}^{-1}$。

计算：$CaO(s)+2Al(s)+7H_2O(l)=Ca^{2+}(aq)+2[Al(OH)_4](aq)+3H_2(g)$ 的 $\Delta H_4=$________$\text{kJ}\cdot\text{mol}^{-1}$。

2. 硫碘循环分解水是一种高效、环保的制氢方法，其流程图如下。

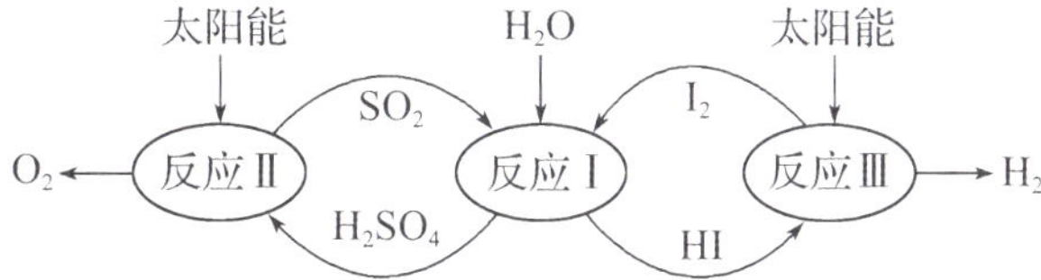

已知反应如下：

Ⅰ. $2H_2O(l)=2H_2(g)+O_2(g)$　$\Delta H_1=+572\text{kJ}\cdot\text{mol}^{-1}$；

Ⅱ. $H_2SO_4(aq)=SO_2(g)+H_2O(l)+\frac{1}{2}O_2(g)$　$\Delta H_2=+327\text{kJ}\cdot\text{mol}^{-1}$；

Ⅲ. $2HI(aq)$ ══ $H_2(g)+I_2(g)$ $\Delta H_3=+172kJ\cdot mol^{-1}$。

计算：反应 $SO_2(g)+I_2(g)+2H_2O(l)$ ══ $2HI(aq)+H_2SO_4(aq)$ 的 $\Delta H=$ ________。

3. 甲烷水蒸气催化重整是制取高纯氢的方法之一。

(1)反应器中初始反应的生成物为 H_2 和 CO_2，其物质的量之比为 4∶1，甲烷与水蒸气反应的方程式是________________________。

(2)已知反应器中还存在如下反应：

i. $CH_4(g)+H_2O(g)$ ══ $CO(g)+3H_2(g)$ ΔH_1；

ii. $CO(g)+H_2O(g)$ ══ $CO_2(g)+H_2(g)$ ΔH_2；

iii. $CH_4(g)$ ══ $C(s)+2H_2(g)$ ΔH_3。

……

反应 iii 为积炭反应，利用 ΔH_1 和 ΔH_2 计算 ΔH_3 时，还需要利用反应________的 ΔH。

4. 用 NaOH 溶液吸收热电企业产生的废气时，涉及如下图所示的转化，由下图关系可得 $\Delta H_4=$ ________。

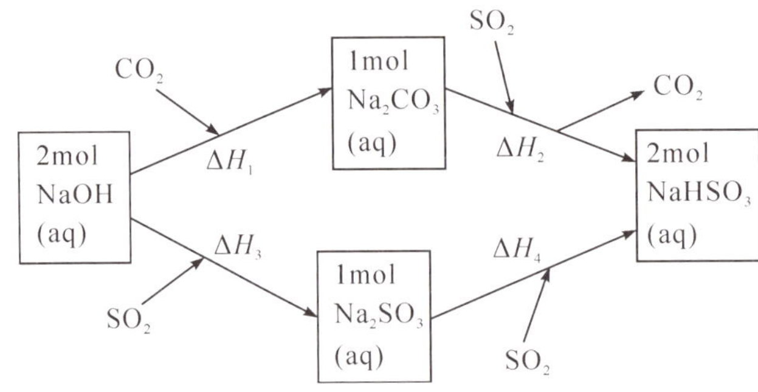

19 三段式法

引路人　浙江省衢州第二中学　王飞

方法导引

化学反应速率、化学平衡的相关问题常涉及计算化学反应速率、反应物的转化率、化学平衡常数、物质的含量、前后压强变化等物理量。

为了更清晰、更快速、更准确地解答上述问题，可采用三段式法，其一般步骤是写出化学方程式，列出起始量、转化量和平衡量，再根据题设其他条件和相关概念、定律求解。采用该方法可快速寻找到已知量和未知量之间的关系，建立等式，提高解题效率。

应用赏析

一、化学反应平衡的相关计算

例1 可逆反应 $CO(g)+H_2O(g) \rightleftharpoons CO_2(g)+H_2(g)$ 在 1L 密闭恒容容器中建立平衡。当温度为 749K 时，1min 达到平衡，$K=\frac{9}{4}$，则当 CO 和 H_2O 的起始物质的量浓度均为 $2mol \cdot L^{-1}$ 时，CO 的化学反应速率为________。

解析　先列出三段式，再建立未知量和已知量之间的等量关系进行求解。

设 CO 转化的物质的量浓度为 $x\ mol \cdot L^{-1}$，则有

	$CO(g)$	$H_2O(g)$	$CO_2(g)$	$H_2(g)$
起始物质的量浓度/$(mol \cdot L^{-1})$	2	2	0	0
转化物质的量浓度/$(mol \cdot L^{-1})$	x	x	x	x
平衡物质的量浓度/$(mol \cdot L^{-1})$	$2-x$	$2-x$	x	x

由此可得

$$K=\frac{x^2}{(2-x)^2}=\frac{9}{4}$$

综上解得 $x=1.2$，则 $v(CO)=1.2mol \cdot L^{-1} \cdot min^{-1}$。

例 2 油气开采、石油化工、煤化工等行业废气普遍含有硫化氢，需要回收处理并加以利用。在 1470K、100kPa 反应条件下，将 $n(H_2S):n(Ar)=1:4$ 的混合气进行 H_2S 热分解反应。平衡时混合气中 H_2S 与 H_2 的分压相等，平衡常数 $K_p=$________ kPa。提示：$K_p=\dfrac{p(S_2)\cdot p^2(H_2)}{p^2(H_2S)}$。

解析 先写出化学反应方程式，然后列出三段式。假设在该条件下，硫化氢和氩气的起始投料的物质的量分别为 1mol 和 4mol，则有

	$2H_2S(g) \rightleftharpoons$	$S_2(g)+$	$2H_2(g)$
起始物质的量/mol	1	0	0
转化物质的量/mol	x	$0.5x$	x
平衡物质的量/mol	$1-x$	$0.5x$	x

平衡时 H_2S 和 H_2 的分压相等，则二者的物质的量相等，即 $1-x=x$，解得 $x=0.5$。

$$平衡常数\ K_p=\frac{p(S_2)\cdot p^2(H_2)}{p^2(H_2S)}=\frac{\frac{0.25}{5.25}\times 100\text{kPa}\times\left(\frac{0.5}{5.25}\times 100\text{kPa}\right)^2}{\left(\frac{0.5}{5.25}\times 100\text{kPa}\right)^2}\approx 4.76\text{kPa}。$$

点评 这类化学反应平衡的计算问题，一般先写出反应的化学方程式，然后根据题设条件，列出三段式，再利用题干的已知条件列等式求解。

二、电解质溶液的相关计算

例 3 醋酸为一元弱酸，25℃时，其电离常数 $K_a=1.75\times 10^{-5}$。$0.1\text{mol}\cdot\text{L}^{-1}$ CH_3COOH 溶液的 pH 在________范围内。

解析 醋酸为弱酸，溶液中存在电离平衡。设电离出的氢离子的物质的量浓度为 $x\ \text{mol}\cdot\text{L}^{-1}$，列出三段式。

	$CH_3COOH \rightleftharpoons$	CH_3COO^-+	H^+
起始物质的量浓度/$(\text{mol}\cdot\text{L}^{-1})$	0.1	0	0
转化物质的量浓度/$(\text{mol}\cdot\text{L}^{-1})$	x	x	x
平衡物质的量浓度/$(\text{mol}\cdot\text{L}^{-1})$	$0.1-x$	x	x

电离常数 $K_a=\dfrac{c(H^+)\cdot c(CH_3COO^-)}{c(CH_3COOH)}=\dfrac{x^2}{0.1-x}=1.75\times 10^{-5}$，$10^{-3}<x<10^{-2}$，因此 pH 在 2～3 范围内。

点评 电离平衡也属于平衡范畴，三段式法同样适用，也是先写出反应的化学方程式，然后列出三段式，再根据已知条件建立等式求解。

三、平衡图像的相关计算

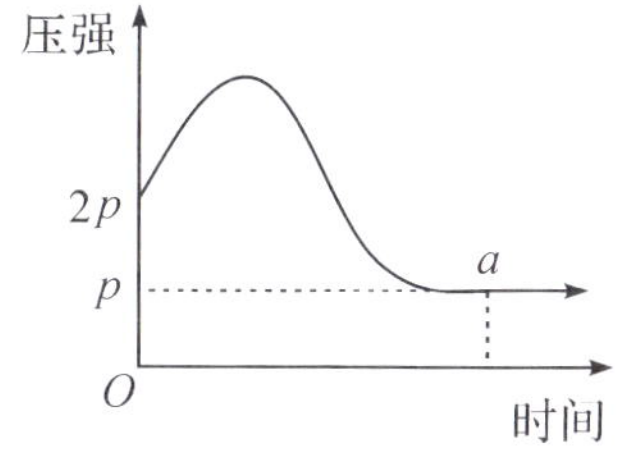

例 4 向体积为 1L 的绝热恒容容器中充入 2mol X 和 1mol Y。发生反应 $2X(g)+Y(g)\rightleftharpoons Z(g)\quad \Delta H$，反应体系的压强随时间的变化曲线如右图所示。

请回答：

(1) ΔH ________ 0(填“>”“<”或“=”，下同)。

(2) a 点平衡常数 K ________ 12。

解析 (1)容器在绝热条件下，随着反应的进行，压强先增大后减小，根据阿伏加德罗定律的推论可知，刚开始压强增大是因为体系温度升高，即上述反应过程放热，$\Delta H<0$。

(2)a 点为平衡点，此时体系的总压为 p。假设在恒温恒容条件下进行，则气体的压强之比等于气体的物质的量(物质的量浓度)之比，因此可设 Y 转化的物质的量浓度为 $x\ \mathrm{mol\cdot L^{-1}}$，则有

	$2X(g)$	$+\ Y(g)\rightleftharpoons$	$Z(g)$
起始物质的量浓度/($\mathrm{mol\cdot L^{-1}}$)	2	1	0
转化物质的量浓度/($\mathrm{mol\cdot L^{-1}}$)	$2x$	x	x
平衡物质的量浓度/($\mathrm{mol\cdot L^{-1}}$)	$2-2x$	$1-x$	x

由此可得

$$\frac{[(2-2x)+(1-x)+x]\mathrm{mol}}{(2+1)\mathrm{mol}}=\frac{p}{2p}$$

计算得到 $x=0.75$，则化学平衡常数 $K=\frac{c(Z)}{c^2(X)\cdot c(Y)}=\frac{0.75}{0.5^2\times 0.25}=12$。因为容器为绝热条件，等效为恒温条件下升温，平衡逆向移动，平衡常数减小，所以该条件下平衡常数 $K>12$。

点评 平衡图像中既有定性的问题，又有定量的问题，计算还是以三段式为核心。

小试身手

1. 已知 T ℃时，1L 恒容密闭容器中发生反应

$$FeO(s)+CO(g)\rightleftharpoons Fe(s)+CO_2(g)$$

该反应的平衡常数 $K=0.5$。若向该容器中加入 1mol FeO(s)，并通入 1.8mol CO，T ℃时反应达到平衡，则此时 FeO(s)的转化率为________。

2. 在 T ℃时，向容积为 2L 的恒容密闭容器中充入 1mol CO_2 和一定量的 H_2 发生反应 $CO_2(g)+2H_2(g) \rightleftharpoons HCHO(g)+H_2O(g)$ $\Delta H<0$。达到平衡时，HCHO 的分压与起始物质的量之比$\frac{n(H_2)}{n(CO_2)}$的关系如下图所示。

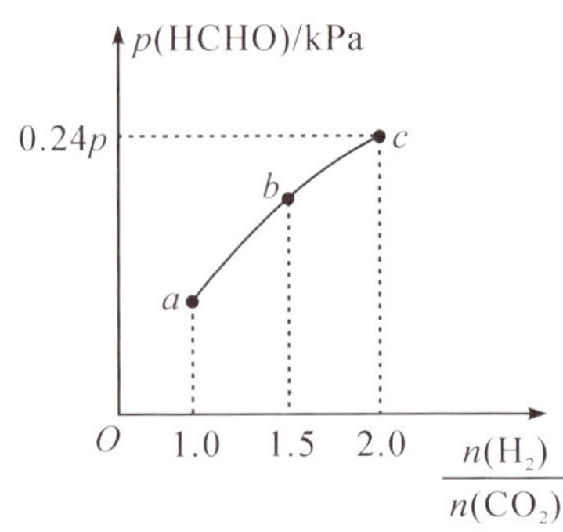

(1)起始时容器内气体总压强为 $1.2p$ kPa，若 5min 时反应到达 c 点，则 $v(H_2)$ = ________ $mol \cdot L^{-1} \cdot min^{-1}$。

(2)b 点时反应的化学平衡常数 K_p = ________(保留 3 位有效数字)$(p\ kPa)^{-1}$。

3. 25 ℃时，用 NaOH 调节 $0.10mol \cdot L^{-1}$ 二元弱酸 H_2R 溶液的 pH，假设不同 pH 下均有 $c(H_2R)+c(HR^-)+c(R^{2-})=0.10mol \cdot L^{-1}$。用数字传感器测得溶液中含 R 微粒的物质的量浓度与 pH 的变化关系如下图所示。忽略 R^{2-} 的第二步水解，$0.010mol \cdot L^{-1}$ Na_2R 溶液中 R^{2-} 的水解率约为________(用百分数表示，保留 2 位有效数字)。

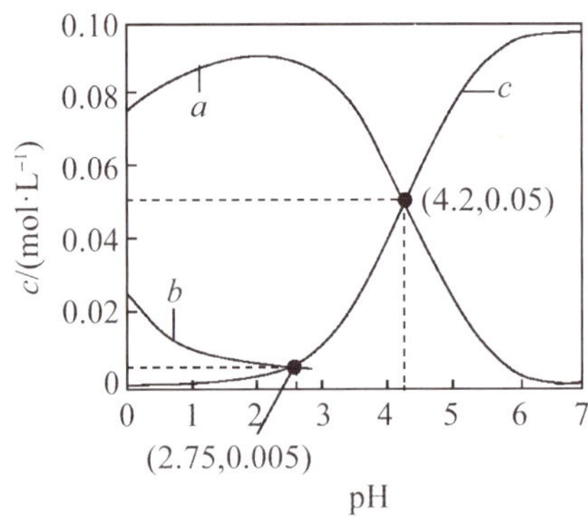

20 控制变量法

引路人　浙江省温州科技高级中学　徐宇峰

方法导引

控制变量法是一种重要的科学实验方法，是在探究某一变量对实验对象的影响时，控制其他变量不变，只改变该变量，以观察其对实验对象的影响程度。控制变量法在探究影响化学反应速率的因素和影响化学平衡移动的因素实验中体现得尤为充分。控制变量法的基本步骤：①明确研究对象；②确定自变量和应变量；③设计实验操作，改变单一自变量；④确定应变量的观测指标。以探究影响化学反应速率的因素实验为例，需要选择符合实验要求的化学反应，自变量为浓度、温度、压强、接触面积、催化剂等外界条件，因变量是化学反应速率，控制单一变量改变，得出影响反应速率的相关结论。

应用赏析

一、控制变量法在探索反应原理中的应用

例 1 下列说法正确的是 (　　)

A. 向硫氰化钾和氯化铁溶液混合后出现的血红色溶液中加入少量氯化钾固体，溶液颜色变浅，则平衡逆向移动

B. 在恒温恒容容器内发生合成氨反应，充入少量氦气增大压强并不能增大反应速率

C. 酸性高锰酸钾溶液与过氧化氢溶液反应的产物中有氧气和二价锰离子，提高酸性高锰酸钾溶液浓度则反应速率增大，说明浓度对反应速率的影响

D. 在铝片与稀硫酸溶液反应时，滴加几滴浓盐酸能明显增大反应速率，说明氢离子浓度对反应速率有明显影响

解析　A 项，该反应的本质是 $Fe^{3+}+3SCN^{-} \rightleftharpoons Fe(SCN)_3$，$K^+$、$Cl^-$ 并没有参与反应，KCl 浓度不是自变量，因此不会影响化学平衡(忽略盐效应)。B 项，压强影响速率的本质是气态反应物浓度改变，充入氦气虽然增大了压强，但是没有改变反应物浓度，此时压强并不是自变量。C 项，由于 Mn^{2+} 对过氧化氢的分解有催化作

用,高锰酸钾溶液浓度不是独立变量,不能说明浓度对速率有影响。D 项,由于氯离子对铝表面的氧化膜有“破坏”作用,加入盐酸并不是独立变量,不能说明氢离子浓度对反应速率有影响。选 B。

二、控制变量法在实验方案设计中的应用

例 2 下列实验设计方案合理的是 ( )

A. 在比较不同浓度下过氧化氢分解、硫代硫酸钠与稀硫酸反应的速率时,可以观测气泡产生的速率进行比较。

B. 在探究铁粉与高温水蒸气反应的固体产物时,可以用吸铁石检测固体产物中是否存在四氧化三铁

C. 在比较碳酸钠和碳酸氢钠溶解的热效应时,可将等物质的量的碳酸钠和碳酸氢钠的固体分别投入等量且足量的水中溶解,通过温度计检测热效应

D. 为精确测量镁与一定浓度盐酸的反应速率,可将反应物放置在密闭的锥形瓶中根据压强传感器和温度传感器所得数据进行分析

解析 A 项,过氧化氢分解产生的氧气难溶于水,硫代硫酸钠与稀硫酸反应产生硫黄和二氧化硫,二氧化硫易溶于水,前者可以观测气泡产生的速率作为观测指标,后者应选择溶液浊度作为观测指标。B 项,铁粉与高温水蒸气反应可能有铁粉剩余。C 项,碳酸钠和碳酸氢钠溶于水的热效应并不大,应该采用在固体中滴加少量水,用温度计测量。D 项,现代仪器可以精确测定某些物理量以反映化学反应的速率。选 D。

三、多变量影响,根据实验事实进行推理

例 3 下列说法错误的是 ( )

A. 在两支盛有 10mL 0.5mol・L^{-1} H_2O_2 溶液的试管中同时分别滴加 1mL 0.03mol・L^{-1} $Fe_2(SO_4)_3$ 溶液和 1mL 0.10mol・L^{-1} $CuSO_4$ 溶液(已知硫酸根对该反应没有影响),发现前者气泡产生得更快,说明 Fe^{3+} 催化效果更好

B. 比较两种弱酸 HA 和 HB 酸性强弱的实验方案:分别测量 0.2mol・L^{-1} HA 溶液、0.1mol・L^{-1} HB 溶液的 pH,若 HB 溶液的 pH 小于 HA 溶液的,则说明 $K_a(HA)<K_a(HB)$

C. 用套管实验探究碳酸钠和碳酸氢钠的热稳定性(内管放置碳酸氢钠固体),由于两支试管内温度不同,不能得出结论

D. 探究温度和浓度对有机化合物 A 分解速率的影响,在 20℃、0.3mol・L^{-1} 和 30℃、0.1mol・L^{-1} 条件下 5min 内反应测得后者速率更大,说明温度对该反应的影响较大

解析 A项，Fe^{3+}浓度低于Cu^{2+}，但催化效果依旧好，能说明Fe^{3+}催化效果更好。B项，浓度高的HA溶液pH反而高，说明HA的酸性弱于HB的。C项，套管实验中试管温度不同，但内管温度低，碳酸氢钠也能分解，说明碳酸氢钠稳定性差。D项，温度高反应的速率大，浓度低反应速率小，实际效果是反应速率大，说明5min内温度对该反应的反应速率的影响更大。选C。

点评 本题看似不符合“控制单一变量”的条件，但可以根据实际情况分析得出合理的结论。

四、对实验数据、图表的分析

例4 现用蒸馏水、$3.00mol \cdot L^{-1}$ H_2O_2溶液和$0.10mol \cdot L^{-1}$ $FeCl_3$溶液等试剂探究影响H_2O_2分解速率的因素。

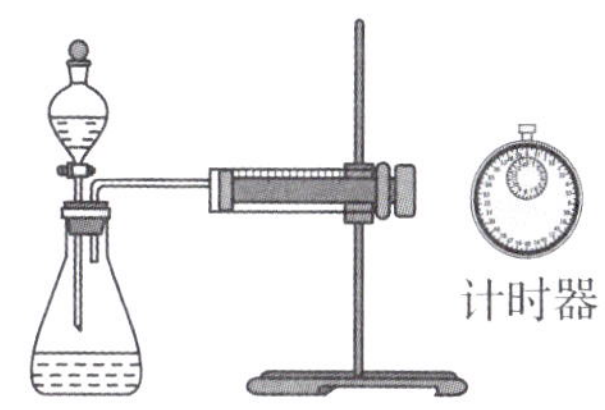

(1)测定分解速率的装置如右图所示，若所测得的数据能直接体现反应速率大小，可测定(其中一种)：

i.相同时间产生O_2的体积；ii.________________。

(2)将锥形瓶置于恒温水浴中，加入H_2O_2溶液，用(1)中方案i进行实验，设计实验表格如下表所示。

序号	$V(H_2O_2$溶液$)/mL$	$V(H_2O)/mL$	$V(FeCl_3$溶液$)/mL$	水浴温度/℃	1min时$V(O_2)/mL$
Ⅰ	9.9	0.1	0	25	V_1
Ⅱ	3.0	x	0	25	V_2
Ⅲ	9.9	0	0.1	25	V_3
Ⅳ	9.9	0.1	0	45	V_4

①实验Ⅰ、Ⅱ的目的是探究反应物浓度对反应速率的影响，$x=$________，若$V_1>V_2$，结论是________________________。

②已知Fe^{3+}是H_2O_2分解的催化剂，V_1________V_3(填“>”“<”或“=”)。

③实验Ⅰ、Ⅳ的目的是探究________对化学反应速率的影响，若$V_1<V_4$，结论是________________________。

解析 (1)填：产生相同体积氧气所需的时间。

(2)①根据控制变量的思想，反应液总体积要相等，根据反应Ⅰ总体积为10mL可知$x=7.0$，若$V_1>V_2$，结论是其他条件相同时，增大反应物浓度，化学反应速率增大；②催化剂能加快H_2O_2的分解，有Fe^{3+}时1min内产生的O_2更多，故$V_1<V_3$；③实验Ⅰ、Ⅳ只有温度不同，目的是探究温度对化学反应速率的影响，若$V_1<V_4$，表明其他条件相同时，升高温度，化学反应速率增大。

小试身手

1. 下列实验方案设计、现象和结论都正确的是 （　　）

选项	实验目的	方案设计	现象和结论
A	探究温度对反应速率的影响	将 10mL $0.1mol \cdot L^{-1}$ $Na_2S_2O_3$ 溶液和 10mL $0.05mol \cdot L^{-1}$ H_2SO_4 溶液混合后，均分在两支试管中，一支放在室温下，一支放在 60℃水浴中	60℃水浴中的试管出现浑浊现象的时间更短，说明升温可以增大反应速率
B	探究反应物浓度对化学反应速率的影响	向 $0.1mol \cdot L^{-1}$ 和 $0.2mol \cdot L^{-1}$ 的盐酸中分别加入足量的锌粒和锌粉	$0.2mol \cdot L^{-1}$ 盐酸中产生气泡更快，说明浓度越大，化学反应速率越大
C	探究 pH 对反应速率的影响	将 10mL $0.1mol \cdot L^{-1}$ KI(溶有少量淀粉)溶液均分在两支试管中，分别滴加 1mL 均为 $0.1mol \cdot L^{-1}$ 的 H_2SO_4 溶液和 NaOH 溶液，同时振荡	滴加硫酸的试管先出现蓝色，说明酸性环境能增大反应速率
D	探究催化剂对化学反应速率的影响	向两支盛有等浓度等体积 H_2O_2 溶液的试管中分别加入等浓度等体积的 $KMnO_4$ 溶液和 $CuSO_4$ 溶液	前者产生气泡速率大，说明 $KMnO_4$ 催化效果更好

2. 已知 $2KMnO_4 + 5H_2C_2O_4 + 3H_2SO_4 \xlongequal{} 2MnSO_4 + K_2SO_4 + 10CO_2\uparrow + 8H_2O$。某化学小组欲探究 $H_2C_2O_4$ 溶液和酸性 $KMnO_4$ 溶液反应过程中浓度、温度对化学反应速率的影响，进行了如下表所示的实验(忽略溶液体积变化)。

编号	$0.01mol \cdot L^{-1}$ 酸性 $KMnO_4$ 溶液体积/mL	$0.1mol \cdot L^{-1}$ $H_2C_2O_4$ 溶液体积/mL	水的体积/mL	反应温度/℃	反应时间/min
Ⅰ	2	2	0	20	2.1
Ⅱ	V_1	2	1	20	5.5
Ⅲ	V_2	2	0	50	0.5

下列说法不正确的是 （　　）

A. $V_1=1$，$V_2=2$

B. 设计实验Ⅰ、Ⅲ的目的是探究温度对反应速率的影响

C. 实验计时是从溶液混合开始，溶液呈紫红色时结束

D. 实验Ⅲ中用酸性 $KMnO_4$ 溶液的物质的量浓度变化表示的反应速率为

$$v(KMnO_4)=0.01mol \cdot L^{-1} \cdot min^{-1}$$

21　等效 H 法

引路人　浙江省泰顺中学　林张媚

方法导引

等效 H 法是快速确定同分异构体的数目、快速书写同分异构体的重要方法。等效 H 法的规律如下：

(1)连在同一个碳原子上的氢原子等效，如甲烷中的 4 个氢原子等效。

(2)同一个碳原子上所连接的相同基团上的氢原子等效，如新戊烷 $C(CH_3)_4$（H_3C—C(—CH_3)(—CH_3)—CH_3），其 4 个甲基等效，各甲基上的氢原子完全等效，即其 12 个氢原子等效。

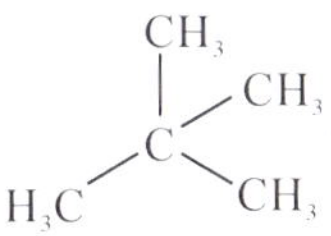

(3)分子中处于对称位置的氢原子等效。如 $(H_3C)_3C—C(CH_3)_3$ 分子中的 18 个氢原子等效。

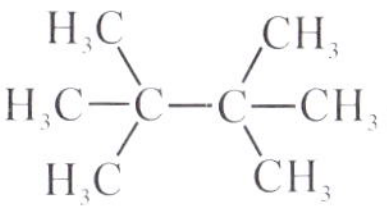

烃分子中等效氢原子有几种，则该烃的一元取代物就有几种同分异构体。

应用赏析

一、确定卤代烃、醇的同分异构体

例 1　分子式分别为 CH_2Cl_2、$C_3H_6Cl_2$ 的同分异构体分别有多少种？

解析　同一个碳原子上的所有氢原子等效，CH_4 上任意一个氢原子被氯原子取代，结构都相同，均为 CH_3Cl。CH_3Cl 所连的 3 个氢原子也等效，再任意取代其中的一个氢原子，结构都相同，均为 CH_2Cl_2。因此，CH_2Cl_2 不存在同分异构体。

$C_3H_6Cl_2$ 可看作 $CH_3—CH_2—CH_3$ 分子中 2 个氢原子被氯原子所取代。$CH_3—CH_2—CH_3$ 分子中有 2 种等效氢原子，分别被 1 个氯原子取代，可得到 2 种结构，分别是

A：$CH_2Cl—CH_2—CH_3$　B：$CH_3—CHCl—CH_3$

A 分子中有 3 种等效氢原子，再取代 1 个氢原子得到 3 种结构，分别是

A1：$CHCl_2—CH_2—CH_3$　A2：$CH_2Cl—CHCl—CH_3$　A3：$CH_2Cl—CH_2—CH_2Cl$

B 分子中有 2 种等效氢原子，再取代 1 个氢原子得到 2 种结构，分别是

B1：$CH_2Cl—CHCl—CH_3$　B2：$CH_3—CCl_2—CH_3$

因为 A2 和 B1 为同一物质，所以 $C_3H_6Cl_2$ 有 4 种同分异构体。

例 2 分子式分别为 CH_4O、C_2H_6O 的同分异构体分别有多少种？

解析 CH_4O 可以看作 CH_4 分子的某个碳氢键之间插入 1 个氧原子，因为 4 个氢原子等效，所以结构只有 1 种。

C_2H_6O 可以看作 C_2H_6 分子的某个碳氢键或碳碳单键之间插入 1 个氧原子。因为 6 个氢原子等效，氧原子插入任一碳氢键之间均为同一种结构，即 C_2H_5OH，插入碳碳单键之间为 CH_3OCH_3，所以 C_2H_6O 的同分异构体有 2 种。

二、根据核磁共振氢谱确定有机化合物的结构

例 3 丙醇有两种属于醇类的同分异构体：

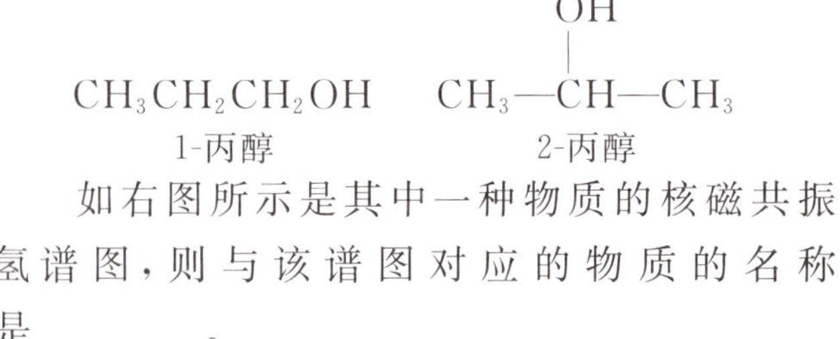

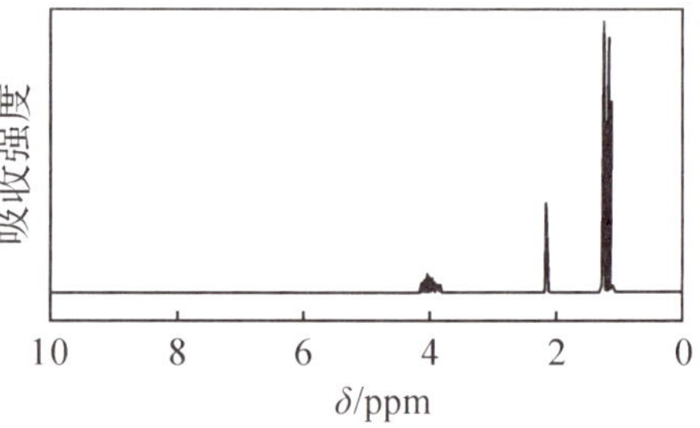

如右图所示是其中一种物质的核磁共振氢谱图，则与该谱图对应的物质的名称是________。

解析 处于不同化学环境中的氢原子因产生共振时吸收电磁波的频率不同，相应的信号在谱图中出现的位置也不同，具有不同的化学位移。从题图中可以看到有 3 种不同的化学位移，说明该有机化合物有 3 种不同的等效氢原子。与该谱图相对应的物质是 2-丙醇。

三、限定条件的同分异构体的书写

例 4 写出符合下列条件的有机化合物（O 结构式）的同分异构体的结构简式：①可以发生银镜反应；②核磁共振氢谱图显示有 2 组峰，其峰面积之比为 9∶1。

解析 已知有机化合物的分子式为 $C_7H_{10}O$，不饱和度为 3。满足条件①可以发生银镜反应，说明分子中含有 1 个醛基（—CHO），1 个醛基含 1 个不饱和度、1 个 H、1 个 O。满足条件②核磁共振氢谱图显示有 2 组峰，其峰面积之比为 9∶1。9 个 H 等效，说明含有与同一碳原子相连的 3 个甲基，即 $(H_3C)_3C—$，余下 2 个 C，2 个不饱

和度，可知含有1个碳碳三键（—C≡C—），故结构简式为 $H_3C-\underset{H_3C}{\overset{H_3C}{\underset{|}{\overset{|}{C}}}}-C\equiv C-CHO$。

小试身手

1. 下列化合物的一氯代物的种类数大小排列顺序正确的是（　　）

①$CH_3CH_2CH_2CH_2CH_2CH_3$

②$(CH_3)_2CHCH(CH_3)_2$

③$(CH_3)_3CCH_2CH_3$

④$(CH_3)_3CC(CH_3)_3$

A. ①>②>③>④　　B. ①=③>②>④

C. ③>②>④>①　　D. ②>③=①>④

2. 分子式为 C_8H_{10} 且含苯环的所有物质的一氯代物共有________种。

3. 写出分子式为 C_3H_8O 的所有同分异构体。

4. 有机化合物A经元素分析仪测得只含碳、氢、氧3种元素，红外光谱显示A分子中没有醚键，质谱图和核磁共振氢谱图如下图所示。

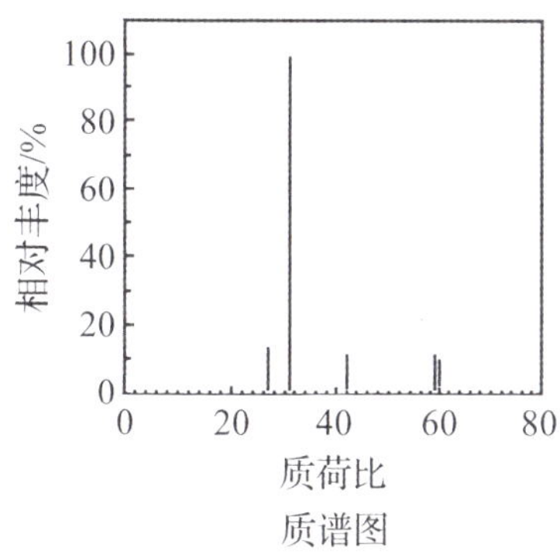

质谱图

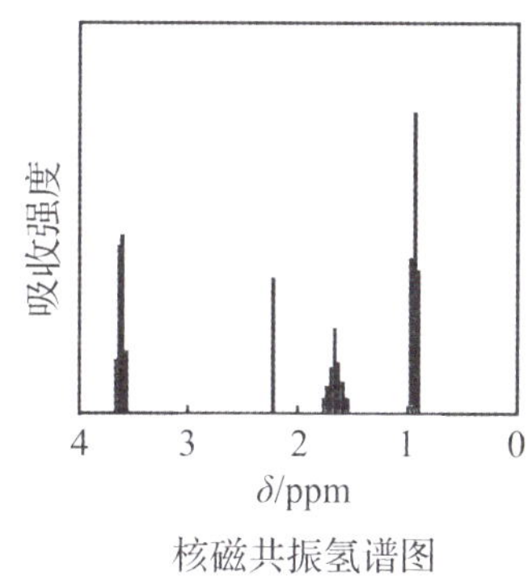

核磁共振氢谱图

A的结构简式是________。

22　奇偶互换法

引路人　浙江省长兴中学　王强

方法导引

限定条件下有机化合物同分异构体的书写过程中，依据限定条件，推测出“碎片”(原子、基团)的结构和构建碳骨架之后，如何做到合理有序、不重不漏地把“碎片”组装起来，显得尤为重要。高度对称性是带环(苯环)结构的同分异构体的最大特点。根据限制条件，推出其中一种结构式，再以此为突破口，用奇偶互换法进行“奇轴偶对挪一挪”，可以快速推导其他结构。

应用赏析

例 1 写出 4 种同时符合下列条件的化合物 CHO　H_3CO　OCH_3 的同分异构体的结构简式：

①能发生银镜反应；②与 $FeCl_3$ 溶液反应显紫色；③苯环上有 4 个取代基，且分子中有 5 种不同化学环境的氢原子。

解析　根据条件①②可知，该物质含有醛基和酚羟基，分子中 3 个 O，除苯环外还有 1 个不饱和度，可能是 1 个—CHO 和 2 个—OH，也可能是 1 个—CHO，1 个—OH，1 个—O—。再根据条件③，可快速得到符合要求的其中一种结构简式：CHO　HO　OH　CH_2　C　H_3C　CH_3　CH_3 。

在此基础上进行“奇轴偶对挪一挪”，迅速找出其他的同分异构体，方法如下。

奇轴：奇数取代结构放置在对称轴上，如上述结构简式中的 1 个—CHO、1 个—CH_2—、1 个—$C(CH_3)_3$。

偶对：偶数取代结构放置在对称位置上，如上述结构简式中的 2 个—OH。

挪一挪：奇数取代结构（—CH_2—）可以沿对称轴线挪动来寻找同分异构体，偶数取代结构（—OH）可以沿对称位置同时挪动来寻找同分异构体。

奇轴

偶对

偶对

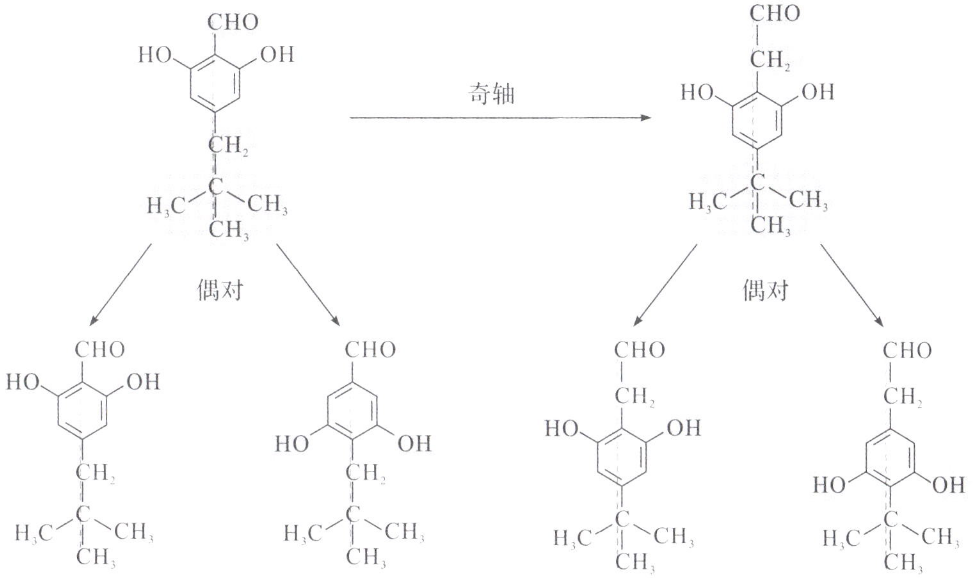

奇偶互变：奇数结构［1 个—$C(CH_3)_3$］通过重新组合转化为偶数结构（4 个—CH_3），偶数结构放置轴线对称位置；偶数结构（2 个—OH）通过重新组合转化为奇数结构（1 个—O—、1 个—OH），奇数结构放置在对称轴线上。

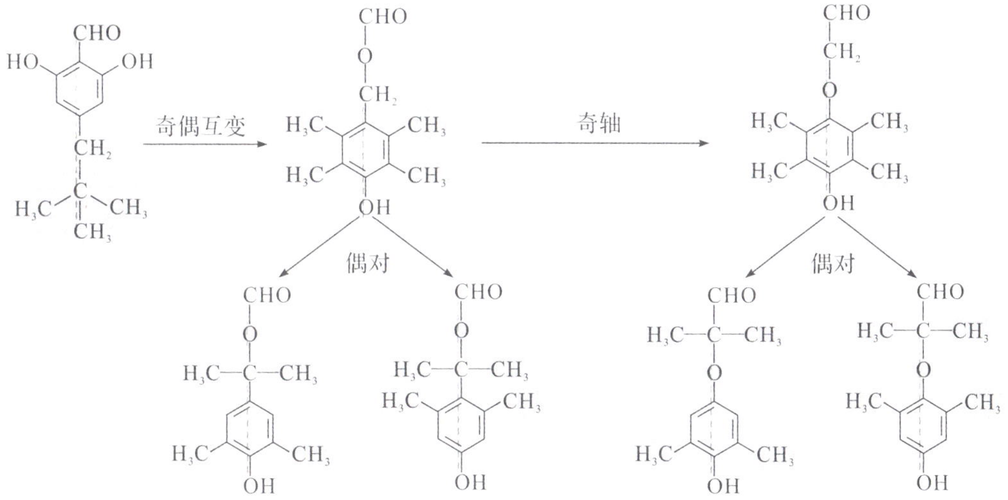

奇偶互变

奇轴

偶对

偶对

点评　奇偶互换法打破原有同分异构体书写时思考官能团异构的思路，根据对称性，从基团组装奇偶两类结构的角度分析，使不同类型同分异构体的书写变得更快速且全面。

▶例 2　写出同时符合下列条件的化合物 $C_9H_{10}O_4$ 的同分异构体的结构简式：①含有苯环，不含其他环；②能发生银镜反应；③不含—O—O—；④^{1}H-NMR 谱图表明，分子中有 4 种不同化学环境的氢原子。

解析 根据能发生银镜反应可知，分子中含有醛基；由分子中有 4 种不同化学环境的氢原子可知，该物质高度对称，因此可以得到符合题干要求的结构简式为（苯环上：CHO、HO、OH、H_3C、CH_3、OH）。

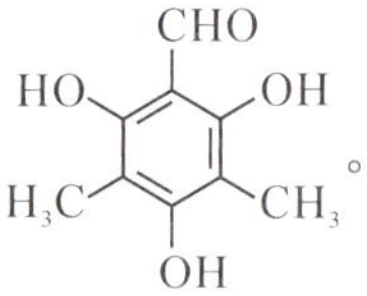

奇轴：奇数取代结构放置在对称轴线上，如上述结构简式中的 1 个—CHO、1 个—OH。

偶对：偶数取代结构放置在对称位置上，如上述结构简式中的 2 个—OH。

挪一挪：奇数取代结构（1 个—O—）可以沿对称轴线挪动来寻找同分异构体，偶数取代结构（2 个—OH 或 2 个—CH_3）可以沿对称位置同时挪动来寻找同分异构体。

奇轴

偶对

偶对

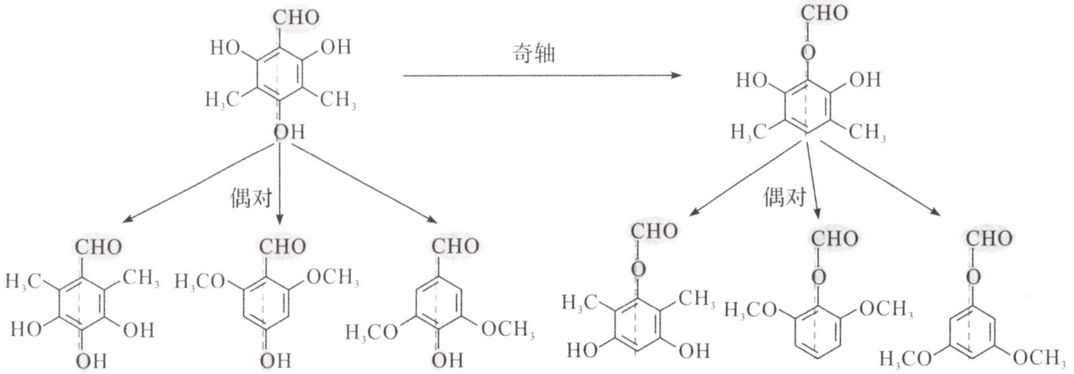

点评 只要能够确定其中的一个同分异构体，通过“奇轴偶对挪一挪”的思路，在不改变主体结构的情况下，既节约时间，又能找全同一类型同分异构体。

例 3 写出同时符合下列条件的化合物（H_3CH_2C—O—C(=O)—，N-CH_3，N，$CH_2CH_2CH_3$）的同分异构体的结构简式：①分子中含有苯环；②^{1}H-NMR 谱图和 IR 谱图检测表明分子中共有4 种不同化学环境的氢原子，有氮氧键，没有氧氢键和氧氧键；③分子中没有两个甲基连在同一个碳原子上。

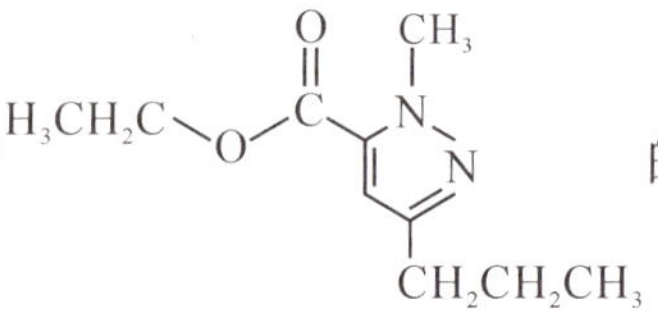

解析 根据所给信息，有氮氧键，无氧氢键和氧氧键，以及有 4 种不同化学环境的氢原子，则该物质高度对称，可得符合题干要求的结构简式为（H_3C—N—CH_3，O，H_3C、CH_3，O，NH_2）。

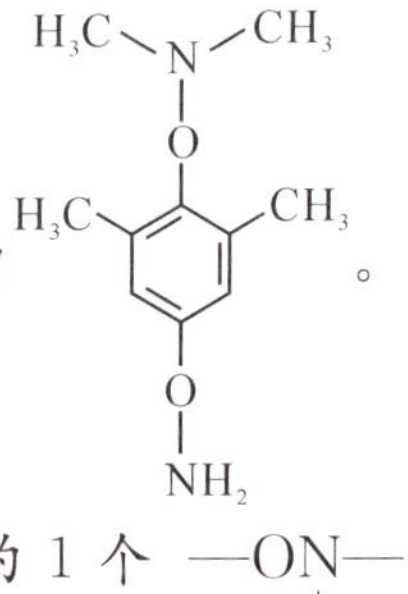

奇轴：奇数取代结构放置在对称轴线上，如上述结构简式中的 1 个 —ON— 、

1 个—ONH_2。

偶对：偶数取代结构放置在对称位置上，如上述结构简式中的 4 个—CH_3。

挪一挪：偶数取代结构（4 个—CH_3）可以沿对称位置同时挪动来寻找同分异构体。

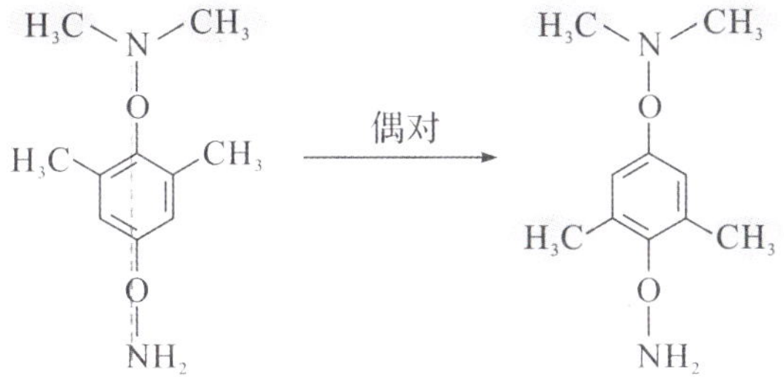

偶对

奇偶互变：奇数结构（2 个—O—）通过重新组合转化为偶数结构（2 个—OCH_3 或 2 个—ONH_2），偶数结构放置在轴线对称位置上。

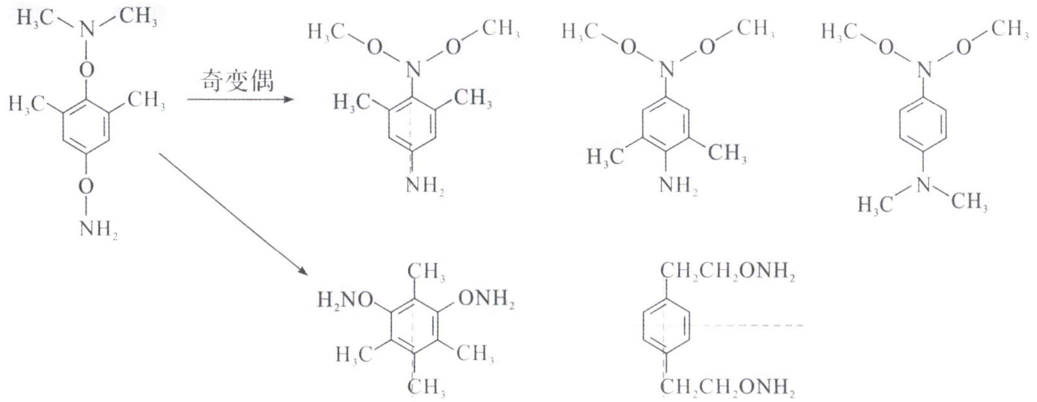

奇变偶

偶数结构通过重新组合转化为奇数结构，奇数结构放置在对称轴线上。

点评　相同类型同分异构体可以通过“奇轴偶对挪一挪”来简单实现；不同类型同分异构体可以通过奇偶互变来实现，但要灵活切换奇数结构和偶数结构，可以是奇变偶，也可以是偶变奇。

小试身手

1. 写出 4 种同时符合下列条件的（结构简式：苯环上连有 $NHCOC(CH_3)_3$、H_3C、CHO）的同分异构体的结构简式：①分子中含苯环，且不含其他环和 C═N 键；② 1mol 该有机化合物能与 3mol NaOH 反应；③^{1}H-NMR 谱图显示，分子中有 5 种不同化学环境的氢原子。

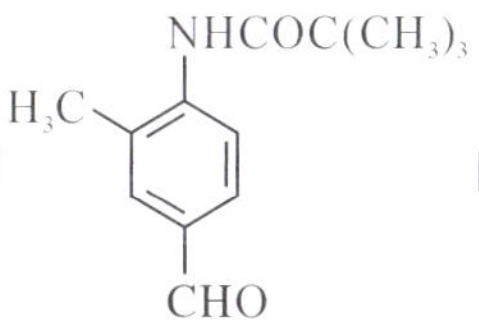

2. 写出满足下列条件的 $C_{10}H_9O_4F$ 的同分异构体的结构简式：①分子中除苯环外还有 1 个含有 2 个氧原子的五元杂环；②苯环上只有 2 个取代基；③能与 $NaHCO_3$ 溶液反应生成二氧化碳；④核磁共振氢谱图中只有 4 组吸收峰。

23　商余法

引路人　浙江省杭州第十四中学　商琼毅

方法导引

"商余"是除法运算的结果。有机分子结构通常比较复杂,但其组成主要是碳、氢、氧、氮等少数几种元素,碳骨架是有机化合物的核心结构。基于有机化合物的基本骨架及对"商余"前后相对分子质量(式量)的替换处理,我们可由有机化合物相对分子质量推断有机化合物的化学式,此即商余法。

应用赏析

一、烃的分子式求解

例1 若A是相对分子质量为128的烃,则其分子式可能是________。

解析　先求A分子中CH_2基团的个数和此外的H原子个数。

商余法:$128\div14=9\cdots\cdots2$ [$M_r(CH_2)=14$]。

由此可见,A分子中有9个CH_2基团,此外还有2个H原子,则A的分子式可为C_9H_{20};由于12个H原子质量与1个C原子质量相当,A的分子式又可为$C_{10}H_8$。

点评　因为A是一种烃,因此我们以CH_2基团作为基本单元,通过商余法确定多余的H原子个数。而1个C-12原子与12个H原子之间的等量代换,则确保了答案的完整性。

二、烃的衍生物分子式求解

例2 某有机化合物的相对分子质量为180。请回答:

(1)该有机化合物________(填"可能"或"不可能")是饱和烃。

(2)若该有机化合物分子中除碳、氢外含偶数个氧,且不饱和度$\Omega=1$,则可能是________或________(写名称)。

解析　先按烃的骨架进行商余法处理:$180\div14=12\cdots\cdots12$。

(1)若为烃,则分子式为$C_{12}H_{36}$,超饱和,显然不可能。用C原子进行替换,可知$C_{13}H_{24}$是不饱和烃,故该有机化合物不可能是饱和烃。

(2)若含有偶数个O原子，根据$A_r(O)=M_r(CH_4)$，则当该有机化合物分子中含有2个O原子时，分子式可能为$C_{11}H_{16}O_2$($\Omega=4$)或$C_{10}H_{28}O_2$(超饱和)；当该有机化合物分子中含有4个O原子时，分子式为$C_9H_8O_4$($\Omega=6$)或$C_8H_{20}O_4$(超饱和)；当该有机化合物分子中含有6个O原子时，分子式为$C_6H_{12}O_6$($\Omega=1$，为葡萄糖或果糖)；当该有机化合物分子中含有8个O原子时，分子式为$C_4H_4O_8$($\Omega=3$)。显然，该有机化合物是葡萄糖或果糖。

点评 尽管本题中信息较少，但应用商余法及等量代换方法，依然可以顺藤摸瓜，有序地解决问题。

例3 有机化合物A为一种天然氨基酸，其相对分子质量为89。

(1)A的分子式为________；结构简式为________。

(2)写出与A具有相同官能团的A分子的同分异构体：________。

解析 (1)商余法：89÷14=6……5。

若A为烃则分子组成为“C_6H_{17}”，由题给信息可知，A分子中应含有羧基(—COOH)和氨基(—NH_2)。用2个O原子替换2个CH_4，用1个N原子替换1个CH_2，可得A的分子式为$C_3H_7NO_2$，由此可知A为丙氨酸，其结构简式为$CH_3CH(NH_2)COOH$。

(2)同分异构体仍需含有氨基和羧基，因此可能的结构简式为$H_2NCH_2CH_2COOH$。

点评 本题利用商余法确定基本组成，再用N原子和O原子对碳原子和氢原子进行等量替换，结合题给其他信息，即可以推断出分子组成。

小试身手

1. 某饱和烃相对分子质量为114，且其一氯代物没有同分异构体，则该烃的结构简式是________，名称是________。

2. 有机化合物A的相对分子质量为128，燃烧只生成CO_2和H_2O。写出A可能的三种化学式：________、________、________。

3. 某饱和烃A的相对分子质量为156，且其一溴代物只有两种，则A的分子式为________，结构简式为________。

4. 已知某有机化合物A的相对分子质量为92。

(1)若A不能使溴的CCl_4溶液褪色，但能使酸性高锰酸钾溶液褪色，则A的分子式为________，结构简式为________。

(2)若A为油脂水解产物，且知A与浓硫酸和浓硝酸的混合物反应可制得烈性炸药，则A的分子式是________，结构简式是________。

5. 有机化合物 A 经元素分析仪测得由 C、H、O 三种元素组成，A 的质谱图、红外光谱图、核磁共振氢谱图如下图所示。

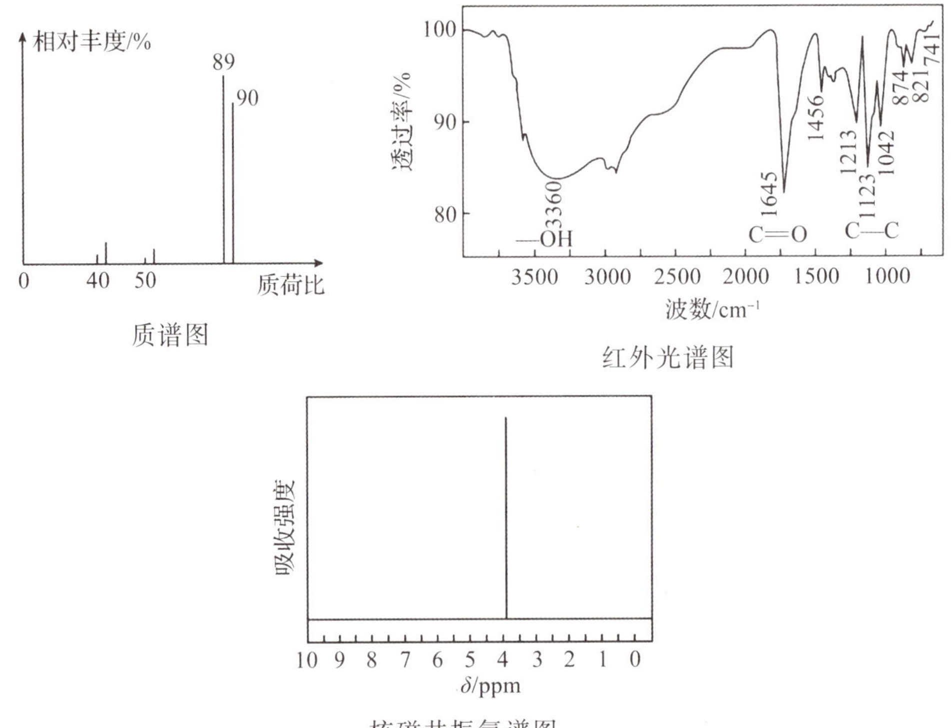

质谱图

红外光谱图

核磁共振氢谱图

由质谱图可知 A 的相对分子质量为 90，由红外光谱图可知其中含有的化学键和基团，由核磁共振氢谱图可知分子中氢原子的化学环境只有 1 种。

请回答：

(1)该分子的分子式是________，结构简式是________，名称是________。

(2)A 与足量碳酸氢钠溶液反应的化学方程式：________________________。

A 与酸性高锰酸钾溶液反应的离子方程式：________________________。

24　图示法

引路人　浙江大学附属中学　叶依丛

方法导引

图示法是将内容较复杂的原理或陌生抽象的问题以可视化的图像形式直观、形象地表达出来的一种方法，它能化抽象为具体，变繁杂的文字叙述为简捷的图线或图像，降低人们认识客观事物的难度。在解决化学问题时，我们可以根据题设条件，抓住事物主要矛盾，将主要因素、相互关系、反应过程、物质状态等信息进行提取、转换、重组，用示意图的方式呈现出来，以便观察、比较和分析。

应用赏析

一、借用辅助线使实验问题直观化

例1 为了测定一元酸 HCOOH 溶液的浓度，取 25.00mL HCOOH 溶液，用 $1.000mol \cdot L^{-1}$ NaOH 标准溶液滴定。若其他操作均正确，但在读取 NaOH 溶液体积时，开始时仰视读数，结束时俯视读数，则滴定结果会________（填“偏高”“偏低”或“不变”）。

解析　在图中画辅助线，作平视、仰视、俯视时的视线，凹液面最低处与视线相切的示意图（如右图所示）。通过示意图可以得出结论：仰视时，读数的刻度线 B 在平视读数 A 下方；俯视读数的刻度线 C 在平视读数 A 的上方。结合滴定管刻度值特征（由上往下刻度值增大）推断出 NaOH 标准溶液所读体积偏小，会导致滴定结果偏低。

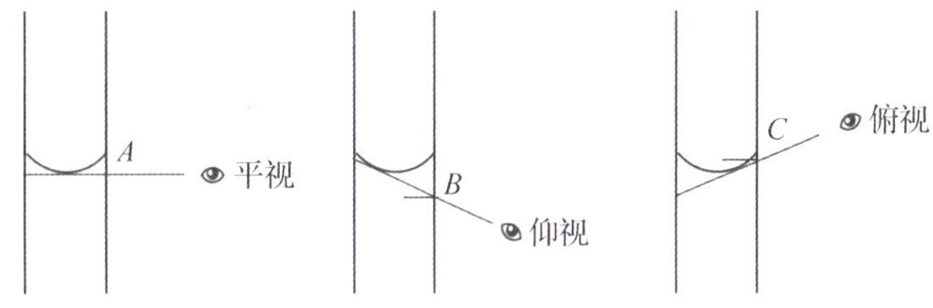

点评　在初中阶段利用量筒量取一定体积液体时，我们已经分析过仰视、俯视所形成的误差。如果学生没有理解原理而只是以机械记忆结论的方式学习，则当仪器由量筒变为滴定管，刻度大小特征发生改变时，结果就会颠倒。利用图示法以作辅助线的方式可将机械记忆的知识转化为一种可操作的实验技能，使得解决问题的思路更加清晰、有据可循。

二、借用数轴使"强制弱"问题有序化

例 2 已知 25℃时部分弱酸的电离常数如下表所示。

化学式	CH_3COOH	HCN	HClO	H_2CO_3
电离常数	1.75×10^{-5}	6.2×10^{-10}	4.0×10^{-8}	$K_{a1}=4.5\times10^{-7}$ $K_{a2}=4.7\times10^{-11}$

下列反应可以发生的是________(填字母)。

A. $CH_3COOH+Na_2CO_3 \xlongequal{} NaHCO_3+CH_3COONa$

B. $CH_3COOH+NaCN \xlongequal{} HCN+CH_3COONa$

C. $CO_2+H_2O+2NaClO \xlongequal{} Na_2CO_3+2HClO$

D. $NaHCO_3+HCN \xlongequal{} NaCN+CO_2\uparrow+H_2O$

解析 根据酸的电离常数由小到大，在数轴下方依次列出各种酸，在数轴上方对应位置依次列出各酸的酸根离子。酸性(给出 H^+ 的能力)越强，则其对应酸根阴离子结合 H^+ 的能力越弱(如图 1 所示)。

结合H^+的能力：CO_3^{2-} > CN^- > ClO^- > HCO_3^- > CH_3COO^-

K_a

给出H^+的能力：HCO_3^- < HCN < HClO < H_2CO_3 < CH_3COOH

图 1

根据图 1 判断强酸制弱酸是否能发生。CH_3COOH 与 Na_2CO_3 的反应，在图 1 中用斜线连接 CH_3COOH 和 CO_3^{2-}，结果如图 2 所示，若二者发生反应，则生成 CH_3COO^- 和 HCO_3^-，CH_3COOH 给出 H^+ 的能力强于 HCO_3^-，CO_3^{2-} 结合氢离子的能力强于 CH_3COO^-，符合强酸制弱酸的规律，能够实现质子传递，故反应可以发生，A 项正确。同理可知 B 项正确。

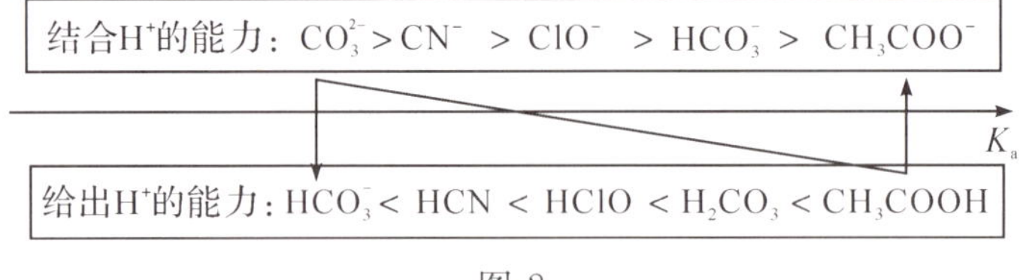

图 2

根据图 2 判断 H_2CO_3 与 NaClO 反应的产物。假设反应发生，将 H_2CO_3、HCO_3^-、ClO^-、HClO 四点连线(图 3 中虚线)，形成 N 形，则该反应可以发生。如果将生成的 HCO_3^- 看作酸，继续与 ClO^- 反应，若反应发生，则生成 CO_3^{2-} 和 HClO，将 HCO_3^-、CO_3^{2-}、ClO^- 和 HClO 四点连线，呈倒 N 形(图 3)，则该反应不符合强酸

制弱酸的规律,假设不成立,反应难以发生。因此,H_2CO_3 与 NaClO 反应的主要产物为 $NaHCO_3$ 和 HClO,C 项错误。同理可得 D 项错误。

综上,答案为 AB。

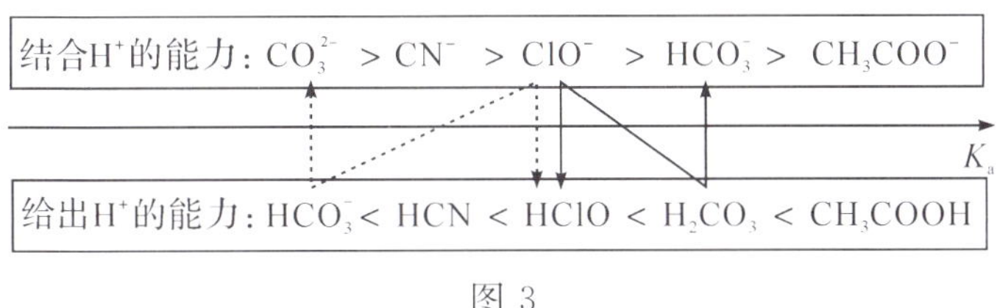

图 3

点评 强酸制弱酸是高中化学的重要规律,借助酸的电离常数可以预判反应是否发生。当出现多元弱酸或过量问题时,借助图示法以数轴建模,将化学反应中强酸制弱酸的问题具象化、直观化、有序化,能有效避免思维混淆,快速而正确地得出结论。该方法不仅可以用于质子传递的类型,也同样适用于电子传递的类型即氧化还原反应。

三、借用直角坐标系使反应历程可视化

例 3 已知:C(s,金刚石)══C(s,石墨) $\Delta H=-1.9\text{kJ}\cdot\text{mol}^{-1}$;

C(s,金刚石)+O_2(g)══CO_2(g) ΔH_1;

C(s,石墨)+O_2(g)══CO_2(g) ΔH_2。

根据上述反应所得出的结论正确的是 ( )

A. $\Delta H_1=\Delta H_2$　　B. $\Delta H_1>\Delta H_2$

C. $\Delta H_1<\Delta H_2$　　D. 金刚石比石墨稳定

解析 以反应过程为横坐标、物质能量为纵坐标,构建直角坐标系,并将金刚石在一定条件下转化为石墨的反应过程-能量图表示出来,由于该反应是放热反应,故等物质的量时金刚石的能量比石墨的高。等物质的量的石墨和金刚石都能燃烧生成二氧化碳气体,将该过程也在直角坐标系中表示(右图),读图可知 $|\Delta H_1|>|\Delta H_2|$,因为燃烧是放热反应,$\Delta H<0$,所以 $\Delta H_1<\Delta H_2$ 选 C。

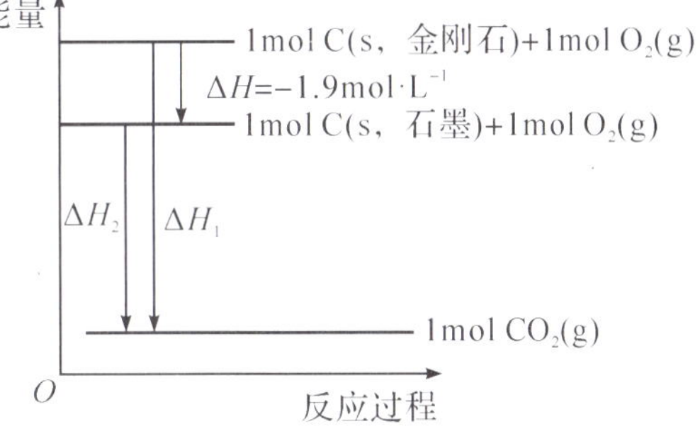

点评 在描述化学反应过程中的能量变化时,用平面直角坐标系描绘物质在反应过程中的能量变化,可直观地阐述某一反应是放热反应还是吸热反应,用来比较不同反应反应热的相对大小、物质的稳定性,变复杂的思维过程为直观的图像解读,从而有效解决问题。

小试身手

1. 用容量瓶配制溶液，定容时俯视刻度线，假设其他操作都正确，则所配制溶液的浓度________(填“偏大”“偏小”或“不变”)。

2. 已知部分弱酸的电离常数如下表所示。

化学式	CH_3COOH	H_2CO_3	HClO
电离常数 K(25℃)	$K_a=1.75\times10^{-5}$	$K_{a1}=4.5\times10^{-7}$ $K_{a2}=4.7\times10^{-11}$	$K_a=4.0\times10^{-8}$

(1)同浓度的 CH_3COO^-、HCO_3^-、CO_3^{2-}、ClO^- 结合 H^+ 的能力由强到弱顺序为________________(用离子符号表示)。

(2)运用上述电离常数及物质特性判断下列离子方程式正确的是________。

A. 向 NaClO 溶液中通入少量 CO_2：$CO_2+H_2O+ClO^-=\!=\!=HCO_3^-+HClO$

B. 将 Na_2CO_3 溶液滴入足量醋酸溶液中：

$$2CH_3COOH+CO_3^{2-}=\!=\!=2CH_3COO^-+H_2O+CO_2\uparrow$$

C. 向 Na_2CO_3 溶液中滴加少量氯水：

$$CO_3^{2-}+2Cl_2+H_2O=\!=\!=2Cl^-+2HClO+CO_2\uparrow$$

3. 已知 $H_2(g)+Br_2(l)=\!=\!=2HBr(g)\quad \Delta H=-72kJ\cdot mol^{-1}$；蒸发 1mol $Br_2(l)$ 需要吸收的能量为 30kJ，其他相关数据如下表所示。

物质	$H_2(g)$	$Br_2(g)$	HBr(g)
1mol 分子中的化学键断裂时需要吸收的能量/kJ	436	a	369

表中 $a=$________。

25　电池模型法

引路人　浙江省杭州基础教育研究室　肖中荣

方法导引

原电池是将化学能转化为电能的装置，原理分为氧化还原反应和非氧化还原反应，装置分为电极、离子导体（传导离子介质，如电解质溶液、熔融盐和交换膜等），电子导体（传递电子介质，如金属导线）。分析复杂原电池的时候，可以构建模型（下图）进行转换。

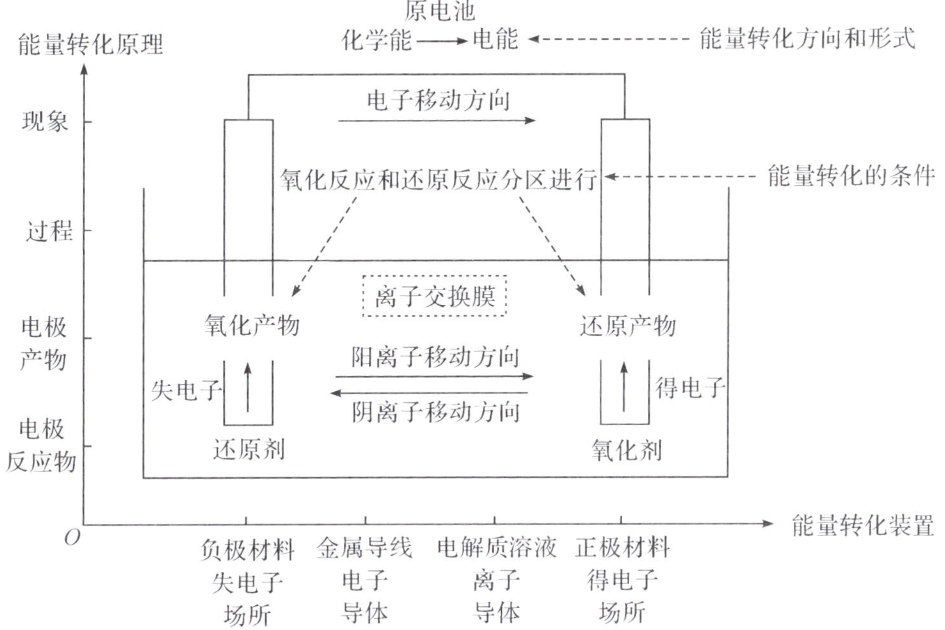

应用赏析

一、非氧化还原反应型原电池的原理分析

例1 科学家研发了“全氢电池”，其工作原理如下图所示。下列说法不正确的是　（　　）

A. 右边吸附层中发生了还原反应

B. 负极的电极反应是 $H_2-2e^-+2OH^-=\!=\!=2H_2O$

C. 电池的总反应是 $2H_2+O_2=\!=\!=2H_2O$

D. 电解质溶液中 Na^+ 向右移动，ClO_4^- 向左移动

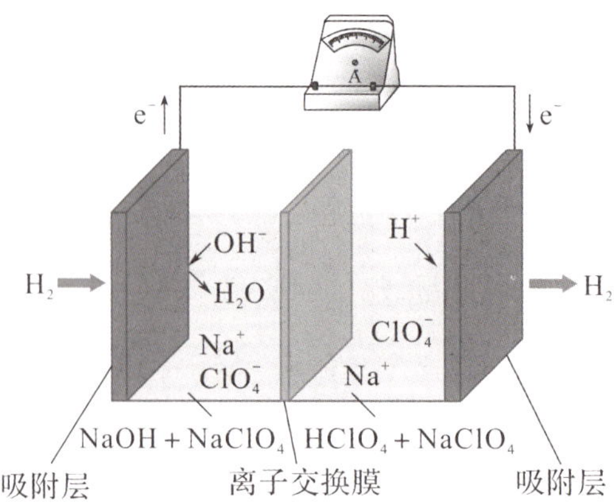

解析 基于模型分析：电子从左侧流出发生氧化反应，B 项正确；右边吸附层中发生还原反应 $2H^+ + 2e^- \xlongequal{} H_2$，总方程式为 $2H^+ + 2OH^- \xlongequal{} 2H_2O$，A 项正确，C 项错误；$Na^+$ 向正极迁移即向右移动，ClO_4^- 向负极迁移即向左移动，D 项正确。综上选 C。

点评 电池总反应方程式为中和反应，正极反应对应还原反应，负极反应对应氧化反应。理论上任何自发反应做非体积功，都可以用来设计原电池。

二、双液电池的工作原理分析

例 2 为验证不同化合价铁的氧化还原能力，利用如下图所示的电池装置进行实验。

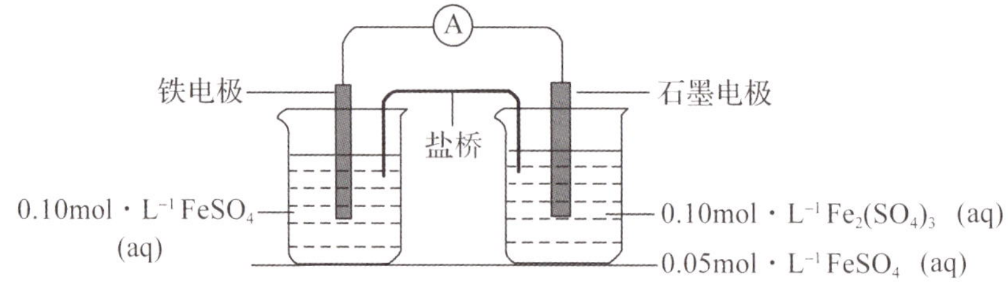

(1)盐桥中阴、阳离子不与溶液中的物质发生化学反应，并且电迁移率 μ^{∞} 应尽可能地相近，盐桥中应选择＿＿＿＿＿＿＿＿作为电解质。

阳离子	$\mu^{\infty}\times10^8/(m^2\cdot s^{-1}\cdot V^{-1})$	阴离子	$\mu^{\infty}\times10^8/(m^2\cdot s^{-1}\cdot V^{-1})$
Li^+	4.07	HCO_3^-	4.61
Na^+	5.19	NO_3^-	7.40
Ca^{2+}	6.59	Cl^-	7.91
K^+	7.62	SO_4^{2-}	8.27

(2)电流表显示电子由铁电极流向石墨电极，盐桥中的阳离子进入＿＿＿＿＿溶液(填“铁电极”或“石墨电极”)。

(3)电池反应一段时间后，测得铁电极溶液中 $c(Fe^{2+})$ 增加了 $0.02mol\cdot L^{-1}$。石墨电极上未见 Fe 析出。由此可知，石墨电极溶液中 $c(Fe^{2+})=$＿＿＿＿＿。

(4)实验时，每隔 30s 在烧杯之间并列加一个盐桥，用温度传感器和电流传感器测定，结果如下图所示。请解释电流变大的原因。

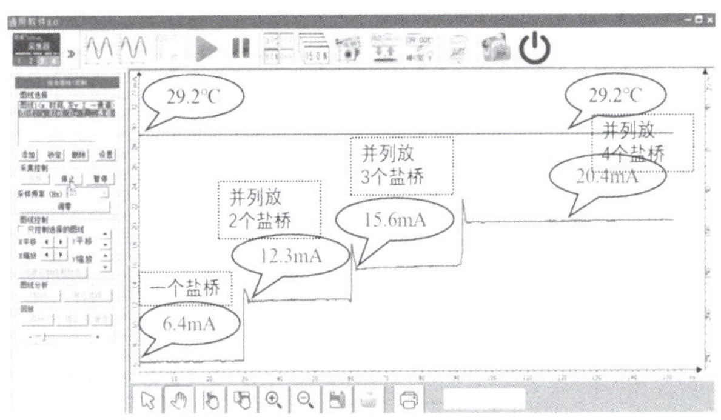

解析 (1) Fe^{2+}、Fe^{3+} 能与 HCO_3^- 反应，Ca^{2+} 能与 SO_4^{2-} 反应，$FeSO_4$、$Fe_2(SO_4)_3$ 都属于强酸弱碱盐，水溶液呈酸性，酸性条件下 NO_3^- 能与 Fe^{2+} 反应，故不可以选择 HCO_3^-、NO_3^-，阳离子不可以选择 Ca^{2+}，由"阴、阳离子的迁移率 μ^{∞} 应尽可能地相近"可知，应选择 KCl 作为电解质。

(2)铁电极为负极，石墨电极为正极，阳离子进入石墨电极溶液中。

(3)铁电极的反应式为 $Fe-2e^- \xlongequal{} Fe^{2+}$，石墨电极的反应式为 $Fe^{3+}+e^- \xlongequal{} Fe^{2+}$，铁电极溶液中 $c(Fe^{2+})$ 增加了 $0.02mol \cdot L^{-1}$，则石墨电极溶液中 $c(Fe^{2+})$ 增加 $0.04mol \cdot L^{-1}$，总 $c(Fe^{2+})=0.05mol \cdot L^{-1}+0.04mol \cdot L^{-1}=0.09mol \cdot L^{-1}$。

(4)电阻与导线长度成正比，与横截面积成反比，并列增加盐桥数目可增大离子迁移通道横截面积，使电阻减小。

点评 盐桥可以构成通路，平衡电荷，持续产生稳定电流，提高原电池放电效率。本题要求基于信息分析盐桥中电解质离子的选择，以及增大盐桥横截面积对电流的影响。

三、燃料电池的原理分析

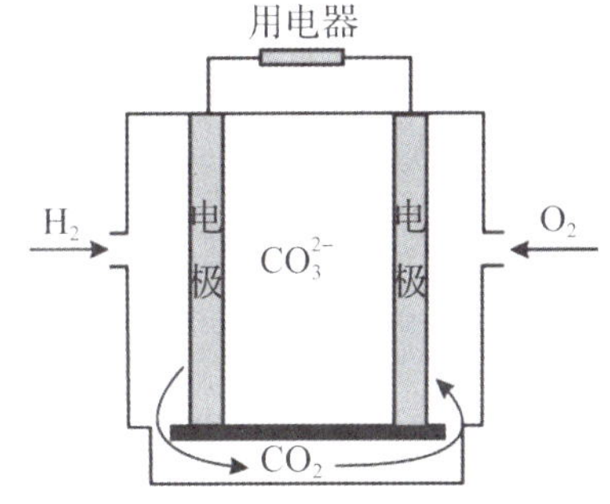

例 3 氢能的高效利用途径之一是在燃料电池中产生电能。某熔融碳酸盐燃料电池工作原理如右图所示。

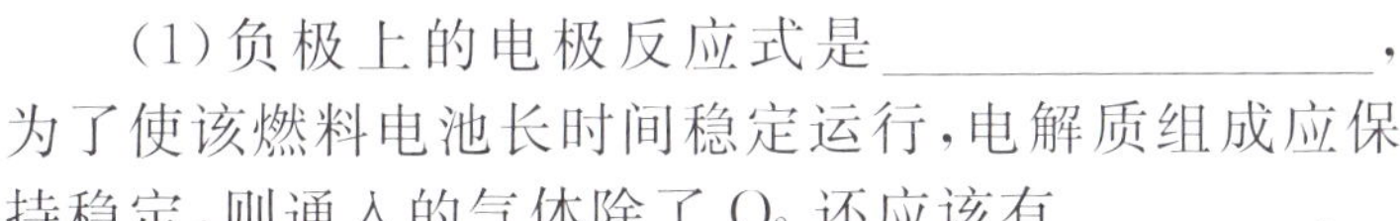

(1)负极上的电极反应式是____________，为了使该燃料电池长时间稳定运行，电解质组成应保持稳定，则通入的气体除了 O_2 还应该有________。

(2)电池以 3.2A 恒定电流工作 14min，消耗 H_2 体积为 0.49L(标准状况)，电池将化学能转化为电能的转化率为________。假设以铅蓄电池提供电能，负极消耗 Pb ________ g，金属中单位质量提供电子物质的量最多的是________，氢气作为电池能源的优点有____________。

已知：该条件下 H_2 的摩尔体积为 $24.5L \cdot mol^{-1}$；电荷量 $q(C)=$ 电流 $I(A)\times$ 时间 $t(s)$；$N_A=6.0\times10^{23}mol^{-1}$；$e=1.60\times10^{-19}C$。

解析 (1)负极反应为 $H_2+CO_3^{2-}-2e^- \xlongequal{} CO_2+H_2O$。

正极反应为 $O_2+2CO_2+4e^- \xlongequal{} 2CO_3^{2-}$，则通入的气体除了 O_2 还应该有 CO_2。

(2)消耗 0.49L H_2 提供的 $n(e^-)=0.04mol$，提供有效电能 $Q=3.2\times14\times$

60C，$n(e^-)=Q\div(N_A\cdot e)=(2688\div96000)mol=0.028$mol，化学能转化为电能的转化率为 0.028mol÷0.04mol×100%=70%。

根据反应 $Pb-2e^-+SO_4^{2-}$ ═══ $PbSO_4$ 计算，0.04mol 电子消耗 0.02mol Pb，即 4.16g Pb。

单位质量提供电子最多的金属是 Li$\left(\frac{1}{7}\right)$$\left[\text{Na}\left(\frac{1}{23}\right)、\text{Pb}\left(\frac{2}{207}\right)\right]$。

氢气作为电池能源的优点有能量转换率高、产物无污染、氢元素来源广泛。

点评 提高电池的能量转换效率可以从以下角度考虑：改良电极材料（如选择能量更大、功率更大的材料），减小电路内阻（如用各种交换膜代替盐桥）等。

四、基于原电池原理研究化学反应

例 4 如下图所示，电压表指针发生偏转，U 形管右侧加入淀粉溶液变为蓝色。

(1)写出电池发生的总反应方程式：_____。

(2) 20mL 0.1mol·L^{-1} 的 KI 溶液和 20mL 0.1mol·L^{-1} 的 $AgNO_3$ 溶液混合生成 AgI，原因是

。

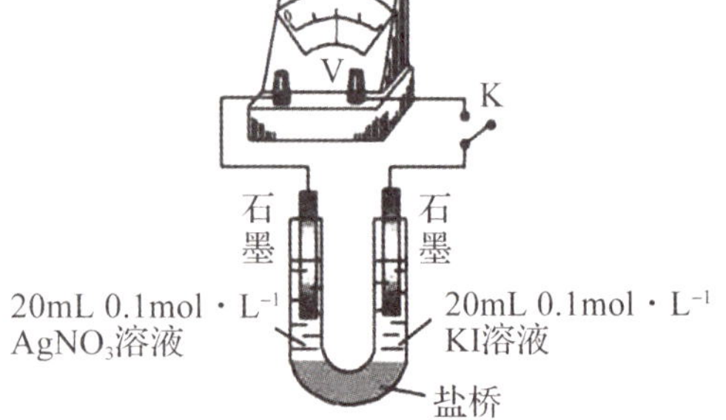

解析 (1)电压表指针偏转说明产生电流，U 形管右侧加入淀粉溶液变为蓝色，说明生成碘，因此发生的反应为

$$2AgNO_3+2KI═══2Ag+I_2+2KNO_3$$

(2)原因是 $AgNO_3$ 溶液和 KI 溶液混合后反应生成 AgI 的趋势大，优先生成 AgI$[K_{sp}(AgI)=8.5\times10^{-17}]$，抑制了氧化还原反应的发生。导致 Ag^+ 氧化性下降、I^- 的还原性下降。

点评 双液电池可隔离反应物，实现对化学反应类型的研究，如控制 $AgNO_3$ 溶液和 KI 溶液不接触就可以发生氧化还原反应，本质是控制浓度、改变离子的氧化性和还原性。

小试身手

1. 中科院福建物质结构研究所团队首次构建了一种可逆水性 Zn-CO_2 电池，实现 CO_2 和 HCOOH 之间的高效可逆转换，其反应原理如图下所示。已知双极膜可将水解离为 H^+ 和 OH^-，并实现其定向通过。

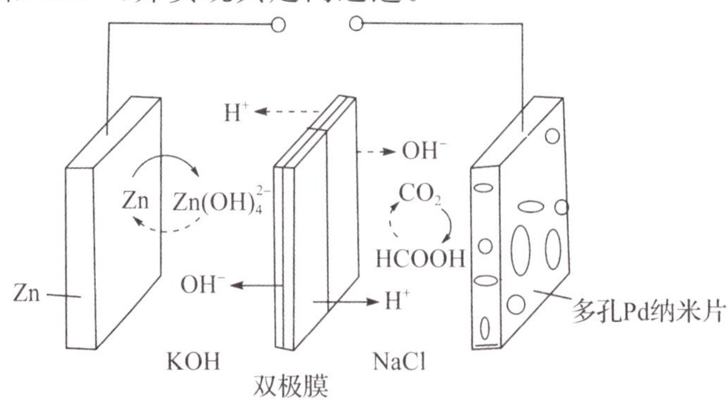

下列说法错误的是　　（　　）

A. 放电时，负极电极反应式为 $Zn+4OH^{-}-2e^{-}=Zn(OH)_4^{2-}$

B. 在 CO_2 转化为 HCOOH 过程中，Zn 电极的电势低于多孔 Pd 电极的

C. 在充电过程中，甲酸在多孔 Pd 电极表面转化为 CO_2

D. 当外电路通过 2mol 电子时，双极膜中解离水的物质的量为 1mol

2. pH 计是一种采用原电池原理测量溶液 pH 的仪器，如右图所示，以玻璃电极（在特制玻璃薄膜球内放置已知浓度的 HCl 溶液，并插入 Ag-AgCl 电极）和另一 Ag-AgCl 电极插入待测溶液中组成电池，pH 与电池电动势 E 存在关系 pH＝(E－常数)÷0.059。下列说法正确的是　　（　　）

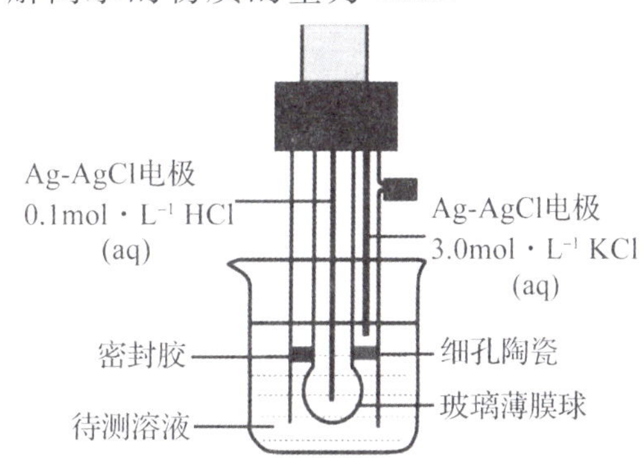

A. 如果玻璃薄膜球内电极的电势低，则该电极反应式为

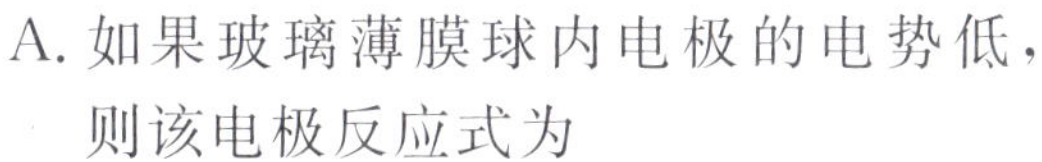

$$AgCl(s)+e^{-}=Ag(s)+Cl^{-}(0.1mol\cdot L^{-1})$$

B. 玻璃膜内外氢离子浓度的差异不会引起电动势的变化

C. 分别测定含已知 pH 的标准溶液和未知溶液的电池的电动势，可得出未知溶液的 pH

D. pH 计工作时，电能转化为化学能

3. 一种可植入体内的微型电池工作原理如下图所示，通过 CuO 催化消耗血糖发电控制血糖浓度。当传感器检测到血糖浓度高于标准时，电池启动。血糖浓度下降至标准，电池停止工作（血糖浓度以葡萄糖浓度计）。

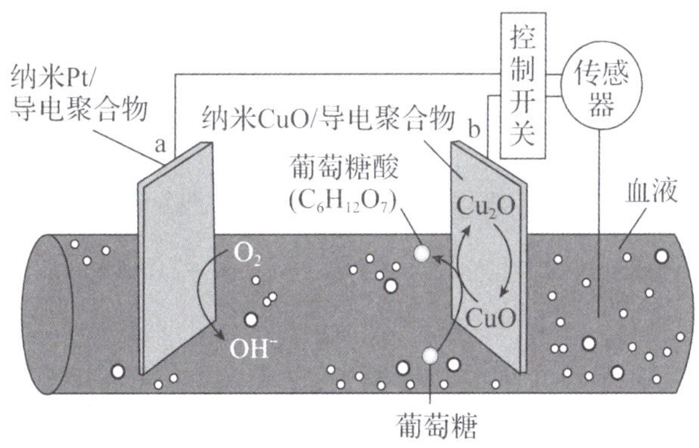

在电池工作时，下列相关叙述错误的是　　（　　）

A. 电池总反应为 $2C_6H_{12}O_6+O_2=2C_6H_{12}O_7$

B. b 电极上 CuO 通过 Cu(Ⅱ)和 Cu(Ⅰ)相互转变起催化作用

C. 消耗 18mg 葡萄糖，理论上 a 电极有 0.4mmol 电子流入

D. 两电极间血液中的 Na^{+} 在电场驱动下的迁移方向为 b→a

26　绿色取舍法

引路人　浙江省永康外国语学校　张明

方法导引

绿色取舍法体现了化学家不仅追求高效率和高选择性，还追求反应过程的绿色化。绿色化学已成为21世纪化学领域的重大变革。绿色化学也称环境友好化学。不同于“先污染后治理”的观念，绿色取舍法强调在生产初期就考虑环境因素，以减少对环境的负面影响，实现资源的有效利用和循环。

绿色取舍法理念主要有以下四个特点：

(1)保证化学反应条件无毒无害。

(2)使用无毒无害的反应物。

(3)反应中的物质循环利用。

(4)尽量做到无副产物，零排放。

毫无疑问，对传统实验加以改进和创新，研究不排出任何废物的化学反应(符合“原子经济性”)，对解决环境污染具有重大意义。

应用赏析

一、从源头减少有毒有害物质产生

例1 不仅化工生产应遵循绿色化学的原则，化学实验也应遵循绿色化学的原则，实现原料和过程的绿色化。下列实验或实验过程遵循绿色化学原则的是 (　　)

①在铜与浓硝酸反应的实验中，将铜片改为可调节高度的铜丝。

②将实验室的废酸液和废碱液中和后再放入指定位置集中处理。

③制取过量的氯气进行性质实验。

④将以铜粉与浓硫酸反应制取硫酸铜的实验方案改为先将铜粉在空气中充分加热制得氧化铜，再将氧化铜溶解在稀硫酸中。

A. ①②　　B. ②③　　C. ③④　　D. ①②④

解析　①铜与浓硝酸剧烈反应产生有毒的 NO_2 气体，将铜片改为可调节高度的铜丝可及时终止反应，减少 NO_2 气体的排放量。

②将实验室的废酸液和废碱液中和后可以减少污染。

③氯气有毒，过量氯气会造成环境污染，但这里没有从源头采取措施。

④既杜绝了产生 SO_2 而导致的污染，又提高了硫原子的利用率。

①②④过程都从源头上减少有毒有害物质产生，符合绿色化学的思想，选 D。

二、在反应过程中减少污染

例 2 绿色化学是“预防污染”的根本手段，它的目标是研究和寻找能充分利用的无毒害原材料，最大限度地节约能源，在化工生产各个环节中都实现净化和无污染。

(1)下列各项符合“绿色化学”要求的是________。

A. 处理废弃物　　B. 治理污染点　　C. 减少有毒物　　D. 杜绝污染源

(2)在我国西部大开发中，某地为筹建一大型化工基地，征集到下列方案，其中你认为可行的是________。

A. 建在西部干旱区可以脱贫致富

B. 应建在水资源丰富和交通方便且远离城市的郊区

C. 企业有权自主选择厂址

D. 不宜建在人口稠密的居民区

(3)某化工厂排放的污水中含有 Mg^{2+}、Fe^{3+}、Cu^{2+}、Hg^{2+} 四种离子。某同学设计了从该污水中回收纯净的金属铜的方案，如下图所示。

污水 —①过量的铁粉/过滤→ 滤渣 —②稀盐酸/过滤→ 滤渣 —③加热→ CuO —H_2,加热→ Cu
　　　　　　　　　　　→ 滤液

在该制得纯铜的方案中，哪一步操作会导致环境污染？________(填序号)。应增加哪些措施防止污染？________________。

解析 (1)绿色化学是“预防污染”的根本手段，因此应从源头上杜绝污染源，选 D。

(2)化工基地的筹建首先不宜建在人口稠密的居民区，同时要考虑水资源和交通问题，选 BD。

(3)第③步由于汞的沸点低、易挥发、有毒，因此会造成环境污染。应增加冷凝回流装置回收汞。

三、绿色化学及绿色发展

例3 绿色化学的理想状态是反应物的原子全部转化为目标产物。以下反应不符合绿色化学原则的是 ( )

A. 工业生产环氧乙烷：$2CH_2=CH_2+O_2 \xrightarrow{催化剂} 2H_2C\overset{O}{\text{—}}CH_2$

B. 水煤气合成甲醇：$CO+2H_2 \xrightarrow{催化剂} CH_3OH$

C. 制取硝酸铜：$3Cu+8HNO_3(稀) = 3Cu(NO_3)_2+2NO\uparrow+4H_2O$

D. 乙烯水化法制乙醇：$CH_2=CH_2+H_2O \xrightarrow[加热、加压]{催化剂} CH_3CH_2OH$

解析 工业生产环氧乙烷，乙烯与氧气反应生成环氧乙烷，产物只有1种，原子利用率100%，A项符合绿色化学原则；水煤气合成甲醇，一氧化碳与氢气反应生成甲醇，产物只有1种，原子利用率100%，B项符合绿色化学原则；Cu与稀硝酸反应的产物有多种，即反应物原子未全部转化为某一目标产物，C项不符合绿色化学原则；乙烯水化法制乙醇，乙烯与水反应生成乙醇，产物只有1种，原子利用率100%，D项符合绿色化学原则。选C。

点评 简洁的工艺流程再现实际生产的关键环节，旨在引导学生利用绿色取舍法解决生产生活中的实际问题，培养学生的科学精神和社会责任感。解答此类问题要确定思维方向：分析流程中的每一步骤，并获得有价值的信息（如反应物是什么，发生了什么反应，该反应造成了什么后果，对制造产品有什么作用），并能从设问中获取信息，一切反应和操作都为获得产品服务。

小试身手

1. 下列做法与“绿水青山就是金山银山”这一理念不相符的是 ( )

A. 工业废水经处理达标后排放

B. 植树造林，增大绿化面积

C. 将废旧电池进行填埋处理

D. 对含硫燃料预先进行脱硫处理，让能源更清洁

2. 用金属铜制取硝酸铜，从节约原料和防止环境污染方面考虑，最好的方案是 ( )

A. 铜$\xrightarrow{浓硝酸}$硝酸铜

B. 铜$\xrightarrow{稀硝酸}$硝酸铜

C. $Cu \xrightarrow{Cl_2} CuCl_2 \xrightarrow{AgNO_3} Cu(NO_3)_2$

D. $Cu \xrightarrow{空气} CuO \xrightarrow{HNO_3} Cu(NO_3)_2$

3. 绿色化学又称环境友好化学，它的主要特点之一是提高原子的利用率，使原料中所有的原子全部转化到产品中，实现零排放。下列反应符合绿色化学的这一特点的是 (   )

A. 工业冶炼：$Fe_2O_3+3CO \xlongequal{高温} 2Fe+3CO_2$

B. 实验室制取二氧化碳：$CaCO_3+2HCl \xlongequal{} CaCl_2+H_2O+CO_2\uparrow$

C. 用生石灰制熟石灰：$CaO+H_2O \xlongequal{} Ca(OH)_2$

D. 实验室制取氢气：$Zn+H_2SO_4 \xlongequal{} ZnSO_4+H_2\uparrow$

4. 绿色化学已走进科学教育的实验课堂。

(1)下列实验室的做法符合绿色化学的是________。

①实验室收集氨气采用如图 1 所示的装置。

②实验室中做氯气与钠反应的实验时采用如图 2 所示的装置。

③实验室中用玻璃棒分别蘸取浓盐酸和浓氨水做氨气与酸生成铵盐的实验。

④实验室中采用如图 3 所示的装置进行铜与稀硝酸的反应。

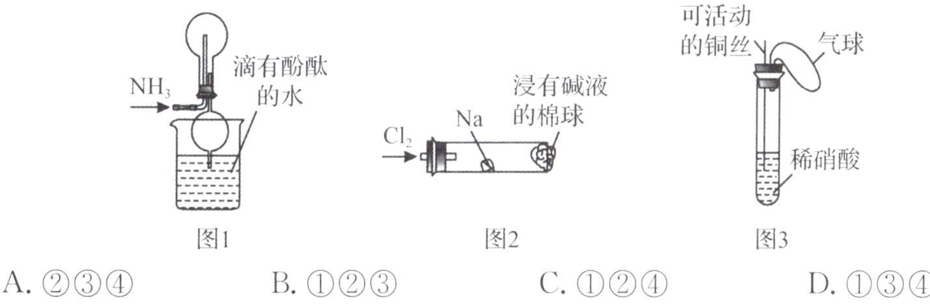

图1　　图2　　图3

A. ②③④　　B. ①②③　　C. ①②④　　D. ①③④

(2)控制酸雨是科学教育防治大气污染的重要问题之一。采用 $Ca(ClO)_2$ 溶液作为吸收剂可对煤燃烧排放的烟气进行脱硫、脱硝，实验室在鼓泡反应器中通入含有 SO_2 的烟气，反应温度为 323K，$Ca(ClO)_2$ 溶液浓度为 $5\times10^{-3}\ mol\cdot L^{-1}$。反应一段时间后溶液中离子浓度的分析结果如下表所示。

离子	SO_4^{2-}	Cl^-
$c/(mol\cdot L^{-1})$	5×10^{-3}	1×10^{-2}

写出 $Ca(ClO)_2$ 溶液在脱硫过程中主要反应的化学方程式：________________。

目前可用电化学方法处理由二氧化硫引起的酸雨。常见的一种方法是惰性电极电解氢溴酸，其阳极的电极反应为____________________，将其阳极产物用水溶解配成溶液去淋洗含二氧化硫的废气，上述吸收废气发生反应的化学方程式为________________。这种方法是否符合绿色取舍法的原则？________(填“是”或“否”)，请说明理由：____。

27 终始态分析法

引路人 浙江省诸暨中学 赵翠

方法导引

终始态分析法是一种整合的思维方法。在物质发生变化的过程中，某些物理量的总量保持不变。终始态分析法就是淡化中间过程，关注始态和终态的组成，通过图示或转化分析，把始态的反应物与终态的生成物之间“量”的关系表示出来，将多步计算简化成一步计算，即利用化学方程式中化学计量数之间的关系、元素守恒关系、得失电子守恒关系等进行整体分析。终始态分析法在多步反应计算、混合物成分分析、反应热计算中都有应用。

应用赏析

一、终始态分析法在混合物成分分析中的应用

例 1 向一定量 Fe、FeO、Fe_2O_3、Fe_3O_4 的混合物中加入 150mL 4mol·L^{-1} 的稀硝酸，恰好使混合物完全溶解，放出 2.24L NO(标准状况)，向所得的溶液中加入 KSCN 溶液，无红色出现。若用足量的 H_2 在加热条件下还原相同质量的混合物，所得的铁的物质的量为 (　　)

A. 0.25mol　　B. 0.2mol　　C. 0.3mol　　D. 0.35mol

解析 Fe、FeO、Fe_2O_3、Fe_3O_4 $\xrightarrow[0.6mol]{HNO_3}$ $Fe(NO_3)_2$ $\frac{0.6-0.1}{2}$mol；NO 0.1mol

根据终始态分析法，HNO_3 中的 N 元素转化为 $Fe(NO_3)_2$ 和 NO。

$$n[Fe(NO_3)_2]=\left(0.15L\times4mol\cdot L^{-1}-\frac{2.24L}{22.4L\cdot mol^{-1}}\right)\times\frac{1}{2}=0.25mol$$

始态混合物中所有铁元素均转移至终态 $Fe(NO_3)_2$ 中，始态混合物中铁元素总物质的量为 0.25mol，若用足量的 H_2 在加热条件下还原相同质量的混合物，所得的铁的物质的量为 0.25mol。选 A。

例2 将 1.52g 铜镁合金完全溶解于 50mL 密度为 $1.40g \cdot mL^{-1}$、质量分数为 63%的浓硝酸中，得到 NO_2 和 N_2O_4 的混合气体 1120mL(标准状况)，向反应后的溶液中加入一定体积的 $1.0mol \cdot L^{-1}$ NaOH 溶液，金属离子恰好全部沉淀，得到 2.54g 沉淀。

请回答：

(1)该合金中铜与镁的总物质的量为________。

(2)得到 2.54g 沉淀时，加入 NaOH 溶液的体积是________ mL。

解析 始态时合金中的铜、镁最终生成终态中相应的沉淀，增加的质量就是 OH^- 的质量，$m(OH^-)=(2.54-1.52)g=1.02g$，$n(OH^-)=0.06mol$，

$$n(Cu)+n(Mg)=\frac{1}{2}n(OH^-)=0.03mol$$

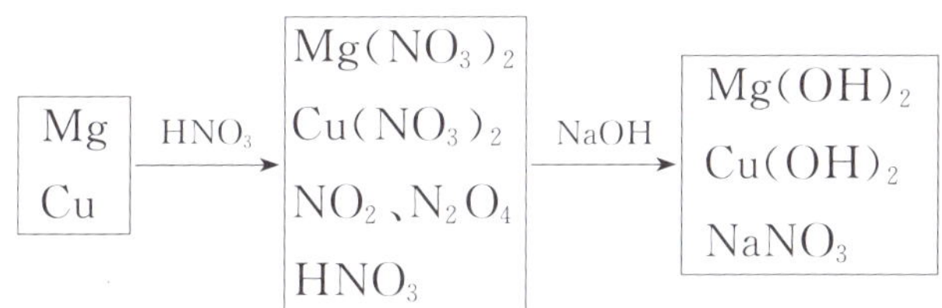

根据上述终始态分析可知：NaOH 中的 Na 全部转化为 $NaNO_3$，$n(NaOH)=n(NaNO_3)$。镁、铜失去的电子与氮得到的电子相同，设 NO_2 为 a mol，N_2O_4 为 b mol，则有 $a+b=0.05mol$，$a+2b=0.06mol$，联立得 $a=0.04mol$，$b=0.01mol$。

$$n(NaOH)=n(NaNO_3)=n(HNO_3)_{总}-n(NO_2)-2n(N_2O_4)$$
$$=(0.7-0.04-0.02)mol=0.64mol$$

因此，加入 NaOH 溶液的体积是 640mL。

点评 混合物组成的计算，特别是混合物与加入试剂会发生多个氧化还原反应时，若通过列方程式计算会相对较复杂，我们可以通过对始态和终态的分析，根据元素守恒分析终态产物中各元素的来源，结合守恒关系列出关系式，不需要列出化学方程式就可以得到转化关系，把复杂的反应简单化，从而计算出混合物中各组分的量。

二、终始态分析法在多步反应计算中的应用

例3 某小组为测定 WCl_6 产品的纯度，称量样品 m g，先将 WCl_6 转化为可溶的 Na_2WO_4，通过 IO_3^- 离子交换柱发生反应 $WO_4^{2-}+Ba(IO_3)_2 \xlongequal{} BaWO_4+2IO_3^-$；交换结束后，向所得的含有 IO_3^- 的溶液中加入适量酸化的 KI 溶液，发生反应 $IO_3^-+5I^-+6H^+ \xlongequal{} 3I_2+3H_2O$；反应完全后，用 $Na_2S_2O_3$ 标准溶液滴定，发生反应 $I_2+2S_2O_3^{2-} \xlongequal{} 2I^-+S_4O_6^{2-}$。滴定达终点时消耗 c $mol \cdot L^{-1}$的 $Na_2S_2O_3$ 溶液 V mL，则样品中 WCl_6(摩尔质量为 M $g \cdot mol^{-1}$)的质量分数为________。

解析 由题给三个离子方程式可得关系式 $WCl_6 \sim WO_4^{2-} \sim 2IO_3^- \sim 6I_2 \sim 12S_2O_3^{2-}$，结合钨元素的质量守恒可得关系式 $WCl_6 \sim 12S_2O_3^{2-}$，则样品中

$$n(WCl_6)=\frac{1}{12}n(S_2O_3^{2-})=\frac{1}{12}\times c\ \text{mol}\cdot\text{L}^{-1}\times V\times10^{-3}\ \text{L}$$

$$m(WCl_6)=\frac{1}{12}\times c\ \text{mol}\cdot\text{L}^{-1}\times V\times10^{-3}\ \text{L}\times M\ \text{g}\cdot\text{mol}^{-1}=\frac{cVM}{12000}\ \text{g}$$

因此样品中 WCl_6 的质量分数为$\frac{cVM}{120m}\%$。

点评 对于多步反应，我们需要找到其始态和终态之间"量"的关系，通过终始态分析法，把多步计算简化成一步计算。同理，样品需要经过预处理的滴定反应或复杂的多步滴定反应，也可通过寻找物质之间的桥梁关系，利用终始态分析法来梳理物质转化过程中的定量关系，简化计算。

三、终始态分析法在反应热计算中的应用

例 4 室温下，1mol 的 $CuSO_4\cdot5H_2O(s)$ 溶于水会使溶液温度降低，热效应为 ΔH_1，1mol 的 $CuSO_4(s)$ 溶于水会使溶液温度升高，热效应为 ΔH_2；$CuSO_4\cdot5H_2O(s)$ 受热分解的化学方程式为

$$CuSO_4\cdot5H_2O(s)\xlongequal{\triangle}CuSO_4(s)+5H_2O(l)$$

热效应为 ΔH_3。下列判断正确的是 （　　）

A. $\Delta H_2>\Delta H_3$　　B. $\Delta H_1<\Delta H_3$

C. $\Delta H_1+\Delta H_3=\Delta H_2$　　D. $\Delta H_1+\Delta H_2>\Delta H_3$

解析 根据题干信息确定始态和终态的物质，构建多步反应中总反应与分步反应的关系，快速得出反应方程式和反应热之间的关系如下图所示。

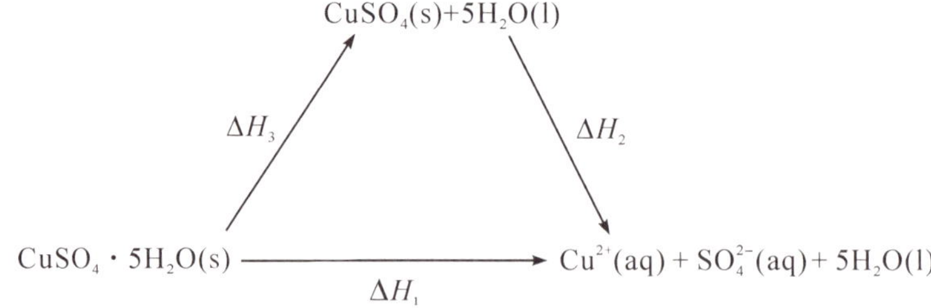

$\Delta H_1=\Delta H_3+\Delta H_2$，$\Delta H_1>0$，$\Delta H_3>0$，$\Delta H_2<0$，则 $\Delta H_1<\Delta H_3$，选 B。

点评 一个化学反应，不管是一步完成还是分几步完成，其反应热是相同的，这是盖斯定律所描述的内容。即化学反应的反应热只与反应体系的始态和终态有关，而与反应的途径无关。对于多反应体系，若把热化学方程式一一列出，再进行计算会非常复杂，我们可以通过图示分析终态和始态，利用终始态分析法简化复杂反应反应热的计算。

小试身手

1. 将 4.88g 铁屑（含 Fe_2O_3）与 25mL 3mol·L^{-1} H_2SO_4 溶液充分反应后，得到的混合溶液稀释至 100mL，测得其 pH=1，向混合溶液中加 KSCN 不显血红色。

(1)若将该铁屑在 CO 中加热充分还原，可以得到单质铁________g。

(2)铁屑中 Fe_2O_3 的质量分数为________。

2. 草酸钙沉淀经稀硫酸处理后，用 $KMnO_4$ 标准溶液滴定，通过测定草酸的量可间接获知钙的含量，滴定反应为 $MnO_4^- + H^+ + H_2C_2O_4 \longrightarrow Mn^{2+} + CO_2\uparrow + H_2O$。实验中称取 0.400g 水泥样品，滴定消耗 0.0500mol·L^{-1} $KMnO_4$ 溶液 36.00mL，则该水泥样品中钙的质量分数为________。

3. 尿素溶液的浓度影响 NO_2 的转化，测定溶液中尿素（M=60g·mol^{-1}）含量的方法如下：取 a g 尿素溶液，将所含氮完全转化为 NH_3，所得 NH_3 用过量的 V_1 mL c_1 mol·L^{-1} H_2SO_4 溶液吸收完全，剩余 H_2SO_4 用 V_2 mL c_2 mol·L^{-1} NaOH 溶液恰好中和，则尿素溶液中溶质的质量分数为________{已知尿素[$CO(NH_2)_2$]水溶液热分解为 NH_3 和 CO_2}。

4. “千畦细浪舞晴空”，氮肥保障了现代农业的丰收。为探究 $(NH_4)_2SO_4$ 的离子键强弱，设计如下图所示的循环过程，可得 ΔH_4（单位：kJ·mol^{-1}）为 （　　）

A. +533　　B. +686　　C. +838　　D. +1143

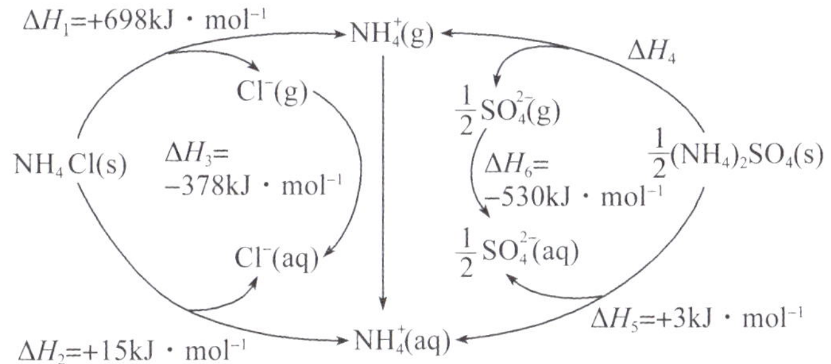

28　数形结合法

引路人　浙江省缙云县教育局教学研究室　李滢

方法导引

数形结合法的基本思路：

一是识别图像类型，明确横、纵坐标的含义，厘清线的变化趋势和点（起点、拐点、最值点、终点等）的特征。

二是把握反应特点，分析化学方程式，观察反应前后物质（状态）和能量等变化。

三是联想反应（平衡）原理，特别是影响反应（平衡）的因素和使用条件等。

四是数形结合解答，图表与原理结合，逐项分析图表，推理判断，得出结论。

应用赏析

一、反应关系图像题

例 1　向 FeI_2、$FeBr_2$ 的混合溶液中通入适量氯气，溶液中某些离子的物质的量与所通入的 Cl_2 的物质的量的变化关系如右图所示。已知

$$2Fe^{2+}+Br_2 \xlongequal{} 2Fe^{3+}+2Br^-$$

$$2Fe^{3+}+2I^- \xlongequal{} 2Fe^{2+}+I_2$$

下列说法不正确的是　（　　）

A. 线段 BD 表示 Fe^{3+} 的物质的量的变化

B. 原混合溶液中 $FeBr_2$ 的物质的量为 6mol

C. 当通入 2mol Cl_2 时，溶液中发生的离子反应可表示为

$$2Fe^{2+}+2I^-+2Cl_2 \xlongequal{} 2Fe^{3+}+I_2+4Cl^-$$

D. 原溶液中 $n(Fe^{2+}):n(I^-):n(Br^-)=2:1:3$

解析　根据题中所给信息，可知还原性强弱顺序是 $I^- > Fe^{2+} > Br^-$，因此当混合溶液中通入氯气时，发生反应的先后顺序是

$$2I^-+Cl_2 \xlongequal{} I_2+2Cl^-,\ 2Fe^{2+}+Cl_2 \xlongequal{} 2Fe^{3+}+2Cl^-,\ 2Br^-+Cl_2 \xlongequal{} Br_2+2Cl^-$$

结合图可知 AB 段表示 I^- 的变化，且原溶液中 $n(I^-)=2mol$，BD 段表示 Fe^{3+}

的变化，A 项正确；从 BD 段可知原溶液中$n(Fe^{2+})=4mol$，从 D 点开始氯气与 Br^- 反应，所以原溶液中 $n(Br^-)=6mol$，即$n(FeBr_2)=3mol$，则 $n(Fe^{2+}):n(I^-):n(Br^-)=2:1:3$，B 项错误，D 项正确；当通过 2mol Cl_2 时，由题图可知与氯气反应的 Fe^{2+} 和 I^- 的化学计量比为 1∶1，C 项正确。选 B。

点评 用数形结合法解反应关系图像题时，要读懂图像，能从曲线的变化趋势和关键点等角度分析其中的化学原理，推断化学过程，经过删选、推理、判断得到正确结论。

二、化学反应速率与化学平衡图像题

例 2 向一恒容密闭容器中加入 1mol 的 CH_4 和一定量的 H_2O，发生反应 $CH_4(g)+H_2O(g) \rightleftharpoons CO(g)+3H_2(g)$。$CH_4$ 的平衡转化率按不同投料比 $x\left[x=\frac{n(CH_4)}{n(H_2O)}\right]$ 随温度变化的曲线如下图所示。下列说法不正确的是 （ ）

A. $x_1<x_2$

B. 反应速率 $v_{b正}<v_{c正}$

C. 点 a、b、c 对应的平衡常数 $K_a<K_b=K_c$

D. 反应温度为 T_1，当容器内压强不变时，反应达到平衡状态

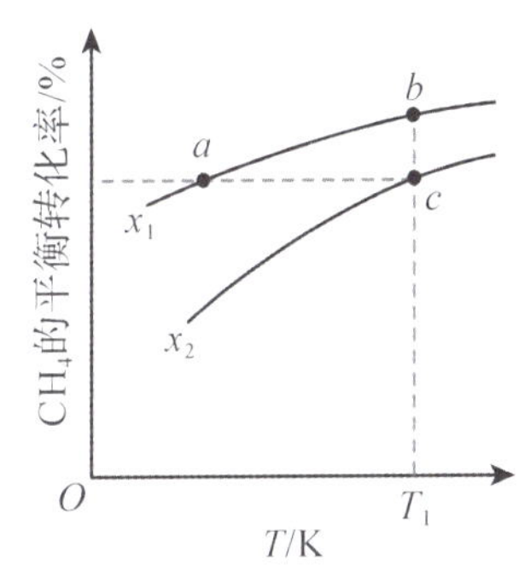

解析 一定条件下，增大水蒸气的浓度，能提高 CH_4 的平衡转化率，即 x 值越小，CH_4 的转化率越大，则 $x_1<x_2$，A 项正确；b、c 点温度相同，CH_4 的起始物质的量都为 1mol，b 点 x 值小于 c 点，即 b 点加水多，反应物浓度大，则在相同温度下反应速率 $v_{b正}>v_{c正}$，B 项错误；由题图像可知，x 一定时，温度升高，CH_4 的平衡转化率增大，说明正反应为吸热反应，温度升高则 K 增大，温度相同则 K 不变，故点 a、b、c 对应的平衡常数 $K_a<K_b=K_c$，C 项正确；该反应为气体分子数增大的反应，反应进行时压强就会发生改变，因此在温度一定时，当容器内压强不变，则反应达到平衡状态，D 项正确。选 B。

三、电解质溶液图像题

例 3 以酚酞为指示剂，用 $0.1000mol \cdot L^{-1}$ NaOH 溶液滴定 20.00mL 未知浓度的二元酸 H_2A 溶液。溶液中 pH、分布系数 δ 与滴加的 NaOH 溶液的体积 V(NaOH)的变化关系如右图所示。提示：A^{2-} 的分布系数 $\delta(A^{2-})=\frac{c(A^{2-})}{c(H_2A)+c(HA^-)+c(A^{2-})}$。下列说法正确

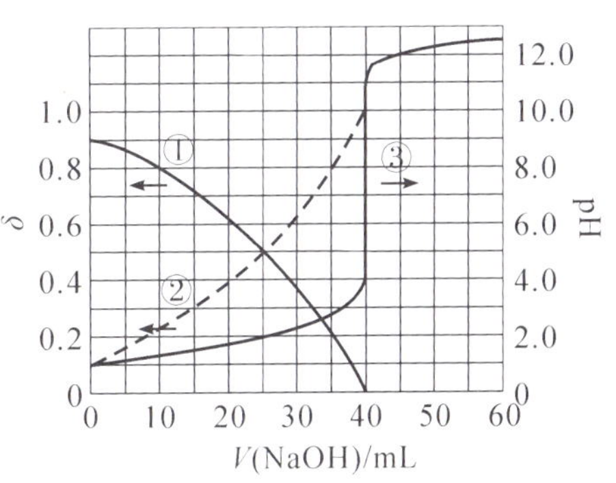

的是 (　　)

A. 曲线①代表 $\delta(H_2A)$，曲线②代表 $\delta(HA^-)$

B. H_2A 溶液的物质的量浓度为 $0.2000mol\cdot L^{-1}$

C. HA^- 的电离常数 $K_a=1.0\times10^{-2}$

D. 滴定终点时，溶液中 $c(Na^+)<2c(A^{2-})+c(HA^-)$

解析　由题图可知，在未加 NaOH 溶液时，曲线①的分布系数与曲线②的分布系数之和等于 1，且曲线①一直在减小，曲线②一直在增大，而当加入 NaOH 溶液 40mL 时，酸与碱恰好完全反应，产物是 Na_2A，且此时曲线②③重合，则曲线②代表 $\delta(A^{2-})$，曲线①只能代表 $\delta(HA^-)$，说明 H_2A 第一步完全电离，第二步存在电离平衡，A 项错误；当 $V(NaOH)=40mL$，即 $n(NaOH)=0.0040mol$ 时，H_2A 与 NaOH 恰好完全反应，根据 $n(H_2A)\sim2n(NaOH)$，$n(H_2A)=0.0020mol$，$c(H_2A)=\frac{0.0020mol}{0.02L}=0.1000mol\cdot L^{-1}$，B 项错误；当曲线①②相交时，$c(HA^-)=c(A^{2-})$，对应滴定曲线上 $pH=2$，由此可得 HA^- 的电离常数 $K_a=\frac{c(A^{2-})\cdot c(H^+)}{c(HA^-)}=c(H^+)=1.0\times10^{-2}$，C 项正确；用酚酞作指示剂，滴定终点时溶液呈碱性，$c(H^+)<c(OH^-)$，根据电荷守恒 $c(Na^+)+c(H^+)=2c(A^{2-})+c(HA^-)+c(OH^-)$ 可得 $c(Na^+)>2c(A^{2-})+c(HA^-)$，D 项错误。选 C。

点评　用数形结合法解电解质溶液图像题时，首先要理解曲线的意义，其次要找出关键点(起点、拐点、最值点、终点等)，确定微粒种类及其发生的行为，判断溶液的酸碱性、守恒关系和微粒浓度大小关系。

四、能量关系图像题

例 4　标准状态下，气态反应物和生成物的相对能量与反应历程示意图如下图所示[已知 $O_2(g)$ 和 $Cl_2(g)$ 的相对能量为 0]。下列说法不正确的是 (　　)

A. $E_6-E_3=E_5-E_2$

B. 可计算 Cl—Cl 键的键能为 $2(E_2-E_3)kJ\cdot mol^{-1}$

C. 相同条件下，O_3 的平衡转化率：历程Ⅱ>历程Ⅰ

D. 历程Ⅰ、历程Ⅱ中速率最大的一步反应的热化学方程式为

$$ClO(g)+O(g)=\!=\!=O_2(g)+Cl(g)\quad \Delta H=(E_5-E_4)kJ\cdot mol^{-1}$$

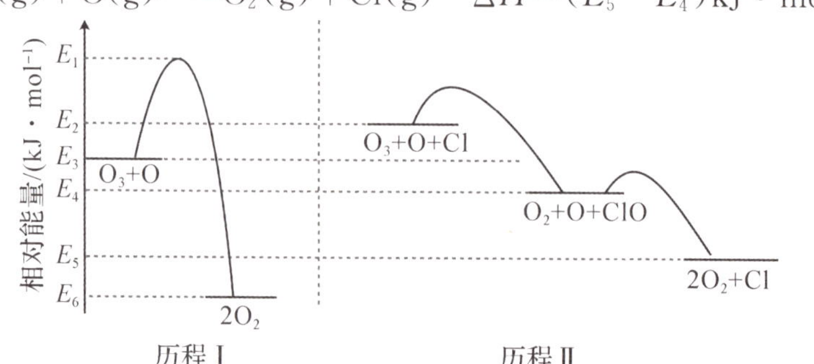

解析 分析题图像可知，历程Ⅱ中增加了催化剂，降低了反应的活化能，增大了反应速率。但催化剂不能改变反应的焓变和反应物的平衡转化率，因此 $E_6-E_3=E_5-E_2$，两个历程中的 O_3 的平衡转化率相等，A 项正确，C 项错误；已知 $Cl_2(g)$ 的相对能量为 0，对比两个历程可知，Cl(g) 的相对能量为 $(E_2-E_3)\ kJ\cdot mol^{-1}$，则 Cl—Cl 键的键能为 $2(E_2-E_3)\ kJ\cdot mol^{-1}$，B 项正确；活化能越低，反应速率越大，历程Ⅱ中第二步反应的活化能最低，因此，速率最大的一步反应的热化学方程式为 $ClO(g)+O(g)=\!=\!=O_2(g)+Cl(g)\quad \Delta H=(E_5-E_4)\ kJ\cdot mol^{-1}$，D 项正确；选 C。

点评 用数形结合法解能量关系图像题时，核心是找到反应关系，通过比较相对能量大小，计算焓变，判断反应进行的难易程度，整合各项信息，回扣题目要求，做出合理判断。

小试身手

1. 已知还原性：$HSO_3^- > I^-$，氧化性：$IO_3^- > I_2$。在含有 3mol $NaHSO_3$ 的溶液中逐滴加入 KIO_3 溶液，加入 KIO_3 和析出 I_2 的物质的量关系曲线如右图所示。下列说法不正确的是（　　）

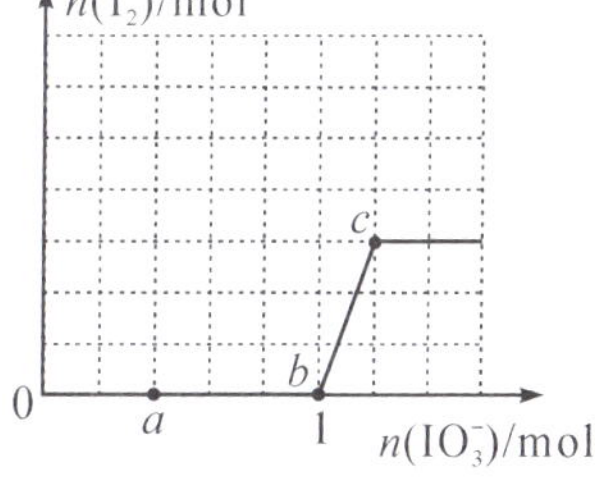

A. 0～b 间反应的离子方程式为

$$3HSO_3^- + IO_3^- =\!=\!= 3SO_4^{2-} + I^- + 3H^+$$

B. a 点时消耗 $NaHSO_3$ 的物质的量为 1.2mol

C. b 点时的还原产物可能是 KI 或 NaI，b～c 间的还原产物是 I_2

D. 当溶液中 I^- 与 I_2 的物质的量之比为 5∶2 时，加入的 KIO_3 为 1.8mol

2. NH_3 与 O_2 作用分别生成 N_2、NO、N_2O 的反应均为放热反应。工业尾气中的 NH_3 可通过催化氧化为 N_2 除去。将一定比例 NH_3、O_2 和 N_2 的混合气体以一定流速通过装有催化剂的反应管，NH_3 的转化率、N_2 的选择性 $\left[\frac{2n(N_2)_{生成}}{n(NH_3)_{总转化}}\times 100\%\right]$ 与温度的关系如右图所示。下列说法正确的是（　　）

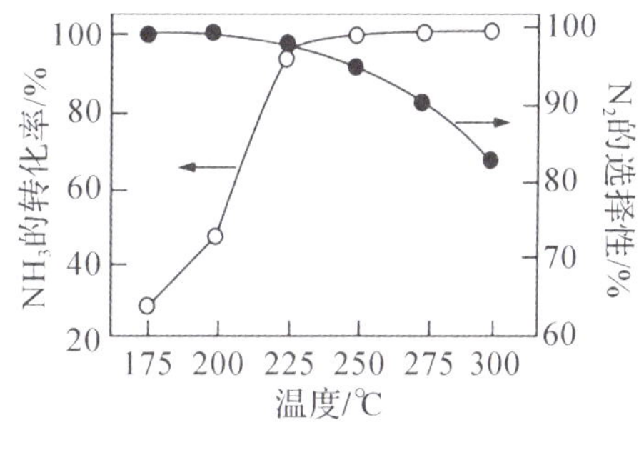

A. 其他条件不变，升高温度，NH_3 的平衡转化率增大

B. 其他条件不变，在 175℃～300℃范围，随着温度的升高，出口处氮气、氮氧化物的量均不断增大

C. 催化氧化除去尾气中的 NH_3 应选择反应温度高于 250℃

D. 高效除去尾气中的 NH_3，需研发低温下 NH_3 转化率高和 N_2 选择性高的催化剂

3. 常温下将 NaOH 溶液添加到己二酸(H_2X)溶液中，混合溶液的 pH 与粒子物质的量浓度的变化关系如右图所示。下列说法不正确的是　　(　　)

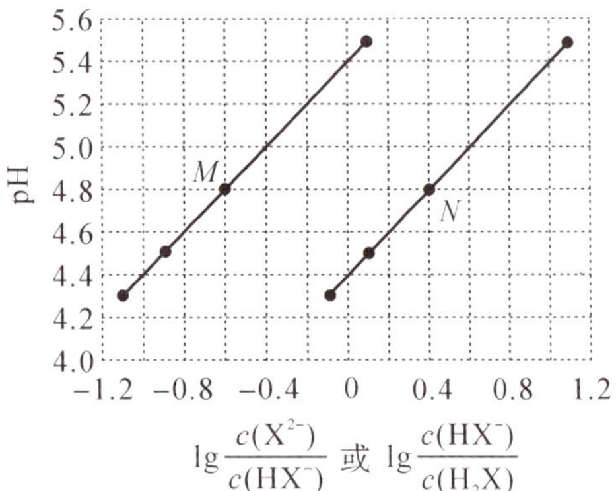

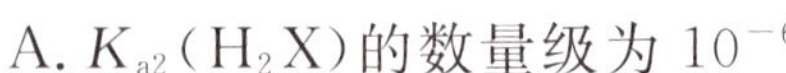

A. $K_{a2}(H_2X)$的数量级为10^{-6}

B. 曲线 N 表示 pH 与 $\lg\dfrac{c(HX^-)}{c(H_2X)}$ 的变化关系

C. NaHX 溶液中，$c(H^+)>c(OH^-)$

D. 当混合溶液呈中性时，$c(Na^+)>c(HX^-)>c(X^{2-})>c(H^+)=c(OH^-)$

4. ^{18}O 标记的乙酸甲酯在足量 NaOH 溶液中发生水解，部分反应历程可表示为

$$H_3C-\overset{^{18}O}{\overset{\|}{C}}-OCH_3+OH^- \underset{\text{II}}{\overset{\text{I}}{\rightleftharpoons}} H_3C-\overset{^{18}O^-}{\overset{|}{\underset{OH}{\underset{|}{C}}}}-OCH_3 \underset{\text{IV}}{\overset{\text{III}}{\rightleftharpoons}} H_3C-\overset{^{18}O}{\overset{\|}{C}}-OH+CH_3O^-$$

，能量变化如下图所示。已知 $H_3C-\overset{^{18}O^-}{\overset{|}{\underset{OH}{\underset{|}{C}}}}-OCH_3 \rightleftharpoons H_3C-\overset{^{18}OH}{\overset{|}{\underset{O^-}{\underset{|}{C}}}}-OCH_3$ 为快速平衡，下列说法正确的是　　(　　)

A. 反应Ⅱ、Ⅲ为决速步骤

B. 反应结束后，溶液中存在$^{18}OH^-$

C. 反应结束后，溶液中存在 $CH_3^{18}OH$

D. 反应Ⅰ与反应Ⅳ的活化能差值等于图示总反应的焓变

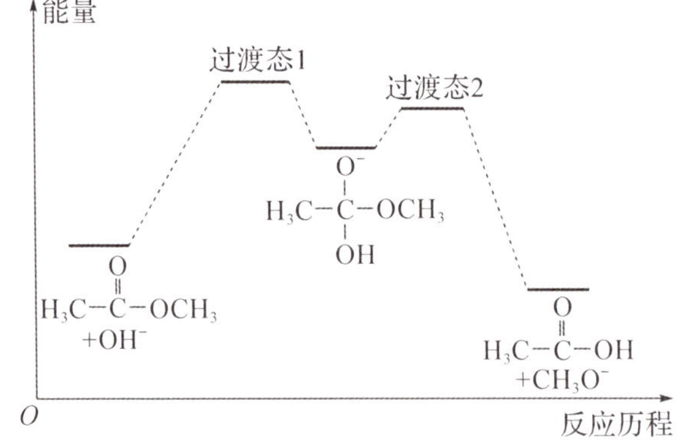

29　等效转化法

引路人　浙江省杭州市萧山区教育发展研究中心　金忠敏

方法导引

在一定条件(恒温恒容或恒温恒压)下,同一可逆反应体系,不管是从正反应开始,还是从逆反应开始,在达到化学平衡状态时,任何相同组分的含量(体积分数、物质的量分数等)均相同,这样的化学平衡互称等效平衡(包括"相同的平衡状态")。合理建构等效模型可以简化过程不同但有相似结果的不同平衡之间的分析与比较问题。

应用赏析

一、恒温恒容下反应前后气体体积发生变化的等效体系(即 $\Delta V \neq 0$ 的体系)

例 1 在一定温度下,把 2mol SO_2 和 1mol O_2 通入一定容积的密闭容器中,发生如下反应 $2SO_2(g)+O_2(g) \rightleftharpoons 2SO_3(g)$,当此反应进行到一定程度时反应混合物就处于化学平衡状态。现在该容器中维持温度不变,令 a、b、c 分别代表初始时加入的 $SO_2(g)$、$O_2(g)$、$SO_3(g)$的物质的量(mol),如果 a、b、c 取不同的数值,它们必须满足一定的相互关系,才能保证达到平衡状态时,反应混合物中三种气体的百分含量仍与上述平衡完全相同。请填空:

(1)若 $a=0$,$b=0$,则 $c=$________。

(2)若 $a=0.5$,则 $b=$________,$c=$________。

(3)a、b、c 的取值必须满足的一般条件是________,________。(请用两个方程式表示,其中一个只含 a 和 c,另一个只含 b 和 c)

解析　(1)$a=0$,$b=0$,这说明反应是从逆反应开始,通过已知的化学方程式 $2SO_2(g)+O_2(g) \rightleftharpoons 2SO_3(g)$ 可以看出,反应从 2mol SO_3 开始,通过反应的化学计量数之比换算成 SO_2 和 O_2 的物质的量(即等价转换),恰好与反应从 2mol SO_2 和 1mol O_2 的混合物开始是等效的,故 $c=2$。

(2)$a=0.5<2$,这表示从正、逆反应同时开始,通过已知的化学方程式可以看出,要使 0.5mol SO_2 反应需要同时加入 0.25mol O_2 才能进行,通过反应的化学计

量数之比换算成 SO_3 的物质的量(即等价转换)与 0.5mol SO_3 是等效的,这时若再加入 1.5mol SO_3 就与起始时加入 2mol SO_3 是等效的,通过等价转换可知与起始时加入 2mol SO_2 和 1mol O_2 是等效的。故 $b=0.25$,$c=1.5$。

(3)题中的 2mol SO_2 和 1mol O_2 要与 a mol SO_2、b mol O_2 和 c mol SO_3 建立等效平衡。由已知的化学方程式可知,c mol SO_3 等价转换后与 c mol SO_2 和 $0.5c$ mol O_2 等效,即 $(a+c)$mol SO_2 和 $(b+0.5c)$mol O_2 与 a mol SO_2、b mol O_2 和 c mol SO_3 等效,那么也就是与 2mol SO_2 和 1mol O_2 等效,故 $a+c=2$,$b+\frac{c}{2}=1$。

点评 通过化学方程式 $2SO_2(g)+O_2(g) \rightleftharpoons 2SO_3(g)$ 可以看出,这是一个化学反应前后气体分子数不等的可逆反应,在定温、定容下建立起同一化学平衡状态。起始时,无论怎样改变 SO_2、O_2、SO_3 的物质的量,使化学反应从正反应开始,还是从逆反应开始,或者从正、逆反应同时开始,它们所建立起来的化学平衡状态的效果是完全相同的,即它们之间存在等效平衡关系。我们常采用等效转换法分析和解决等效平衡问题。

二、恒温恒容下反应前后气体体积没有变化的等效体系(即 $\Delta V=0$ 的体系)

例 2 在一个固定容积的密闭容器中保持一定的温度,进行以下反应:$H_2(g)+Br_2(g) \rightleftharpoons 2HBr(g)$。已知加入 1mol H_2 和 2mol Br_2 时,达到平衡后生成 a mol HBr(见下表已知项),在相同条件下,且保持平衡时各组分的体积分数不变,对下列编号①～③的状态,填写下表中的空白。

编号	起始状态时物质的量 n/mol			平衡时 HBr 的物质的量 n/mol
	H_2	Br_2	HBr	
	1	2	0	a
①	2	4	0	
②			1	$0.5a$
③	m	$g(g\geqslant 2m)$		

解析 ①因为标准项中 $n(H_2)_{起始}:n(Br_2)_{起始}:n(HBr)_{平衡}=1:2:a$,将 $n(H_2)_{起始}=2mol$,$n(Br_2)_{起始}=4mol$,代入上式得 $n(HBr)_{平衡}=2a$。

②参照标准项可知,$n(HBr)_{平衡}=0.5a$ mol,需要 $n(H_2)_{起始}=0.5mol$,$n(Br_2)_{起始}=1mol$,$n(HBr)_{起始}=0$。而现在的起始状态,已有 1mol HBr,通过等效转换以后,就相当于起始时有 0.5mol H_2 和 0.5mol Br_2 的混合物,为使 $n(H_2)_{起始}:n(Br_2)_{起始}=1:2$,则需要再加入 0.5mol Br_2。故起始时 H_2 和 Br_2 的物质的量应为 0 和 0.5mol。

③设起始时 HBr 的物质的量为 x mol,转换成 H_2 和 Br_2 后,则 H_2 和 Br_2 的总量分别为 $(m+0.5x)$mol 和 $(g+0.5x)$mol,通过 $(m+0.5x):(g+0.5x)=1:2$,

解得$x=2(g-2m)$。设平衡时 HBr 的物质的量为 y mol，则 $1:a=(m+0.5x):y$，解得$y=a(g-m)$。

点评 在定温、定容下，反应 $H_2(g)+Br_2(g) \rightleftharpoons 2HBr(g)$建立起化学平衡状态，从化学方程式可以看出，通过反应的计量数之比换算成同一边物质的物质的量之比与原平衡相同，则达到平衡后与原平衡等效。这是一个化学反应前后气体分子数相等的可逆反应，可根据等效转换法解答。

三、恒温恒压下等比例投料等效气体转化体系

例 3 如右图所示，在一定温度下，把 2 体积 N_2 和 6 体积 H_2 通入一个带有活塞的容积可变的容器中，活塞的一端与大气相通，容器中发生反应

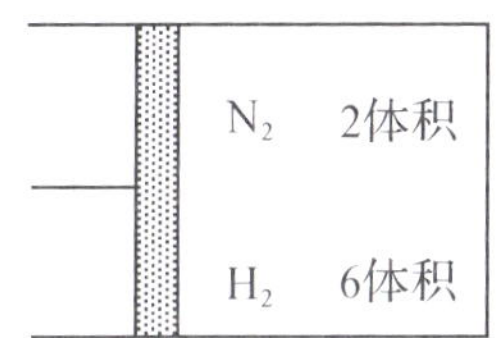

$$N_2(g)+3H_2(g) \rightleftharpoons 2NH_3(g) \quad \Delta H<0$$

已知反应达到平衡后，测得混合气体的体积为 7 体积。

据此回答下列问题：

(1)保持上述反应温度不变，设 a、b、c 分别代表初始加入的 N_2、H_2 和 NH_3 的体积，如果反应达到平衡后混合气体中各气体的体积分数仍与上述平衡相同，那么：

①若 $a=1$，$c=2$，则 $b=$________。在此情况下，反应起始时将向________（填“正”或“逆”）反应方向进行。

②若需规定起始时反应向逆反应方向进行，则 c 的取值范围是________。

(2)在上述装置中，若需控制平衡后混合气体为 6.5 体积，则可采取的措施是________，原因是____。

解析 (1)①化学反应 $N_2(g)+3H_2(g) \rightleftharpoons 2NH_3(g)$在定温、定压下进行，要使平衡状态与原平衡状态等效，只要起始时 $V(N_2):V(H_2)=2:6$。已知起始时各物质的体积分别为 1 体积 N_2、b 体积 H_2 和 2 体积 NH_3。根据等效转换法，将 2 体积 NH_3 通过反应的化学计量数之比换算成 N_2 和 H_2 的体积，则相当于起始时有(1+1)体积 N_2 和$(b+3)$体积 H_2，解得 $b=3$。

因反应前混合气体为 8 体积，反应后混合气体为 7 体积，体积差为 1 体积，由差量法可解出平衡时 NH_3 为 1 体积；而在起始时，NH_3 的体积为 $c=2$ 体积，比平衡状态时大，为达到同一平衡状态，NH_3 的体积必须减小，所以平衡逆向移动。

②若需使反应逆向进行，由上述①所求出的平衡时 NH_3 的体积为 1 可知，NH_3 的体积必须大于 1，最大值则为 2 体积 N_2 和 6 体积 H_2 完全反应时产生的 NH_3 的体积，即 4 体积，则 $1<c\leq 4$。

(2)由 $6.5<7$ 可知，上述平衡应向体积缩小的方向移动，即向放热方向移动，

所以采取降温措施,理由是降低温度则平衡正向移动,气体分子数减少。

点评 构建恒温恒压平衡思维模式(以气体物质的量增加的反应为例,如下图所示),新平衡状态可以认为是两个原平衡状态的简单叠加,压强不变则平衡不移动。

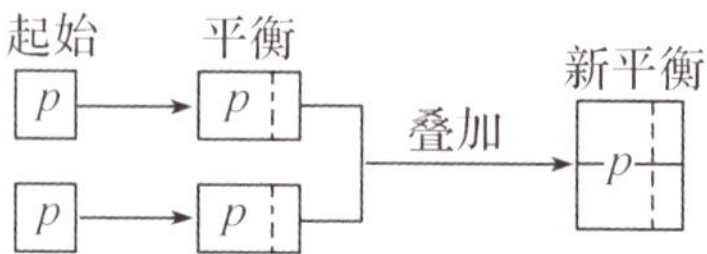

四、虚拟"中间态"法构建等效平衡

例 4 反应 $C_2H_6(g) \rightleftharpoons C_2H_4(g)+H_2(g)$ $\Delta H>0$,在一定条件下于密闭容器中达到平衡。下列各项措施不能提高乙烷的平衡转化率的是 ( )

A. 分离部分 H_2

B. 升高反应温度

C. 恒容状态下充入 C_2H_6

D. 恒压状态下通入惰性气体

解析 分离部分 H_2,平衡正向移动,乙烷的平衡转化率增大,A 项错误。

升高反应温度,平衡向吸热的方向移动,即平衡正向移动,乙烷的平衡转化率增大,B 项错误。

恒容下通入乙烷,平衡正向移动,比较前后乙烷转化率,可先虚拟成中间态,恒压状态下通入乙烷,体积增大,相当于等比例通入乙烷,乙烷的转化率不变,然后压缩至恒容状态,虚拟平衡逆移,乙烷的平衡转化率减小,C 项正确。

恒压下通入惰性气体,体积增大,平衡正向移动,乙烷的平衡转化率增大,D 项错误。

答案选 C。

点评 在处理 C 项时可先通过虚拟"中间态"法构建恒压等比例投料等效平衡体系,然后再转化成恒容模式对比前后的转化率变化。

小试身手

1. 在一真空密闭容器中盛有 1mol N_2O_4,发生反应 $N_2O_4(g) \rightleftharpoons 2NO_2(g)$,反应达到平衡时,$N_2O_4$ 在混合气体中的体积分数为 $m\%$,转化率为 a。若在相同的温度和相同的容器中,起始时加入 2mol N_2O_4,反应达到平衡时,N_2O_4 在混合气体中的体积分数为 $n\%$,转化率为 b,则下列关系正确是 ( )

A. $m>n$ B. $m<n$ C. $a<b$ D. $a=b$

2. 一定条件下存在反应 $2SO_2(g)+O_2(g) \rightleftharpoons 2SO_3(g)$　$\Delta H<0$，图 1、图 2 表示起始时容器甲、丙体积都是 V，容器乙、丁体积都是 $\frac{V}{2}$；向甲、丙内都充入 $2a$ mol SO_2 和 a mol O_2 并保持恒温；向乙、丁内都充入 a mol SO_2 和 $0.5a$ mol O_2 并保持绝热（即与外界无热量交换），在一定温度时开始反应。

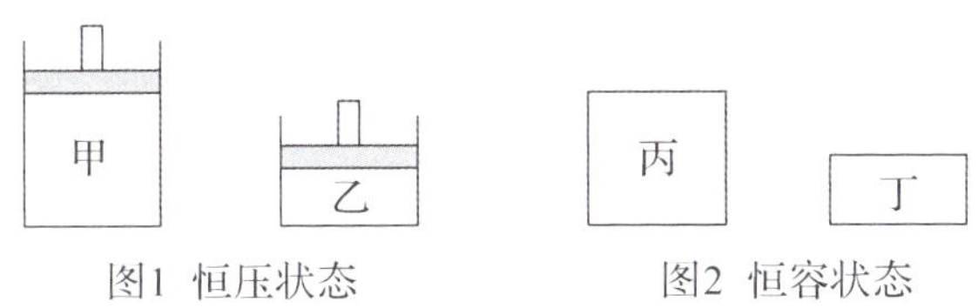

图1 恒压状态　　图2 恒容状态

下列说法正确的是　（　　）

A. 图 1 达平衡时，浓度 $c(SO_2)$：甲＝乙

B. 图 1 达平衡时，平衡常数 K：甲＜乙

C. 图 2 达平衡时，所需时间 t：丙＜丁

D. 图 2 达平衡时，体积分数 $\varphi(SO_3)$：丙＞丁

3. Ⅰ. 恒温、恒压下，在一可变容积的容器中发生反应 $A(g)+B(g) \rightleftharpoons C(g)$。

(1) 若开始时放入 1mol A 和 1mol B，达到平衡后，生成 a mol C，这时 A 的物质的量为________mol。

(2) 若开始时放入 3mol A 和 3mol B，达到平衡后，生成 C 的物质的量为________mol。

(3) 若开始时放入 x mol A、2 mol B 和 1 mol C，达到平衡后，A 和 C 的物质的量分别是 y mol 和 $3a$ mol，则 $x=$________，$y=$________。平衡时，B 的物质的量________（填字母序号）。

A. 大于 2mol　　B. 等于 2mol

C. 小于 2mol　　D. 可能大于、等于或小于 2mol

做出此判断的理由是________________________________。

(4) 若在(3)的平衡混合物中再加入 3mol C，待再次达到平衡后，C 的物质的量分数是________。

Ⅱ. 若维持温度不变，在一个与(1)反应前起始体积相同且容积固定的容器中发生反应 $A(g)+B(g) \rightleftharpoons C(g)$。

(5) 开始时放入 1mol A 和 1mol B，达到平衡后生成 b mol C，将 b 与(1)中的 a 进行比较：________（选填一个编号）。

甲：$a<b$　乙：$a>b$　丙：$a=b$　丁：不能比较

做出此判断理由是________________________________。

30　关键点法

引路人　浙江省瑞安中学　苏香妹

方法导引

化学图表信息题很常见，关键点法是解决这类试题的常见方法，它抓住了坐标曲线的顶点、转折点、交叉点、始终点数据等关键要素，化繁为简，化难为易。

利用关键点法解决反应速率与平衡坐标曲线题思路是：首先明确特殊点（顶点、转折点、交叉点、始终点）所表示的速率与平衡的化学意义（如是否处于平衡状态，或体系中所有物质及各物质间量的关系）；其次是明确曲线的走向、变化趋势及其蕴含的化学概念或原理。

应用赏析

一、常见的化学反应图像题的解答

例 1　一定量的 CO_2 与足量的炭在恒压密闭容器中发生反应

$$C(s)+CO_2(g)\rightleftharpoons 2CO(g)\quad \Delta H=+173\text{kJ}\cdot\text{mol}^{-1}$$

若压强为 p kPa，平衡时体系中气体体积分数与温度的关系如右图所示，回答下列问题：

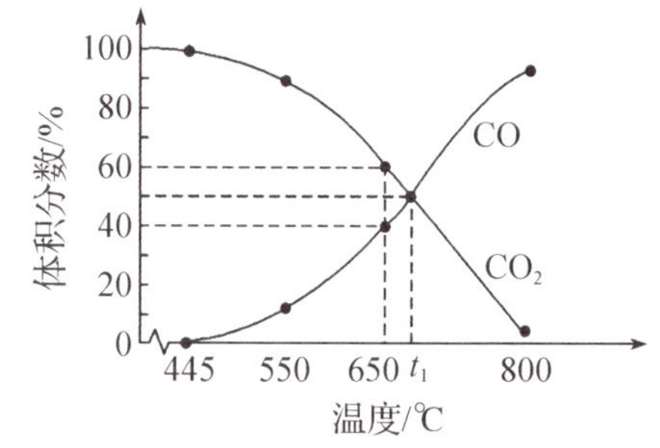

(1)650℃时 CO_2 的平衡转化率为________。

(2)t_1℃时平衡常数 K_p=________（用平衡分压代替平衡浓度计算，分压＝总压×物质的量分数）。

解析　(1)650℃，题图中曲线对应点可知 CO_2 的体积分数为60%，CO为40%。

$$C(s)+CO_2(g)\rightleftharpoons 2CO(g)$$

	CO_2	CO
起始量：	1mol	
反应量：	n mol	$2n$ mol
平衡量：	$(1-n)$mol	$2n$ mol

因此，CO_2 的体积分数 $=\frac{1-n}{1-n+2n}\times 100\%=60\%$；CO 的体积分数 $=\frac{2n}{1-n+2n}\times 100\%=40\%$；解得 $n=0.25\text{mol}$，故 CO_2 的平衡转化率为 25%。

(2)t_1℃时平衡，由题图中曲线对应交叉点可知，CO 与 CO_2 的体积分数相等，其平衡分压均为 $0.5p$ kPa，平衡常数为 $K_p=(0.5p)^2\div 0.5p=0.5p$ kPa。

点评 解答此题要先分析关键点（顶点、转折点、交叉点、始终点）的化学含义，再运用概念或原理解决问题。本题(1)是查找到 650℃时图中 CO_2 曲线与 CO 曲线对应点，化学含义是"该温度时，平衡体系中对应物质的体积分数（即气体物质的物质的量分数）"，(1)利用体积分数列式解答，(2)先查找 t_1℃时曲线交叉点，再运用平衡常数 K_p 的计算式来解答。

二、有催化剂参与的化学反应图像题的解答

例 2 下图是在一定时间内，用不同催化剂 Mn 和 Cr 在不同温度下对应的脱氮率，由图可知工业用的最佳催化剂为________，相应温度为________；用 Mn 作催化剂时，脱氮率 $b\sim a$ 段呈现如图变化的可能原因是____。

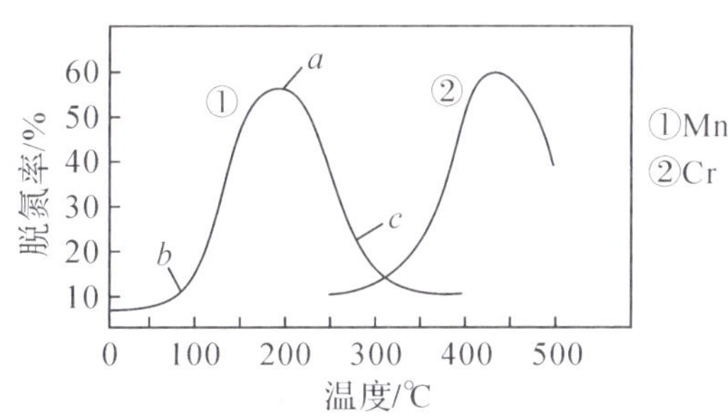

解析 对于有催化剂参与的化工真实情境题，重点是考虑活性温度和对目标产物产率的影响。有催化剂参与的反应温度与转化率关系如题图所示，需要分析曲线代表是平衡的转化率还是未达到平衡状态的转化率。据此可知：

本题最佳催化剂是 Mn。因为 Mn 的曲线顶点与 Cr 的曲线顶点分别对应的温度 200℃左右和 450℃左右。

相应温度为 200℃左右。

可能原因是 $b\rightarrow a$ 段，开始温度较低，催化剂活性较低，脱氮反应速率较小，反应还没有达到化学平衡，随着温度升高，催化剂活性增强，反应速率变大，一定时间参与反应的氮氧化物变多，导致脱氮率逐渐增大。

点评 解决此类题的关键是抓住催化剂活性温度，以及催化剂不影响平衡转化率，但提高单位时间内转化率，或提高目标产物实际产率的特点。

三、实践生产中的复杂化学反应图像题的解答

例 3 某研究小组将一定量的 H_2 和 CO_2 充入恒容密闭容器中并加入合适的催化剂，发生了如下反应：

Ⅰ. $CO_2(g)+H_2(g)\rightleftharpoons CO(g)+H_2O(g)$　$\Delta H_1=+41.19kJ\cdot mol^{-1}$；

Ⅱ. $CO(g)+2H_2(g)\rightleftharpoons CH_3OH(g)$　$\Delta H_2=-90.77kJ\cdot mol^{-1}$；

Ⅲ. $CO_2(g)+3H_2(g)\rightleftharpoons CH_3OH(g)+H_2O(g)$　$\Delta H_3=-49.58kJ\cdot mol^{-1}$。

请回答下列问题：

(1)如图 1 所示分别为反应Ⅰ、Ⅱ在不同温度下体系达到平衡时 CO_2 的转化率(曲线 a)和 CH_3OH 的产率(曲线 b)。请解释 CO_2 的转化率、CH_3OH 的产率随温度变化的原因。

(2)图 2 为不同压强下，CO_2 的平衡转化率与温度的变化关系曲线。根据反应Ⅰ、Ⅱ，请解释 CO_2 的平衡转化率随温度变化的原因。T 温度时，两条曲线交于一点的原因是什么？请画出在 $p_3(p_3>p_1)$ 情况下，CO_2 平衡转化率与温度的变化关系曲线。

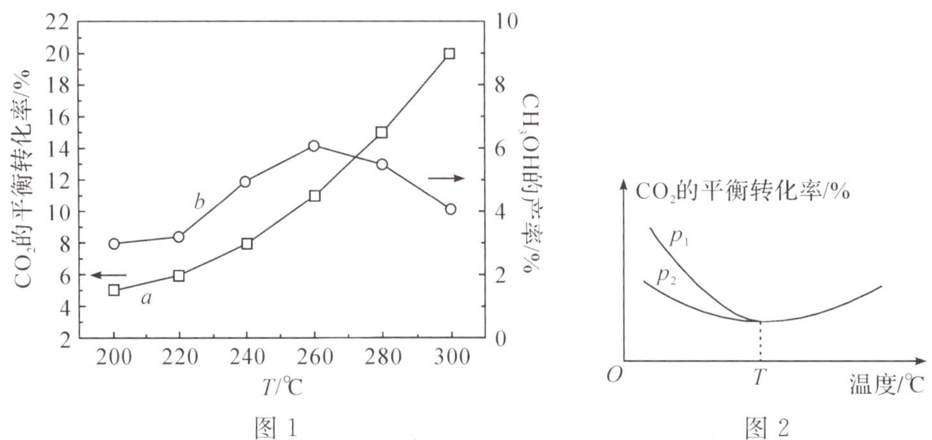

图 1　　　　图 2

解析　(1)反应Ⅰ为吸热反应，温度升高，平衡正移，CO_2 的转化率增大。260℃前，CO 浓度增大对反应Ⅱ的影响大于温度变化对其产生的影响，CH_3OH 的产率增高；260℃后，CO 浓度增大对反应Ⅱ的影响小于温度变化对其产生的影响，平衡逆移，CH_3OH 的产率降低。

(2)CO_2 平衡转化率先减小后增大。低温段，以反应Ⅲ为主，温度升高，平衡逆移，CO_2 转化率减小；高温段，以反应Ⅰ为主，温度升高，平衡正移，CO_2 转化率增大。T ℃温度后，以反应Ⅰ为主，等体积反应，改变压强对平衡无影响。曲线如右图所示。

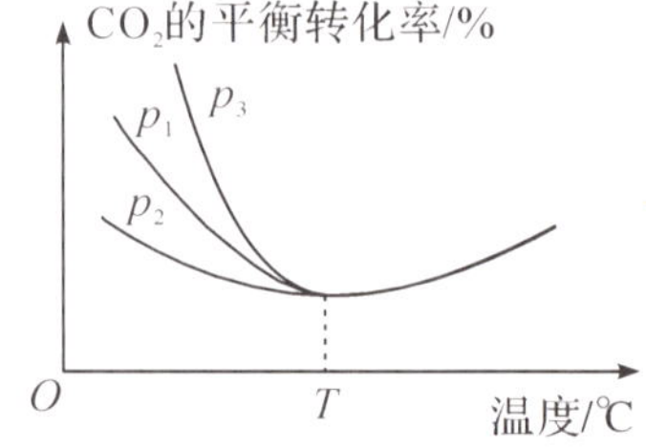

点评 解答图像简答题时，出现的主要问题有表述不规范、不简捷、不准确。

小试身手

1. 向某密闭容器中加入 $0.15mol\cdot L^{-1}$ A、$0.05mol\cdot L^{-1}$ C 和一定量的 B 三种气体。一定条件下发生反应，各物质的量浓度随时间变化的情况如图 1 所示[t_0 时刻 $c(B)$ 未画出，t_1 时刻 $c(B)$ 增大到 $0.05mol\cdot L^{-1}$]。图 2 为 t_2 时刻后改变反应条件，平衡体系中正、逆反应速率随时间变化的情况。

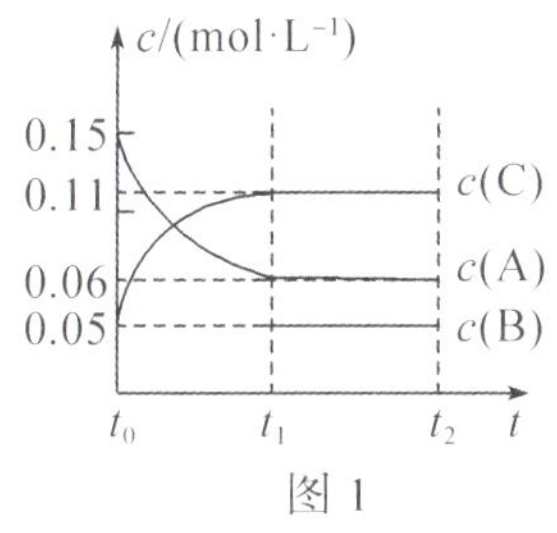

图 1

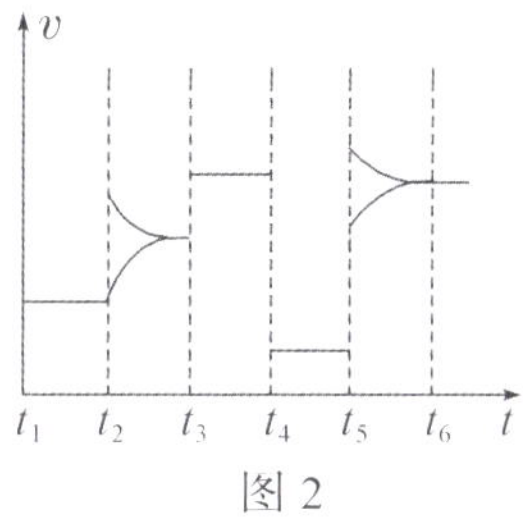

图 2

(1)若 t_4 时刻改变的条件为减小压强，则 B 的起始物质的量浓度为________$mol\cdot L^{-1}$。

(2)若 t_5 时刻改变的条件是升温，此时 $v_{正}>v_{逆}$，若 A 的物质的量减少 0.03mol 时，容器与外界的热交换总量为 a kJ，写出该反应的热化学方程式：________。

(3)若 t_0-t_1 为 15s，则 t_0-t_1 阶段以 C 的物质的量浓度变化表示的平均反应速率为 $v(C)=$________$mol\cdot L^{-1}\cdot s^{-1}$，A 的转化率为________。

(4)t_3 时刻改变的某一反应条件可能是________(填字母序号)。

A. 使用催化剂　　B. 增大压强　　C. 增大反应物浓度

2. 硼氢化钠($NaBH_4$)是一种环境友好的固体储氢材料，其水解生氢反应为

$$NaBH_4(s)+2H_2O(l)=\!=\!=NaBO_2(aq)+4H_2(g)\quad \Delta H<0$$

为加速 $NaBH_4$ 的水解，某研究小组开发了一种水溶性催化剂，当该催化剂足量、浓度一定且活性不变时，测得反应开始时生氢速率 v 与投料比 $\frac{n(NaBH_4)}{n(H_2O)}$ 之间的关系，结果如右图所示。请解释 ab 段变化的原因：________。

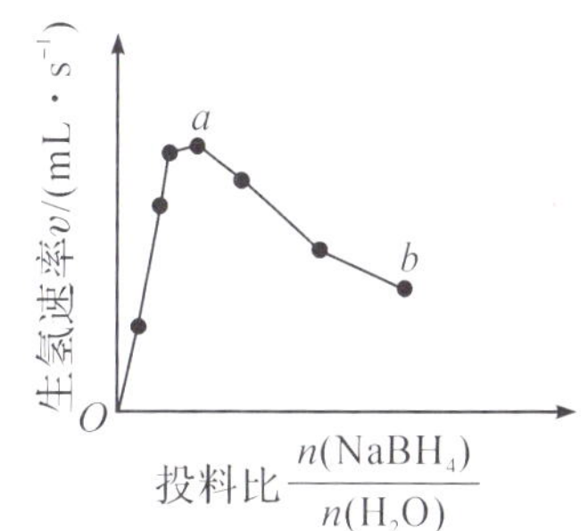

31 催化分析法

引路人　浙江省绍兴鲁迅中学　胡新锋

方法导引

催化剂是一种改变化学反应速率但不改变反应总标准吉布斯自由能 ΔG 的物质。

催化分析法是一种厘清催化剂的分类和催化行为(反应速率、反应限度),研究催化剂参与化学反应的机理,分析催化剂对化学反应速率(化学反应选择性)、转化率(平衡转化率、目标产物收率)等问题的一种思维方法。催化分析法与一些化学问题的关系就像钥匙与锁的关系一样,具有高度的专一性、高效性。

应用赏析

一、催化剂的催化行为

例 1 下列关于催化剂的说法正确的是　　(　　)

A. 催化剂改变正、逆反应速率是以相同比例改变的,催化剂不改变化学平衡常数

B. 催化剂参加催化反应,反应前后物理、化学性质都不改变

C. 催化剂不能改变反应物的转化率

D. 250℃密闭容器中,乙烯与氧气可发生下列三个平行反应:

① $C_2H_4+\frac{1}{2}O_2 \rightleftharpoons C_2H_4O$(环氧乙烷)　$K_1=1.6\times10^{6}$;

② $C_2H_4+\frac{1}{2}O_2 \rightleftharpoons CH_3CHO$　$K_2=6.3\times10^{18}$;

③ $C_2H_4+3O_2 \rightleftharpoons 2CO_2+2H_2O$　$K_3=4.0\times10^{130}$。

无论选择何种催化剂,在一定时间内反应③中乙烯的转化程度都最大

解析　催化剂不改变平衡的移动,催化剂对正、逆反应速率是按相同比例改变的,A 项正确。反应前后,催化剂虽然在数量和化学性质上没有改变,但其物理性质常常有变化,如形态改变(粉末变成了块状)、晶体大小改变等,B 项错误。

催化剂在化学反应未达平衡时,可增大化学反应速率,单位时间内改变反应物的转化率,但催化剂不改变平衡产率,C 项错误。

250℃时这三个反应均能自发进行，从平衡常数看，反应③正向进行的倾向性最大，但选择合适的催化剂，可以降低反应①②的活化能，一定时间内增大反应①②的反应速率，提高单位时间内乙烯的转化率。若采用 Ag 作催化剂，则主要加速反应①，得到环氧乙烷；若采用 Pd 作催化剂，则生成乙醛。自发反应和平衡常数 K 的大小只是表明一种趋势，实际转化量的多少要考虑速率等因素的影响。

点评 催化剂不能引发反应。恒温恒压下只有 $\Delta G<0$ 的反应才能自发进行，但是自发反应不一定能以显著的反应速率进行，因此寻找合适的催化剂前，要先用热力学原理计算该反应的 ΔG，如果 $\Delta G>0$，则反应不自发，就没必要再去寻找增大反应速率的催化剂了，而应重新寻找新的反应路径。

二、催化剂的常见催化机理

例 2 “活性炭-臭氧”可处理氨氮废水，将废水中的 NH_4^+ 转化为 N_2 而除去。在催化剂活性温度范围内，“活性炭-臭氧”处理氨氮废水的历程包含反应物分子在催化剂表面活性中心位点的吸附(快速)、反应(慢反应)及产物分子脱附 $^*HO\cdot$(快速)等过程。处理过程为

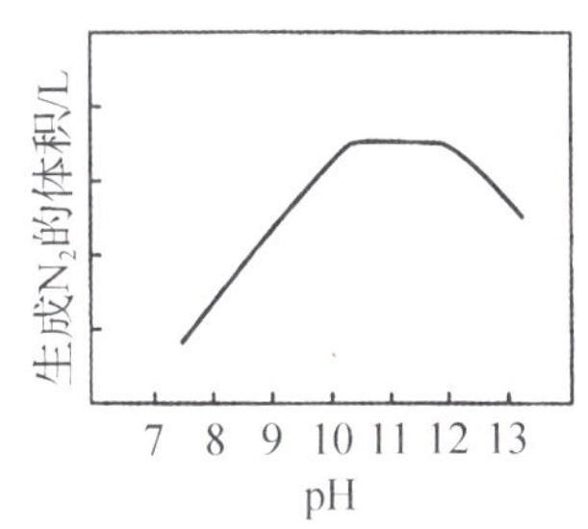

$$OH^- \xrightarrow{\text{活性炭}} {}^*OH^- \xrightarrow{O_3} {}^*HO\cdot \xrightarrow{NH_4^+} N_2$$

* 表示吸附在活性炭表面的物质，$OH\cdot$ 为羟基自由基，已知 O_3 不参与 NH_4^+ 的氧化。保证臭氧足量且其他条件相同，测得不同 pH 时，经过相同时间生成 N_2 的体积如图所示。在 pH>10 以后，生成 N_2 的体积分数先基本不变而后减小的可能原因是______________________________。

解析 题图中 pH<10 之前，增大 pH 相当于增大 OH^- 的浓度，有利于增大慢反应中吸附的反应物浓度，反应速率增大；当 pH>10 之后，由于催化剂的表面的活性中心位点有限，此时增大 OH^- 的浓度催化剂表面的活性中心位点已经饱和，因此吸附的反应物浓度基本不变，反应速率基本不变；当 pH>12 之后，溶液碱性过强，可能发生副反应(NH_4^+ 与 OH^- 作用)生成 NH_3 逸出，导致生成 N_2 的量减少。

因此该题的答案：当 pH 在 10～12 之间时，活性炭表面已全部吸附 $^*OH^-$，被 O_3 氧化生成的 $^*HO\cdot$ 的数量基本不变，导致生成的 N_2 的体积分数不变；当 pH>12 时，NH_4^+ 与 OH^- 反应生成 NH_3 逸出，导致生成 N_2 的体积减小。

点评 催化剂的催化机理除了上题中的多相催化反应，还有均相催化反应，即催化剂和反应物处于同一均匀体系中发生的催化反应。均相催化反应的一般机理是催化剂和底物(反应物)相互作用形成中间配合物，这是一个快速平衡反应，紧接着中间配合物的分解是一个慢反应，因此均相催化反应速率一方面与底物浓度成正比，另一方面与催化剂浓度成正比。

三、催化剂对选择性、转化率的影响

例 3 苯在浓硝酸和浓硫酸作用下的反应历程中的能量变化示意图如下图所示。下列说法不正确的是 ( )

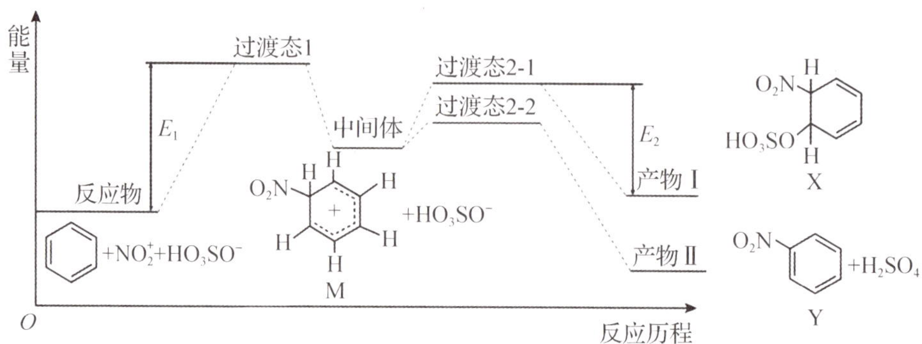

A. 对比反应历程图，苯更易生成硝基苯的主要原因是该反应速率更大，产物更稳定

B. 通过条件改变，有可能生成更多的产物Ⅰ

C. 经两步反应生成产物Ⅰ的反应热 $\Delta H = E_1 - E_2$

D. 加入选择性高的催化剂，短时间内升高温度有可能生成更多的产物Ⅰ

解析 当反应物有多个平行反应时，短时间内目标产物收率（反应物转化率）主要比较不同反应所需最大活化能的大小，题图中生成产物Ⅱ（硝基苯）的反应活化能更低，反应速率更大；且产物Ⅱ的能量更低，即相同条件下产物Ⅱ更稳定，达到平衡状态时更倾向于生成产物Ⅱ。由于催化剂具有专一性，选择高效催化剂改变选择性，其实质是改变了反应途径，降低了生成产物Ⅰ的最大活化能，单位时间内增大了反应速率，因此选择高效催化剂有可能短时间内生成更多的产物Ⅰ。选 C。

点评 化学反应速率常数 k 与温度之间的关系可参照阿伦尼乌斯经验公式：$k = Ae^{-\frac{E_a}{RT}}$，其中 A 为反应的频率因子（可视为常数），e 为自然对数的底数，R 为理想气体常数，E_a 为活化能，T 表示反应的热力学温度。根据公式可知，反应活化能越高，则随温度的升高，化学反应速率或速率常数 k 增大得越快。因此除选择高效催化剂外，也可以改变温度。由于生成产物Ⅰ的活化能较高，因此升高温度对其反应速率影响的程度更大，短时间内也有可能生成更多的产物Ⅰ。

小试身手

1. 水煤气变换反应是工业上的重要反应，可用于制氢。

水煤气变换反应：

$CO(g) + H_2O(g) \rightleftharpoons CO_2(g) + H_2(g) \quad \Delta H = -41.2 kJ \cdot mol^{-1}$。

该反应分两步完成：

Ⅰ. $3Fe_2O_3(s)+CO(g) \rightleftharpoons 2Fe_3O_4(s)+CO_2(g)$ $\Delta H_1=-47.2kJ \cdot mol^{-1}$;

Ⅱ. $2Fe_3O_4(s)+H_2O(g) \rightleftharpoons 3Fe_2O_3(s)+H_2(g)$ ΔH_2。

在催化剂活性温度范围内,水煤气变换反应的历程包含反应物分子在催化剂表面的吸附(快速)、反应及产物分子脱附等过程。随着温度升高,该反应的反应速率先增大后减小,其速率减小的原因是________________________。

2. 汽车尾气中CO与N_2O会发生反应$CO(g)+N_2O(g) \rightleftharpoons CO_2(g)+N_2(g)$。实验室用$Fe^+$作催化剂,以$N_2O$和CO的投入比1∶1模拟上述反应,其总反应分两步进行:

Ⅰ. $Fe^+ + N_2O \rightleftharpoons FeO^+ + N_2$;

Ⅱ. ________________________(补全反应的化学方程式)。

催化过程中,$c(N_2)$和$c(CO_2)$几乎相等,请在下图中绘制上述反应在催化剂作用下的"能量-反应过程"示意图。已知两步反应均放热。

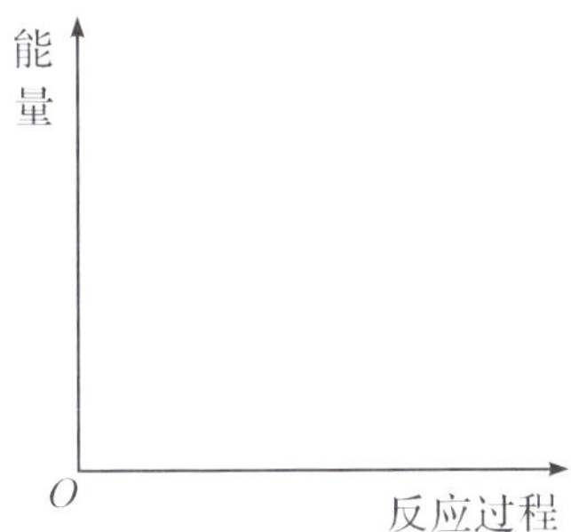

3. 甲酸(HCOOH)被认为是潜在储氢物质之一。加热甲酸可发生两种分解反应:Ⅰ. $HCOOH(g) \rightleftharpoons CO(g)+H_2O(g)$;Ⅱ. $HCOOH(g) \rightleftharpoons CO_2(g)+H_2(g)$。反应过程中的能量变化如下图所示。

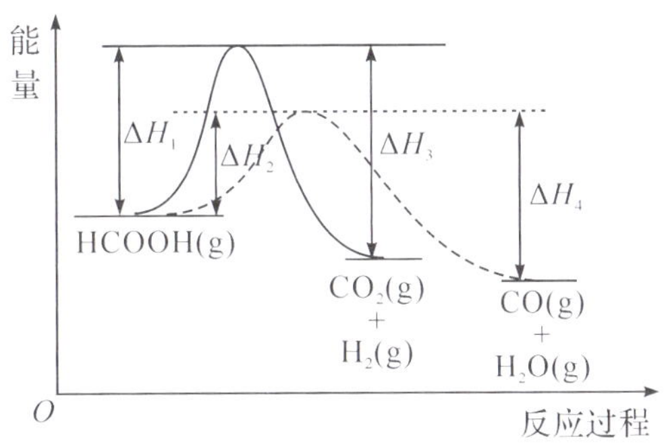

已知H^+只能催化反应Ⅰ而对反应Ⅱ无影响。下列说法正确的是 ( )

A. 升温,有利于提高产物中H_2的体积分数

B. 加入H^+,可使$\frac{n(CO)}{n(CO_2)}$能达到的极大值更大

C. 加入NaOH固体,有利于提高H_2的平衡浓度

D. 当$v(H_2)_{正}=v(H_2O)_{逆}$时,反应达到平衡状态

32 耦合促进法

引路人　浙江省绍兴市越州中学　吴文中

方法导引

什么是耦合反应？在指定条件下，一个反应体系中的某一种（或几种）物质同时参与两个（或两个以上）的化学反应并共同达到化学平衡，这样的平衡体系称为多重平衡。若通过其中一个反应带动另一个反应，称为反应的耦合，此类反应即称为耦合反应。

耦合反应的应用十分广泛。利用耦合反应原理往往可以将一个非自发性（或自发性很弱）的反应变成一个自发性很强的反应，从而使反应几乎能进行到底；也可以将一个反应程度较小的反应变成反应程度较大的反应，这就是耦合促进法。

化工领域中的耦合共生是指通过将两个或多个不同的化学反应或过程相互耦合，实现资源的高效利用和能量的整体优化，可以通过热能耦合和物质耦合等方式实现。

应用赏析

一、利用耦合反应将非自发反应变成自发性很强的反应

例 1　工业上，常采用“加炭氯化”法以高钛渣（主要成分为 TiO_2）为原料生产 $TiCl_4$，相应的化学方程式：

Ⅰ. $TiO_2(s)+2Cl_2(g)\rightleftharpoons TiCl_4(g)+O_2(g)$

$\Delta H_1=181kJ\cdot mol^{-1}$，$K_1=3.4\times10^{-29}$；

Ⅱ. $2C(s)+O_2(g)\rightleftharpoons 2CO(g)$　$\Delta H_2=-221kJ\cdot mol^{-1}$，$K_2=1.2\times10^{48}$。

结合数据说明氯化过程中加炭的理由：________________。

解析　$K_1=3.4\times10^{-29}$，说明反应Ⅰ基本不发生，若将反应Ⅱ与之耦合，则将得到一个新化学反应，即 $TiO_2(s)+2Cl_2(g)+2C(s)=TiCl_4(g)+2CO(g)$，该反应的 $K=K_1\cdot K_2=3.4\times10^{-29}\times1.2\times10^{48}=4.1\times10^{19}\gg10^5$，可以发现总反应平衡常数显著增大，即可以认为基本反应完全。反应Ⅱ的存在，实现了总反应焓

变由正变负，即实现了能量的耦合：反应Ⅰ吸热，反应Ⅱ放热，故反应Ⅱ可为反应Ⅰ提供所需的能量，同时总反应的混乱度也显著增大（生成物气体由1mol变为2mol）。

例2 人教版高中化学选择性必修2教材中【实验3-3】：向盛有4mL $0.1mol \cdot L^{-1}$ $CuSO_4$溶液的试管里滴加几滴$1mol \cdot L^{-1}$氨水，有蓝色絮状难溶物产生；继续添加氨水并振荡试管，沉淀消失，生成深蓝色溶液。

根据教材介绍，向硫酸铜溶液里逐滴滴加氨水，形成难溶物的方程式为

$$Cu^{2+}+2NH_3 \cdot H_2O = Cu(OH)_2 \downarrow +2NH_4^+$$

继续添加氨水，难溶物溶解，得到深蓝色的透明溶液，方程式可表示为

$$Cu(OH)_2+4NH_3 = [Cu(NH_3)_4](OH)_2$$

已知：

$K_{sp}[Cu(OH)_2]=4.8\times10^{-20}$；

$Cu^{2+}+4NH_3 \rightleftharpoons Cu(NH_3)_4^{2+}$ 的平衡常数 $K=2.1\times10^{13}$（K为累积平衡常数）；

NH_4^+ 对上述反应具有耦合作用，$2NH_4^+ +2OH^- \rightleftharpoons 2NH_3 \cdot H_2O$ 的平衡常数 $K'=[1\div(1.75\times10^{-5})]^2=3.2\times10^9$（$1.75\times10^{-5}$为氨水的电离常数）。

(1)请写出$Cu(OH)_2$被氨水溶解得到$Cu(NH_3)_4^{2+}$的离子方程式，并求其平衡常数。

(2)通过计算证明NH_4^+对上述反应有耦合作用。

解析 (1)已知$K_{sp}[Cu(OH)_2]=4.8\times10^{-20}$，$Cu^{2+}+4NH_3 \rightleftharpoons Cu(NH_3)_4^{2+}$的平衡常数$K=2.1\times10^{13}$，求得：

$$Cu(OH)_2+4NH_3 \rightleftharpoons Cu(NH_3)_4^{2+}+2OH^-$$

$$K_1=K_{sp}[Cu(OH)_2]\cdot K=1.0\times10^{-6}。$$

显然该反应平衡常数较小，反应程度不大。

(2) Ⅰ. $Cu(OH)_2+4NH_3 \rightleftharpoons Cu(NH_3)_4^{2+}+2OH^-$ $K_1=1.0\times10^{-6}$；

Ⅱ. $2NH_4^+ +2OH^- \rightleftharpoons 2NH_3 \cdot H_2O$ $K'=[1\div(1.75\times10^{-5})]^2=3.2\times10^9$。

由Ⅰ+Ⅱ可得：

$$Cu(OH)_2+2NH_3+2NH_4^+ \rightleftharpoons [Cu(NH_3)_4]^{2+}+2H_2O$$

$$K_2=K_1\cdot K'=3.2\times10^3。$$

由上述数据可以得出结论：尽管反应Ⅰ程度不大，但是在NH_4^+的协助下，$Cu(OH)_2$在一定浓度的氨水中溶解度显著增大。

值得注意的是，许多氨的配合物在配制过程中，往往需要加入相应的铵盐，这样不但能避免产生相应的氢氧化物，还能使配合物生成的程度增大。

二、利用耦合反应将程度比较小的反应变成程度比较大的反应

例3 资源的再利用和再循环有利于人类的可持续发展。选用如下化学方程式，可以设计出能自发进行的多种制备方法来将某反应的副产物偏硼酸钠（$NaBO_2$）再生为 $NaBH_4$。（已知：ΔG 是反应的自由能变化量，其计算方法也遵循盖斯定律，可类比 ΔH 计算方法；当 $\Delta G<0$ 时，反应能自发进行。）

Ⅰ. $NaBH_4(s)+2H_2O(l)=\!=\!=NaBO_2(s)+4H_2(g)\quad \Delta G_1=-320kJ\cdot mol^{-1}$；

Ⅱ. $H_2(g)+\frac{1}{2}O_2(g)=\!=\!=H_2O(l)\quad \Delta G_2=-240kJ\cdot mol^{-1}$；

Ⅲ. $Mg(s)+\frac{1}{2}O_2(g)=\!=\!=MgO(s)\quad \Delta G_3=-570kJ\cdot mol^{-1}$。

请书写一个化学方程式表示 $NaBO_2$ 再生为 $NaBH_4$ 的一种制备方法，并注明 ΔG：________________（要求：反应物不超过三种物质；氢原子利用率为100%）。

解析 根据题意，ΔG 的计算方法也遵循盖斯定律，可类比 ΔH 的计算方法得：

$NaBO_2(s)+2H_2(g)+2Mg(s)=\!=\!=NaBH_4(s)+2MgO(s)$

$$\Delta G=2\Delta G_3-(2\Delta G_2+\Delta G_1)$$
$$=2\times(-570kJ\cdot mol^{-1})-[2\times(-240kJ\cdot mol^{-1})+(-320kJ\cdot mol^{-1})]$$
$$=-340kJ\cdot mol^{-1}。$$

上述参考答案符合题意，基本正确。

根据公式 $\Delta G^{\ominus}=-RT\ln K^{\ominus}$（$R$ 是气体常数，T 是热力学温度，$K^{\ominus}$ 是热力学标准平衡常数）可知，$\Delta G^{\ominus}$ 越小，$K^{\ominus}$ 越大，反应的程度越大，由此可以得出第二种答案如下。

Ⅳ. $NaBO_2(s)+2H_2(g)+2Mg(s)=\!=\!=NaBH_4(s)+2MgO(s)$

$$\Delta G_4=-340kJ\cdot mol^{-1}。$$

反应Ⅳ结合已知反应Ⅱ、Ⅲ，由Ⅳ－Ⅱ×2＋Ⅲ×2得：

$NaBO_2(s)+2H_2O(l)+4Mg(s)=\!=\!=NaBH_4(s)+4MgO(s)$

$$\Delta G=-1000kJ\cdot mol^{-1}。$$

第二种答案是在第一种答案的基础上继续耦合反应Ⅱ、Ⅲ，使符合题意的反应的 ΔG 进一步减小，K 值进一步增大。故第二种答案更优。

点评 无论是利用耦合将非自发反应变成自发性很强的反应，还是将程度比较小的反应变成程度比较大的反应，其本质都是通过其中一个反应（该反应往往反应程度较大即 K 值较大）带动另一个或几个反应（这些反应往往反应程度较小即 K 值较小），也可以理解为“平衡的移动”。定量表达的过程往往通过罗列这些化学方程式并列出这些反应的平衡常数，类比盖斯定律的计算方法，耦合出最后一个总反应的化学方程式并计算得其 K 值，往往该 K 值与“被带动”的反应的 K 值相比，变化非常大，因而能起到耦合带动的作用。

小试身手

1. 尖晶石矿的主要成分为 $MgAl_2O_4$（含 SiO_2 杂质）。已知

$$MgAl_2O_4(s)+4Cl_2(g)=MgCl_2(s)+2AlCl_3(g)+2O_2(g) \quad \Delta H>0$$

该反应难以发生，但采用“加炭氯化”法可以制备 $MgCl_2$ 和 $AlCl_3$，同时还可得到副产物 $SiCl_4$（$SiCl_4$ 沸点为 58℃，$AlCl_3$ 在 180℃升华）。

已知 $2C(s)+O_2(g)\rightleftharpoons 2CO(g) \quad \Delta H=-221 kJ\cdot mol^{-1}, K=1.2\times 10^{48}$。

请写出“加炭氯化”法制备 $MgCl_2$ 和 $AlCl_3$ 的化学方程式，并简单解释“加炭氯化”后反应能发生的原因：________________。

2. 在湿法炼锌的电解循环溶液中，较高浓度的 Cl^- 会腐蚀阳极板而增大电解能耗。可向溶液中同时加入 Cu 和 $CuSO_4$ 生成 CuCl 沉淀，从而除去 Cl^-。

已知：

Ⅰ. $Cu^{2+}+Cu\rightleftharpoons 2Cu^+ \quad K_1=6.35\times 10^{-7}$；

Ⅱ. $CuCl(s)\rightleftharpoons Cu^+(aq)+Cl^-(aq) \quad K_2=K_{sp}=1.64\times 10^{-7}$。

请通过计算说明：为什么在溶液中同时加入 Cu 和 $CuSO_4$，可有效去除 Cl^-？

3. 通过计算说明：AgCl 和 AgI 在悬浊液中是否都能被浓氨水溶解得到 $Ag(NH_3)_2^+$？已知 $K_{sp}(AgCl)=1.77\times 10^{-10}$，$K_{sp}(AgI)=8.52\times 10^{-17}$，$Ag^+ + 2NH_3\rightleftharpoons Ag(NH_3)_2^+$ 的累积平衡常数 $K=1.12\times 10^7$。

33　近似计算法

引路人　浙江省湖州市南浔高级中学　叶跃娟

方法导引

在化学平衡、电离平衡、水解平衡、沉淀和溶解平衡等问题的处理过程中，我们常常会遇到一些较为复杂的计算。由于许多平衡的进行程度往往很小或很大，在计算时我们通常可以采用较为合理的近似处理，此即近似计算法。此法基本不会影响计算结果的准确度。

应用赏析

一、化学平衡中转化率的计算

例 1　反应 $CO_2(g)+H_2(g) \rightleftharpoons HCOOH(g)$ 在恒温、恒容的密闭容器中进行，$CO_2(g)$ 和 $H_2(g)$ 的投料物质的量浓度均为 $1mol \cdot L^{-1}$，平衡常数 $K=2.4\times10^{-8}$，计算 CO_2 的平衡转化率。

解析　本题是一个简单的计算题，列三段式：

	$CO_2(g)$	+ $H_2(g)$	$\rightleftharpoons HCOOH(g)$
起始物质的量浓度/$(mol \cdot L^{-1})$：	1	1	0
反应物质的量浓度/$(mol \cdot L^{-1})$：	x	x	x
平衡物质的量浓度/$(mol \cdot L^{-1})$：	$1-x$	$1-x$	x

$K=\dfrac{x}{(1-x)^2}=2.4\times10^{-8}$。

由于该反应的平衡常数很小，可近似认为 $1-x\approx1$，进而快速解决问题（一般认为，当 $\dfrac{c_0}{K}\geqslant380$ 时，可进行这样的近似处理）。

$\dfrac{x}{(1-x)^2}\approx\dfrac{x}{1^2}=x=2.4\times10^{-8}$。

因此，CO_2 的平衡转化率为 2.4×10^{-8}。

二、水溶液中离子浓度的计算

例 2　计算 $0.1mol \cdot L^{-1}$ 醋酸溶液中的 $c(H^+)$（已知醋酸 $K_a=1.8\times10^{-5}$）。

解析 此题$\frac{c_0}{K_a} \geqslant 380$，可以根据上述近似方法计算。

$$CH_3COOH \rightleftharpoons CH_3COO^- + H^+$$

	CH_3COOH	CH_3COO^-	H^+
起始物质的量浓度/($mol \cdot L^{-1}$)：	0.10	0	0
转化物质的量浓度/($mol \cdot L^{-1}$)：	x	x	x
平衡物质的量浓度/($mol \cdot L^{-1}$)：	$0.10-x$	x	x

$K_a = \frac{x^2}{0.10-x} = 1.8 \times 10^{-5}$。

$0.10-x \approx 0.10$，可快速求得 $x = 1.34 \times 10^{-3}$，即 $c(H^+) = 1.34 \times 10^{-3} mol \cdot L^{-1}$。

（如果不采用近似处理，通过求解一元二次方程得 $x = 1.33 \times 10^{-3} mol \cdot L^{-1}$。可见，采用近似处理所得结果的误差仅为 0.75%左右。）

点评 在化学平衡、电离平衡等计算中，当$\frac{c_0}{K} \geqslant 380$ 时，发生转化（反应或电离）的微粒浓度非常小，在计算时甚至可以忽略不计，这样可以大大简化计算过程。

但当$\frac{c_0}{K} < 380$ 时，用此方法进行近似处理就会产生较大的误差。此时我们可以采用下面所述的“逐步逼近法”进行处理。

例 3 计算 $1.0 \times 10^{-3} mol \cdot L^{-1}$ $NH_3 \cdot H_2O$ 溶液中的 $c(OH^-)$（已知 $NH_3 \cdot H_2O$的 $K_b = 1.8 \times 10^{-5}$）。

解析 此题中$\frac{c_0}{K_b} = 55.6 < 380$，我们用“逐步逼近法”进行以下处理。

第一步，设电离平衡时 $c(NH_4^+)$和 $c(OH^-)$均为 x，忽略发生电离的 $NH_3 \cdot H_2O$，平衡时 $c(NH_3 \cdot H_2O)$近似处理为 $1.0 \times 10^{-3} mol \cdot L^{-1}$，则 $\frac{x^2}{1.0 \times 10^{-3} - x} \approx \frac{x^2}{1.0 \times 10^{-3}} = 1.8 \times 10^{-5}$，解得 $x = 1.34 \times 10^{-4} mol \cdot L^{-1}$。

第二步，设电离平衡时 $c(NH_4^+)$和 $c(OH^-)$均为x'，将第一步计算所得的 x 代入分母中，即平衡时 $c(NH_3 \cdot H_2O)$为$(1.0 \times 10^{-3} - 1.34 \times 10^{-4}) mol \cdot L^{-1}$，可解得 $x' = 1.25 \times 10^{-4} mol \cdot L^{-1}$。

[若不用近似处理法，可直接解得 $c(OH^-) = 1.25 \times 10^{-4} mol \cdot L^{-1}$。可见，直接用近似计算法有较大的误差，但用“逐步逼近法”后，计算结果就比较准确。]

三、多平衡体系中离子浓度的计算

例 4 常温下，将等体积、物质的量浓度均为 $0.40 mol \cdot L^{-1}$的 $BaCl_2$ 溶液和新制 H_2SO_3 溶液混合，出现白色浑浊，再滴加过量的 H_2O_2 溶液，振荡，出现白色沉淀。已知 H_2SO_3 的 $K_{a1} = 1.4 \times 10^{-2}$，$K_{a2} = 6.0 \times 10^{-8}$，$K_{sp}(BaSO_3) = 5.0 \times 10^{-10}$，

$K_{sp}(BaSO_4)=1.1\times10^{-10}$。下列说法不正确的是 ( )

A. H_2SO_3 溶液中存在 $c(H^+)>c(HSO_3^-)>c(SO_3^{2-})>c(OH^-)$

B. 将 $0.40mol\cdot L^{-1}$ H_2SO_3 溶液稀释到 $0.20mol\cdot L^{-1}$,$c(SO_3^{2-})$几乎不变

C. $BaCl_2$ 溶液与 H_2SO_3 溶液混合后出现的白色浑浊不含有 $BaSO_3$

D. 存在反应 $Ba^{2+}+H_2SO_3+H_2O_2 \xlongequal{} BaSO_4\downarrow+2H^++H_2O$ 是出现白色沉淀的主要原因

解析 解本题的关键是计算出 $c(SO_3^{2-})$。一般的思路是先根据 K_{a1} 计算 $c(HSO_3^-)$,再根据 K_{a2} 计算 $c(SO_3^{2-})$,这样就需要解两次一元二次方程,复杂的计算太耗时间。因此我们可以采用如下近似计算法。

这里涉及三个平衡反应:

Ⅰ. $H_2SO_3 \rightleftharpoons H^++HSO_3^-$;

Ⅱ. $HSO_3^- \rightleftharpoons H^++SO_3^{2-}$;

Ⅲ. $H_2O \rightleftharpoons H^++OH^-$。

人教版高中化学选择性必修1教材提到,当 $K_{a1}\gg K_{a2}$ 时,计算多元弱酸中的 $c(H^+)$或比较多元弱酸的酸性相对强弱时,通常只考虑第一步电离。该题$K_{a1}\gg K_w$,因此忽略反应Ⅱ和反应Ⅲ,只考虑反应Ⅰ。据此做近似处理,即$c(H^+)\approx c(HSO_3^-)$,则有 $K_{a2}=\dfrac{c(H^+)\times c(SO_3^{2-})}{c(HSO_3^-)}\approx c(SO_3^{2-})$,故 $c(SO_3^{2-})\approx K_{a2}=6.0\times10^{-8}(mol\cdot L^{-1})$。

由于$\dfrac{c_0}{K}<380$,采用“逐步逼近法”可计算出 H_2SO_3 溶液中 $c(H^+)\approx0.045mol\cdot L^{-1}$,则 $c(OH^-)\approx2\times10^{-13}mol\cdot L^{-1}$,溶液呈酸性,A 项正确;$c(SO_3^{2-})\approx K_{a2}$,与 H_2SO_3 的浓度无关,B 项正确;$BaCl_2$ 溶液与 H_2SO_3 溶液混合,则 $Q=c(Ba^{2+})\cdot c(SO_3^{2-})\approx 0.2\times6.0\times10^{-8}=1.2\times10^{-8}>K_{sp}(BaSO_3)$,有 $BaSO_3$ 沉淀生成,C 项错误,D 项正确。选 C。

例 5 用氨水吸收 HCOOH,得到 $1.00mol\cdot L^{-1}$氨水和 $0.18mol\cdot L^{-1}$甲酸铵的混合溶液。计算 298K 时该混合溶液的 pH[已知 298K 时,电离常数 $K_b(NH_3\cdot H_2O)=1.8\times10^{-5}$、$K_a(HCOOH)=1.8\times10^{-4}$]。

解析 此题也涉及三个平衡反应:

Ⅰ. $NH_3+H_2O \rightleftharpoons NH_4^++OH^-$ $K_b=1.8\times10^{-5}$;

Ⅱ. $HCOO^-+H_2O \rightleftharpoons HCOOH+OH^-$ $K_h=\dfrac{K_w}{K_a}=5.6\times10^{-11}$;

Ⅲ. $H_2O \rightleftharpoons H^++OH^-$ $K_w=1.0\times10^{-14}$。

由于 $K_b\gg K_h$,$K_b\gg K_w$,且$\dfrac{c_0}{K_b}\geq380$,因此可以忽略反应Ⅱ、Ⅲ的影响,利用反应Ⅰ进行近似的 pH 求解(此情形下,由于 NH_4^+ 同离子效应的影响,$NH_3\cdot H_2O$ 的电离被进一步抑制)。

$$K_b=\frac{c(NH_4^+)\times c(OH^-)}{c(NH_3)}\approx\frac{0.18\times c(OH^-)}{1}=1.8\times10^{-5};$$

$c(OH^-)=1.0\times10^{-4}mol\cdot L^{-1}$，$pH=10$。

点评 多平衡体系往往情况较为复杂，且各平衡之间还存在相互影响。解决此类问题，应抓住主要矛盾，忽略那些反应程度特别小的反应。这也是近似处理法的一种有效应用。

小试身手

1. 有两种物质的量浓度皆为 $0.1mol\cdot L^{-1}$ 的弱酸 HA、HB，已知 $K_a(HA)=1.0\times10^{-6}$，$K_a(HB)=1.0\times10^{-8}$，则两种溶液中的 $c(H^+)$ 之比约为多少？

2. 物质的量浓度皆为 $0.02mol\cdot L^{-1}$ 的 H_2S 溶液和 $CuSO_4$ 溶液等体积混合，是否会产生 CuS 沉淀？[已知 H_2S 的 $K_{a1}=1.1\times10^{-7}$，$K_{a2}=1.3\times10^{-13}$，$K_{sp}(CuS)=6.3\times10^{-36}$。]

3. 在 $0.01mol\cdot L^{-1}$ 的醋酸溶液中加入醋酸钠固体，使醋酸钠的物质的量浓度达 $0.20mol\cdot L^{-1}$，求该溶液的 $c(H^+)$。已知醋酸的电离常数 $K_a=1.8\times10^{-5}$。

4. 25℃时，碳酸水溶液中各含碳微粒的物质的量分数 δ_1、硫酸水溶液中各含硫微粒的物质的量分数 δ_2 与 pH 的变化关系如下图所示。提示：$\delta(H_2CO_3)=\frac{c(H_2CO_3)}{c(H_2CO_3)+c(HCO_3^-)+c(CO_3^{2-})}$。

已知 $K_{sp}(SrCO_3)=1.6\times10^{-9}$，$K_{sp}(SrSO_4)=2.5\times10^{-7}$。下列说法正确的是 ( )

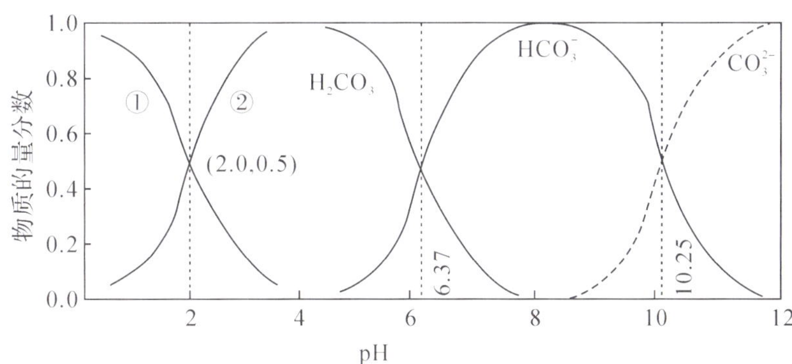

A. 曲线①代表 $\delta(SO_4^{2-})$

B. $SrSO_4$ 在 $0.1mol\cdot L^{-1}$ Na_2SO_4 溶液中的溶解度大于在 $0.1mol\cdot L^{-1}$ H_2SO_4 溶液中的溶解度

C. 1mol $SrSO_4$ 与 1L $1mol\cdot L^{-1}$ Na_2CO_3 溶液反应，仅需一次就能较充分地转化为 $SrCO_3$

D. 若空气中 CO_2 的分压增大 10 倍，此时向 CO_2 饱和溶液中加入等体积的 $2mol\cdot L^{-1}$ $Sr(NO_3)_2$ 溶液，会产生 $SrCO_3$ 沉淀

34　K值判断法

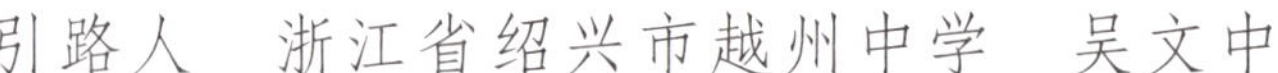

引路人　浙江省绍兴市越州中学　吴文中

方法导引

平衡常数 K 值的计算在化学反应中的应用主要包括以下两个方面。

(1)判断反应状态:通过 K 值可以判断正在进行的可逆反应是否达到平衡状态,以及不平衡时反应将向哪个方向进行直至建立平衡。具体来说,若 $Q<K$,反应向正反应方向进行;若 $Q=K$,反应处于平衡状态;若 $Q>K$,反应向逆反应方向进行。

(2)衡量反应程度:K 值越大,说明平衡体系中生成物所占的比例越大,正反应进行的程度越大,反应物的转化率也越高。一般来说,当 $K>10^5$ 时,可以认为反应进行得基本完全;若 $K<10^{-5}$,则认为这个反应很难进行,但不代表反应就不会发生。

应用赏析

一、判断平衡移动的方向

例 1　“越稀越电离”的定量证明:若有 100mL 0.1mol·L^{-1}醋酸溶液,$K_a=1.8\times10^{-5}$。现加水至 1L,请通过计算判断醋酸电离平衡的移动方向。

解析　假设加水的过程中醋酸的电离平衡不发生移动,则溶液中各微粒的物质的量浓度降至原来的 0.1[c(B)表示原醋酸溶液中各微粒的物质的量浓度],则 $Q=\dfrac{0.1\times c(CH_3COO^-)\times0.1\times c(H^+)}{0.1\times c(CH_3COOH)}=0.1K_a$,$Q<K$,因此醋酸的电离向电离方向移动,即“越稀越电离”。

例 2　对于一般的可逆反应 $mA(g)+nB(g)\rightleftharpoons pC(g)+qD(g)$,在一体积为 V L 的密闭容器中反应。某一时刻将密闭容器的体积变为原来的 x 倍,请通过计算判断平衡的移动方向。

解析　假设将密闭容器的体积变为原来的 x 倍的过程中平衡不发生移动,则密闭容器中的各物质的物质的量浓度降至原来的 $\dfrac{1}{x}$,则该时刻

$$Q=\frac{\left(\frac{1}{x}\right)^p c^p(C)\cdot\left(\frac{1}{x}\right)^q c^q(D)}{\left(\frac{1}{x}\right)^m c^m(A)\cdot\left(\frac{1}{x}\right)^n c^n(B)}=\left(\frac{1}{x}\right)^{p+q-m-n}\cdot\frac{c^p(C)\cdot c^q(D)}{c^m(A)\cdot c^n(B)}$$

若$\left(\frac{1}{x}\right)^{p+q-m-n}<1$，则 $Q<K$，平衡正向移动；若$\left(\frac{1}{x}\right)^{p+q-m-n}>1$，则 $Q>K$，平衡逆向移动；若 $p+q-m-n=0$，则 $Q=K$，则无论缩小容器的体积还是扩大容器的体积，平衡都不移动。

例3 向一定体积 pH=3 的醋酸溶液中加入等体积 pH=3 的盐酸溶液，则醋酸的电离平衡如何移动？

解析 在原来的 pH=3 的醋酸溶液中，$K_a=\frac{c(CH_3COO^-)\cdot c(H^+)}{c(CH_3COOH)}=\frac{c(CH_3COO^-)\cdot 10^{-3}}{c(CH_3COOH)}$。假设加入 pH=3 的盐酸溶液时醋酸电离平衡不发生移动（此时 H^+ 的物质的量浓度还是 $10^{-3}\,mol\cdot L^{-1}$），$Q=\frac{\frac{1}{2}c(CH_3COO^-)\cdot 10^{-3}}{\frac{1}{2}c(CH_3COOH)}=K$，因此醋酸的电离平衡不发生移动。（读者可以采用同样的方法证明：若等 pH 的醋酸溶液与盐酸溶液非等体积混合，醋酸的电离平衡也不发生移动。）

点评 “勒夏特列原理”一般只能定性判断某一已达平衡的可逆反应，即当一个外界条件改变时平衡的移动方向。若存在多个外界条件发生改变且平衡移动方向不一致时，用假设的方法通过计算 Q 与 K 的关系判断平衡移动的方向更严谨、快捷。

二、衡量反应程度大小

例4 请通过计算证明 CO_2 通入 $CaCl_2$ 溶液难以发生反应。

解析 将 CO_2 通入 $CaCl_2$ 溶液，并未见有白色沉淀生成，在没有学习化学平衡常数 K 之前，我们一般将这个现象归结为“弱酸不能制强酸”，但是这个结论不一定成立。例如，H_2S 通入 $CuSO_4$ 溶液，出现黑色沉淀，如何证明是否发生反应 $H_2S+CuSO_4 = CuS\downarrow+H_2SO_4$？我们可以通过计算该反应的 K 值来判断，K 越大说明正反应进行的程度越大，即该反应进行得越彻底。

$$H_2S+Cu^{2+} = CuS\downarrow+2H^+$$

已知 $K_{a1}(H_2S)=1.1\times10^{-7}$，$K_{a2}(H_2S)=1.3\times10^{-13}$，$K_{sp}(CuS)=6.3\times10^{-36}$，则 $K=\frac{c^2(H^+)}{c(H_2S)\cdot c(Cu^{2+})}=\frac{c(H^+)\cdot c(HS^-)\cdot c(H^+)\cdot c(S^{2-})}{c(H_2S)\cdot c(Cu^{2+})\cdot c(HS^-)\cdot c(S^{2-})}=\frac{K_{a1}\cdot K_{a2}}{K_{sp}(CuS)}=\frac{1.1\times10^{-7}\times1.3\times10^{-13}}{6.3\times10^{-36}}=2.27\times10^{15}\gg10^5$，故该反应能完全反应。

同理假设发生反应 $CO_2+H_2O+CaCl_2 = CaCO_3\downarrow+2HCl$。

已知 $K_{a1}(H_2CO_3)=4.5\times10^{-7}$，$K_{a2}(H_2CO_3)=4.7\times10^{-11}$，$K_{sp}(CaCO_3)=3.4\times10^{-9}$，则 $K=\frac{c^2(H^+)}{c(H_2CO_3)\cdot c(Ca^{2+})}=\frac{c(H^+)\cdot c(HCO_3^-)\cdot c(H^+)\cdot c(CO_3^{2-})}{c(H_2CO_3)\cdot c(Ca^{2+})\cdot c(HCO_3^-)\cdot c(CO_3^{2-})}=$

$$\frac{K_{a1} \cdot K_{a2}}{K_{sp}(CaCO_3)} = \frac{4.5\times10^{-7}\times4.7\times10^{-11}}{3.4\times10^{-9}} = 6.22\times10^{-9} \ll 10^{-5}$$，故该反应几乎不能发生。

例5 H_2CO_3 的电离常数 $K_{a1}=4.5\times10^{-7}$，$K_{a2}=4.7\times10^{-11}$，HClO 的电离常数 $K=4.0\times10^{-8}$，$K_{sp}(CaCO_3)=3.4\times10^{-9}$，试计算说明 CO_2 通入漂白粉溶液中生成的是 $CaCO_3$ 还是 $Ca(HCO_3)_2$。

解析 若生成 $CaCO_3$，则反应的离子方程式为

$$Ca^{2+}+2ClO^-+CO_2+H_2O = CaCO_3\downarrow+2HClO$$

$$K_1=\frac{c^2(HClO)}{c(Ca^{2+})\cdot c^2(ClO^-)\cdot c(H_2CO_3)}$$

$$=\frac{c^2(HClO)\cdot c(HCO_3^-)\cdot c(CO_3^{2-})\cdot c^2(H^+)}{c(Ca^{2+})\cdot c^2(ClO^-)\cdot c(H_2CO_3)\cdot c(HCO_3^-)\cdot c(CO_3^{2-})\cdot c^2(H^+)}$$

$$=\frac{K_{a1}(H_2CO_3)\cdot K_{a2}(H_2CO_3)}{K^2(HClO)\cdot K_{sp}(CaCO_3)}=\frac{4.5\times10^{-7}\times4.7\times10^{-11}}{(4.0\times10^{-8})^2\times3.4\times10^{-9}}=3.89\times10^6$$

若生成 $Ca(HCO_3)_2$，则反应的离子方程式为

$$ClO^-+CO_2+H_2O = HCO_3^-+HClO$$

$$K_2=\frac{c(HClO)\cdot c(HCO_3^-)}{c(H_2CO_3)\cdot c(ClO^-)}=\frac{c(HClO)\cdot c(HCO_3^-)\cdot c(H^+)}{c(H_2CO_3)\cdot c(ClO^-)\cdot c(H^+)}=\frac{K_{a1}(H_2CO_3)}{K(HClO)}$$

$$=\frac{4.5\times10^{-7}}{4.0\times10^{-8}}=11.25$$

因为 $K_1 \gg K_2$，所以 CO_2 通入漂白粉溶液中以生成 $CaCO_3$ 为主。

点评 先构建反应的化学方程式(离子方程式)并列出该反应的平衡常数表达式，再利用弱电解质的电离常数、水的离子积和难溶物的溶度积等计算该反应的平衡常数的值，即可判断该反应能否发生或比较反应程度的大小(通过比较 K 值大小即可比较两个方程式的反应程度的大小)。

小试身手

1. “越稀越水解”的定量证明：若有 100mL $0.1mol\cdot L^{-1}$ 氯化铵溶液，一水合氨的电离常数 $K_b=1.8\times10^{-5}$。现加水至 1L，请通过计算判断氯化铵水解平衡的移动方向来证明。

2. 已知 H_2SO_3 的电离常数 $K_{a1}=1.4\times10^{-2}$，$K_{a2}=6.0\times10^{-8}$，$K_{sp}(BaSO_3)=5.0\times10^{-10}$。请通过计算判断 SO_2 通入 $BaCl_2$ 溶液是否能产生白色沉淀 $BaSO_3$。

3. 已知 H_2CO_3 的电离常数 $K_{a1}=4.5\times10^{-7}$，$K_{a2}=4.7\times10^{-11}$，HClO 的电离常数 $K_a=4.0\times10^{-8}$。试通过计算说明 CO_2 通入漂白液(NaClO 的水溶液)中生成的是 $NaHCO_3$ 而不是 Na_2CO_3。

35 物料守恒法

引路人 浙江省长兴中学 杭伟华

方法导引

物料守恒法是高中化学中分析溶液问题的重要思想方法。它基于化学反应前后元素守恒的原理，即溶液中某元素的总浓度等于其所有存在形态的浓度之和。运用此法的关键在于识别溶液中指定元素的所有可能形态，并建立它们之间的守恒关系式。这种方法有助于简化复杂化学问题，尤其在处理涉及溶液中离子和分子浓度关系的问题时，能够快速准确地找到解题思路。通过物料守恒，我们可以忽略中间过程，直接关联反应物和生成物，从而提高解题效率。

应用赏析

一、电解质溶液中的物料守恒

(1)单一溶液中的物料守恒

例1 常温下，$0.1mol\cdot L^{-1}$ NaA 溶液呈碱性，则其中的物料守恒关系式是________________________。

解析 在物质 NaA 中$\frac{n(Na)}{n(A)}=\frac{1}{1}$，NaA 溶液显碱性，说明电离出的 A^- 在水中会部分水解成 HA，共含有两种 A 元素的存在形式，Na 元素完全以 Na^+ 形式存在，因此有$\frac{n(Na)}{n(A)}=\frac{1}{1}=\frac{n(Na^+)}{n(A^-)+n(HA)}$，由十字交叉相乘有 $n(Na^+)=n(A^-)+n(HA)$，由于在同一溶液体系中，体积相等，可得物料守恒关系式为 $c(Na^+)=c(A^-)+c(HA)=0.1mol\cdot L^{-1}$。

(2)混合溶液中的物料守恒

例2 常温下，均为 $0.1mol\cdot L^{-1}$ 的 HA 溶液和 NaA 溶液等体积混合后，溶液呈碱性，则其中的物料守恒关系式是____________________。

解析 在水解和电离前，该溶液中有关系式$\frac{n(Na)}{n(A)}=\frac{1}{2}$，呈碱性说明 HA 的电

离程度不如 A^- 的水解程度，但无论电离、水解程度多大，A 元素总是以 A^- 和 HA 两种形式存在，因此有关系式 $\frac{n(Na)}{n(A)}=\frac{1}{2}=\frac{n(Na^+)}{n(A^-)+n(HA)}$，由此可得物料守恒关系式为 $2c(Na^+)=c(A^-)+c(HA)=0.1mol\cdot L^{-1}$。在计算具体浓度时，需要考虑到溶液总体积变化所带来的浓度变化。

(3)滴定曲线中的物料守恒

例 3 室温下，向 20mL $0.1mol\cdot L^{-1}$ HA 溶液中逐滴加入 $0.1mol\cdot L^{-1}$ NaOH 溶液，溶液 pH 的变化如下图所示，其中点 A、B、D、E 点的物料守恒关系式分别是什么？

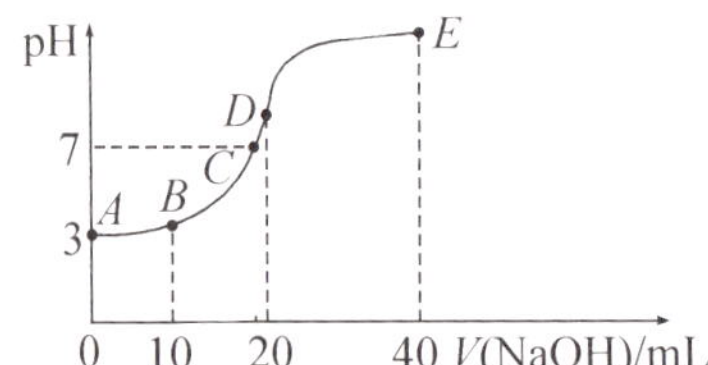

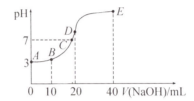

解析 在起始点 A，$0.1mol\cdot L^{-1}$ HA 溶液 pH>1，故 HA 为弱酸，存在电离平衡，A 元素以 HA、A^- 两种形式存在，因此有 $c(A^-)+c(HA)=0.1mol\cdot L^{-1}$。

在反应半点 B，溶质为 NaA 和 HA，且 $\frac{n(Na)}{n(A)}=\frac{1}{2}$，Na 元素完全以 Na^+ 形式存在，A 元素以 HA、A^- 两种形式存在，因此有 $\frac{n(Na)}{n(A)}=\frac{1}{2}=\frac{n(Na^+)}{n(A^-)+n(HA)}$，可得物料守恒关系式为 $2c(Na^+)=c(A^-)+c(HA)=\frac{1}{15}mol\cdot L^{-1}$。

在恰好反应点 D，溶质为 NaA，$\frac{n(Na)}{n(A)}=\frac{1}{1}=\frac{n(Na^+)}{n(A^-)+n(HA)}$，可得物料守恒关系式为 $c(Na^+)=c(A^-)+c(HA)=0.05mol\cdot L^{-1}$。

在过量点 E，溶质为 NaA 和 NaOH，$\frac{n(Na)}{n(A)}=\frac{2}{1}=\frac{n(Na^+)}{n(A^-)+n(HA)}$，可得物料守恒关系式为 $c(Na^+)=2c(A^-)+2c(HA)=\frac{1}{15}mol\cdot L^{-1}$。

点评 物料守恒法的重点在于分析清楚目标元素的存在形式和比例关系。利用十字交叉法能更好地规避学生在做题时系数混乱的问题，使其思路清晰明了。但是在具体问题中还需注意"假守恒"现象的出现，如将 $0.1mol\cdot L^{-1}$ Na_2CO_3 溶液调节 pH 至 4，物料守恒关系式 $c(CO_3^{2-})+c(HCO_3^-)+c(H_2CO_3)=0.1mol\cdot L^{-1}$ 是否正确？在这里需要考虑：①在调节 pH 的过程中 CO_2 可能逸出，因此 C 元素的存在形式在原有的基础上还需要考虑 CO_2 的存在；②在调节 pH 的过程中，可能发生了溶液体积的变化，因此浓度也会随之变化。

二、计算过程中的物料守恒

例4 有两份质量完全相同的碳酸氢钠固体：将其中一份加热一段时间，冷却至原温度，再加入一定浓度的盐酸恰好完全反应；向另一份固体中直接加入相同浓度的盐酸使恰好完全反应，则它们所耗用的盐酸的体积之比为________。

解析 用物料守恒法考虑，无论是否加热，加热的程度如何，有多少碳酸氢钠转化为碳酸钠，加入盐酸后最终都转化为氯化钠，且氯元素来自盐酸中，而钠元素来自加热前的碳酸氢钠。因此，由物料守恒可知，碳酸氢钠原质量相同，则钠元素一样多，氯元素也一样多。由此可得答案为1∶1。

点评 如果本题在解决过程中过于重视反应过程，在书写化学方程式的基础上进行计算，无疑会增加难度。物料守恒法的基础是各项物质的原子种类和数目不出现变化（不管是在反应前还是在反应后，都不会出现变化），以此为前提才能计算多种化学问题，因此，在解题过程中要时刻关注物料的守恒性。

小试身手

1. 写出下列溶液中的物料守恒关系式。

(1)0.1mol·L^{-1} KHC_2O_4 溶液。

(2)等物质的量浓度的 Na_2CO_3 和 $NaHCO_3$ 以 1∶2 的体积比混合的溶液。

(3)已知室温下，$H_2C_2O_4$ 的电离常数 $K_{a1}=5.9\times10^{-2}$，$K_{a2}=6.4\times10^{-5}$。用 0.1mol·L^{-1} NaOH 溶液滴定 20.00mL 0.1mol·L^{-1} $H_2C_2O_4$ 溶液的曲线如下图所示（体积变化忽略不计）。点③是否存在 $3c(C_2O_4^{2-})+2c(HC_2O_4^-)+c(H_2C_2O_4)=$ 0.1mol·L^{-1}？

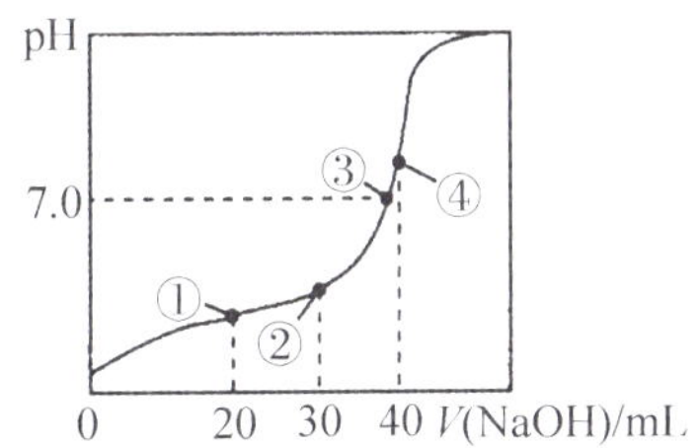

2. 为测定某铜银合金的组成，将 30.0g 合金溶于 80.0mL 13.5mol·L^{-1}浓硝酸中。待合金完全溶解，收集到气体 6.72L（标准状况下）并测得 H^+ 的物质的量浓度为 1mol·L^{-1}。假设反应后溶液的体积为 80.0mL，则合金中银的质量分数为________。

36　动静转换法

引路人　浙江省湖州市南浔高级中学　徐军

方法导引

动静转化法是将动态、复杂的化学问题拆解成若干个连续静态的化学场景，通过对连续静态场景的逐步分析，最终化繁为简获得结论的思维方法。在分析溶液中微粒浓度的关系、平衡移动等相关问题时常用到此方法，其重点在于场景模型的拆解和重建。

应用赏析

一、平衡移动的判断

例 1　相同温度下，若 0.1mol·L^{-1}醋酸溶液中 $c(H^+)=a$ mol·L^{-1}，0.01mol·L^{-1}醋酸溶液中 $c(H^+)=b$ mol·L^{-1}，则 a ________ $10b$(填“大于”“小于”或“等于”)。

解析　决定最后溶液中 $c(H^+)$的因素有两个——醋酸的浓度以及不同浓度醋酸溶液的电离度。可先设定两个场景分步分析：①设定二者电离度相同，此时 0.1mol·L^{-1}醋酸溶液中 $c(H^+)$将为 0.01mol·L^{-1}醋酸溶液中 $c(H^+)$的 10 倍；②醋酸溶液浓度越大电离度越小，所以 0.1mol·L^{-1}醋酸溶液中 $c(H^+)$实际小于 0.01mol·L^{-1}醋酸溶液中 $c(H^+)$的 10 倍。因此填“小于”。

例 2　T ℃时，向初始体积相同的恒容密封容器 A 和恒压容器 B(通过光滑的滑板保持恒压封闭)中均充入 1mol X、1mol Y，发生可逆反应 $X(g)+Y(g)\rightleftharpoons 2Z(g)+W(g)$，达到平衡时，X 的转化率分别为 $\varphi(A)$、$\varphi(B)$，二者的大小关系为________。

A. $\varphi(A)>\varphi(B)$　　　　B. $\varphi(A)=\varphi(B)$

C. $\varphi(A)<\varphi(B)$　　　　D. 无法确定

解析　这是关于同一个反应在恒温恒容与恒温恒压两种反应环境下达到平衡时转化率比较的问题。

恒温恒压体系可分解为先恒温恒容(图中滑板位置Ⅰ)、再恒温恒压(滑板位置Ⅱ)两个静态场景开展分析，模型如下。

保持体积不变(位置Ⅰ),此时,可视为与恒温恒容体系相同,如下图所示,平衡转化率为 $\varphi(A)$。体系内气体的总物质的量增大,压强大于外部压强。

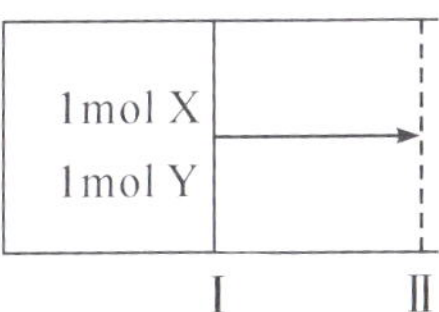

使滑板自由移动,转变为恒温恒压体系。滑板向外移动(至位置Ⅱ),由于体积增大,气体浓度降低,平衡正向移动,X 的转化率增大,故答案为 C。

思考 本题中,如果反应物 Y 前面的化学计量数为 3,其余条件不变,两种情形下的转化率又将如何变化?

点评 解决平衡移动的相关问题一般从定性和定量两个角度开展分析。动静转化法侧重定性分析,其关键是将反应过程的多个变量因子拆分成若干个单一变量场景,逐步分析得出结论。

二、溶液中的微粒浓度关系

例 3 常温下,向 0.1mol·L^{-1} CH_3COONa 溶液中不断加水稀释,下列各量逐渐增大的是________。

A. $c(CH_3COOH)$　　B. $c(CH_3COO^-)+c(CH_3COOH)$

C. $\frac{c(CH_3COOH)}{c(CH_3COO^-)}$　　D. $c(Na^+)+c(H^+)$

解析 随着溶液不断稀释,CH_3COONa 溶液的总浓度不断减小;但随着稀释的进行,CH_3COO^- 的水解程度不断增大,$n(CH_3COOH)$ 增大。

如果加入足够多的水,$c(CH_3COOH)$ 必然减小,A 项错误。

$c(CH_3COO^-)_{总}=c(CH_3COO^-)+c(CH_3COOH)$,随着溶液的稀释,$c(CH_3COO^-)_{总}$ 随之减小,B 项错误。

当只考虑加水稀释对微粒浓度的影响时,$c(CH_3COOH)$、$c(CH_3COO^-)$ 同等程度地减小,此时 $\frac{c(CH_3COOH)}{cCH_3COO^-}$ 保持不变,但实际上溶液稀释后 CH_3COO^- 的水解程度增大,$n(CH_3COOH)$ 增大,$n(CH_3COO^-)$ 减小,C 项正确。

根据电荷守恒,$c(Na^+)+c(H^+)=c(CH_3COO^-)+c(OH^-)$,随着加水稀释 $c(CH_3COO^-)$ 与 $c(OH^-)$ 都减小,所以 $c(Na^+)+c(H^+)$ 减小,D 项错误。

点评 在溶液的组分或浓度发生改变时,溶液中很多微粒的浓度都会发生改变,此时应根据场景的变化,综合运用极限法、过程分解法等多种方法进行处理。对于 D 项,或许有学生会问,稀释的时候 $c(Na^+)+c(H^+)$ 为何是减小的呢?这就涉及一个整体思维了。因为这是一个碱性溶液,越稀释,碱性必然越弱。因此应根据“$c(CH_3COO^-)+c(OH^-)$”的变化进行判断。

三、化学反应速率的多因素影响

例 4 为研究某溶液中溶质 R 的分解速率的影响因素，分别用三份不同初始物质的量浓度的 R 溶液在不同温度下进行实验，$c(R)$随时间变化如下图所示。下列说法不正确的是 ( )

A. 25℃时，在 10～30min 内，R 的平均分解速率为 $0.030mol \cdot L^{-1} \cdot min^{-1}$

B. 对比 30℃和 10℃的曲线可知，在 50min 时，R 的分解率相等

C. 对比 30℃和 25℃的曲线能说明在 0～50min 内，R 的平均分解速率随温度升高而增大

D. 对比 30℃和 10℃的曲线能说明在同一时刻，R 的分解速率随温度升高而增大

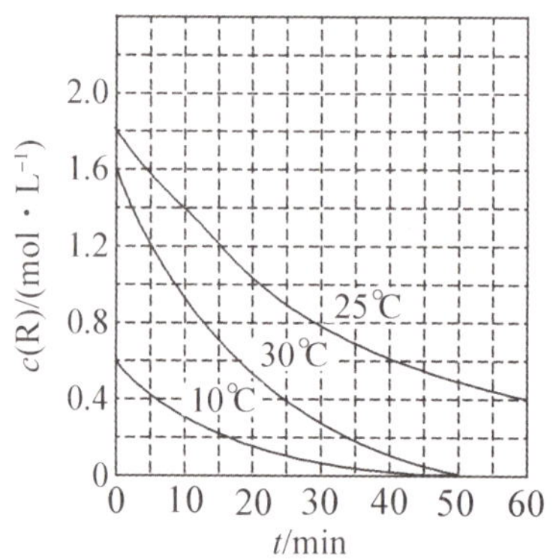

解析 如题图所示，25℃时，在 10～30min 内 R 的物质的量浓度变化为 $0.6mol \cdot L^{-1}$，A 项正确。

30℃和 10℃的曲线，在 50min 时 R 均完全分解，分解率都为 100%，B 项正确。

对比 30℃和 25℃的曲线，除温度不同外，起始物质的量浓度也不同，同时存在两个影响化学反应速率的因素，仅研究浓度因素，30℃时 R 的起始物质的量浓度低，平均反应速率应当小，但图像上反映的实际是相同时间内 30℃的平均反应速率比 25℃的大，若起始物质的量浓度相同，30℃的反应速率将变得更大，C 项正确。

对比 30℃和 10℃的曲线，无论是温度还是起始物质的量浓度，30℃均高于 10℃，无法说明分解速率是随温度升高还是随起始物质的量浓度增大而增大，D 项错误。

综上选 D。

点评 当反应过程中同时存在多个影响因素时，可通过动静结合的思维，先固定其中一个因素，再叠加另一个因素，进而全面分析得出正确的结论。

小试身手

1. 向恒温恒容的密闭容器中充入 1mol X、1mol Y，发生反应 $X(g)+Y(g)\rightleftharpoons 2Z(g)+W(g)$，达到平衡时 X 的转化率为 $\varphi(1)$。向容器中再充入 1mol X、1mol Y，重新达到平衡时 X 的转化率为 $\varphi(2)$。$\varphi(1)$ 与 $\varphi(2)$ 的大小关系为 ( )

A. $\varphi(1)>\varphi(2)$　　B. $\varphi(1)=\varphi(2)$　　C. $\varphi(1)<\varphi(2)$　　D. 无法确定

2. 常温下，等物质的量浓度的醋酸溶液与 NaOH 溶液充分混合后，溶液呈中性，则 V(醋酸溶液)________ V(NaOH 溶液)(填“>”“<”或“=”)。

3. 已知 NaH_2PO_4 与 Na_2HPO_4 的混合溶液中，$3c(Na^+)=4c(PO_4^{3-})+4c(HPO_4^{2-})+4c(H_2PO_4^-)+4c(H_3PO_4)$，则原溶液中 $c(NaH_2PO_4):c(Na_2HPO_4)=$________。

4. 常温下，向 1L pH=3 的 NH_4Cl 溶液中加入等体积 pH=3 的盐酸溶液(不考虑体积变化)，下列说法正确的是 ( )

A. 混合前，两溶液中 $c(Cl^-)$ 相等

B. 混合后，NH_4^+ 的水解程度未发生改变

C. 混合后，向溶液中投入足量的锌粉，产生氢气体积约为 22.4mL

D. 混合溶液中存在 $c(Cl^-)=c(NH_4^+)+c(NH_3\cdot H_2O)$

5. 向一个恒容绝热的密闭容器中通入一定量的 A 和 B 两种气体，发生反应 $2A+B\rightleftharpoons 2C$(A、B、C 均为气体，且反应过程中状态未发生改变)，达到平衡后，容器内压强增大，则 ΔH ________ 0(填“>”“<”或“=”)。

37 主次分析法

引路人　浙江省长兴中学　王强

方法导引

水溶液中微粒浓度关系是指电解质溶液中不同微粒间的定量关系，包括等量关系和不等量关系。其影响因素主要有溶质的物质的量、溶质的溶解度、溶质的电离程度、混合体系中不同溶质间的化学反应、离子的水解、水的电离等。分析水溶液中微粒浓度关系问题时，我们需要掌握从微观角度来分析溶液问题的一般程序，即如下图所示的水溶液中微粒浓度主次关系的分析模型。

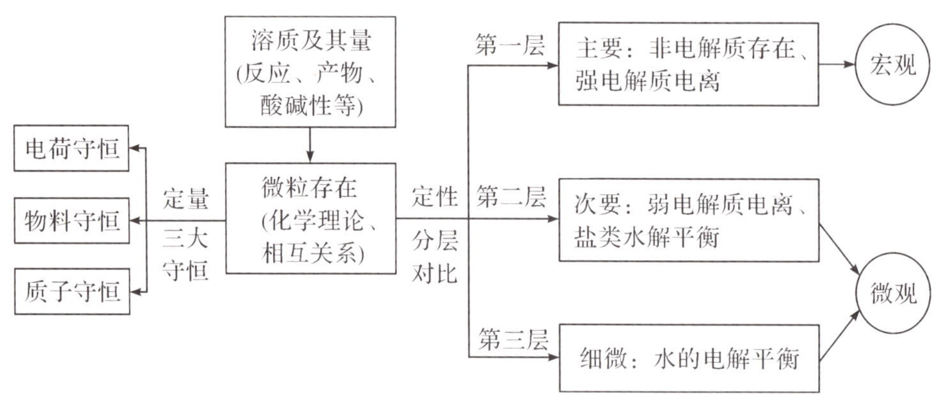

应用赏析

一、分析比较单一溶液中的微粒浓度大小

例 1 下列关于 0.1mol·L^{-1}醋酸钠溶液的说法正确的是　　(　　)

A. 加少量水稀释时，$\frac{c(CH_3COOH)}{c(CH_3COO^-)}$增大

B. 向其中再加入少量醋酸钠晶体时，溶液中所有离子浓度都增大

C. 溶液中，$c(CH_3COO^-)>c(Na^+)>c(OH^-)>c(H^+)$

D. 向其中加入盐酸至恰好呈中性时，$c(Na^+)=c(CH_3COO^-)$

解析　醋酸钠溶液中存在水解平衡 $CH_3COO^-+H_2O \rightleftharpoons CH_3COOH+OH^-$。加水稀释，促进 CH_3COO^- 的水解，平衡向右移动，$n(CH_3COOH)$ 增大，

$n(CH_3COO^-)$减小，$\frac{c(CH_3COOH)}{c(CH_3COO^-)}=\frac{n(CH_3COOH)}{n(CH_3COO^-)}$增大，A 项正确；加入少量醋酸钠晶体，$c(CH_3COO^-)$增大，水解平衡正向移动，$c(OH^-)$增大，但温度不变水的离子积不变，$c(H^+)$减小，B 项错误；醋酸钠溶液首先考虑醋酸钠的完全电离，然后考虑醋酸根离子的水解和水的电离，可以建构主次分析模型如下图所示。

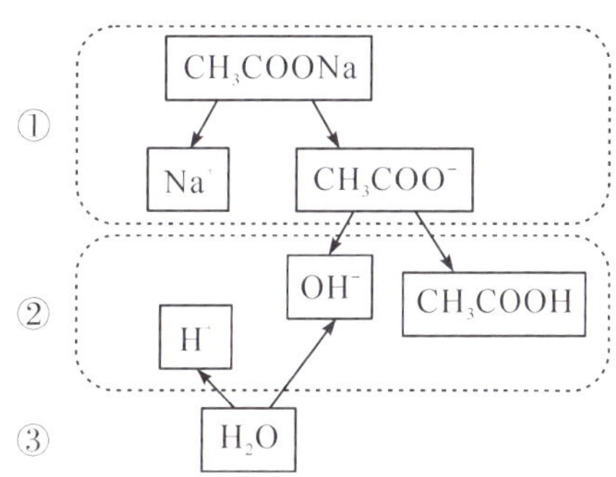

据此知离子的物质的量浓度大小顺序为$c(Na^+)>c(CH_3COO^-)>c(OH^-)>c(H^+)$，C 项错误；向溶液中加入盐酸，溶液电荷守恒式为$c(Na^+)+c(H^+)=c(CH_3COO^-)+c(Cl^-)+c(OH^-)$，溶液呈中性则$c(H^+)=c(OH^-)$，则$c(Na^+)=c(CH_3COO^-)+c(Cl^-)$，D 项错误。

综上选 A。

点评　单一溶液只需要考虑电离和水解对离子浓度大小的影响，按照模板建好模型；模型运用方法：由上而下比较，上大下小；同层比较看箭头指向，指出减少，指向增加；综合信息，得出结论。

二、分析比较混合溶液中的微粒浓度大小

例 2　在常温下，向 10mL 物质的量浓度均为 $0.1mol\cdot L^{-1}$的 NaOH 和 Na_2CO_3 的混合溶液中滴加 $0.1mol\cdot L^{-1}$的盐酸，溶液 pH 与所加入盐酸的体积 V 的变化关系如下图所示。

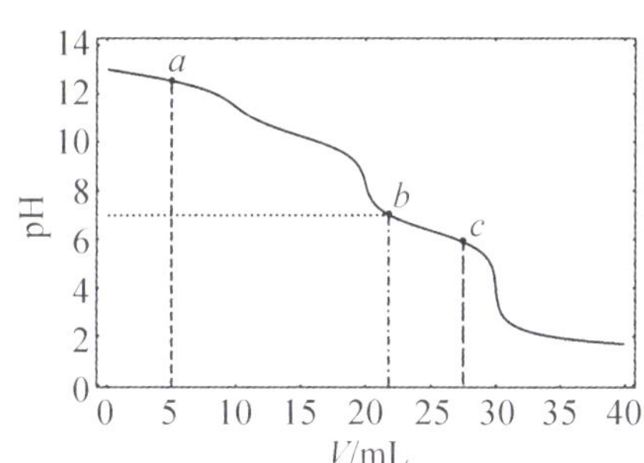

下列说法正确的是　　(　　)

A. 在 a 点的溶液中，$c(Na^+)>c(CO_3^{2-})>c(Cl^-)>c(OH^-)>c(H^+)$

B. 在 b 点的溶液中，$2n(CO_3^{2-})+n(HCO_3^-)<0.001mol$

C. 在 c 点的溶液 pH<7，是因为此时 HCO_3^- 的电离能力大于其水解能力

D. 若将 $0.1mol\cdot L^{-1}$盐酸换成等物质的量浓度的 CH_3COOH 溶液，当滴至溶液 pH=7 时，$c(Na^+)=c(CH_3COO^-)$

解析　a 点是滴入 5mL 盐酸与 NaOH 反应，溶液中剩余 NaOH 5mL，溶质为

Na_2CO_3、NaCl、NaOH，其物质的量浓度之比为2∶1∶1，形成主次分析模型如下图所示。

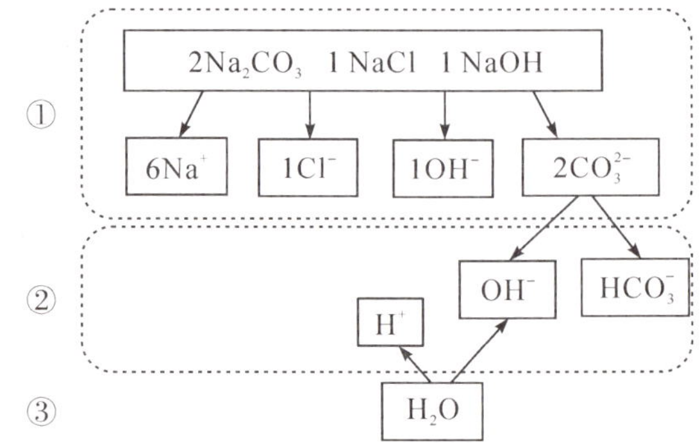

由主次分析模型可以知道，a 点溶液中$c(Na^+)>c(CO_3^{2-})>c(OH^-)>c(Cl^-)>c(HCO_3^-)>c(H^+)$，A项错误；$b$ 点溶液 pH=7，溶质为 NaCl、$NaHCO_3$ 和 H_2CO_3，$n(CO_3^{2-})<n(H_2CO_3)$，溶液中 $n(CO_3^{2-})+n(HCO_3^-)+n(H_2CO_3)=0.001mol$，$2n(CO_3^{2-})+n(HCO_3^-)<0.001mol$，B项正确；$c$ 点溶液 pH<7，溶质为 $NaHCO_3$、H_2CO_3 和 NaCl，H_2CO_3 电离占主导，溶液显酸性，C项错误；若将 $0.1mol\cdot L^{-1}$ 盐酸换成等物质的量浓度的 CH_3COOH 溶液，当滴至溶液 pH=7时，结合电荷守恒可以得到 $c(Na^+)=c(CH_3COO^-)+c(HCO_3^-)+2c(CO_3^{2-})$，则$c(Na^+)>c(CH_3COO^-)$，D项错误。选B。

点评 对于混合溶液，要先分析是否发生反应，反应产物是什么；再进一步判断溶液的酸碱性，分析溶液中存在的可水解和电离的微粒，确定水解与电离程度大小并建立模型；最后运用模型进行主次逐级分析，综合信息，得出结论。

三、分析比较滴定图像中的微粒浓度大小

例3 常温下，向 20.00mL $0.1000mol\cdot L^{-1}$ CH_3COOH 溶液中滴加 $0.1000mol\cdot L^{-1}$ NaOH 溶液，溶液中 $\lg\dfrac{c(CH_3COO^-)}{c(CH_3COOH)}$ 与 pH 的变化关系如下图所示（lg5 取 0.7）。下列说法不正确的是 （　　）

A. 常温下，CH_3COOH 的电离常数为 $10^{-4.76}$

B. 当溶液的 pH=7 时，消耗 NaOH 溶液的体积小于 20.00mL

C. a、b、c 三点对应的溶液中，水的电离程度大小：$a>b>c$

D. c 点溶液中，$c(Na^+)>c(CH_3COO^-)>c(OH^-)>c(CH_3COOH)>c(H^+)$

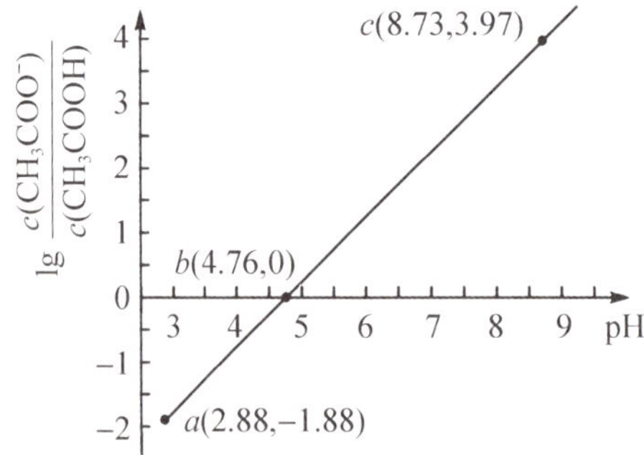

解析 CH_3COOH 为弱电解质，在溶液中存在电离平衡 $CH_3COOH \rightleftharpoons CH_3COO^- + H^+$，常温下 CH_3COOH 的电离常数 $K_a=\dfrac{c(CH_3COO^-)\cdot c(H^+)}{c(CH_3COOH)}$，

b 点pH $=4.76$ 时 $\lg\frac{c(CH_3COO^-)}{c(CH_3COOH)}=0$，即 $c(CH_3COOH)=c(CH_3COO^-)$，CH_3COOH 的电离常数 $K_a=c(H^+)=10^{-4.76}$，A 项正确；当溶液 pH=7 时，溶液中的溶质是生成的 CH_3COONa 和剩余的 CH_3COOH，消耗 NaOH 溶液的体积小于 20.00mL，B 项正确；酸碱抑制水的电离，弱酸强碱盐的水解促进水的电离，分析可知 a 点溶质为 CH_3COOH，b 点溶质为 CH_3COOH 和 CH_3COONa，根据常温下 CH_3COOH 的电离常数计算可知，CH_3COOH 溶液与 NaOH 溶液恰好反应完全，pH=8.73，故 c 点溶质为 CH_3COONa，所以溶液中水的电离程度：$c>b>a$，C 项错误；c 点对应 CH_3COONa 溶液，由于醋酸根水解，$c(Na^+)>c(CH_3COO^-)$，但水解较微弱，$c(CH_3COO^-)>c(OH^-)$，由模型分析得 $c(Na^+)>c(CH_3COO^-)>c(OH^-)>c(CH_3COOH)>c(H^+)$，D 项正确。选 C。

点评 比较滴定图像中微粒浓度大小时，需关注“起点、半程点、中和点、中性点、两倍点”等特殊点，从而确定溶液的溶质组成，再分析溶液中存在的可水解和电离的离子，并根据相关信息明确电离与水解程度的大小，最后运用模型对微粒在水溶液中行为进行主次关系逐级分析，综合信息，得出结论。

小试身手

1. 常温下，向 20.00mL 0.1000mol·L^{-1} CH_3COOH 溶液中逐滴加入 0.1000mol·L^{-1} NaOH 溶液，pH 与 NaOH 溶液体积的变化关系如右图所示。下列说法不正确的是 ( )

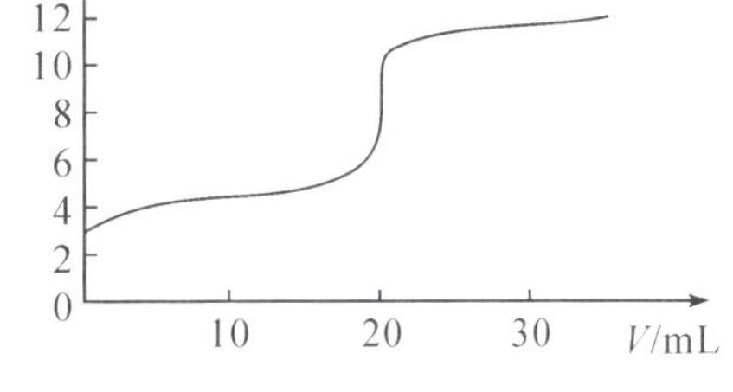

A. 在反应过程中，$c(Na^+)+c(H^+)=c(CH_3COO^-)+c(OH^-)$

B. pH=5 时，$c(CH_3COO^-)>c(Na^+)>c(H^+)>c(OH^-)$

C. pH=6 时，$c(Na^+)+c(H^+)-c(OH^-)+c(CH_3COOH)=0.1000mol\cdot L^{-1}$

D. pH=7 时，消耗的 NaOH 溶液的体积小于 20.00mL

2. 将 0.4mol·L^{-1} HCN 溶液和 0.2mol·L^{-1} NaOH 溶液等体积混合后，混合溶液呈碱性，则下列关系正确的是 ( )

A. $c(HCN)<c(CN^-)$

B. $c(CN^-)>c(Na^+)>c(OH^-)>c(H^+)$

C. $c(HCN)-c(CN^-)=c(OH^-)-c(H^+)$

D. $c(HCN)+c(CN^-)=0.2mol\cdot L^{-1}$

38　溯源法

引路人　浙江省瑞安市教育发展研究院　张克龙

方法导引

实际生产和生活中经常有一种或几种物质(反应物或生成物)同时参与多个不同的化学反应。这些反应在一定条件下建立的化学平衡体系称为多重平衡体系。解决高中化学试题中的多重平衡体系问题,通常遵循“局部(体系中某个化学平衡移动)→整体(体系中所有关联的化学平衡移动)→局部(所求的局部变化问题)”的顺序,即溯源法。具体思路:先分析某条件变化引起的体系中某个化学平衡移动,然后分析由此产生的相关物理量变化;再分析该物理量变化引发的体系中所有关联的平衡移动;最后根据化学平衡移动原理解决某局部变化问题。

应用赏析

一、平行反应的多重平衡体系

例 1 二氧化碳催化加氢合成乙烯在环境保护、资源利用、战略需求等方面具有重要意义。已知 CO_2 和 H_2 在铁系催化剂作用下发生化学反应:

Ⅰ. $2CO_2(g)+6H_2(g) \rightleftharpoons C_2H_4(g)+4H_2O(g)\quad \Delta H_1<0$;

Ⅱ. $CO_2(g)+H_2(g) \rightleftharpoons CO(g)+H_2O(g)\quad \Delta H_2>0$。

在密闭容器中通入 1mol CO_2 和 3mol H_2,二者在铁系催化剂作用下进行反应,CO_2 的平衡转化率随温度和压强的变化如下图所示。

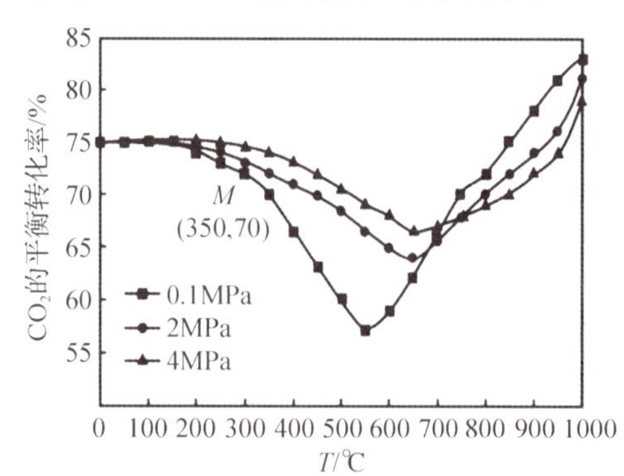

(1)0.1MPa 下,200℃～550℃时反应以________(填“Ⅰ”或“Ⅱ”)为主,原因是____。

(2)图中温度大于 800℃时,温度相同,压强越大,CO_2 的平衡转化率减小,原因是____。

解析 采用“局部→整体→局部”溯源法分析。

第一步,局部:200℃～550℃时,由题图中三条曲线的递减,可以分析体系中局部的两个反应,反应Ⅰ为放热,温度升高,平衡转化率降低;反应Ⅱ为吸热反应,温度升高,平衡正向移动。由此可知(1)的答案,200℃～550℃时反应以Ⅰ为主,原因是反应Ⅱ为吸热反应,温度升高,平衡转化率增大,而Ⅰ为放热,温度升高,平衡转化率降低。

第二步,整体:约 550℃之后,平衡转化率升高,说明体系中 2 个反应,以反应Ⅱ为主,反应Ⅱ反应前后气体分子数不变,所以压强对平衡转化率的影响与 550℃之前不同。

第三步,局部:温度大于 800℃时,体系中以反应Ⅱ为主,相同温度下,压强越大,反应Ⅰ平衡向正方向移动,水蒸气浓度增大,从而导致反应Ⅱ平衡逆移,所以 CO_2 的平衡转化率减小,此即(2)的答案。

点评 平行反应是指反应物能同时平行地进行两个或两个以上不同的反应,或某一种反应物与体系不同的两种物质反应,得到不同的产物。解答平行反应的多种平衡体系,要先抓住体系中某一个反应是体系各组分物质的量发生变化的“根源”,然后根据这个“根源”整体分析系统中其他反应的物理量变化,再结合题设要求,根据化学原理进行推理、判断,解决相关问题。

二、连续反应的多重平衡体系

例 2 “碳达峰·碳中和”是我国社会发展重大战略之一,CH_4 还原 CO_2 是实现“双碳”经济的有效途径之一。反应经如右图所示的流程(主要产物已标出),可实现 CO_2 的高效转化。

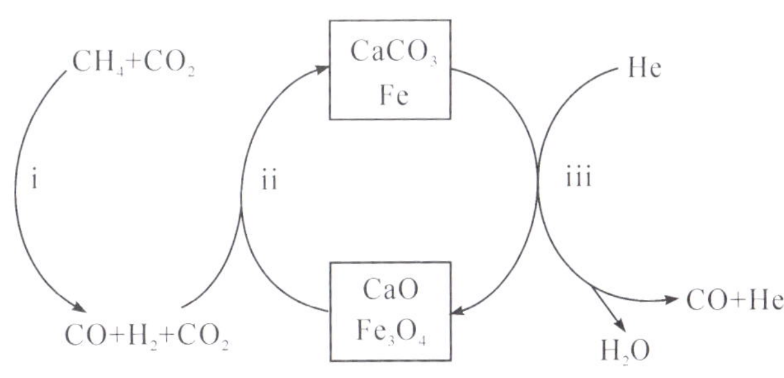

恒压、恒温条件下,过程 ii 平衡后通入 He,测得一段时间内 CO 物质的量增大。根据过程 iii,结合平衡移动原理,解释 CO 物质的量上升的原因:________________。

解析 先写出过程 iii 的化学方程式,即 $CaCO_3(s) \rightleftharpoons CO_2(g) + CaO(s)$,$3Fe(s) + 4CO_2(g) \rightleftharpoons 4CO(g) + Fe_3O_4(s)$,然后用溯源法分析。

第一步,分析体系中局部反应,即分析 $CaCO_3$ 的分解,该反应达到平衡后,恒温、恒压条件下通入 He，平衡正向移动，CO_2 物质的量增多。

第二步，整体分析，即碳酸钙分解的平衡正向移动，CO_2 物质的量增多，体系中 $\frac{c(CO_2)}{c(CO)}$ 增大，促进体系中 Fe 还原 CO_2 的平衡正向移动。

第三步，按照题设要求进行局部分析，得出结论，即参考答案：恒压、恒温条件下，过程 ii 平衡后通入 He，测得一段时间内 CO 物质的量上升。

点评 连续反应是指生成物成为另一个反应的反应物。采用“局部→整体→局部”溯源法分析多重平衡体系的连续反应，题设中条件变化引起的体系中“局部”反应平衡移动是“根源”，牵一发而动全身，引发整个体系所有相关化学平衡移动，再根据题设要求解决体系中的局部问题。在连续反应中，某种产物量没有累积，通常是因为关联的两个反应速率相差较大。

三、由基元反应组成的连续反应多重平衡体系

例 3 NO 氧化反应 $2NO(g)+O_2(g)=\!=\!=2NO_2(g)$ 分两步进行，其反应过程能量变化如图 1 所示。

Ⅰ. $2NO(g)\rightleftharpoons N_2O_2(g)\quad \Delta H_1$；Ⅱ. $N_2O_2(g)+O_2(g)\rightleftharpoons 2NO_2(g)\quad \Delta H_2$。

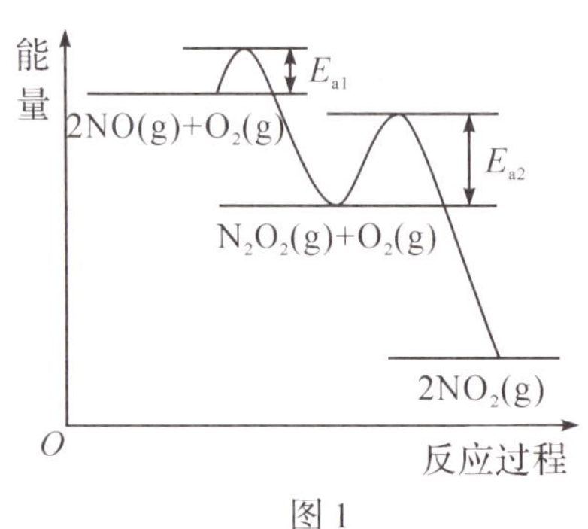

图 1

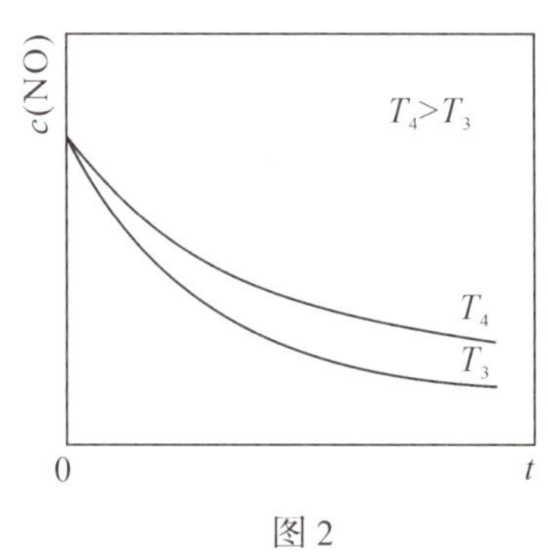

图 2

在恒容的密闭容器中充入一定量的 NO 和 O_2 气体，保持其他条件不变，控制反应温度分别为 T_3 和 $T_4(T_4>T_3)$，测得 $c(NO)$ 与时间 t 的变化关系曲线如图 2 所示。转化相同量的 NO，在温度________（填“T_3”或“T_4”）下消耗的时间较长，试结合反应过程能量变化（图 1）分析其原因：______________________________。

解析 先根据题设控制反应温度分别为 T_3 和 T_4，测得 $c(NO)$ 随时间 t 的增加而减小，进行局部分析，即控制总反应速率的慢反应Ⅱ（由图可知，反应Ⅱ活化能高）还没有达到平衡；整体分析，根据温度高，反应速率大，消耗 NO 更快，与题设结论矛盾，寻找制造矛盾因素；再从局部寻找温度高反应速率小的原因，即发现反应Ⅰ活化能低，快速反应，易达到平衡，且反应是放热，温度升高后，平衡逆向移动，因此温度越高生成 $N_2O_2(g)$ 越少。

综上，该题答案为 T_4；$\Delta H_1<0$，温度升高，反应Ⅰ平衡逆移，$c(N_2O_2)$ 减小，浓

度降低的影响大于温度对反应Ⅱ速率的影响。

点评 由多个相关基元反应构成的连续反应，反应通式可表示为 A→B→C，其主要特征是中间产物生成又被消耗，A 的消耗速率由慢反应决定（即活化能高的反应）。用溯源法解决多重平衡体系问题，常常要抓住引起题干各种因素变化的关键化学反应，该反应就是解决问题的"根源"，如本题中的快反应。

小试身手

1. 乙酸甲酯 CH_3COOCH_3 加氢是制取乙醇的主要反应，化学方程式如下：

Ⅰ. $CH_3COOCH_3(g)+2H_2(g) \rightleftharpoons C_2H_5OH(g)+CH_3OH(g)$

$\Delta H_1=-71kJ\cdot mol^{-1}$；

Ⅱ. $CH_3COOCH_3(g)+H_2(g) = CH_3CHO(g)+CH_3OH(g)$

$\Delta H_2=+13.6kJ\cdot mol^{-1}$。

(1)其他条件相同，将乙酸甲酯与氢气按一定流速通过催化剂表面，乙酸甲酯的转化率、乙醇的选择性与氢酯比的关系如图 1 所示。氢酯比 $\frac{n(H_2)}{n(CH_3COOCH_3)}$ 在 2 到 9 之间，乙醇的选择性随氢酯比增大而逐渐增大的原因是____________。

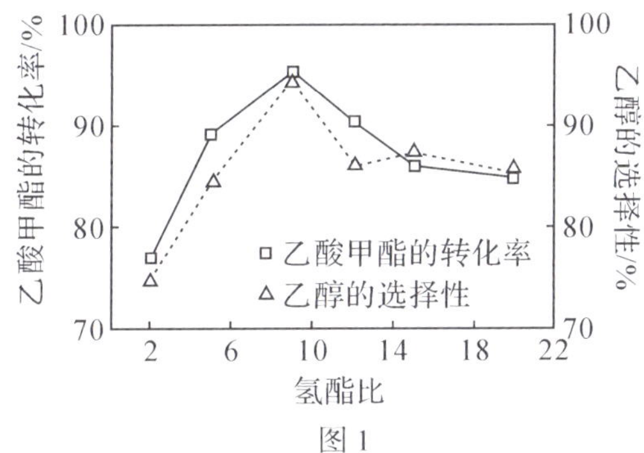

图 1

(2)如图 2 所示，温度高于 240℃ 时，随温度升高，乙酸甲酯的转化率降低的原因是____________。

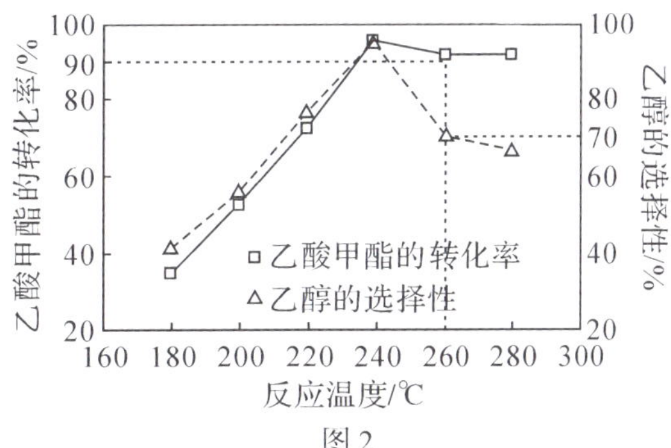

图 2

2. 十氢萘是具有高储氢密度的氢能载体，经历“十氢萘($C_{10}H_{18}$)→四氢萘($C_{10}H_{12}$)→萘($C_{10}H_8$)”的脱氢过程释放氢气。已知：

$C_{10}H_{18}(l) \longrightarrow C_{10}H_{12}(l) + 3H_2(g) \quad \Delta H_1$；

$C_{10}H_{12}(l) \rightleftharpoons C_{10}H_8(l) + 2H_2(g) \quad \Delta H_2$。

其中 $\Delta H_1 > \Delta H_2 > 0$；$C_{10}H_{18} \to C_{10}H_{12}$ 的活化能为 E_{a1}，$C_{10}H_{12} \to C_{10}H_8$ 的活化能为 E_{a2}。

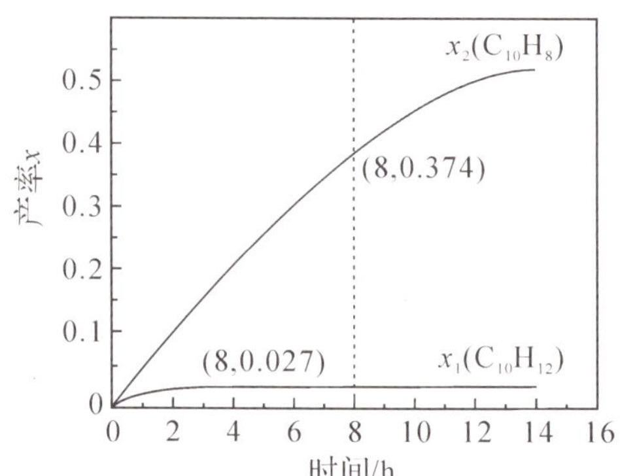

在恒温、恒容密闭反应器中进行高压液态十氢萘(1.00mol)催化脱氢实验，测得 $C_{10}H_{12}$ 和 $C_{10}H_8$ 的产率 x_1 和 x_2(以物质的量分数计)与时间的变化关系如右图所示。

(1)x_1 显著低于 x_2 的原因是__________。

(2)欲提高平衡前某一时刻 $C_{10}H_{12}$ 和 $C_{10}H_8$ 物质的量的比值，可采取什么条件？__________。说明你的理由：____________________。

3. “Fe-HCO_3^--H_2O 热循环制氢和甲酸”的原理：在密闭容器中，铁粉与吸收 CO_2 制得的 $NaHCO_3$ 溶液反应，生成 H_2、HCOONa 和 Fe_3O_4；Fe_3O_4 再经生物柴油副产品转化为 Fe。

(1)实验中发现，在 300℃时，密闭容器中 $NaHCO_3$ 溶液与铁粉反应，反应初期有 $FeCO_3$ 生成并放出 H_2，该反应的离子方程式为____________________。

(2)随着反应的进行，$FeCO_3$ 迅速转化为活性 Fe_3O_{4-x}，活性 Fe_3O_{4-x} 是 HCO_3^- 转化为 $HCOO^-$ 的催化剂，其可能的反应机理如图 1 所示。在其他条件相同时，测得 Fe 的转化率、$HCOO^-$ 的产率与 $c(HCO_3^-)$ 的变化关系如图 2 所示。$HCOO^-$ 的产率随 $c(HCO_3^-)$ 增大而增大的可能原因是____________________。

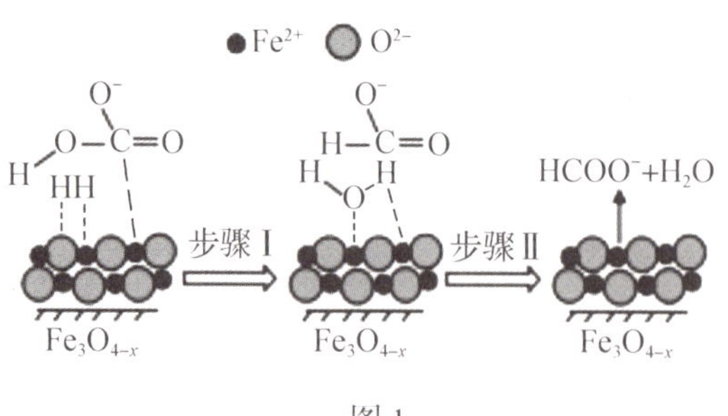

图 1

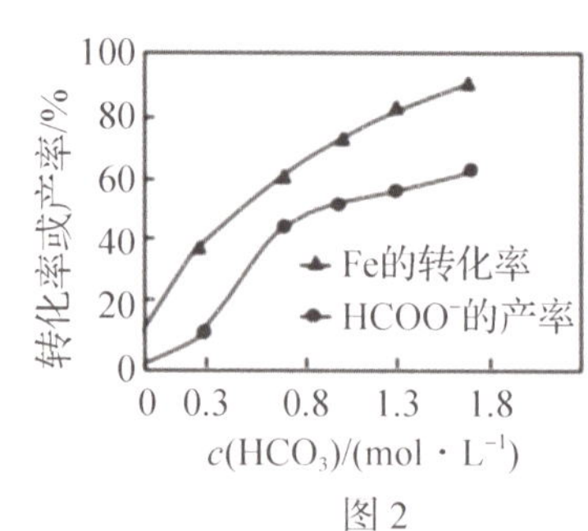

图 2

39　程序选择法

引路人　浙江省天台中学　陈红

方法导引

多个相互影响的可逆反应，若要分析外界条件对选择性、转化率等的影响，可通过如下程序解题：

(1)确定该条件下发生了哪些化学反应。

(2)判断体系是平衡状态还是非平衡状态，从而确定采用化学平衡原理还是采用化学反应速率相关原理来解题。

(3)如果主反应的生成物又与主反应的某一反应物发生另一个可逆反应，那么该反应物的平衡转化率就会增大。

(4)在一定温度下，特定的混合体系，多重平衡选择性为定值。

(5)如果在同一条件下，两种物质同时可以发生几个可逆反应，当反应体系处于非平衡状态时，通过选择催化剂就可以使其中某一反应的选择性提高。

应用赏析

一、化学反应保持不变的体系

例 1　在 913K、100kPa 下，以水蒸气作稀释气，以 Fe_2O_3 作催化剂，乙苯除脱氢生成苯乙烯(反应Ⅰ)外，还会发生两个副反应Ⅱ、Ⅲ：

Ⅰ. $C_6H_5C_2H_5(g) \rightleftharpoons C_6H_5CH=CH_2(g)+H_2(g)$；

Ⅱ. $C_6H_5C_2H_5(g) \rightleftharpoons C_6H_6(g)+CH_2=CH_2(g)$；

Ⅲ. $C_6H_5C_2H_5(g)+H_2(g) \rightleftharpoons C_6H_5CH_3(g)+CH_4(g)$。

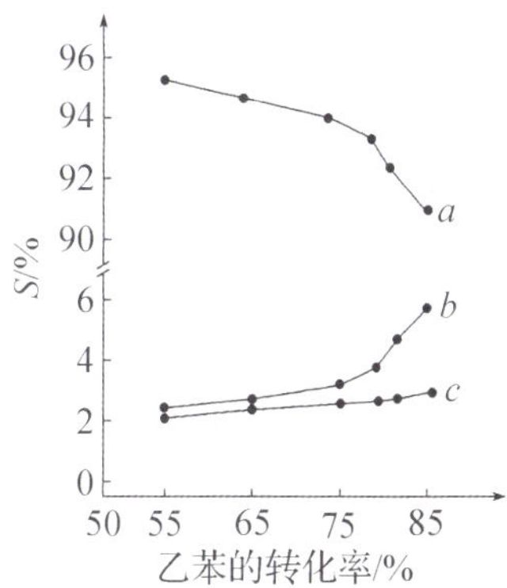

(1)以上反应体系中，芳香烃产物苯乙烯、苯和甲苯的选择性 $S\left(S=\dfrac{\text{转化为目的产物所消耗乙苯的量}}{\text{已转化的乙苯总量}}\times 100\%\right)$ 与乙苯的转化率的变化关系曲线如右图所示，其中曲线 b 代表的产物是__________，理由是____________。

(2)关于该反应体系中催化剂 Fe_2O_3 的描述错误的是________。

A. X射线衍射技术可测定 Fe_2O_3 晶体结构　B. Fe_2O_3 可改变乙苯平衡转化率

C. Fe_2O_3 降低了乙苯脱氢反应的活化能　D. 改变 Fe_2O_3 颗粒大小不影响反应速率

解析　本题外界条件一定,所以涉及的化学反应不变。

(1)生成苯乙烯的反应Ⅰ为主反应,则苯乙烯为主产物,生成苯乙烯的选择性最高,对应的选择性曲线为 a。主反应Ⅰ生成的氢气能使副反应Ⅲ的平衡正向移动。由题图可知,随着乙苯转化率的提高,生成 H_2 的量增加,H_2 在体系中的含量提高,使反应Ⅲ产物甲苯的选择性上升幅度较大,故随乙苯转化率上升较快的 b 曲线对应的产物为甲苯。

(2)测定晶体结构最常用的仪器是X射线衍射仪,A项正确;催化剂不能使平衡发生移动,不能改变乙苯的平衡转化率,B项错误;催化剂能降低反应的活化能,增大反应速率,C项正确;催化剂颗粒大小会影响接触面积,从而影响反应速率,D项错误。

点评　应先确定题干中提供的三个反应之间的相互关系。Ⅰ与Ⅲ是先后关系,Ⅰ与Ⅱ是竞争关系,这些反应都是可逆反应。再在此基础上按照一定程序进行有序思考,就能较好地解决问题。

二、化学反应随外界条件改变的体系

例2　热解 H_2S 制 H_2。根据文献,将 H_2S 和 CH_4 的混合气体导入石英管反应器热解(一边进料,另一边出料),发生如下反应:

Ⅰ. $2H_2S(g) \rightleftharpoons 2H_2(g)+S_2(g)$　$\Delta H_1=+170kJ\cdot mol^{-1}$;

Ⅱ. $CH_4(g)+S_2(g) \rightleftharpoons CS_2(g)+2H_2(g)$　$\Delta H_2=+64kJ\cdot mol^{-1}$。

总反应:

Ⅲ. $2H_2S(g)+CH_4(g) \rightleftharpoons CS_2(g)+4H_2(g)$。

投料按体积之比 $V(H_2S):V(CH_4)=2:1$,并用 N_2 稀释;常压、不同温度下反应相同时间后,测得 H_2 和 CS_2 的体积分数 φ 如下表所示。

T/℃	950	1000	1050	1100	1150
$\varphi(H_2)$/%	0.5	1.5	3.6	5.5	8.5
$\varphi(CS_2)$/%	0.0	0.0	0.1	0.4	1.8

(1)下列说法正确的是________。

A. 其他条件不变时,用Ar替代 N_2 作稀释气体,对实验结果几乎无影响

B. 其他条件不变时,温度越高,H_2S 的转化率越高

C. 由实验数据推出 H_2S 中的S—H键强于 CH_4 中的C—H键

D. 恒温恒压下,增加 N_2 的体积分数,H_2 的浓度升高

(2)在1000℃、常压下,保持通入的 H_2S 体积分数不变,提高投料比 $V(H_2S):V(CH_4)$,H_2S 的转化率不变,原因是________________________。

(3)在 950℃～1150℃范围内(其他条件不变),$S_2(g)$的体积分数随温度升高发生变化,写出该变化规律并分析原因:________________________。

解析 (1)N_2 不是反应物也不是产物,其他条件不变时,用 Ar 代替 N_2 不会改变化学反应速率和化学平衡,对实验结果无影响,A 项正确;若在反应时间内,反应未达到平衡状态,升高温度则 H_2S 的分解反应速率增大,H_2S 的转化率提高。若已建立平衡状态,由于该反应为吸热反应,故温度升高,平衡向正反应方向移动,H_2S 的转化率升高,B 项正确;题目中所给信息有限,无法根据已有信息推出 S—H 键与 C—H 键的键能大小关系,C 项错误;恒温恒压下,增加 N_2 的体积分数,N_2 的分压增加,相当于原平衡体系压强减小,平衡向正反应方向移动,但根据平衡移动原理,氢气的浓度应降低,D 项错误。选 AB。

(2)由题表中数据可知,1000℃时无 CS_2 生成,此条件下没有发生反应Ⅱ,CH_4 不参与反应,相同分压的 H_2S 经历相同的时间转化率相同。

(3)先升后降。由题表可知,在上述温度的低温段,如 950℃～1000℃只发生反应Ⅰ,随温度升高,$S_2(g)$的体积分数增大;随温度升高,1050℃、1100℃、1150℃对应的 H_2 和 CS_2 的体积分数之比的值分别为 36、13.75、4.72,逐渐趋近于按总反应Ⅲ(反应Ⅰ生成的 S_2 被反应Ⅱ完全消耗)对应的值 4,即反应Ⅱ消耗 S_2 的速率大于反应Ⅰ生成 S_2 的速率,且体系中气体总体积增大,因此 $S_2(g)$的体积分数减小。

点评 在解题过程中有序思考至关重要,首先要确定体系中的化学反应是否随着外界条件的改变而发生改变,其次要善于挖掘图表内的有效信息。

小试身手

1. 乙醇-水催化重整可获得 H_2。其主要反应如下:

Ⅰ. $C_2H_5OH(g)+3H_2O(g)\rightleftharpoons 2CO_2(g)+6H_2(g)$ $\Delta H=+173.3kJ\cdot mol^{-1}$;

Ⅱ. $CO_2(g)+H_2(g)\rightleftharpoons CO(g)+H_2O(g)$ $\Delta H=+41.2kJ\cdot mol^{-1}$。

在 1.0×10^5 Pa、$n_{始}(C_2H_5OH):n_{始}(H_2O)=1:3$ 时,若仅考虑上述反应,平衡时 CO_2 和 CO 的选择性及 H_2 的产率与温度 T 的变化如下图所示。

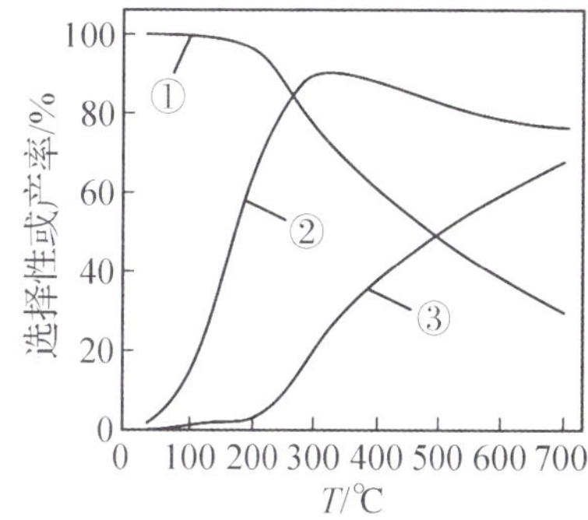

$$CO的选择性=\frac{n_{生成}(CO)}{n_{生成}(CO_2)+n_{生成}(CO)}\times100\%$$

下列说法正确的是 ( )

A. 图中曲线①表示平衡时 H_2 产率与温度的变化关系

B. 升高温度,平衡时 CO 的选择性增大

C. 一定温度下，增大$\frac{n(C_2H_5OH)}{n(H_2O)}$可提高乙醇的平衡转化率

D. 一定温度下，加入 CaO(s)或选用高效催化剂，均能提高平衡时 H_2 产率

2. CO_2 催化加氢直接合成二甲醚的反应为 $2CO_2(g)+6H_2(g)\rightleftharpoons CH_3OCH_3(g)+3H_2O(g)$ $\Delta H=-122.5kJ\cdot mol^{-1}$。有时还会发生副反应 $CO_2(g)+H_2(g)\rightleftharpoons CO(g)+H_2O(g)$ $\Delta H=+41.2kJ\cdot mol^{-1}$，其他条件相同时，反应温度对 CO_2 的平衡总转化率及反应 2.5h 时 CO_2 的实际总转化率的影响如图 1 所示；反应温度对二甲醚的平衡选择性及反应 2.5h 时二甲醚的实际选择性的影响如图 2 所示。[已知 CH_3OCH_3 的选择性=(生成二甲醚的 CO_2 的物质的量÷反应共耗的 CO_2 的物质的量)×100%。]

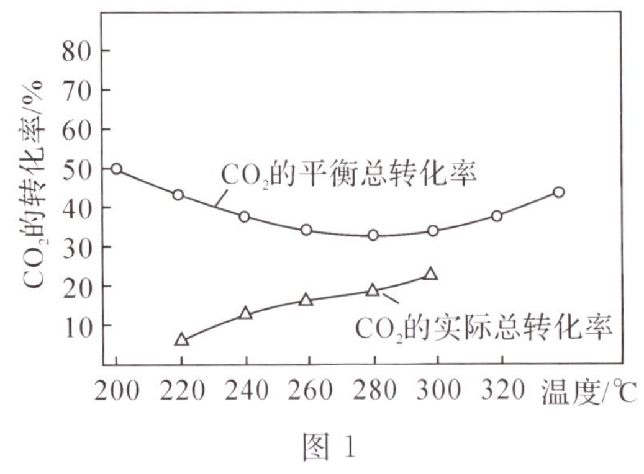

图 1

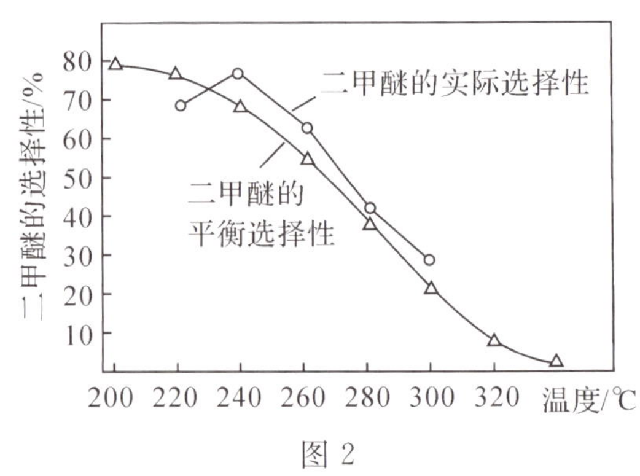

图 2

(1)图 1 中，温度高于 290℃时，CO_2 的平衡总转化率随温度升高而上升的原因可能是____________________。

(2) 图 2 中，在 240℃～300℃范围内，相同温度下，二甲醚的实际选择性高于其平衡选择性，从化学反应速率的角度解释原因：____________________。

40 综合分析法

引路人 浙江省东阳中学 吴朝辉

方法导引

多重平衡体系是若干可逆反应同时存在于同一平衡体系中，且至少有一种物质同时参与几个可逆过程。解决多重平衡问题，可采用综合分析法：先基于对立性，假定每个反应独立进行，彼此互不干扰，列出每个反应的独立变化量；然后根据统一性（同一体系中一种物质的各种存在形式只能有一个平衡总浓度），确定某种物质存在形式的平衡浓度（该平衡浓度适用于每一个有它参与的化学平衡）；最后依据题给信息开展相应的计算。

应用赏析

例 1 水煤气是 H_2 的主要来源，研究 CaO 对 C-H_2O 体系制 H_2 的影响，涉及的主要反应如下：

$C(s)+H_2O(g)\rightleftharpoons CO(g)+H_2(g)$；

$CO(g)+H_2O(g)\rightleftharpoons CO_2(g)+H_2(g)$；

$CaO(s)+CO_2(g)\rightleftharpoons CaCO_3(s)$。

一定温度和压强时，平衡气体总物质的量为 4.0mol，又 H_2、CO、CO_2 的物质的量分数分别为 0.50、0.15、0.05，则 $CaCO_3(s)$的物质的量为________mol。

解析 设每个反应的转化量如下，则有

$C(s)\quad+\quad H_2O(g)\rightleftharpoons CO(g)\quad+\quad H_2(g)$

a mol　　a mol　　a mol　　a mol

$CO(g)\quad+\quad H_2O(g)\rightleftharpoons CO_2(g)\quad+\quad H_2(g)$

b mol　　b mol　　b mol　　b mol

$CaO(s)\quad+\quad CO_2(g)\rightleftharpoons CaCO_3(s)$

c mol　　c mol　　c mol

由题意得，$n(H_2)=a+b=4.0\text{mol}\times0.50=2\text{mol}$，$n(CO)=a-b=0.6\text{mol}$，$n(CO_2)=b-c=0.2\text{mol}$，解得 $a=1.3$，$b=0.7$，$c=0.5$，故 $n(CaCO_3)=0.5\text{mol}$。

点评 用综合分析法解决多重平衡体系问题的思维模型：第一步，设定未知数计算每个反应的独立变化量；第二步，确定体系中每个物种的平衡量；第三步，根据

题意列数学等式并求解。

例 2 利用 γ-丁内酯(BL)制备 1,4-丁二醇(BD),反应过程中伴有生成四氢呋喃(THF)和 1-丁醇(BuOH)的副反应,涉及的反应如下:

BL(g) $\underset{-2H_2}{\overset{+2H_2}{\rightleftharpoons}}$ CH_2CH_2OH—CH_2CH_2OH (BD)(反应Ⅰ)

BD $\xrightarrow{反应Ⅱ}$ THF(g) + H_2O(g)

BD $\xrightarrow[反应Ⅲ]{+H_2}$ $CH_3CH_2CH_2CH_2OH$(g) + H_2O(g)(BuOH)

已知:①反应Ⅰ为快速平衡,可认为不受慢反应Ⅱ、Ⅲ的影响;②因反应Ⅰ在高压 H_2 氛围下进行,故 H_2 压强近似等于总压。

以 5.0×10^{-3} mol BL 或 BD 为初始原料,在 493K、3.0×10^3kPa 的高压 H_2 氛围下,分别在恒压容器中进行反应。达平衡时,以 BL 为原料,体系向环境放热 X kJ;以 BD 为原料,体系从环境吸热 Y kJ(忽略副反应热效应),实验测得 $X<Y$。x_i 表示某种物质 i 的物质的量与除 H_2 外其他各种物质总物质的量之比,x(BL)和 x(BD)与时间 t 的变化关系如右图所示,则图中表示x(BL)变化的曲线是________;反应Ⅰ平衡常数 K_p = ________ kPa^{-2}(K_p 是用各气态物质的平衡分压 p 替代物质的量浓度计算所得的平衡常数,保留 2 位有效数字)。以 BL 为原料时,t_1 时刻 $x(H_2O)$ = ________,BD 产率 = ________(保留 2 位有效数字)。

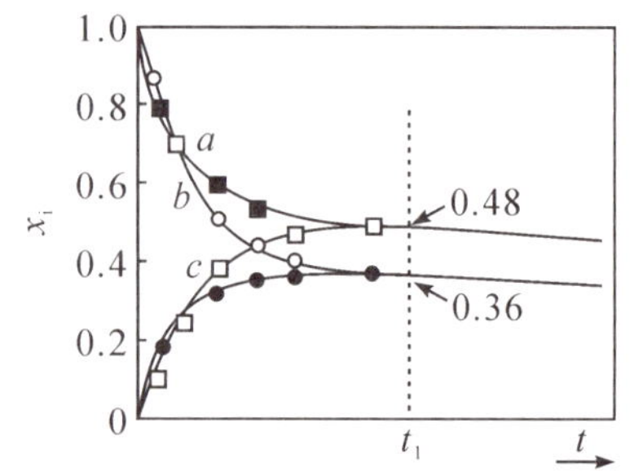

解析 "$X<Y$"说明达到平衡时,BD 的转化量大于 BL 的转化量,故平衡时 n(BD)较小,根据题图可知,表示 x(BL)变化的曲线是 a 或 c。

该平衡状态下 $p(BL)=0.48\times3.0\times10^3$kPa,$p(BD)=0.36\times3.0\times10^3$kPa,$p(H_2)=3.0\times10^3$kPa,故反应Ⅰ的平衡常数 $K_p=\dfrac{p(BD)}{p(BL)\times p^2(H_2)}=\dfrac{0.36\times3\times10^3}{0.48\times3\times10^3\times(3\times10^3)^2}kPa^{-2}=8.3\times10^{-8}kPa^{-2}$。

整个体系共有 3 个反应,设每个反应的消耗量如下,则有

$$\begin{array}{lll} BL & + \quad 2H_2 & \rightleftharpoons \quad BD \\ a\ mol & \quad\ \ 2a\ mol & \quad\ \ a\ mol \end{array}$$

$$\begin{array}{lll} BD & \longrightarrow \quad THF & + \quad H_2O \\ b\ mol & \quad\ \ b\ mol & \quad\ \ b\ mol \end{array}$$

$$\begin{array}{lllll} BD & + \quad H_2 & \longrightarrow & BuOH & + \quad H_2O \\ c\ mol & \quad\ \ c\ mol & & c\ mol & \quad\ \ c\ mol \end{array}$$

$n(BL)=(5.0\times10^{-3}-a)$ mol,$n(BD)=(a-b-c)$ mol,$n(THF)=b$ mol,

$n(BuOH)=c$ mol，$n(H_2O)=(b+c)$mol，由题意可得 $n_{总}=(5.0\times10^{-3}+b+c)$mol，$\frac{5\times10^{-3}-a}{5\times10^{-3}+b+c}=0.48$，$\frac{a-b-c}{5\times10^{-3}+b+c}=0.32$，可解得 $b+c=\frac{1}{2.3}\times10^{-3}$ mol，$a=\frac{55}{23}\times10^{-3}$mol，则 t_1 时刻 $x(H_2O)=\frac{b+c}{5\times10^{-3}+b+c}=0.08$，BD 产率$=\frac{a-b-c}{5\times10^{-3}}\approx39\%$。

点评 为解决问题可能需要设定多个未知数，但是在计算时不一定求出每个未知数的具体数值，有时可能只需求出未知数的某一种组合的数值即可。

小试身手

1. 两种酸式碳酸盐的分解反应如下(某温度下平衡时总压强分别为 p_1 和 p_2)：

Ⅰ. $NH_4HCO_3(s)\rightleftharpoons NH_3(g)+H_2O(g)+CO_2(g)$　$p_1=3.6\times10^4$ Pa；

Ⅱ. $2NaHCO_3(s)\rightleftharpoons Na_2CO_3(s)+H_2O(g)+CO_2(g)$　$p_2=4\times10^3$ Pa。

该温度下，向刚性密闭容器中放入 NH_4HCO_3 固体和 Na_2CO_3 固体，平衡后以上反应中 3 种固体均大量存在。下列说法错误的是 (　　)

A. 反应Ⅱ的平衡常数为 4×10^6 Pa^2　　B. 通入 NH_3，再次平衡后，总压强增大

C. 平衡后总压强为 4.36×10^5 Pa　　D. 缩小体积，再次平衡后总压强不变

2. 一定条件下，化合物 E 和 TFAA 合成 H 的反应路径如下：

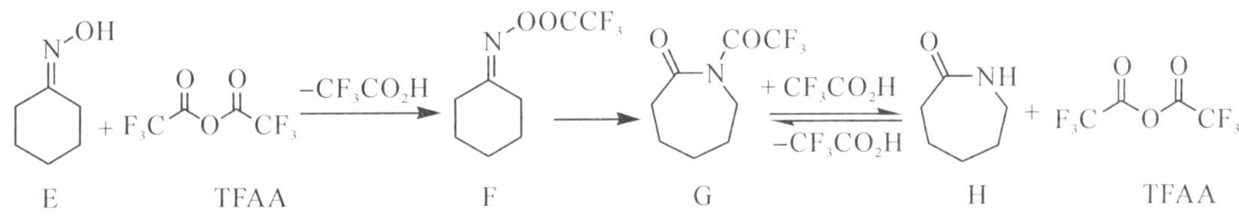

已知反应初始化合物 E 的物质的量浓度为 0.10mol·L^{-1}，TFAA 的物质的量浓度为 0.08mol·L^{-1}，部分物质的物质的量浓度 c 与时间 t 的变化关系如右图所示，忽略反应过程中的体积变化，下列说法正确的是 (　　)

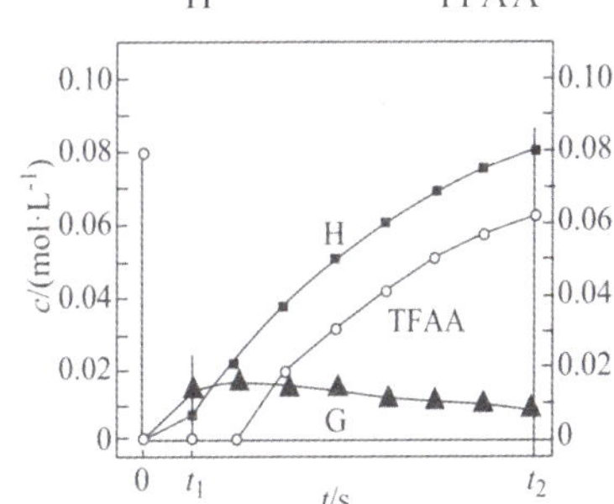

A. t_1 时刻，体系中有 E 存在

B. t_2 时刻，体系中无 F 存在

C. E 与 TFAA 反应生成 F 的活化能很高

D. 反应达平衡后，TFAA 的物质的量浓度为 0.08mol·L^{-1}

3. 将 $FeSO_4$ 置入抽空的刚性容器中，升高温度发生分解反应如下：

Ⅰ. $2FeSO_4(s)\rightleftharpoons Fe_2O_3(s)+SO_2(g)+SO_3(g)$；

Ⅱ. $2SO_3(g)\rightleftharpoons 2SO_2(g)+O_2(g)$。

平衡时 $p_{总}=3$kPa。$p(O_2)=$________[用 $p(SO_3)$、$p(SO_2)$表示]。929K 时 $p_{总}=84.6$kPa、$p(SO_3)=35.7$kPa，则 $p(SO_2)=$________ kPa，$K_{pⅡ}=$________ kPa(列出计算式)。

41 缺项配平法

引路人 浙江省德清县第六中学 俞真蓉

方法导引

化学方程式是化学反应的“语言”，也是化学研究和应用的核心工具。它以简洁的形式揭示物质的转化过程，是理解化学变化规律的关键，体现了化学学科的独特性。在高考中，陌生情境下化学方程式的书写是常考题型，通常涉及两项任务：判断缺项物质和配平反应的化学计量数。运用“缺项配平法”，可以高效、准确地解决此类问题。

应用赏析

一、氧化还原反应型

例 1 铜单质及其化合物在很多领域有重要的用途，某化学兴趣小组向 $CuCl_2$ 溶液中通入一定量的 SO_2，微热，一段时间后可得 CuCl 白色沉淀，写出此反应的离子方程式：____________。

解析 依据元素价态并结合题给信息可知，Cu 元素从 $CuCl_2$ 中的 +2 价被还原到 CuCl 中的 +1 价，水溶液中还原剂 SO_2 的常规氧化产物是 SO_4^{2-}，即得

$$Cu^{2+}+SO_2+\_\_\_\_\_\_ \text{——} CuCl\downarrow+SO_4^{2-}+\_\_\_\_\_\_$$

依据得失电子守恒配平系数，可得

$$2Cu^{2+}+SO_2+\_\_\_\_\_\_ \text{——} 2CuCl\downarrow+SO_4^{2-}+\_\_\_\_\_\_$$

最后结合元素守恒和电荷守恒，写出反应物 H_2O，补上 Cl^- 和 H^+，配平化学计量数可得 $2Cu^{2+}+SO_2+2Cl^-+2H_2O=2CuCl\downarrow+SO_4^{2-}+4H^+$。

例 2 矿物资源的综合利用有多种方法，如利用火法将铅锌矿（主要成分为 PbS、ZnS）在富氧条件下转化为 PbO_2 和 SO_3。以此法制得的 PbO_2 中混有少量 Pb_3O_4，该物质可溶于浓盐酸，Pb 元素转化为 $[PbCl_4]^{2-}$。写出该反应的化学方程式：____________。已知 $PbCl_2(s)\underset{\text{冷却}}{\overset{\text{热水}}{\rightleftharpoons}}PbCl_2(aq)\overset{HCl}{\rightleftharpoons}H_2[PbCl_4]$。

解析 分析元素价态可知 Pb_3O_4 中 Pb 的价态为 +2 价和 +4 价，作氧化剂被还原为 $H_2[PbCl_4]$（Pb 的价态为 +2 价）；而 HCl 作还原剂，通常被氧化为 Cl_2，即得

$$Pb_3O_4 + HCl + \_\_\_\_ —— H_2[PbCl_4] + Cl_2\uparrow + \_\_\_\_$$

依据得失电子守恒配平化学计量数，可得

$$Pb_3O_4 + 14HCl(浓) + \_\_\_\_ —— 3H_2[PbCl_4] + Cl_2\uparrow + \_\_\_\_$$

最后，结合元素守恒分析另有产物 H_2O，配平化学计量数，可得

$$Pb_3O_4 + 14HCl(浓) = 3H_2[PbCl_4] + Cl_2\uparrow + 4H_2O$$

例 3 目前新能源汽车多采用三元锂电池，该电池离子导体为有机锂盐溶液，两极之间的隔膜只允许 Li^+ 通过，其工作原理如下图所示，电池总反应为

$$Li_{1-x}Ni_aCo_bMn_cO_2 + Li_xC_6 \underset{充电}{\overset{放电}{\rightleftharpoons}} LiNi_aCo_bMn_cO_2 + 6C(石墨)$$

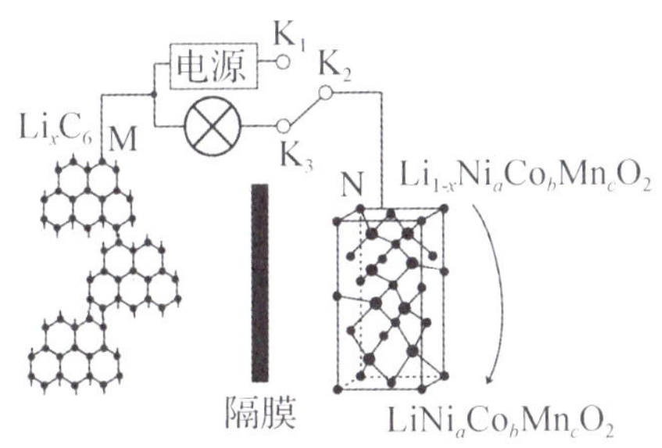

连接 K_1、K_2 时，M 极的电极反应为________。

解析 依题意，连接 K_1、K_2 时，电池处于充电状态——电解池原理，则电极 M 为阴极，发生还原反应，元素化合价应降低，C 元素化合价由石墨中的 0 价降低到 Li_xC_6 中的 $-\frac{x}{6}$ 价，即得 $C + \_\_\_\_ —— Li_xC_6 + \_\_\_\_$；依据化合价变化确定得失电子数，可得 $6C + xe^- + \_\_\_\_ —— Li_xC_6 + \_\_\_\_$；依据电荷守恒和元素守恒，结合电解质溶液，补上 Li^+ 并配平化学计量数可得 $6C + xe^- + xLi^+ = Li_xC_6$。

点评 基于氧化还原思想，围绕元素化合价变化的缺项配平法策略如下：第一步，依据氧化还原反应原理并结合题给信息，合理判断缺项的氧化产物或还原产物；第二步，依据得失电子守恒(即化合价升降法)配平氧化剂、还原剂、氧化产物、还原产物的化学计量数；第三步，结合试题情境依据元素守恒或电荷守恒，合理分析剩余的缺项物质，并完成陌生情境下化学方程式(或电极反应式)的最终配平。

二、水解反应型

例 4 硫酸氢甲酯($CH_3O—\overset{\overset{O}{\|}}{\underset{\underset{O}{\|}}{S}}—OH$)是一种重要的化学原料，在有机合成中具有多种作用。某化学兴趣小组为检验硫酸氢甲酯中的硫元素，先将其溶于氢氧化钠溶液，反应完全后加入盐酸酸化，无明显现象，再加入氯化钡，生成白色沉淀。写出实验过程中的总反应化学方程式：________。

解析 依题意，硫酸氢甲酯（ $CH_3O-\overset{\overset{O}{\|}}{\underset{\underset{O}{\|}}{S}}-OH$ ）为 H_2SO_4 和 CH_3OH 生成的酯，是一种无机酸酯。依据电负性，可将它分为两部分 $CH_3O|SO_3H$，其中 $CH_3\overset{\delta-}{O}$ 带负电性，与水电离的 H^+ 结合为 CH_3OH，而 $\overset{\delta+}{S}O_3H$ 带正电性，与水电离的 OH^- 结合为 H_2SO_4。在碱性条件下，H_2SO_4 进一步转化为 Na_2SO_4，Na_2SO_4 能继续与 $BaCl_2$ 反应生成不溶于酸的 $BaSO_4$ 沉淀，依据元素守恒配平化学计量数可得总反应

$$CH_3O-\overset{\overset{O}{\|}}{\underset{\underset{O}{\|}}{S}}-OH+2NaOH+BaCl_2 = CH_3OH+BaSO_4\downarrow+2NaCl+H_2O$$

点评 基于广义水解反应思想的缺项配平法策略如下：第一步，依据电负性原理，反应物和水分别解离为带正、负电荷的两部分；第二步，依据正、负电性相互吸引，两两重新组合成新的物质；第三步，结合试题情境，进一步分析可能发生的后续反应。

小试身手

1. NaH 是一种重要的还原剂，它在无水条件下可作为某些钢铁制品的脱锈剂（铁锈的成分表示为 Fe_2O_3），脱锈过程中生成两种产物。请写出其反应的化学方程式：____________________。

2. 硫酸四氨合铜（Ⅱ）即 $[Cu(NH_3)_4]SO_4$ 是一种重要的配合物，广泛应用于化学研究和工业生产中。某化学研究小组向它的水溶液中通入 SO_2 至微酸性，产生白色沉淀（白色沉淀中，Cu、S、N 元素的物质的量相同，且该沉淀的晶体中有一种三角锥形的阴离子和一种正四面体形的阳离子），请写出该过程的离子方程式：____________________。

3. 粗铜经电解精炼可得到精铜和阳极泥（含有 Ag、Au 等贵金属），工业上，在富氧条件下，可用 NaCN 溶液溶解 Ag、Au，其中 Au 转化为 $[Au(CN)_2]^-$。写出 Au 溶解时的离子方程式：____________________。

4. 无公害化肥——黑肥的主要成分是石灰氮（$CaCN_2$），施肥过程中它与土壤中的水反应，释放出碱性物质和气体产物，这使得它在农业中具有改良土壤和提供氮肥的双重作用。请写出该过程的化学方程式：____________________。

5. 二乙基硫酸盐即 $(C_2H_5)_2SO_4$ 是一种有机硫酸盐，遇水易水解。请写出它与足量 Na_2CO_3 溶液反应的离子方程式：____________________。

42　辩证分析法

引路人　浙江省杭州学军中学　李志鹏

方法导引

在解答与物质结构和性质相关的文字描述说理题时，对于一些常规性质如酸性、熔沸点、溶解性、分子内键角的比较，同学们都已掌握了一般的“套路”。但是对于一些陌生性质如物质的还原性、热稳定性、氢键综合强度、配体配位能力的比较，有的同学在解答时会感到不知所措，甚至完全不知从何处下手。即便是一些常规性质的比较，也有很多“不按套路出牌”的情况，同学们发现答案思路和自己所掌握的“套路”大相径庭。对于这些非常规或反套路的结构性质说理题，同学们应该如何应对呢？本节内容我们来一探究竟。

应用赏析

一、非常规性质比较

例 1　在有机化学实验中，很多羰基还原反应都会使用含有-1价氢的盐固体作为还原剂，NaH、$NaAlH_4$、$NaBH_4$就是其中常见的三种，请推测这些晶体的还原性，并简要说明原因。

解析　从物质结构直接推测还原性，而非通过氧化还原方程式来比较，这是很少见的。解题关键在于推测晶体的还原性，且题目中明确提示其还原性来自H^-，其本质即比较晶体中强还原性的H^-能游离出来的难易程度。

同时，应该看到NaH与$NaAlH_4$、$NaBH_4$有着明显的不同，前者主要为离子化合物，H^-本就真实存在，克服离子键即可，还原性最强；后二者中则并不存在H^-，需要克服共价键，将其异裂“电离”出来才能发挥作用，此时应该类比酸性比较的模型：异裂电离出H^+要看X—H键的极性和X—H键的键长；同理电离出H^-也要统筹看X—H键的极性和X—H键的键长，其中Al—H键相比于B—H键，键长更长，且极性（注意这里是$\overset{\delta+}{Al}$—$\overset{\delta-}{H}$、$\overset{\delta+}{B}$—$\overset{\delta-}{H}$的反向极性）更大，H^-更易异裂电离出来，故晶体还原性$NaAlH_4$强于$NaBH_4$。

点评 比较非常规性质，第一要根据提示转化为我们熟悉的模型，即比较离子键或共价键的强弱；第二，要看到比较序列里可能并不是同一种主导因素，如离子键一般比共价键更易被破坏，破坏 M—H 共价键，特别是异裂，可类比于酸性强弱比较的模型，统筹考虑键的极性和键长。

例 2 根据元素周期律，同族元素简单氢化物的稳定性会呈现出周期性变化，其还原性也有一定的递变规律，解释起来可能要从多个不同层面入手。试解释以下氮族氢化物的还原性顺序：NH_3(g)＜PH_3(g)＜AsH_3(g)＜SbH_3(s，氢化锑晶体)＜BiH_3(s，氢化铋晶体)。提示：后二者可认为以离子键为主。

解析 题目中提示可能要从多个层面入手，我们来逐一分析。

NH_3(g)＜PH_3(g)中，N、P 均为−3 价，失电子升价，则根据元素周期律可简单推知，相同的分子结构中−3 价 P 原子电子层数大，非金属性更弱，即电子更易失去，从制乙炔时 PH_3 被 $CuSO_4$ 溶液吸收得到 Cu_3P 或 Cu 可得知。

AsH_3(g)则不同，根据电负性顺序可知其中 As 为+3 价而 H 为−1 价，更类似于−1 价氢化合物，还原性比前二者更强。

SbH_3(氢化锑)、BiH_3(氢化铋)也是−1 价氢化合物，且为金属氢化物，X—H 键从共价键向离子键过渡，故二者还原性较 AsH_3(g)又大为增强。

比较 SbH_3(氢化锑)、BiH_3(氢化铋)的还原性可以参考例 1，从键的过渡性来说，BiH_3(氢化铋)离子键的成分更大，从离子键强度比较来说，BiH_3 的 Si—H 键相比于 SbH_3 的 Sb—H 键，键长更长，极性更大，故更易“电离”出 H^-。

点评 人教版教材的相关内容按“原子结构与性质”→“分子结构与性质”→“晶体结构与性质”三个层面来介绍，所以同学们理解和解释性质时也应从“原子(电负性/价态/电离能)→分子(键的极性/强度)→分子聚集体(分子间作用力/离子键/键的过渡性/配位能力/超分子结合能力)”三个层面来认知，联系而统一地分析问题。

二、常规性质的“反套路”比较

例 3 (1)卤素氢化物的酸性呈现出一些“不规则”的变化：HI、HBr、HCl 三者酸性逐渐变弱，但均为强酸；HF 的酸性大大下降，为弱酸(25℃时 $K_a=6.3\times10^{-4}$)。请简要说明原因。

(2)H_2Se(氢硒酸)是一种强酸，请解释原因。

解析 比较酸性的模型——需要从 X—H 键的极性、键长两个方面统筹考虑，同时结合分子间作用力对电离出来的 H^+ 的影响(实际上要考虑的因素还有很多，诸如离子水合能、离域带来的稳定性、位阻对稳定性的影响等，高中阶段很少提及，故而在此不赘述)。很多同学武断地只比较 X—H 键的极性，极性越大酸性越强，实际上本例题正是很好的教训。

从 X—H 键的极性来说，F—H 键最强而 I—H 键最弱，从该因素来看 HF 的酸性应最强。

从 X—H 键的键长来说，F—H 键最短而 I—H 键最长，从该因素来看 I—H 键最易断裂，HI 的酸性应最强（需要注意的是我们学习的“键长越长、键能越小”也有例外，且这里的键能是指共价键均裂成两个中性原子所需的能量，异裂为阴、阳离子的能量与其并不相等，但也具有很好的参考价值）。

统筹二者，这里键长（键能）为主要影响因素，故酸性：HI>HBr>HCl。

HF 的酸性特别弱，要关注其特殊性：其自身分子间，以及其与水分子间均易形成强烈的氢键作用，H 与某 HF 分子中的 F 形成共价键，同时又与另一分子 HF 的 F 形成氢键，被两种结合作用共同“绑缚”因而更加不易游离出来，或形成 H_2F^+ 及多缔合体。

类比以上变化，我们可以推测：ⅥA 族简单氢化物从 H_2O 到 H_2S 再到 H_2Se，酸性也逐渐增强，同样因为极性变小但键长变长，键长因素占主导。

点评 多种结构因素共同决定某种性质时，需要统筹分析。特别是各因素影响变化的方向不同时，应根据结果分析出何为主导因素。

例 4 （1）已知 HO—OH、$H_2N—NH_2$、$H_3C—CH_3$ 中的 O—O 键、N—N 键、C—C 键的键长依规律不断变长，但键能却依次变大，请简要说明原因。

（2）N_2O_4 由两个硝基（$—NO_2$）组成，但实际测得其分子中 N—N 键的键长远长于一般 N—N 单键的键长，且在低温下可以自由旋转，键能较小。请简要说明原因。

解析 键长短但键能也小的例子有 F—F 键，解释为原子半径太小而孤电子对过多，在极短的键长下孤电子对的排斥力占主导因素，F—F 键在这种斥力作用下容易断开，键能较小。

仔细观察（1）中的三种物质，它们都是 F—F 的广义等电子体（18 电子体），则思路也应类比之，考虑电子（对）的排斥力，可以看到 HO—OH、$H_2N—NH_2$、$CH_3—CH_3$ 中 O、N、C 均为 sp^3 杂化，—OH、$—NH_2$、$—CH_3$ 中分别有 2 个孤电子对 1 个 σ 键电子对、1 个孤电子对 2 个 σ 键电子对、3 个 σ 键电子对，可以类比 VSEPR 模型中的概念，孤电子对-孤电子对排斥力>孤电子对-σ 键电子对排斥力>σ 键电子对-σ 键电子对排斥力，则整个基团相互排斥力也是孤电子对数越多，排斥力越大，键能越小。

（2）同样可进行类比，N_2O_4 分子中的 N—N 键的键长远长于一般 N—N 单键的键长，且在低温下可以自由旋转，说明其中并未存在更大的离域 π 键（Π_6^8），而是更单纯的 σ 单键；又由于两个硝基更大的 π 电子云的相互排斥作用，导致键能较小。

点评 从已学模型中寻找类似"反常"性质表现，分析其相似之处，便可以此作为切入点进行大胆类比，解决同样的"反常"问题。

例5 比较下列键角的大小。

(1)三甲基胺[$N(CH_3)_3$]的∠C—N—C 和 NH_3 的∠H—N—H；甲烷和乙烷的∠H—C—H。

(2)排序比较∠H—X—H(X=C、N、O)：H_2O、NH_3、NH_2^-、NH_4^+、CH_3^+、CH_3^-。

解析 键角比较模型——先判断杂化方式(一般 $sp>sp^2>sp^3$)，然后比较孤电子对数(2 对压缩能力大于 1 对)，最后孤电子对数相同(≠0)时，中心原子电负性越小，周边原子电负性越大，键角可被孤电子对压缩得越小。大原子团、π 电子云压缩能力可类比于孤电子对。

按此模型分析(2)如下。先看杂化：CH_3^+(sp^2 杂化，120°)>其他 sp^3 杂化(≤109°)。然后看孤电子对：NH_4^+(无孤电子对，109°)>[NH_3、CH_3^-](1 个孤电子对，107°)>[H_2O、NH_2^-](2 个孤电子对，105°)。最后比较中心原子电负性：$NH_3>CH_3^-$，$H_2O>NH_2^-$。

(1)同为 sp^3 杂化且具有 1 个孤电子对，—CH_3 整体电子云比 H 大得多，故乙烷中甲基对下面 C 上 H 的排斥力增大，∠H—C—H 被压缩变小；而在$N(CH_3)_3$中的氮原子和 NH_3 中的氮原子同为 sp^3 杂化且具有 1 个孤电子对，3 个—CH_3 电子云比 3 个 H 大得多，相互间排斥力大，导致∠C—N—C 键角反而变大。

小试身手

1. (1)相对于常温下稳定的 CH_4，甲硅烷 SiH_4 在常温下易自燃，还原性也远强于 CH_4，请简要说明原因。

(2)工业生产半导体 GaN，通常用"$GaCl_3+NH_3 = GaN+3HCl$"，而不用"$2Ga+N_2 \longrightarrow 2GaN$"，试从反应自发性角度进行解释。

2. 苯酚中羟基(—OH)换为巯基(—SH)的物质叫作苯硫酚，请推测苯硫酚和乙醇的酸性大小。

3. 比较排序下列键角大小。

(1)∠O—N—O：NO_2、NO_2^+、NO_2^-、NO_3^-。

(2)∠H—C—H：CH_4、CH_3Cl、CH_3I。

(3)$O=CH_2$ 的∠H—C—H 与 $O=CCl_2$ 的∠Cl—C—Cl。

43 极性分析法

引路人　浙江省海宁市静安高级中学　李芳芳

方法导引

不同原子形成的共价键，电子对会发生偏移，两个键合原子，一个呈正电性(δ+)，另一个呈负电性(δ−)，这样的共价键属于极性键，如 $\overset{\delta+}{H}—\overset{\delta-}{Cl}$。两原子的电负性差距越大，键的极性就越强。共价键的断裂可分为均裂和异裂两种。要弄清键的极性对物质性质的影响，先要分清均裂和异裂的区别。

均裂(共用电子对均等地分配给两个键合原子，形成自由基，如 $HCl \longrightarrow H\cdot + \cdot Cl$)：体现共价键的键能，一般来说键长越短键能越大。

异裂(共用电子对完全转移给键合原子中的某个原子，形成正、负离子，如 $HCl \longrightarrow H^+ + Cl^-$)：体现键的离子化能力，对键合原子相同的共价键来说，键能相近，电子对偏移程度越大，共价键极性越大，越容易异裂成离子，如 O—H 键，极性越大，越容易电离出 H^+，酸性也越强。

应用赏析

一、键的极性对物质酸碱性的影响

例 1 HF、HCl、HBr、HI 键的极性越来越弱，为什么酸性越来越强？

解析　酸的强度与多个因素有关，主要与键的极性、键的强度和酸根离子的稳定性有关，只是在不同类别物质中，哪个因素起到决定性的作用。在比较同周期元素的氢化物时，键的极性起到关键性的作用，故可以根据 X 元素的电负性来判断 H_nX 的酸性强弱；而在比较同族元素的氢化物时，键能的影响已经超过了 X 元素电负性的影响，所以 HF、HCl、HBr、HI 的酸性强弱根据键能判断最合理，即酸性依次增强。

点评　解题时，要厘清分析问题的方法，当出现多重影响因素的时候，要抓住主要矛盾，区分限制条件，比如分析键的极性影响物质酸性的时候要注意与 H 相连的原子是不是同一种原子，若是不同的原子，则不能仅用极性来分析电离出 H^+ 的能力大小。

例 2 判断下列物质的 pK_a 大小(填“>”“<”或“=”)。

(1)CH_3COOH ________ CF_3COOH。

(2)CH_3CH_2OH ________ $(CH_3)_3COH$。

(3) —OH ________ O_2N— —OH。

(4)CH_3COOH ________ CH_3COSH。

解析 (1)答案为>。氟原子的电负性大,导致成键电子云沿着原子链向氟原子方向移动,如右图所示,氟原子为吸电子基团,使得氢氧键极性变大,易断裂,易电离出氢离子,酸性变强,pK_a 变小,查资料可得 CH_3COOH 的 pK_a 为 4.76,CF_3COOH 的 pK_a 为 0.23。

F←C←C←O←H(上方 F、O,下方 F)

(2)答案为<。甲基为推电子基团,甲基越多,推电子效应越强,使得氢氧键极性变小,难断裂,难电离出氢离子,pK_a 变大,查资料可得 CH_3CH_2OH 的 pK_a 为 15.9,$(CH_3)_3COH$ 的 pK_a 为 18。

(3)答案为>。硝基为吸电子基团,使得苯环上的氢氧键极性变大,易断裂,易电离出氢离子,酸性变强,pK_a 变小,查资料可得 —OH 的 pK_a 为 9.98,O_2N— —OH 的 pK_a 为 7.15。

(4)答案为>。前者为氢氧键,后者为氢硫键,键的类型不一样,不能根据极性大小判断,—SH(巯基)中的氢硫键和—OH(羟基)中的氢氧键相比,氢硫键的键长更长,键能更小,更易断裂形成氢离子,酸性更强,pK_a 更小,资料显示其 pK_a 为 3.4。

点评 从电荷分布的角度来认识共价键的极性强弱,由此判断物质的酸性强弱,体现构性相依的重要思想。如—X(X 为卤原子)、—NO_2(硝基)、—COOH(羧基)、—CHO(醛基)、— (苯基)等为吸电子基团,使得氢氧键的极性更强,更易电离出氢离子,酸性更强,pK_a 更小;如—R(烷基)、—NH_2(氨基)、—OH(羟基)等为推电子基团,使氢氧键的极性更弱,更难电离出氢离子,酸性更弱,pK_a 更大。

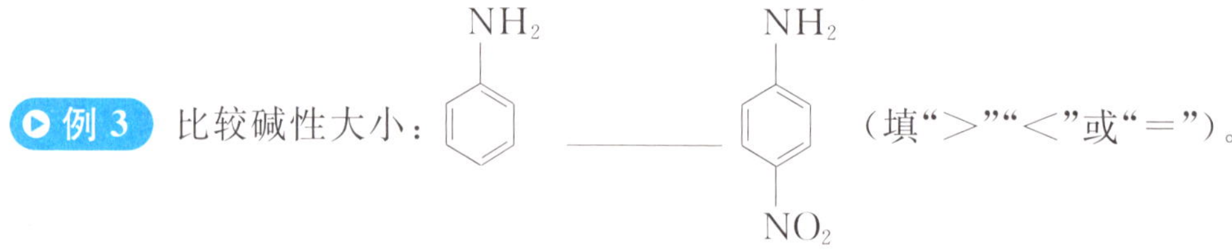

解析 根据酸碱质子理论,碱是质子的接受者,根据酸碱电子理论,碱是电子的给予体,即氨基中氮原子上的电子云密度越大,碱性越强。硝基是吸电子基团,会导致氨基的氮原子上的电子云密度减小,结合质子能力下降,所以前者碱性强,

故填“>”。

点评 苯环上的其他取代基对苯胺的碱性会产生影响，吸电子基团会导致苯胺衍生物的碱性减弱，推电子基团会导致苯胺衍生物的碱性增强。

二、键的极性对有机化合物反应活性的影响

例4 $CH_3—CH═CH_2+HCl \longrightarrow$ ________________（写出加成反应的主要产物）。

解析 主要产物是 $CH_3—CHCl—CH_3$。不对称烯烃与 HCl 的加成反应可能得到两种产物，如丙烯与 HCl 加成得到的产物有 $CH_3—CHCl—CH_3$ 和 $CH_3—CH_2—CH_2Cl$。主要产物是前者，符合“氢多加氢”的马氏规则。为什么不对称烯烃在加成时氢多的碳原子上会再上氢原子呢？丙烯分子中甲基是推电子基团，对碳碳双键产生推电子效应，使得双键两端的碳原子之间的共用电子对偏向双键中的链端碳，使链端碳带部分负电荷，另一成键碳原子带部分正电荷，氯化氢中带正电荷的氢原子进攻带负电荷的链端碳，带负电荷的氯原子与带正电荷的另一成键碳原子结合，发生化学键异裂形式的加成反应，形成的产物就以 $CH_3—CHCl—CH_3$ 为主。

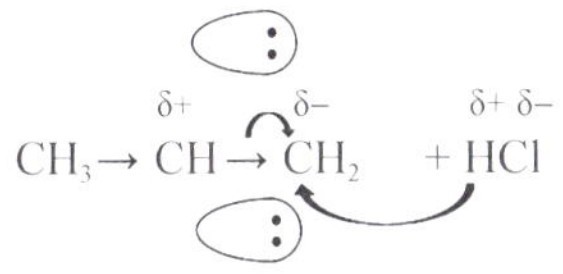

$$\overset{}{CH_3} \rightarrow \overset{\delta+}{CH} \rightarrow \overset{\delta-}{CH_2} \quad + \overset{\delta+}{H}\overset{\delta-}{Cl}$$

点评 有机化合物分子中共价键断裂的位置存在多种可能。与无机反应相比，有机反应一般反应速率较小，副反应较多，产物比较复杂，书写有机反应的化学方程式时，产物以主要产物为主。

例5 化合物 G→H 的合成过程中，经历了取代、加成和消去三步反应，其中加成反应的化学方程式为________________。

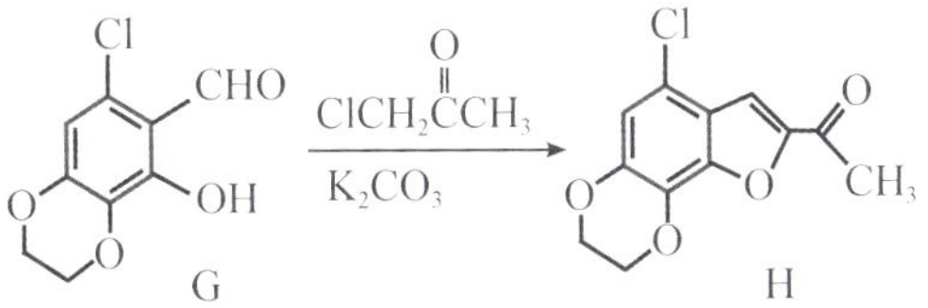

G $\xrightarrow[K_2CO_3]{ClCH_2COCH_3}$ H

解析 化合物 G→H 的合成过程中，G 中苯环的吸电子效应使羟基中 O—H 键的极性增大，发生取代反应，羟基上的 H 被$—CH_2COCH_3$ 取代，得到 （含 Cl、CHO、OCH_2COCH_3 的结构），该物质羰基左侧的$—CH_2—$上的 C—H 键由于受羰基吸电子效应影

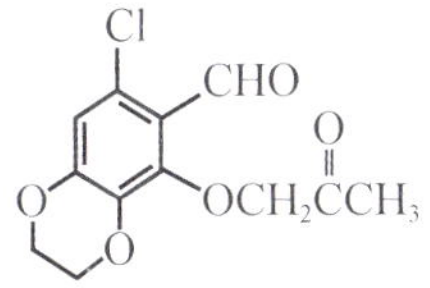

响，极性变大，断裂后与苯环上邻位的醛加成得到 [结构式]，再消去水生成 [结构式]。答案是 [结构式] $\xrightarrow{\text{催化剂，加热}}$ [结构式]。

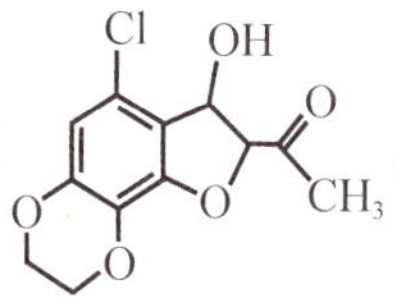

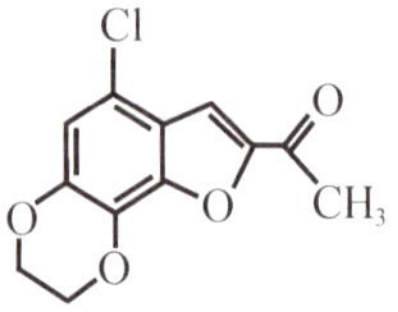

点评 该合成过程在取代之后经历了羟醛缩合反应。有机化合物中与官能团直接相连的碳原子为α-C，其上的氢原子为α-H，醛或酮的α-H比较活泼也可归因于C—H键的极性变强。由此可延伸至其他烃的衍生物中，与官能团直接相连的α-C上C—H键的极性大小会影响α-H的活泼性。

小试身手

1. 比较N—H键给出H^+的能力：[邻甲基苯胺结构式] ______ [邻甲基乙酰苯胺结构式（$NH—\overset{O}{\overset{\|}{C}}CH_3$）]（填“>”“<”或“=”）。

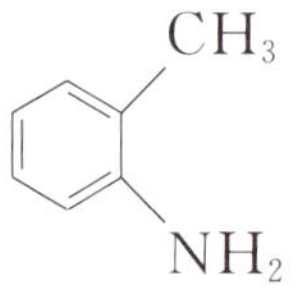

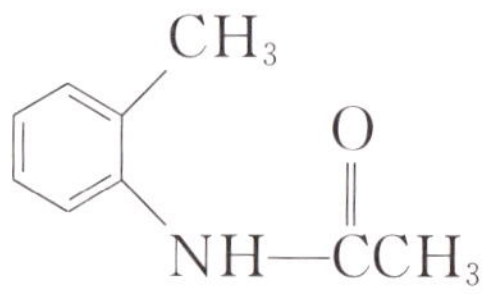

2. $CF_3—CH═CH_2+HCl \longrightarrow$ ______（写出加成反应的主要产物）。

3. 比较碱性大小：[对甲氧基苯胺结构式（OCH_3、NH_2）] ______ [对甲氧基苯肼结构式（OCH_3、$NH—NH_2$）]（填“>”“<”或“=”）。

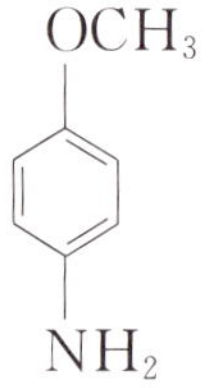

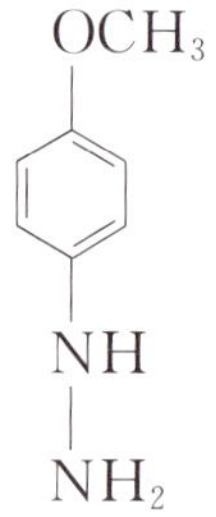

4. 在同一条件下，下列化合物水解反应速率由大到小的顺序为______（填标号）。

① [F_3C取代的苯基甲酸酯结构式] ② [H_3C取代的苯基甲酸酯结构式] ③ [苯基甲酸酯结构式]

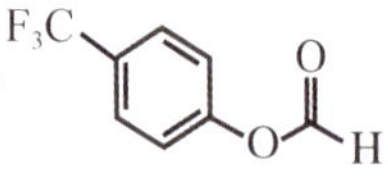

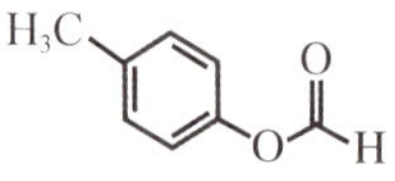

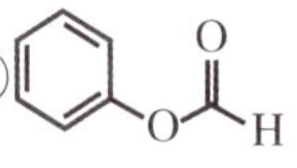

5. 判断并解释 $CF_3\overset{O}{\overset{\|}{C}}CH_2\overset{O}{\overset{\|}{C}}OC_2H_5$ 中氟原子对α-H活泼性的影响：______。

44 键角比较法

引路人　浙江省绍兴市第一中学　叶望尧

方法导引

比较法是常用的化学问题研究方法。它通过对比、分析和研究不同物质之间的相似之处和差异,以揭示其本质、特征和规律。比较不同物质(或微粒)键角的大小,可以更好地了解和运用影响键角大小的因素,更深入地认识分子空间结构特点,进一步理解键角大小对分子的极性等性质的影响。

应用赏析

一、中心原子杂化类型对键角大小有决定性的影响

例 1 CCl_4、BF_3、CS_2 这一分子序列,键角依次增大,其原因是________。

解析　因为 CCl_4、BF_3、CS_2 的中心原子的杂化方式分别为 sp^3、sp^2、sp 杂化,它们对应的键角分别为 109°28′、120°、180°,所以键角依次增大。

点评　价层电子对互斥(VSEPR)模型认为,中心原子采用不同的杂化方式时,其杂化轨道在空间处于不同的取向,比较键角大小的首要依据是中心原子杂化类型,杂化方式的不同决定键角大小的不同。

二、中心原子孤电子对数目对键角的影响

例 2 $FeSO_4 \cdot 7H_2O$ 结构如右图所示。

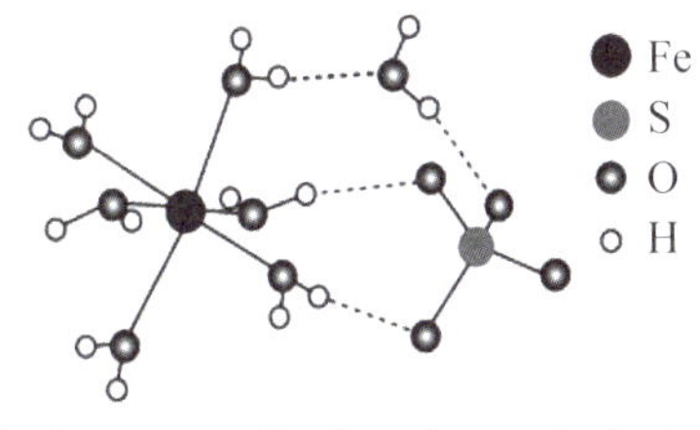

比较 SO_4^{2-} 和 H_2O 分子中的键角大小并给出相应解释:________________。

解析　SO_4^{2-} 和 H_2O 的中心原子的杂化方式都是 sp^3 杂化,而 SO_4^{2-} 中心原子硫原子不存在孤对电子,H_2O 中心原子氧原子有 2 个孤电子对,孤电子对与孤电子对之间斥力较大,使 H_2O 分子中的键角变小。因此,SO_4^{2-} 中的键角大于 H_2O 中的键角。

点评　当中心原子的杂化方式相同,需要比较中心原子的孤电子对数。VSEPR 模型指出,价层电子对之间彼此存在斥力,斥力大小如下:孤电子对-孤电子对>孤电子对-成键电子对>成键电子对-成键电子对,孤电子对数增多,对成键电子的斥力增大,键角越小。

三、中心原子电负性对键角的影响

例 3 氧与硫同族，比较 H_2O 和 H_2S 的键角大小：∠H—O—H ________ ∠H—S—H(填“>”“<”或“=”)，分析其原因：________________________。

解析 H_2O 和 H_2S 的中心原子的杂化方式都是 sp^3 杂化，都形成 2 个 σ 键，含有 2 个孤电子对。由于 O 原子的电负性大于 S 原子的，相比于 H_2S 中的 S—H 键，H_2O 中的 O—H 键的电子对更偏向中心原子，成键电子对之间斥力增大，因此 ∠H—O—H>∠H—S—H。

点评 当中心原子杂化轨道类型相同且孤电子对数也相同时，由于中心原子的电负性大，对成键电子对吸引力增大，成键电子对之间的电子云密度增大，相互之间的排斥力增大，键角变大。

四、配位原子电负性对键角的影响

例 4 已知下列键角大小：NH_3(107.1°)、NHF_2(102.9°)、NF_3(102.4°)。请指出三者的中心原子杂化轨道类型：________。对键角大小做出合理的解释：________________________。

解析 三者的中心 N 原子杂化轨道类型即其杂化方式都是 sp^3 杂化，均形成 3 个 σ 键和 1 个孤电子对。由于 F 原子的电负性比较大，对成键电子有强烈的吸引，F 原子越多，成键电子对越远离中心原子，中心原子核周围电子云密度越小，成键电子对之间斥力越小，因此键角越小。

点评 当中心原子的种类相同，杂化类型也相同，而配原子种类不同时，由于配原子的电负性不同，键角会有区别。

五、单键与多重键对键角的影响

例 5 二氯甲醛的结构式为 $Cl-\overset{\overset{\displaystyle O}{\|}}{C}-Cl$，已知其单键和双键的键角为 124.1°，单键和单键的键角为 111.8°，原因是________________________。

解析 其单键和双键之间的电子云密度大于单键和单键之间的电子云密度，电子密度越大，相互斥力越大，因此单键和双键之间的斥力大于单键和单键之间的斥力。因此前者的键角大于后者的。

点评 成键电子对之间的电子云密度越大，斥力越大，键角越大。

六、单电子与孤对电子对键角的影响

例 6 实测 NO_2^+、NO_2、NO_2^- 微粒中键角∠O—N—O 的大小分别为 180°、134°、114.9°。请对该递变顺序做出合理解释。

解析 依据 VSEPR 模型，NO_2^+、NO_2、NO_2^- 微粒的价层电子对分别是 2、2.5、3，推

测键角分别为180°,比120°略小,比120°更小,可实测NO_2的键角为134°,这是因为NO_2中存在单电子,单电子的电子云密度降低,使得单电子和成键电子对之间的斥力小于成键电子对和成键电子对之间的斥力,因此NO_2的键角比120°大。

该题的参考答案:依据VSEPR模型,NO_2^+、NO_2、NO_2^-微粒的价层电子对分别是2、2.5、3,因此NO_2^+中键角为180°;由于NO_2^-中存在1个孤电子对,斥力为孤电子对-成键电子对>成键电子对-成键电子对,使得NO_2^-键角小于120°;而由于NO_2中有单电子的存在,电子云密度降低,使得单电子和成键电子之间的斥力小于成键电子对和成键电子对之间的斥力,故其键角大于120°。

点评 相邻电子对之间的斥力的大小关系:孤电子对-孤电子对>孤电子对-成键电子对>成键电子对-成键电子对>单电子-成键电子。

七、配体体积对键角的影响

例7 比较NH_3、NH_2OH、$NH_2(CH_3)$中键角∠H—N—H的大小,并分析原因。

解析 由于配体电子云对成键电子对的排斥作用,使得键角∠H—N—H变小,体积更大的—CH_3的排斥成键电子对的能力要强于—OH的,更强于H原子的。

参考答案:NH_3、NH_2OH、$NH_2(CH_3)$中键角∠H—N—H依次减小。配体电子云对成键电子对有排斥作用,体积更大的—CH_3对成键电子对的排斥力大于—OH,—OH大于—H,因此NH_3、NH_2OH、$NH_2(CH_3)$中键角∠H—N—H依次减小。

点评 键角大小实质就是电子云之间相互排斥的平衡结果,当配体基团的体积增大时对成键电子的斥力也增大,最后达到一个稳定的空间结构。配体基团的体积越大,其对成键电子的排斥力也越大。

八、多因素对键角的影响

例8 已知PH_3的键角为93.6°,PF_3的键角为102.5°。请解释PH_3的键角小于PF_3的键角的原因:______________________________。

解析 二者的中心原子及其杂化方式和孤电子对数都相同,F原子的电负性比H原子的电负性更大,P—F键的成键电子对靠近氟原子,推测应是PH_3的键角大于PF_3的,与事实矛盾。这是由于PF_3分子中因F原子上的孤电子对占有P原子的3d空轨道,形成p-dπ配键,增强了P原子周围的电子云密度,使成键电子对之间的排斥力增大,所以键角变大。

参考答案:PH_3和PF_3的中心P原子的杂化方式和孤电子对数都相同,但PF_3分子中F原子上的孤电子对占据P原子的3d空轨道,形成p-dπ配键,增强了P原子周围的电子云密度,使成键电子对之间的排斥力增大,键角变大。

点评 比较微粒的键角大小时,微粒的空间结构受孤对电子、成键电子、原子(基团)大小、元素电负性等多种因素共同影响,是多种因素影响下电子云之间相互作用下的最稳定结构，是电性力平衡的最终呈现。

小试身手

1. OF_2 分子的结构为 F—O—F（103.07°），其键角小于 109°28′的原因是____________________________。

2. 比较键角∠H—N—H：NH_3 __________ $[Co(NH_3)_6]^{2+}$（填“>”“<”或“=”）。原因是____________________________________。

3. $H_2N—NH_2 + H^+ \longrightarrow H_2N—NH_3^+$，其中—$NH_2$ 的 N 原子杂化方式为__________。

比较键角∠H—N—H：$H_2N—NH_2$ 中的—NH_2 ____________ $H_2N—NH_3^+$ 中的—NH_3^+（填“>”“<”或“=”），请说明理由：______________________________________。

4. 已知 P_4O_6 与 P_4O_{10} 的结构如下。

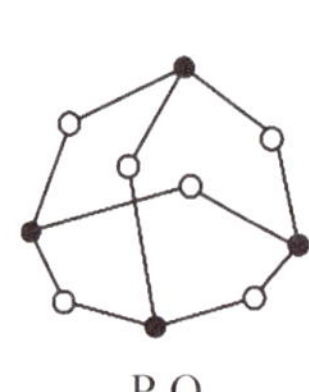

P_4O_6　　　　P_4O_{10}

比较键角∠O—P—O 的大小：P_4O_6 __________ P_4O_{10}（填“>”“<”或“=”）。

5. $[Zn(NH_3)_6]^{2+}$ 中的部分结构，以及键角∠H—N—H 的测量值如下：

Zn^{2+}—N（H、H、H），109.5°，109.5°，109.5°

该离子中的键角∠H—N—H，由单独 NH_3 分子中的 107°变为 109.5°的原因是____。

45　等电子体法

引路人　浙江省开化中学　汪志成

方法导引

我们在研究化学物质时会遇到两个或多个分子(或离子),它们的原子总数相同,价电子总数也相同,这些分子(或离子)常具有相似的电子结构(即化学键特征相似)、相似的几何构型(空间结构)。这些分子(或离子)互称等电子体。找寻陌生物质的等电子体,并利用等电子体间的相似性,可以推测或判断陌生物质的化学键特征、空间结构及物质的部分物理性质等,这种方法即等电子体法。等电子体法在新化合物的合成、基础化学的学习与研究中有着重要的应用。

应用赏析

一、推测、书写微粒的电子式

例 1 N_2O 与 CO_2 具有相似的分子结构。已知 N_2O 分子中氧原子只与一个氮原子相连。下列说法合理的是　　(　　)

A. N_2O 为三角形分子

B. N_2O 和 CO_2 均不含非极性键

C. N_2O 的电子式可表示为 :N̈::N::Ö:

D. N_2O 和 SiO_2 互为等电子体,具有相似的结构和相似的性质

解析　A 项,N_2O 分子和 CO_2 分子具有相似的结构,CO_2 是直线形分子,所以 N_2O 是直线形分子。

B 项,N_2O 中存在氮氮键,所以含有非极性键。

C 项,CO_2 的电子式为 :Ö::C::Ö:,N_2O 分子和 CO_2 分子具有相似的结构(包括电子式),且 N_2O 分子中氧原子只与一个氮原子相连,所以 N_2O 的电子式为 :N̈::N::Ö:。

D 项,SiO_2 是共价晶体,N_2O 是分子晶体,二者不互为等电子体。

综上选 C。

例 2 $CaCN_2$ 属于离子化合物，各原子均满足 8 电子稳定结构，则 $CaCN_2$ 的电子式是________。

解析 离子化合物 $CaCN_2$ 中阳离子为 Ca^{2+}，阴离子为 CN_2^{2-}。CN_2^{2-} 可以看作每个 N 原子获得 1 个电子，最外层 6 电子结构，与 O 原子最外层一致，即 CN_2^{2-} 和 CO_2 分子互为等电子体，因此 $CaCN_2$ 的电子式为 $Ca^{2+}[\ddot{\underset{\cdot\cdot}{N}}::C::\ddot{\underset{\cdot\cdot}{N}}]^{2-}$。

点评 根据等电子体的定义，寻找等电子体的常用方法就是换原子。变换过程中要注意电荷的变化，以及伴有的元素种类的改变。下表为找寻等电子体常用的三种方法。

方法	思路	示例
1	竖换：把同族元素（同族原子价电子数相同）上下交换，即可得到相应的等电子体	CO_2 和 CS_2、O_3 和 SO_2
2	横换：换相邻主族元素，这时候价电子发生变化，再通过得失电子使价电子总数相等	N_2 和 CO
3	将分子变换为离子，或将离子变换为分子	O_3 和 NO_2^-、CH_4 和 NH_4^+、CO 和 CN^-

二、判断分子（离子）的空间结构

例 3 原子总数和价电子总数相同的分子或离子称为等电子体。人们发现等电子体的空间结构相同，则下列说法正确的是（　　）

A. CH_4 和 NH_4^+ 是等电子体，键角均为 60°

B. NO_3^- 和 CO_3^{2-} 是等电子体，均为平面三角形结构

C. H_3O^+ 和 PCl_3 是等电子体，均为三角锥形结构

D. $B_3N_3H_6$ 和苯是等电子体，$B_3N_3H_6$ 分子中不存在“肩并肩”式重叠的轨道

解析 CH_4 与 NH_4^+ 是正四面体结构，键角是 109°28′，A 项错误；NO_3^- 和 CO_3^{2-} 是等电子体，均为平面三角形结构，B 项正确；H_3O^+ 和 PCl_3 的价电子总数不等，不属于等电子体，C 项错误；苯分子中存在“肩并肩”式重叠的轨道，故 $B_3N_3H_6$ 中也存在这种轨道，D 项错误。选 B。

三、推测某些物质的物理性质

例 4 表 1、表 2 分别列出了 CO 和 N_2 的某些性质和键能的相关数据。

表 1　CO 和 N_2 的部分性质的相关数据

物质	熔点 /℃	沸点 /℃	常温常压下在水中的溶解度/(mL · L^{-1})
CO	−205	−192	22.7
N_2	−210	−196	20.0

表 2 CO 和 N_2 的键能的相关数据

CO	C—O	C═O	C≡O
键能/(kJ·mol^{-1})	358	798	1071
N_2	N—N	N═N	N≡N
键能/(kJ·mol^{-1})	193	418	942

下列说法不正确的是 ( )

A. CO 与 N_2 的价电子总数相等,属于等电子体

B. 由表 2 可知,CO 的活泼性不及 N_2 的

C. 由表 1 可知,CO 的熔沸点高于 N_2 的,是因为 CO 的分子间作用力大于 N_2 的

D. 由表 2 可知,σ 键的稳定性不一定强于 π 键的

解析 CO 价电子总数为 6+4=10,N_2 价电子总数为 5+5=10,A 项正确。每个 CO 分子中含有 2 个 π 键,根据表 2 中键能数据可知,CO 中第一个 π 键的键能为 1071kJ·mol^{-1}−798kJ·mol^{-1}=273kJ·mol^{-1},N_2 中第一个 π 键的键能为 942kJ·mol^{-1}−418kJ·mol^{-1}=524kJ·mol^{-1},CO 中第一个 π 键的键能较小,所以 CO 的第一个 π 键比 N_2 的第一个 π 键更易断,所以 CO 比 N_2 活泼,B 项错误。

CO 和 N_2 形成的晶体均为分子晶体,分子间作用力越大,沸点越高,由题表 1 可知,CO 的熔沸点高于 N_2 的,是因为 CO 为极性分子,其分子间作用力大于 N_2 的,C 项正确。

根据题表 2 中的数据可知,CO 分子中有一个 π 键的键能为 798kJ·mol^{-1}−358kJ·mol^{-1}=440kJ·mol^{-1},该键能大于 C—O 单键即 σ 键的键能,因而更稳定,D 项正确。选 B。

点评 等电子体的结构相似性,必定会在物质的物理性质上体现出相似性。

小试身手

1. 无机盐 NH_4CNO 和尿素互为同分异构体。与 CNO^- 互为等电子体的分子、离子种类繁多,请各举一例,写出化学式:________、________。

2. 根据等电子体法,写出 SCN^- 的电子式:________。

3. NO_2^+ 中心 N 原子的杂化方式为________,$H_2B{=}NH_2$ 中心 B、N 原子的杂化方式分别为________。

4. 吡啶(吡啶结构式,环中含 N)与苯结构相似,吡啶分子中含有与苯类似的大 π 键,则吡啶中 N 原子的价层孤电子对占据________。

A. 2s 轨道　　B. 2p 轨道　　C. sp 杂化轨道　　D. sp^2 杂化轨道

46　结构分析法

引路人　浙江省湖州市南浔高级中学　吴应枝

方法导引

价层电子对互斥(VSEPR)模型和杂化轨道理论的结合可以有效判断共价型微粒的空间结构和中心原子的杂化方式。

VSEPR 模型认为,决定共价型微粒空间结构的是中心原子的价层电子对数,价层电子对数包括成键电子对数和孤电子对数。这些电子对在空间总是以斥力最小的方式排布。为了便于快速而准确地找出中心原子的成键电子对数和孤电子对数,将共价型微粒记作 AB_nE_m,每个字母代表的意义如下表所示。

字母	A	B	n	E	m
意义	中心原子	配位原子	B 的数目	A 的价层孤电子对	E 的数目

微粒的空间结构由中心原子 A 周围的价层电子对数(包括成键电子对和孤电子对)$n+m$ 决定。$n+m$ 与微粒的空间结构的对应关系如下表所示。

$n+m$	2	3		4		
m	0	0	1	0	1	2
价层电子对构型	直线形	平面三角形		四面体		
微粒空间结构	直线形	平面三角形	V 形	四面体	三角锥形	V 形

$n+m$	5				6		
m	0	1	2	3	0	1	2
价层电子对构型	三角双锥				八面体		
微粒空间结构	三角双锥形	变形四面体	T 形	直线形	八面体	四角锥形	平面四边形

注:$n+m=5$ 或 6 的杂化方式和微粒的空间结构虽高考不要求,但有助于学生在学习时的连续性思考。

由以上描述可知,运用 VSEPR 模型判断共价型微粒空间结构的难点在于准确计算出中心原子的价层孤电子对数 m。计算 m 可以使用下面的式子:

$$m=\frac{1}{2}\times(\text{A 的价层电子数}\pm\text{相应电荷数}-\text{B 达到八隅体需要的电子数}\times n)$$

说明:配位原子为 H 时,最外层 2 个电子达到稳定结构。

由于经典价键理论不能解释分子的一些结构问题，如 H_2O 的键角约为 104.5°而不是一般认为的 O 用于成键的两条 p 轨道的夹角 90°。鲍林提出的杂化轨道理论较好地解释了这一问题。中学常见的杂化轨道方式有 sp、sp^2、sp^3、sp^3d、sp^3d^2 杂化。

共价型微粒的空间结构是客观存在的事实，而杂化轨道理论是为了解释其空间结构而提出的。所以微粒有什么样的空间结构决定了中心原子有什么样的杂化方式。

微粒的价层电子对数与中心原子杂化方式的对应关系如下表所示。

$n+m$	2	3	4	5	6
中心原子杂化方式	sp	sp^2	sp^3/dsp^2	sp^3d	sp^3d^2

综上所述，要明确中心原子的杂化方式首先需要知道该微粒的空间结构。因此，判断中心原子的杂化方式的方法：

$$\text{VSEPR 模型}\xrightarrow{\text{预测}}\text{中心原子价层电子对数}\xrightarrow{\text{决定}}\text{中心原子杂化方式}$$

应用赏析

一、以 VSEPR 模型判断共价型微粒的空间结构

例 1 分别写出 H_2O 和 CO_3^{2-} 的 AB_nE_m 型式，并指出其 VSEPR 模型和微粒的空间结构。

解析 H_2O 中心 O 原子价电子数为 6，配位原子 H 需要 1 个电子达到稳定结构，所以 2 个 H 原子一共需要 2 个电子，这样 O 原子还剩下 $6-1\times2=4$ 个电子，$4\times\frac{1}{2}=2$ 对，即 $m=2$。因此 H_2O 记为 AB_2E_2 型，VSEPR 模型为四面体，分子的空间结构为 V 形。

CO_3^{2-} 中心 C 原子价电子数为 4，计算时要加上 2 个负电荷的电子；配位原子 O 需要 2 个电子达到稳定结构，故 $m=\frac{1}{2}\times(4+2-2\times3)=0$，没有孤电子对。因此 CO_3^{2-} 记为 AB_3E_0 型，VSEPR 模型和分子的空间结构均为平面三角形。

例 2 试用价层电子对互斥模型判断下列分子或离子的空间结构。

$BeCl_2$　BCl_3　NH_4^+　ClF_3　PCl_3　I_3^-　PO_4^{3-}　SO_2　NO_2

解析 运用公式判断每个微粒的 AB_nE_m 型式，再判断其空间结构。

微粒	中心原子	n	m	$n+m$	VSEPR 模型	空间结构
$BeCl_2$	Be	2	$\frac{1}{2}\times(2-1\times2)=0$	2	直线形	直线形
BCl_3	B	3	$\frac{1}{2}\times(3-1\times3)=0$	3	平面三角形	平面三角形

续表

微粒	中心原子	n	m	$n+m$	VSEPR 模型	空间结构
NH_4^+	N	4	$\frac{1}{2}\times(5-1-1\times4)=0$	4	四面体	正四面体
ClF_3	Cl	3	$\frac{1}{2}\times(7-1\times3)=2$	5	三角双锥形	T 形
PCl_3	P	3	$\frac{1}{2}\times(5-1\times3)=1$	4	四面体	三角锥形
I_3^-	I	2	$\frac{1}{2}\times(7+1-1\times2)=3$	5	三角双锥形	直线形
PO_4^{3-}	P	4	$\frac{1}{2}\times(5+3-2\times4)=0$	4	四面体	正四面体
SO_2	S	2	$\frac{1}{2}\times(6-2\times2)=1$	3	平面三角形	V 形

也可以用此法分析 NO_2 这样的奇电子化合物的分子空间结构。中心 N 原子的价层孤电子数$=5-2\times2=1$，即 N 原子只有 1 个未成对电子，虽然未成对，但这个电子仍要占据 1 个轨道，因此 NO_2 记为 AB_2E_1 型，VSEPR 模型为平面三角形，分子空间为 V 形。

点评 用价层电子对互斥模型推测共价型微粒的空间结构的确很方便，关键是要找对中心原子的价层电子对数（包括成键电子对数和孤电子对数，即 $n+m$），再与归纳好的模型对比即可知道结构。

价层电子对互斥模型的适用范围：

只适用于主族元素的共价型微粒的空间结构判断，不适用于过渡元素配合物的空间结构判断，因为过渡元素的$(n-1)$d 轨道也可能参与成键。

只适用于单中心的共价型微粒，即 AB_nE_m 型。例如 ICl_4^- 和 ClI_4^- 是等电子体，都可记为 AB_4E_2。但前者可以用 VSEPR 模型判断为平面四方形，后者则不是平面四方形而是 V 形，显然 VSEPR 模型不能推测 ClI_4^- 的空间结构，这是因为 ClI_4^- 的中心原子 Cl 的半径较小，周围容纳不下 4 个半径大的 I 原子。

ICl_4^-　　　　ClI_4^-

二、共价型微粒中心原子杂化方式的判断

例 3 试判断例 2 中各分子或离子的中心原子杂化方式。

解析 先将各微粒写成 AB_nE_m 型式，再求出其中心原子的价层电子对数 $n+m$ 的值，即可判断中心原子杂化方式。

微粒	中心原子	n	m	AB_nE_m	$n+m$	中心原子杂化方式
$BeCl_2$	Be	2	$\frac{1}{2}\times(2-1\times2)=0$	AB_2E_0	2	sp
BCl_3	B	3	$\frac{1}{2}\times(3-1\times3)=0$	AB_3E_0	3	sp^2
NH_4^+	N	4	$\frac{1}{2}\times(5-1-1\times4)=0$	AB_4E_0	4	sp^3
ClF_3	Cl	3	$\frac{1}{2}\times(7-1\times3)=2$	AB_3E_2	5	sp^3d
PCl_3	P	3	$\frac{1}{2}\times(5-1\times3)=1$	AB_3E_1	4	sp^3
I_3^-	I	2	$\frac{1}{2}\times(7+1-1\times2)=3$	AB_2E_3	5	sp^3d
PO_4^{3-}	P	4	$\frac{1}{2}\times(5+3-2\times4)=0$	AB_4E_0	4	sp^3
SO_2	S	2	$\frac{1}{2}\times(6-2\times2)=1$	AB_2E_1	3	sp^2

点评 共价型微粒的中心原子杂化方式是由该中心原子的价层电子对数决定的。从认知的逻辑顺序可知，先掌握 VSEPR 模型，确定微粒的空间结构，然后才能进一步确定中心原子杂化方式。

小试身手

1. $Si(NH_2)_4$ 分子的空间结构（以 Si 为中心）名称为________，分子中氮原子的杂化轨道类型是________。

2. $[BMIM]^+BF_4^-$（右图）是 MnO_x 晶型转变的诱导剂。BF_4^- 的空间结构为________；$[BMIM]^+$ 中咪唑环存在大 π 键 Π_5^6，则 N 原子采取的轨道杂化方式为________。

BF_4^-

$[BMIM]^+BF_4^-$

3. $SiCl_4$ 是生产高纯硅的前驱体，其中 Si 采取的杂化方式为________。$SiCl_4$ 可发生水解反应，机理如下：

$SiCl_4 \xrightarrow{H_2O}$ [$SiCl_4(H_2O)$ 含s、p、d轨道的杂化] $\xrightarrow{-HCl}$ $SiCl_3OH$

含 s、p、d 轨道的杂化类型有①dsp^2、②sp^3d、③sp^3d^2，中间体 $SiCl_4(H_2O)$ 中 Si 采取的杂化类型为________（填标号）。

47 氢键模型法

引路人 浙江省金华市教育教学研究中心 张文龙

方法导引

氢键是一种非常重要的分子间作用力，常见的氢键形式为 X—H…Y(X、Y 通常是 N、O、F)。

大多数氢键 X—H…Y 中，只有 1 个 H 原子直接指向 Y 上的孤电子对，如冰。

但也有一些物质的氢键并不具有方向性与饱和性，而更像是一种带正电的质子和带负电的电子之间的较弱的静电作用，如氨晶体中，每个 N 原子孤电子对接受分属其他氨分子的 3 个 H 原子。

因此氢键的形成条件可概括如下：有较强的呈正电性的 H 原子作为质子给予体，有较强呈负电性的原子或基团作质子接受体。我们要充分认识氢键模型，从本源上理解氢键并将其运用到日常问题的解决中去。

应用赏析

一、从本源角度认知氢键

例 1 下表列举了一些常见氢键的数据。

氢键 X—H…Y	"键能"/($kJ \cdot mol^{-1}$)	"键长"/pm	代表性例子
F—H…F	28.1	255	$(HF)_n$
O—H…O	18.8	276	冰
O—H…O	25.9	266	甲醇、乙醇
N—H…N	5.4	338	NH_3

观察表格中的信息，据此回答以下问题。

(1)氢键 X—H…Y 中，当 X 与 Y 相同时，影响氢键"键能"的因素是________。

(2)冰中 O—H…O 与甲醇、乙醇中的 O—H…O 的氢键"键能"不同的原因是________。

解析 根据题表中的数据分析可得，F—H…F、O—H…O、N—H…N 的氢键"键能"依次减小，氢键"键长"依次增大，故当 X 与 Y 相同时，影响氢键"键能"的因素是氢键的“键长”，即 X—H…Y 的长度。

相较于 H_2O，甲醇和乙醇中的烃基为推电子基，此电子效应使得甲醇、乙醇分子间氢键的电子云密度增大，“键能”增强。

点评 氢键本质上是一种电性作用，所以库仑定律可在一定程度上应用于氢键强弱的定性分析。

例 2 HF、H_2O、NH_3 三者的沸点不同，除了其形成的氢键强度有所差异外，数量上也有不同。请从原子结构的角度解释 1mol HF、H_2O、NH_3 分子间氢键数目不同的原因。

解析 HF 分子的中心 F 原子有 4 个价电子对，采用 sp^3 杂化，通过一个 sp^3 杂化轨道上的孤电子对指向另一个 HF 分子中的 H 原子形成氢键，每个 HF 分子通过氢键与周围 2 个 HF 分子连接，故平均每个 HF 分子形成的氢键个数为 1(尽管每个 F 原子还剩余 2 个孤电子对，但由于每个 HF 分子只有 1 个 H 原子，每个 H 原子只能形成 1 个氢键，因此每个 HF 分子只有 1 个氢键)。

H_2O 分子的中心 O 原子有 4 个价电子对，采用 sp^3 杂化，每个 H_2O 分子与周围 4 个 H_2O 分子形成氢键，由于每个氢键均在 2 个 H_2O 分子之间形成，平均每个 H_2O 分子形成 2 个氢键。

每个 NH_3 分子通过氢键与 6 个 NH_3 分子邻接，而每 2 个 NH_3 分子形成一个完整的 N—H…N 氢键，根据均分思想，每个 NH_3 分子均分得到 3 个氢键。

例 3 请说明噻吩(噻吩结构式，环中含 S)的沸点低于吡咯(吡咯结构式，环中含 NH)的原因。

解析 吡咯分子中存在极性键 N—H 键，存在正电性较强的 H(质子给予体)，还存在 π 电子体系(质子接受体)，故吡咯分子间可以形成氢键。

噻吩分子间只存在范德华力。

氢键比分子间作用力强烈，故吡咯的沸点比噻吩的高。

二、本源认知角度下氢键模型的应用

例 4 请根据已学知识，分析下表中两种同分异构体熔点和沸点的差异的原因。

物质	HOOC—(苯环)—OH(对羟基苯甲酸)	苯环上邻位分别连 COOH 和 OH(邻羟基苯甲酸)
熔点	214℃	158℃～161℃
沸点	336.2℃	336.3℃

解析 通过分析可知题表中的两种物质均为分子晶体且互为同分异构体，其相对分子质量相同，因此范德华力对二者的影响在氢键存在时基本可以忽略。因为对羟基苯甲酸主要形成分子间氢键，而邻羟基苯甲酸主要形成分子内氢键，所以对羟基苯甲酸的熔点更高。二者在接近沸点时，由于分子间氢键破坏程度较大，分子间距离较远，影响物质沸点的主要因素转为范德华力，因此二者沸点相近。

答题时可以精简概括如下：对羟基苯甲酸形成分子间氢键，而邻羟基苯甲酸形成分子内氢键，故前者熔点更高；当二者接近沸点时，分子间氢键破坏程度较大，影响物质沸点的主要因素转为范德华力，因此二者沸点相近。

小试身手

1. 硝酸容易挥发，而硫酸难挥发，其原因是________________。

2. 氨硼烷（NH_3BH_3）分子中与 N 相连的 H 呈正电性，与 B 原子相连的 H 呈负电性，它们之间存在静电相互吸引，称为双氢键，用“N—H…H—B”表示。以下物质之间可能形成双氢键的是 （　　）

A. 苯和三氯甲烷　　B. LiH 和 HCN

C. C_2H_4 和 C_2H_2　　D. N_2H_4 和 NH_3

3. 请解释吡唑（HN—N 五元环结构）的熔点低于咪唑（HN、N 五元环结构）的原因。

4. 请结合分子结构特点解释乙炔在水中的溶解度为 0.117g，乙烷在水中的溶解度为 0.0062g 的原因。

48　分数坐标法

引路人　浙江省湖州市南浔高级中学　吴应枝

方法导引

晶胞中微粒的分数坐标不仅可以表达微粒所在的位置，在解决一些问题时还能起到意想不到的作用。例如求算晶胞中两个微粒之间的距离，如果用构建几何关系的方法有时过于烦琐，而妙用分数坐标法则简捷多了。另外，特别是在处理晶胞中微粒的位置变换这类问题时，用常规办法往往捉襟见肘，而用分数坐标法可以非常快捷地解决。

应用赏析

一、求算晶胞中微粒之间的距离

例 1 某锂离子电池电极材料充电后的立方晶胞结构如下图所示。计算晶胞中 S 和 S 之间的最短距离。

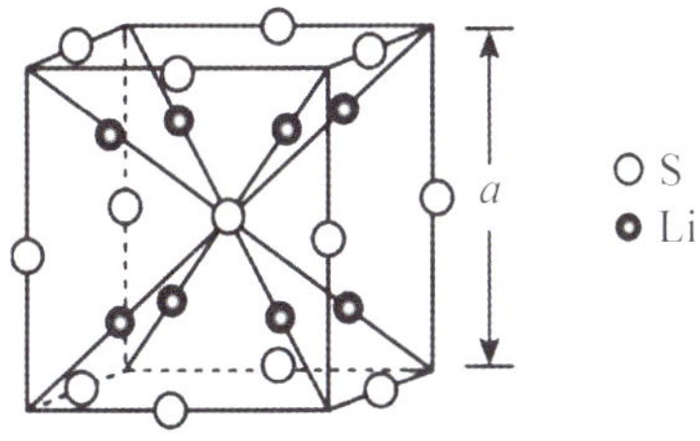

解析　观察法：观察晶胞结构可知，S 和 S 之间的最短距离为面对角线长度的一半，即$\frac{\sqrt{2}}{2}a$。

点评　观察法在解决基础难度的距离求算时可以运用，但在处理例 2 这样的问题就显得捉襟见肘了。详见例 2。

例 2 金属铋及其化合物广泛应用于电子设备、医药等领域。如下图所示是铋的一种氟化物的立方晶胞(左)及晶胞中点 M、N、P、Q 的截面图(右),晶胞的边长为a pm。计算晶胞中点 S、T 处两微粒之间的距离。

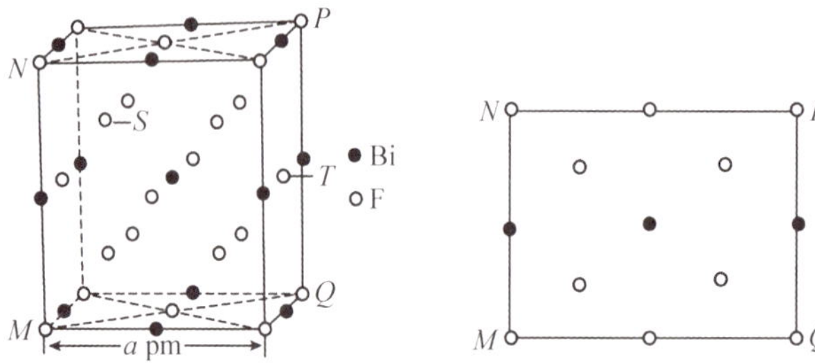

解析 方法1:构建几何关系。计算点 S、T 处两微粒之间的距离,即计算线长 ST 如右图所示。由勾股定理易得

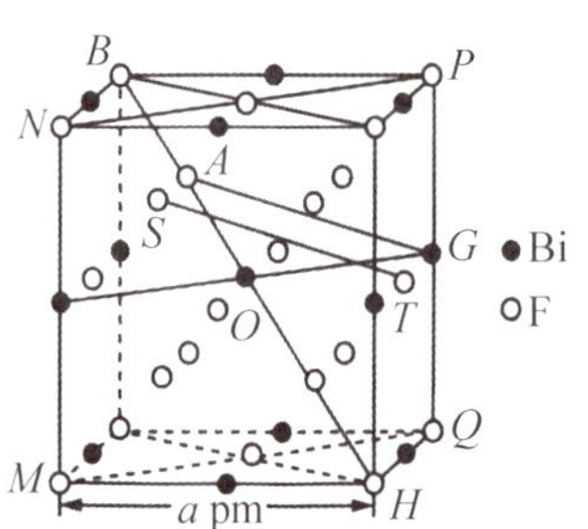

$$BG^2=BP^2+PG^2=\frac{5}{4}a^2\ \text{pm}^2=BO^2+OG^2$$

则$\angle BOG=90°$,$OA=\frac{1}{4}BH=\frac{\sqrt{3}}{4}a$ pm,$OG=\frac{\sqrt{2}}{2}a$ pm。

$AG^2=OA^2+OG^2=\frac{11}{16}a^2\ \text{pm}^2$,$ST$ 与 AG 平行且相等,则点 S、T 处两微粒之间的距离即 $ST=\frac{\sqrt{11}}{4}a$ pm。

方法 2:分数坐标法。巧用分数坐标法,可以简捷地求出线长 ST。建立如右图所示的坐标系。

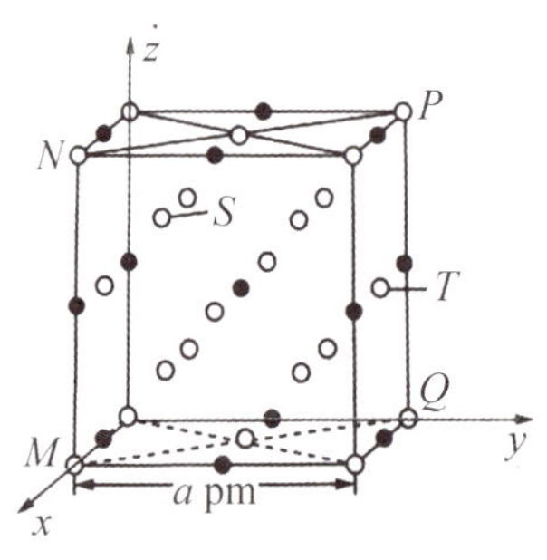

点 S 的坐标为$\left(\frac{3}{4},\frac{1}{4},\frac{3}{4}\right)$,点 T 坐标为$\left(\frac{1}{2},1,\frac{1}{2}\right)$。

[为什么这里点 T 坐标不是平常所用的$\left(\frac{1}{2},0,\frac{1}{2}\right)$?因为这里求算的是具体的两点之间的距离,如果用坐标$\left(\frac{1}{2},0,\frac{1}{2}\right)$则求算的就不是点 S 到点 T 的距离了。请读者一定要注意区别。]

根据两点距离公式可得点 S、T 处两微粒之间的距离

$$ST=\sqrt{\left(\frac{3}{4}-\frac{1}{2}\right)^2+\left(\frac{1}{4}-1\right)^2+\left(\frac{3}{4}-\frac{1}{2}\right)^2}\times a\ \text{pm}=\frac{\sqrt{11}}{4}a\ \text{pm}$$

点评 对比方法 1 和方法 2,显然方法 2 更加简捷。巧用分数坐标法可以将方法 1 中复杂的几何问题转化为方法 2 中简单的数学公式,达到事半功倍之效。但要注意区分在求算距离时晶胞中某点的坐标与平常的分数坐标的区别,否则结果

就可能出错。

二、晶胞的坐标变换

例3 KIO_3 晶体是一种性能良好的非线性光学材料，具有钙钛矿型的立方结构，晶胞中 K、I、O 分别处于顶角、体心、面心位置，如右图所示。

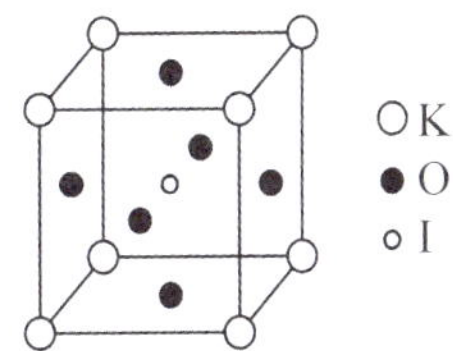

在 KIO_3 晶胞结构的另一种表示中，I 处于各顶角位置，则 K 处于________位置，O 处于________位置。

解析 方法 1：观察法。I 处于各顶角位置，相当于将晶胞顶点平移至体心处，这样原来的顶点就是新晶胞的体心，原来的面心就是棱心了。因此，K 处于体心位置，O 处于棱心位置。

方法 2：分数坐标法（平移）。根据题意可知三种微粒的分数坐标分别如下：

$I(\frac{1}{2},\frac{1}{2},\frac{1}{2})$；$K(0,0,0)$；$O(\frac{1}{2},\frac{1}{2},0)$，$(\frac{1}{2},0,\frac{1}{2})$，$(0,\frac{1}{2},\frac{1}{2})$。

将 I 的分数坐标分别加上 $\frac{1}{2}$，则有

$$\begin{array}{rccc} \text{I:} & \frac{1}{2} & \frac{1}{2} & \frac{1}{2} \\ + & \frac{1}{2} & \frac{1}{2} & \frac{1}{2} \\ \hline & 1 & 1 & 1 \end{array}$$

需要说明一点是，在晶胞中坐标“1”和“0”意义相同，因此经这样处理后，I 即处于各顶角位置，分数坐标为(0,0,0)。

同理，K 和 O 的分数坐标同样可平移得到。

$$\begin{array}{rccc} \text{K:} & 0 & 0 & 0 \\ + & \frac{1}{2} & \frac{1}{2} & \frac{1}{2} \\ \hline & \frac{1}{2} & \frac{1}{2} & \frac{1}{2} \end{array}$$

$$\begin{array}{rccc} \text{O:} & \frac{1}{2} & \frac{1}{2} & 0 \\ + & \frac{1}{2} & \frac{1}{2} & \frac{1}{2} \\ \hline & 0 & 0 & \frac{1}{2} \end{array} \qquad \begin{array}{rccc} & \frac{1}{2} & 0 & \frac{1}{2} \\ + & \frac{1}{2} & \frac{1}{2} & \frac{1}{2} \\ \hline & 0 & \frac{1}{2} & 0 \end{array} \qquad \begin{array}{rccc} & 0 & \frac{1}{2} & \frac{1}{2} \\ + & \frac{1}{2} & \frac{1}{2} & \frac{1}{2} \\ \hline & \frac{1}{2} & 0 & 0 \end{array}$$

由此可知平移后的分数坐标：$K\left(\frac{1}{2},\frac{1}{2},\frac{1}{2}\right)$，位于体心；$O\left(0,0,\frac{1}{2}\right)$，$\left(0,\frac{1}{2},0\right)$ $\left(\frac{1}{2},0,0\right)$，位于棱心。

点评 观察法局限于简单的晶胞结构分析，而分数坐标法巧用数学方法将复杂的问题简单化。知识之间是相互联系的，要想较好地掌握这种方法，就要能正确判断晶胞中的微粒在平移前的分数坐标。

小试身手

1. 由 Al 元素和 N 元素形成的某种化合物的立方晶胞如右图所示。已知该化合物晶体的密度为 $\rho\ g \cdot cm^{-3}$，N_A 为阿伏加德罗常数的值，则晶胞中相距最近的两个 N 原子之间的距离为多少？

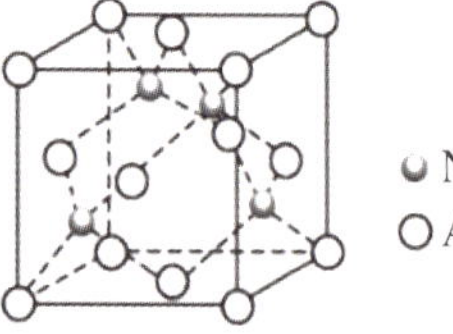

2. 硼是一种用途广泛的化工原料矿物，在生活中占有重要地位。某种硼的离子化合物 B_xM_y 的立方晶胞如下图所示。若将底面左上角的 M 离子选为晶胞顶点，则位于体心的 M 离子的分数坐标为$\left(\frac{1}{2},\frac{1}{2},\frac{1}{2}\right)$，已知该坐标出现负数是不合理的，写出以 X 位置为晶胞顶点时剩余 B 离子的分数坐标。

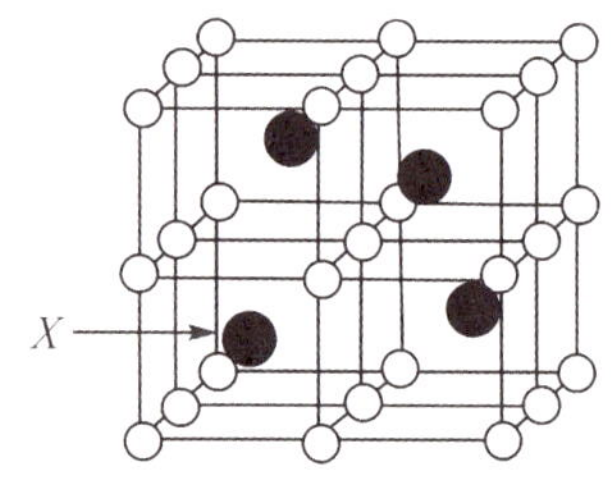

3. 钙钛矿 $CaTiO_3$ 有两种构型（A 型和 B 型），下图为 A 型。如果将晶胞原点移到 Ca^{2+} 上，就是 $CaTiO_3$ 的 B 型结构。请在线框内画出 B 型晶胞的结构图。

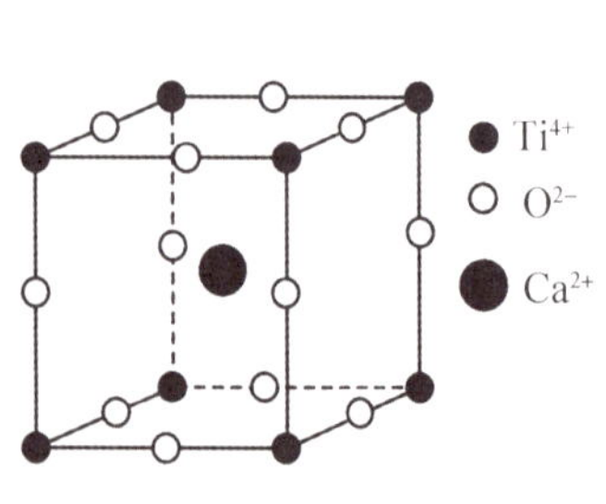

49 均摊法

引路人 浙江省湖州市长兴县教育研究中心 费阳

方法导引

均摊法是确定晶胞微粒数目和晶体化学式的有效工具。它依据晶胞中微粒共享的特点，通过将每个微粒均摊到各个晶胞的比例，简化复杂结构的计算。这种方法要求我们在识别微粒于晶胞中位置（如顶点、棱、面和内部）的基础上，根据其被共享的情况计算每个晶胞中的实际微粒数。通过这种方法，我们可以轻松确定晶体的化学式，并进一步计算晶体密度，为理解和应用晶体化学提供直观的途径。

应用赏析

一、晶胞中微粒数目及晶体化学式的计算

例 1 Zn 与 S 所形成化合物晶体的晶胞如右图所示。

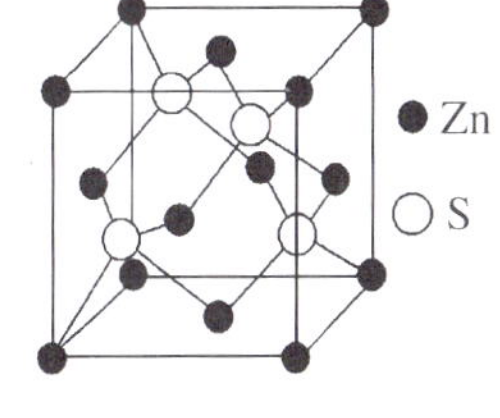

(1)在 1 个晶胞中，Zn 离子的数目为__________。

(2)该化合物的化学式为__________。

解析 如果微粒被 n 个晶胞所共有，则该微粒有 $\frac{1}{n}$ 属于该晶胞，如下图所示。

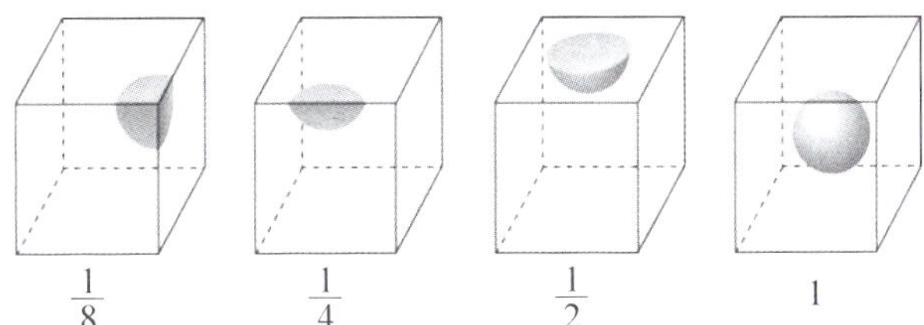

(1)从晶胞图分析可知，1 个晶胞中含有的 Zn 离子（Zn^{2+}）的数目为 $8\times\frac{1}{8}+6\times\frac{1}{2}=4$。

(2)同理可知，1 个晶胞中 S 离子（S^{2-}）有 4 个，所以化合物中 Zn 与 S 的数目之比为 1∶1，则化学式为 ZnS。

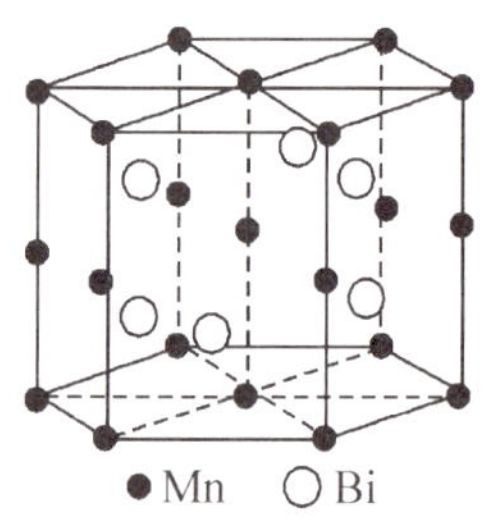

例 2 磁光存储的研究是在1957年使Mn和Bi形成的晶体薄膜磁化并用光读取之后开始的。右图是Mn和Bi形成的某种晶体的结构示意图(白球均在六棱柱内),则该晶体物质的化学式可表示为 ( )

A. Mn_2Bi　　B. MnBi

C. $MnBi_3$　　D. Mn_4Bi_3

解析 由晶体的结构示意图可知:白球为Bi原子,且均在六棱柱内,因此Bi原子有6个;黑球为Mn原子,个数为$12\times\frac{1}{6}+2\times\frac{1}{2}+1+6\times\frac{1}{3}=6$(个)。综上可知,二者的原子个数比为1∶1,则该晶体物质的化学式可表示为MnBi,选B。

点评 在复杂的晶体结构中,某些微粒可能被多个晶胞共享,将这些微粒均摊到每个晶胞中,可以知道每个晶胞实际"拥有"的各种微粒数目。均摊法的关键是要厘清每种微粒到底被多少个晶胞共享。

二、晶体密度的计算

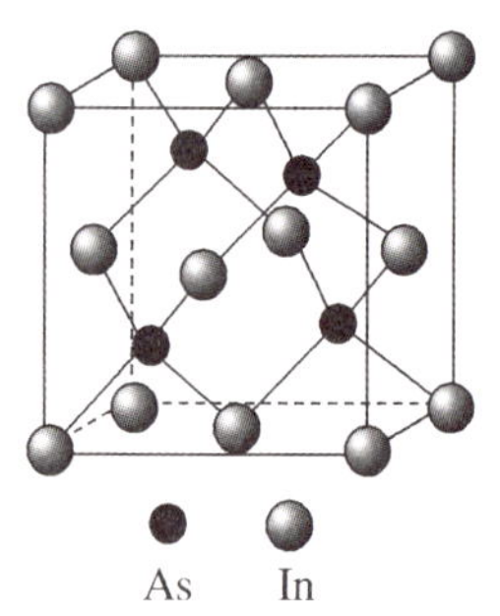

例 3 砷与铟(In)形成的化合物X具有优良的光电性能,广泛应用于光纤通信用激光器,其晶胞结构如右图所示,则其化学式为________;已知晶胞边长$a=666.67$pm,则其密度为________ $g\cdot cm^{-3}$(边长a可用$\frac{2000}{3}$近似计算,设$N_A=6.02\times10^{23}mol^{-1}$)。

解析 晶体密度计算的一般思路:

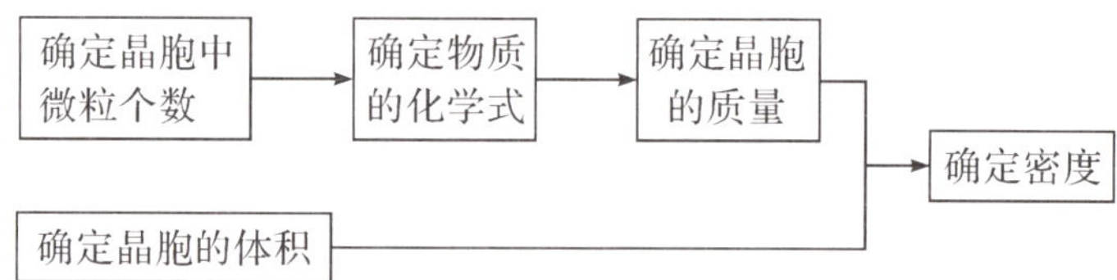

砷与铟(In)形成的化合物X的晶胞中,As原子数为4,In原子数为$8\times\frac{1}{8}+6\times\frac{1}{2}=4$,则X的化学式为InAs。

晶胞中微粒的质量$m=Z\times\frac{M}{N_A}=4\times\frac{(115+75)}{6.02\times10^{23}}$ g(Z表示晶胞中微粒的数目,M是1mol微粒的质量)。

晶胞的体积$V=a^3=\left(\frac{2000}{3}\times10^{-10}\right)^3$ cm^3。

最后根据密度公式 $\rho=\frac{m}{V}$ 计算晶胞密度，将 m 和 V 代入公式，得到 $\rho=\frac{m}{V}=$

$$\frac{\frac{4\times(115+75)}{6.02\times10^{23}}}{\left(\frac{2000}{3}\times10^{-10}\right)^3}\text{g}\cdot\text{cm}^{-3}=4.261\text{g}\cdot\text{cm}^{-3}。$$

点评 以物质的量为桥梁，将晶体密度的计算拆解为化学式确立下的晶胞质量、晶胞体积的计算，就可以条理清晰地完成密度的计算。在计算过程中还需要注意单位的换算。

小试身手

1. 下图为离子晶体立体构型示意图（•为阳离子，◦为阴离子），以 M 表示阳离子，以 N 表示阴离子，写出各离子晶体的组成表达式。

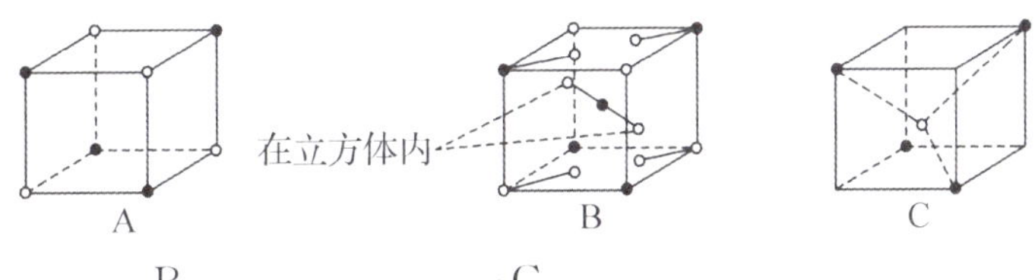

A:______；B:______；C:______。

2. 一种具有超导性的材料由 Y、Cu、Ba、O 等元素组成，其晶胞结构如下图所示。已知 $\alpha=\beta=\gamma=90°$，则该晶体的化学式为______，密度为______。

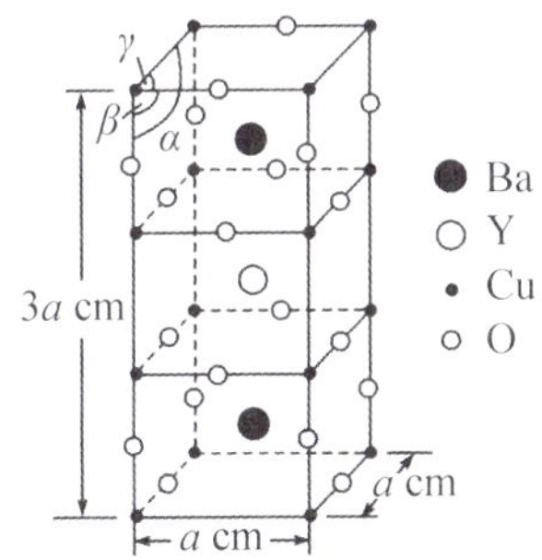

3. 金属 Zn 晶体中的原子堆积方式如下图所示，六棱柱底边边长为 a cm，高为 c cm，设阿伏加德罗常数的值为 N_A，则 Zn 的密度为______ $\text{g}\cdot\text{cm}^{-3}$（列出计算式）。

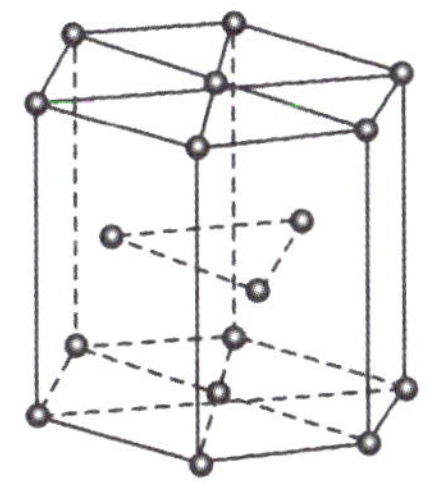

50　几何套用法

引路人　浙江省杭州第二中学富春学校　蒋晓乾

方法导引

几何套用法是指采用“拿来主义”，将数学中的立体几何知识直接用于解决化学问题的一种学科思想方法。该方法通过直接套用几何形体的边长、面对角线、体对角线、面积、体积等几何计算关系，精准而高效地解析晶胞结构中的微粒间距、晶胞密度、空间利用率等化学问题。它的显著优势在于其简捷性和高效性，它展现了数学与化学交叉融合的独特魅力。

应用赏析

例 1　图 1 是 $MgCu_2$ 的拉维斯结构，Mg 以金刚石方式堆积，在八面体空隙和半数的四面体空隙中，填入以四面体方式排列的 Cu。图 2 是沿立方格子对角面取得的截图。可见，Cu 原子之间最短距离 $x=$________ pm，Mg 原子之间最短距离 $y=$________ pm。设阿伏加德罗常数的值为 N_A，Mg、Cu 原子的半径分别为 $r(Mg)$ pm 和 $r(Cu)$ pm，则 $MgCu_2$ 的密度是________ $g\cdot cm^{-3}$（列出计算表达式），该拉维斯结构的空间填充百分率为________（列出计算表达式）。

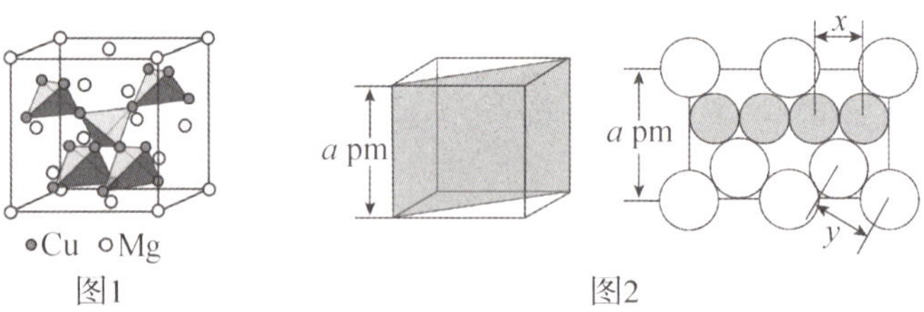

图1　　图2

解析　观察题图 2 不难发现，Cu 原子之间最短距离 x 为面对角线的 $\frac{1}{4}$［存在数学几何关系 $8r(Cu)=\sqrt{2}a$，距离 $d(Cu—Cu)=x=2r(Cu)$］，所以 $x=\frac{\sqrt{2}}{4}a$ pm。

Mg 原子之间最短距离为体对角线的 $\frac{1}{4}$［存在数学几何关系 $8r(Mg)=\sqrt{3}a$，距

离 $d(\mathrm{Mg—Mg})=y=2r(\mathrm{Mg})$]，所以 $y=\frac{\sqrt{3}}{4}a$。

观察晶胞结构图(题图 1)，利用均摊法可知，晶胞中含有的镁原子的个数为$8\times\frac{1}{8}+6\times\frac{1}{2}+4=8$。由题意可知 Cu 原子全部在晶胞内部，故 Cu 原子个数为 16(也可根据该物质的化学式 $MgCu_2$ 求得)，晶胞中微粒的质量 $m=\frac{8\times24+16\times64}{N_A}$ g，则 $MgCu_2$的密度 $\rho=\frac{m}{V}=\frac{8\times24+16\times64}{N_Aa^3\times10^{-30}}$ $\mathrm{g\cdot cm^{-3}}$。

套用球体的体积公式 $V_{球}=\frac{4}{3}\pi r^3$ 可得，该 $MgCu_2$ 的拉维斯结构的空间填充百分率

$$\eta=\frac{晶胞中原子所占的总体积}{晶胞体积}\times100\%=\frac{8\times\frac{4}{3}\pi r^3(\mathrm{Mg})+16\times\frac{4}{3}\pi r^3(\mathrm{Cu})}{a^3}\times100\%。$$

点评 (1)晶体中常用的几组数学几何关系式(设晶胞棱长为 a，原子半径为 r)如下。

①立方体面对角线长 $L=\sqrt{2}a$，立方体体对角线长 $L=\sqrt{3}a$。

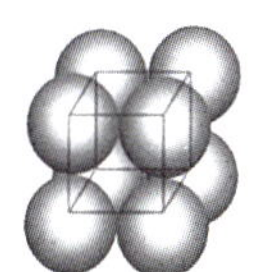

简单立方堆积

②$2r=a$。

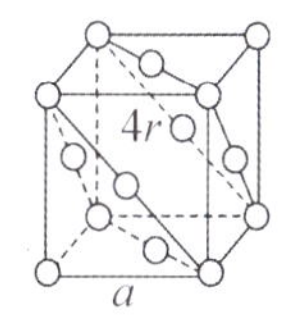

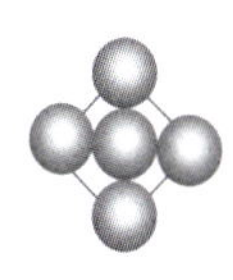

面心立方堆积

③$4r=\sqrt{2}a$。

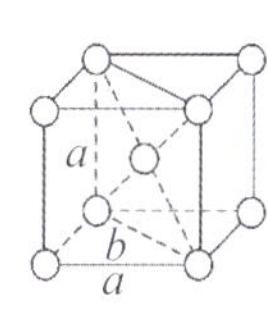

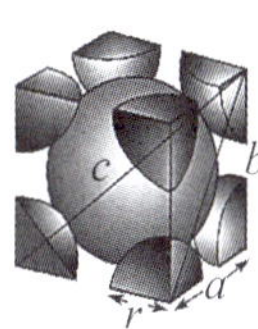

体心立方堆积

④$4r=\sqrt{3}a$。

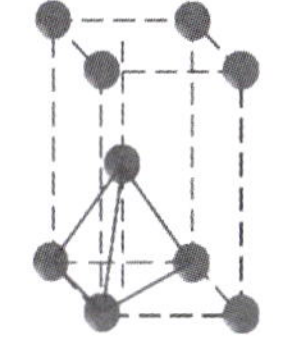
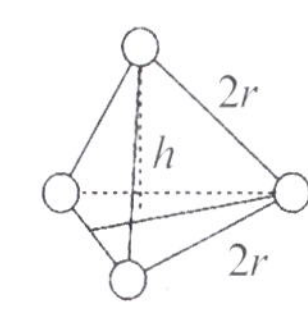

六方最密堆积

⑤$2r=a$，$h=\frac{2\sqrt{6}}{3}r$。

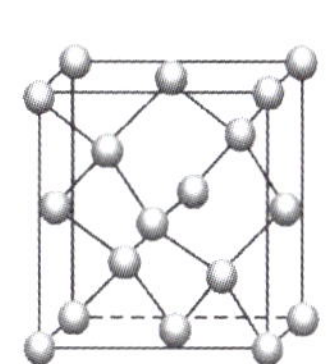

金刚石立方晶胞

⑥$8r=\sqrt{3}a$。

⑦物质密度公式 $\rho=\frac{m}{V}=\frac{NM}{N_AV}$($N$ 为晶胞所含微粒个数)。

⑧刚性原子球体积公式 $V_{球}=\frac{4}{3}\pi r^3$(r 为原子半径)。

⑨空间利用率 $\eta=\frac{晶胞中原子所占的总体积}{晶胞体积}\times100\%$。

(2)对于晶胞结构，要做好识图、辨图、析图。解决这类化学问题，一是要掌握

晶胞均摊法的原理，二是要有扎实的立体几何知识，三是要熟悉常见晶体的结构特征，并能达到融会贯通，举一反三。晶胞密度、微粒间距、空间利用率计算的解题思维模型如下。

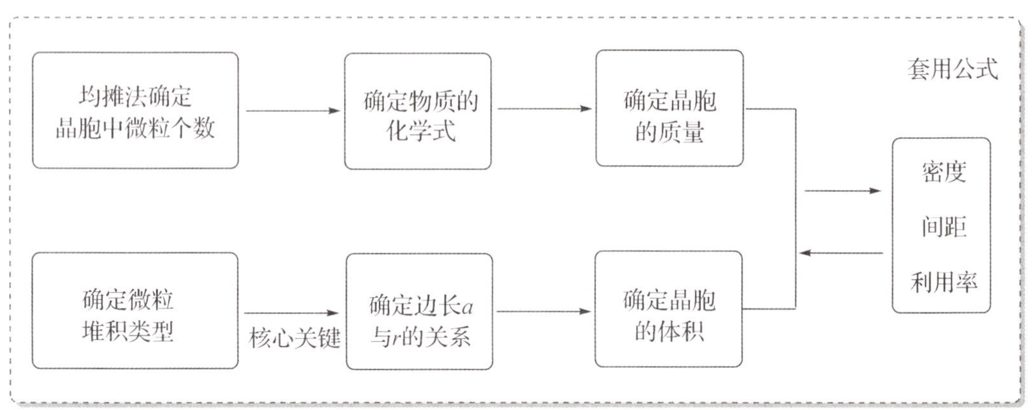

例 2 目前，化学家们已经找到十余种富勒烯家族的 C_x（$x \geqslant 20$），它们的分子结构都可以看作由正五边形和正六边形构成的封闭凸多面体，C_{60} 就是其中一种典型的富勒烯。1996 年的诺贝尔化学奖授予对发现 C_{60} 有重大贡献的三位科学家。已知 C_{60} 是由 60 个 C 原子组成的分子，其结构如右图所示，试计算 C_{60} 分子中五边形和六边形的个数。

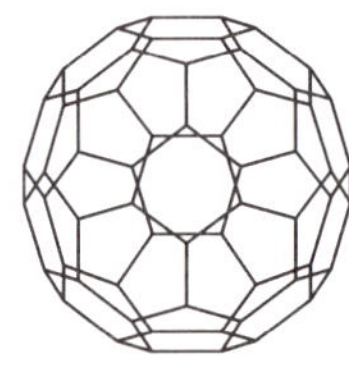
C_{60} 分子结构

解析 本题可直接套用数学中的欧拉公式，简单多面体的顶点数 V、面数 F 及棱边数 E 之间存在如下关系：V（顶点数）$+F$（面数）$-E$（棱边数）$=2$。

据此，不妨假设 C_{60} 中六元环有 F_6 个，五元环有 F_5 个。观察 C_{60} 分子结构不难发现，该多面体的顶点数即碳原子数。构成 1 个六元环有 6 个顶点，构成 1 个五元环有 5 个顶点，而每个顶点均由 3 个环所共有。根据均摊法，有 $\frac{6 \times F_6 + 5 \times F_5}{3} = 60$，结合欧拉公式有 $60 + F_6 + F_5 - \frac{6 \times F_6 + 5 \times F_5}{2}$（每条边被 2 个环所共有）$=2$，联立方程可以得出 $F_6 = 20$，$F_5 = 12$，即 C_{60} 中有 20 个六边形，12 个五边形。

点评 本题的解法很多，在此着重介绍了直接套用数学中著名的欧拉公式的解题技法，体现了数学在化学中的巧妙应用（化学情境在数学中的建模），充分凸显了多学科交叉的知识魅力！

小试身手

1. 有一种理论计算方法，可利用材料的晶体结构数据推测其热电性能，该方法有助于加速新型热电材料的研发进程。化合物 X 是通过该方法筛选出的潜在热电材料之一，其晶胞结构如图 1 所示，其沿 x、y、z 轴方向的投影均如图 2 所示。

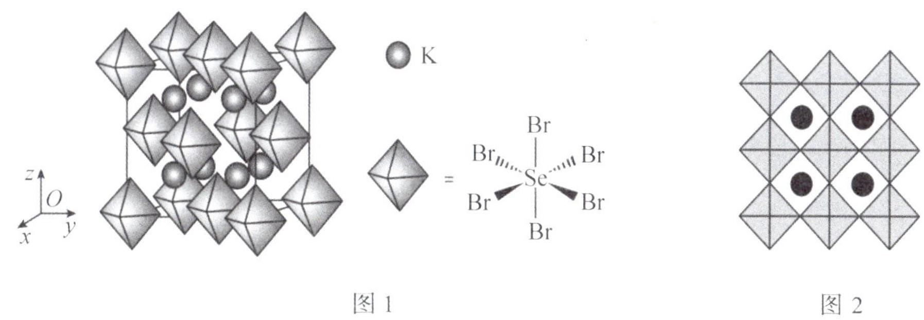

图 1　　　　图 2

（1）X 的化学式为________________。

（2）设 X 的最简式的式量为 M_r，晶体密度为 ρ g · cm^{-3}，则 X 中相邻 K 之间的最短距离为________ nm（列出计算式，设 N_A 为阿伏加德罗常数的值）。

2. 锆（Zr）是一种重要的战略金属，可从其氧化物中提取。右图是某种锆的氧化物晶体的立方晶胞，N_A 为阿伏加德罗常数的值。下列说法错误的是（　　）

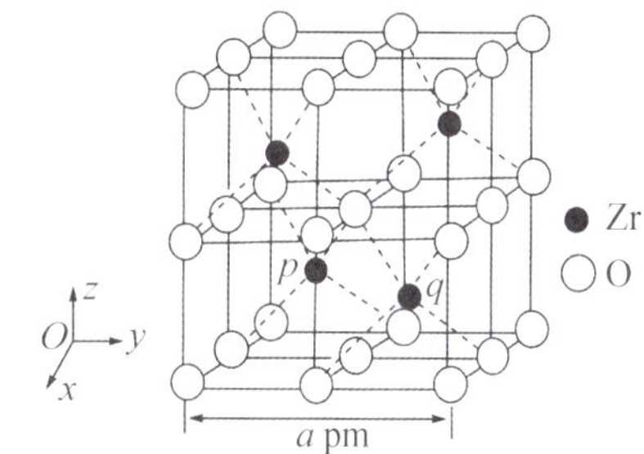

A. 该氧化物的化学式为 ZrO_2

B. 该氧化物的密度为 $\dfrac{123\times10^{30}}{N_A\cdot a^3}$ g · cm^{-3}

C. Zr 原子之间的最短距离为 $\dfrac{\sqrt{2}}{2}a$ pm

D. 若坐标取向不变，将 p 点的 Zr 原子平移至原点，则 q 点的 Zr 原子位于晶胞 xOy 面的面心

3. 多面体几何学和化学的联系日益密切，多面体欧拉定理是指在三维空间中多面体存在关系：顶点数（V）＋面数（F）－棱边数（E）＝2。已知富勒烯 C_x 的结构都是以正五边形面和正六边形面组成的凸多面体。

（1）试证明：不论是由多少个顶点组成的富勒烯多面体，其五边形的个数总是 12 个。

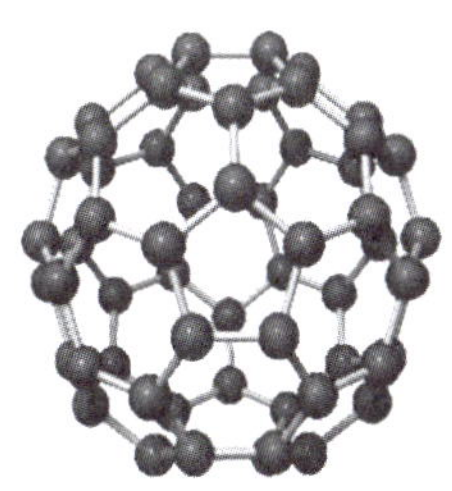

富勒烯

（2）不借助欧拉定理，利用已学过的化学知识（或原理、思想），推导（1）的结论。

51　六元环状法

领路人　浙江省嘉兴教育学院　吴伟

方法导引

自然界中许多物质存在环状结构，教材中就列举了金刚石、C_{60}、石墨、P_4、P_4O_6、P_4O_{10}、S_8、芳香族化合物、环己烷（椅式或船式六元环状结构）、环状结构的葡萄糖、配合物（螯合物）、冠醚等。形成不同的环状结构，会对物质的物理性质和化学性质产生影响，我们可以用物质结构的思想和反应原理中的能量变化去认识这些问题。

应用赏析

一、用价键理论分析六元环状结构和性质的稳定性

例 1 常见的六元环分为平面六元环和空间（椅式或船式）六元环，如下表所示。请指出两类环上的原子分别采用什么杂化方式。

结构式	（苯环结构式）	（吡啶结构式）N	（嘧啶结构式）N N	（三聚甲醛结构式）O O O	（船式环己烷结构式）
名称	苯	吡啶	嘧啶	三聚甲醛	（船式）环己烷
类型	平面六元环			空间六元环	

解析　平面六元环中的原子，无论碳原子还是氮原子，均采用 sp^2 杂化。空间六元环中的原子，无论碳原子还是氧原子，均采用 sp^3 杂化。

点评　通常可以根据六元环的类型（平面还是空间），来判断环上原子的杂化方式。反之，也可以根据环上原子的杂化方式推知六元环的类型。

例 2 $CH\equiv CH$、SO_3 可通过加成反应分别形成六元环状分子 $(C_2H_2)_3$ 和 $(SO_3)_3$。请分别指出它们所形成的六元环是平面六元环还是空间六元环，并说明理由。

解析 $3CH\equiv CH \longrightarrow$ 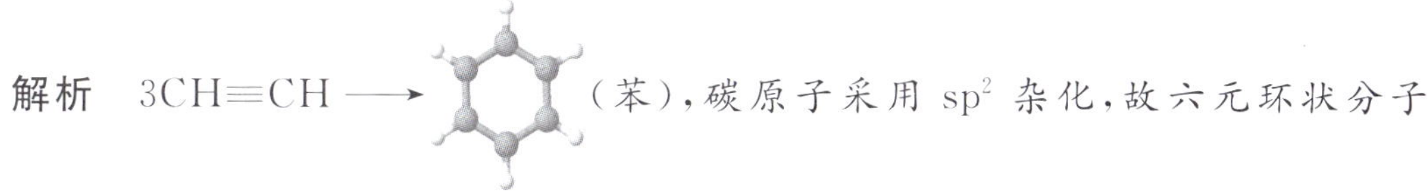（苯），碳原子采用 sp^2 杂化，故六元环状分子 $(C_2H_2)_3$ 为平面六元环。

，中心 S 原子从 sp^2 杂化转变为 sp^3 杂化，环上的 O 原子也采用 sp^3 杂化，故六元环状分子 $(SO_3)_3$ 为空间（椅式）六元环。

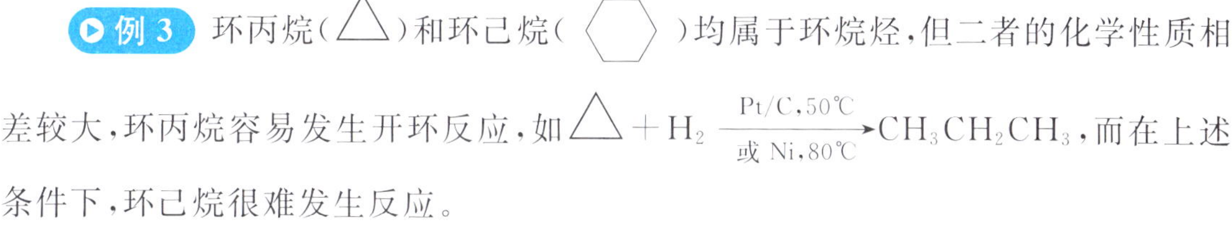

例 3 环丙烷（△）和环己烷（⬡）均属于环烷烃，但二者的化学性质相差较大，环丙烷容易发生开环反应，如 △ $+ H_2 \xrightarrow[\text{或 Ni},80^\circ C]{Pt/C,50^\circ C} CH_3CH_2CH_3$，而在上述条件下，环己烷很难发生反应。

类似的还有环氧乙烷（$\overset{O}{\triangle}$）和 1,4-二氧六环（O⬡O），它们均属于环醚，但二者同样化学性质相差较大：环氧乙烷在酸性和碱性环境下均容易发生开环反应，反应条件温和，速率大，因此是有机合成中常用于增长碳链的重要反应物，1,4-二氧六环化学性质相对稳定，常用作有机合成中的溶剂。

试从结构角度分析上述有机化合物性质差异较大的原因。

解析 由价键理论可分析，上述 4 种有机化合物环上原子均采用 sp^3 杂化。对于三元环状结构，以环丙烷为例，三个碳原子一定在同一平面，且碳原子核连线之间的夹角为 60°。接下来其成键方式便处于“两难”的境地：如果碳碳 σ 键的轴与碳原子核之间的轴重合，则 60° 的夹角使电子云距离过近而排斥力较大；若保持正常的 sp^3 杂化轨道的 109.5° 夹角，则两个碳原子成键时，轨道重叠程度较小。无论何种情况，都使环丙烷分子结构不稳定，能量较高，环状结构容易被破坏。

而环己烷的六元环属于空间六元环，其夹角为 109.5°，能保证碳碳 σ 键的轴与碳原子核之间的轴重合，且电子云间距离远，排斥力小，结构稳定。

点评 平面六元环中，环上原子往往采用 sp^2 杂化，其夹角为 120°，同样既能保证环上原子间 σ 键的轴与原子核之间的轴重合，又能保证电子云间有足够的距离，排斥力小，结构稳定。五元环也是类似情况。因此五元环和六元环是常见的环状结构，甚至一些物质会“主动”转化为这样的环状结构，以达到结构上的稳定。如葡萄糖会自发从链状结构转化为六元环状半缩醛形式。据分析表明，葡萄糖主要以两种六元环状结构的形式存在，其链状结构仅占总质量的 0.0026%。

二、用能量变化分析为何易形成六元环状结构

例 4 早期，人们曾用乙炔合成的方法来制备苯。请用所学知识估算该反应的 ΔH，判断反应自发进行的条件。

解析 《必修 1》和《有机化学基础》中均提到，苯分子相邻碳原子之间的键完全相同，其键长介于碳碳单键和碳碳双键的键长之间。《物质结构与性质》中提到，化学键的键长与键能是相关的，如 C—C 键、C═C 键和 C≡C 键的键长分别为 154pm、133pm 和 120pm，越来越小，它们的键能分别为 $347.7\text{kJ}\cdot\text{mol}^{-1}$、$615\text{kJ}\cdot\text{mol}^{-1}$ 和 $812\text{kJ}\cdot\text{mol}^{-1}$，越来越大。因此，虽然没有提到苯环中碳碳键的键能，但可知应介于 $347.7\ \text{kJ}\cdot\text{mol}^{-1}$ 和 $615\text{kJ}\cdot\text{mol}^{-1}$ 之间，若取平均值约为 $481\text{kJ}\cdot\text{mol}^{-1}$，则有：

$$3\text{CH}\equiv\text{CH(g)}\longrightarrow \text{C}_6\text{H}_6\text{(g)}$$

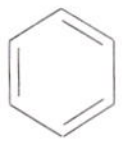

$$\Delta H=(3\times812-6\times481)\text{kJ}\cdot\text{mol}^{-1}=-450\text{kJ}\cdot\text{mol}^{-1}。$$

该反应的 $\Delta H<0$，$\Delta S<0$，低温下反应自发进行。

[实际上，根据以上物质的标准生成焓（$\Delta_f H_m^{\ominus}$）数据可以更精确地计算 ΔH。

苯：$\Delta_f H_{g,298}^{\ominus}=82.89\text{kJ}\cdot\text{mol}^{-1}$，$\Delta_f H_{l,298}^{\ominus}=48.99\text{kJ}\cdot\text{mol}^{-1}$。

乙炔：$\Delta_f H_{g,298}^{\ominus}=226.7\text{kJ}\cdot\text{mol}^{-1}$。

$$3\text{CH}\equiv\text{CH(g)}\longrightarrow \text{C}_6\text{H}_6\text{(g)}$$

$$\Delta H=(82.89-3\times226.7)\text{kJ}\cdot\text{mol}^{-1}=-597.21\text{kJ}\cdot\text{mol}^{-1}；$$

$$3\text{CH}\equiv\text{CH(g)}\longrightarrow \text{C}_6\text{H}_6\text{(l)}$$

$$\Delta H=(48.99-3\times226.7)\text{kJ}\cdot\text{mol}^{-1}=-631.11\text{kJ}\cdot\text{mol}^{-1}。$$

综上可以看出，聚合时放出的能量更多，这也可以说明苯环有着特殊的稳定性。]

点评 能量越低的物质，从热力学角度来说越稳定。

例 5 用实验室长期存放的乙醛配制溶液做银镜反应的演示实验，效果往往不理想。此时需要预先加稀硫酸后加热回流一段时间，其目的是使发生聚合反应的乙醛解聚，重新得到乙醛。经测定，上述长期存放的乙醛配制溶液中含有一种相对分子质量为 132 的有机化合物 X，^{1}H-NMR 谱图表明，其分子中共有 2 种不同化学环境的氢原子。写出生成 X 的反应方程式。

解析 相对分子质量为 132，有机化合物 X 的分子式为 $C_6H_{12}O_3$。分子中有 2 种不同化学环境的氢原子，猜测结构简式可能是（三个 CH_3 取代的 1,3,5-三氧六环：环上 O、CH 交替，每个 CH 连 CH_3，图中标有 CH_3、O、O、H_3C、O、CH_3），来自三分子乙醛发生的加聚

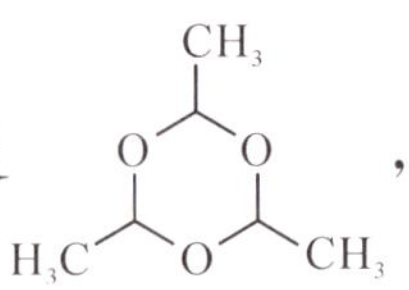

反应。故化学方程式为 $3CH_3CHO \longrightarrow$ （三聚乙醛环状结构式：六元环中三个 O 原子与三个 CH 交替相连，每个 C 上连有 CH_3）。

该反应 $\Delta H<0$，$\Delta S<0$，低温下反应自发进行。高温条件下则发生解聚的逆反应。

点评 许多无机化合物或有机化合物可通过化学键或氢键等自发形成环状结构，在该过程中，通常 $\Delta H<0$，$\Delta S<0$，低温下反应自发进行。如气态 SO_3 冷却为液态时，主要以单分子 SO_3 或三聚分子 $(SO_3)_3$ 的形式存在，而固态时，则以 $(SO_3)_3$ 或链状分子 $(SO_3)_n$ 的形式存在。

小试身手

1. 氨分子能通过氢键形成具有环状结构的 $(NH_3)_3$ 聚合体，画出其结构式：________（氢键以 H---N 表示）。

2. 已知：三氧化二磷（P_4O_6）和五氧化二磷（P_4O_{10}）分子中均只有 1 种化学环境的 P 原子。下列叙述不正确的是　　（　　）

A. 二者分子中的 P 原子均不共平面

B. P_4O_6 分子中 P 原子和 O 原子共有 2 种杂化方式

C. P_4O_{10} 分子中有 2 种不同化学环境的 O 原子

D. 三氧化二磷和五氧化二磷都只表示原子个数比，不表示其分子实际组成

3. 早期三聚氰胺的制备方法如下：

$$CaC_2 \xrightarrow[\text{高温}]{N_2} CaCN_2 \xrightarrow[\text{二聚}]{\text{水解}} \underset{X}{(H_2N)_2C{=}N{-}C{\equiv}N} \xrightarrow[\text{解聚}]{\text{加热}} \boxed{\begin{matrix}CH_2N_2\\ Y\end{matrix}} \xrightarrow{\text{三聚}} \boxed{\begin{matrix}C_3H_6N_6\\ \text{三聚氰胺}\end{matrix}}$$

已知：

①$CaCN_2$ 中所有原子均满足最外层 8 电子稳定结构。

②^{1}H-NMR 谱图表明，三聚氰胺分子中只有 1 种化学环境的氢原子。

(1)请写出 $CaCN_2$ 的电子式：________________。

(2)请写出 Y 和三聚氰胺的结构简式：________________，________________。

52 降维法

引路人 浙江省宁波市鄞州中学 廖旭杲

方法导引

降维法是关于如何观察的方法，是指在解题过程中根据问题的需要，选择特定的观察角度将物理图形的空间维数降低，即将立体转化为平面、将平面转化为直线、将直线转化为点，从而使研究的对象更直观，使求解的过程更简捷。在解析晶体结构时，可以用降维法，根据不同晶体类型的结构特点，利用剖面、投影或抽象，把空间三维立体问题转化为二维切面问题，甚至抽象为一维线状问题，从而快速把握晶体结构特征，达到化难为易的效果。

应用赏析

一、剖面

例 1 在 C_{60} 的晶体空隙中插入金属离子可获得超导体。一种超导体的面心立方晶胞如图 1 所示，已知晶胞边长为 a pm，A 点坐标为 $(0,0,0)$，B 点坐标为 $\left(0,\frac{1}{2},\frac{1}{2}\right)$。下列说法不正确的是 ( )

A. 通过 A 点原子的对角面结构如图 2 所示

B. 相邻两个 K^+ 的最短核间距为 $\frac{\sqrt{3}}{4}a$ pm

C. 晶胞中 C 点原子的坐标参数为 $\left(\frac{3}{4},\frac{1}{4},\frac{1}{4}\right)$

D. 该晶体的密度为 $\frac{4\times759}{N_A\times a^3\times10^{-27}}$ g·cm^{-3}（N_A 为阿伏加德罗常数的值）

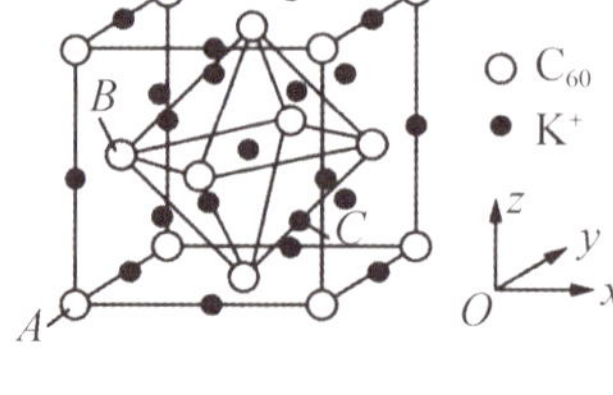

图 1

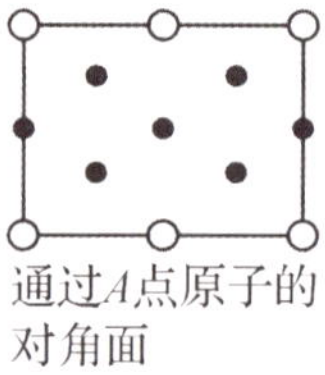

通过A点原子的对角面

图 2

解析 通过 A 点原子的对角面，则 4 个顶点的 C_{60} 位于长方形顶点，面心的 C_{60} 位于长边的中点，棱中心的 K^+ 位于短边的中点，体心、体内的 K^+ 位于长方形内部，结构如题图 2 所示，A 项正确。

由题图 1 可知，晶胞内 8 个 K^+ 构成立方体，该立方体的棱长为 $\frac{1}{2}a$ pm，这个距离不是相邻两个 K^+ 的最短核间距，因为剖面图中对角线上两个 K^+ 间的距离更短，该长度为体对角线长度的 $\frac{1}{4}$，为 $\frac{\sqrt{3}}{4}a$ pm，B 项正确。

晶胞中 C 点原子在 x、y、z 轴上的投影坐标分别为 $\frac{3}{4}$、$\frac{1}{4}$、$\frac{1}{4}$，则其坐标参数为 $\left(\frac{3}{4},\frac{1}{4},\frac{1}{4}\right)$，C 项正确。

由晶胞结构可知，其中 C_{60} 的个数为 $8\times\frac{1}{8}+6\times\frac{1}{2}=4$，$K^+$ 的个数为 $12\times\frac{1}{4}+1+8=12$，因此晶体的化学式为 K_3C_{60}，整个晶胞内含有 4 个"K_3C_{60}"，则晶体密度

$$\rho=\frac{m}{V}=\frac{\frac{4\times39\times3+12\times60}{N_A}\text{ g}}{(a\times10^{-10}\text{cm})^3}=\frac{4\times837}{N_A\times a^3\times10^{-30}}\text{ g}\cdot\text{cm}^{-3}$$，D 项错误。

综上，选 D。

点评 如果不作剖面图，要看出两个 K^+ 的最短核间距为体对角线长度的并不容易。对晶胞进行合理地剖面操作，能有效地将空间三维立体问题转化成二维切面问题。

例 2 理想的宏观单一晶体呈规则的多面体外形，多面体的面叫作晶面。今有一枚 MgO 单晶如右图所示。它有 6 个八角形晶面和 8 个正三角形晶面。宏观晶体的晶面是与微观晶胞中一定取向的截面对应的。已知 MgO 的晶体结构属 NaCl 型。它的单晶的八角形面对应于它的晶胞的面。请指出排列在正三角形晶面上的原子（用元素符号表示原子，至少画出 6 个原子，并用直线把这些原子连起，以显示它们的几何关系）。

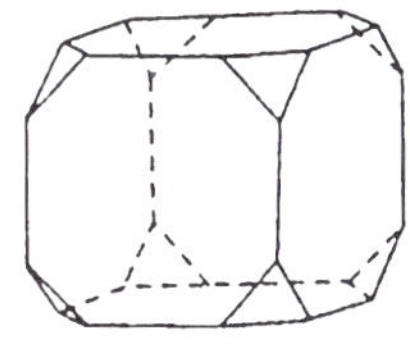

解析 本题要求从中学生熟悉的 NaCl 晶胞（图 1）出发，通过替换、切割变为 MgO 单晶。解题时应抓住关键性信息"单晶的八角形面对应于它的晶胞的面"。若在熟知的 NaCl 晶胞中取相邻的 3 条面对角线所围成的面作剖面，进行切割，可知八角形的边则对应于它的晶胞的面对角线（图 2）。由于氯与钠在晶体中位置是等效的，可以互换，不影响晶体性质，再将钠和氯换成镁与氧，则可得到答案如图 2 所示（图 1、图 2 见下页）。

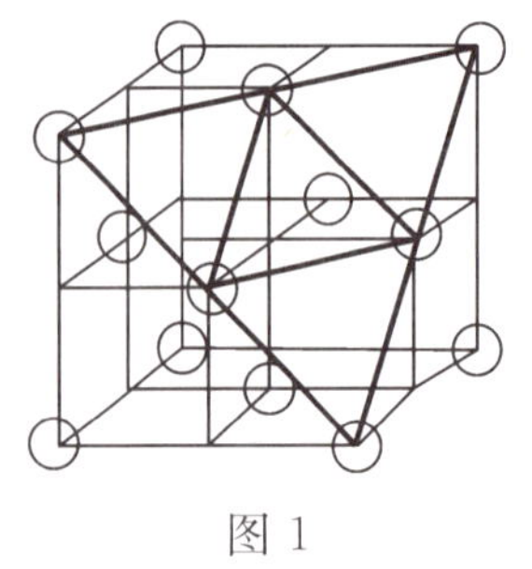

图 1

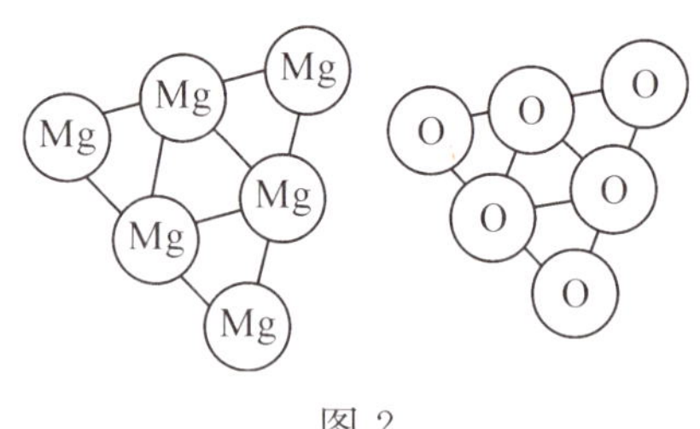

图 2

点评 研究晶胞的结构特征时，针对面心立方晶胞，经常取晶胞面为研究对象；针对体心立方晶胞，经常取对角面为研究对象。这样作剖面，能顺利地将三维立体问题转化为二维平面问题来处理，同时又不失晶体的结构特征。

二、投影

例 3 元素硼、铁、锡及其化合物在生产和科研中应用广泛。一种含锡的多元金属硫化物的晶胞结构为四方晶系，已知金属原子均呈四面体配位，晶胞棱边夹角均为 90°，其结构可看作由两个立方体 A、B 上下堆叠而成。图 1 为 A 的体对角线投影图，图 2 为 B 的沿 y 轴方向的投影图。A 中 Fe、Sn 位置互换即 B。

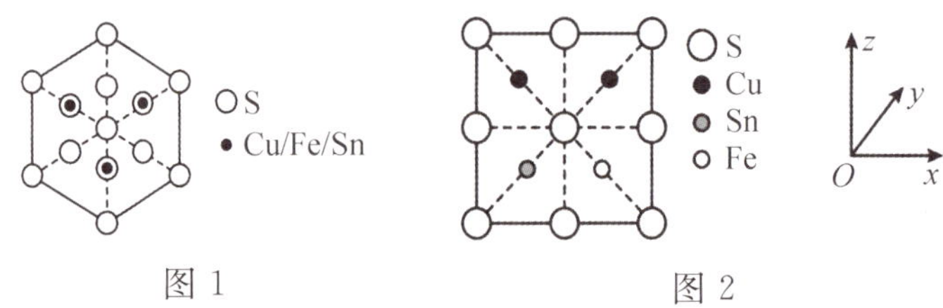

图 1　　　　图 2

(1)该硫化物的化学式为__________。

(2)立方体 A、B 棱长均为 a pm，以晶胞参数为单位长度建立的坐标系可以表示晶胞中各原子的位置，称作原子的分数坐标。晶胞中部分原子的分数坐标为 S(0，0，0)，Fe$\left(\frac{3}{4},\frac{1}{4},\frac{1}{8}\right)$，则晶胞中 Sn 原子的分数坐标为________；晶胞中 Sn 原子和 Cu 原子之间的最短距离为________ pm。

解析 (1)S 的位置：顶点 8 个，面心 10 个，棱心 4 个，体心 1 个，用均摊法折算后有 S 共 $8\times\frac{1}{8}+10\times\frac{1}{2}+4\times\frac{1}{4}+1=8$ 个。如果把每个立方体再分为 8 个小立方体，2 个 Cu 位于上面对棱的两小立方体中心，而 1 个 Sn 和 1 个 Fe 分别占据下面另外两小立方体的中心，这四点构成正四面体。因此，该晶胞中有 Cu 共 2+2=4 个，Sn、Fe 各 2 个，故该硫化物的化学式为 Cu_2SnFeS_4。

(2)沿 z 轴投影到 xOy 平面，可知若 Fe$\left(\frac{3}{4},\frac{1}{4},\frac{1}{8}\right)$，则有 Sn$\left(\frac{1}{4},\frac{3}{4},\frac{1}{8}\right)$和

$\left(\frac{3}{4},\frac{1}{4},\frac{5}{8}\right)$(坐标图中被 Fe 遮挡),如下图所示。

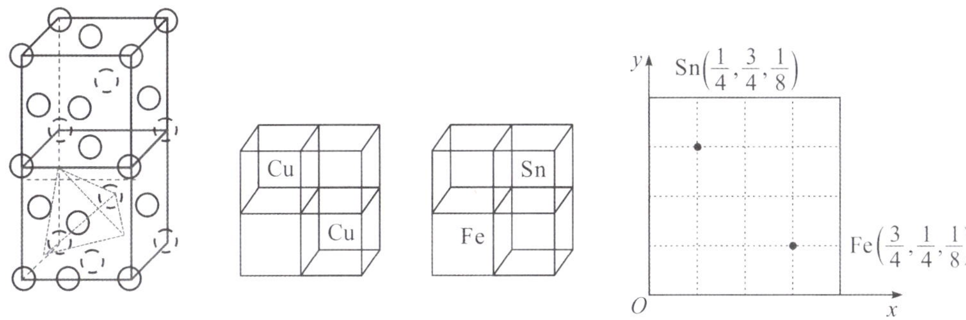

正四面体中任意两顶点间的距离均相等,故晶胞中 Sn 原子和 Cu 原子之间的最短距离与两个 Cu 原子之间的最短距离相等,易知两个 Cu 原子间的最短距离为立方体面对角线的一半,即$\frac{\sqrt{2}}{2}a$ pm。

点评 根据投影图,从二维平面关系逆向确定三维立体问题,从而想象出相关微粒在晶胞中的真实位置关系。

三、抽象

例 4 纳米材料的表面原子占总原子数的比例极大,这是它的许多特殊性质的原因。假设某氯化钠纳米颗粒的大小和形状恰等于氯化钠晶胞的大小和形状,求这种纳米颗粒的表面原子占总原子数的百分比。

假设某氯化钠颗粒形状为立方体,边长为氯化钠晶胞边长的 10 倍,试估算表面原子占总原子数的百分比。

解析 单独的一个氯化钠晶胞(图 1)中 Na^+、Cl^- 总数为 27,除去体心 1 个离子外,其余都处于表面。因此,该纳米粒表面原子数的百分比为$\frac{26}{27}$。

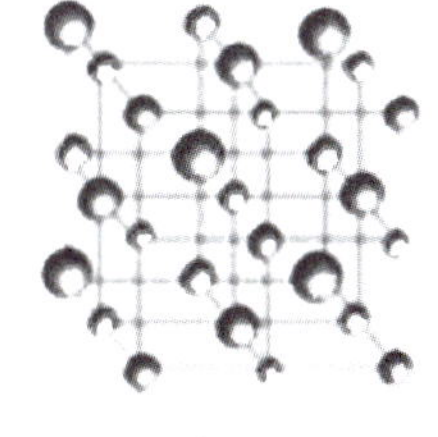
图 1

从一维点阵入手,将晶胞抽象成三维点阵,由一维到三维,展开想象,如图 2 所示,点阵中每条棱的最外边界有 21 个点,次长棱有 19 个点。可知总离子数为 21^3,内部离子数为 19^3,表面原子占总原子数的百分比为$\frac{21^3-19^3}{21^3}\times100\%=26\%$。

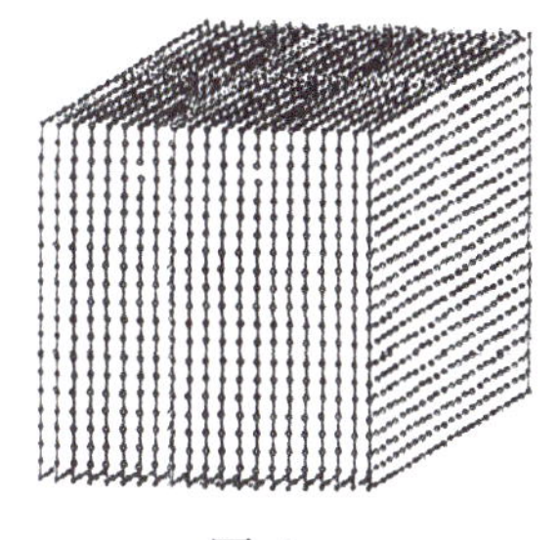
图 2

点评 科学抽象或模型化方法是我们处理实际问题必备的科学素养。通过剖面、投影、抽象等降维法,发挥想象,把空间立体结构简化为平面或直线问题,则化繁为简,能快捷而合理地解决问题。

小试身手

1. 一种锗晶胞结构如图 1 所示，与锗原子距离最近且相等的锗原子有________个，锗原子 A 的原子坐标为(0,0,0)，锗原子 B 的原子坐标为________。将该晶胞沿图中体对角线投影，图 1 中锗原子 B 投影的位置是图 2 中的________号位(填数字)。

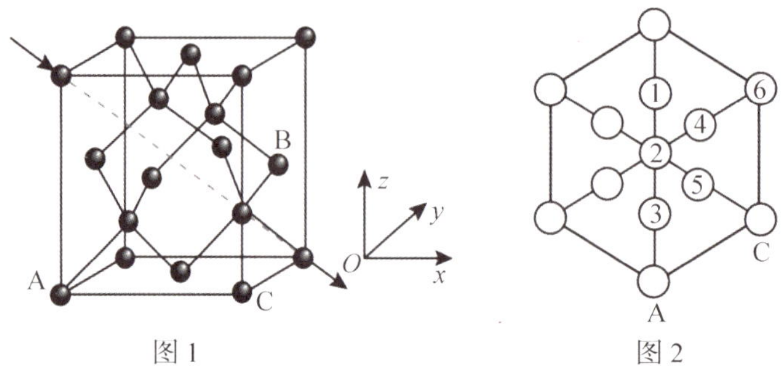

图 1　　　　图 2

2. 一种硼镁化合物具有超导性能，晶体结构属于六方晶系，其晶体结构、晶胞沿 c 轴的投影分别如图 1、图 2 所示。晶胞中含有________个 Mg。该物质化学式为______________，B—B 最近距离为________。

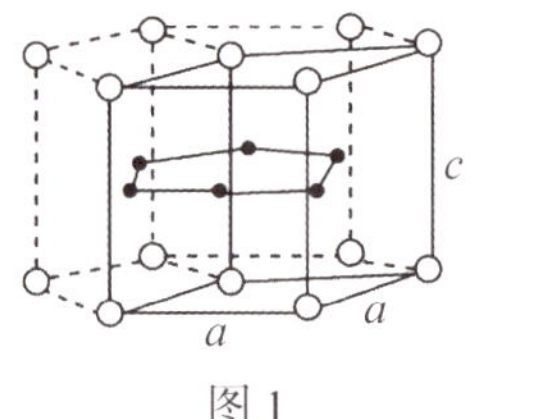

图 1

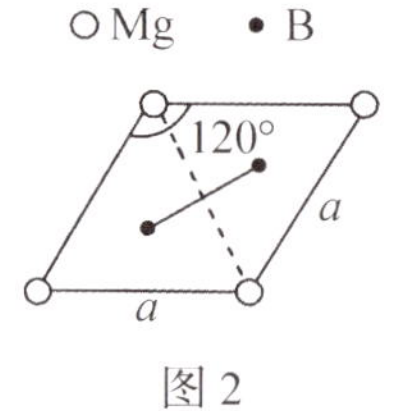

图 2

3. 一种四方结构的超导化合物的晶胞如图 1 所示。晶胞中 Sm 和 As 原子的投影位置如图 2 所示。图中 F 和 O 共同占据晶胞的上下底面位置，若二者的比例分别用 x 和 $1-x$ 代表，则该化合物的化学式表示为__________；通过测定密度 ρ 和晶胞参数，可计算该物质的 x 值，它们关系表达式为 $\rho=$__________ $g \cdot cm^{-3}$。以晶胞参数为单位长度建立的坐标系可表示晶胞中各原子的位置，称作原子分数坐标。如图 1 中原子 1 的坐标为 $\left(\frac{1}{2},\frac{1}{2},\frac{1}{2}\right)$，则原子 2 和原子 3 的坐标分别为________、________。

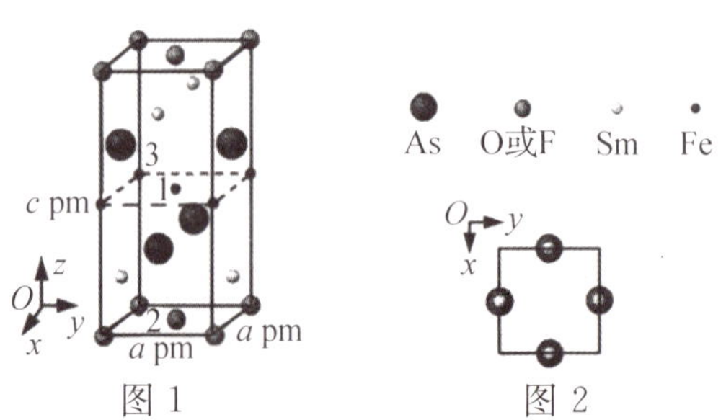

图 1　　　　图 2

53　按图索骥法

引路人　浙江省杭州第二中学富春学校　蒋晓乾

方法导引

按图索骥法是指通过对谱图中蕴含信息的剖析和解读，搜寻关键的"特征碎片"线索，同时将各个碎片信息进行相互佐证与有机整合，从而精准地推导出有机化合物分子结构的一种科学而系统的分析方法。这种方法不仅强调了依据谱图信息搜寻各种"蛛丝马迹"的重要性，还突出了各种线索间相互佐证的科学性，从而确保分析结果的准确性和可靠性。

借助现代科学仪器的强大功能，各类谱图已然成为科学家破解未知有机化合物分子结构奥秘的得力助手。

应用赏析

例 1　已知某未知有机化合物 M 仅含 C、H、O 三种元素。利用元素分析仪测得碳的质量分数为 54.5%，氢的质量分数为 9.1%。其红外光谱、质谱、核磁共振氢谱的谱图表征信息如下图所示。结合所学知识，试推测有机化合物 M 的分子结构。

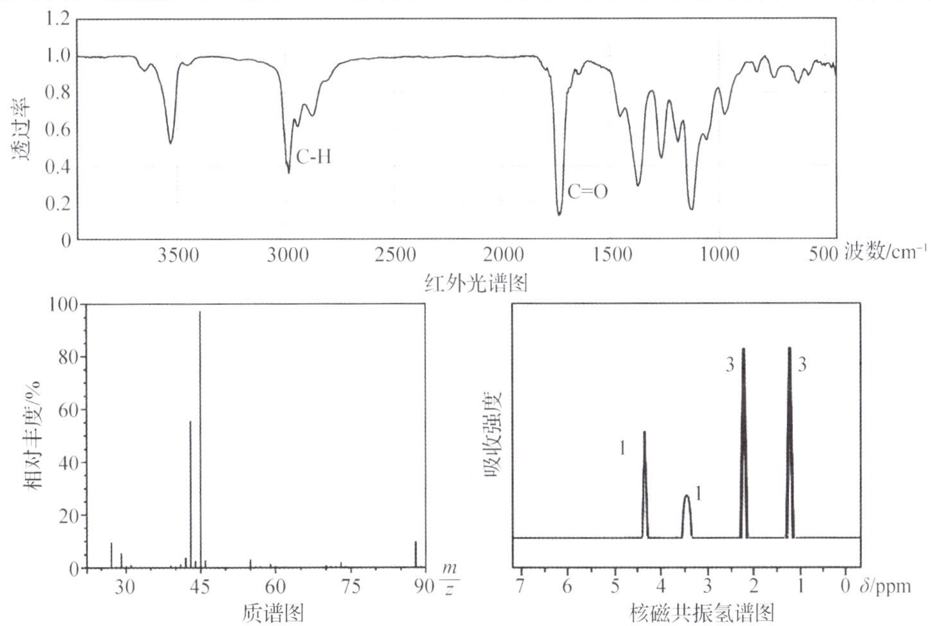

解析 ①利用元素分析仪测得有机化合物M中碳的质量分数为54.5%，氢的质量分数为9.1%，则氧的质量分数为100%－54.5%－9.1%＝36.4%，M分子中$n(C):n(H):n(O)=\frac{54.5}{12}:\frac{9.1}{1}:\frac{36.4}{16}=2:4:1$，最简式为$C_2H_4O$，符合通式$(C_2H_4O)_n$。

②由质谱图的分子离子峰信息，可知$n=2$，即分子式为$C_4H_8O_2$。

③计算不饱和度$\Omega=\frac{4\times2+2-8}{2}=1$，结合红外光谱图可知其已由C═O占用，故无须再考虑其他不饱和度成键的问题。

④根据M的红外光谱图给出的基团信息，结合核磁共振氢谱图显示有4组峰，且其峰面积之比为1∶3∶1∶3；O原子总数为2个(其中1个已由C═O占用)，则8个氢原子的归属初步推测应为2个甲基(且不等效)，1个羟基—OH(红外光谱图显示波数$3500cm^{-1}$处有特征吸收峰，虽然信息并未给出，另外也可以从核磁共振氢谱图中“钝形”的峰所佐证)，1个次甲基 $-\overset{|}{C}H-$ 。将上述“碎片”有机整合，相互佐证，可推出M的分子结构为 $CH_3-\overset{\overset{\displaystyle O}{\|}}{C}-\overset{\overset{\displaystyle OH}{|}}{C}H-CH_3$

⑤代入各谱图验算，符合要求，即上述推导正确。

点评 (1)各类谱图在确定有机化合物分子结构中的信息读取示例：

①根据红外光谱图中的一些典型吸收峰，可推知有机化合物分子中含有的化学键与官能团。

②根据质谱图中的分子离子峰，可推知有机化合物分子的相对分子质量。

③根据核磁共振氢谱图可推知氢原子的种类数(峰的组数)和各类等效氢原子的个数之比(各组峰面积之比)。

④根据核磁共振碳谱图，可推知碳的级数(通常饱和碳信号峰出现在高场，δ值小，不饱和碳信号峰出现在低场，δ值大)和分子的对称性等信息。

⑤X射线衍射技术常用于有机化合物(特别是复杂的生物大分子)晶体结构的测定，可以获取有机化合物分子中共价键的键长、键角等数据。

(2)按图索骥法确定有机化合物分子结构的一般思路：

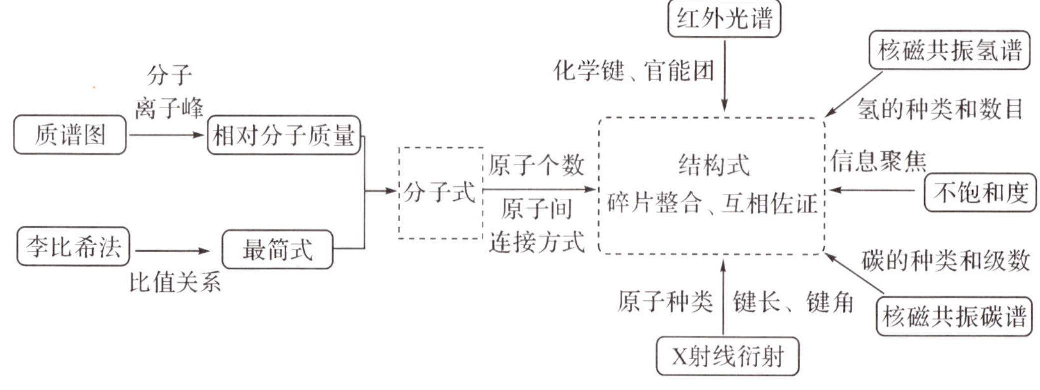

例 2 已知各类质子的化学位移 δ 与分子结构密切相关，δ 的值随着氢核周围电子云密度的减小而增大，向低场(数值大)的方向移动，反之亦然。解析峰的裂分现象，对于确定有机化合物分子中各类氢的相对位置有很好的参考价值，其裂分规律符合 $n+1$ 规则。详见下图示例。

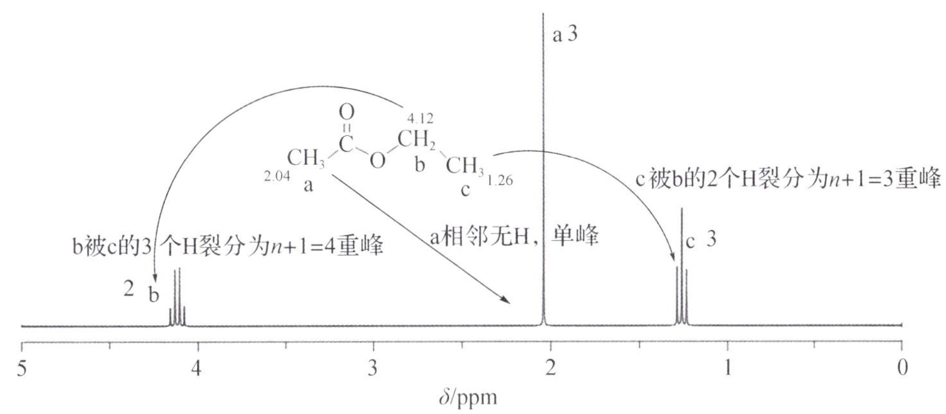

对某未知有机化合物 W 进行元素分析，知其只含碳、氢、氧三种元素。称取 14.4g W 在足量氧气中充分燃烧，并使产物依次缓缓通过浓硫酸、碱石灰，发现二者的质量分别增大 7.2g 和 26.4g。红外光谱图显示其存在 $-\overset{O}{\overset{\|}{C}}-$ 结构，质谱图和核磁共振氢谱图表征信息如下图所示。试推断其分子结构。

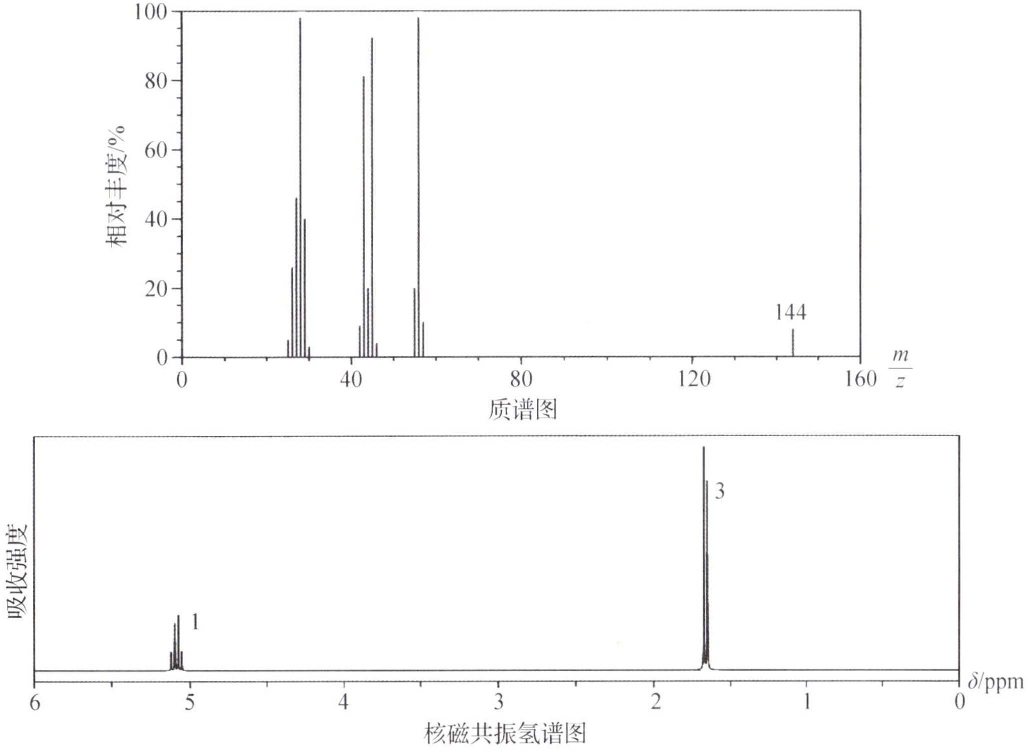

解析 根据李比希燃烧法，结合质谱图的分子离子峰(144)，可推出其分子式为 $C_6H_8O_4$。

计算不饱和度：$\Omega=\dfrac{6\times2+2-8}{2}=3$。

核磁共振氢谱图显示峰的种类数只有2种(存在对称结构)，且原子个数比为3∶1，结合H原子总数为8，即说明存在2组对称的3∶1，根据 $n+1$ 规则，即含有2组 $H_3C-\overset{|}{C}H-$ 碎片。

结合化学位移进一步分析，可知 $-\overset{|}{C}H-$ 还应该与某吸电子基相连(移向低场，数值变大)。考虑到红外光谱图给出的 $-\overset{\overset{\large O}{\|}}{C}-$ 信息以及对称性，$-\overset{\overset{\large O}{\|}}{C}-$ 应有2个，且剩余2个O原子应与 $-\overset{\overset{\large O}{\|}}{C}-$ 相连(无其他地方可去)，实为酯基 $-\overset{\overset{\large O}{\|}}{C}-O-$。

至此，H、O原子数已全部归属完毕，剩余的1个不饱和度应该用成环来实现(其他原子间不饱和键已不可能)，将各“碎片”组合，推出有机化合物W的分子结构为

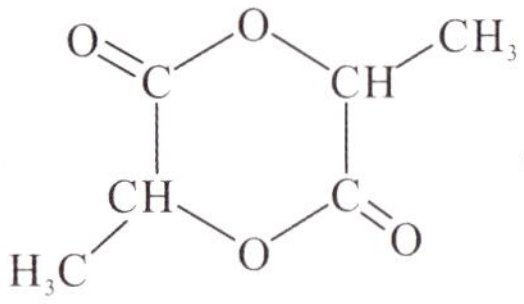

```
O=C ─ O ─ CH─CH3
  |        |
  CH ─ O ─ C=O
 /
H3C
```

，代入各谱图验算佐证，符合要求，即推导正确。

点评 核磁共振氢谱(^{1}H-NMR)是确定有机化合物分子结构的利器，其可以提供丰富的谱图信息，除常见的峰的组数与峰面积外，需要重视的还有峰的化学位移 δ、峰的裂分和偶合常数等。从上述示例中可以看出，如果对各类谱图(以氢谱为例)的认知水平越高，就能读取到越多信息(如氢谱中各组峰裂分的 $n+1$ 规则、H原子的化学位移等)，获取到的线索就会越多，提示效果也就越明显，越有利于破解有机化合物的分子结构。

小试身手

1. 已知某有机化合物X是一种重要的有机合成中间体，在生产生活中应用广泛。现对其进行结构表征，经元素分析测得，目标化合物中各元素的质量分数如下。C：55.37%；H：7.75%；O：36.88%。相关谱图表征信息如图所示(见下页)。请根据分析结果推测有机化合物X的结构简式。

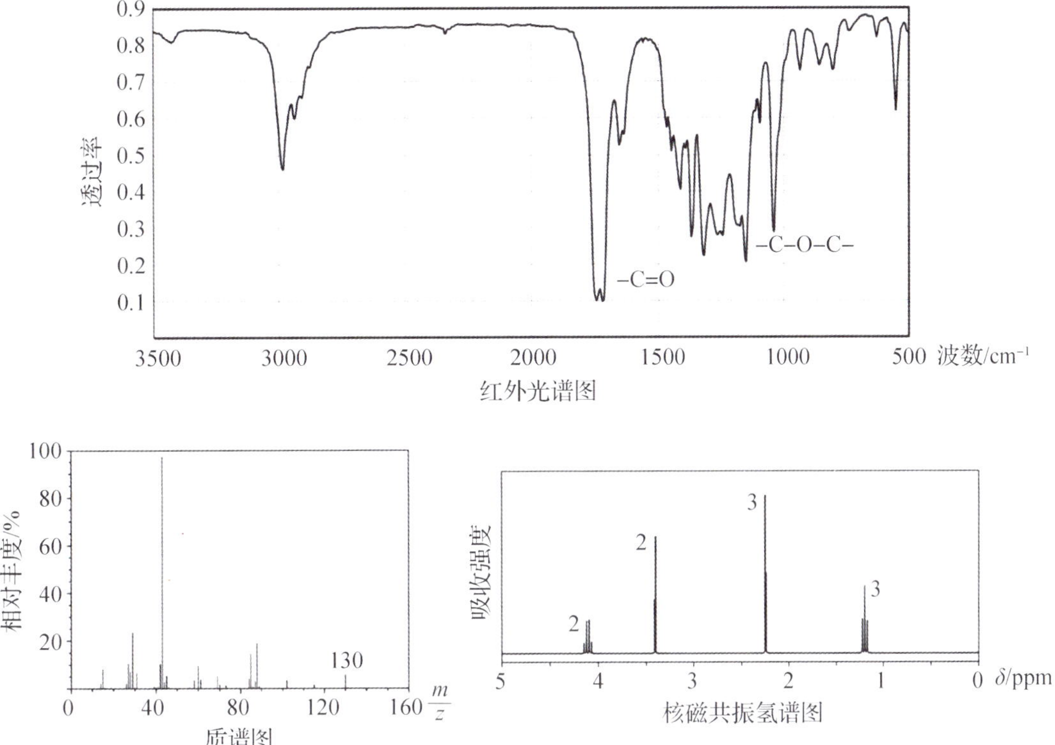

红外光谱图

质谱图

核磁共振氢谱图

2. 质谱图信息除了需要关注分子离子峰外，典型的“碎片”离子峰对推断有机化合物分子结构片段也有很好的佐证作用。另外，同位素离子峰（主要为 Cl、Br）也会表达出明显的特征线索。如由于自然界中 Br 的同位素 ^{79}Br、^{81}Br 的相对丰度之比约为 1∶1，因此一溴代物的质谱图会出现典型的“双峰并峙”特征，如下图所示。

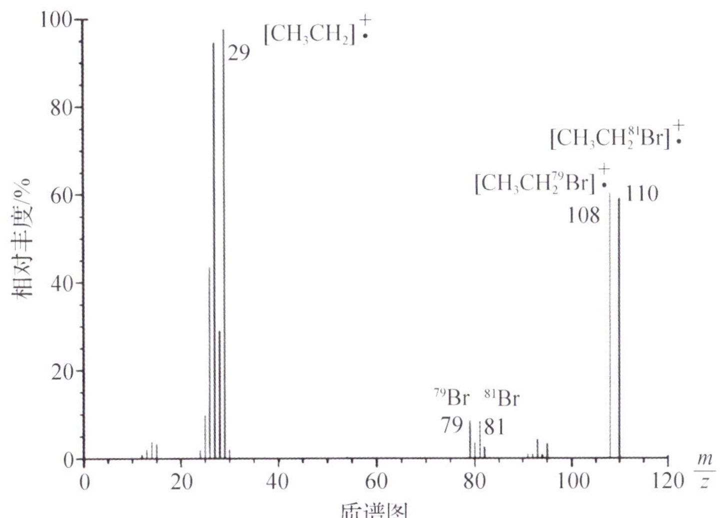

质谱图

已知某未知有机化合物M只含三种元素，经元素分析仪检测可知其含碳量为58.15％，质谱、核磁共振氢谱、核磁共振碳谱的谱图表征如下图所示。试推断其分子结构。

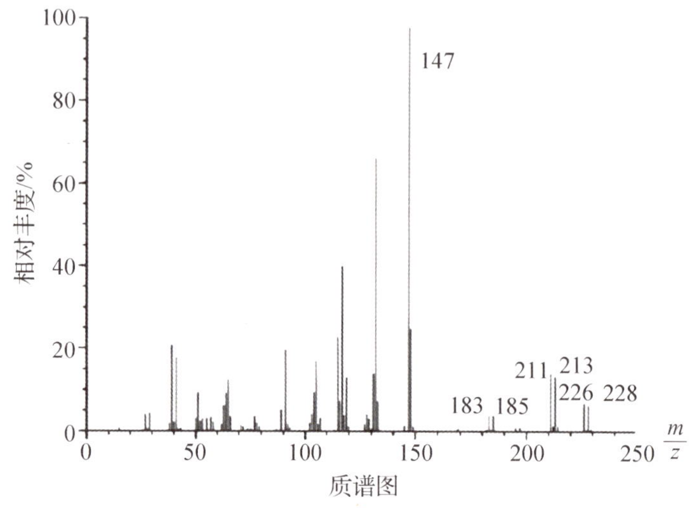

质谱图

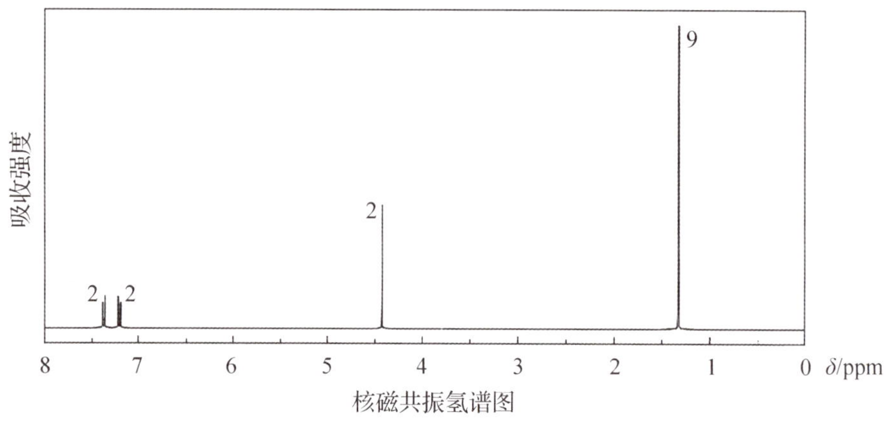

核磁共振氢谱图

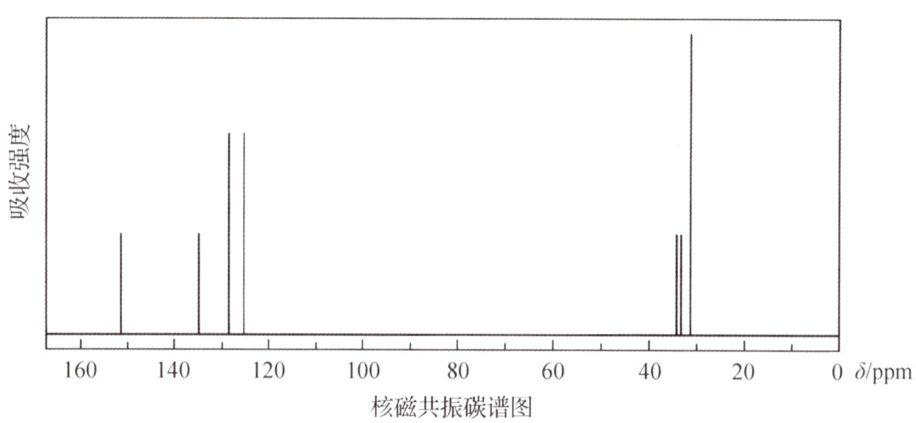

核磁共振碳谱图

54　同位素示踪法

引路人　浙江省宁波市北仑区泰河中学　林丹

方法导引

化学反应机理是用来描述某一化学变化所经历的全部基元反应，它详细说明了每一步转化的过程，包括过渡态的形成、键的断裂和生成。在化学反应机理研究方面，同位素示踪法发挥着不可替代的作用。其核心原理在于，尽管放射性核素或稀有稳定核素与普通原子属于同一种元素，在化学性质上与普通原子极为相似，能参与相同的化学反应历程，但因中子数不同而具有独特的可检测性。通过检测示踪同位素在反应产物中的位置和含量，可以推断反应过程中原子的去向和化学键的变化情况。

应用赏析

一、研究反应机理

例 1 氢能是理想清洁能源，氢能产业链由制氢、储氢和用氢组成。使用含氨基物质（化学式为 NC—NH_2，CN 是一种碳衍生材料）联合 Pd-Au 催化剂储氢，可能的机理如下图所示。用重氢气（D_2）代替 H_2，通过检测是否存在________（填化学式）确认反应过程中的加氢方式。

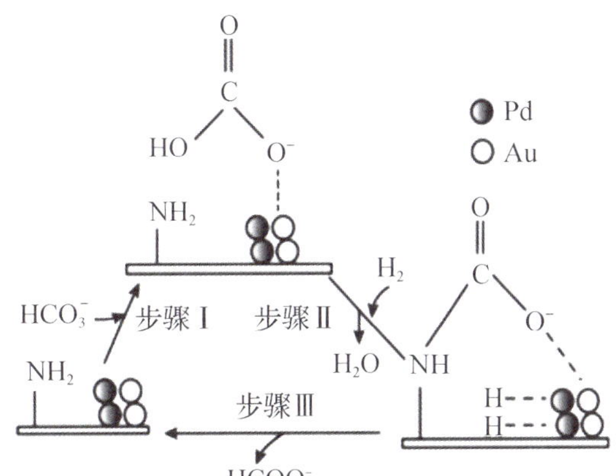

解析　由题图可知，步骤Ⅱ发生的反应为氨基和碳酸氢根离子中的羟基发生

取代反应生成水，氢气发生共价键断裂，氢原子被吸附，步骤Ⅲ发生的反应为碳氮键发生断裂，碳原子和氮原子分别与氢原子结合生成—NH_2 和 $HCOO^-$，则用 D_2 代替氢气，得到的产物为—NHD 和 $DCOO^-$，所以通过检测是否存在—NHD 或 $DCOO^-$ 可确认反应过程中的加氢方式，故答案为—NHD或 $DCOO^-$。

点评 同位素示踪法能清晰地揭示化学反应的微观过程，可追踪性强，因而能明确反应是按照何种途径进行转化的，为研究复杂的反应机理和物质的动态变化提供直观的信息。

二、量化反应速率

例 2 MO^+ 分别与 CH_4、CD_4 反应，体系的能量与反应历程的变化关系如下图所示（二者历程相似，图中以 CH_4 示例）。

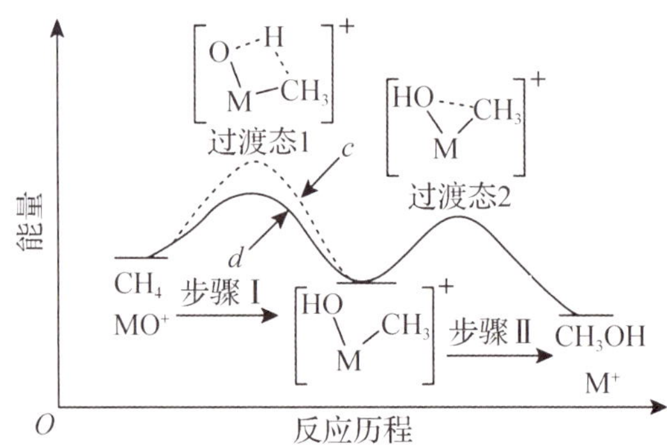

（1）步骤Ⅰ、Ⅱ中涉及氢原子成键变化的是________（填“Ⅰ”或“Ⅱ”）。

（2）直接参与化学键变化的元素被替换为更重的同位素时，反应速率会变小，则 MO^+ 与 CD_4 反应的能量变化应为图中曲线________（填“c”或“d”）。

（3）MO^+ 与 CH_2D_2 反应，氘代甲醇的产量 CH_2DOD ________ CHD_2OH（填“>”“<”或“=”）。若 MO^+ 与 CHD_3 反应，生成的氘代甲醇有________种。

解析 （1）步骤Ⅰ涉及的是C—H键的断裂和H—O键的形成，步骤Ⅱ中涉及C—O键的形成，所以符合题意的是步骤Ⅰ。

（2）直接参与化学键变化的元素被替换为更重的同位素时，反应速率会变小，则此时正反应活化能会升高，根据题图可知，MO^+ 与 CD_4 反应的能量变化应为题图中曲线 c。

（3）MO^+ 与 CH_2D_2 反应时，因直接参与化学键变化的元素被替换为更重的同位素，故反应速率会变小，则单位时间内产量会下降，则氘代甲醇的产量：$CH_2DOD<CHD_2OH$。

根据反应机理可知，若 MO^+ 与 CHD_3 反应，生成的氘代甲醇可能为 CHD_2OD 或 CD_3OH，共 2 种。

点评 化学键的振动频率与原子质量有关，中子数多的同位素会使振动频率降低，这会导致反应的活化能相对升高。一般来说，轻元素（如氢）的同位素替换，同位素效应比较明显。因为氢原子质量较小，所以其同位素之间的相对质量差异较大。而较重元素的同位素替换，由于相对质量差异较小，同位素效应通常较不明显，在某些情况下甚至可以忽略不计。

三、确定物质比例

例3 SCR（选择性催化还原）技术和NSR（NO_x储存还原）技术可有效降低柴油发动机在空气过量条件下的NO_x排放。NSR技术的工作原理：NO_x的储存和还原在不同时段交替进行，如下图所示。

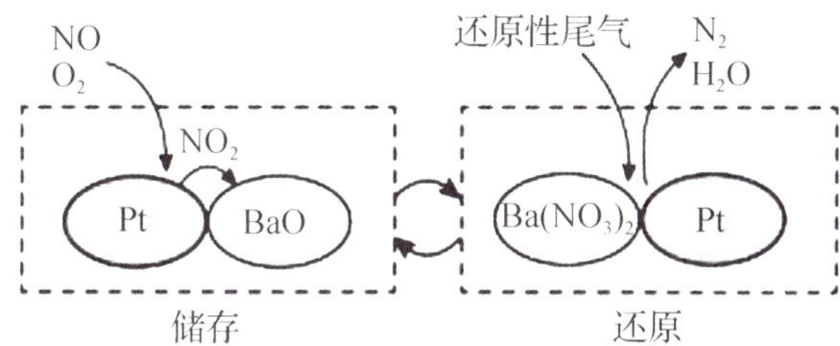

还原过程中，有时会产生笑气（N_2O）。用同位素示踪法研究发现，笑气的产生与NO有关。在有氧条件下^{15}NO与NH_3以一定比例反应时，得到的笑气几乎都是^{15}NNO。将化学方程式补充完整：________ $\xlongequal{催化剂}$ ____ ^{15}NNO＋____ H_2O。

解析 在有氧条件下^{15}NO和NH_3以一定比例反应时，结合产物中有水，可知还有另一反应物O_2，则NH_3是还原剂，^{15}NO和O_2是氧化剂，因产物均为^{15}NNO，则由N元素守恒可知^{15}NO与NH_3的计量比应为1∶1，综上可知反应的化学方程式为$4{}^{15}NO+4NH_3+3O_2 \xlongequal{催化剂} 4{}^{15}NNO+6H_2O$。

点评 可以通过追踪同位素在反应产物中的分布，可以准确确定反应物转化为不同产物的比例。这也是“同位素示踪法”的一个灵活应用。

小试身手

1. 同位素示踪法可用于反应机理的研究。下列反应中，同位素示踪表示正确的是（　　）

A. $2Na_2O_2+2H_2{}^{18}O \xlongequal{} 4NaOH+{}^{18}O_2\uparrow$

B. $K^{37}ClO_3+6HCl \xlongequal{} K^{37}Cl+3Cl_2\uparrow+3H_2O$

C. $NH_4Cl+{}^2H_2O \xlongequal{} NH_3\cdot{}^2H_2O+HCl$

D. $CH_3COOH+CH_3CH_2{}^{18}OH \underset{\triangle}{\overset{浓硫酸}{\rightleftharpoons}} CH_3CO^{18}OCH_2CH_3+H_2O$

2. 甲烷与氧气直接选择性转化为甲醇是当今催化领域的“梦想反应”，科学家用 TiO_2 负载双组分催化剂(纳米金和 CoO_x 纳米簇)在室温和光照下完成了上述反应，选择性高达 95%。机理如图 1 所示。

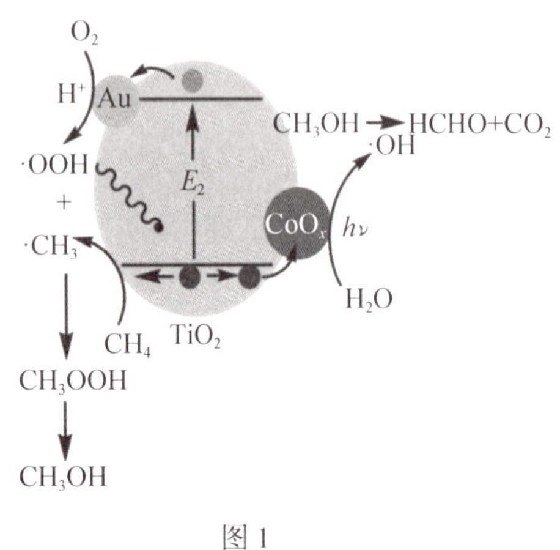

图 1

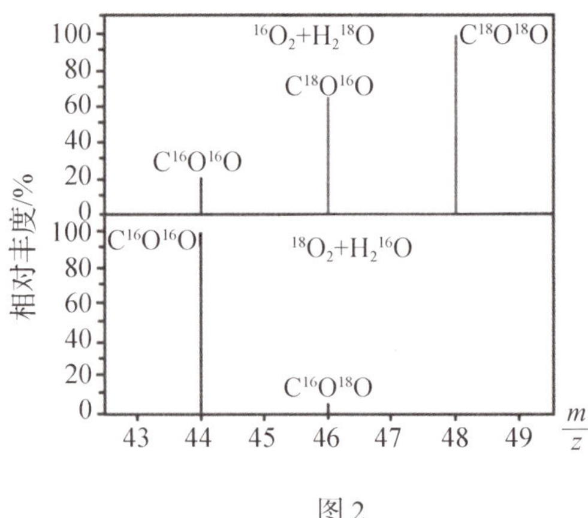

图 2

下列说法不正确的是 (　　)

A. Au 表面反应为 $O_2+2e^-+H^+ \xlongequal{} \cdot OOH$

B. 图 1 中含碳微粒只存在 3 种杂化方式

C. 有无催化剂 CoO_x 纳米簇对合成甲醇的产量无影响

D. 图 2 是通过 $^{16}O_2+H_2{}^{18}O$ 和 $^{18}O_2+H_2{}^{16}O$ 同位素示踪分析氧化甲烷过程中的产品质谱图，由图可知体系中产品 CO_2 中氧主要来源于 H_2O

3. 同位素示踪法是探究化学反应机理的重要方法，为了验证盐类水解的机理，现设计了两个示踪实验：①NH_4Cl 溶于重水 D_2O，②将 CH_3COONa 溶于重氧水($H_2{}^{18}O$)。根据你学过的知识，你认为下列说法不正确的是 (　　)

A. 两个示踪实验的目的是说明盐类的水解是盐中的弱碱阳离子或弱酸根阴离子与水电离出的 H^+ 或 OH^- 结合形成弱电解质的过程

B. 实验①中，最终同位素 D 将存在于 $NH_3 \cdot DHO$、D_2O、D^+(或 D_3O^+)中

C. 实验②中，水解的离子方程式可表示为

$$CH_3COO^-+H_2{}^{18}O \rightleftharpoons CH_3COOH+{}^{18}OH^-$$

D. 若将 NH_4Cl 溶于 $H_2{}^{18}O$ 和 D_2O 的混合水中，将得到 $ND_3 \cdot H_2{}^{18}O$

4. 硫代硫酸盐是一类具有应用前景的浸金试剂。硫代硫酸根($S_2O_3^{2-}$)可看作 SO_4^{2-} 中的一个 O 原子被 S 原子取代的产物。

同位素示踪实验可证实 $S_2O_3^{2-}$ 中两个 S 原子的化学环境不同，实验过程为 $SO_3^{2-} \xrightarrow[\text{i}]{S} S_2O_3^{2-} \xrightarrow[\text{ii}]{Ag^+} Ag_2S+SO_4^{2-}$。过程 ii 中，$S_2O_3^{2-}$ 断裂的只有硫硫键，若过程i所用试剂是 $Na_2{}^{32}SO_3$ 和 ^{35}S，过程ii的含 ^{35}S 产物是________。

55 通式模型法

引路人　浙江省嵊泗中学　周伟伟

方法导引

有机化合物的燃烧是分析判断有机化合物组成的基础，有机化合物燃烧问题是有机化学计算中的常见题型，也是高考化学中的热、难点之一。如果能根据化学式的特点，理解并掌握其给出的条件及规律，巧妙构思，通过有机化合物燃烧计算确定某一物质的分子式，就能利用该物质的特殊性质，结合定性或定量的实验，确定其结构式。通式模型法是解决这类问题的有效方法。

应用赏析

一、有机化合物燃烧前后体积的变化规律

例 1 两种气态烃以任意比例混合，在 105℃时 1L 该混合烃与 9L 氧气混合，充分燃烧后恢复到原状况，所得气体的体积仍是 10L。下列各组混合烃中不符合此条件的是　　（　　）

A. CH_4 和 C_2H_4　　　　B. CH_4 和 C_3H_4

C. C_2H_4 和 C_3H_4　　　　D. C_2H_2 和 C_3H_6

解析　燃烧后气体体积不变，只要平均组成中氢原子个数等于 4，并保证 1L 该混合烃能在 9L 氧气里完全燃烧即可，故选 D。

点评　先设混合物的平均分子式，若是烃的混合物则设其为 C_xH_y，若是烃的含氧衍生物则设其为 $C_xH_yO_z$。反应遵循如下规律。

(1)反应温度大于 100℃时，反应前后体积变化 $\Delta V=\frac{y}{4}-1$，体积不变则 $y=4$，即分子平均组成中 H 为 4；反应温度小于 100℃时，反应前后体积变化 $\Delta V=-\left(\frac{y}{4}+1\right)$。

(2)气态烃 C_xH_y 完全燃烧后，恢复到常温常压时，气体体积的变化直接用烃的燃烧通式，通过差量法确定即可。

二、有机化合物燃烧耗氧量及生成 CO_2 和 H_2O

例 2 下列各组有机化合物中，两种物质不论以何种比例混合，只要混合物的总质量一定，所消耗 O_2 质量一定，生成 CO_2 和 H_2O 的质量也一定的是（　　）

A. 乙炔和苯　　　　B. 乙烯和甲烷

C. 乙酸甲酯和果糖　　　　D. 乙醇和乙酸

解析　因为乙炔和苯的最简式相同，所以不论它们以何种比例混合，只要是混合物的总质量一定，所需 O_2 质量一定，生成 CO_2 和 H_2O 的质量也一定，故选 A。

例 3 有机化合物 A、B 分子式不同，它们只可能含碳、氢、氧元素中的两种或三种。如果将 A、B 不论以何种比例混合，只要其物质的量之和不变，完全燃烧时所消耗氧气和生成水的物质的量也不变。那么 A、B 的组成必须满足的条件是________________。若 A 是甲烷，则符合上述条件的化合物 B 中，相对分子质量最小的是（写出分子式）________________，写出相对分子质量最小的含有甲基（—CH_3）的 B 的 2 种同分异构体结构简式：________________。

解析　A、B 不论以何种比例混合，只要其物质的量之和不变，完全燃烧时生成的水的物质的量也不变，说明 A、B 中氢原子个数相同，所消耗的氧气也不变，则相差的碳原子应表示为 $(CO_2)_n$ 的形式。故答案如下：

A、B 的分子式中氢原子数相同，且相差 n 个碳原子，同时相差 $2n$ 个氧原子（n 为正整数）；$C_2H_4O_2$；CH_3COOH、$HCOOCH_3$。

点评　有机化合物燃烧的计算题，无论是求耗氧量还是求二氧化碳的生成量或水的生成量，都需要考虑有机化合物的化学式（$C_xH_yO_z$）：CO_2 的生成量由 x 的总量决定；H_2O 的生成量由 y 的总量决定；而消耗 O_2 的量由 $x+\frac{y}{4}-\frac{z}{2}$ 的总量决定。

若燃烧的反应物是混合物，则需找出其化学式构成的相同点与区别：

若耗氧量相同且生成的水一样多，应具有相同的氢原子数，其分子式应符合通式 $C_xH_y\cdot(CO_2)_m$，如 C_2H_6 和 $C_3H_6O_2$。

若耗氧相同则该烃的含氧衍生物分子组成符合通式 $C_xH_y\cdot(H_2O)_n(CO_2)_m$，如 C_2H_4 和 $C_3H_6O_3$。

若耗氧量相同且生成的 CO_2 一样多，应具有相同的碳原子数，其分子应符合通式 $C_xH_y\cdot(H_2O)_n$，如 C_2H_4 和 C_2H_6O。

等物质的量的两种烃的含氧衍生物充分燃烧后，若耗氧相同，则其在分子组成上相差 n 个 CO_2 或 H_2O 或 CO_2 和 H_2O 的组合，即式量相差 $44n$ 或 $18n$ 或 $62n$，如 C_2H_4O 与 $C_3H_6O_4$。

三、有机化合物不完全燃烧问题

例 4 1L 丙烷与 X L O_2 混合点燃，丙烷完全反应后，生成混合气体为 a L（在 120℃，1.01×10^5 Pa 时测定）。将 a L 混合气体通过足量碱石灰后，测得剩余气体体积为 b L。若 $a-b=6$，则 X 的值为 （　　）

A. 4　　B. 4.5　　C. 5.5　　D. 6

解析 根据题意，假设 1L 丙烷完全燃烧，应产生 3L CO_2 和 4L 水蒸气，通过足量碱石灰后全被吸收，因此 $a-b=7$，由此断定为不完全燃烧，生成 CO 为 1L，2L CO_2 和 4L 水蒸气，再经反应前后原子守恒，确定 $X=4.5$。

点评 有机化合物不完全燃烧的产物中会有 CO 生成，而 CO 不能被碱石灰等干燥剂吸收。

四、有机化合物燃烧产物使 Na_2O_2 固体增加的质量

例 5 某物质的分子式为 $C_xH_yO_z$，取该物质 a g 在足量的 O_2 中充分燃烧后，将产物全部通入过量的 Na_2O_2 中，若 Na_2O_2 固体的质量增加了 b g，且 $a<b$，则该物质可能是 （　　）

A. $C_3H_6O_2$　　B. $C_3H_6O_3$　　C. $C_3H_8O_3$　　D. CH_2O_2

解析 有机化合物燃烧产生的 CO_2 和 H_2O 通过 Na_2O_2，固体增加的质量相当于 $(CO)_nH_m$ 的质量，该题中固体增加的质量大于有机化合物的质量，则符合通式 $(C_xO_y)_nH_m(x>y)$，故选 A。

点评 有机化合物质量与燃烧产物使 Na_2O_2 固体增加的质量之间的关系：一定质量(m)的有机化合物完全燃烧，产物与 Na_2O_2 反应后固体增加的质量为 Δm。

若 $\Delta m=m$，有机化合物符合通式 $(CO)_nH_m$。

若 $\Delta m>m$，有机化合物符合通式 $(C_xO_y)_nH_m(x>y)$。

若 $\Delta m<m$，有机化合物符合通式 $(CO)_nH_m(CO_2)_x$ 或 $(CO)_nH_m(H_2O)_y$ 或 $(CO)_nH_m(CO_2)_x(H_2O)_y$。

五、有机化合物燃烧分子式及结构式确定

例 6 有机化合物 A 是烃的含氧衍生物，在同温同压下，A 蒸气与乙醇蒸气的相对密度是 2。1.38g A 完全燃烧后，若将燃烧产物通过碱石灰，碱石灰的质量增加 3.06g，若将燃烧产物通过浓硫酸，浓硫酸的质量增加 1.08g。取 4.6g A 与足量的金属钠反应，生成的气体在标准状况下体积为 1.68L，A 不与纯碱反应。通过计算确定 A 的分子式和结构简式。

解析 A 蒸气与乙醇蒸气的相对密度是 2，即得 $M_A=dM_r=2\times46g\cdot mol^{-1}=92g\cdot mol^{-1}$；再根据已知条件 1.38g A 即 0.015mol A，浓硫酸中质量增加 1.08g，

即有 0.06mol H_2O，则 CO_2 有 3.06g−1.08g=1.98g，即有 0.045mol CO_2。根据有机化合物燃烧通式 $C_xH_yO_z+\left(x+\frac{y}{4}-\frac{z}{2}\right)O_2 \longrightarrow xCO_2+\frac{y}{2}H_2O$，即可求出 1mol 有机化合物中含有 3mol C、8mol H；根据相对分子质量求出 1mol 有机化合物中含有 3mol O，确定有机化合物分子式为 $C_3H_8O_3$。

再根据有机化合物的性质，4.6g 即 0.05mol A 与足量金属钠反应，生成气体 1.68L（标准状况），即产生 H_2 0.075mol，由此可知 1mol 有机化合物可产生 H_2 1.5mol。A 不与纯碱反应，表明 A 中没有羧基（—COOH），故 1mol 有机化合物中含有 3mol 羟基（—OH），综上确定 A 为丙三醇，写出其结构简式即可。

点评 解这类题的流程：先由密度或相对密度求出摩尔质量（标准状况下 $M=\rho\ g\cdot L^{-1}\times 22.4L\cdot mol^{-1}$，或 $M=dM_r$，d 为相对密度、M_r 为气体的相对分子质量）；再根据有机化合物完全燃烧反应的通式，通过浓硫酸或碱石灰质量的增加量确定水和二氧化碳的量，从而求出 1mol 分子中所含各元素原子的物质的量，确定有机化合物分子式；最后根据有机化合物的性质，确定其结构式。

小试身手

1. 体积为 10mL 的某气态烃，在 50mL（足量）O_2 里完全燃烧，生成液态水和 35mL 气体（气体体积均在同温同压下测定），则此烃的分子式是 （　　）

A. C_2H_4　　B. C_2H_2　　C. C_3H_6　　D. C_3H_8

2. 分别燃烧下列各组物质，生成 CO_2 和 H_2O 的物质的量之比均为 1∶1 的是 （　　）

A. 甲烷和葡萄糖　　B. 乙烷和乙炔

C. 甲醛和乙醛　　D. 乙酸和乙醇

3. 燃烧等物质的量的有机化合物 A 和乙醇用去等量的 O_2，此时乙醇反应后生成的水量是 A 的 1.5 倍，A 反应后生成的 CO_2 是乙醇的 1.5 倍，A 是 （　　）

A. CH_3CHO　　B. C_2H_5COOH

C. $CH_2=CHCOOH$　　D. $CH_3—CH(CH_3)—OH$

4. 有机化合物 A 和 B 只由 C、H、O 中两种或三种元素组成，当 A 和 B 的物质的量之和一定时，无论 A、B 以何种比例混合，完全燃烧时消耗 O_2 的量不变，则 A、B 的相对分子质量的差值（其中 n 为正整数）不可能为 （　　）

A. $8n$　　B. $14n$　　C. $18n$　　D. $44n$

5. 某温度下 m g 仅含三种元素的有机化合物在足量 O_2 充分燃烧，燃烧产物立即与过量 Na_2O_2 反应，固体质量增加了 m g。下列物质中不能满足上述结果的是 （　　）

A. $C_2H_6O_2$　　B. $C_6H_{12}O_6$　　C. $C_2H_4O_2$　　D. $(C_6H_{10}O_5)_n$

56　几何模型法

引路人　浙江省宁波市鄞州高级中学　汪纪苗

方法导引

正确判断有机化合物分子中原子共线、共面问题，需要把握以下因素。

（1）从三维立体的视角进行观察分析。真实的有机化合物分子是三维立体的，所以要把有机化合物的二维平面结构转化为三维立体结构。

（2）掌握常见成键原子的构型。

有机化合物的常见成键原子是 C、H、O、N，在判断共线、共面问题时，它们的构型等情况如下表所示。

成键原子	构型	图示结构	杂化方式	共线、共面情况	举例
单键碳	四面体	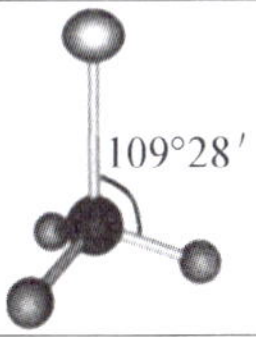 109°28′	sp^3 杂化	最多 3 个原子共面；最多 2 个原子共线	CH_4、CH_3CH_3 等烷烃及烷烃基
双键碳	平面	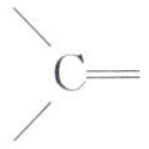 $>C=$	sp^2 杂化	最少 4 个原子共面；最少 2 个原子共线	$CH_2=CH_2$、$CH_2=O$
三键碳	直线	$-C\equiv$	sp 杂化	最少 3 个原子共面；最少 3 个原子共线	$CH\equiv CH$、$HC\equiv N$
苯环碳	平面	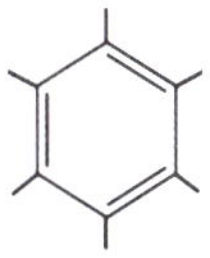	sp^2 杂化	最少 12 个原子共平面；最少 4 个原子共直线	苯、苯酚、甲苯等
单键氧	折线	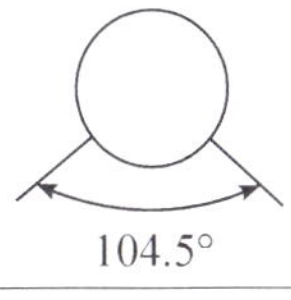 104.5°	sp^3 杂化	最多 3 个原子共面；最多 2 个原子共线	H_2O、CH_3OH
单键氮	三角锥	 107°18′	sp^3 杂化	最多 3 个原子共面；最多 2 个原子共线	NH_3、CH_3NH_2

(3)结构组合时遵循各原子保持构型的原则。

有机化合物分子可以看作原子之间的连接，在原子之间相互组合连接时，遵循各原子保持构型的原则。

(4)抓住中心价键(官能团)构型进行结构的判断。

对三维的有机化合物分子进行共线、共面判断时，要抓住中心价键(官能团)的构型。判断时要理解单键可自由旋转原则。

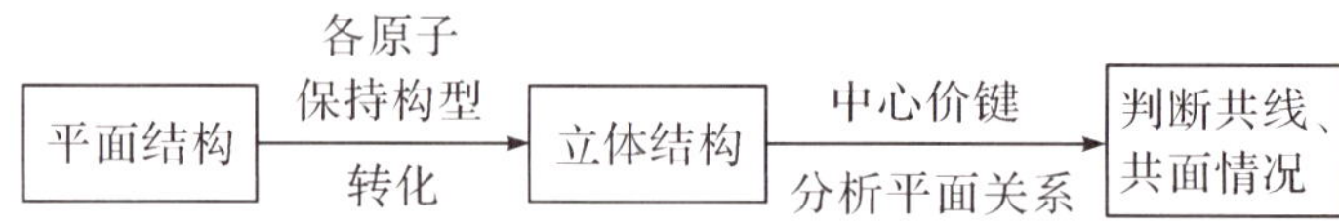

应用赏析

共线、共面的判断

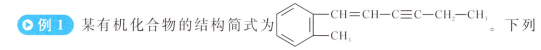

例 1 某有机化合物的结构简式为（苯环邻位分别连有 $-CH=CH-C\equiv C-CH_2-CH_3$ 和 $-CH_3$）。下列关于该有机化合物分子结构的说法正确的是 ( )

A. 最多有 18 个原子在同一平面内

B. 最多有 4 个碳原子在同一直线上

C. 最多有 12 个碳原子在同一平面内

D. 所有原子都可能在同一平面内

解析 根据乙烯、苯、乙炔、甲烷的结构，将平面结构转化为三维立体结构，如下图所示，选择碳碳双键为中心价键。

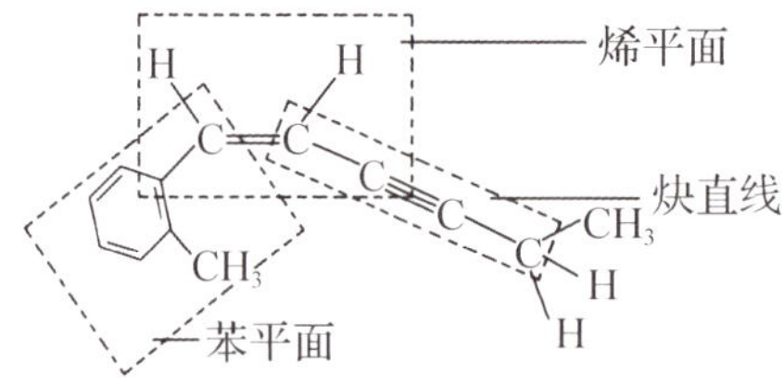

由图可知，最多有 4 个碳原子在同一直线上(炔直线)，当苯平面、烯平面和炔平面重合时共面原子数才会最多，最多有 13 个碳原子在同一平面内，最多有 21 个原子在同一平面内。选 B。

点评 本题涉及甲烷、乙烯、乙炔、苯的结构，较全面地覆盖了典型有机化合物的结构，较好地考查了考生对原子共面、共线问题的掌握情况。将有机化合物的平面结构转化为立体结构是判断的最关键法则，可将共面最多原子数理解为各组成结构的不同平面在重合时的原子共面情况。

例 2 关于结构简式如图所示的烃，下列说法正确的是 （　　）

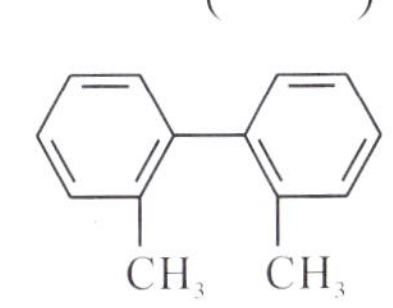

A. 分子中最多有 4 个原子处于同一直线上

B. 分子中至少有 8 个碳原子处于同一平面内

C. 分子中至少有 9 个碳原子处于同一平面内

D. 分子中最多有 20 个原子处于同一平面内

解析　每个苯环都是一个平面，由于连接 2 个苯环的是单键，可以自由旋转，因此两苯环平面可以是相交、垂直或重合的关系，共面的最少原子个数指的是两平面相交不重合状态下的共面原子个数，共面的最多原子个数指的是两平面重合状态下的共面原子个数。

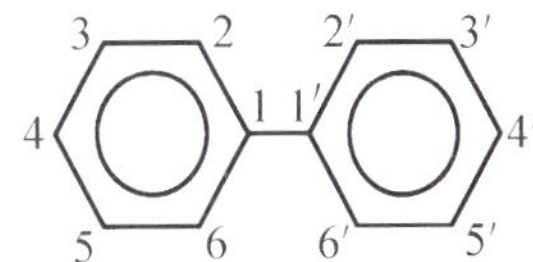

共面的最少碳原子个数是左边甲苯结构的 7 个碳原子 +1′碳原子 +4′碳原子 =9 个碳原子（右图），因为经过 4—1—1′—4′的直线是两苯环平面的交线，此直线在两平面内，所以 B 项错误，C 项正确。经过 4—1—1′—4′的直线有 4 个碳原子和 2 个氢原子，共 6 个原子，A 项错误。共面的最多原子个数是两苯环平面重合，每个甲基中最多只有 1 个碳原子和 1 个氢原子在平面内，故总原子数 = 两苯环中的 20 个原子（12 个碳原子 +8 个氢原子）+ 两甲基中的 4 个原子 =24 个原子，D 项错误。选 C。

点评　从二面角的视角来认识两平面的关系，有助于判断共面情况。在判断时不能遗忘苯环上的氢原子。

例 3 环之间共用一个碳原子的化合物称为螺环化合物，螺[2.2]戊烷（ ）是最简单的一种。下列关于该化合物的说法错误的是 （　　）

A. 与环戊烯互为同分异构体

B. 二氯代物超过 2 种

C. 所有碳原子均处同一平面

D. 生成 1mol C_5H_{12} 至少需要 2mol H_2

解析　螺[2.2]戊烷与环戊烯的分子式都是 C_5H_8，互为同分异构体，A 项正确。螺[2.2]戊烷的二氯代物有

B 项正确。螺[2.2]戊烷中的碳原子都是单键碳，呈四面体构型，不可能处于同一平面，C 项错误。螺[2.2]戊烷的分子式是 C_5H_8，生成 1mol C_5H_{12} 至少需要 2mol H_2，D 项正确。选 C。

点评　出现陌生的有机化合物时，抓住成键碳的构型这一关键点，即可判断其空间结构，进而判断其共面情况。

小试身手

1. 下列关于 $CH_3—CH═CH—C≡C—CF_3$ 分子的结构叙述正确的是（　　）

A. 6 个碳原子有可能都在同一条直线上　B. 6 个碳原子不可能都在同一条直线上

C. 6 个碳原子一定都在同一平面内　D. 6 个碳原子不可能都在同一平面内

2. 下列说法正确的是（　　）

A. 丙烷是直链烃，因此其分子中 3 个碳原子在同一直线上

B. 丙烯所有原子均在同一平面内

C. $CH_3(CH_2=)C$—（环己烯环）—CH_3 所有碳原子一定在同一平面内

D. （三联苯结构）至少有 16 个原子共平面，至少 8 个原子共线

3. 某烃的结构简式为 $CH_3—CH_2—C(C_6H_5)=C(C_2H_5)—C≡CH$，若分子中共线最多碳原子数为 a，共面最多碳原子数为 b，含四面体结构的碳原子数为 c，则 a、b、c 分别是（　　）

A. 3，4，5　B. 4，10，4　C. 3，10，4　D. 3，14，4

4. 某有机化合物分子结构为 $CHClF—CH=CH—C_6H_4—C≡CCH_3$。下列关于该分子结构的说法正确的是（　　）

A. 最少有 17 个原子共平面

B. 除苯环外的其余碳原子不可能都在同一直线上

C. 12 个碳原子不可能都在同一平面内

D. 12 个碳原子一定都在同一平面内

5. 下列对有机化合物（邻羟基联苯结构，对位连有 $—C≡C—CH═CH—CH_2CH_3$）的叙述，正确的是（　　）

A. 该有机化合物的分子式为 $C_{18}H_{15}O$

B. 该有机化合物共线的碳原子最多有 7 个

C. 该有机化合物共面的碳原子最多有 17 个

D. 该有机化合物常温下易溶于水

57 不饱和度法

引路人 浙江省金华市外国语学校 金立新

方法导引

不饱和度，又称缺氢指数（环加双键指数），用 Ω 表示。分子多 1 个环或双键，减少 2 个氢原子，不饱和度增加 1；多 1 个三键，减少 4 个氢原子，不饱和度增加 2。依据不饱和度的计算，可推测有机化合物可能存在的基团。

有机化合物中多 1 个卤原子，则少 1 个氢原子；增加的氧原子以饱和键形式插入分子中，则不影响氢原子数；增加的氮原子以饱和键形式插入分子中，多 1 个氮原子需多连 1 个氢原子。有机化合物 $C_xH_yO_zCl_mN_n$ 不饱和度计算公式为 $\Omega=\frac{2x+2-m+n-y}{2}$。

应用赏析

一、有机化合物分子式的确定

例 1 某合成抗炎镇痛药“消炎痛”的结构为

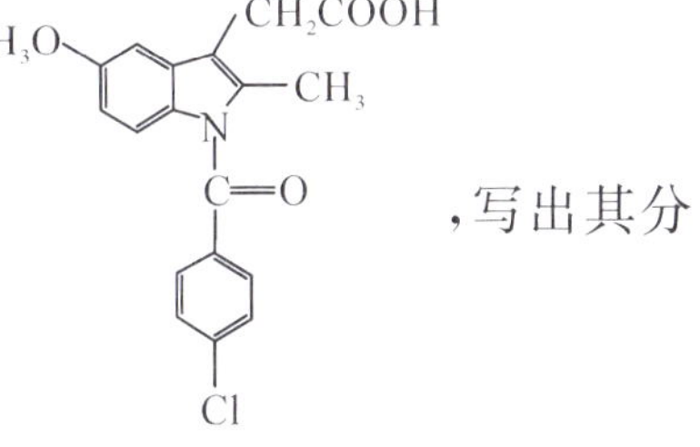

，写出其分子式：____________________。

解析 分析“消炎痛”的结构：含有 2 个苯环，$\Omega=8$；中间还有 1 个五元含氮杂环，含有双键，$\Omega=2$；环外还有羧基和羰基，$\Omega=2$；因此“消炎痛”的不饱和度为 $8+2+2=12$，缺 24 个 H 原子。结构中含有 19 个 C 原子，4 个 O 原子，1 个 N 原子，1 个 Cl 原子（从结构反过来分析分子式时加减互换），结构中每增加 1 个 N 原子相当于增加 1 个 H 原子，每增加 1 个 Cl 原子相当于减少 1 个 H 原子，该化合物结构中 N 原子和 Cl 原子个数相等，即氢原子个数相互抵消，因此分子中 H 原子数为 $2\times19+2-12\times2+1-1=16$，故“消炎痛”的分子式为 $C_{19}H_{16}O_4ClN$。

点评 不饱和度法在有机化合物分子式的确定中很好地解决了复杂有机化合物结构的氢原子数“漏数”问题。

二、同系物和同分异构体的判断

例 2 一种活性物质的结构简式为，下列有关该物质的叙述正确的是________。

①既是乙醇的同系物又是乙酸的同系物。

②与互为同分异构体。

解析 根据同系物和同分异构体的概念可知，互为同系物或互为同分异构体的物质，其不饱和度相等。结构中有 1 个 C═C 和 1 个—COOH，其不饱和度为 2。

①乙醇的不饱和度为 0，乙酸的不饱和度为 1，因此该活性物质既不是乙醇的同系物又不是乙酸的同系物。

②中含有 1 个六元环和 1 个羧基，其不饱和度为 2，又因为二者的碳原子数和氧原子数分别相等，故它们互为同分异构体。

综上，填②。

点评 用不饱和度法，能准确快速地判断有机化合物间是否互为同系物或同分异构体。

三、限制条件同分异构体的书写

例 3 写出 4 种同时符合下列条件的化合物 B($CH_3COCH_2CH_2COOCH_3$)的同分异构体的结构简式：

①分子中有 2 种不同化学环境的氢原子。

②有甲氧基($—OCH_3$)，无三元环。

解析 B 的结构中，有 1 个羰基和 1 个酯基，其不饱和度为 2。按照互为同分异构体的物质不饱和度相等的特点，结合题干中的条件①②可以这样理解：根据对称性，甲氧基(饱和)为 2 个或 3 个。

假设有 2 个甲氧基，则结构中还剩余 4 个 C 原子、1 个 O 原子和 2 个不饱和度：可以是环＋双键，如四元环＋双键的、，五元环＋双键的；可以是

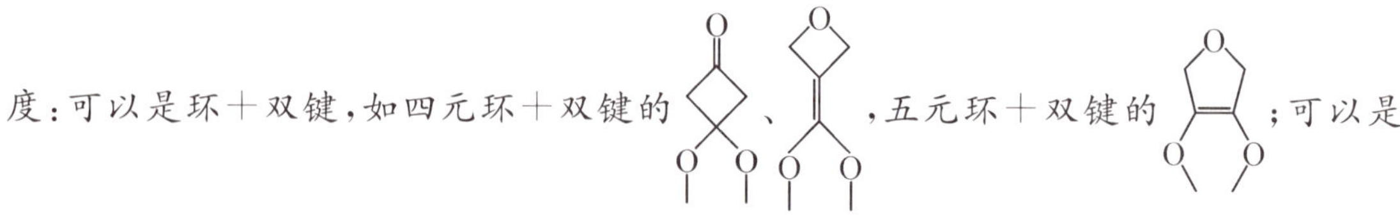

2 个环，如；也可以是链状化合物，2 个双键，如 2 个碳碳双键的

，碳碳双键＋碳氧双键的 。

假设有 3 个甲氧基，则结构中还剩余 3 个 C 原子和 2 个不饱和度，可以是碳碳三键，如。

结合以上分析，B 的同分异构体可能有以下结构：、、、

、、、。

点评 根据题干中限定条件，确定限定性结构基团和不饱和度，分析剩余片段，再参考波谱数据等信息确定取代基种类和位置，最后写出同分异构体。

书写限定条件下同分异构体的一般思路如下：

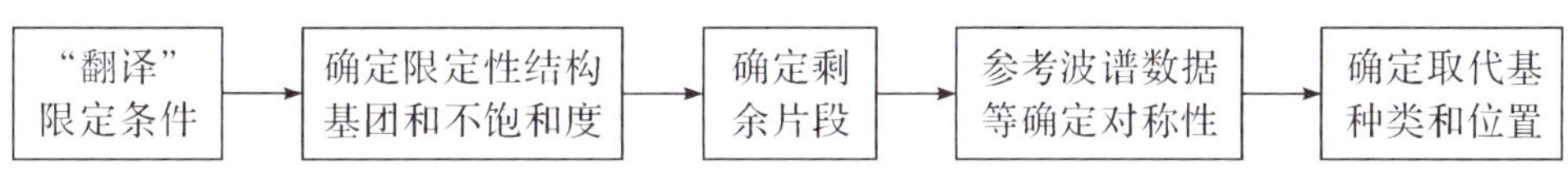

不饱和度法在限制条件下同分异构体的书写中具有化繁为简的应用价值。

小试身手

1. (1) 利尿药美托拉宗结构为，写出该化合物的分子式：＿＿＿＿＿＿＿＿＿＿。

(2) 某药物中间体 5-降冰片烯-2-酰氯的结构为，写出该药物中间体的分子式：＿＿＿＿＿＿＿＿＿＿。

2. 合成抗病毒药物普拉那韦的两种中间产物分别是 J 和 K，其结构如下：

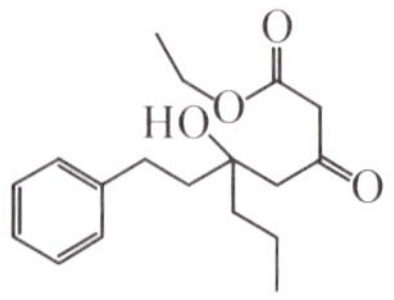

J 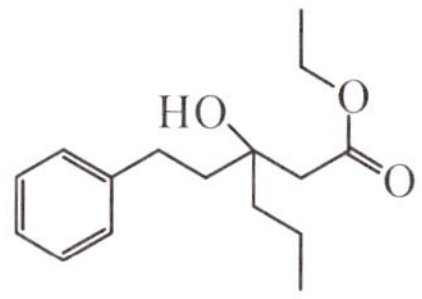　　K

J 和 K 是否互为同系物？__________（填“是”或“否”）。

3. 近年来，以大豆素（化合物 C）为主要成分的大豆异黄酮及其衍生物，因其具有优良的生理活性而备受关注。大豆素的合成工艺路线如下。

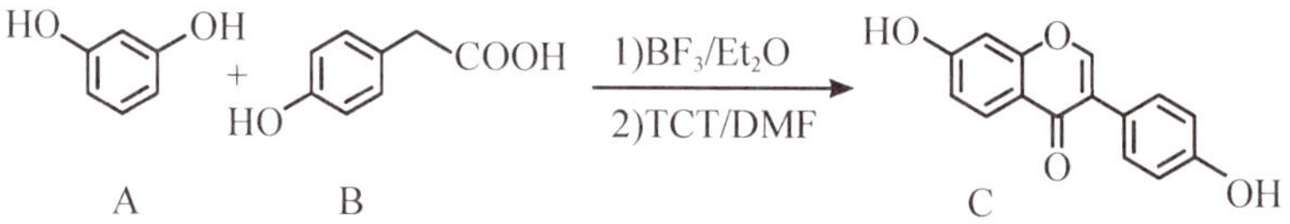

A + B $\xrightarrow[\text{2)TCT/DMF}]{\text{1)}BF_3/Et_2O}$ C

化合物 B 的同分异构体中能同时满足下列条件的有________种。

①含苯环的醛、酮。

②不含过氧键（—O—O—）。

③核磁共振氢谱图显示有 4 组峰，且峰面积比为 3∶2∶2∶1。

58 角色互换法

引路人　浙江省杭州市长河高级中学　沈彩娣

方法导引

角色互换法指在判断和书写有机化合物的同分异构体时，根据化学式的特点，用一种原子（或原子团）去替换另一种原子（或原子团），并利用得到的新的化学式进行解题的思想方法。巧用角色互换法，对较复杂有机化合物结构式中的某些原子或原子团进行巧妙替换，把陌生程度较高的问题转化为我们熟悉的物质并写出其同分异构体，再代入原基团（原子）得到目标产物，就能轻松找到突破口，使复杂问题简单化而快速得解。角色互换法本质是一种等效转化思维，构思巧妙，应用非常广泛。

应用赏析

一、判断取代产物同分异构体的数目

例 1 丙烷的二氯取代物有 4 种同分异构体，则其六氯取代物有几种同分异构体？

解析　丙烷分子式为 C_3H_8，丙烷二氯取代物分子式为 $C_3H_6Cl_2$，六氯取代物分子式为 $C_3H_2Cl_6$。讨论六元取代比较烦琐，但把问题转换成讨论 C_3Cl_8 的二氢取代物，问题立即解决，得到丙烷的六氯取代物有 4 种同分异构体。

例 2 八硝基立方烷是一种烈性炸药。请问：立方烷的六硝基取代物有几种同分异构体？（　　）

A. 3 种　　B. 4 种　　C. 5 种　　D. 6 种

解析　立方烷的六取代相当于立方烷的二取代，二取代相当于两点连线的长度，有边长、面对角线长和体对角线长 3 种，故立方烷的六取代物有 3 种。

点评　若有机化合物分子中可被取代的 H 原子有 y 个，则一取代物的数目与 $y-1$ 取代物的数目相同，n 取代物的数目与 $y-n$ 取代物的数目相同。角色互换法适合用于讨论一个有机化合物取代基数目比较多的情况下的同分异构体数目，根据角色互换法变换成思考取代基数目较少情况下的同分异构体数目，有效地化繁为简。

二、判断是否为同分异构体

例 3 人们使用 400 万只象鼻虫，历经 30 多年时间，弄清了棉粒象鼻虫的 4 种信息素的组成，它们的结构可表示如下。

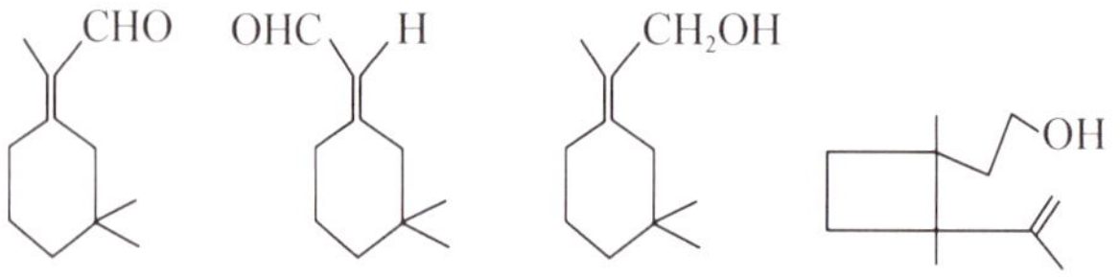

CHO　　OHC　H　　CH_2OH　　OH

①　　②　　③　　④

以上 4 种信息素中互为同分异构体(不考虑立体异构)的是　　(　　)

A. ①和②　　B. ①和③　　C. ③和④　　D. ②和④

解析　如果直接根据同分异构体的概念判断费时费力且易出错，巧用角色互换思想把同分异构体概念中的“相同分子式”具体理解为“具有相同碳原子数”，把“不同结构”理解为“具有不同官能团或不同的碳链”，然后依次按“碳原子数→官能团→碳链结构”的顺序可以迅速判断出正确答案为 C。

点评　角色互换法既可以是某种原子或原子团的“角色互换”，又可以是某些“概念”中的关键字或关键词的“角色互换”，通过这种“角色互换”可以抓住概念中的要点从而帮助解决问题。

三、判断烯或炔的同分异构体数目或可能结构

例 4 若 $CH_3—CH_2—CH(CH_3)—CH(CH_3)—C(CH_3)_2—CH_3$ 是某单烯烃与 H_2 加成后的产物，则该烯烃可能有________种结构；若它是炔烃与 H_2 加成后的产物，则此炔烃可能有________种结构。

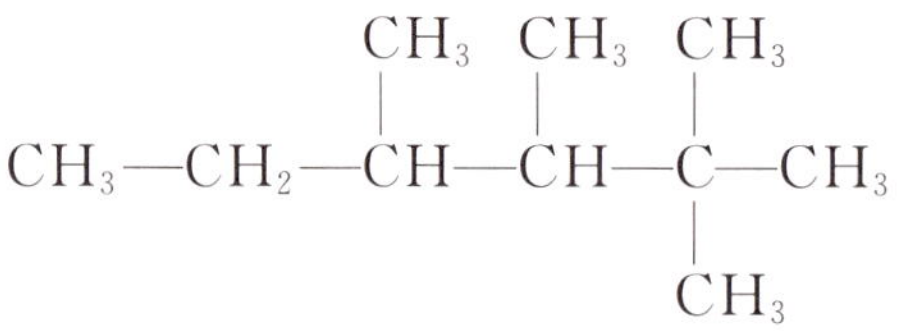

解析　本题实质是判断烯烃或炔烃的同分异构体的数目。烯烃中每 1 个 $>C=C<$ 与 1 个 H_2 完全加成生成 1 个 $>CH—CH<$，即相邻两碳原子上每个碳原子至少有 1 个氢原子才可能是由碳碳双键与氢气加成得到的。再结合分子对称性去掉相同的结构，即可判断出该烯烃的可能结构。

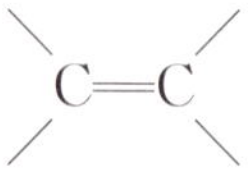

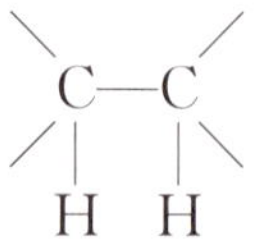

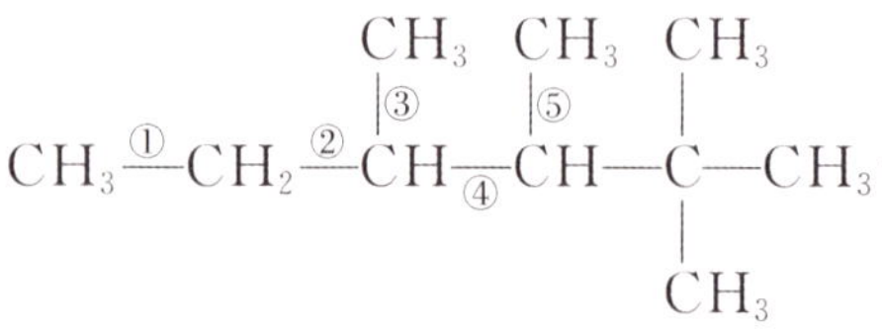

$CH_3\overset{①}{—}CH_2\overset{②}{—}CH(\overset{③}{—}CH_3)\underset{④}{—}CH(\overset{⑤}{—}CH_3)—C(CH_3)_2—CH_3$ 中标注的位置是碳碳双键可能的位置，即该

烯烃可能有 5 种结构。

同理，炔烃中每 1 个—C≡C—与 2 个 H_2 完全加成生成 1 个—CH_2—CH_2—，即相邻两碳原子上每个碳原子至少有 2 个氢原子才可能是由碳碳三键与氢气加成得到的，再结合分子对称性去掉相同的结构，即可判断出炔烃的可能结构。

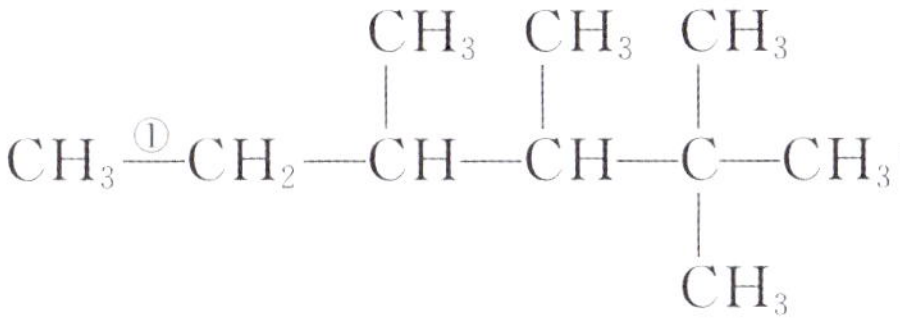

$$\begin{array}{ccccccccccc} & & & & CH_3 & & CH_3 & & CH_3 & & \\ & & & & | & & | & & | & & \\ CH_3 & \overset{①}{—} & CH_2 & — & CH & — & CH & — & C & — & CH_3 \\ & & & & & & & & | & & \\ & & & & & & & & CH_3 & & \end{array}$$

中标注的位置①可能是碳碳三键的位置，即该炔烃只能有 1 种结构。

四、判断或书写含氮有机化合物的同分异构体

例 5 分子式为 $C_4H_{11}N$ 的有机化合物有多少种同分异构体？（不考虑立体异构。）

解析 有机化合物中氮原子与其他原子能形成 3 个共用电子对，次甲基（$—\overset{|}{\underset{|}{C}}H$）也可以与其他原子形成 3 个共用电子对。将有机化合物中氮原子替换成次甲基（$—\overset{|}{\underset{|}{C}}H$），不会改变有机化合物的不饱和度。将 $C_4H_{11}N$ 中的氮原子替换成次甲基（$—\overset{|}{\underset{|}{C}}H$），得到分子式为 C_5H_{12}，问题即转化为 C_5H_{12} 的一取代物的同分异构体数目，然后将连接有氢原子的碳原子（$—\overset{|}{\underset{|}{C}}H$ 中的碳原子）替换回氮原子即可得到符合题意的同分异构体数目。详细步骤如下图所示。

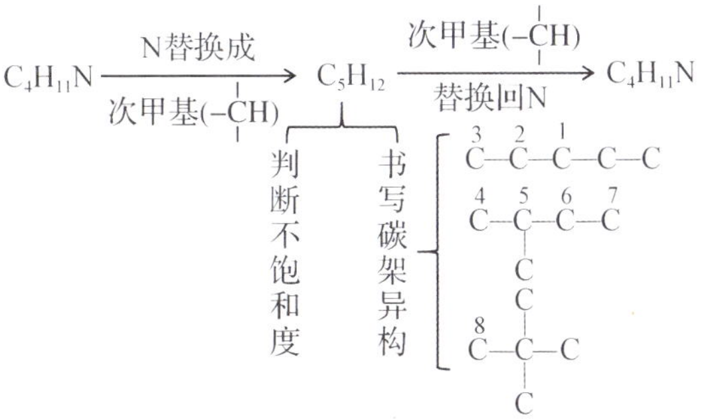

$C_4H_{11}N$ —N替换成次甲基（$—\overset{|}{\underset{|}{C}}H$）→ C_5H_{12} —次甲基（$—\overset{|}{\underset{|}{C}}H$）替换回N→ $C_4H_{11}N$

C_5H_{12}：判断不饱和度；书写碳架异构

$$\begin{array}{l} \overset{3}{C}—\overset{2}{C}—\overset{1}{C}—C—C \\ \overset{4}{C}—\overset{5}{C}—\overset{6}{C}—\overset{7}{C} \\ \quad\ \ | \\ \quad\ \ C \\ \quad\ \ C \\ \quad\ \ | \\ \overset{8}{C}—C—C \\ \quad\ \ | \\ \quad\ \ C \end{array}$$

由图可知该题的参考答案为 8 种。

点评 利用等价进行换元，可使复杂问题简单化，将陌生的含氮原子有机化合物同分异构体问题等价转化为熟悉的碳链异构和官能团位置异构，大大降低了思维难度，有效地避免分类讨论和基团组合时出现的遗漏或重复情况。

五、书写限定条件有机化合物的同分异构体

例 6 C_6H_5—C(=O)—CH_2NH_2 的同分异构体中，含有苯环、—NH_2，且能发生银镜反应的有________种；其中核磁共振氢谱图的峰面积之比为 2∶2∶2∶2∶1 的同分异构体的结构简式为____________________。

解析 该化合物除苯外还有 1 个不饱和度，其同分异构体要求能发生银镜反应，所以一定有醛基，同时还含有氨基，不可能出现甲酰胺（—N(H)—C(=O)—H）。如果我们"拿掉"1 个醛基和 1 个氨基，则剩余部分为—C_7H_6—，相当于甲苯中的 2 个氢原子分别被醛基和氨基取代，即是甲苯的二元取代物的种类。令 1 个取代基为 a，用数学标记另 1 个取代基可能的位置，有 a—C(1)—苯环(2、3、4)、C(5)—苯环(邻位 a；6、7、8、9)、C(10)—苯环(间位 a；11、12、13、14)、C(15)—苯环(对位 a；16、17)，共 17 种。其中核磁共振氢谱图显示的峰面积之比为 2∶2∶2∶2∶1 的同分异构体为结构对称且不含甲基的情况，因此其结构简式为 OHC—CH_2—C_6H_4—NH_2（对位）、H_2N—CH_2—C_6H_4—CHO（对位）。

点评 书写较复杂的同分异构体，要先确定好同分异构体中必含有的官能团或结构单元，将其以一价基的形式进行"角色互换"，然后确定"母体"，在"母体"的基础上，确定其一元或多元取代物的种类数。

小试身手

1\. 二噁英的结构简式为（两个苯环通过两个 O 原子相连的结构），它的二氯代物有 10 种，则其六氯代物有 （　　）

A. 5 种　　B. 10 种　　C. 11 种　　D. 15 种

2\. $C_8H_{11}N$ 的同分异构体中含有苯环的有多少种？（不考虑立体异构。）

3\. 写出符合下列条件的 D（O=环戊基—$COOCH_3$）的所有同分异构体（不考虑立体异构）：

①含有五元碳环结构。

②能与 $NaHCO_3$ 溶液反应放出 CO_2 气体。

③能发生银镜反应。

59 增减碳法

引路人 浙江省杭州学军中学 李志鹏

方法导引

有机合成的根本任务，即从最简单易得、碳原子较少的有机化合物开始，不断地增加碳原子数，延长碳链，形成碳环——进而得到符合碳原子数要求的最终产物。同学们熟悉的往往是通过取代、加成、消去、氧化还原等反应实现同碳数有机化合物官能团的相互转化，而酯化、酰胺化、成醚、胺的烷基化等方法虽然可以增加产物碳原子数，但形成的碳链并不连续，中间有明显的 O、N 原子隔开，是逆合成分析推断的突破口。有机合成中常用哪些反应实现连续的碳链增长呢？在试题中又有哪些变化呢？有时也需要减少碳原子个数。以下总结了常见的连续增碳和减碳的反应。

应用赏析

一、连续增碳反应

1. 形成连续碳链的反应

在题目中最常考查的形成连续碳链的反应有以下三类：羟醛缩合反应、酯缩合反应、迈克尔加成反应。这三类反应均有明显的产物特征。

(1)羟醛缩合反应过程如下(先加成，后消去)。

$$R-\overset{O}{\overset{\|}{C}}-H + H-CH_2-\overset{O}{\overset{\|}{C}}-H \longrightarrow R-\overset{OH}{\overset{|}{C}H}-CH_2-\overset{O}{\overset{\|}{C}}-H \xrightarrow{-H_2O} R-CH=CH-\overset{O}{\overset{\|}{C}}-H$$

反应得到特征性 $C=C-C=O$ 结构，凡看到这样的结构，可快速判断发生了羟醛缩合反应，从 C═C 处断开。该反应还有常考的变化，只要是羰基的 α-C 上有 H 即可，该羰基可以是醛基、酮羰基，也可是酯基；连在两羰基之间的—CH_2—则反应性更好；若 α-C 上还连有烷基，仍是 α-C 上的 H 加成连接。

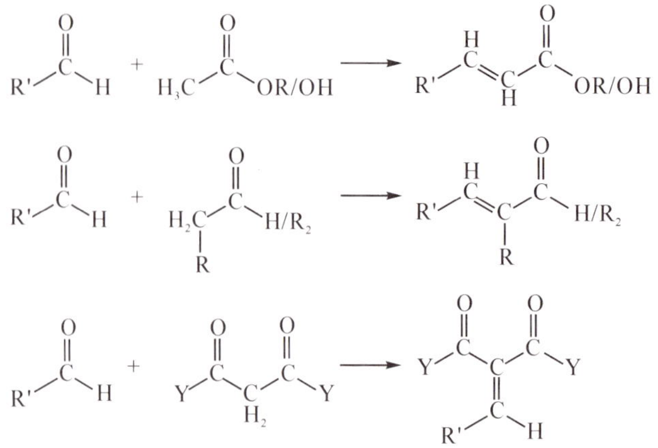

$$R'CHO + H_3C-CO-OR/OH \longrightarrow R'-CH=CH-CO-OR/OH$$

$$R'CHO + RCH_2-CO-H/R_2 \longrightarrow R'-CH=C(R)-CO-H/R_2$$

$$R'CHO + Y-CO-CH_2-CO-Y \longrightarrow (Y-CO)_2C=CH-R'$$

(2)酯缩合反应过程如下(取代反应)。

$$H_3C-\overset{O}{\overset{\|}{C}}-OR + H-\underset{H}{\overset{H}{C}}-\overset{O}{\overset{\|}{C}}-OR \xrightarrow{碱性} H_3C-\overset{O}{\overset{\|}{C}}-\underset{H}{\overset{H}{C}}-\overset{O}{\overset{\|}{C}}-OR + ROH$$

反应得到特征性的1,3-二羰基结构,出现这种结构产物,可快速判断从1、2号碳原子处断开。

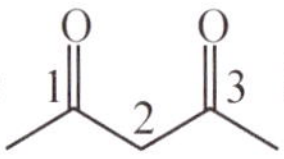

(3)迈克尔加成反应过程如下(加成反应)。

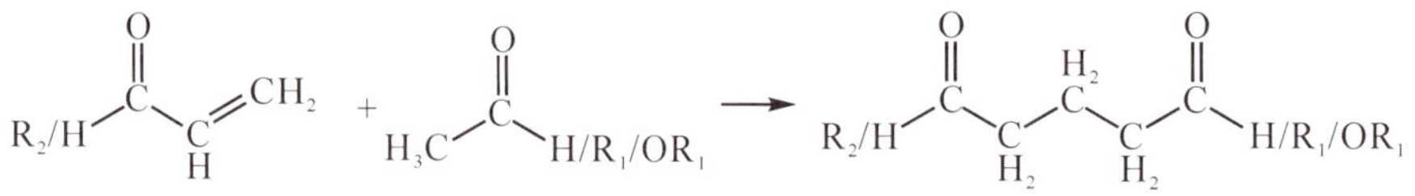

$$R_2/H-CO-CH=CH_2 + H_3C-CO-H/R_1/OR_1 \longrightarrow R_2/H-CO-CH_2-CH_2-CH_2-CO-H/R_1/OR_1$$

反应得到特征性的1,5-二羰基结构,出现这种结构应想到从3、4号碳原子处断开。有意思的是含有 $CH_2=CH-CH=O$ 结构的原料,可由羟醛缩合得到的。

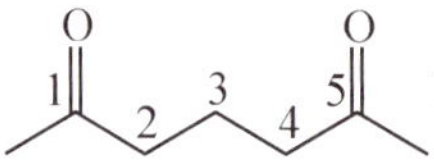

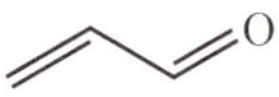

例1 已知 $CH_3COOC_2H_5 \xrightarrow{Cl_2} ClCH_2COOC_2H_5$。请以胡椒醛(3,4-亚甲二氧基苯甲醛,CHO)和乙酸乙酯为原料,应用上述增碳反应合成药物中间体(结构如图:环己烯酮环上带3,4-亚甲二氧基苯基、两个 $-COOC_2H_5$、$C=O$、$-Cl$ 及 $-CH_2Cl$)。

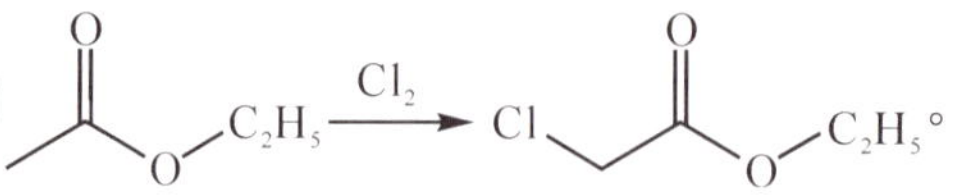

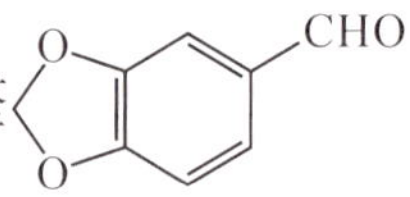

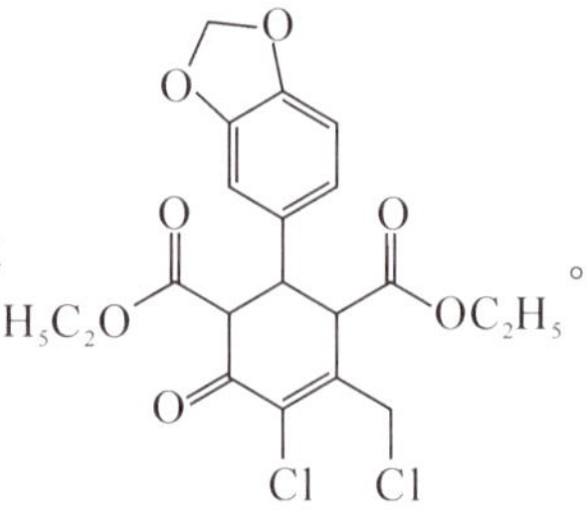

解析 合成路线如下。

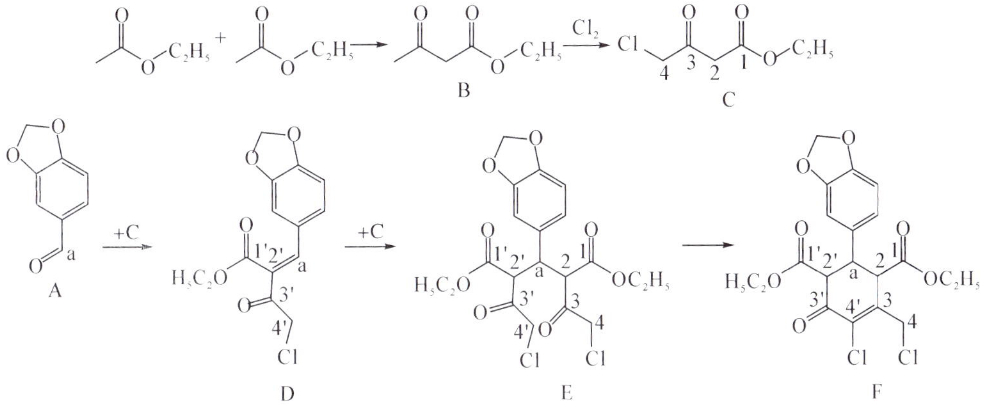

观察最终产物，看到产物F中存在经典结构，即由羟醛缩合得到，推知前体为E；该物质又有1,5-二羰基结构，可以推知由迈克尔加成得到，推知前体为D和C；该前体D又存在经典结构，推知又发生羟醛缩合得到，为胡椒醛A和C合成。C去掉氯之后为6个碳，含有1,3-二羰基结构的B，由乙酸乙酯通过酯缩合反应得到。

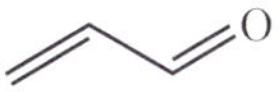

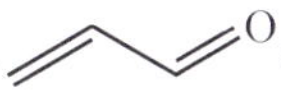

2. 苯环上延长碳链的反应：苯环的傅-克烷基化/酰基化反应

苯环与氯代烃反应得到对应烃基取代的苯（和HCl），也可与醇发生此反应（副产物为H_2O），叫作苯环的傅-克烷基化反应。

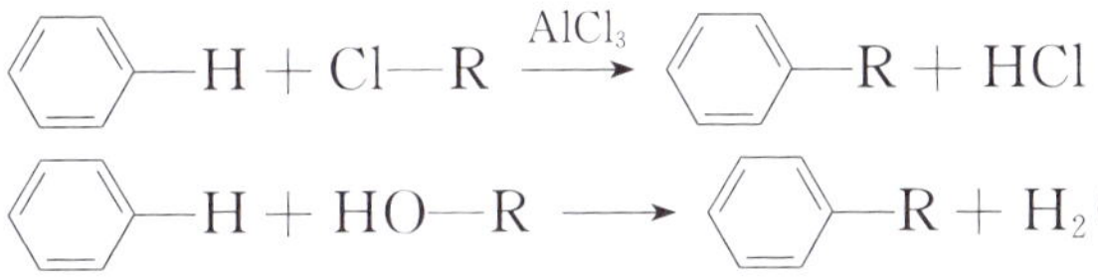

$$C_6H_5\text{—}H + Cl\text{—}R \xrightarrow{AlCl_3} C_6H_5\text{—}R + HCl$$

$$C_6H_5\text{—}H + HO\text{—}R \longrightarrow C_6H_5\text{—}R + H_2O$$

苯环与酰氯/酸酐/酸/酯反应，得到对应酰基取代的苯（HCl/对应酸/H_2O/对应醇），叫作苯环的傅-克酰基化反应。

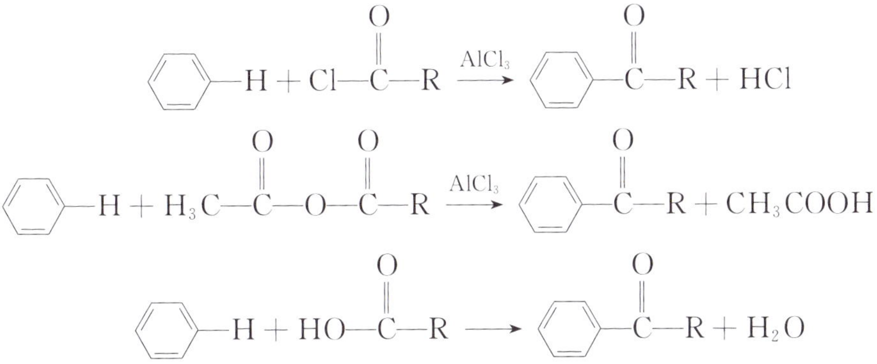

$$C_6H_5\text{—}H + Cl\text{—}\overset{\overset{\displaystyle O}{\|}}{C}\text{—}R \xrightarrow{AlCl_3} C_6H_5\text{—}\overset{\overset{\displaystyle O}{\|}}{C}\text{—}R + HCl$$

$$C_6H_5\text{—}H + H_3C\text{—}\overset{\overset{\displaystyle O}{\|}}{C}\text{—}O\text{—}\overset{\overset{\displaystyle O}{\|}}{C}\text{—}R \xrightarrow{AlCl_3} C_6H_5\text{—}\overset{\overset{\displaystyle O}{\|}}{C}\text{—}R + CH_3COOH$$

$$C_6H_5\text{—}H + HO\text{—}\overset{\overset{\displaystyle O}{\|}}{C}\text{—}R \longrightarrow C_6H_5\text{—}\overset{\overset{\displaystyle O}{\|}}{C}\text{—}R + H_2O$$

这两类反应是苯环上延长碳链的常见方法。

3. 使用格氏试剂发生取代/加成反应延长碳链

$$R_1—X + R_2MgX \longrightarrow R_1—R_2$$

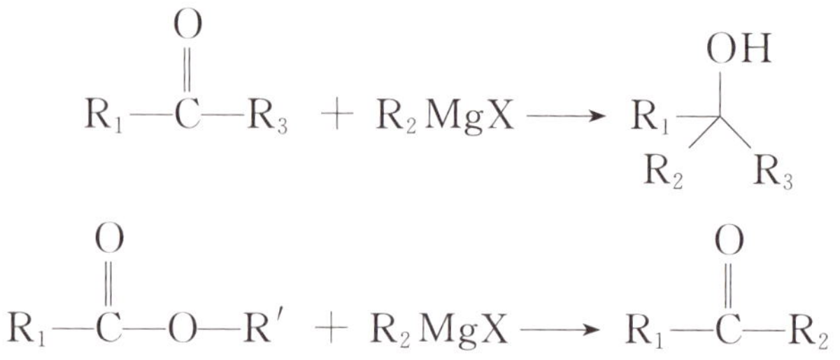

$$R_1—\overset{O}{\overset{\|}{C}}—R_3 + R_2MgX \longrightarrow R_1—\overset{OH}{\underset{R_2\ \ R_3}{C}}$$

$$R_1—\overset{O}{\overset{\|}{C}}—O—R' + R_2MgX \longrightarrow R_1—\overset{O}{\overset{\|}{C}}—R_2$$

将卤代烃 R—X 制成格氏试剂 RMgX，然后分别与氯代烃、醛/酮、酯反应，得到对应烃基延长在原料上的烃、醇、酮，特别要注意三烃基醇的合成方法。

例 2 已知 RCOOH $\xrightarrow{SOCl_2}$ RCOCl。苯和对二甲苯都是便宜的化工产物。请以二者为原料，应用上述增碳方法合成产物（对苯二[二苯基甲醇]）。

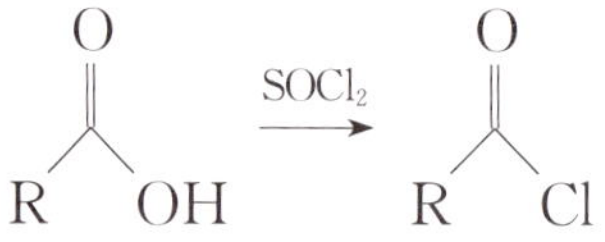

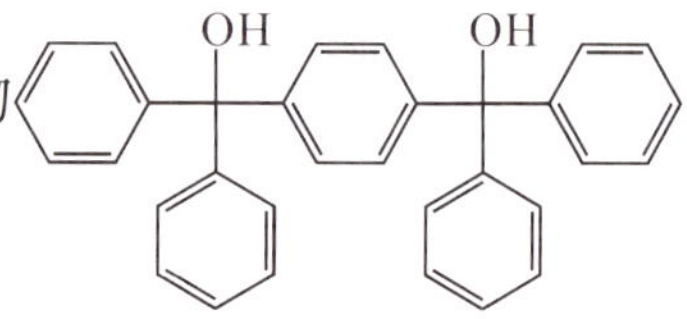

解析 合成路线如下。

对二甲苯 $\xrightarrow[H^+]{KMnO_4}$ HOOC—C₆H₄—COOH $\xrightarrow{SOCl_2}$ ClOC—C₆H₄—COCl $\xrightarrow[AlCl_3]{2\,C_6H_6}$ C₆H₅CO—C₆H₄—COC₆H₅

苯 $\xrightarrow[Fe]{Cl_2}$ C₆H₅—Cl $\xrightarrow{Mg}$ 2 C₆H₅—MgCl

两者反应 $\longrightarrow \xrightarrow{H_2O}$ 产物

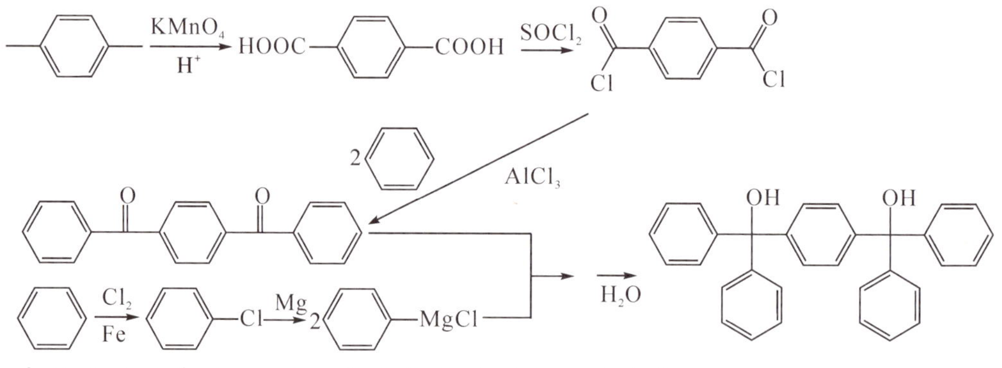

产物为三烃基醇，应该由苯基格氏试剂与两边有苯环的酮反应，二苯基酮又可以由一个苯甲酰氯对另一个苯进行酰基化得到。本题的难点在于从对二甲苯出发得到对苯二甲酰氯。

点评 掌握好以上连续增碳反应及其碳的连接模式，对提高做题速度和正确率有很大帮助。

二、增加一个碳的反应

在合成路线和合成设计题中，经常出现只增加一个碳的过程，特别是原料变为多一个碳的羧酸。增一个碳的无机物来源有 HCN(加成)、NaCN(取代)、CO_2(与格氏试剂 RMgX 反应)。

$$R-X \xrightarrow{NaCN/H_2O} R-CN \xrightarrow[(2)H^+]{(1)NaOH/H_2O} R-COOH$$

$$\underset{H}{\overset{R}{\diagdown}}C=O \xrightarrow{NaCN/H_2O} H-\underset{CN}{\overset{R}{\underset{|}{\overset{|}{C}}}}-OH \xrightarrow[(2)H^+]{(1)NaOH/H_2O} H-\underset{COOH}{\overset{R}{\underset{|}{\overset{|}{C}}}}-OH \boxed{\rightarrow \cdots \rightarrow H-\underset{COOH}{\overset{R}{\underset{|}{\overset{|}{C}}}}-NH_2}$$

$$CH\equiv CH + HCN \longrightarrow CH_2=CHCN \longrightarrow CH_2=CH-COOH \longrightarrow CH_3CH_2COOH$$

$$O=C=O + RMgX \longrightarrow \xrightarrow{H_2O} R-\overset{O}{\overset{\|}{C}}-OH$$

尤其要注意 HCN 加成醛/酮羰基后再酸性水解，是得到 α-羟基酸的最常用方法。

常考的有机一碳试剂为甲醛，与 W—H 加成变为特征性的羟甲基 W—CH_2OH，进而发生消去变为一端的“$=CH_2$”。

$$HCHO + H_3C-\overset{O}{\overset{\|}{C}}-R/OR \longrightarrow HO-CH_2-CH_2-\overset{O}{\overset{\|}{C}}-R/OR \xrightarrow[\triangle]{-H_2O} H_2C=CH-\overset{O}{\overset{\|}{C}}-R/OR$$

比如酚醛树脂的合成，就可看作酚的苯环 C—H 先加成甲醛得到羟甲基苯酚，这个“苯酚基甲醇”再对另一分子苯环进行傅-克烷基化反应，往复如此得到苯环和—CH_2—交替的聚合物。

$$R-CHO + \text{苯酚(邻位H)} \longrightarrow R-CH(OH)-C_6H_4-OH$$

$$R-CH(OH)-C_6H_3(OH)-H + HO-CH(R)-C_6H_4-OH \xrightarrow{-H_2O} HO-CH(R)-C_6H_3(OH)-CH(R)-C_6H_4-OH$$

甲基化试剂：在题目中，我们经常看到苯酚/醇的羟基、胺的氨基等进行甲基化得到甲基醚、甲基胺等，常用的甲基化试剂有碘甲烷 CH_3I、硫酸二甲酯 $(CH_3)_2SO_4$ （$H_3C-O-\overset{O}{\overset{\|}{\underset{O}{\underset{\|}{S}}}}-O-CH_3$）、碳酸二甲酯 $CO(OCH_3)_2$（$H_3C-O-\overset{O}{\overset{\|}{C}}-O-CH_3$）等。见到这些试剂，应该想到其与酚/醇羟基的 O、氨基的 N，甚至羰基的 α-C 等能发生甲基化反应。

例 3 （结构式：苯基—C(OH)(CH₃)—CH₂—NH₂）是一种医药中间体，请设计以溴苯和乙醛为原料合成该中间体（用流程图表示，无机试剂任选）。

解析 流程图如下。

$$C_6H_5Br \xrightarrow[\text{乙醚}]{Mg} C_6H_5MgBr \xrightarrow[(2)H_3O^+]{CH_3CHO,\ (1)\text{乙醚}} C_6H_5CH(OH)CH_3 \xrightarrow[\triangle]{Cu,O_2} C_6H_5COCH_3$$

$$C_6H_5COCH_3 \xrightarrow[\text{催化剂}]{HCN} C_6H_5C(OH)(CN)CH_3 \xrightarrow[\text{催化剂}]{H_2} C_6H_5C(OH)(CH_3)CH_2NH_2$$

点评 本题是合成增加了一个碳的胺，同样是引入—CN，相对于变为增加一个碳的羧酸较为少见，需要灵活掌握。

三、减碳反应

有机合成中较少见到碳原子数减少的反应，常考的除了酯的水解（减少醇的碳原子数），还有脱羧反应：羧酸在碱性条件下脱去 CO_2，减少一个碳（羧基）。

$$R—COOH \xrightarrow[\triangle]{\text{碱性}} R—H + CO_2$$

尤其是 1,3-二羰基的二酯，可以先水解得到二酸，然后脱去一个羧基得到单一羧酸的产物。

小试身手

1. 溶解了微量碱的丙酮高温加热，会检测到奇怪的产物（结构式：3,5,5-三甲基环己-2-烯-1-酮），请解释。

2. 请以苯甲醛、苯乙醛和丙二酸二甲酯为原料合成（结构式：$C_6H_5CH{=}CHCOOCH_2CH_2C_6H_5$）。

60　残基法

引路人　浙江省富阳中学　邵传强

方法导引

残基法是一种有效的有机结构分析手段，即运用减法，将分子组成中的已知片段减去，获得残基，根据有机化合物成键规律或波谱数据，对残基结构进一步解析，最终破解分子“全貌”的手段。

应用赏析

一、限定条件下的有机化合物同分异构体书写

例 1　写出 3 种同时符合下列条件的（Ph、$COOCH_3$ 取代的双环结构）的同分异构体的结构简式（不包括立体异构体）：

①包含（苯环—）。

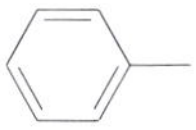

②包含 $—CH═C(COOC_2H_5)—$（双键两端的 C 不再连接 H）片段。

③除②中片段外只含有 1 个$—CH_2—$。

解析　第一步，从目标分子的结构简式可得其分子式为 $C_{13}H_{14}O_2$，根据分子式可求得分子的不饱和度是 7。

第二步，从限定性条件①可知，该片段的组成 $C_6H_5—$的不饱和度为 4；从限定性条件②可知，该片段的组成$—C_5H_6O_2—$的不饱和度为 2。

第三步，将分子式减去限定性片段，可得残基结构是 C_2H_3，该片段还需有 1 个$—CH_2—$，根据不饱和度可知该残基应具有 1 个不饱和度。因此，残基结构必然成环，否则无法满足不饱和度和结构的要求。

第四步，考虑残基可能的结构，该环必然与限定条件②的双键组装在一起，因此，环状结构最小的环是三元环，最大的环是四元环，可得分子结构如下：

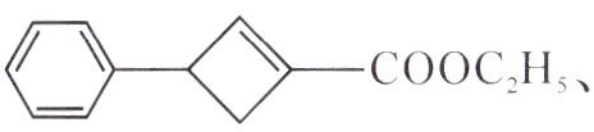

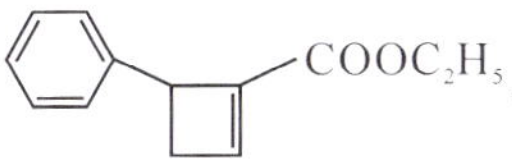

（苯基—环丁烯—$COOC_2H_5$）、（苯基—环丁烯，$COOC_2H_5$）、（苯基—CH_2—环丙烯—$COOC_2H_5$）。

例 2 写出苯乙酸（$C_6H_5CH_2COOH$）符合下列条件的同分异构体的结构简式。

(1)含有苯环的单环化合物。

(2)核磁共振氢谱图显示有 4 组峰，其峰面积之比是 3∶2∶2∶1。

解析 第一步，根据苯乙酸的结构简式可知其组成为 $C_8H_8O_2$，分子的不饱和度为 5。根据核磁共振氢谱数据可知，"3"对应的基团是—CH_3，"1"对应苯环的对位的 1 个H，故可得到分子的骨架中含有 1 个甲基、1 个苯环，苯环的对位有 1 个 H。

第二步，从分子式中减去上述限定性结构的片段，可知剩余的残基结构是—COO—，该残基可以是整体插入，也可分开成—CO—和—O—分别插入分子骨架 $CH_3—C_6H_4—H$ 中。得到的分子结构：

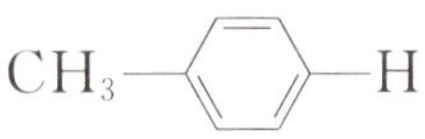

$CH_3—C_6H_4—COOH$、$CH_3COO—C_6H_5$、$CH_3—CO—C_6H_4—OH$、

$CH_3—C_6H_4—OOCH$、$CH_3OOC—C_6H_5$、$CH_3—O—C_6H_4—CHO$。

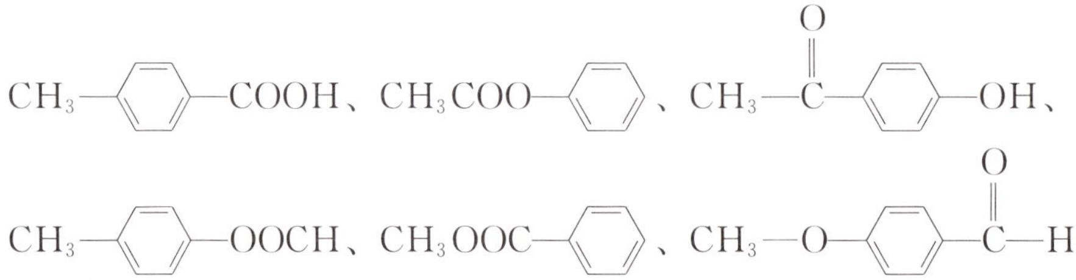

例 3 写出化合物 $C_6H_{16}N_2$ 可能的同分异构体的结构简式，须同时符合下列条件：①^{1}H-NMR 谱图表明分子中有 3 种不同化学环境的氢原子；②IR 谱图显示有 N—H 键和 $>N—N<$。

解析 第一步，根据分子式可知该分子的不饱和度为 0，即分子为链状的饱和结构。分子中限定性结构基元为 $H_2N—NH—$、$H_2N—N<$、—NH—NH—、$—NH—N<$。

第二步，根据限定性结构基元，总的分子式减去上述片段，得到残基结构。若限定结构为 $H_2N—NH—$，则残基只含有 1 种化学环境的 H，不可能满足要求，舍弃；若限定结构为 $H_2N—N<$，则残基结构为 C_6H_{14}，含有 2 种不同化学环境的 H，故 2 个残基均为—C_3H_7，即异丙基，满足要求；若限定结构为—NH—NH—，则残基结构也是 C_6H_{14}，含有 2 种不同化学环境的 H，故 2 个基团均为—C_3H_7，即异丙基，满足要求；若限定结构为 $—NH—N<$，则残基结构为 C_6H_{15}，含有 3 种不同化学环境的 H，则取代基分别是 2 个等价的甲基、1 个叔丁基。

第三步，在限定结构上接上残基，得到的分子结构如下：

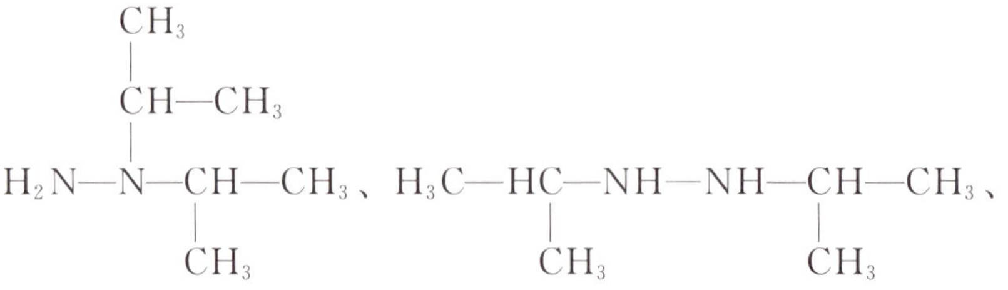

$H_2N—N[CH(CH_3)_2]—CH(CH_3)—CH_3$、$H_3C—CH(CH_3)—NH—NH—CH(CH_3)—CH_3$、

$$\begin{array}{ccccc} & CH_3 & & CH_3 & \\ & | & & | & \\ H_3C— & C & —NH— & N & —CH_3 \\ & | & & & \\ & CH_3 & & & \end{array}$$ 。

点评 书写限定条件下的同分异构体,对学生的证据推理和创新意识具有极高的要求,运用残基法,是破解这一难题的有效手段。其核心要义是,根据分子式、不饱和度,将已知片段的结构减去,获得残基结构,在此基础上对残基进行设计,拆分出满足波谱要求的片段,再进行组装得到目标分子。

二、根据有机化合物的谱图解析简单物质结构

例 4 有机化合物 A 经元素分析仪分析只含碳、氢、氧三种元素。红外光谱图显示分子中含苯基和羧基。质谱图和核磁共振氢谱图如下图所示。试分析该物质的结构。

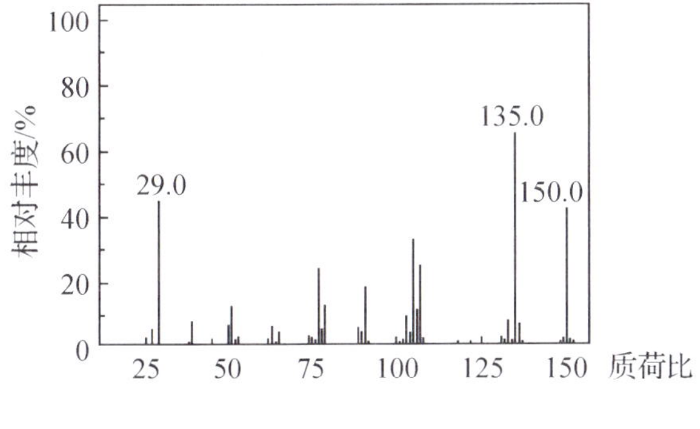

质谱图

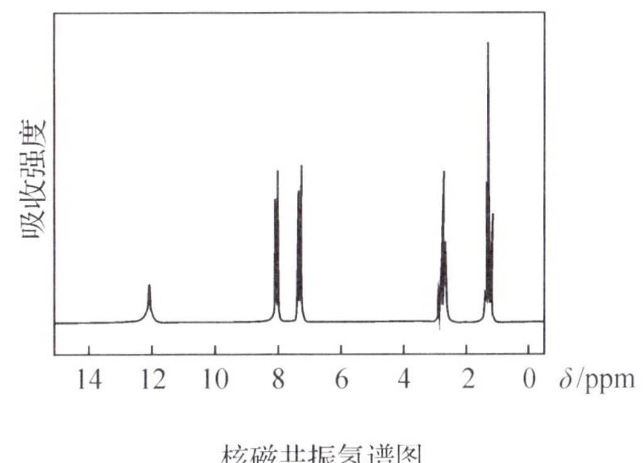

核磁共振氢谱图

解析 第一步,根据题图中质谱图中质荷比最大值可知,该分子的相对分子质量为 150,根据红外光谱图信息可知,分子含有苯基和羧基,则苯基的相对分子质量为 77(假设是苯环的一取代),羧基的相对分子质量为 45,则剩余残基结构的式量 28,不难得出其分子片段有 2 个碳原子。

第二步,根据分子中的残基片段,组合而成的分子可以是以下两种:

O OH、O HO CH_3 。

第三步,再次对照波谱数据,其核磁共振氢谱图中的氢原子信号强度比大约是 3∶2∶2∶2∶1,质谱图中出现有 135.0(去掉甲基后的阳离子)、29.0(乙基阳离子)的信号峰,故可知该分子的结构是 O OH。

点评 根据波谱数据确定有机化合物的结构,是典型的残基法应用,其一般步骤是先根据质谱图信息得出相对分子质量,然后根据特征碎片确定残基部分,再综

合多种证据进行逻辑推理，破解分子组成。

小试身手

1. 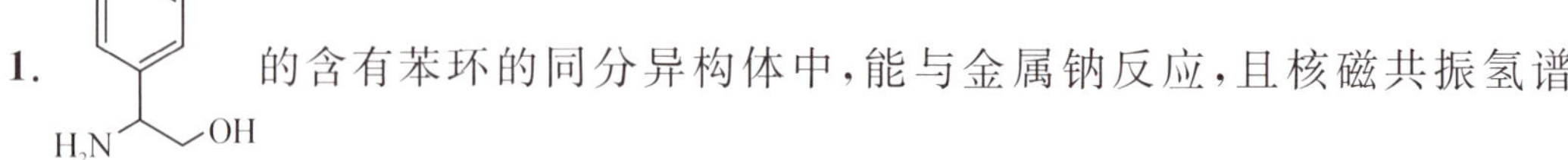 的含有苯环的同分异构体中，能与金属钠反应，且核磁共振氢谱图显示有 4 组峰且其峰面积之比为 6∶2∶2∶1 的有________种，其中，芳香环上为二取代的结构简式为________________。

2. 写出同时满足下列条件的化合物 $C_6H_{10}O_3$ 的同分异构体的结构简式（不考虑立体异构体）：

①^{1}H-NMR 谱图显示只有 2 种不同化学环境的氢原子。

②不含三元环。

③含有—O—CH_3

3. 有机化合物 A 经元素分析仪测得只含碳、氢、氧 3 种元素，红外光谱图显示 A 分子中没有醚键，质谱图和核磁共振氢谱图如下图所示。

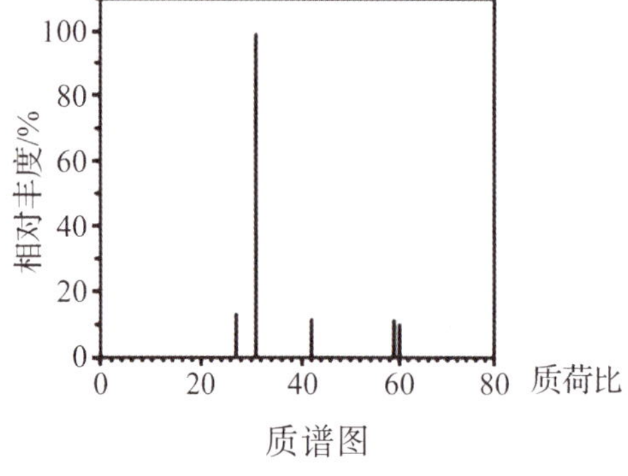

质谱图

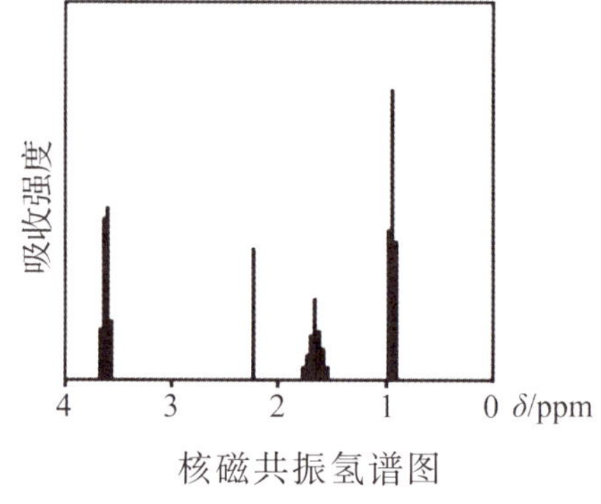

核磁共振氢谱图

下列关于 A 的说法正确的是 （　　）

A. 能发生水解反应

B. 能与 $NaHCO_3$ 溶液反应生成 CO_2

C. 能与 O_2 反应生成丙酮

D. 能与 Na 反应生成 H_2

61 片段分析法

引路人 浙江省嘉善县教育研究培训中心 龚贤

方法导引

判断陌生反应断键、成键的方式，是有机合成推断的难点。在处理有机合成推断的过程中，对关键位置进行编码，或构建片段，则可以快速掌握反应本质，了解断键和成键位置从而推出有机化合物的结构，此为片段分析法。该方法可提升学生有序思维和整合新旧知识解决有机问题的能力，着重发展学生"宏观辨识与微观探析"素养。

应用赏析

一、有机合成线路设计

例1 写出以氯苯（氯苯结构式）为原料制备对乙酰氨基酚（$HO-C_6H_4-NH-CO-CH_3$）的合成线路。

解析 从氯苯和对乙酰氨基酚的结构来看，我们需要在苯环上引入对位基团，其核心片段为（对位二取代苯环片段，①、②为对位编号），抓住该片段并对其位置进行编号，并设计官能团的衍变。在①位和②位的官能团发生转变时重视不同官能团转变的先后顺序。合成路线如下。

氯苯 $\xrightarrow[\triangle]{浓HNO_3/浓H_2SO_4}$ 对硝基氯苯 $\xrightarrow{1)NaOH\ 2)HCl}$ 对硝基苯酚 $\xrightarrow{H_2,\ Pd/C}$ 对氨基苯酚 $\xrightarrow{CH_3I}$ 对甲氧基苯胺 $\xrightarrow[\triangle]{(CH_3CO)_2O}$ 对甲氧基乙酰苯胺 $\xrightarrow{HI}$ 对乙酰氨基酚

（各结构中①位依次为 Cl、Cl、OH、OH、OCH_3、OCH_3、OH；②位依次为 H、NO_2、NO_2、NH_2、NH_2、$HN-C(=O)-CH_3$、$HN-C(=O)-CH_3$）

点评 本题用片段分析法对原料和目标产物的结构进行分析，寻找关键片段，并对关键位置进行编码，厘清不同位置引入的官能团及其先后顺序和实验条件，理

解官能团衍变过程，对合成路线的设计提供思维方向。

二、有机合成分析

例 2 山药素-1是从山药根茎中提取的具有抗菌消炎活性物质，它的一种合成方法如下图所示。

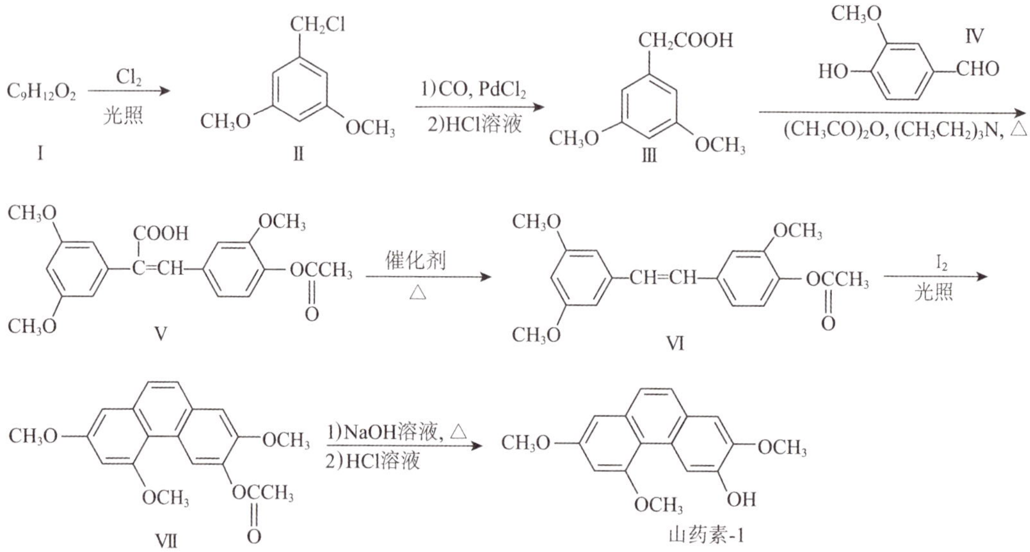

$C_9H_{12}O_2$ (I) —Cl_2/光照→ II —1)CO, $PdCl_2$ 2)HCl溶液→ III —IV, $(CH_3CO)_2O$, $(CH_3CH_2)_3N$, △→ V —催化剂/△→ VI —I_2/光照→ VII —1)NaOH溶液,△ 2)HCl溶液→ 山药素-1

(1)化合物Ⅰ的结构简式为____________________。

(2)由化合物Ⅲ制备化合物Ⅴ反应的化学方程式为____________________。

解析 (1)片段分析法的核心是抓住“变与不变”的思维，对片段关键位置进行编号，可判断断键和成键位置。结合化合物Ⅰ是在光照下与 Cl_2 发生反应生成化合物Ⅱ，以及化合物Ⅱ的结构，可推导出片段(虚线框内)并进行关键位置定位，化合物Ⅰ的结构简式及其转变过程如下。

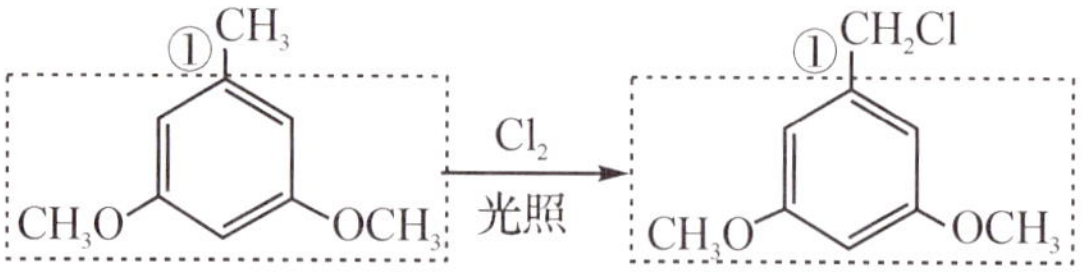

化合物Ⅰ —Cl_2/光照→ 化合物Ⅱ

(2)对化合物Ⅲ、化合物Ⅳ和化合物Ⅴ的结构进行片段化和定位，可知化合物Ⅲ、Ⅳ的虚线框的片段没有发生变化，而①位的饱和碳与化合物Ⅳ的②位醛基进行反应，形成碳碳双键，而③位的羟基最终形成了酯基。化学方程式如下。

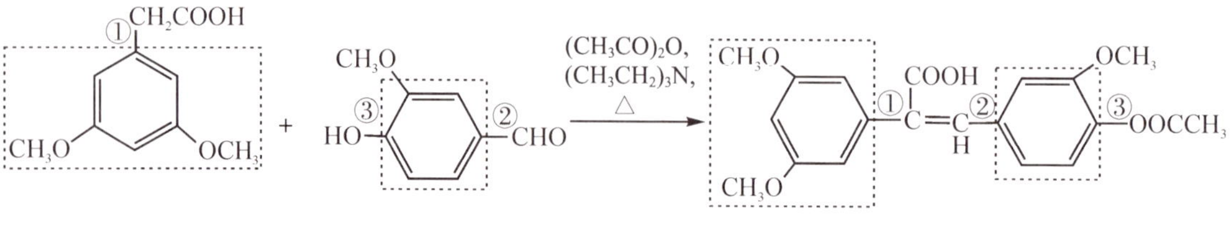

Ⅲ + Ⅳ —$(CH_3CO)_2O$, $(CH_3CH_2)_3N$, △→ Ⅴ

点评 用片段分析法及对关键位置进行编码，能很好地厘清反应机理，理解官能团衍变过程，形成有机合成的认识视角、思路和基本方法。

三、有机合成推断

例 3 某研究小组按下列路线合成抗炎镇痛药“消炎痛”(部分反应条件简化)。

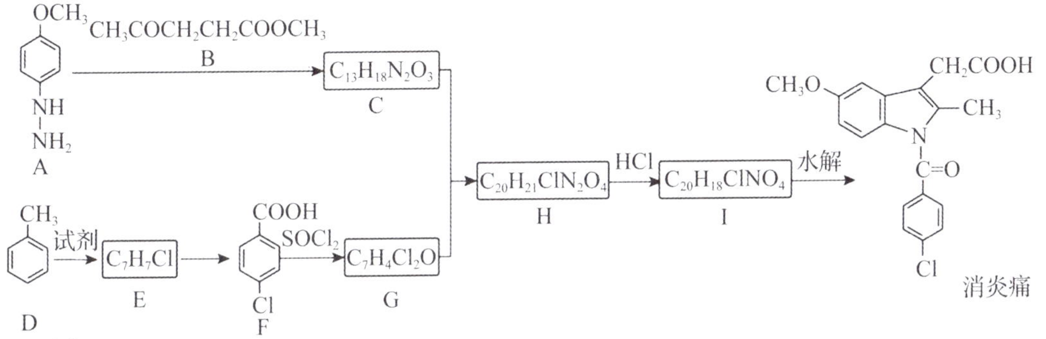

已知

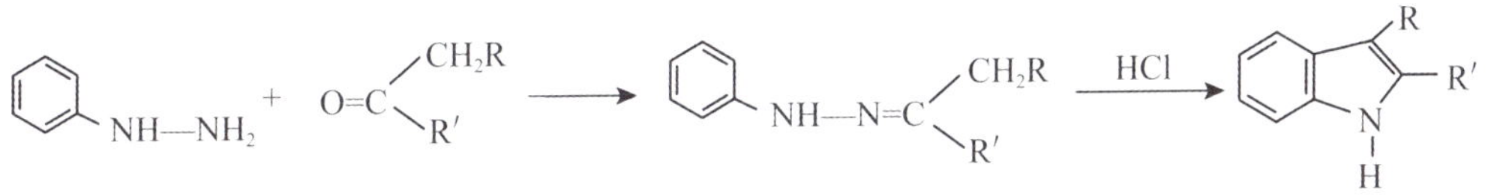

(1)写出化合物 G 的结构简式：________。

(2)写出 H→I 反应的化学方程式：________。

解析 由“消炎痛”的结构可知，它的片段 1 和片段 2 分别由物质 A 和物质 D 提供，并对其分别用①②③④进行定位，由此可以看出，①②位间发生的反应就是试题给出的已知信息，即流程中 A 与 B 反应生成 C 及 H 转化为 I 的过程。

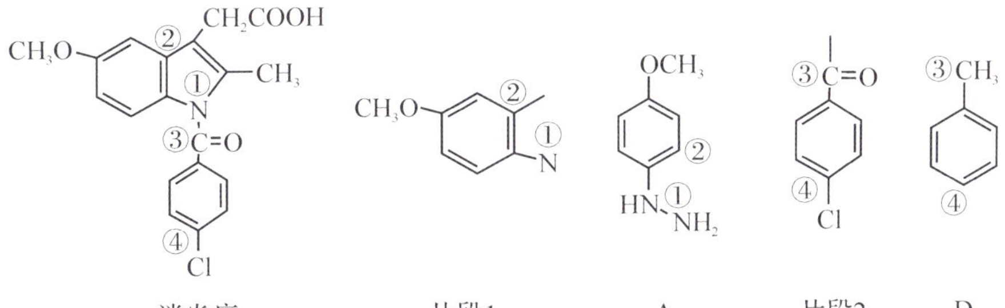

同时对已知条件进行进一步分析，可知物质 A 与物质 B 的反应即已知信息的第一步，①位与物质 B 的羰基进行反应，生成物质 C，即

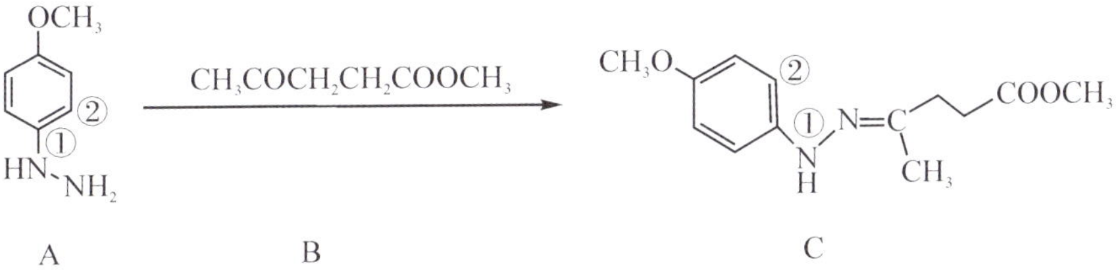

而已知信息的第二步反应，则可通过反应条件 HCl 来推断物质 H 转化为物质 I 的过程。但物质 I 水解后转化为“消炎痛”，则 I 应该为酯类物质，由此利用信息的第二步反应推断②位发生的断键和成键，其过程及 G 的结构简式如下。

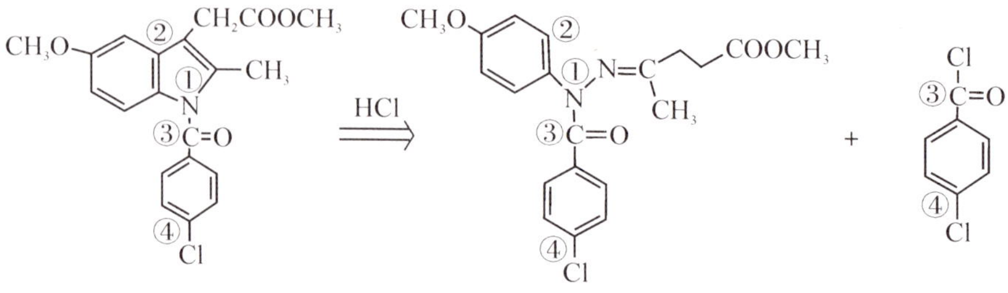

同理，也可通过片段 2 及 F 的结构简式和 G 的分子式，推断出 G 的结构简式。将推理过程反过来即 H→I 反应的化学方程式。

点评 在用片段分析法推断的过程中，需要对已知信息进行片段分析和关键位置编号，通过分析断键和成键方式，理解有机化学反应类型和机理。

小试身手

1. 请以甲苯和$(CH_3CO)_2O$为原料制备（邻位 COOH、$NHCOCH_3$ 取代苯），写出制备的合成路线。

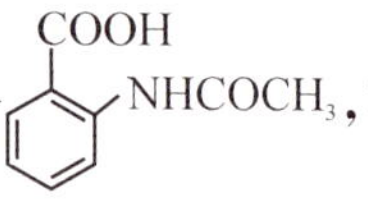

2. 白藜芦醇(化合物 I)具有抗肿瘤、抗氧化、消炎等功效。以下是某课题组合成化合物 I 的路线。

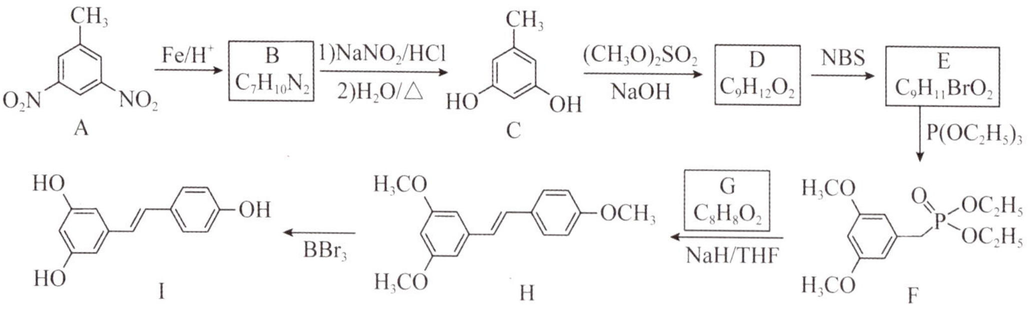

A →(Fe/H^+) B $C_7H_{10}N_2$ →(1)$NaNO_2$/HCl 2)H_2O/△) C →($(CH_3O)_2SO_2$, NaOH) D $C_9H_{12}O_2$ →(NBS) E $C_9H_{11}BrO_2$ →($P(OC_2H_5)_3$) F →(G $C_8H_8O_2$, NaH/THF) H →(BBr_3) I

(1)B 的结构简式为________。

(2)由 E 生成 F 的反应的化学方程式为________。

62　逆合成推断法

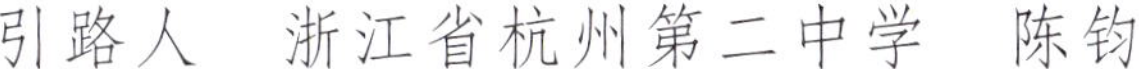
引路人　浙江省杭州第二中学　陈钧

方法导引

逆合成推断法是从目标分子出发，逐步拆分到简单分子的推断过程。这一方法强调逻辑推断与目标导向，是有机合成设计的核心策略。其核心是寻找目标分子中可以拆分的化学键，根据已知的反应寻找合适的化学键进行拆分。具体方法如下。

(1)分析产物的结构特点，寻找分子骨架中的官能团，根据产物以及反应物结构的相似性，确定产物中各部分对应的反应物结构。

(2)对产物的结构进行分解，确定各部分之间新产生的化学键，根据化学键的类型寻找合适的反应种类。

(3)根据题干所给的条件、试剂及成键类型，确定反应物中参与反应的官能团。

应用赏析

例 1　化合物 P 是合成抗病毒药物普拉那韦的原料，其合成路线如下。

A $C_2H_3BrO_2$ —C_2H_5OH，浓H_2SO_4，△→ B —Zn→

D C_7H_6O —NaOH，H_2O→ E —△，$-H_2O$→ F —H_2，催化剂→ G $C_{12}H_{16}O$

—H_2O→ 丁 → K —1)NaOH，H_2O　2)H^+→ L $C_{16}H_{20}O_3$ —M，$-H_2O$→ P

NO$_2$　OH　HO　O

已知 R—Br —Zn→ —R′COR″→ —H_2O→ R′、R″、R 连在同一碳上的 OH 化合物。

(1)A 中含有羧基,则 A→B 的化学方程式是________________。

(2)D 中含有的官能团是________。

(3)关于 D→E 的反应:

① (结构式)的羰基相邻碳原子上的 C—H 键极性强,易断裂,原因是________。

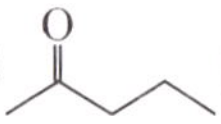

②该条件下还可能生成某种副产物,与 E 互为同分异构体。该副产物的结构简式是________________。

(4)L 分子中含有 2 个六元环。L 的结构简式是________________。

(5)已知 $R^1COCH_2R^2 \rightleftharpoons R^1C(OH)=CHR^2$,依据 D→E 的原理,L 与 M 反应得到了 P。M 的结构简式是________________。

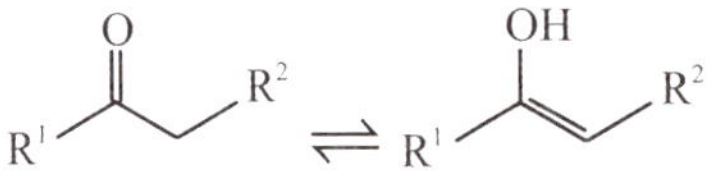

解析 对于 K 合成 P 的反应,可用逆合成方法进行分析。

第一步,观察 P 和 K 的结构,可发现 K 的结构对应 P 的左侧部分,因此 M 对应 P 的右侧部分。

第二步,确定反应类型和成键位置。对比 K 和 P 的结构,可分析出新成的化学键是在羰基和酯基中间的碳之上,反应过程中形成 C—C 键,并脱去一分子水,成键碳原子与 2 个羰基相邻,可确定是羟醛缩合反应。

第三步,根据羟醛缩合反应所需官能团,可确定 M 中含有羰基,整个逆合成推断过程如下。

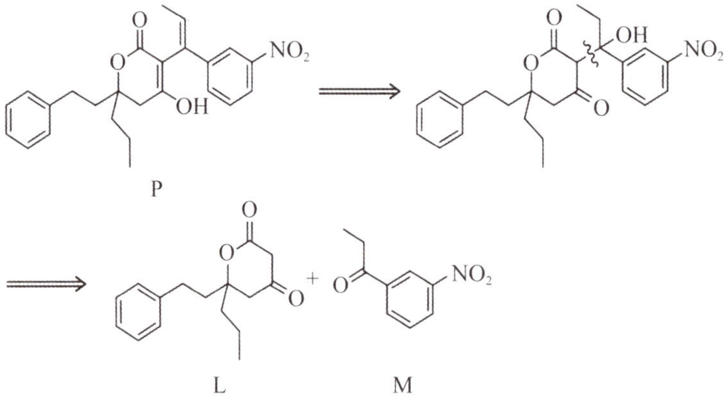

P

L M

对比 L 和 K 的化学式,L 的化学式相比 K 少了 C_2H_6O,通过对 K 的结构以及反应条件的观察,可确定是 K→L 是分子内的酯交换反应,脱掉乙醇并形成六元环,结构在上述逆推过程中给出。

接下来再根据逆合成分析方法分析 K 的合成。

第一步,分析 K 的结构,K 中有 1 个酯基,有 1 个羰基,与羰基间隔 1 个碳原子的碳上还有 1 个羟基,这个三级羟基,因此该羟基的碳与羰基相邻碳原子间的化学键是潜在的切断处。

第二步，题干所给的反应是卤代烃在锌的作用下与酮反应生成三级醇。A 所给分子式中含有溴，K 中没有溴，B+J→K 的步骤中反应试剂用到了锌。

第三步，基于以上分析可以判断，K 中三级碳原子上羟基的形成用到了题干所给的有机锌试剂与醛、酮的亲核加成反应。观察 E 的结构，其中包括 1 个羰基，反应位点也是对应的，由此明确用于反应的两分子分别是酮和卤代烃。结合 G 的结构，即可确定 G 为 1-苯基-3-己酮，B 为溴代乙酰乙酸乙酯，逆合成推断过程如下。

K ⟹ G + B

综上可得答案如下。

(1) $CH_2BrCOOH + CH_3CH_2OH \underset{\triangle}{\overset{\text{浓 } H_2SO_4}{\rightleftharpoons}} CH_2BrCOOCH_2CH_3 + H_2O$。

(2)醛基。

(3) ①羰基为强吸电子基团，使得相邻碳原子上的电子偏向羰基上的碳原子，使得相邻碳原子上的 C—H 键极性增强；②。

(4)。 (5)。

例 2 碘番酸是一种口服造影剂，用于胆部 X 射线检查。其合成路线如下。

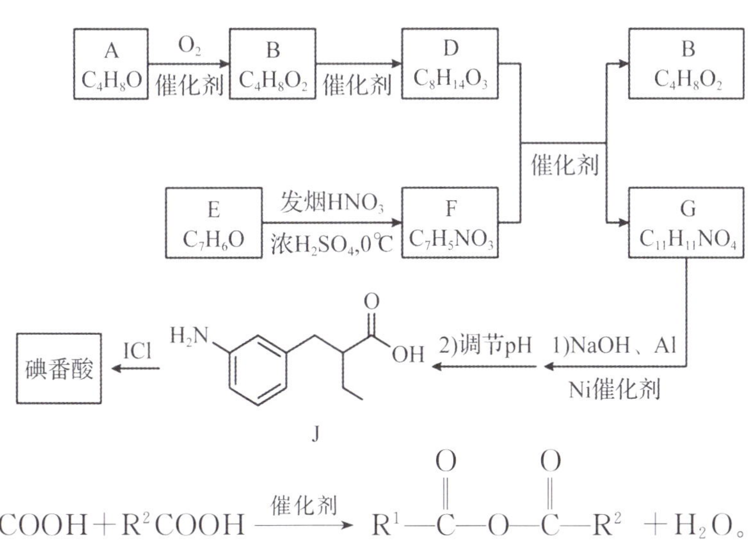

已知 $R^1COOH + R^2COOH \xrightarrow{\text{催化剂}} R^1—\overset{O}{\overset{\|}{C}}—O—\overset{O}{\overset{\|}{C}}—R^2 + H_2O$。

(1)B 无支链，B 的名称是________。

(2)E 为芳香族化合物,E→F 的化学方程式是＿＿＿＿＿＿＿＿＿＿＿。

(3)G 中含有乙基,G 的结构简式是＿＿＿＿＿＿＿＿＿＿＿。

(4)碘番酸分子中的碘位于苯环上不相邻的碳原子上。碘番酸的相对分子质量为 571,J 的相对分子质量为 193,碘番酸的结构简式是＿＿＿＿＿＿＿＿＿＿＿。

解析 按照逆合成推断法的步骤分析 J 的合成。

第一步,分析 J 的结构。J 分子包含的官能团只有羧基和氨基,分析反应条件,注意点 G 到 J 的步骤中有 Ni 催化剂、NaOH 和 Al,在镍的催化下加氢,可知该步为催化加氢的还原反应。由 G 到 J 分子式相差了 2 个氧原子、4 个氢原子,结合 E 到 F 的步骤中使用了发烟硝酸以及化学式、结构式的差异,可确定 G 到 J 的步骤中有硝基和 1 个碳碳双键被还原。

第二步,G 具有硝基、羧基等官能团,同时还具有双键,双键可能在羰基、羧基或者酯基的 α, β 位。构建分子骨架时常使用羟醛缩合反应,得到的产物是 α, β-不饱和羰基衍生物,随后再催化加氢将双键还原得到碳基衍生物。若 G 当中的双键的位置位于羧基的 α, β 位,即 G 为 α, β-不饱和羰基衍生物,则 G 是典型的羟醛缩合反应的产物,由此可以用类羟醛缩合反应来构建碳骨架。

第三步,基于以上推测,可拆解出合成 J 的两部分:

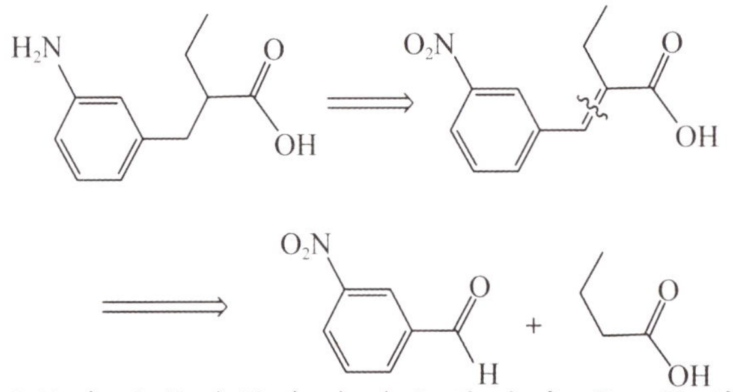

H_2N … O … OH ⟹ O_2N … O … OH

⟹ O_2N … O … H + O … OH

D 有 8 个碳,题干给出了羧酸缩合为酸酐的反应,B→D 的步骤是两分子 B 脱水的反应,可推断是合成酸酐的反应。结合逆合成法推断的结果可知,D 为正丁酸酐。D 与 F 的反应可通过 J 的结构推测,J 右侧的 4 个碳原子对应正丁酸酐的 4 个碳原子,再结合 G 当中的碳碳双键的结构,以及 D 与 F 反应后形成的碳碳键与羧基相邻,可推测这是一个类似羟醛缩合的反应,结合化学式可推测 F 是间硝基苯甲醛,E 是苯甲醛,因此 D 与 F 的反应为

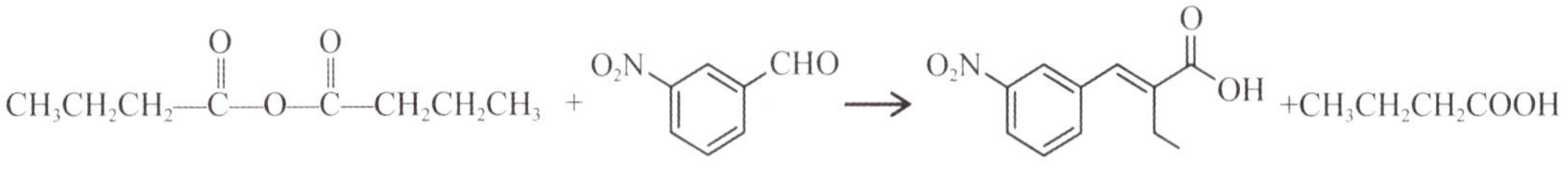

$CH_3CH_2CH_2$—C(=O)—O—C(=O)—$CH_2CH_2CH_3$ + O_2N … CHO → O_2N … O … OH + $CH_3CH_2CH_2COOH$

参考答案如下。

(1)正丁酸。

(2) 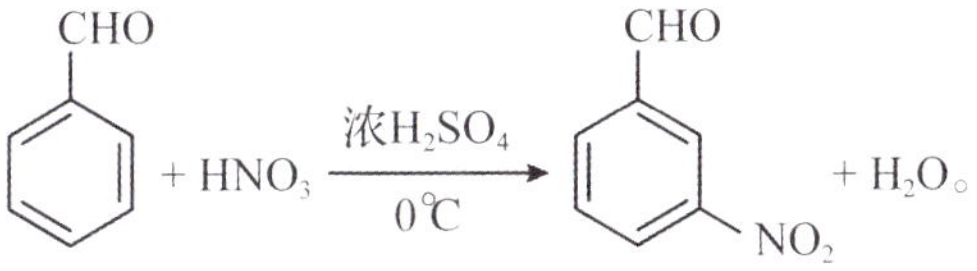 CHO + HNO_3 $\xrightarrow[0℃]{浓H_2SO_4}$ CHO, NO_2 + H_2O。

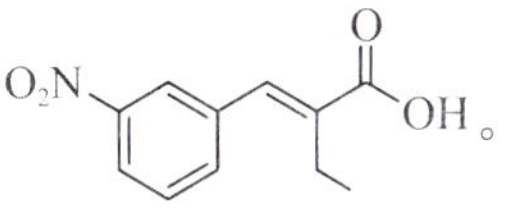

(3) O_2N … OH。

(4) H_2N, I, I, I … OH。

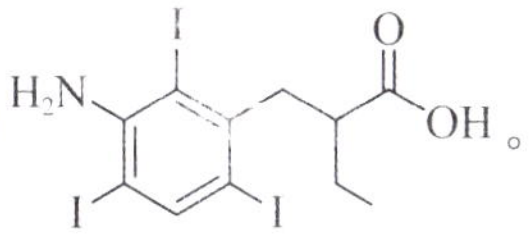

点评 用逆合成推断法，对比反应分子与产物的结构，明确新形成的化学键，可以有效地提升我们分析合成路线的效率。

小试身手

1. 某研究小组通过下列路线合成镇静药物氯硝西泮。

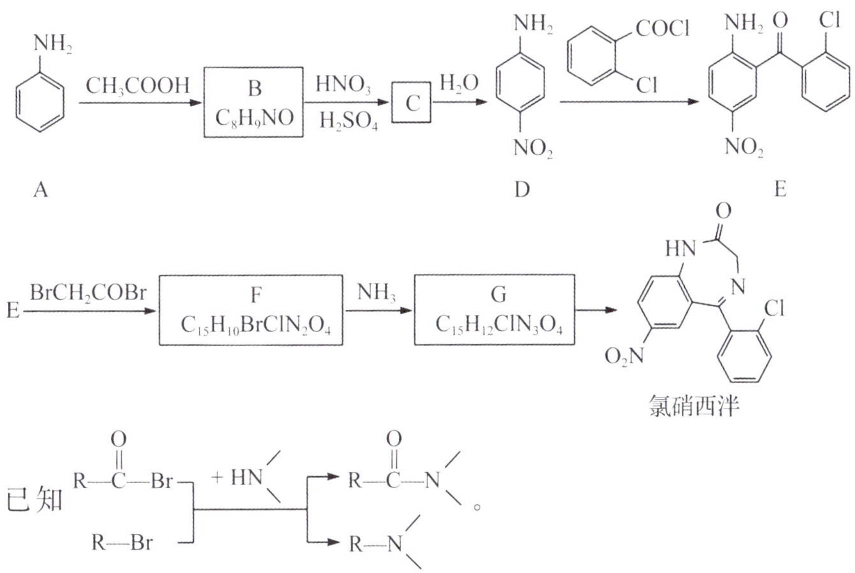

(1)化合物 C 的结构简式是____________________。

(2)下列说法不正确的是__________。

A. 化合物 A→D 的过程中，采用了保护氨基的方法

B. 化合物 A 的碱性比化合物 D 的弱

C. 化合物 B 在氢氧化钠溶液、加热的条件下可转化为化合物 A

D. 化合物 G→氯硝西泮的反应类型为取代反应

(3)写出 F→G 的化学方程式：____。

2. 除草剂苯嘧磺草胺的中间体 M 合成路线如下。

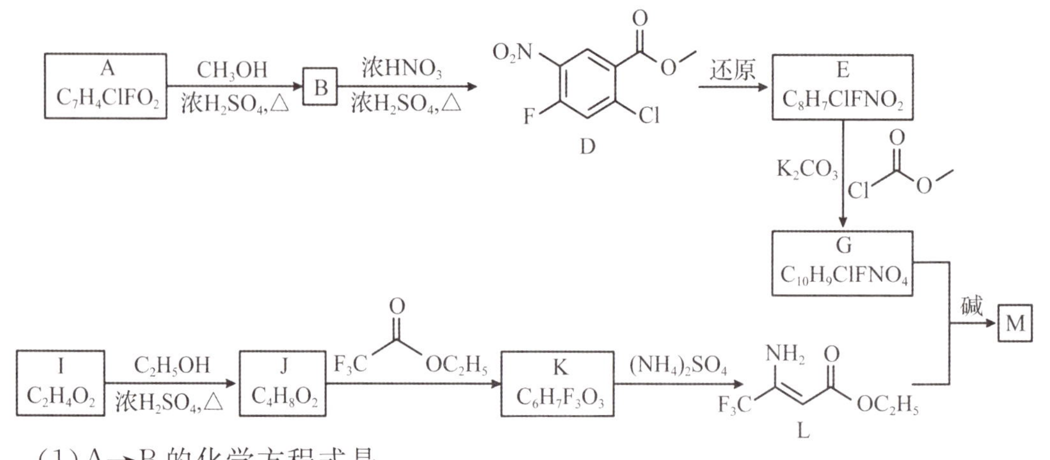

（1）A→B 的化学方程式是____________________。

（2）已知 $R^1COOR^2 + CH_3COOR^3 \xrightarrow{\text{一定条件}} R^1COCH_2COOR^3$（α）$+ R^2OH$。

①K 的结构简式是____________________。

②判断并解释 K 中氟原子对 α-H 活泼性的影响。

（3）M 的分子式为 $C_{13}H_7ClF_4N_2O_4$。除苯环外，M 分子中还有 1 个含 2 个氮原子的六元环，在合成 M 的同时还生成产物甲醇和乙醇。由此可知，在生成 M 时，L 分子和 G 分子断裂的化学键均为 C—O 键和________键，M 的结构简式是________。

63 插入法

引路人　浙江省桐乡高级中学　孙凤艳

方法导引

插入法是书写同分异构体的一种简单方法，先根据给定的碳原子数写出碳的骨架，也就是烷烃的同分异构体的碳骨架，再将官能团插入碳骨架中。它普遍适用于烯烃、炔烃、醛、酮、酯等同分异构体的书写。在限定同分异构体书写的问题中，可将一些官能团看作一价基团(如—OH、—X、—COOH、—CHO、$—NH_2$ 等)，这些基团可在原碳骨架的基础上采取挂接的方式。也可以将一些基团看作二价基团(如—O—、—CO—、—COO—、—NH—等)，这些基团可在原碳骨架的基础上采取插入的方式。总之就是在原碳链的基础上采取“一价基团挂接、二价基团插入”的方式灵活书写。

应用赏析

一、烯烃、炔烃的同分异构体书写

例 1 写出分子式为 C_4H_8 的烯烃的所有同分异构体(不考虑立体异构)。

解析　(1)书写思路：先写出可能的碳骨架结构，再将官能团插入碳原子之间或挂接到相应碳原子上。

(2)书写过程如下。

①写出可能的碳骨架结构：先按烷烃同分异构体的书写步骤，写出可能的碳骨架结构。如 C_4H_{10} 可能的碳骨架结构有 2 种：C—C—C—C、C—C—C(中间碳上连有 C)。

②添加双键：根据碳骨架结构的对称性和碳原子的成键特点，在碳骨架上可能的位置添加双键：C═C—C—C、C—C═C—C、C═C—C(中间碳上连有 C)。

③补写氢原子：根据碳原子形成 4 个共价键的原则，补写各碳原子所结合的氢原子数。如 C═C—C—C 的氢原子数补齐后为 $CH_2═CHCH_2CH_3$。

由此可写出3种烯烃的同分异构体：

$CH_2=CHCH_2CH_3$、$CH_3CH=CHCH_3$、$CH_2=C(CH_3)_2$。

点评 用插入法书写同分异构体，前提是碳骨架必须写对、写全，向碳骨架上插入基团时，要考虑分子的对称性。若要求写烯烃的同分异构体，则插入双键，那碳骨架的烷烃结构中需要相邻的碳原子上至少有1个直接相连的氢原子；若要求写炔烃的同分异构体，则插入三键，那碳骨架的烷烃结构中需要相邻的碳原子上至少有2个直接相连的氢原子，才能满足条件。

二、醛、酮的同分异构体书写

例2 戊醇在一定条件下可转化为分子式为 $C_5H_{10}O$ 的有机化合物。请写出符合下列条件的 $C_5H_{10}O$ 的所有同分异构体的结构简式：①含有 —C(=O)—；②分子中含有2个甲基。

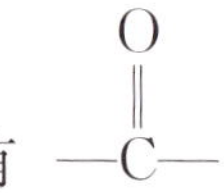

解析 该分子只有1个不饱和度，去掉1个羰基后，还剩4个碳原子，所以碳骨架有2种：C—C—C—C、C—C(—C)—C。在C—C—C—C中插入羰基有4种插法，即

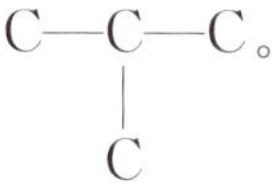

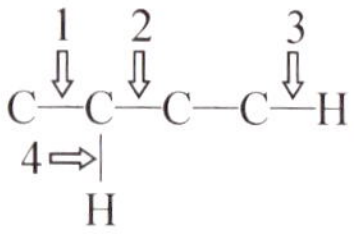

C—①C—②C—C—③H（4⇒位置在第2个C与其下方H之间），其中1、2、4位置插入后有2个甲基，符合题目要求，而3位置插入后只有1个甲基，不符合要求。在 C—C(—C)—C 中插入羰基有3种插入方法，即

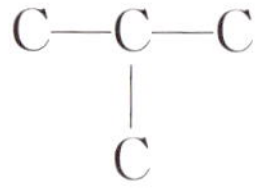

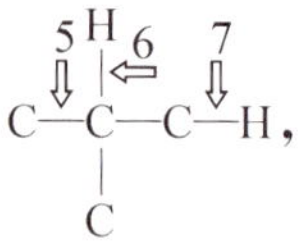

C—⑤C(—H ⇐⑥)(—C)—⑦C—H，其中7位置插入后有2个甲基，符合要求，5、6位置插入后有3个甲基，不符合要求。综上可以写出4种同分异构体：$CH_3COCH_2CH_2CH_3$、$CH_3CH_2COCH_2CH_3$、$CH_3CH(CHO)CH_2CH_3$、$(CH_3)_2CHCH_2CHO$。

点评 醛和酮中均含有羰基，但醛羰基一定要与氢原子直接相连，因此需要在碳骨架的C—H键之间插入羰基；酮类化合物中羰基不与氢原子直接相连，因此需要在C—C键之间插入。特别要注意的是 C—C(—C)—C 这种结构，在 $\overset{1}{\text{C}}$—$\overset{2}{\text{C}}$(H)(—C)—$\overset{3}{\text{C}}$ 的2号碳原子上仍有1个氢原子，也可以插入羰基。插入法完成后，要正确书写有机化合物的结构简式，避免多氢或少氢。

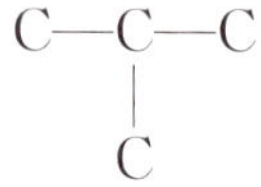

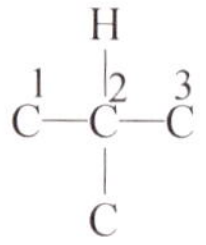

三、酯的同分异构体书写

例3 烃A是一种重要的化工原料。已知A在标准状况下密度为$1.25g \cdot L^{-1}$，B可发生银镜反应。它们之间的转化关系如下图所示。

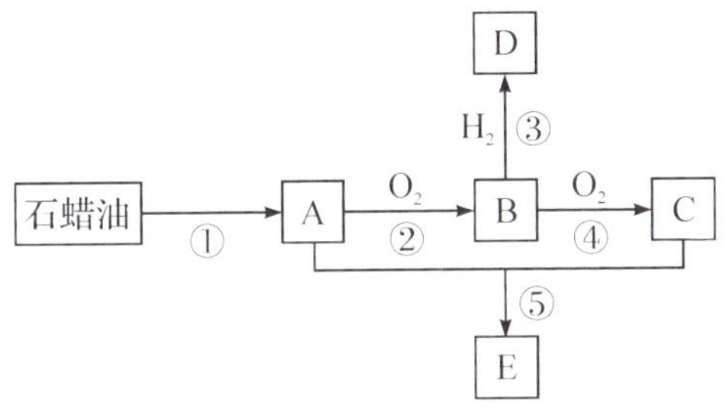

已知，第⑤步发生加成反应，则E的分子式为________________，写出官能团相同的E的所有同分异构体的结构简式：________________。

解析 根据题意，A为乙烯，B为乙醛，C为乙酸，乙烯与乙酸发生加成反应，故分子式为二者分子式的加和$C_4H_8O_2$，发生的反应为

$$CH_2{=}CH_2+CH_3COOH\xrightarrow{\text{催化剂}}CH_3COOCH_2CH_3$$

因此E的官能团为酯基。该有机化合物同分异构体书写可用两种方法。

方法1：某酸某酯分别列举。甲酸丙酯有2种，乙酸乙酯有1种，丙酸甲酯有1种，因而一共有4种酯的同分异构体。

方法2：先确定碳氧双键位置，再确定另一氧原子的位置。

按碳氧双键的位置不同，可得下列结构：

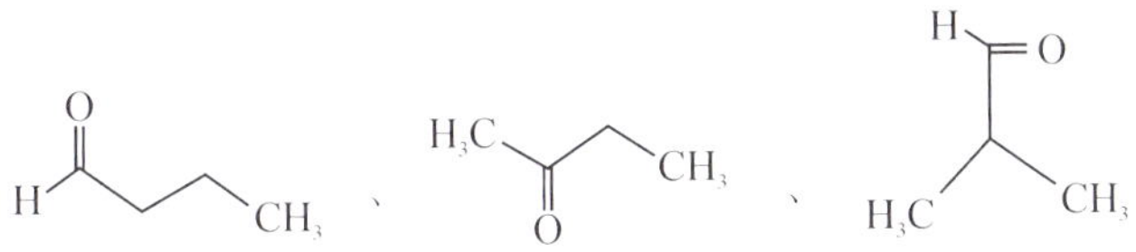

在上述结构中分别插入氧原子，有以下插入位置。

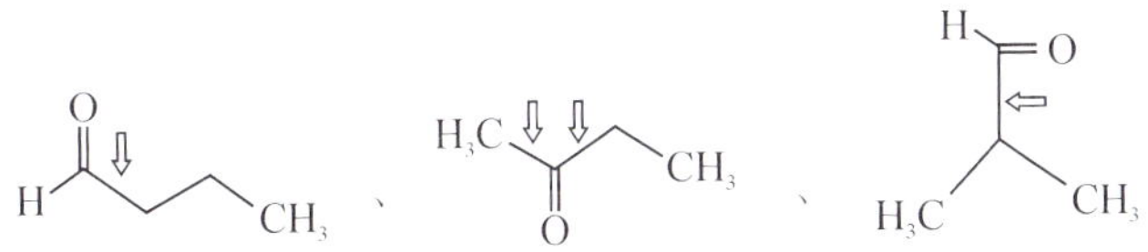

上述所得仍是4种同分异构体。

点评 醇和醚、酯和羧酸、醛和酮、酰胺类和硝基化合物是常见的官能团类别异构，在书写时，可灵活运用"一价基团挂接、二价基团插入"的方法，其前提是找准除这些官能团之外的碳骨架，以及明确其对称性。

四、限定条件的同分异构体书写

例 4 写出 4 种同时符合下列条件的化合物 B($CH_3COCH_2CH_2COOCH_3$)的所有同分异构体的结构简式：

①分子中有 2 种不同化学环境的氢原子。

②有甲氧基($—OCH_3$)，无三元环。

解析 分子中含有 2 个不饱和度，可以是 1 个三键，或 2 个双键，或 1 个环 1 个双键等。分子中只有 2 种不同化学环境的氢原子，又考虑到对称性，可以先假设 2 个$—OCH_3$，则碳骨架有C—C—C—C和□；考虑氧原子也可以插入环上变为四元环，碳骨架还可以是△。

在 C—C—C—C 中插入 1 个三键或 2 个双键，再挂接$—OCH_3$和插入—O—，有以下 2 种同分异构体：$H_3CO—C(OCH_3)_2—C≡CH$、OCH₃ OCH₃ O。

在□中插入═O 或—O—和碳碳双键，有 2 种，即、，再挂接$—OCH_3$分别可得到 H₃CO OCH₃ 和 H₃CO OCH₃。

在△上插入氧原子和另外 1 个碳原子，还需要保证再多 1 个不饱和度，可以得到 O C 和 O，再挂接$—OCH_3$，得到的结构分别为

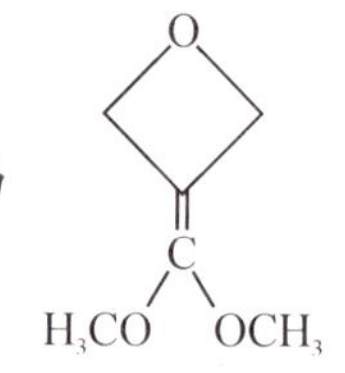

和 H₃CO— O —OCH₃。

因此，可写出以上 6 种符合条件为化合物 B 的同分异构体。

例 5 写出同时符合下列条件的化合物 D（$OHC-C_6H_4-OCH_2CH_2N(CH_3)_2$，CHO 与 $OCH_2CH_2N(CH_3)_2$ 处于苯环对位）的所有同分异构体的结构简式：

①分子中含有苯环。

②^{1}H-NMR 和 IR 检测表明：分子中共有 4 种不同化学环境的氢原子，还有酰胺基（$-\overset{O}{\overset{\|}{C}}-NH_2$）。

解析 先将已知的酰胺基和 4 个碳原子与苯环相连，考虑对称性较高，有 2 种连接方式，分别为 $H_2N-C(=O)-C_6H_4-C(CH_3)_3$（对位）、$H_2N-C(=O)-C_6H(CH_3)_4$（苯环上连 $O=C-NH_2$，两侧各 2 个 CH_3，对位为 H）；然后在以上结构的基础上插入二价基团—O—，插入的方法有（插入位置：酰胺基与苯环之间、苯环与 $C(CH_3)_3$ 之间）、（插入位置：酰胺基与苯环之间、苯环与 H 之间）；因此符合条件的化合物 D 的同分异构体共有 4 种，其结构简式分别为 $H_2NOC-C_6H_4-O-C(CH_3)_3$、$H_2N-C(=O)-O-C_6H_4-C(CH_3)_3$、$H_2N-C(=O)-O-C_6H(CH_3)_4$、$H_2N-C(=O)-C_6(CH_3)_4-OH$。

点评 书写限定条件的同分异构体，要先根据题意确定官能团或基本基团。对于明显的一价基团，可在碳骨架上直接挂接，对于如氧、氮等杂原子，可把它看作二价基团（如—O—、—NH—）插入。也可以将挂接和插入进行灵活地转换或结合，比如氧原子，可以看作羟基采用挂接的方法，也可看作醚键（二价基团）采用插入的方法。在挂接和插入的过程中，还要注意分子的对称性是否满足题目要求。

小试身手

1. 写出同时符合下列条件的化合物 A(CH_3—〈苯环〉—NO_2)的所有同分异构体的结构简式：

①红外光谱图表明分子中含有 $-\overset{O}{\overset{\|}{C}}-O-$ 结构。

②[1]H-NMR 谱图显示分子中含有苯环，且苯环上有 3 种不同化学环境的氢原子。

2. 写出同时符合下列条件的化合物 F(苯环邻位分别连有 OH、COOH)的所有同分异构体的结构简式：

①属酚类化合物，且苯环上有 3 种不同化学环境的氢原子。

②能发生银镜反应。

3. 写出同时符合下列条件的化合物 B(

)的所有同分异构体的结构简式：

①分子中含有二取代的苯环。

②[1]H-NMR 和 IR 检测表明：分子中共有 4 种不同化学环境的氢原子，无碳氧单键。

64　强弱比较法

引路人　浙江省宁波诺丁汉大学附属中学　林思俭

方法导引

为什么镀层损坏时白铁皮比马口铁皮较耐腐蚀？为什么食醋可以软化蛋壳？为什么氯化钠不能作感光剂而碘化银可作感光剂？物质这些性质（氧化还原性、金属性和非金属性、酸碱性、稳定性等）的相对强弱，取决于物质结构的相似性和递变性。强弱比较法即研究物质性质的强弱规律，可以加深对“结构决定性质”等核心概念的理解和应用，有利于构建知识体系，培养化学学科特有的思维方法和问题解决模式。

应用赏析

一、物质的氧化还原性强弱比较

例 1　SO_2 通入足量 $Fe(NO_3)_3$ 稀溶液中，溶液先由棕色变为浅绿色，但立即又变为棕黄色，这时若滴入 $BaCl_2$ 溶液，会产生白色沉淀。判断 H_2SO_4、Fe^{3+}、HNO_3 三者氧化性的相对强弱。

解析　可通过实验现象分析物质间的相互反应，继而根据“氧化剂的氧化性强于氧化产物的氧化性”这一“强制弱”规律进行解答。本题中，显然先是 SO_2 和 Fe^{3+} 发生了反应，生成了浅绿色的 Fe^{2+}；接着 NO_3^- 在有 H^+（酸性介质）存在的条件下，将 Fe^{2+} 氧化成 Fe^{3+}。这两个氧化还原反应的离子反应方程式分别为

$$SO_2+2Fe^{3+}+2H_2O=\!=\!=SO_4^{2-}+2Fe^{2+}+4H^+$$

$$3Fe^{2+}+4H^++NO_3^-=\!=\!=3Fe^{3+}+NO+2H_2O$$

由此可以判断出在这种条件下物质氧化性的强弱顺序为 $HNO_3>Fe^{3+}>H_2SO_4$。

例 2　根据如下事实分析物质氧化还原性的变化规律：

(1)稀盐酸与 MnO_2 不发生反应，浓盐酸与 MnO_2 混合受热生成氯气，氯气不再逸出时，固液混合物中仍有盐酸和 MnO_2；$KMnO_4$ 与浓盐酸混合即可生成氯气。

(2)Ag 分别与盐酸、氢溴酸、氢碘酸混合，Ag 只与氢碘酸发生置换反应。

解析 本题两个实验涉及的化学反应分别如下：

(1) Ⅰ. $MnO_2+4H^++2Cl^- \xlongequal{\triangle} Mn^{2+}+Cl_2\uparrow+2H_2O$；

Ⅱ. $2MnO_4^-+16H^++10Cl^- \longrightarrow 2Mn^{2+}+5Cl_2\uparrow+8H_2O$。

(2) $2Ag+2H^++2I^- \xlongequal{} 2AgI\downarrow+H_2\uparrow$。

实验事实(1)可以说明 $KMnO_4$ 氧化能力强于 MnO_2，还可以说明盐酸的浓度影响其还原性的强弱。

实验事实(2)可以说明，要使反应 $2Ag+2H^+ \xlongequal{} 2Ag^++H_2\uparrow$ 发生，可以通过降低 Ag^+ 浓度来实现；对比 AgX 的溶解度，可知 Ag 只与氢碘酸发生置换反应的原因是 AgI 溶解度最小，$Ag^++I^- \xlongequal{} AgI\downarrow$ 使得 Ag 还原性增强得最多，反应得以发生。由此得出变化规律：物质的氧化还原性与条件有关——氧化剂(还原剂)的浓度越大，其氧化性(还原性)越强；还原产物(氧化产物)的浓度越大，氧化剂(还原剂)的氧化性(还原性)越弱；反应物浓度越大或生成物浓度越小，氧化性(还原剂)越强。

点评 物质的氧化还原性强弱，通常可依据“强制弱”规律、“价态律”(元素处于最高价态时，只有氧化性；元素处于中间价态时，既有氧化性又有还原性；元素处于最低价态时，只有还原性)、“先后律”(同一氧化剂与多种还原剂混合时，还原性强的先被氧化；同一还原剂与多种氧化剂混合时，氧化性强的先被还原)等规律来判断。同时，由于“化学反应是有条件的”，外界条件(如酸碱性、浓度、压强等)的改变，会影响物质的性质，甚至改变反应的方向。

二、元素的金属性和非金属性强弱比较

例 3 下列关于元素金属性和非金属性强弱比较的说法不正确的是（　　）

A. 将大理石加入稀盐酸中，能产生 CO_2 气体，说明 Cl 的非金属性强于 C 的

B. Si 与 H_2 化合所需温度高于 S 与 H_2 化合所需温度，说明 S 的非金属性强于 Si 的

C. Na 与冷水反应剧烈，而 Mg 与冷水反应缓慢，说明 Na 的金属性强于 Mg 的

D. Fe 投入 $CuSO_4$ 溶液中，能置换出 Cu，说明 Fe 的金属性比 Cu 的强

解析 金属性是指金属元素在化学反应中失电子的能力。通常来说，元素在金属活动性顺序表中位置越靠前，或单质与水或非氧化性酸反应越剧烈，或单质还原性越强或阳离子氧化性越弱，或元素最高价氧化物对应水化物的碱性越强，则其金属性越强。A 项盐酸中的溶质 HCl 不是氯元素的最高价氧化物对应的水化物，不能作为 Cl、C 非金属性强弱的判断依据，A 项错误。

点评 金属性和非金属性是化学反应中元素表现出来的两种基本性质。与金属性类似，一般来说，非金属单质与 H_2 越易化合，生成的气态氢化物越稳定，或元素最

高价氧化物对应水化物的酸性越强，或单质氧化性越强或阴离子还原性越弱，则非金属性越强。在元素周期表中，左边或下方元素的金属性相对较强，右边或上方元素的非金属性相对较强。当然，我们也可以通过发生置换反应等方式来判断元素金属性和非金属性的相对强弱。

三、物质的酸碱性强弱比较

例4 用 $0.1mol \cdot L^{-1}$ NaOH 溶液分别中和等体积等浓度的 H_2SO_4 溶液和 CH_3COOH 溶液，H_2SO_4 溶液消耗的 NaOH 溶液多，能否说明 H_2SO_4 的酸性比 CH_3COOH 的强？

解析 H_2SO_4 是二元酸，CH_3COOH 是一元酸，通过该实验无法说明 H_2SO_4 和 CH_3COOH 的酸性强弱。如果将等浓度改为等 pH，发现醋酸消耗的 NaOH 溶液多，则可以说明 CH_3COOH 的电离程度更小，酸性更弱。

点评 根据电解质是否能完全电离，我们将其分为强电解质和弱电解质。因此，酸（碱）越难电离（K 越小），则酸（碱）性越弱。根据弱电解质的性质，可以通过如下表观现象确定酸碱性的相对强弱。

(1)在相同浓度相同温度下，一元酸（碱）导电性越强，溶液中离子浓度越大，pH 越小（越大），酸（碱）性越强。

(2)稀释前后溶液的 pH 与稀释倍数的关系。如将 pH=2 的酸溶液稀释至原体积的 1000 倍：若 pH<5，则证明该酸为弱酸；若 pH=5，则证明该酸为强酸。

(3)测定对应盐溶液的酸碱性。如相同外界条件下等浓度的 CH_3COONa 溶液 NaCN 溶液，前者的 pH 小于后者的，说明 NaCN 的碱性更强，CN^- 更易水解，HCN 的酸性更弱。另外，根据弱酸的结构，也可以分析酸性的相对强弱。如 HNO_3 中 N 的正电性（化合价为+5 价）强于 HNO_2 中，使羟基中 O—H 键的共用电子对更易偏向 O 原子，羟基更易电离出 H^+，故酸性 HNO_3 强于 HNO_2；又如 HClO、$HClO_2$、$HClO_3$、$HClO_4$ 分子结构中羟基数均为 1，而四者含有的非羟基 O 原子数目逐渐增大（分别为 0、1、2、3），使中心原子 Cl 对核外电子的吸引力逐渐增大即 O—H 键极性增强，更易破裂，故酸性逐渐增强。

四、物质的稳定性强弱比较

例5 已知 25℃、101kPa 条件下：

$4Al(s)+3O_2(g)=\!=\!=2Al_2O_3(s) \quad \Delta H=-2834.9kJ \cdot mol^{-1}$；

$4Al(s)+2O_3(g)=\!=\!=2Al_2O_3(s) \quad \Delta H=-3119.91kJ \cdot mol^{-1}$。

由此推知，稳定性：O_2 ________ O_3（填“>”“<”或“=”）。

解析 根据盖斯定律可得 $3O_2(g)=\!=\!=2O_3(g) \quad \Delta H=+285.01kJ \cdot mol^{-1}$。

由于反应吸热，故而等质量时 O_2 比 O_3 能量低，所以 O_2 比 O_3 稳定。

点评 稳定性分为热力学稳定性和动力学稳定性。若产物的能量高于反应物的，则反应物在热力学上是稳定的；反之则反应物不稳定。通常可以用吉布斯自由能 ΔG 或平衡常数 K 来判断一个反应体系的稳定性。如果一个反应从热力学角度是容易发生的，但活化能太大，反应速率就会很小，也就是反应物具有动力学稳定性。也可从结构的角度分析物质的稳定性。如共价键越强(键能越大)，形成的物质越稳定；又如由于 CaO 的晶格能大于 SrO 的，故 $CaCO_3$ 更易分解为 CaO。

小试身手

1. 用事实说明乙醇具有还原性但其还原性弱于乙醛的还原性(辅以必要的化学反应方程式说明)。

2. 下列事实或实验能作为判断依据的是 ( )

A. 盐酸是强酸，氢硫酸是弱酸。以此判断氯、硫的非金属性强弱

B. 热稳定性：$H_2Se<H_2S<H_2O$。以此判断氧、硫、硒的非金属性强弱

C. 沸点：$H_2O>NH_3>CH_4$。以此判断碳、氧、氮的非金属性强弱

D. 在 $MgCl_2$ 与 $AlCl_3$ 溶液中分别加入过量的氨水。以此判断镁、铝的金属性强弱

3. 常温下，加水稀释 pH 均为 3 的 HX 溶液和 HY 溶液，所得溶液的 pH 与其 $\lg\frac{V}{V_{始}}$ 变化的关系如下图所示[已知 $K_a(HX)>K_a(HY)$]，其中 V 为稀释后的溶液体积，$V_{始}$ 为起始时的溶液体积。下列说法正确的是 ( )

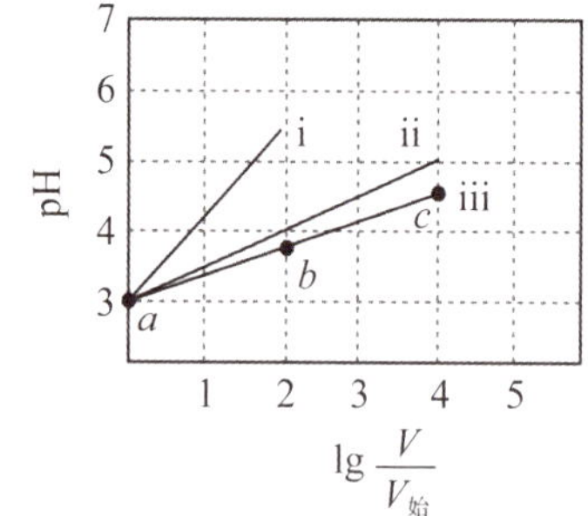

A. 线 iii 代表 HY，线 i 和线 ii 均可代表 HX

B. 升高温度，a 点溶液 pH 不变

C. b 点水的电离程度小于 c 点

D. 向等体积、a 点的 HX 溶液和 HY 溶液加入 NaOH 固体恰好中和后，两种溶液中的 $c(Na^+)$ 相等

4. $Si(NH_2)_4$ 受热分解生成 Si_3N_4 和 NH_3，其受热不稳定的原因是________________________________。

65　整体思维法

引路人　浙江省绍兴市第一中学　叶望尧

方法导引

整体思维又称系统思维、全局思维，是一种高阶思维，就是从问题的全局出发，整体驾驭信息，抛开次要因素，直接架起问题与结论的桥梁，简化问题。在化学中面对一些复杂的化学问题时，我们可以将其作为一个整体进行思考，对问题的整体结构、形式或整个过程进行分析研究，对题设进行变形、替代，以达到简化思维程序、简化答题过程的目的，此即整体思维法。

应用赏析

一、整合反应过程

例 1 某铁的氧化物，在一定条件下用 100mL 7mol·L^{-1}盐酸恰好完全溶解，当向所得溶液中通入 0.56L Cl_2（标准状况）时，刚好使溶液中 Fe^{2+} 完全转化为 Fe^{3+}，则该氧化物的化学式可表示为　（　　）

A. FeO　　B. Fe_3O_4　　C. Fe_4O_5　　D. Fe_5O_7

解析　这是典型的元素化合物中有关氧化还原反应的计算型选择题，常规方法是运用离子反应方程式计算分析。如果对题意进行整体分析，运用整体思维法，可以抓住从反应物铁的氧化物和 0.7mol HCl、0.025mol Cl_2（始态）到生成物 $FeCl_3$（终态）的原子守恒，设铁的氧化物为 Fe_xO_y。分析过程如下。

$$Fe_xO_y\begin{cases}\begin{array}{lllll}Fe & \sim & FeCl_3 & \sim & 3Cl^- \\ 0.25mol & & 0.25mol & & (0.7+0.025\times2)mol=0.75mol \\ O^{2-} & \sim & 2H^+ & & \\ 0.35mol & & 0.7mol & & \end{array}\end{cases}\Rightarrow\frac{x}{y}=\frac{5}{7}$$

选 D。

点评　用整体思维法解决化学问题，关键是要抓住反应物（始态）与生成物（终态）之间的关系，以此跳过常规步骤，直走捷径。同时要运用好原子守恒、得失电子守恒、电荷守恒等关系，以此优化解题过程，提高解题效率。

二、整合研究对象

例 2 Cu_2S 与一定浓度的 HNO_3 溶液反应，生成 $Cu(NO_3)_2$、$CuSO_4$、NO_2、NO 和 H_2O。当 NO_2 和 NO 的物质的量之比为 1∶1 时，实际参加反应的 Cu_2S 与 HNO_3 的物质的量之比为 （　　）

A. 1∶7　　B. 1∶9　　C. 1∶5　　D. 2∶9

解析 在该反应中，还原产物有两个，运用常规配平法配平起来较困难。如果根据题中条件 NO_2 和 NO 的物质的量之比为 1∶1，将 NO_2 和 NO 作为一个整体 N_2O_3 进行配平，则比较简单，即 $2Cu_2S+14HNO_3 = 2Cu(NO_3)_2+2CuSO_4+5N_2O_3+7H_2O$，从化学方程式可以看出，实际参加反应的 Cu_2S 与 HNO_3 的物质的量之比为 2∶14=1∶7。选 A。

点评 本题运用整体思维法，将两个对象进行整合，将其看作一个整体来处理，然后对题设进行变形、转代，以此简化思维程序，优化解题过程。

三、整合实验过程

例 3 化学需氧量(COD)是指在一定条件下，用强氧化剂氧化一定体积水中的还原剂和有机物时所消耗氧化剂的量，通常折算成氧气的量(单位为 $mg\cdot L^{-1}$)来表示。现用 $KMnO_4$ 标准溶液，测定某废水的化学需氧量(COD)。

(1)从下列选项中选择合适的操作(操作不能重复使用)并排序。

(________)→(________)→(________)→(________)→f

a. 取废水样 100mL 加稀硝酸酸化

b. 取废水样 100mL 加稀硫酸酸化

c. 用 $0.01000mol\cdot L^{-1}$ $KMnO_4$ 标准溶液滴定

d. 加 10.00mL $0.01000mol\cdot L^{-1}$ $KMnO_4$ 标准溶液，煮沸，冷却

e. 加 $0.01000mol\cdot L^{-1}$ $Na_2C_2O_4$ 标准溶液至过量，消耗 10.00mL

f. 记录，$KMnO_4$ 标准溶液滴定的消耗量为 8.20mL

(2)计算得该水样中 COD 为________ $mg\cdot L^{-1}$。

解析 依据题意，用 $KMnO_4$ 标准溶液氧化水中的还原剂和有机物，然后用过量的 $Na_2C_2O_4$ 还原 $KMnO_4$ 标准溶液，再用 $KMnO_4$ 标准溶液滴定剩余的 $Na_2C_2O_4$ 溶液。本题隐藏着的(或者说难点)是氧化水中的还原剂和有机物需要 $KMnO_4$ 溶液是否足量。

(1)抛开反应中的实验过程，跳出过程分析，运用整体思维法：实验中一种氧化剂($KMnO_4$)，两种还原剂[水中的还原剂和有机物(二者作为一个整体，为一种，即水样中的还原性物质)，以及 $Na_2C_2O_4$]，$KMnO_4$ 滴定 $Na_2C_2O_4$ 以外，其余就是氧化

水中的还原剂，从整体分析，问题就迎刃而解了，操作顺序为 b→d→e→c。

(2)运用关系式法求解。

$$2MnO_4^- \sim 5C_2O_4^{2-}$$

$$0.04mmol \quad 0.01\times10mmol$$

氧化水样中还原性物质的 $KMnO_4$ 有（18.20×0.01－0.04）mmol＝0.142mmol，折算成 O_2 的物质的量为

$$4MnO_4^- \sim 5O_2$$

$$0.142mmol \quad 0.1775mmol$$

水样中 COD 为[(0.1775×32)÷0.1]mg·L^{-1}＝56.8mg·L^{-1}。

点评 实验过程复杂，如果对实验进行全面思考，把握题目所给信息，挖掘和发现实验中的关键条件，整合实验过程，运用守恒、关系式法等技巧，化繁为简，有助于提高效率，培养思维能力。

小试身手

1. 在 25℃、101kPa 下，由 HCHO(g)、H_2 和 CO 组成的混合气体共 6.72g，其相对氢气的密度为 14，将该气体与 2.24L 氧气(标准状况)充分反应后的产物通过足量的 Na_2O_2 粉末，使 Na_2O_2 粉末增加的质量为 （ ）

A. 等于 6.72g　　B. 小于 6.72g

C. 大于 6.72g　　D. 无法计算

2. 某物质的分子式为 $C_xH_yO_z$，取该物质 A g 在足量的 O_2 中充分燃烧，将产物全部通过过量的 Na_2O_2 中，若 Na_2O_2 固体的质量增加了 B g。下列说法正确的是 （ ）

A. 若 $y>x>z$，则 $A>B$　　B. 若 $y=x>z$，则 $A>B$

C. 若 $x=z<y$，则 $A=B$　　D. 若 $x<z=y$，则 $A<B$

3. 由乙炔、苯、乙醛组成的混合物，经测定其中碳的质量分数为 72%，则氧的质量分数为 （ ）

A. 19.56%　　B. 22%　　C. 24.88%　　D. 无法确定

4. 已知 $NO+NO_2+2NaOH = 2NaNO_2+H_2O$；$2NO_2+2NaOH = NaNO_2+NaNO_3+H_2O$。将 224mL(标准状况)的 NO 和 NO_2 的混合气体溶于 20mL NaOH 溶液中，恰好完全反应并无气体逸出，则 NaOH 溶液的物质的量浓度为 （ ）

A. 1mol·L^{-1}　　B. 0.5mol·L^{-1}　　C. 0.25mol·L^{-1}　　D. 0.2mol·L^{-1}

66 菜单法

引路人 浙江省丽水市教育教学研究院 杨广斌

方法导引

菜单原指餐饮场所在一个特定时间内供应的食品和饮品的清单，其功能是帮助用户快速找到想要的菜品，减少决策时间，提升点餐效率。

菜单法是指，在解决化学问题特别是一些较复杂的化学问题时，参照餐饮场所的菜单，把化学问题的条件（包括显性条件和隐性条件）像菜单一样逐个罗列出来，清清楚楚地呈现在解题者的面前。只要条件弄清楚了，问题就迎刃而解了。

应用赏析

一、在菜单上列出微粒

例 1 工业盐酸中因含有三价铁离子而带黄色，若某工业盐酸中 H^+ 与 Cl^- 的个数之比为 91∶94，则该盐酸中 Fe^{3+} 与 Cl^- 的个数之比约为（其他离子数量少，可忽略） （　　）

A. 1∶1　　B. 1∶3　　C. 91∶94　　D. 1∶94

解析 把该工业盐酸中的微粒、微粒数目和电荷数以菜单的形式呈现出来。

【菜单】

离子	H^+	Fe^{3+}	Cl^-
电荷数	+1	+3	−1
离子数	91	x	94

据电荷守恒，得出 $x=1$，选 D。

点评 宏观现象的背后常常隐藏着微粒，只要弄清楚微粒及微粒间的相互作用就可以揭示事物的本质。在菜单上呈现微粒，有助于解题。

二、在菜单上把文字信息转化为示意图

例 2 $YBa_2Cu_3O_x$ 是近年来科学家发现的一种高温超导材料。$YBa_2Cu_3O_x$ 中，Y、Ba、O 三种元素都有固定的化合价，分别为 +3、+2、−2 价，而 Cu 是 +2 价

和+3价的混合价态，化学式中 x 为未知数。现用碘量法测 Cu，进而求得 x 值。

取 4.00×10^{-2}g $YBa_2Cu_3O_x$ 样品，用稀盐酸溶解，在氩气保护下加 1g KI 固体。样品中的 Cu^{3+} 和 Cu^{2+} 分别氧化 KI，再用 $0.0100mol\cdot L^{-1}$ $Na_2S_2O_3$ 溶液滴定得到 I_2（$Cu^{3+}+3I^- \text{══} CuI+I_2$，$2Cu^{2+}+4I^- \text{══} 2CuI+I_2$），终点时消耗 $Na_2S_2O_3$ 溶液 23.45mL。另取一份质量相等的 $YBa_2Cu_3O_x$ 样品，用稀盐酸溶解，煮沸，使其中的 Cu^{3+} 全部转化为 Cu^{2+}，冷却后用碘量法滴定，终点时消耗 18.13mL $0.0100mol\cdot L^{-1}$ $Na_2S_2O_3$ 溶液（在滴定时 $S_2O_3^{2-}$ 转变为 $S_4O_6^{2-}$）。

（1）在滴定过程中 $S_2O_3^{2-}$ 转变为 $S_4O_6^{2-}$ 的方程式为________________。

（2）Cu^{3+} 和 Cu^{2+} 的物质的量之比为________。

（3）x 的值为________。

解析　把题干信息转化如下菜单（流程示意图）。

【菜单】

设 4.00×10^{-2}g $YBa_2Cu_3O_x$ 样品中 Cu^{3+} 为 a mol，Cu^{2+} 为 b mol。

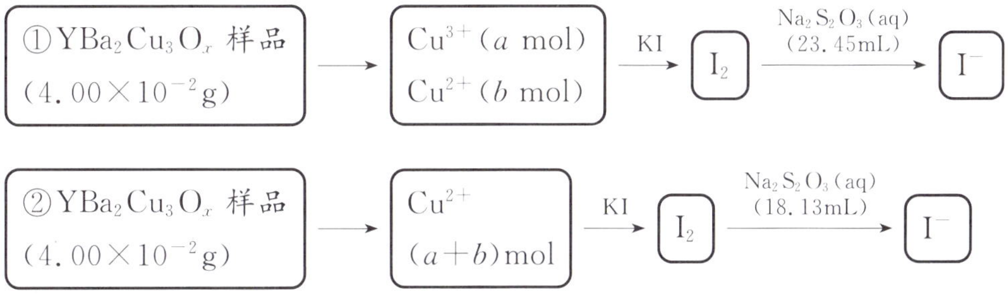

①$YBa_2Cu_3O_x$ 样品（4.00×10^{-2}g）→ Cu^{3+}（a mol）、Cu^{2+}（b mol）$\xrightarrow{KI}$ I_2 $\xrightarrow[(23.45mL)]{Na_2S_2O_3(aq)}$ I^-

②$YBa_2Cu_3O_x$ 样品（4.00×10^{-2}g）→ Cu^{2+}（$(a+b)$mol）$\xrightarrow{KI}$ I_2 $\xrightarrow[(18.13mL)]{Na_2S_2O_3(aq)}$ I^-

由此可得答案如下。

（1）$2S_2O_3^{2-}+I_2 \text{══} 2I^-+S_4O_6^{2-}$。

（2）$\frac{532}{1281}$。

（3）6.94。

点评　遇到一些阅读量比较大、反应转化关系较多且较复杂的题目时，可将题目中的文字信息转化为流程图，以便于分析理解和解决问题。

三、在菜单上把题干信息转化为菜单表格

例3 水煤气是 H_2 的主要来源，研究 CaO 对 C-H_2O 体系制 H_2 的影响，涉及主要反应如下：

Ⅰ.$C(s)+H_2O(g) \rightleftharpoons CO(g)+H_2(g)$　　$\Delta H_1>0$；

Ⅱ.$CO(g)+H_2O(g) \rightleftharpoons CO_2(g)+H_2(g)$　　$\Delta H_2>0$；

Ⅲ.$CaO(s)+CO_2(g) \rightleftharpoons CaCO_3(s)$　　$\Delta H_3>0$。

在压力 p 下，温度 T_0 时，C(s)已经完全反应，气相中 H_2、CO、CO_2 的物质的量

分数分别为0.50、0.15、0.05，此时气体总物质的量为4.0mol，则$CaCO_3(s)$的物质的量为________mol。

解析 把上述反应及相关的数据呈现在如下菜单中。

【菜单】

<table>
<tr><td>反应物</td><td colspan="2">C、H_2O、CaO</td></tr>
<tr><td>反应后混合物</td><td colspan="2">H_2 2mol，CO 0.6mol，CO_2 0.2mol，H_2O 1.2mol，$CaCO_3$ x</td></tr>
<tr><td>化合价变化</td><td>$H_2O \rightarrow H_2$，化合价降低2</td><td>C→CO，化合价升高2
$C \rightarrow CO_2$，化合价升高4
$C \rightarrow CaCO_3$，化合价升高4</td></tr>
</table>

依据电子守恒，可求出$CaCO_3(s)$的物质的量$x=0.5$mol。

例4 A～F是周期表中前四周期的元素，它们的原子序数依次增大。其中A、C原子的L层有2个未成对电子。D与E同主族，D的二价阳离子与C的阴离子具有相同的电子层结构。F^{3+}的M层3d轨道电子为半充满状态。

(1)A、B、C的电负性由小到大的顺序为________(用元素符号表示，下同)，第一电离能由小到大的顺序为________。

(2)D元素的基态原子核外共有________种不同运动状态的电子和________种不同能级的电子。

(3)F的基态原子的电子排布式为________，E的价层电子排布图为________。

解析 由题干内容列出相关信息如下菜单。

【菜单】

A、C的L层有2个未成对电子 → A $1s^22s^22p^2$，C $1s^22s^22p^4$→A为C，C为O
A～F是前四周期的元素；原子序数依次增大→ B为N
D^{2+}与O^{2-}具有相同的电子层结构 → D为Mg
Mg与E同主族 → E为Ca
F^{3+}的M层3d轨道电子为半充满状态 → F为Fe

由此可得答案如下。

(1)C＜N＜O； C＜O＜N。

(2)12；4。

(3)$1s^22s^22p^63s^23p^63d^64s^2$；4s [↑↓]。

小试身手

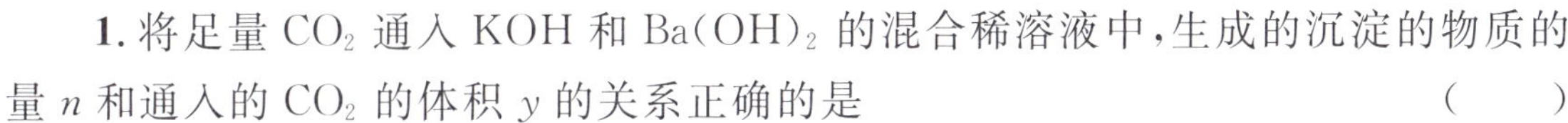

1. 将足量 CO_2 通入 KOH 和 $Ba(OH)_2$ 的混合稀溶液中，生成的沉淀的物质的量 n 和通入的 CO_2 的体积 y 的关系正确的是 （　　）

A. 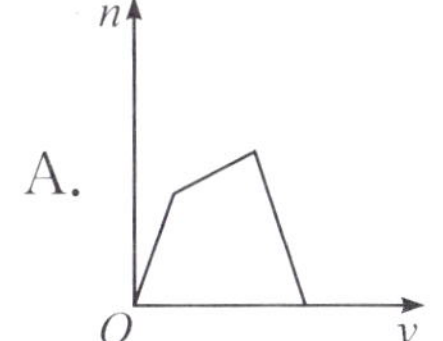
B. 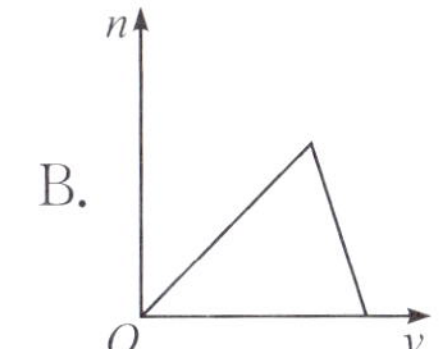
C. 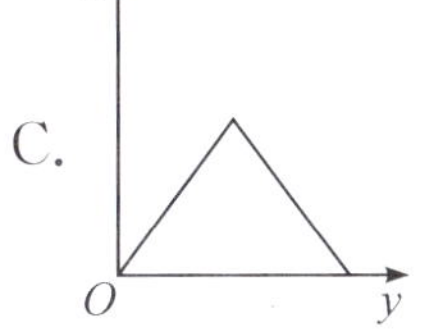
D. 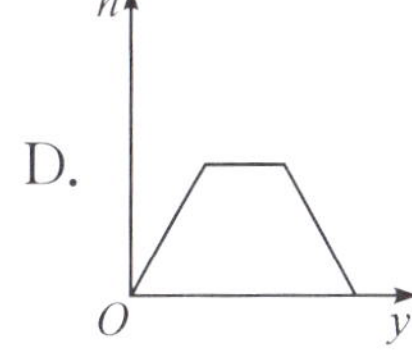

2. 少量碘化物难以测量。为了解决这一问题，化学家找到了化学放大的方法。I^- 的化学放大的一个循环过程如下：在中性或弱酸性溶液中先用溴水将试样中的 I^- 完全氧化为 IO_3^-，煮沸去掉过量的 Br_2，然后加入过量的 KI，用四氯化碳萃取生成的 I_2（设萃取率为 100%），用分液漏斗分液去掉水层后，向四氯化碳层中加入肼（即联氨 H_2NNH_2）的水溶液，在分液漏斗中振荡，使碘以 I^- 形式又从四氯化碳层进入水层。

（1）写出下列反应的离子方程式。

①I^- 被 Br_2 氧化：________________________。

②IO_3^- 与 I^- 反应生成 I_2：________________________。

③I_2 与联氨反应：________________________。

（2）经过一个循环周期，I^- 的物质的量被放大________倍。

3. 在甲、乙、丙、丁四个烧杯中分别放入 0.1mol 的钠、氧化钠、过氧化钠和氢氧化钠，然后各加入 100mL 水，搅拌，使固体完全溶解，则甲、乙、丙、丁内溶液的溶质质量分数大小的顺序为 （　　）

A. 甲＜乙＜丙＜丁　　B. 丁＜甲＜乙＝丙

C. 甲＝丁＜乙＝丙　　D. 丁＜甲＜乙＜丙

4. 某有机化合物分子中含有 n 个—CH_2—，m 个 $-\overset{|}{C}H-$ ，a 个—CH_3，其余为—OH，则—OH 的个数为 （　　）

A. $2n+3m-a$　　B. $n+m+a$　　C. $m+2-a$　　D. $m+2n+2-a$

67 “打包”法

引路人　浙江省湖州市南浔高级中学　董杨

方法导引

在解决一些具有特定组合、组成的物质间关系的化学问题时，可将具有相同特点（如相同元素或相同质量组成）的部分“打包”成整体去理解分析。“打包”法是一种化分散为整体、去繁就简的化学问题处理方法。一般在阿伏加德罗常数系列问题、特定组合物质的化学反应问题、氧化还原反应方程式的配平问题等的处理中较为常用。

应用赏析

一、组成“打包”

例 1　32g 由 O_2 和 O_3 组成的混合气体中，含有多少氧原子？

解析　该混合气中两种氧单质分子所含原子个数不同，但都是由氧原子构成，因此可将混合气“打包”成氧原子的集合体，将 32g 氧单质均视作氧原子，为 2mol。由此可知，混合气体中的氧原子总数目为 $2N_A$。

例 2　分子总数为 N_A 的 NO_2 和 CO_2 的混合气体中，含有多少氧原子？

解析　虽然混合气体所含元素种类并不完全相同，但是该混合气体中每个分子中都有 2 个氧原子，因此可“打包”认为分子总数为 N_A 的混合气中有 $2N_A$ 个氧原子。

例 3　28g 乙烯（C_2H_4）和环丁烷（C_4H_8）的混合气体中，含有多少碳原子？

解析　该混合气体中 C、H 原子比例为 1∶2，可将混合气“打包”成“CH_2”的集合体，由于“CH_2”的化学式量为 14，因此 28g 混合气体中含“CH_2”2mol，则混合气中含有的碳原子数为 $2N_A$。

点评　对由相同元素或相同比例的元素组成的混合体系，用“打包”法处理可以“化零为整”，快速抓住共性要点，使解题事半功倍。

二、质量“打包”

例 4　40g 由 CuO 与 Cu_2S 组成的混合物中所含铜原子数为多少？

解析　CuO 和 Cu_2S 中均有铜原子，且含有铜原子个数比例为 1∶2，而 CuO 与 Cu_2S 的相对分子质量关系正好也是 1∶2，可将该混合物“打包”成相对分子质量为

80 的“CuO”体系，其物质的量为 0.5mol，因此铜原子总数为 $0.5N_A$。

例 5 向质量为 m g 的 $CaCO_3$ 和 $KHCO_3$ 的混合物中，加入质量分数为 $a\%$的稀盐酸 n g，恰好完全反应后，得到 CO_2 的质量是 w g。下列说法正确的是（　　）

A. 混合物中 $CaCO_3$ 和 $KHCO_3$ 的质量比一定是 1∶1

B. 混合物充分反应后，所得溶液的质量是$(m+n\times a\%-w)$g

C. 混合物中 $CaCO_3$ 和 $KHCO_3$ 无论以任何比例混合，消耗稀盐酸的总质量均为 n g

D. 混合物中 $CaCO_3$ 和 $KHCO_3$ 无论以任何比例混合，生成 CO_2 的总质量均为 w g

解析 选 D。由于 $CaCO_3$、$KHCO_3$ 的相对分子质量相等，均为 100，根据反应 $CaCO_3+2HCl=\!=\!=CaCl_2+CO_2\uparrow+H_2O$ 和 $KHCO_3+HCl=\!=\!=KCl+CO_2\uparrow+H_2O$ 可知，它们与盐酸反应生成的 CO_2 的质量比都是 100∶44，故该混合物可“打包”认为是相对分子质量为 100 的物质，只要混合物的质量不变，生成的 CO_2 的质量就不变，都是 w g，所以混合物中 $CaCO_3$ 和 $KHCO_3$ 的质量比可为任意比，D 项正确。反应后只有 CO_2 气体放出，所以混合物充分反应后，所得溶液的质量是$(m+n-w)$g；由化学方程式可知，$CaCO_3$ 与盐酸反应的质量比为 100∶73，而 $KHCO_3$ 与盐酸反应的质量比为 100∶36.5，此时又无法“打包”处理，混合物中 $CaCO_3$ 和 $KHCO_3$ 的混合比例不同，则消耗稀盐酸的总质量不相等。

点评 对相对分子质量相同的混合体系，根据其总质量可以直接求出该混合体系的总物质的量。其他方面的物理量则可根据各自的组成及反应关系再行确定。

三、特定组合“打包”

例 6 由 Na_2S、Na_2SO_3、Na_2SO_4 组成的混合物中，测得氧元素含量为 22%，求钠元素的质量分数。

解析 由于这三种物质都含有钠和硫元素，且三种物质中钠和硫的原子个数比均为 2∶1，质量比总是 46∶32。因此可将混合物“打包”为“Na_2S”组合和“O”，则“Na_2S”组合的含量为 1－22%＝78%，再根据钠和硫的比例，可以计算出钠元素的质量分数为 46%。

点评 找到混合物中的特定组合，厘清物质间有某种相同的关系，用“打包”法处理能使问题的解决过程变得更加简单清晰，降低解题难度。

例 7 配平化学反应方程式：

____ Na_2S_x＋____ NaClO＋____ NaOH——____ Na_2SO_4＋____ NaCl＋____ H_2O。

解析 这里可以把 x 个 S“打包”，整体显－2 价，产物中含有 x 个 SO_4^{2-}，硫的化合价总共上升了$(2+6x)$，氯的化合价从＋1 价降为－1 价，降低了 2，乘以 $3x+1$。完成配平：$Na_2S_x+(3x+1)NaClO+(2x-2)NaOH=\!=\!=xNa_2SO_4+$

$(3x+1)NaCl+(x-1)H_2O$。

例 8 配平黑火药爆炸的化学方程式：

____ KNO_3 + ____ C + ____ S ══ ____ K_2S + ____ $N_2\uparrow$ + ____ $CO_2\uparrow$。

解析 本题涉及三种元素的化合价变化，似乎无法用常规的化合价升降法处理。但通过观察，发现产物 K_2S 中 K 和 S 的比例为 2∶1，由此可知，反应物中 KNO_3 和 S 的物质的量之比必定也为 2∶1。将"$2KNO_3+S$""打包"处理，可知该组合在该反应中化合价一共降低 12，而 C 元素升高 4，完成配平：

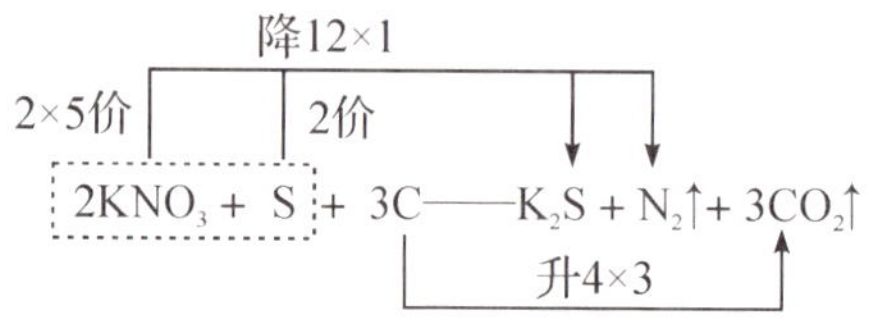

点评 在有复杂物质的化学方程式配平中，用"打包"法能简化问题，像多硫化钠 $Na_2S_x(x\geqslant2)$ 在结构上与 Na_2O_2、FeS_2、Cu_3P 等有相似之处，类似的物质都可以采用"打包"法快速地解决配平问题。

小试身手

1. 判断正误。

(1)7.8g Na_2S 和 Na_2O_2 的混合物中所含阴离子的数目为 $0.1N_A$。 ( )

(2)常温常压下，等质量的 SO_2、S_2 中含有相同的分子数。 ( )

(3)标准状况下，8.96L H_2、CO 的混合气体完全燃烧，消耗氧分子的数目为 $0.2N_A$。 ( )

(4)CO 和 CO_2 的混合气体共 0.5mol，其中原子数为 N_A。 ( )

(5)常温常压下，28g 乙烯和丙烯的混合物中所含共价单键的数目为 $4N_A$。 ( )

(6)标准状况下，22.4 L 氦气和氟气的混合气体中所含原子数为 N_A 个。 ( )

2. 配平化学方程式：

___ Fe_3C + ___ HNO_3(浓)—— ___ $Fe(NO_3)_3$ + ___ $CO_2\uparrow$ + ___ $NO_2\uparrow$ + ___ H_2O。

3. 6g $CaCO_3$ 和 Mg_3N_2 的混合物中所含质子数为多少？

4. 将氧气、甲烷、过氧化钠放入密闭容器中，在 150℃ 条件下电火花引发反应后，容器内压强为零。由此得出原氧气、甲烷的微粒个数比为多少？

68　图像特殊值法

引路人　浙江省常山县第一中学　余银飞

方法导引

化学图像题是一类常见的题目，考查学生读图获取信息和根据图中的特殊点进行定量计算分析的能力。分析图像要“三看”：一看“面”，即横、纵坐标的物理意义；二看“线”，即一条曲线的变化趋势；三看“点”，即图像中的起点、拐点、交点和终点。这类题目考查学生对化学知识的理解和应用能力，以及对图像信息的解读能力。

应用赏析

一、利用起点计算电离常数

例1 某温度下，用 0.10mol・L^{-1} NaOH 溶液分别滴定 20.00mL 物质的量浓度均为 0.10mol・L^{-1} 的 CH_3COOH 溶液和 HCN 溶液，所得滴定曲线如右图所示。下列说法正确的是（　　）

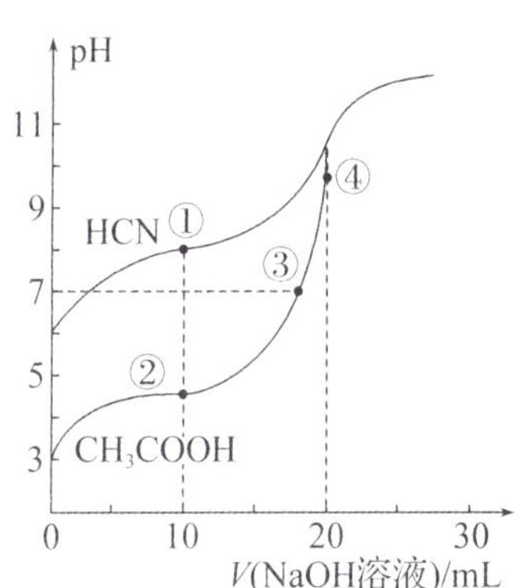

A. 该温度下 CH_3COOH 的电离常数近似为 10^{-6}

B. 点③和点④所示的溶液中，
$c(Na^+)>c(OH^-)>c(CH_3COO^-)>c(H^+)$

C. 点①和点②所示的溶液中，
$c(CH_3COO^-)-c(CN^-)=c(HCN)-c(CH_3COOH)$

D. 点②和点③所示的溶液中都有
$c(CH_3COO^-)+c(OH^-)=c(CH_3COOH)+c(H^+)$

解析　利用起点溶液 pH 和近似计算方法，起点 $c(H^+)=10^{-3}$ mol・L^{-1}，$c(CH_3COOH)\approx0.1$mol・L^{-1}，$c(CH_3COO^-)\approx c(H^+)=10^{-3}$mol・$L^{-1}$，代入计算式 $K_a=\frac{c(CH_3COO^-)\cdot c(H^+)}{c(CH_3COOH)}=10^{-5}$，A 项错误。

点③所示的溶液 pH=7，则 $c(OH^-)=c(H^+)$，则点③所示的溶液中 $c(Na^+)=c(CH_3COO^-)>c(H^+)=c(OH^-)$，B 项错误。

点①所示的溶液中存在元素守恒式 $c(HCN)+c(CN^-)=2c(Na^+)$，点②所示的溶液中存在元素守恒式 $c(CH_3COOH)+c(CH_3COO^-)=2c(Na^+)$，二者中钠离子物质的量浓度相同，则 $c(HCN)+c(CN^-)=c(CH_3COOH)+c(CH_3COO^-)$，即 $c(CH_3COO^-)-c(CN^-)=c(HCN)-c(CH_3COOH)$，C 项正确。

点②和点③所示的溶液中，存在电荷守恒式 $c(OH^-)+c(CH_3COO^-)=c(Na^+)+c(H^+)$，点③所示的溶液中 $c(OH^-)=c(H^+)$，故 $c(Na^+)=c(CH_3COO^-)$，$c(CH_3COO^-)+c(CH_3COOH)<2c(Na^+)$，则 $c(Na^+)>c(CH_3COOH)$，即 $c(CH_3COO^-)+c(OH^-)>c(CH_3COOH)+c(H^+)$，D 项错误。

综上，选 C。

点评　利用酸碱中和滴定曲线的起点可以计算该酸的电离常数，利用半反应点可以得到元素守恒式 $c(CH_3COOH)+c(CH_3COO^-)=2c(Na^+)$，二者所用 NaOH 的物质的量相同，通过等式变换，不难得出正确答案。比较离子物质的量浓度大小则要先判断溶质组成，再根据电荷守恒、元素守恒和质子守恒列等式。

二、利用交点计算水解平衡常数

例 2　室温下，H_2S 水溶液中各含硫微粒物质的量分数 δ 与 pH 的变化关系如下图所示。提示：$\delta(H_2S)=\dfrac{c(H_2S)}{c(H_2S)+c(HS^-)+c(S^{2-})}$。

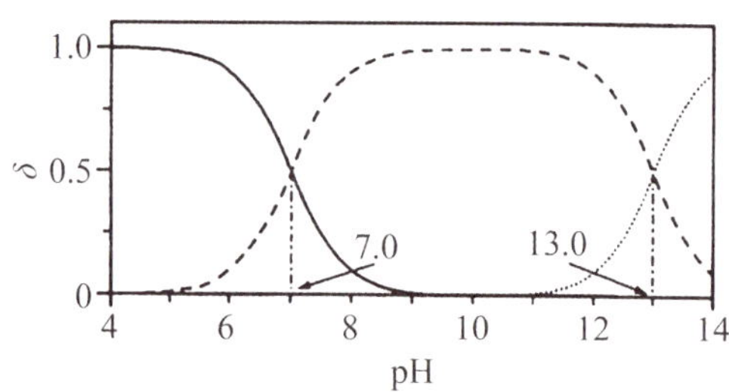

已知 $K_{sp}(FeS)=6.3\times10^{-18}$，$K_{sp}[Fe(OH)_2]=4.9\times10^{-17}$，则下列说法正确的是　　(　　)

A. FeS 的溶解度大于 $Fe(OH)_2$ 的

B. 以酚酞为指示剂(变色的 pH 范围为 8.2～10.0)，用 NaOH 标准溶液可滴定 H_2S 水溶液的浓度

C. 忽略 S^{2-} 的第二步水解，$0.10mol\cdot L^{-1}$ Na_2S 溶液中 S^{2-} 的水解率约为 62%

D. $0.010mol\cdot L^{-1}$ $FeCl_2$ 溶液中加入等体积 $0.20mol\cdot L^{-1}$ Na_2S 溶液，反应初始生成的沉淀是 FeS

解析　根据 $K_{sp}(FeS)=c(Fe^{2+})\cdot c(S^{2-})=6.3\times10^{-18}$，$K_{sp}[Fe(OH)_2]=c(Fe^{2+})\cdot c^2(OH^-)=4.9\times10^{-17}$，估算即可得出溶解度 FeS 的溶解度小于 $Fe(OH)_2$ 的(数量级差异较大，溶质的水解可以忽略)，A 项错误。

由电离常数 $K_{a1}=\frac{c(HS^-)\cdot c(H^+)}{c(H_2S)}=10^{-7}$，$K_{a2}=\frac{c(S^{2-})\cdot c(H^+)}{c(HS^-)}=10^{-13}$，酚酞变色 pH 范围为 8.2～10；当 pH＝8.2 时，$K_{a1}=\frac{c(HS^-)\cdot c(H^+)}{c(H_2S)}=10^{-7}$，$\frac{c(HS^-)}{c(H_2S)}=\frac{K_{a1}}{c(H^+)}=\frac{10^{-7}}{10^{-8.2}}=15.8$，滴定率为 94%；当 pH＝10 时，$\frac{c(HS^-)}{c(H_2S)}=\frac{K_{a1}}{c(H^+)}=\frac{10^{-7}}{10^{-10}}=10^3$，滴定率达到 100%，变色区域内滴定率与允许的误差(半滴)相关较大，B 项错误。

Na_2S 溶液中存在水解平衡 $S^{2-}+H_2O \rightleftharpoons HS^-+OH^-$，第一步水解平衡常数 $K_h(S^{2-})=\frac{K_w}{K_{a2}(H_2S)}=\frac{1\times10^{-14}}{1\times10^{-13}}=0.1$。设水解的 S^{2-} 的物质的量浓度为 x mol·L^{-1}，则 $\frac{x^2}{0.1-x}=0.1$，解得 $x\approx0.062$，S^{2-} 的水解率约为 62%，C 项正确。

0.01mol·L^{-1} $FeCl_2$ 溶液中加入等体积 0.2mol·L^{-1} Na_2S 溶液，瞬间得到 0.005mol·L^{-1} $FeCl_2$ 和 0.1mol·L^{-1} Na_2S 的混合液，结合 C 项，瞬时

$$\begin{aligned}c(Fe^{2+})\cdot c(S^{2-})&=0.005\times(0.1-0.062)\\&=1.9\times10^{-4}\\&>K_{sp}(FeS)\end{aligned}$$

$$\begin{aligned}c(Fe^{2+})\cdot c^2(OH^-)&=0.005\times0.062^2\\&=1.922\times10^{-5}\\&>K_{sp}[Fe(OH)_2]\end{aligned}$$

故反应初始生成的沉淀是 FeS 和 $Fe(OH)_2$，D 项错误。

综上选 C。

点评 在交点处，两种微粒的物质的量分数相同，在同一溶液中，其物质的量浓度也相同。借助 K_a 的表达式，可得 $K_a=c(H^+)$。再利用 $K_h=\frac{K_w}{K_a}$，可计算水解平衡常数。水解率与溶液的物质的量浓度有关，水解率可设未知数求解，也可用代入法求解。已知物质的 K_{sp}，比较溶解度大小，不能单纯看 K_{sp} 的相对大小，还要看沉淀的离子组成比。将 K_{sp} 代入沉淀溶解平衡计算式估算物质的量浓度，再结合物质的摩尔质量判断溶解度大小。

三、利用曲线上的特殊点计算溶度积常数

例3 一定温度下，AgCl 和 Ag_2CrO_4 的沉淀溶解平衡图像如下图所示。下列说法正确的是 （　　）

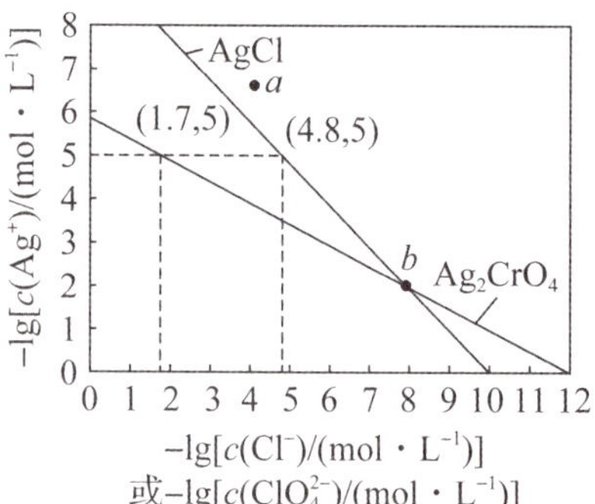

A. a 点条件下能生成 Ag_2CrO_4 沉淀，也能生成 AgCl 沉淀

B. b 点时，$c(Cl^-)=c(CrO_4^{2-})$，

$K_{sp}(AgCl)=K_{sp}(Ag_2CrO_4)$

C. $Ag_2CrO_4+2Cl^- \rightleftharpoons 2AgCl+CrO_4^{2-}$ 的平衡常数 $K=10^{7.9}$

D. 向 NaCl、Na_2CrO_4 均为 $0.1mol\cdot L^{-1}$ 的混合溶液中滴加 $AgNO_3$ 溶液，先产生 Ag_2CrO_4 沉淀

解析　如题图所示，a 点在两图像右上方，对应的 $c(Ag^+)\cdot c(Cl^-)<K_{sp}(AgCl)$，$c^2(Ag^+)\cdot c(CrO_4^{2-})<K_{sp}(Ag_2CrO_4)$，故不会生成沉淀，A 项错误。

b 点时，$c(Cl^-)=c(CrO_4^{2-})$，且 $c(Ag^+)$ 相等，但两沉淀的溶度积表达式不同，$K_{sp}(AgCl)\neq K_{sp}(Ag_2CrO_4)$，B 项错误。

该反应的平衡常数 $K=\dfrac{c(CrO_4^{2-})\cdot c^2(Ag^+)}{c^2(Cl^-)\cdot c^2(Ag^+)}=\dfrac{10^{-0.7}}{10^{-9.8\times 2}}=10^{7.9}$，C 项正确。

向 NaCl、Na_2CrO_4 均为 $0.1mol\cdot L^{-1}$ 的混合溶液中滴加 $AgNO_3$ 溶液，开始沉淀时所需要的 $c(Ag^+)$ 分别为 $10^{-8.8}mol\cdot L^{-1}$ 和 $10^{-5.35}mol\cdot L^{-1}$，说明此时沉淀 Cl^- 需要的银离子物质的量浓度更低，先产生 AgCl 沉淀，D 项错误。

综上选 C。

点评　图像上任意一点，$Q_c=K_{sp}$，沉淀与溶解达到动态平衡，溶液是饱和溶液，要求在图像中找出合适的点计算 K_{sp}。

图像上方的点，$Q_c<K_{sp}$，没有产生沉淀。

图像下方的点，$Q_c>K_{sp}$，溶液过饱和而有沉淀生成。

滴定 Cl^- 时，常用 K_2CrO_4 溶液作指示剂，也可以用此题深入理解 K_2CrO_4 溶液可以用作指示剂的原因。

小试身手

1. 取两份 10mL 的 $0.05mol\cdot L^{-1}$ $NaHCO_3$ 溶液，一份滴加 $0.05mol\cdot L^{-1}$ 盐酸，另一份滴加 $0.05mol\cdot L^{-1}$ NaOH 溶液，溶液的 pH 与加入酸(或碱)的体积 V

的变化关系如下图所示。

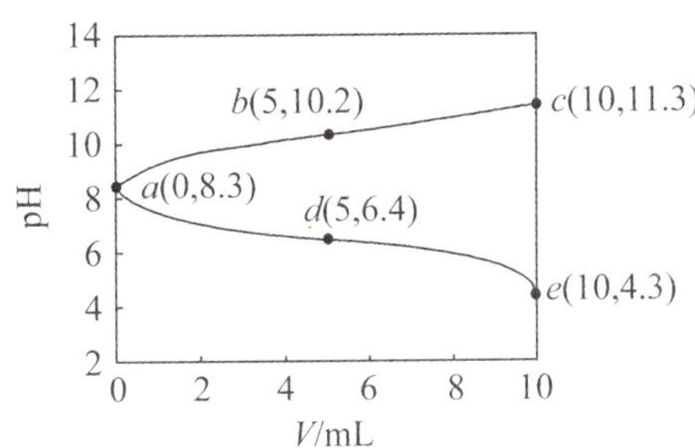

下列说法不正确的是 （　　）

A. 由 a 点可知，$NaHCO_3$ 溶液中 HCO_3^- 的水解程度大于其电离程度

B. $a\to b\to c$ 过程中，$c(HCO_3^-)+2c(CO_3^{2-})+c(OH^-)$逐渐减小

C. $a\to d\to e$ 过程中，$c(Na^+)<c(HCO_3^-)+c(CO_3^{2-})+c(H_2CO_3)$

D. 令 c 点的 $c(Na^+)+c(H^+)=x$，e 点的 $c(Na^+)+c(H^+)=y$，则 $x>y$

2. 已知草酸为二元弱酸，

$$H_2C_2O_4 \rightleftharpoons HC_2O_4^- + H^+ \quad K_{a1}，\quad HC_2O_4^- \rightleftharpoons C_2O_4^{2-} + H^+ \quad K_{a2}$$

常温下，向某浓度的 $H_2C_2O_4$ 溶液中逐滴加入一定浓度的 KOH 溶液，所得溶液中 $H_2C_2O_4$、$HC_2O_4^-$、$C_2O_4^{2-}$ 三种微粒的分布系数 δ 与溶液 pH 的关系如下图所示。

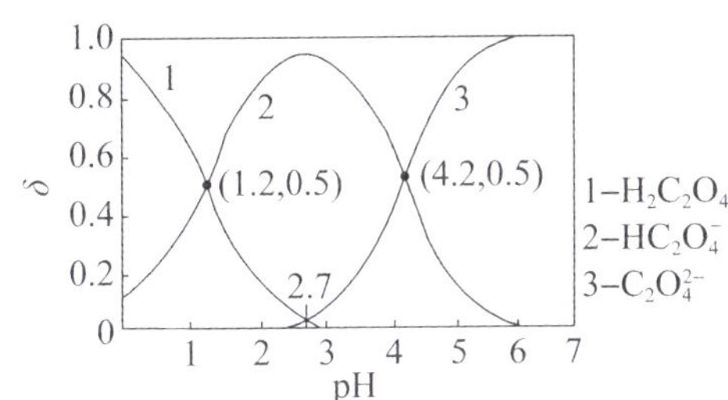

(1)计算常温下草酸的电离常数 K_{a1}、K_{a2}。

(2)计算 pH＝2.7 时，溶液中的$\dfrac{c^2(HC_2O_4^-)}{c(H_2C_2O_4)\cdot c(C_2O_4^{2-})}$。

3. 已知相同温度下，$K_{sp}(BaSO_4)<K_{sp}(BaCO_3)$。某温度下，饱和溶液中 $-\lg[c(SO_4^{2-})]$、$-\lg[c(CO_3^{2-})]$与$-\lg[c(Ba^{2+})]$的关系如右图所示。

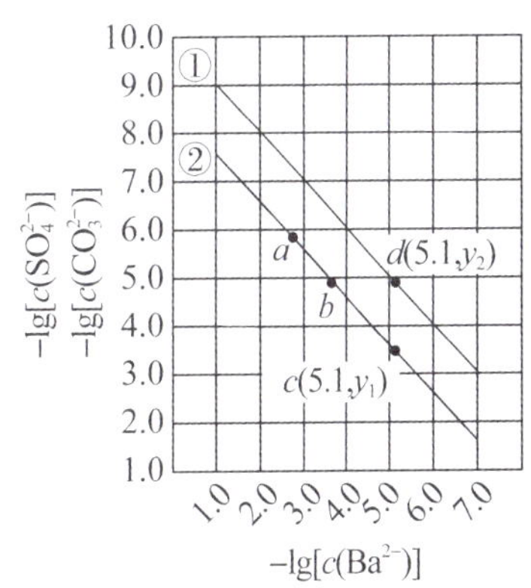

下列说法正确的是 （　　）

A. 线①代表 $BaCO_3$ 的沉淀溶解图像

B. 该温度下 $BaSO_4$ 的 $K_{sp}(BaSO_4)$值为 1.0×10^{-10}

C. 加适量 $BaCl_2$ 固体可使溶液由 a 点变到 b 点

D. $c(Ba^{2+})=10^{-5.1}\ mol\cdot L^{-1}$ 时，两溶液中 $\dfrac{c(SO_4^{2-})}{c(CO_3^{2-})}=10^{y_2-y_1}$

69 归纳法

引路人 浙江省宁波市镇海中学 华利平

方法导引

归纳法是化学学习中常见的思维方法。它通过观察和收集大量具体的化学现象和反应实例，然后根据这些具体情况推断出一般的化学规律或化学原理。在化学学习的过程中，有大量的化学方程式、变化规律、物质类别等需要掌握，而合理地运用归纳法，时常进行梳理和总结，则会对学习过程大有裨益。归纳法虽然基于大量事实，但这种推理方式的结论并不具有绝对的必然性。因此在由此及彼类推物质的结构、性质、反应规律等时，既要把握普遍规律，又要注重特殊情况，注意区分一般性和特殊性。

应用赏析

一、归纳法在化学反应书写中的应用

例 1 非金属单质在碱性溶液中发生变化，具有相似的特征。下面以物质的转化归纳推理共同的转化与性质。

(1) $Cl_2+2NaOH \xlongequal{} NaCl+NaClO+H_2O$，加热时 $NaClO$ 会发生歧化反应生成 $NaCl$ 和 $NaClO_3$，得到 $3Cl_2+6NaOH \xlongequal{\triangle} 5NaCl+NaClO_3+3H_2O$。写出 Br_2、I_2 分别与 $NaOH$ 溶液发生反应的化学方程式（$NaBrO$、$NaIO$ 常温下不稳定，易歧化）。

①________________________________。

②________________________________。

结论：卤素单质与碱发生歧化反应。

(2) 写出 Cl_2、Br_2、I_2 分别与 Na_2CO_3 溶液发生反应的化学方程式。

① $3Cl_2+3Na_2CO_3 \xlongequal{} 5NaCl+NaClO_3+3CO_2$。

②________________________________。

③________________________________。

结论：卤素单质与碱性物质发生歧化反应。

(3)应用:与 Cl_2 类似,NO_2 也能分别与 NaOH 溶液、Na_2CO_3 溶液反应,分别写出对应的化学方程式。

①____________________________________。

②____________________________________。

解析 (1)Cl_2 与 NaOH 反应生成 NaCl 和 NaClO,可以看成由 $Cl_2+H_2O \rightleftharpoons HCl+HClO$,$HCl+NaOH = NaCl+H_2O$,$HClO+NaOH = NaClO+H_2O$,这三个反应相加得到。受热时 $3NaClO \xlongequal{\triangle} 2NaCl+NaClO_3$,耦合后得到 $3Cl_2+6NaOH \xlongequal{\triangle} 5NaCl+NaClO_3+3H_2O$。题给信息 NaBrO 和 NaIO 常温下不稳定,类比推理得到 $3Br_2+6NaOH = 5NaBr+NaBrO_3+3H_2O$ 和 $3I_2+6NaOH = 5NaI+NaIO_3+3H_2O$。

(2)Na_2CO_3 水解生成 NaOH,Cl_2 与 NaOH 反应生成 NaClO 和 NaCl,NaClO 受热易歧化生成 NaCl 和 $NaClO_3$,故得到 $3Cl_2+3Na_2CO_3 = 5NaCl+NaClO_3+3CO_2$,类比 Br_2、I_2 分别与 Na_2CO_3 溶液反应的化学方程式为 $3Br_2+3Na_2CO_3 = 5NaBr+NaBrO_3+3CO_2\uparrow$ 和 $3I_2+3Na_2CO_3 = 5NaI+NaIO_3+3CO_2\uparrow$。

(3)NO_2 虽然不是非金属单质,但是也可以与 NaOH 溶液、Na_2CO_3 溶液发生歧化反应,得到 $2NO_2+2NaOH = NaNO_2+NaNO_3+H_2O$ 和 $2NO_2+Na_2CO_3 = NaNO_2+NaNO_3+CO_2$。

点评 用归纳法书写反应的化学方程式,要先思考步骤和物质的性质与转化,将陌生反应拆解转化,写熟悉的化学反应,叠加反应,得到目标方程式。

二、归纳法在反应规律总结中的应用

例 2 (1)写出下列化学反应的离子方程式,总结发生离子反应的原因。

①$HCl+AgNO_3 = AgCl\downarrow+HNO_3$,________________________。

②$BaCl_2+H_2SO_4 = BaSO_4\downarrow+2HCl$,________________________。

③$2HCl+Na_2CO_3 = 2NaCl+H_2O+CO_2\uparrow$,____________________。

④$NH_4Cl+NaOH = NaCl+NH_3\cdot H_2O$,______________________。

⑤$Zn+2HCl = ZnCl_2+H_2\uparrow$,____________________________。

⑥$Fe+2FeCl_3 = 3FeCl_2$,________________________________。

⑦$Cu(OH)_2+4NH_3\cdot H_2O = Cu(NH_3)_4(OH)_2+4H_2O$,____________。

⑧$FeCl_3+3KSCN \rightleftharpoons 3KCl+Fe(SCN)_3$,________________________。

离子反应发生的条件有____________________________________。

本质是____。

(2)利用上述规律,分析侯氏制碱法 $NH_4HCO_3+NaCl = NH_4Cl+NaHCO_3$ 能发生的可能原因:____。

解析 (1)①$Cl^- + Ag^+ \xlongequal{} AgCl\downarrow$;②$Ba^{2+} + SO_4^{2-} \xlongequal{} BaSO_4\downarrow$;③$2H^+ + CO_3^{2-} \xlongequal{} H_2O + CO_2\uparrow$;④$NH_4^+ + OH^- \xlongequal{} NH_3\cdot H_2O$;⑤$Zn + 2H^+ \xlongequal{} Zn^{2+} + H_2\uparrow$;⑥$Fe + 2Fe^{3+} \xlongequal{} 3Fe^{2+}$;⑦$Cu(OH)_2 + 4NH_3\cdot H_2O \xlongequal{} Cu(NH_3)_4^{2+} + 2OH^- + 4H_2O$;⑧$Fe^{3+} + 3SCN^- \rightleftharpoons Fe(SCN)_3$。

分析这些离子反应方程式,我们发现①②是有沉淀生成,③是有气体生成,④是有弱电解质生成,⑤⑥是发生氧化还原反应,有新微粒生成,⑦⑧是有配合微粒生成。可以归纳得出离子反应发生的条件是:有沉淀、气体或弱电解质生成,或发生氧化还原反应、配合反应。

反应本质是非稀释引起的微粒(离子)浓度变化。

(2)侯氏制碱法反应发生的原因是产物$NaHCO_3$溶解度相对小,会结晶析出,导致溶液中Na^+和HCO_3^-浓度变小。有兴趣的同学可以自主研究硝酸钾晶体制备实验(硝酸钠晶体与氯化钾晶体按一定量混合,通过溶解、结晶、过滤获得硝酸钾晶体)。

点评 化学反应规律具有普遍性,对规律熟练掌握和合理迁移能帮助我们快速解决问题。同学们在解决问题时要经常归纳、提炼化学转化和化学变化中的规律,并运用规律思考和解决新问题。

三、归纳法在物质结构关系中的应用

例3 硫酸可以进行分子间脱水形成焦硫酸($H_2S_2O_7$),二者的结构式如下。

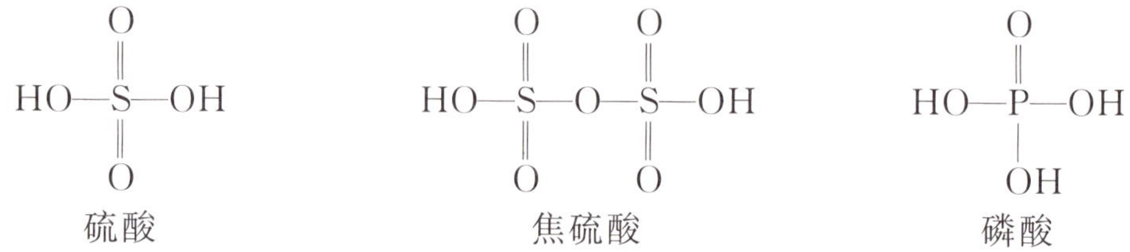

磷酸(H_3PO_4)也可以进行分子间脱水形成焦磷酸,直至形成链状多聚磷酸。

(1)写出焦磷酸的结构式:________。

(2)推导链状多聚磷酸的通式:________(用 n 表示)。

解析 (1)分析硫酸到焦硫酸的变化,两分子硫酸脱去一分子水,推导出若磷酸能发生类同变化,也是两分子磷酸脱去一分子水,得到焦磷酸的结构式为 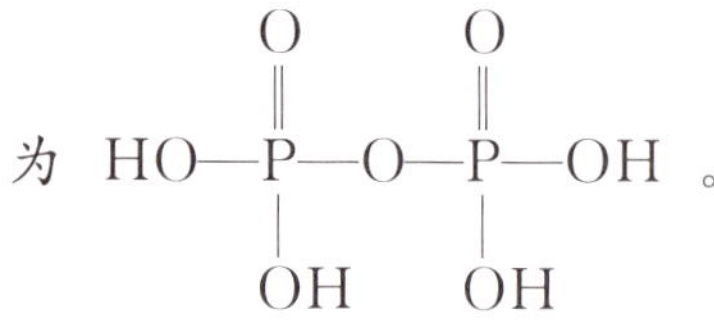 。

(2)在(1)的基础上,继续进行分子间脱水,得出 n 个磷酸分子形成多聚磷酸,失去 $n-1$ 个 H_2O 分子,根据原子守恒,得出链状多磷酸的通式为 $H_{n+2}P_nO_{3n+1}$。

点评 用归纳法时要先分析符合同一特征的不同分子,归纳出其共同特征,如本

题中 P 替换 S,同时要注意二者化合价的不同,然后再结合数学方法解决化学问题。

小试身手

1. 许多非金属氧化物在一定条件下能与 Na_2O_2 反应,且反应极有规律。如 $Na_2O_2+SO_2 \longrightarrow Na_2SO_4$,$Na_2O_2+SO_3(g) \longrightarrow Na_2SO_4+O_2$。据此,下列化学方程式不正确的是 ( )

A. $2Na_2O_2+2Mn_2O_7 \longrightarrow 4NaMnO_4+O_2\uparrow$ B. $2Na_2O_2+P_2O_3 \longrightarrow Na_4P_2O_7$

C. $2Na_2O_2+2N_2O_3 \longrightarrow 4NaNO_2+O_2$ D. $2Na_2O_2+2N_2O_5 \longrightarrow 4NaNO_3+O_2\uparrow$

2. 根据"盐类水解、卤代烃水解"等所学知识,归纳水解的共同特点,并将下列化学方程式补充完整。

(1) $CH_3CH_2ONa + H_2O$—— ________________。

(2) $BrCl + H_2O$—— ________________。

(3) $CH_3CH_2Cl + NaHS$—— ________________。

3. 主族元素最高价氧化物的水化物可用 $E(OH)_n$ 价表示,其中 $+n$ 为元素 E 的最高正价,$E(OH)_n$ 易发生脱水生成稳定结构如下表。

$\overset{+n}{E}$	$\overset{+5}{P}$	$\overset{+6}{S}$	$\overset{+7}{Cl}$	$\overset{+7}{I}$
$E(OH)_n$	$P(OH)_5$	$S(OH)_6$	$Cl(OH)_7$	$I(OH)_7$
脱水后的稳定结构	H_3PO_4	H_2SO_4	$HClO_4$	H_5IO_6

(1) Si 最高价氧化物的水化物未脱水前的表达式为________________。

(2) 同样是 +5 价,N 的脱水稳定产物为 HNO_3,结合表格信息,说明原因:________________。

4. 人们在对链状烷烃分子空间结构的研究中发现某一系列的烷烃分子只有 1 种一卤取代物。如

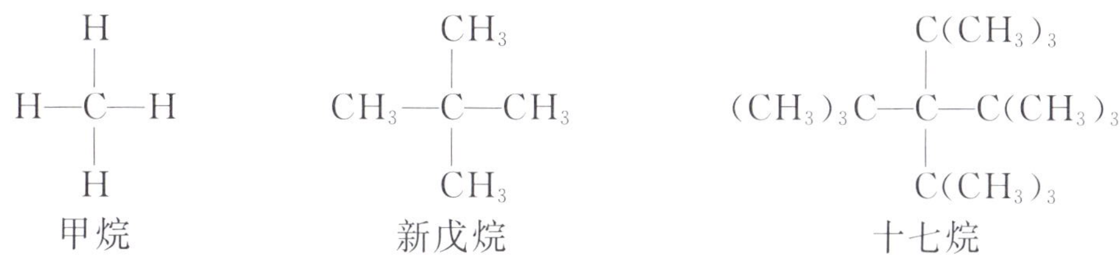
甲烷 新戊烷 十七烷

这一系列物质具有一定的规律性,当一种烃分子的—H 全部被—CH_3 取代后,它的一卤代物异构体数目不变。

(1) 请写出上一系列第 4 种烷烃的化学式:________________。

(2) 请写出上一系列所有烷烃化学式的通式:________________。

70 演绎法

引路人 浙江省永康外国语学校 张明

方法导引

演绎法,是从一般到特殊的一种思维方法,即从一个或多个已知的普遍原理或理论出发,推导出特定情况下结论的推理方法。

在化学中,演绎法是根据已知的化学概念和原理,试图解释或预测特定的变化。其特点是自上而下地推理,即从普遍性原则出发,推导出特殊情况下的结论。须在演绎之前有一定的知识储备,并在推理之后进行实验验证。演绎法的有效性高度依赖于作为推理基础的理论的正确性和完整性。演绎法所经历的一般过程有:确立原理(选择一个或多个已验证的化学原理或理论),应用原理(将这些原理应用于特定的情境或问题),推导结论(从原理出发,通过逻辑推理得出特定情境下的结论),检验结论。在化学研究中,演绎法可以用来预测与推理可能的性质与转化。

应用赏析

一、性质与变化演绎

例 1 铜与浓硝酸反应生成 NO_2,浓硝酸变稀后生成 NO(沸点为−151℃),某探究小组由这一实验事实出发,猜测炭与浓硝酸反应生成 NO_2,浓硝酸变稀后生成 NO,并设计如下图所示的装置进行验证(加热和尾气处理装置、夹持仪器均已略去)。

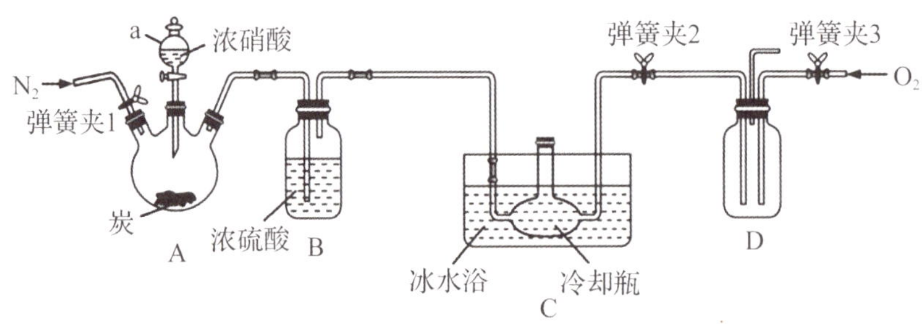

打开弹簧夹 1、2,在持续通入 N_2 的条件下,先把炭加热至红热后停止加热,再

缓慢滴入浓硝酸的原因是________________；反应产生的气体干燥后进入装置C的冷却瓶中，气体颜色变浅接近于无色，其原因是____________________；一段时间后打开弹簧夹3，通入O_2，冷却瓶中气体进入装置D后气体颜色仍无明显变化，说明该小组的猜测________（填“正确”或“错误”）。

解析 此类型的题目，需要学生掌握扎实的知识基础，比如灵活运用氧化还原反应概念，根据已知事实，即硝酸与金属反应，表现强氧化性，浓硝酸反应时所得产物为NO_2，稀硝酸反应时所得产物为NO；本实验需验证有无NO产生，空气中的O_2能氧化NO，所以用N_2先将装置内空气排尽，从而推导出炭与硝酸反应的产物，再根据NO_2和N_2O_4会相互转化的事实，推断装置C的冷却瓶中气体颜色变浅接近于无色的原因是，红棕色NO_2在冰水浴条件下转化为无色的N_2O_4，从而验证假设错误。本题的演绎过程如下。

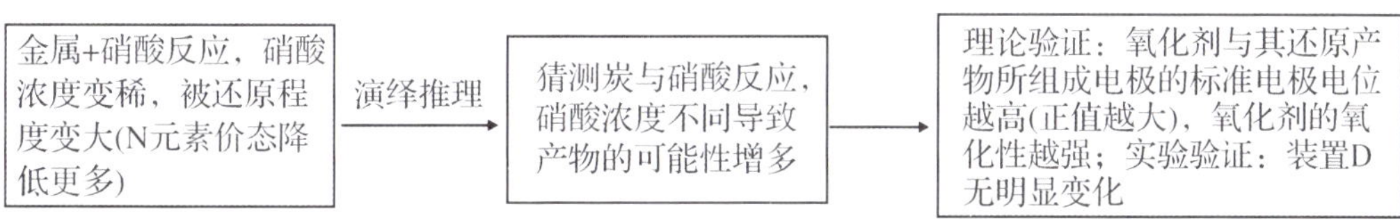

答案：浓硝酸受热分解，无法确保浓硝酸与炭反应；红棕色NO_2在冰水浴条件下转化为无色的N_2O_4；错误。

二、原电池电极活泼性演绎

例2 a、b、c、d四种金属，已知：①$a+b^{2+}=b+a^{2+}$；②将金属片a、c插入稀硫酸中，用导线将它们与电流表相连，a表面有大量气泡逸出；③b、d用导线连接放入d的硫酸盐溶液中，电极反应为$d^{2+}+2e^-=d$，$b-2e^-=b^{2+}$。这四种金属的活动性由强到弱的顺序是（ ）

A. c>a>b>d　　B. d>b>a>c

C. c>b>a>d　　D. d>c>a>b

解析 关于原电池原理的题目，关键是利用原电池两极上的现象、两极上的反应、电子或电流的流动方向、金属活泼性强弱来判断原电池的正负极。用演绎法进行推理的过程如下。

在原电池中，较活泼的金属失去电子作负极；电子运动方向为负极→正极，电流方向为正极→负极；产生气泡的电极一般为正极；阳离子→正极，阴离子→负极

氧化还原反应 演绎推理 →

①给出原电池反应，可知a的还原性大于b，金属活动性强弱顺序为a>b；②a、c用导线连接插入稀硫酸溶液中，a表面有大量气泡逸出，说明a为原电池的正极；③b失去电子，作负极

→

①a>b；②c>a；③b>d。四种金属的活动性由强到弱的顺序是c>a>b>d

综上选A。

三、结构决定性质演绎

例 3 氧是构建化合物的重要元素。

化合物 HA、HB、HC 和 HD 的结构分别为

$$\underset{\text{HA}}{RO-\overset{\overset{Se}{\parallel}}{C}-OH}\qquad \underset{\text{HB}}{RO-\overset{\overset{S}{\parallel}}{C}-OH}\qquad \underset{\text{HC}}{RO-\overset{\overset{O}{\parallel}}{C}-OH}\qquad \underset{\text{HD}}{RO-\overset{\overset{O}{\parallel}}{C}-SH}$$

请回答：

(1)HA、HB 和 HC 中羟基与水均可形成氢键($—O—H\cdots OH_2$)，按照氢键由强到弱对三种酸排序是____________，理由是____________。

(2)已知 HC、HD 钠盐的碱性：NaC>NaD。请从结构角度说明理由：______。

解析 用演绎法推理的过程如下。

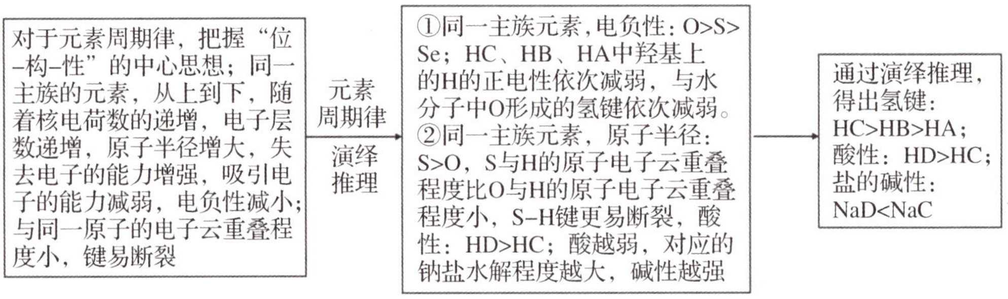

对于元素周期律，把握“位-构-性”的中心思想；同一主族的元素，从上到下，随着核电荷数的递增，电子层数递增，原子半径增大，失去电子的能力增强，吸引电子的能力减弱，电负性减小；与同一原子的电子云重叠程度小，键易断裂	元素周期律 → 演绎推理	①同一主族元素，电负性：O>S>Se；HC、HB、HA中羟基上的H的正电性依次减弱，与水分子中O形成的氢键依次减弱。 ②同一主族元素，原子半径：S>O，S与H的原子电子云重叠程度比O与H的原子电子云重叠程度小，S-H键更易断裂，酸性：HD>HC；酸越弱，对应的钠盐水解程度越大，碱性越强	→	通过演绎推理，得出氢键：HC>HB>HA；酸性：HD>HC；盐的碱性：NaD<NaC

答案如下。

(1)HC>HB>HA。

O、S、Se 的电负性逐渐减小，键的极性强弱顺序为 C=O>C=S>C=Se，使得 HA、HB、HC 三者中的羟基的极性逐渐增大，导致羟基与 H_2O 形成的氢键逐渐增强。

(2)S 的原子半径大于 O 的，S—H 键的键能小于 O—H 键的，同时 HC 可形成分子间氢键，使得 HD 比 HC 更易电离出 H^+，HD 的酸性大于 HC 的，C^- 的水解能力大于 D^- 的。

小试身手

1. 把 a、b、c、d 四块金属浸入稀硫酸中，用导线两两相连组成原电池。a、b 相连时，a 为负极；c、d 相连时，电流由 d 到 c；a、c 相连时，c 极产生大量气泡；b、d 相连时，溶液中的阳离子向 b 极移动。四种金属的活泼性顺序为____________。

2. ${}_{115}Mc$ 是元素镆，与 ${}_{33}As$ 同主族，下列说法不正确的是　　（　　）

A. Mc 是第七周期ⅤA 族元素

B. As 元素的某些氧化物为两性氧化物

C. Mc 元素的最低负价为－3 价

D. As 的气态氢化物具有较强的还原性

3. Wolff-Kishner-黄鸣龙还原反应机理如下（R、R′均代表烃基）。

R—C(=O)—R′ + $NH_2\ddot{N}H_2$ $\xrightarrow{过程①}$ R—C(OH)(NHNH₂)—R′ $\xrightarrow[过程②]{-H_2O}$ R—C(=N—NH₂)—R′ $\xrightarrow[过程③]{^{-}OH}$ H—N=N—CH(R)—R′ $\xrightarrow{过程④}$ R—$\bar{C}$H—R′ $\xrightarrow{过程⑤}$ R—CH₂—R′

下列说法错误的是　　（　　）

A. 肼的沸点高于氨气的，原因是肼分子间氢键数目更多，且相对分子质量更大

B. 过程①发生加成反应，过程②③均发生消去反应

C. 过程④的反应历程可表示为 $R—CH(N{=}NH)—R' + OH^{-} \longrightarrow R—\overset{\ominus}{C}H—R' + N_2\uparrow + H_2O$

D. 应用该机理，3-甲基环己酮（环己酮环上带 CH_3）可以在碱性条件下转变为甲基环己烷（环己烷环上带 CH_3）

71 电性分析法

引路人　浙江工业大学附属德清高级中学　陆燕海

方法导引

电性规则，即带有相反电性的微粒，具有相互吸引作用，在一定的条件下，异性微粒间彼此结合，可以形成较为稳定的结构。据此，在解决化学相关问题时，可以先分析构成反应物的微粒的电性，再根据异性结合的原则，进行微粒的等价交换与重组，从而快速判断反应产物，准确认识机理过程，深度理解化学键本质等——这就是电性分析法。

应用赏析

一、认识物质的广义水解

例 1 无论是盐的水解还是其他物质的水解，其最终结果都是反应物和水分别解离成两部分，然后两两重新组合成新物质。根据该信息，下列说法不正确的是　(　　)

A. Mg_3N_2 与盐酸反应能生成两种盐

B. CaC_2 的水解产物是 $Ca(OH)_2$ 和 C_2H_2

C. IF_5 的水解产物之一是 HF

D. PCl_5 的水解产物是 HClO 和 PH_3

解析　Mg_3N_2 的水解产物是两种碱性产物 $Mg(OH)_2$ 和 NH_3，二者可进一步与盐酸反应生成两种盐，A 项正确。

根据异性结合的原则，Ca^{2+} 与 OH^- 结合生成 $Ca(OH)_2$，C_2^{2-} 与 H^+ 结合生成 C_2H_2，B 项正确。

通过电性分析法可知，IF_5 水解得到 HF 和 $I(OH)_5$（失去二分子水即 HIO_3），C 项正确。

PCl_5 的水解产物是 HCl 和 H_3PO_4，D 项不正确。

综上选 D。

例 2 按要求完成下列反应方程式。

(1)一氯胺(NH_2Cl)是一种重要的水消毒剂,一氯胺溶于水产生某常见消毒物质的化学方程式为__________________。

(2)乙酸乙酯与 $Na[Al(OH)_4]$溶液共热产生白色胶状沉淀,化学方程式为______________________。

(3)尿素$[CO(NH_2)_2]$可按如右图所示的转化过程除去工业废水中的 Cr^{3+},该离子方程式为____________。

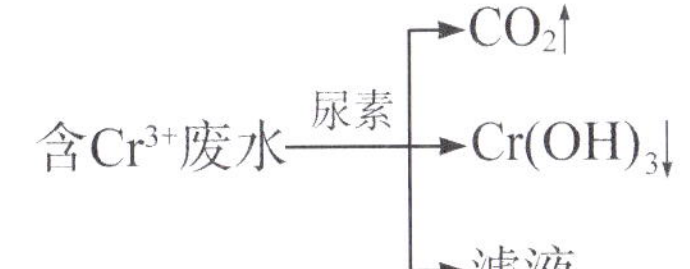

解析 (1)一氯胺(NH_2Cl)在中性或酸性环境中会发生强烈水解,根据题干信息生成的消毒物质是 HClO,可知一氯胺中的氯带正电,因此通过电性分析法可写出一氯胺与水反应的化学方程式为

$$NH_2Cl+2H_2O \xlongequal{} HClO+NH_3\cdot H_2O$$

(2)乙酸乙酯与 $Na[Al(OH)_4]$溶液共热产生白色胶状沉淀,可理解为乙酸乙酯先水解生成乙酸和乙醇,乙酸再与 $Na[Al(OH)_4]$溶液反应生成 $Al(OH)_3$ 胶状沉淀,即

$$CH_3COOCH_2CH_3+Na[Al(OH)_4] \xlongequal{\triangle} Al(OH)_3\downarrow+CH_3COONa+CH_3CH_2OH$$

(3)从题中转化关系看出,尿素与 Cr^{3+} 反应生成 $Cr(OH)_3$、CO_2 和铵盐溶液。要理解该反应,关键在于从电性分析的角度认识尿素的水解,即尿素与水在一定条件下生成碳酸(即 CO_2)和氨,进而由氨生成 $NH_3\cdot H_2O$,促进溶液中的 Cr^{3+} 沉淀为 $Cr(OH)_3$。因此离子方程式为

$$3CO(NH_2)_2+2Cr^{3+}+9H_2O \xlongequal{} 2Cr(OH)_3\downarrow+3CO_2\uparrow+6NH_4^+$$

点评 物质和水分别解离成带正、负电性的两部分,再重新组合形成两种产物。因此,带电微粒间的"阴阳配伍"是充分理解物质(广义)水解的灵魂与关键。从微粒电性的角度分析,有机化合物水解与熟悉的盐类水解的原理都是相通的。

二、认识物质的氨解与醇解

例 3 液氨和肼(二元弱碱)存在类似水的电离($H_2O+H_2O \rightleftharpoons H_3O^++OH^-$),$Na_2CO_3$ 溶于液氨后也能完全电离并发生类似水解的氨解。下列说法不正确的是 ( )

A. 液氨电离的方程式为

$$NH_3+NH_3 \rightleftharpoons NH_4^++NH_2^-$$

B. 液氨中 Na_2CO_3 的一级氨解离子方程式为

$$CO_3^{2-}+2NH_3 \rightleftharpoons NH_4CO_3^-+NH_2^-$$

C. 肼与硫酸反应生成的酸式盐为 $N_2H_5HSO_4$

D. 肼在水中电离的第一步方程式为

$$N_2H_4+H_2O \rightleftharpoons N_2H_5^++OH^-$$

解析 液氨中存在类似水的电离，所以电离方程式为 $NH_3+NH_3 \rightleftharpoons NH_4^+ + NH_2^-$，A 项正确。

根据液氨的电离方程式，从离子的电性角度分析，Na_2CO_3 溶于液氨后的一级氨解方程式为 $CO_3^{2-}+2NH_3 \rightleftharpoons NH_4CO_3^- + NH_2^-$，B 项正确。

肼为二元弱碱，与硫酸反应生成的酸式盐应该为 $N_2H_6(HSO_4)_2$，C 项不正确。

根据肼是二元弱碱，可知其第一步电离的方程式为 $N_2H_4+H_2O \rightleftharpoons N_2H_5^+ + OH^-$，D 项正确。

综上选 C。

点评 类似于盐类等物质的水解过程，当物质与氨、醇等溶剂发生作用时，同样可将极性溶剂分子看作两种带不同电荷的微粒，然后依据带电微粒间的"阴阳配伍"规则快速确定产物的种类。

三、理解有机反应的进程

例 4 电性分析思想有助于理解一些有机反应的发生过程。如受酯基吸电子作用影响，酯基邻位碳原子上 C—H 键极性增强，易断裂，在碱性条件下可与另一分子酯发生酯缩合反应：

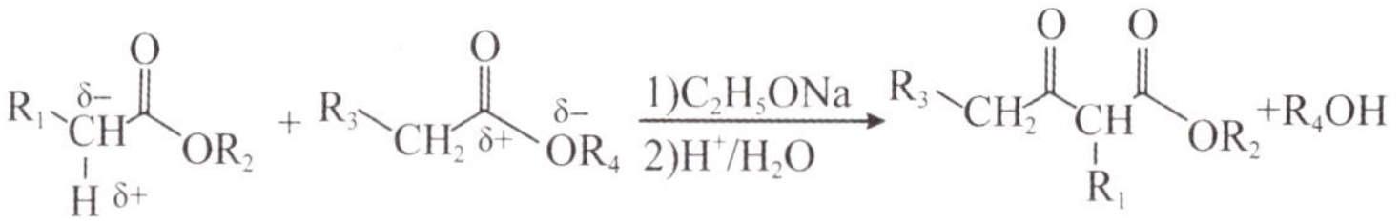

$$R_1\overset{\delta-}{C}H(H^{\delta+})COOR_2 + R_3CH_2\overset{\delta+}{C}(=O)\overset{\delta-}{O}R_4 \xrightarrow[2)H^+/H_2O]{1)C_2H_5ONa} R_3CH_2COCH(R_1)COOR_2 + R_4OH$$

已知

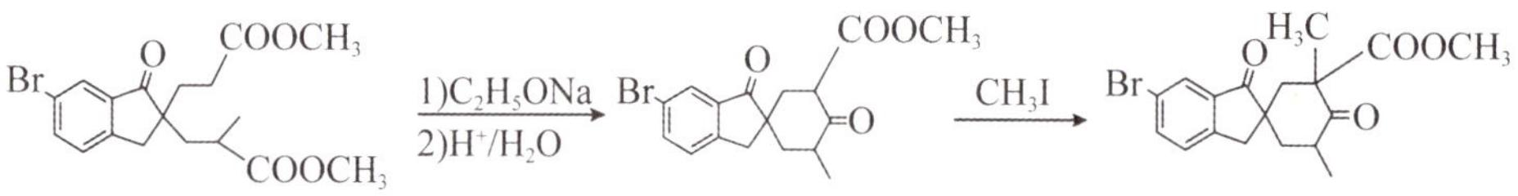

C $\xrightarrow[2)H^+/H_2O]{1)C_2H_5ONa}$ D $\xrightarrow{CH_3I}$ E

若 C 生成 D 的过程中，还会生成一种副产物 I，I 与 D 互为同分异构体，则化合物 I 的结构简式为____________。请从电性角度分析由 C 生成 I 相对于生成 D 更难的原因：________________________。

解析 分析已知信息可知，C 生成 D 的过程中，生成的副产物 I 与 D 互为同分异构体，则化合物 I 的结构简式为 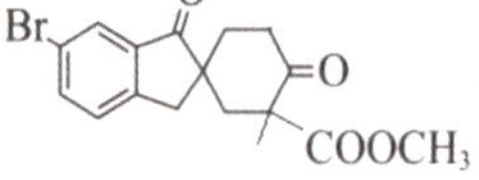 。

由于碳的电负性强于氢的，导致化合物 C 的 $—CH_2COOCH_3$ 中 $—CH_2—$ 上的碳所带负电荷比 $—CH(CH_3)COOCH_3$ 中 $\underset{|}{—CH—}$ 上碳所带负电荷更多，所以 C 生成 I 相对于生成 D 更难。（也可从酯基邻位碳原子的 C—H 键的极性角度进行分析，由于化合物 C 中酯基邻位碳原子上的甲基是推电子基，使酯基邻位碳原子的 C—H 键的极性减弱，更难断裂。）

点评 认识有机化合物的转化进程或反应机理，可以先从元素的电负性、共价键的极性等角度分析有机分子基团所带的电荷，再依据电性匹配的原则，理解并判断有机反应的发生位置、可能产物。

小试身手

1. 根据广义水解观，下列说法不正确的是 (　　)

A. PCl_3 水解的产物是 HClO 和 PH_3

B. CaO_2 水解的产物是 $Ca(OH)_2$ 和 H_2O_2

C. NaBrO 水解会生成 HBrO

D. $Al(C_2H_5)_3$ 水解的产物是 $Al(OH)_3$ 和 C_2H_6

2. 卤代烃在乙醇中醇解的反应机理如右图所示。下列说法不正确的是 (　　)

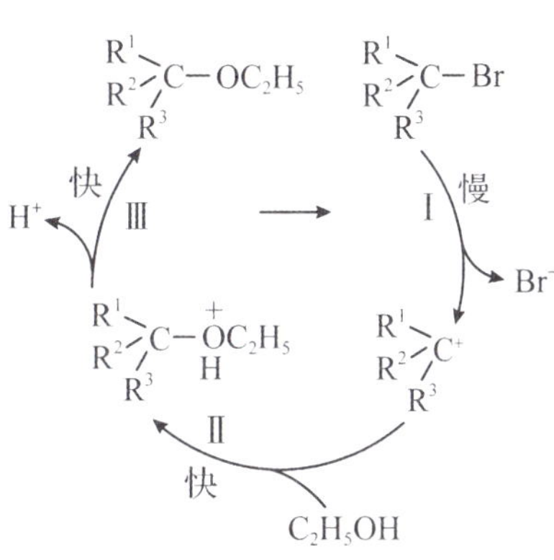

A. 步骤Ⅰ是总反应的决速步骤

B. 总反应属于取代反应

C. H^+ 能降低该反应的活化能

D. 反应过程中氧原子的成键数目发生变化

3. 按要求书写下列反应方程式。

(1) SbOCl 水解生成 Sb_2O_3 的化学方程式为____________________。

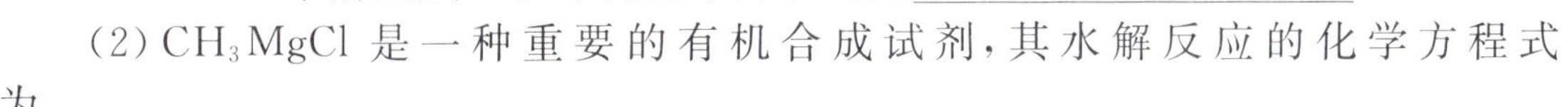

(2) CH_3MgCl 是一种重要的有机合成试剂，其水解反应的化学方程式为____________________。

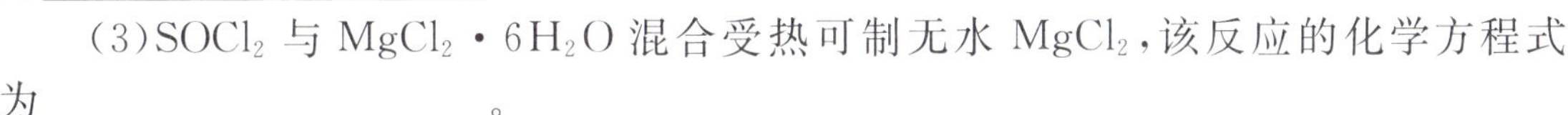

(3) $SOCl_2$ 与 $MgCl_2 \cdot 6H_2O$ 混合受热可制无水 $MgCl_2$，该反应的化学方程式为____________________。

(4) 液氨有类似于水的性质，能发生自耦电离。$SOCl_2$ 在液氨中氨解的化学方程式为____________________。

(5) 查阅资料得知 $LiNH_2$ 的性质：熔点 390℃，沸点 430℃，密度大于苯或甲苯，不溶于煤油，遇水剧烈反应，也要避免接触酸和乙醇；在空气中缓慢分解，受强热则猛烈分解但不会爆炸；在 750℃～800℃分解为化合物 X 和氨气。

①$LiNH_2$ 在 750℃～800℃分解的化学方程式为____________________。

②$LiNH_2$ 久置会因水解大部分变质而不能使用，需将其销毁。处理时，可用苯或甲苯将其覆盖，然后缓慢加入用苯或甲苯稀释过的无水乙醇，$LiNH_2$ 与乙醇发生醇解，写出 $LiNH_2$ 醇解反应的化学方程式：____________________________。

72 渐变分析法

引路人 浙江省杭州市余杭(临平)第二高级中学 李发顺

方法导引

物质的结构与性质有着很多变化规律,这些规律一般是从量变开始,最后引起“质”变,体现在结构变化(半径、最外层电子、能层),微粒间作用力(离子键、共价键、氢键和范德华力)变化,性质(氧化性、还原性、酸性、稳定性、金属性、非金属性等)变化,物质分步转化和化学反应速率变化,等等。在解决这些问题时,经常用到极限假设的二元思维方式,事实上很多变化是连续的,量变不一定会有“质”变,其本质并没有发生变化,因此渐变分析法能很好地解决这类问题。在处理这种问题时,找到变化的上位概念(本质),就很容易理解渐变问题,就能基于渐变视角认识变化的本质。

应用赏析

一、微粒间作用力的渐变

例 1 比较 Mg_3N_2 和 Ca_3N_2 的离子键成分的多少,并说明理由。

解析 这两种物质都是离子化合物,但它们的离子键成分并不是 100%,其中也含有一定的共价键成分。形成化合物的非金属元素与金属元素之间的电负性差值越大,形成的化合物离子键成分占比就越多,因为 Ca 的电负性小于 Mg 的,因此 N—Mg 的电负性差值小于 N—Ca 的,所以 Mg_3N_2 的离子键成分少于 Ca_3N_2 的。

答案如下。电负性:N>Mg>Ca;电负性差值:N—Ca>N—Mg。因此 Ca_3N_2 的离子键成分多。

例 2 从结构角度解释电解熔融氧化铝制备金属铝,而不用电解熔融氯化铝的原因;怎样改进方法实现电解氯化铝制备金属铝?

解析 《物质结构与性质》给出:氧化铝离子键成分为 41%,则共价键成分占 59%,由此可见氧化铝是过渡晶体,偏向共价晶体,可当作共价晶体来处理。因此加入助熔剂的目的是增强共价键的极性,使其更易发生断裂,利于降低熔点。因为氯和铝的电负性差值小于氧和铝的电负性差值,因此氯化铝中离子键成分更少,电解熔融氯化铝获得铝的效率太低,往往需要用 LiCl 或 NaCl 作熔剂,增强熔融电解质的导电性,实现电解氯化铝制备铝,阴极反应为 $4Al_2Cl_7^- + 3e^- \xlongequal{} Al + 7AlCl_4^-$。

点评 两种不同的题型,其本质是用渐变分析法认识微粒间的作用力,打破原有的二元思维(非"离子键"即"共价键"),深度理解化学键和微粒间作用力本质都是微粒间的电性作用力且其渐变与电荷和微粒间距相关,利用形成化学键元素的电负性差值大小,分析比较出离子键和共价键含量的变化,从而对不可能的电解氯化铝制备铝进行改进实现。

二、物质性质的渐变

例3 已知元素非金属性越强,单质氧化性越强,推理卤素单质与卤素互化物(XX′)氧化性排列顺序,及其与 SO_2 溶液反应的可能产物。

解析 非金属性 F>Cl>Br>I,单质氧化性 $F_2>Cl_2>Br_2>I_2$,SO_2 与 F_2(与水剧烈反应,无水溶液)、Cl_2、Br_2、I_2 反应得到 SO_2X_2(S 与两个 O 以双键相连,与两个 X 以单键相连),与水反应生成 H_2SO_4 和 HF、HCl、HBr、HI,推理 ClF、BrCl、IBr 的氧化性与卤素单质氧化性顺序排列为 $F_2>ClF>Cl_2>BrCl>Br_2>IBr>I_2$,$SO_2$ 与 XX′反应生成 SO_2XX'(S 与两个 O 以双键相连,与 X、X′以单键相连),与 ClF 反应产物为 SO_2ClF(S 与两个 O 以双键相连,与 Cl、F 以单键相连),与水反应可以生成 H_2SO_4 和 HX、HX′。

点评 物质的性质变化由结构引起,因此遇到这类问题一看性质与什么结构有关,二比较不同结构对性质相关结构的影响。性质没有绝对的强和绝对的弱,强弱只是相对关系。

三、化学反应中可能产物分析

例4 查资料知:一般情况下,不同浓度的硝酸与金属反应,硝酸的浓度越小,还原产物中低价态的成分所占比例就越多。如右图所示为铁与不同物质的量浓度的硝酸反应时的主要还原产物(NH_4^+、N_2、N_2O、NO、NO_2)及其含量,下列说法正确的是 ( )

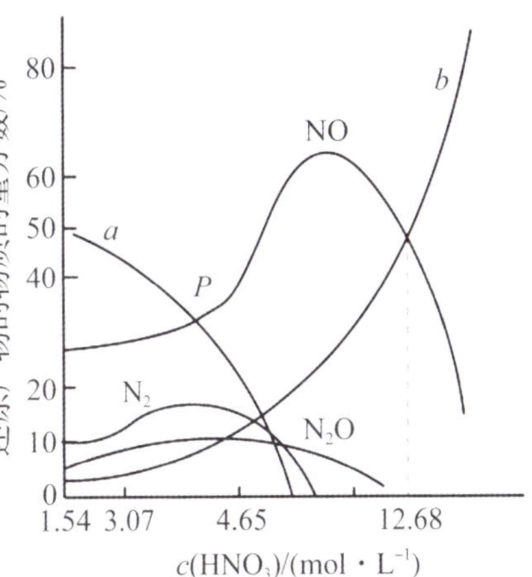

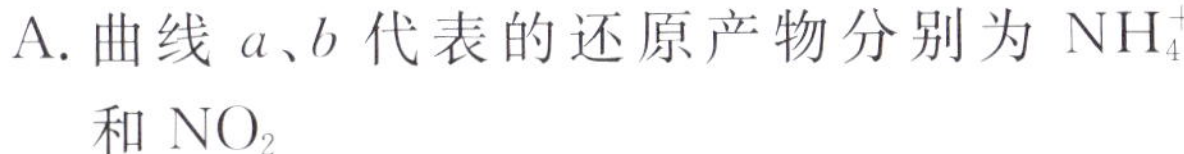
A. 曲线 a、b 代表的还原产物分别为 NH_4^+ 和 NO_2

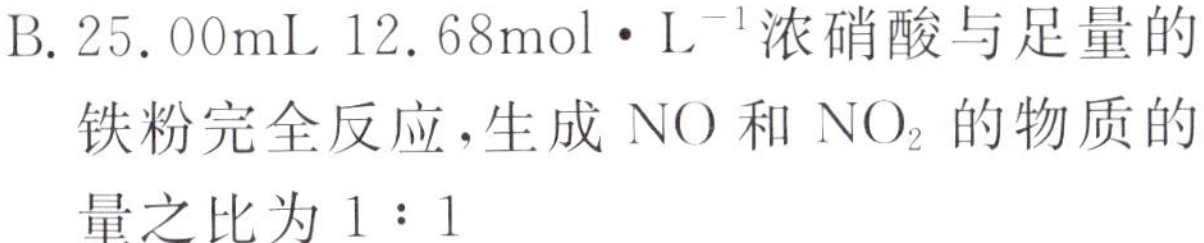
B. 25.00mL 12.68mol·L^{-1}浓硝酸与足量的铁粉完全反应,生成 NO 和 NO_2 的物质的量之比为 1∶1

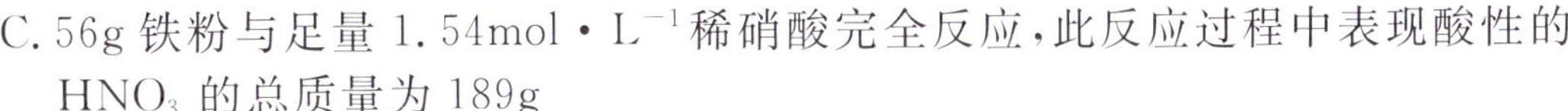
C. 56g 铁粉与足量 1.54mol·L^{-1}稀硝酸完全反应,此反应过程中表现酸性的 HNO_3 的总质量为 189g

D. P 点时,生成 NO 与曲线 a 所代表物质转移电子的物质的量之比为 3∶7

解析　从信息与题图可知，硝酸浓度低时曲线 a 所代表的还原产物含量较大，为铵根离子，硝酸浓度高时曲线 b 所代表的还原产物含量较大，为二氧化氮。

由分析可知，曲线 a、b 代表的还原产物分别为 NH_4^+ 和 NO_2，A 项正确。

25.00mL 12.68mol·L^{-1}浓硝酸与足量的铁粉完全反应生成的 NO、NO_2 的物质的量分数相等，B 项正确。

56g 铁的物质的量为 1mol，与足量 1.54mol·L^{-1}稀硝酸完全反应生成三价铁，则与铁离子结合的硝酸根离子为 3mol，反应过程中表现酸性的 HNO_3 质量为 189g，但反应中还生成硝酸铵，还需消耗 HNO_3，因此消耗硝酸总质量大于 189g，C 项错误。

由题图可知，在 P 点时，生成等量的 NO 和 NH_4^+，氮元素化合价由＋5 价变为＋2 价生成 NO，即生成 1mol NO 转移电子 3mol，由＋5 价变为－3 价得到 NH_4^+，即生成 1mol NH_4^+ 转移电子 8mol，则生成等量的 NO 与 NH_4^+ 转移电子的物质的量之比为 3∶8，D 项错误。

综上选 AB。

点评　化学反应(如酸碱反应，氧化还原反应)过程中，反应物浓度变化会影响反应物性质变化，导致产物也会发生变化，这就是性质渐变引起的产物渐变。

四、化学反应速率渐变

例 5　为提高效率，某研究小组参考文献优化热化学方法，在如图 1 所示的密闭装置中充分搅拌催化剂 M 的 DMSO(有机溶剂)溶液，以 CO_2 与 H_2 在溶液中反应制备 HCOOH，反应过程中保持 $CO_2(g)$和 $H_2(g)$的压强不变，总反应 $CO_2+H_2 \rightleftharpoons HCOOH$ 的速率为 v，反应机理如下列三个基元反应所示，各反应物活化能 $E_2<E_1 \ll E_3$(不考虑催化剂活性降低或丧失)。

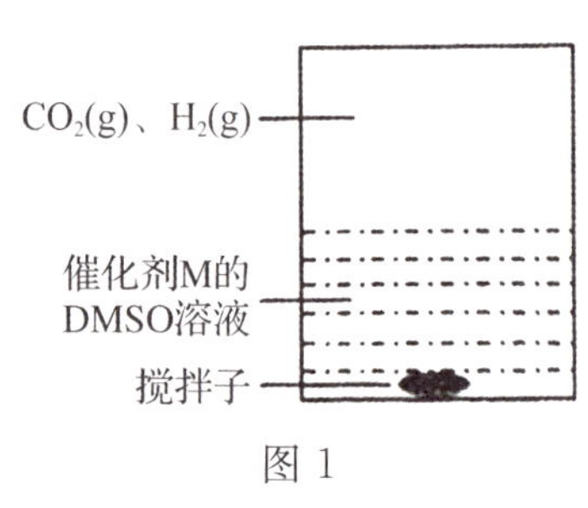

图 1

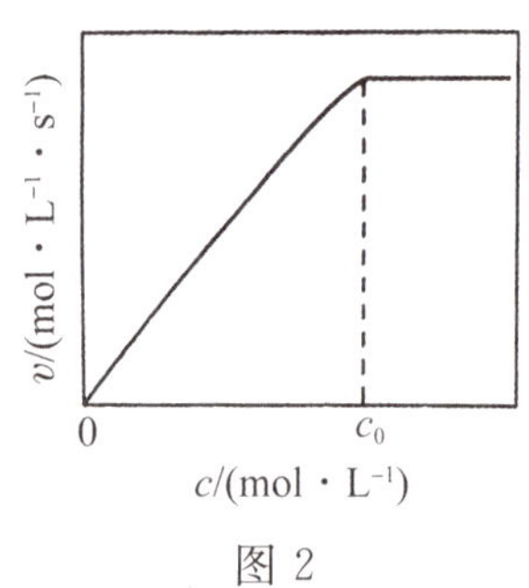

图 2

Ⅰ. $M+CO_2 \rightleftharpoons Q$　　　　E_1；

Ⅱ. $Q+H_2 \rightleftharpoons L$　　　　E_2；

Ⅲ. $L \rightleftharpoons M+HCOOH$　　E_3。

实验测得 298K、$p(CO_2)=p(H_2)=2MPa$ 下，v 随催化剂 M 的物质的量浓度 c 的变化如图 2 所示。当 $c \leqslant c_0$ 时，v 随 c 增大而增大；当 $c>c_0$ 时，v 不再显著增大。请解释原因：________________________。

解析 根据反应Ⅰ、Ⅱ、Ⅲ和 $E_2 < E_1 \ll E_3$，可以得出反应Ⅱ最快，即Q不会累积，而反应Ⅲ最慢，而且发生比较困难。从题图2中发现，当 $c \leqslant c_0$ 时，c(M)增大，v 增大(催化剂参与反应，其浓度影响速率明显)，说明改变反应Ⅰ的速率；当 $c > c_0$ 时，c(M)增大，而 v 基本不变，说明此时催化剂已经最大化，速率影响主要来自 CO_2 和 H_2 的溶解速率(溶液中浓度)。

点评 化学反应速率变化与反应物浓度(催化剂浓度)有关。当A的浓度足量时，增大B的浓度，速率增大；当A浓度不足量(定值)时，增大B的浓度，速率保持不变。由此可构建思维模型。

小试身手

1. 由硅原子核形成的三种微粒，电子排布式分别如下：

①$[Ne]3s^2 3p^2$、②$[Ne]3s^2 3p^1$、③$[Ne]3s^2 3p^1 4s^1$。

下列关于这些微粒的叙述，正确的是 (　　)

A. 微粒半径：③>①>②

B. 电子排布属于基态原子(或离子)的是①②

C. 电离一个电子所需最低能量：①>②>③

D. 得电子能力：①>②

2. 将下述四种物质根据碱性(结合质子能力)由强到弱排序：

$H_2N—NH_2$、NH_3、$HO—NH_2$、$CH_3—NH_2$。

3. 根据 Fe^{3+} 滴加碱生成 $Fe(OH)^{2+}$、$Fe(OH)_2^+$、$Fe(OH)_3$、$Fe(OH)_4^-$……写出 $FeCl_3$ 溶液蒸发浓缩时形成晶体的可能成分。

4. 苯甲醛是香料、医药、农化等行业的重要中间体，被广泛地应用于食品、化妆品、塑料工业等行业中。以下是苯甲醇氧化法：

$$2\,C_6H_5—CH_2OH(l) + O_2(g) \longrightarrow 2\,C_6H_5—CHO(l) + 2H_2O(l)$$

$$\Delta H_2 = -389.5\,kJ \cdot mol^{-1}。$$

采用 Mn_3O_4 为固体催化剂，反应的历程包含反应物分子在催化剂表面吸附、反应等过程。

(1)在一定时间内，随着 n(苯甲醇)/n(催化剂)比值的增大，苯甲醇的转化率先增大后减小，试解释原因：__________。

(2)随着$\dfrac{n(\text{苯甲醇})}{n(\text{催化剂})}$比值的增大，反应速率逐渐增大，后不再发生变化，试解释原因：__________。

参考答案

1　分类研究法

1. D　【解析】A项，分散系包含胶体，胶体包含气溶胶；B项，离子反应不一定属于氧化还原反应，离子反应和氧化还原反应属于交叉关系；C项，钠盐、钾盐均可以是碳酸盐等，前二者与碳酸盐均是交叉关系；D项，混合物、单质属于并列关系，化合物包含电解质和非电解质，电解质和非电解质是并列关系；故答案选D。

2. B　【解析】从分类的角度看，能与碱反应生成盐和水的物质一般为酸性氧化物或酸。C项硫酸属于强酸，A项二氧化碳和D项二氧化硫均属于酸性氧化物，三者都能与碱反应生成盐和水，而B项氧化铁不能与碱反应，故答案选B。

3. C　【解析】A项，$KHSO_3$ 属于酸式盐，纯净的空气为混合物；B项，CO不是酸性氧化物；D项，$Cu_2(OH)_2CO_3$ 属于碱式盐，不属于碱，$NH_3\cdot H_2O$ 属于碱，不是碱性氧化物。故答案选C。

4. (1)①　⑥　②④⑤

(2)$SO_3+2NaOH=Na_2SO_4+H_2O$

(3)$NaHS+HCl=NaCl+H_2S\uparrow$

$NaHS+NaOH=Na_2S+H_2O$

(4)As_2O_5 是酸性氧化物，可与NaOH溶液反应，而 Fe_2O_3 和MgO是碱性氧化物，与NaOH溶液不反应

【解析】(1)①煤油的主要成分是饱和烃，还含有不饱和烃和芳香烃等，属于混合物；②液氢为液体氢气，为单质；③N_2H_4 为化合物；④铝粉为单质；⑤液氧为液体氧气，为单质；⑥N_2O_4 为化合物；⑦NH_4ClO_4 为化合物，属于盐。

(2)根据信息，可得酸性氧化物与碱反应生成盐和水，所以 SO_3 与NaOH反应的方程式为 $SO_3+2NaOH=Na_2SO_4+H_2O$。

(3)酸式盐与酸反应生成新盐和新酸，酸式盐与碱反应生成盐和水，所以NaHS与HCl、NaOH反应的化学方程式分别为

$NaHS+HCl=NaCl+H_2S\uparrow$

$NaHS+NaOH=Na_2S+H_2O$

(4)根据 As_2O_5 溶于水缓慢化合生成一种三元酸 H_3AsO_4，可知 As_2O_5 是酸性氧化物，可与NaOH溶液反应，而 Fe_2O_3 和MgO是碱性氧化物，所以砷元素可用NaOH溶液分离提取。

2　定1法

1. (1)$HCO_3^-+OH^-=CO_3^{2-}+H_2O$

(2)$HCO_3^-+Ca^{2+}+OH^-=CaCO_3\downarrow+H_2O$

(3)$Ca^{2+}+2HCO_3^-+2OH^-=CaCO_3\downarrow+CO_3^{2-}+2H_2O$

(4)$OH^-+HCO_3^-+Ca^{2+}=CaCO_3\downarrow+H_2O$

(5)$HCO_3^-+Ca^{2+}+OH^-=CaCO_3\downarrow+H_2O$

【解析】一定要牢牢把握，把相对不足的反应物系数设定为1，并设其全部反应完全。

2. (1)4　5　4　6

(2)3　22　6　10　3　8

(方程式中间的横线变成等号)

【解析】提示：在定1法还不能完全解决问题的情况下，可否再设一个x？

3. B　【解析】设原溶液中有 Cl^- 1.0mol，则该溶液中有 Br^- 2.0mol，I^- 3.0mol。由于反应后溶液中仍有 I^-，因此可认为 Br^- 没有参加反应，即仍为2.0mol，那么最后溶液中应有 I^- 1.0mol、Cl^- 3.0mol，也即有2.0mol I^- 被氧化。由 $2I^-+Cl_2=I_2+2Cl^-$ 可知，应通入 Cl_2 1.0mol，为原溶液中 I^- 物质的量的 $\frac{1}{3}$。故答案选B。

4. C 【解析】设参加反应的铝均为 1.0mol，则 1.0mol 铝与足量稀盐酸反应时可置换出 3.0mol 的 H 原子形成氢气，也即需要 HCl 的物质的量为 3.0mol；而 1.0mol 铝与氢氧化钠溶液反应时，由于最终生成物为 1.0mol $Na[Al(OH)_4]$，因此反应中消耗 NaOH 的物质的量也是 1.0mol。因此，答案选 C。

5. 56.7% 【解析】由于本题涉及的相关数值均为比例关系，因此可设定加热前后质量不变的催化剂 MnO_2 的质量为 1，再根据加热前后 MnO_2 质量分数的变化确定混合物总质量的减少(即生成的 O_2 的质量)，据此得到答案。

3 待定系数法

1. B 【解析】当 H_2O_2 少量时，$2MnO_4^- + 5H_2O_2 + 6H^+ = 2Mn^{2+} + 8H_2O + 5O_2\uparrow$，故 C 项正确。当 H_2O_2 过量时，$2MnO_4^- + (5+2n)H_2O_2 + 6H^+ = 2Mn^{2+} + (8+2n)H_2O + (5+n)O_2\uparrow$，D 为 $n=1$ 时，故 D 项正确，A 项为 $n=0.5$ 时，故 A 项正确。B 项中得失电子不守恒，故 B 项错误。

2. (1)4　1　4　2　1

(2)1　12　8　2　1　3

(3)4　7　14　4　4　7　7　5

(将方程式中间的长横线改为等号)

3. $4CuSO_4 = Cu_2O + 2CuO + SO_2\uparrow + 3SO_3 + O_2\uparrow$

【解析】因 Cu_2O 降低 2 价、SO_2 降低 2 价、O_2 升高 4 价，故可以设为

$CuSO_4 = aCu_2O + (1-2a)CuO + aSO_2\uparrow + (1-a)SO_3 + aO_2$，$0<a<\frac{1}{2}$，若取 $a=\frac{1}{4}$，则有 $4CuSO_4 = Cu_2O + 2CuO + SO_2\uparrow + 3SO_3 + O_2\uparrow$。

4. $10CuFeS_2 + 34ClO_3^- + 44H^+ = 10Cu^{2+} + 10Fe^{3+} + 20SO_4^{2-} + 17Cl_2 + 22H_2O$

【解析】可以将 $CuFeS_2$ 看作零价，用“零价法”配平。也可以用待定系数法，将 $CuFeS_2$ 前配 1，在 ClO_3^- 前配 x，最后得

$10CuFeS_2 + 34ClO_3^- + 44H^+ = 10Cu^{2+} + 10Fe^{3+} + 20SO_4^{2-} + 17Cl_2 + 22H_2O$

缺项反应物为 H^+，缺项生成物为 H_2O。

4 电子守恒法

1. B 【解析】该反应中 Na_2SO_3 作还原剂，被 $K_2Cr_2O_7$ 氧化为 Na_2SO_4，S 元素的化合价从 +4 价升高至 +6 价，$K_2Cr_2O_7$ 作氧化剂。假设 Cr 元素的化合价从 +6 价降低至 $+n$ 价，根据氧化还原反应中得失电子守恒，可列出关系式

$0.05mol \cdot L^{-1} \times 0.024L \times (6-4) = 0.02mol \cdot L^{-1} \times 0.020L \times 2 \times (6-n)$

解得 $n=3$。

2. A 【解析】60mL $10.0mol \cdot L^{-1}$ 氢氧化钾浓溶液中，氢氧化钾为 0.6mol，根据钾元素、氯元素守恒可知，Cl^-、ClO^-、ClO_3^- 的总量为 0.6mol，则消耗氯气 0.3mol。A 项错误。

当溶液中 $c(ClO^-) : c(ClO_3^-) = 5:1$ 时，生成 ClO^-、ClO_3^- 的个数之比为 5∶1，根据电子守恒可知，反应的离子方程式为

$8Cl_2 + 16OH^- = 10Cl^- + 5ClO^- + ClO_3^- + 8H_2O$

B 项正确。

若生成 Cl^-、ClO^-，则

$n(Cl^-) + n(ClO^-) = 0.6mol$

根据电子守恒可知，

$Cl^- \sim ClO^-$，$n(Cl^-) = n(ClO^-) = 0.3mol$

转移电子 0.3mol；若生成 Cl^-、ClO_3^-，则 $n(Cl^-) + n(ClO_3^-) = 0.6mol$，根据电子守恒可知，$5Cl^- \sim ClO_3^-$，则 $n(Cl^-) = 0.5mol$，转移电子 0.5mol；故若反应中转移的电子为 n mol，则 $0.3<n<0.5$。C 项正确。

ClO^-、ClO_3^- 中氯处于中间价态，有一定的氧化性。D 项正确。

3. D 【解析】设铜、镁的物质的量分别为 x、y，则有

①$64x + 24y = 1.52$。

②$64x + 24y + 34x + 34y = 2.54$。

解得 $x = 0.02mol$，$y = 0.01mol$。

设 N_2O_4、NO_2 的物质的量分别为 a、b，则根

据得失电子数相等有

$2x+2y=2a+b, a+b=0.05$

则 $a=0.01mol, b=0.04mol$。

【详解】由上述分析可知，Cu 和 Mg 的物质的量分别为 0.02mol、0.01mol，二者物质的量之比为 2∶1。A 项正确。

$c(HNO_3)=\frac{1000\times1.4\times63\%}{63}mol\cdot L^{-1}=14.0mol\cdot L^{-1}$。B 项正确。

由上述分析可知，N_2O_4、NO_2 的物质的量分别为 0.01mol、0.04mol，则 NO_2 的体积分数是$\frac{0.04mol}{0.05mol}\times100\%=80\%$。C 项正确。

沉淀达最大时，溶液中只有硝酸钠，根据原子守恒有

$n(NaOH)=n(HNO_3)-(2a+b)$

$=0.7mol-0.06mol=0.64mol$

氢氧化钠溶液体积为 640mL，D 项错误。

4. (1)22.4

(2)2

【解析】(1)反应后的溶液中加入足量 NaOH 溶液，生成氢氧化铁沉淀，将沉淀过滤、洗涤、充分灼烧，得到 32g 氧化铁，根据铁元素守恒可知加入铁粉的质量

$a=32g\times\frac{112}{160}=22.4g$

(2)反应生成 NO $\frac{6.72L}{22.4L/mol}=0.3mol$；根据得失电子守恒可知，铁失电子 0.9mol，则反应后铁形成的离子所带正电荷总数是 0.9mol；根据电荷守恒可知，反应后的溶液含有 0.9mol NO_3^-；根据氮元素守恒可知，原稀 HNO_3 溶液的物质的量浓度是

$\frac{0.9mol+0.3mol}{0.6L}=2mol\cdot L^{-1}$

5. (1)1.5

(2)250

【解析】(1) $n(Cu_2O)=\frac{28.8g}{144g\cdot mol^{-1}}=0.2mol$，$n(NO_x)=\frac{4.48L}{22.4L/mol}=0.2mol$。在反应中，$Cu_2O$ 中的 Cu 元素由 +1 价升到 +2 价，HNO_3 中生成 NO_x 的 N 元素则由 +5 价降为 $+2x$ 价，依据得失电子守恒可得 $0.2mol\times2=0.2mol\times(5-2x)$，$x=1.5$。

(2)向反应后的溶液中加入 $4.00mol\cdot L^{-1}$ NaOH 溶液，当沉淀质量达到最大时，$Cu(NO_3)_2$ 及过量 HNO_3 刚好与 NaOH 完全反应，生成 $NaNO_3$ 等，则 $n(NaOH)=n(NO_3^-)$，从而得出

$4.00mol\cdot L^{-1}\times V(NaOH)$

$=n(HNO_3)-n(NO_x)$

$=0.100L\times12.0mol\cdot L^{-1}-0.2mol$

$V(NaOH)=0.25L=250mL$

5　极值法

1. A　**【解析】**气体若只含 CO，则 $n(C):n(O)=1:1$，若只含 CO_2，则 $n(C):n(O)=1:2$，现为二者的混合气体，所以 C、O 两种原子的物质的量之比在 1∶1 和 1∶2 之间。

2. C　**【解析】**容器内发生反应

$2H_2S+SO_2=\!=\!=3S\downarrow+2H_2O$

生成物为固体和液体，对反应后容器内气体密度几乎无影响。根据题意，要使反应后气体密度尽可能大，需要让相对分子质量大的气体尽可能多地剩余。故假设 a 取最小值 1，b 取最大值 5，则

$\rho=[(5-0.5)\times64/20]g\cdot L^{-1}$

$=14.4g\cdot L^{-1}$

3. C　**【解析】**假设 1：容器内只有 NO_2 和 O_2，发生反应 $4NO_2+O_2+2H_2O=\!=\!=4HNO_3$，即 4 体积 NO_2 与 1 体积 O_2 反应，5 体积气体转入溶液，此时

$c=\frac{4}{22.4}\div5=\frac{1}{28}$

假设 2：容器内只有 NO 和 O_2，发生反应

$4NO+3O_2+2H_2O=\!=\!=4HNO_3$

即 4 体积 NO 与 3 体积 O_2 反应，7 体积气体转入溶液，

$c=\frac{4}{22.4}\div7=\frac{1}{39.2}$

根据题意可知，所得溶液的物质的量浓度的

值 c 可能的范围为 $\frac{1}{39.2}<c<\frac{1}{28}$。

4. 极限假定0.99g均为单质R,其相对原子质量为 M,则有

R ~ ROH

M　$M+17$

0.99g　1.38g

由此解得 $M=43$。

极限假定0.99g均为氧化物 R_2O,则有

R_2O ～ 2ROH

$2M+16$　$2(M+17)$

0.99g　1.38g

由此解得 $M=15$。

综上,$15<M<43$,可知R为Na或K。

分情况讨论:当R为Na时,设Na的物质的量为 n_1 mol,Na_2O 的物质的量为 n_2 mol,由题意可知,

$23n_1+62n_2=0.99$

$40(n_1+2n_2)=1.38$

解得 $n_1=0.01$,$n_2=0.0123$,故原混合物中有Na 0.23g,Na_2O 0.76g。

同理可知,当R为K时,原混合物中有K 0.82g,K_2O 0.17g。

6　差量法

1. 28.5%　**【解析】**由反应

$NaCl+AgNO_3 = AgCl\downarrow+NaNO_3$

$NaBr+AgNO_3 = AgBr\downarrow+NaNO_3$

可知 $NaCl\rightarrow AgCl$,$NaBr\rightarrow AgBr$,Ag替换了Na,因此沉淀比混合物质量增大的部分就是银元素比钠元素质量大的部分。设Na元素的质量为 x g。

Na ⟶ Ag　　Δm

23g　108g　108g−23g=85g

x g　　33.14g−16.14g=17g

$\frac{23}{x}=\frac{85}{17}\Rightarrow x=4.6$

$\omega(Na)=\frac{4.6}{16.14}\times100\%=28.5\%$

2. 8g　**【解析】**由题意可知,CuO粉末与稀硫酸充分反应后,硫酸过量。

引起铁棒质量变化的反应有

①$Fe+H_2SO_4 = FeSO_4+H_2\uparrow$

②$Fe+CuSO_4 = FeSO_4+Cu$

设反应①铁棒质量减小了 m_1 g,反应②铁棒质量增大了 m_2 g,二者差值为0.24g。

①$Fe+H_2SO_4 = FeSO_4+H_2\uparrow$　Δm(减小)

56g　　22.4L　56g

　　0.224L　m_1 g

可得 $m_1=0.56$g,则

$\Delta m_2-\Delta m_1=0.24$g

$\Delta m_2=\Delta m_1+0.24g=0.56g+0.24g=0.80g$

设CuO的物质的量为 x mol,则 $CuSO_4$ 的物质的量也为 x mol。

②$Fe+CuSO_4 = FeSO_4+Cu$　Δm(增大)

1mol　　8g

$x$mol　　0.80g

可得 $x=0.1$mol,则

$m(CuO)=0.1mol\times80g\cdot mol^{-1}=8g$

3. C_3H_8　**【解析】**要求烃的化学式 C_xH_y,就需求其中C、H原子数,气体体积在常温常压下测定,则 H_2O 为液态,由反应

$$C_xH_y(g)+\left(x+\frac{y}{4}\right)O_2(g)\longrightarrow xCO_2(g)+\frac{y}{2}H_2O(l)$$

可知,在气体烃反应前后存在气体体积差,题中"体积减小了34.5mL",可用差量法列式求出 y;用KOH溶液吸收后,气体体积又减小了34.5mL,即 CO_2 的体积为34.5mL,可求得 x。

$C_xH_y(g)+\left(x+\frac{y}{4}\right)O_2(g)\longrightarrow xCO_2(g)+\frac{y}{2}H_2O(l)$　ΔV(减小)

1　$x+\frac{y}{4}$　x　$1+\frac{y}{4}$

11.5mL　34.5mL　34.5mL

可得 $\frac{1}{11.5}=\frac{x}{34.5}$,则 $x=3$;

又可得 $\frac{1}{11.5}=\frac{1+\frac{y}{4}}{34.5}$,则 $y=8$。

综上,该气体的化学式为 C_3H_8。

4. $CuSO_4\cdot H_2O \xlongequal{\triangle} CuSO_4+H_2O$

【解析】假设 $CuSO_4\cdot5H_2O$ 全部失去结晶

水，得到的$CuSO_4$质量应该为

$375\times\frac{160}{250}$ mg=240mg

由题图可知，248℃时剩余固体的质量恰好为240mg，所以，248℃残留固体的化学式为$CuSO_4$。

由于248℃～250℃物质的质量不变，说明此时$CuSO_4$不分解，剩余物质组成不变。设212℃时固体的化学式为$CuSO_4\cdot xH_2O$，其中$CuSO_4$为240mg，水为267mg−240mg=27mg。

$$1:x=n(CuSO_4):n(H_2O)=\frac{240}{160}:\frac{27}{18}=1:1$$

由此可知$x=1$，则212℃时固体化学式为$CuSO_4\cdot H_2O$，因此，212℃～250℃温度范围内发生反应的化学方程式为

$$CuSO_4\cdot H_2O\xlongequal{\triangle}CuSO_4+H_2O$$

7　化归法

1. A　【解析】根据原子个数之比等于物质的量之比，左侧与右侧的原子数之比为

$[n(O_2)\times2]:[n(CO_2)\times3]$

$=(1mol\times2):(0.25mol\times3)$

$=8:3$

A项正确；相同条件下，二者的气体摩尔体积相等，B项错误；同温同压下，根据气体密度之比等于摩尔质量之比，有

$$\rho(CO_2):\rho(O_2)=M(CO_2):M(O_2)=44:32=11:8$$

则右侧气体密度是左侧气体的$\frac{11}{8}$倍，C项错误；若改变右侧的充入量而使隔板处于容器正中间，则两侧气体的物质的量相等，根据分析得出需要再充入0.75mol CO_2，D项错误。

2. 99.36%　【解析】反应

$$SrSO_4+CO_3^{2-}\rightleftharpoons SrCO_3+SO_4^{2-}$$

$$K=\frac{c(SO_4^{2-})}{c(CO_3^{2-})}=\frac{c(SO_4^{2-})\cdot c(Ba^{2+})}{c(CO_3^{2-})\cdot c(Ba^{2+})}=\frac{K_{sp}(SrSO_4)}{K_{sp}(SrCO_3)}=\frac{2.5\times10^{-7}}{1.6\times10^{-9}}=156.25$$

设$SrSO_4$转化了x mol。

	$SrSO_4$ +	CO_3^{2-} ⇌	$SrCO_3$ +	SO_4^{2-}
起始	1	1		
转化	x	x	x	x
平衡	$1-x$	$1-x$	x	x

$$\frac{x}{1-x}=156.25$$

$$x=\frac{156.25}{157.25}=0.9936$$

所以$SrSO_4$的转化率为99.36%。

3. 提高　【解析】由本节例4演化出的

$$\ln\frac{k_2}{k_1}=-\frac{E_a}{R}\left(\frac{1}{T_2}-\frac{1}{T_1}\right)$$

得到结论：改变温度时，活化能大的反应速率常数变化幅度大。反应30min测得氯苯15%生成邻二氯苯，25%转化为对二氯苯，说明生成邻二氯苯的速率小，反应活化能大，所以升高温度，邻二氯苯增加幅度大，在产物中的比例提高。

8　关系式法

1. 0.4mol·L^{-1}

【解析】分析反应过程的化学方程式可得出铁、铝元素转化的关系式为

$$\left.\begin{matrix}Fe_2O_3\\Al_2O_3\end{matrix}\right]\xrightarrow{H_2SO_4}\left.\begin{matrix}Fe_2(SO_4)_3\\Al_2(SO_4)_3\\H_2SO_4\end{matrix}\right]\xrightarrow{NaOH}\left.\begin{matrix}Fe(OH)_3\\Al(OH)_3\\Na_2SO_4\end{matrix}\right]$$

由关系式分析可知，硫酸、氢氧化钠的物质的量关系为$H_2SO_4\sim2NaOH$，则

$$c(NaOH)=n(NaOH)/V(NaOH)=2n(H_2SO_4)/V(NaOH)=[(2\times0.2\times0.1)\div0.1]mol\cdot L^{-1}=0.4mol\cdot L^{-1}$$

2. 设样品中CuCl的质量为z。由化学反应方程式可知

$CuCl\sim Fe^{2+}\sim Ce^{4+}$

则有

$\frac{99.5g}{z}=\frac{1mol}{0.1000mol\cdot L^{-1}\times 24.60\times 10^{-3}L}$

$z\approx 0.2448g$

CuCl 的质量分数为

$(0.2448g\div 0.2500g)\times 100\%=97.92\%$

因为 97.92%＞96.50%，所以样品中的 CuCl 的质量分数符合标准。

3. 4032t 【解析】多步反应中，若初始反应物与最终生成物间存在确定的量的关系，通过建立关系式可简化计算。不纯净的物质要折算成纯净物质，全流程的原料利用率等于每一步反应利用率的乘积。三步反应依次为

$FeS_2+11O_2\xlongequal{煅烧}2Fe_2O_3+8SO_2$

$2SO_2+O_2\underset{加热}{\overset{催化剂}{\rightleftharpoons}}2SO_3$

$SO_3+H_2O\xlongequal{}H_2SO_4$

设可以生产 98%的硫酸的质量为 x。从上述化学反应方程式可以得出关系式：

$$FeS_2 \sim 2SO_2 \sim 2H_2SO_4$$

120t　　　　2×98t

10000t×40%×70%×90%×96%　　$x\times 98\%$

$x=\frac{10000t\times 40\%\times 70\%\times 90\%\times 96\%\times 2\times 98t}{120t\times 98\%}$

$=4032t$

9　平均值法

1. D 【解析】由化学式计算可知，氧化铁中氧元素的质量分数为 70.0%，氧化亚铁中氧元素的质量分数约为 77.8%。假设它们在混合物中的质量分数各为 50%，则混合物中铁元素的质量分数应为

(70.0%+77.8%)÷2=73.9%。

题给混合物中铁元素的质量分数为 73.1%，小于 73.9%，而氧化铁中铁元素的质量分数小于氧化亚铁中铁元素的质量分数，因此混合物中氧化铁的质量分数应大于 50%，故选 D。

2. A 【解析】标准状况下 5.6L 氢气的物质的量为 $\frac{5.6L}{22.4L\cdot mol^{-1}}=0.25mol$，故 12g 金属提供的电子为 0.25mol×2=0.5mol，则提供 1mol 电子需要金属的质量为 24g，金属的摩尔电子的质量有 Fe 28g、Na 23g、Mg 12g、Al 9g，故金属混合物中一定有 Fe，故选 A。

3. D 【解析】镁、铝、锌、铁与硫酸反应的摩尔电子质量数据分别是 12g、9g、32.5g、28g，铜不能与稀硫酸反应，视其值为 +∞。金属混合物与稀硫酸反应生成氢气，转移 1mol 电子，消耗金属 15g，所以金属混合物的平均摩尔电子质量为 30g。

分两种情况讨论：

①若其中一种金属的摩尔电子质量小于 30g，则另外两种金属只能是锌与铜，由于摩尔电子质量小于 30g 的有 3 种金属，故有 3 种组合。

②若其中两种金属的摩尔电子质量均小于 30g，另一种金属可能是锌或铜，而摩尔电子质量小于 30g 的 3 种金属有 3 种组合，一共有 6 种组合。

综上，符合题意的金属混合物的组合方式共有 9 种，故 D 项正确。

4. B 【解析】两种气态烃组成的混合气体 0.1mol，完全燃烧得到 7.04g CO_2 和 3.6g H_2O，$n(CO_2)=\frac{7.04g}{44g\cdot mol^{-1}}=0.16mol$，$n(H_2O)=\frac{3.6g}{18g\cdot mol^{-1}}=0.2mol$，因原子守恒，烃的平均 C 原子数为 $\frac{0.16mol}{0.1mol}=1.6$，平均 H 原子数为 $\frac{0.2mol\times 2}{0.1mol}=4$，则混合烃的平均组成为 $C_{1.6}H_4$，由 C 原子数可知一定含甲烷，再由 H 原子数可知，还含 C_3H_4、C_3H_4 中的一种或两种，一定没有乙烷，故选 B。

5. D 【解析】设烃的平均分子式为 C_xH_y，则有 $C_xH_y+\left(x+\frac{y}{4}\right)O_2\longrightarrow xCO_2+\frac{y}{2}H_2O$，由体积变化可知，$\Delta V=\left(1+x+\frac{y}{4}\right)-x=1+\frac{y}{4}=2$，解得 $y=4$，则混合物平均含有 4 个 H 原子，三种气态烃以任意比混合，则三者分子中 H 原子数目都为 4，故选 D。

10　线型分析法

1. (1) $Al^{3+}+3OH^{-}=Al(OH)_3\downarrow$

(2) $Al^{3+}+4OH^{-}=[Al(OH)_4]^{-}$

(3) $Al^{3+}+3[Al(OH)_4]^{-}=4Al(OH)_3\downarrow$

(4) $H_2S+S^{2-}=2HS^{-}$

(5) $H_2C_2O_4+2OH^{-}=C_2O_4^{2-}+2H_2O$

【解析】根据 Al、S、C($C_2O_4^{2-}$)元素的线型分析图(见正文)书写相应离子方程式。

2. A　【解析】A 项，根据“相邻共存”的原则 $HC_2O_4^{-}$ 和 $C_2O_4^{2-}$ 可以大量共存。B 项，MnO_4^{-} 呈紫红色，不符合题意。C 项，根据“相间反应”的原则，Al^{3+} 和 $[Al(OH)_4]^{-}$ 不能大量共存，另外 NH_4^{+} 与 $[Al(OH)_4]^{-}$ 也不能共存。D 项，Fe^{2+} 与 ClO^{-} 发生氧化还原反应，Fe^{2+} 与 S^{2-} 会产生沉淀，且 Fe^{2+} 呈浅绿色。

3. B　【解析】这种反应实际上是氧化还原反应中归中反应的逆反应，称为歧化反应。其特点是，反应前处于中间价态的某元素转化成较低和较高两种价态，即同一元素在反应中一部分被还原，另一部分被氧化。本题中只有 B 项和 C 项符合这个特点，但 C 项中的 NaClO 在该条件下还会继续歧化成 NaCl 和 $NaClO_3$。故选 B。

4. 根据归中反应化合价的“不交叉”原则可知，反应 $KClO_3+6HCl(浓)=KCl+3Cl_2\uparrow+3H_2O$ 所得的 3 个 Cl_2 分子中有1 个氯原子来自 $K^{35}ClO_3$，5 个来自 $H^{37}Cl$。

$K^{35}ClO_3+6H^{37}Cl(浓)=KCl+3Cl_2\uparrow+3H_2O$ 所得产物氯气的

$M_r=\frac{35+5\times37}{3}\approx73.3$

11　数轴分析法

1. ①Na_2S 3.12g，NaOH 4.80g；

②Na_2S 7.52g，NaHS 0.40g。

【解析】反应过程用数轴表示如下：

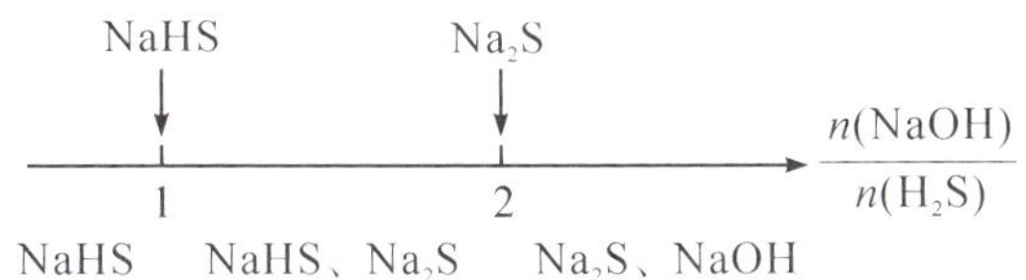

起始溶质 NaOH 的物质的量为 0.2mol，质量为 8g。与 H_2S 反应，若全部生成 Na_2S，固体为 0.1mol 的 Na_2S，质量为 7.8g，若完全生成 NaHS，物质的量为 0.2mol，质量为 11.2g。7.92g 大于 7.8g，小于 8g，也小于 11.2g，所以得到的固体有两种可能的组成：① NaOH 与 Na_2S 混合或 ② Na_2S 与 NaHS 混合。根据钠元素守恒以及总质量为 7.92g，列式计算可得答案。

2. $3\leqslant\frac{n}{m}\leqslant\frac{9}{2}$　【解析】稀硝酸与铁反应，生成的溶质可能是 $Fe(NO_3)_3$ 或 $Fe(NO_3)_2$。反应的化学方程式分别为

①$Fe+4HNO_3=Fe(NO_3)_3+NO\uparrow+2H_2O$

②$3Fe+8HNO_3=3Fe(NO_3)_2+2NO\uparrow+4H_2O$

反应过程用数轴表示如下：

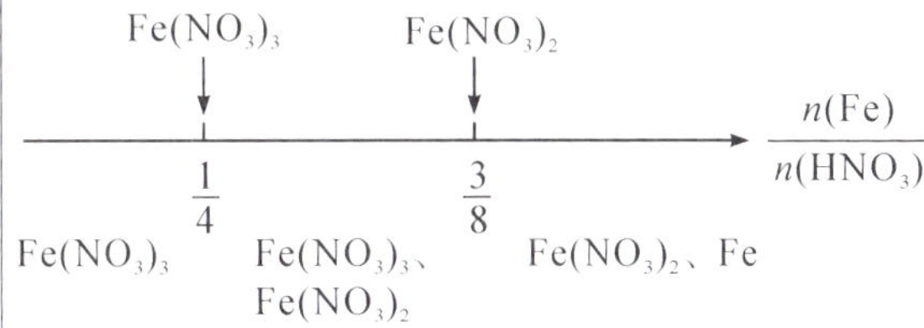

两个反应中被还原的硝酸都是 $\frac{1}{4}$。当铁和硝酸的物质的量之比小于 $\frac{1}{4}$ 时，硝酸过量，被还原的硝酸小于 $\frac{1}{4}$；当铁和硝酸的物质的量之比大于 $\frac{3}{8}$ 时，铁不能被完全溶解。因此，若有 $\frac{n}{4}$g 的 HNO_3 被还原，铁和硝酸的物质的量之比应处于 $\frac{1}{4}$ 和 $\frac{3}{8}$ 之间，转换成质量则为 $\frac{2}{9}$ 和 $\frac{1}{3}$ 之间。因此，n 与 m 的比例应满足 $3\leqslant\frac{n}{m}\leqslant\frac{9}{2}$。

3. (1) $H_2C_2O_4+2CO_3^{2-}=C_2O_4^{2-}+2HCO_3^{-}$

(2) $H_2C_2O_4+CO_3^{2-}=C_2O_4^{2-}+CO_2\uparrow+H_2O$

(3)$2H_2C_2O_4+CO_3^{2-}$ ═══ $2HC_2O_4^-+CO_2\uparrow+H_2O$

【解析】草酸是一种弱酸,但它的两级电离都比碳酸的要强。所以草酸与碳酸钠反应时,由于反应物比例不同,产物也会不同。草酸少量时,碳酸根对应的产物为 HCO_3^-;草酸和碳酸根以 1∶1 的物质的量之比反应,则产物为 H_2CO_3(随即分解为 CO_2 和 H_2O)和 $C_2O_4^{2-}$;草酸过量,则会进一步生成 $HC_2O_4^-$。

4. C **【解析】**根据还原性顺序,氯气先与溶液中的 I^- 反应,碘离子完全氧化为 I_2 后,再与 SO_3^{2-} 反应。根据氧化还原反应得失电子守恒,分析可知在 C 项情况下,范围为

$2a$ mol$\leqslant n(e^-)\leqslant 3a$ mol。

12 热重法

1. 4 1 **【解析】**当失重比为 19.4%时,水合物 $FeSO_4\cdot 7H_2O$ 转化为 $FeSO_4\cdot xH_2O$,则 $\frac{18\times(7-x)}{278}\times100\%=19.4\%$,解得 $x\approx4$;同理推出 $y\approx1$。

2. 1.4 $\frac{2}{3}$

【解析】根据 $PbO_2\xlongequal{\triangle}PbO_x+\frac{2-x}{2}O_2\uparrow$ 有

$\frac{2-x}{2}\times32=239\times4.0\%$

解得 $x=2-\frac{239\times4.0\%}{16}\approx1.4$。

根据 $mPbO_2\cdot nPbO$,有 $\frac{2m+n}{m+n}=1.4$,得

$\frac{m}{n}=\frac{0.4}{0.6}=\frac{2}{3}$

3. B **【解析】**W 为 Ca,YZ_2 为 CO_2,Z 为 O,Y 为 C,X 为 H。由于 X(H)、Y(C)、Z(O)三种元素可形成多种有机酸根离子,如 CH_3COO^-、$HC_2O_4^-$、$HCOO^-$ 等,可形成多种离子化合物,A 项错误;若 $CaC_2O_4\cdot H_2O$ 在 200℃～400℃热分解失去 1 个水,则质量分数为 $\frac{146-18}{146}\times100\%=87.67\%$,B 项正确;600℃时剩余物质的相对分子质量为 $146\times68.49\%=100$,此时应为 CaC_2O_4 发生分解生成 $CaCO_3$,有化合价变化,为氧化还原反应,C 项错误;CO_2 电子式中 C 和 O 都满足 8 电子稳定结构,D 项错误。

4. CoO Co_3O_4 和 Co_2O_3

【解析】设 $Co(OH)_2$ 的物质的量为 1mol,则 C 点1000℃时失重的质量为

$1mol\times93g\cdot mol^{-1}\times(1-80.65\%)\approx18g$

即 1mol H_2O,故剩余固体的成分为 CoO。

B 点 500℃时失重的质量为

$1mol\times93g\cdot mol^{-1}\times(1-86.38\%)\approx12.7g$

290℃时,1mol $Co(OH)_2$ 完全脱水成 CoO 时应失重 18g,而 500℃时失重的质量不到 18g,所以一定有氧气进入,使钴元素的化合价发生了变化,进入的 O 原子物质的量

$n(O)=\frac{18g-12.7g}{16g\cdot mol^{-1}}=\frac{1}{3}mol$

可表述为 $CoO\cdot O_{\frac{1}{3}}$,整理得化学式为 Co_3O_4。

同理,A 点 290℃时失重的质量为

$1mol\times93g\cdot mol^{-1}\times(1-89.25\%)\approx10g$

进入氧元素的物质的量

$n(O)=\frac{18g-10g}{16g\cdot mol^{-1}}=0.5mol$

可表述为 $CoO\cdot O_{0.5}$,整理得化学式为 Co_2O_3。350℃～400℃时剩余固体是 Co_3O_4 和 Co_2O_3 的混合物。

13 类比推理法

1. AD **【解析】**根据 A 的密度可算得 B 为乙烯,结合流程图(题图),B 为 CH_3CHO,C 为 CH_3COOH,D 为 CH_3CH_2OH。根据反应⑤可知乙烯能与乙酸发生加成反应,因乙烯与水在一定条件下也可发生加成反应生成乙醇,且 H_2O、CH_3CH_2OH、CH_3COOH 在组成上可看作 H—O—X,H_2O、CH_3COOH 均可与乙烯发生加成反应,推测 CH_3CH_2OH 也可与乙烯加成得到乙醚,A 项正确。B 项可区分。C 项,因乙酸易挥发,直接加热无法得到纯乙酸乙酯。乙酸乙酯的水解是一个可逆反应,在碱性条件水解更加完全,D 项正确。

2. D 【解析】从 $2Na_2CO_3 \cdot 3H_2O_2$ 的组成可看出，过碳酸钠因含有 H_2O_2 而不稳定，具有较强的氧化性，同时兼有碳酸钠的性质，A、B 项正确。酸、铁盐、铜盐会加速 H_2O_2 的分解，C 项正确。过碳酸钠溶液和亚硫酸氢钠溶液混合，会发生氧化还原反应，同时伴有碳酸钠与溶液中的 H^+ 反应产生 CO_2，D 项错误。

3. A 【解析】由“X 元素的原子内层电子数是最外层电子数的一半”可推出 X 为 C，因此，Y 为 O，Z 为 Si，W 为 S，Q 为 Cl。Na 和 S 可形成类似于 Na_2O_2 的 Na_2S_2，A 项正确。Z 与 Y 组成的物质是 SiO_2，SiO_2 是共价晶体，熔融时不能导电，B 项错误。S 的得电子能力比 Cl 的弱，C 项错误。C、O 元素都能形成多种同素异形体，D 项错误。

4. (1) A

(2) $CH_3OSO_3H + 2NaOH \xlongequal{\triangle} CH_3OH + Na_2SO_4 + H_2O$

【解析】燃煤中的有机硫主要呈负价，化合物 A 为 CH_3OSO_3H，具有酸性，是一种无机酸酯。SO_3 可溶于浓硫酸，用水吸收易产生酸雾，不利于 SO_3 吸收。

14 拆分法

1.

化合物	化学性质相当于
$NaHSO_4$	$Na_2SO_4 + H_2SO_4$
$Cu_2(OH)_2CO_3$	$Cu(OH)_2 + CuCO_3$
$Fe(NH_4)_2(SO_4)_2$	$FeSO_4 + (NH_4)_2SO_4$
$CaOCl_2$	$CaCl_2 + Ca(ClO)_2$
$MnOOH$	$Mn_2O_3 + Mn(OH)_3$
K_3ClO	$KCl + K_2O$
Ca_2NH	$Ca_3N_2 + CaH_2$

【解析】分析 $CaOCl_2$ 中各元素的化合价：Ca 为 +2 价，O 为 −2 价，则 Cl 为 0 价，这样的化合物中元素化合价通常不可能为 0 价，所以 0 价只是平均化合价，而 Cl 元素的负价只有 −1 价，则另一氯元素的化合价为 +1 价，算术平均值才是 0。

对于 Ca_2NH，先确定 Ca 和 N 的化合价分别是 +2 价和 −3 价，则 H 的化合价为 −1 价，需要先将原子数目从最简整数比进行“翻倍”，才能“拆分”为 $Ca_3N_2 \cdot CaH_2$。

2. 详见解析

【解析】(1) 化合物 $Cu_2(OH)_2CO_3$ 可拆分为 $Cu(OH)_2 \cdot CuCO_3$ 或 $2CuO \cdot CO_2 \cdot H_2O$，所以高温下可分解为 CuO、CO_2 和 H_2O，CuO 高温下被 C 还原为 Cu，故可写出总反应方程式

$Cu_2(OH)_2CO_3 + C \xlongequal{高温} 2Cu + 2CO_2\uparrow + H_2O$

(2) $K_3ClO + H_2O + 2NH_4Cl \xlongequal{} 3KCl + 2NH_3 \cdot H_2O$

(3) $NaAlH_4 + 4H_2O \xlongequal{} Na[Al(OH)_4] + 4H_2\uparrow$

将 $NaAlH_4$ 拆分成“$NaH \cdot AlH_3$”后可推测其能与水反应生成 $Na[Al(OH)_4]$[可设想 NaH 和 AlH_3 分别与水反应生成 H_2 及等物质的量的 NaOH 和 $Al(OH)_3$，进而后二者再反应转化为四羟基合铝酸钠]。

(4) $2MnOOH + 6HCl(浓) \xlongequal{\triangle} 2MnCl_2 + Cl_2\uparrow + 4H_2O$

想到 MnO_2 与热的浓盐酸反应生成 $MnCl_2$，说明 +3 价 Mn 仍有很强氧化性，需考虑氧化还原反应，而不是简单的复分解反应。可将 MnOOH 拆分成“$Mn_2O_3 \cdot Mn(OH)_3$”分别与浓盐酸反应如下：

① $Mn_2O_3 + 6HCl(浓) \xlongequal{\triangle} 2MnCl_2 + Cl_2\uparrow + 3H_2O$

② $2Mn(OH)_3 + 6HCl(浓) \xlongequal{\triangle} 2MnCl_2 + Cl_2\uparrow + 6H_2O$

由 $\frac{①\times2+②}{3}$ 可得总反应方程式。

(5) $2Na_2CO_3 + 2Cl_2 + H_2O \xlongequal{} Cl_2O + 2NaHCO_3 + 2NaCl$

可做如下考虑：① Cl_2 可与水发生可逆反应；② Na_2CO_3 可与 HCl 反应，有利于 Cl_2 的溶解；③ Cl_2O 对应的水化物是 HClO，Cl_2O 是 HClO 的酸酐，可由 HClO 脱水制得。故可写出如下反应：

①$Cl_2+H_2O \rightleftharpoons HCl+HClO$(可逆反应)
②$HCl+Na_2CO_3 = NaCl+NaHCO_3$
(Na_2CO_3 过量)
③$2HClO = Cl_2O+H_2O$
(含氧酸脱水生成酸性氧化物的通性)
由①×2+②×2+③,可得总反应方程式。

15 递变分析法

1. C 【解析】F 的次外层电子数为 2,Br 的次外层电子数为 18,故 A 项错误。
元素的非金属性强弱可根据其最高价氧化物对应水化物的酸性强弱判断,不能通过其简单氢化物的酸性强弱判断,故 B 项错误。
F、Cl、Br、I 的非金属性逐渐减弱的原因是随着核电荷数增加,电子层数增多,原子半径增大,原子核对电子的吸引作用减弱,故 C 项正确。
同主族元素从上往下非金属性逐渐减弱,与氢气化合越来越难,故根据卤族元素性质的递变规律可知,单质砹不易与 H_2 发生反应,故 D 项错误。

2. A 【解析】元素非金属性越强,其气态氢化物越稳定,对应阴离子的还原性越弱,所以气态氢化物的稳定性:HCl>HBr,则还原性:$Cl^-<Br^-$,A 项错误。
若 X^{2-} 和 Y^+ 的核外电子层结构相同,则 X 得两个电子与 Y 失一个电子后的核外电子数相同,所以原子序数:X<Y,B 项正确。
位于元素周期表中金属与非金属的交界处的元素具有半导体的性质,都可以作半导体材料,硅、锗都位于金属与非金属的交界处,C 项正确。
第ⅡA 族元素 Mg 和 Ra,原子序数 Mg<Ra,则碱性 $Ra(OH)_2>Mg(OH)_2$,D 项正确。

3. A 【解析】短周期主族元素 X、Y、Z、W 原子序数依次增大;Z 的最外层电子数等于周期数,则 Z 是 Al 元素;W 的最高正价与最低负价的代数和为 4,则 W 为 S 元素;Y 与 W 同主族,则 Y 是 O 元素;X 为第二周期元素,因 X 的内层电子总数与最外层电子数相差 3,则 X 是 N 元素。
W 为 S 元素,S 的最高价为+6 价,最高价氧化物对应的水化物是 H_2SO_4,是强酸,故 A 项正确。
Z 的单质是 Al,只有还原性,没有氧化性,故 B 项错误。
原子半径越小,简单氢化物的稳定性越强,原子半径:S>N>O,故简单氢化物的稳定性:Y>X>W,故 C 项错误。
核外电子排布相同的离子,半径大小比较的规律是"序大径小",核外电子排布不同的离子,半径大小比较的规律是,电子层数越多,半径越大,故简单离子半径:Z<Y<X<W,故 D 项错误。

4. C 【解析】同周期元素,从左到右原子最外层电子数依次增多,原子半径依次减小,金属性依次减弱,则钠、镁、铝的金属性依次减弱,单核离子的氧化性依次增强,故 A 项正确。
同周期元素,从左到右原子最外层电子数依次增多,原子半径依次减小,非金属性依次增强,最高正化合价依次升高,对应气态氢化物的稳定性依次增强,则磷、硫、氯的最高正化合价依次升高,对应气态氢化物的稳定性依次增强,故 B 项正确。
同周期元素,从左到右原子半径逐渐减小,所以同周期元素的原子半径以ⅦA 族的为最小,故 C 项错误。
同周期元素,从左到右最外层电子数依次增多,原子半径依次减小,金属性依次减弱,最高价氧化物对应水化物的碱性依次减弱,则钠、镁、铝的氢氧化物的碱性依次减弱,故 D 项正确。

5. (1)第五周期第ⅠA 族
(2)de
【解析】(1)铷是第 37 号元素,位于元素周期表的第五周期第ⅠA 族。
(2)同一主族从上到下,元素的金属性逐渐增强,铷的金属性强于钠,所以与水反应时比钠更剧烈,a 正确;同一主族的元素及其化合物具有相似性,Na_2O 在空气中易吸收水、二氧化碳发生反应，所以 Rb_2O 在空气中也易吸收水、二氧化碳发生反应，b 正确；类似于 Na_2O_2，Rb_2O_2 与水也能剧烈反应并释放出 O_2，c 正确；Rb 的金属性强于 Na，所以 Rb 单质具有很强的还原性，d 错误；Li 和镁处于周期表的对角线，性质相似，Li 和 Rb 的性质差异性大：LiOH 是微溶物（与氢氧化镁相似），RbOH 是易溶物（与氢氧化钠相似），e 错误。

6. (1) H_2O_2

(2) $Al^{3+}+4OH^- = [Al(OH)_4]^-$

或 $Al^{3+}+4OH^- = AlO_2^- +2H_2O$

(3) $N_2H_4+2CuO \xlongequal{\triangle} 2Cu+N_2+2H_2O$

(4) $2NaN_3+2H_2O = 3N_2\uparrow + H_2\uparrow + 2NaOH$　0.1mol

【解析】A、B、C、D、E、F 为常见的原子序数依次增大的短周期元素，B、C、D、E、F 的简单离子的电子层结构相同，A 和 E 同主族，推测 A 为第一周期元素氢，E 为第三周期元素钠，则 B、C、D 均位于第二周期；原子的最外层电子数的关系为 $N(A)+N(D)=N(B)+N(F)=8$，则 D 最外层电子为 7，是氟；B、C、D、E、F 的简单离子的电子层结构相同，则 F 为镁或铝元素，如果 F 为镁元素，则 B 最外层电子为 6，B 为氧，则没有 C 的位置，故 F 为铝，B 最外层电子数为 5，B 为氮、C 为氧。

(1)分子中含有 4 个原子核且为 18 电子结构的物质，每个该物质分子中含有 4 个原子，则为过氧化氢，化学式为 H_2O_2。

(2)E 的最高价氧化物对应水化物的溶液为氢氧化钠溶液，含铝离子溶液中加过量氢氧化钠生成偏铝酸钠和水，离子方程式是 $Al^{3+}+4OH^- = [Al(OH)_4]^-$

(3)已知 N_2H_4 与 NH_3 具有相似的性质，NH_3 具有还原性，N_2H_4 通过炽热的氧化铜粉末会生成铜和氮气、水，其化学方程式是 $N_2H_4+2CuO = 2Cu+N_2+2H_2O$

(4)已知化合物 NaN_3 与水可以反应生成两种气体单质和一种碱，由质量守恒可知生成物为氢氧化钠、氮气、氢气，化学方程式为 $2NaN_3+2H_2O = 3N_2\uparrow+H_2\uparrow+2NaOH$ 该反应的水中氢元素化合价降低，得到电子，发生还原反应，根据化合价变化，反应中电子转移数目与 NaN_3、H_2 的关系为 $2NaN_3 \sim 2e^- \sim H_2$，故 0.1mol 该化合物完全反应，转移电子的物质的量为 0.1mol。

16　分离模型法

1. (1)B　(2)C　(3)D

【解析】(1)提纯苯甲酸应该用重结晶的方法，过程中进行分离的操作是过滤，故选 B。

(2)苯和甲苯属于互溶的液体，需要用蒸馏的方法分离，故选 C。

(3)用 CCl_4 萃取溴水中的溴需要萃取和分液，故选 D。

2. (1) $Cu(OH)_2$ 或 $Cu_2(OH)_2SO_4$

加热蒸发时 NH_3 挥发，促进反应平衡

$[Cu(NH_3)_4]^{2+} \rightleftharpoons Cu^{2+}+4NH_3$

向右移动，且 Cu^{2+} 发生水解

(2)乙醇　C

【解析】CuO 加入硫酸生成硫酸铜，加入氨水，先生成氢氧化铜，氨水过量，则生成 $[Cu(NH_3)_4]^{2+}$，方案 1 用蒸发结晶的方法，得到的晶体中可能混有氢氧化铜等；方案 2 加入乙醇，可析出 $[Cu(NH_3)_4]SO_4 \cdot H_2O$ 晶体；氨气具有挥发性，物质的电离是吸热过程，加热促进反应

$[Cu(NH_3)_4]^{2+} \rightleftharpoons Cu^{2+}+4NH_3$

的平衡往右移动，且铜离子是弱碱离子易水解，所以产生杂质。

(2)根据题图分析，$[Cu(NH_3)_4]SO_4 \cdot H_2O$ 在乙醇、水混合溶剂中的溶解度随乙醇体积分数的增大而减小，为了减少产品 $[Cu(NH_3)_4]SO_4 \cdot H_2O$ 的损失，应加入乙醇，降低其溶解度，然后过滤得晶体；根据题图 $[Cu(NH_3)_4]SO_4 \cdot H_2O$ 在乙醇、水混合溶剂中的溶解度随乙醇体积分数的变化曲线及实验目的的分析，应选用乙醇和水的混合液作为洗涤剂。

17　结晶模型法

1. D　【解析】根据文中描述，将卤水倒在锅中

加热沸煮，看见白色的固体出现，这种白色的固体为盐，此过程涉及浓缩结晶的过程，故选 D。

2. C 【解析】KNO_3 中混有 NaCl 应提纯 KNO_3，将它们都溶于水，并降温结晶。因为 KNO_3 的溶解度随温度的升高而升高，NaCl 的溶解度随温度的升高而基本无明显变化。因此，操作Ⅰ是在烧杯中加水溶解，操作Ⅱ是蒸发浓缩，得到较高温度下的 KNO_3 饱和溶液，操作Ⅲ为冷却结晶，利用溶解度差异使 KNO_3 结晶析出，过滤，洗涤，干燥可得 KNO_3 晶体，故选 C。

3. 加入晶种，缓慢降温析出晶体

【解析】由题中信息可知，从高温浓溶液中获得较大晶体的操作为在亚稳过饱和区，加入晶种，缓慢降温析出晶体。

4. (1)$Na_2Cr_2O_7+2KCl=K_2Cr_2O_7+2NaCl$

(2)$K_2Cr_2O_7$ 溶解度随温度变化明显

(3)除去溶液中的 Fe^{3+}

(4)趁热过滤　Ⅱ

(5)NaCl　$K_2Cr_2O_7$

【解析】由流程可知，溶解后调节 pH 可除去少量杂质 Fe^{3+}，过滤后蒸发结晶得到 $Na_2Cr_2O_7$，然后加入 KCl 发生反应

$Na_2Cr_2O_7+2KCl=K_2Cr_2O_7+2NaCl$

结合溶解度曲线可知，低温下 $K_2Cr_2O_7$ 的溶解度较小，因此冷却结晶得到 $K_2Cr_2O_7$。母液蒸发浓缩主要析出 NaCl，母液Ⅲ冷却结晶主要得到 $K_2Cr_2O_7$。

18　叠加法

1. $-911.9kJ\cdot mol^{-1}$ 【解析】本题采用加合法：由①+②+2×③可得反应

$CaO(s)+2Al(s)+7H_2O(l)$

$=Ca^{2+}(aq)+2[Al(OH)_4]^-(aq)+3H_2(g)$

$\Delta H_4=\Delta H_1+\Delta H_2+2\Delta H_3$

$=[(-65.17)+(-16.73)+2\times(-415.0)]kJ\cdot mol^{-1}$

$=-911.9kJ\cdot mol^{-1}$

2. $-213\ kJ\cdot mol^{-1}$ 【解析】本题采用加合法：将Ⅰ$\times\frac{1}{2}$－Ⅱ－Ⅲ得反应

$SO_2(g)+I_2(g)+2H_2O(l)=2HI(aq)+H_2SO_4(aq)$　$\Delta H=-213kJ\cdot mol^{-1}$

3. (1)$CH_4+2H_2O\xlongequal{催化剂}4H_2+CO_2$

(2)$C(s)+CO_2(g)=2CO(g)$

或 $C(s)+2H_2O(g)=CO_2(g)+2H_2(g)$

【解析】(1)由于生成物为 H_2 和 CO_2，其物质的量之比为 4∶1，反应物是甲烷和水蒸气，因而反应方程式为

$CH_4+2H_2O=4H_2+CO_2$

(2)本小题可采用两种方法。

方法 1 采用加合法，由ⅰ－ⅱ可得

$CH_4(g)+CO_2(g)=2CO(g)+2H_2(g)$

设其为ⅳ，继续采用加合法，由ⅳ－ⅲ可得

$C(s)+CO_2(g)=2CO(g)$

因此，还需利用该反应的焓变。

方法 2 采用加合法由ⅰ＋ⅱ可得

$CH_4(g)+2H_2O(g)=CO_2(g)+4H_2(g)$

设其为ⅳ，继续采用加合法，由ⅳ－ⅲ可得

$C(s)+2H_2O(g)=CO_2(g)+2H_2(g)$

因此，还需利用该反应的焓变。

4. $\Delta H_1+\Delta H_2-\Delta H_3$

【解析】本题采用虚拟路径法。据图分析有

$\Delta H_1+\Delta H_2=\Delta H_3+\Delta H_4$

可得 $\Delta H_4=\Delta H_1+\Delta H_2-\Delta H_3$。

19　三段式法

1. 60% 【解析】用三段式法求解。

	$FeO(s)$	$+CO(g)\rightleftharpoons$	$Fe(s)$	$+CO_2(g)$
$n_{起始}$/mol	1	1.8	0	0
$n_{转化}$/mol	x	x	x	x
$n_{平衡}$/mol	$1-x$	$1.8-x$	x	x

由平衡常数 $K=\frac{c(CO_2)}{c(CO)}=\frac{x}{1.8-x}=0.5$，解得 $x=0.6$，$\alpha(FeO)=\frac{x}{1}\times100\%=60\%$。

2. (1)0.12

(2)3.52

【解析】根据 c 点的三段式分析：

$$CO_2(g)+2H_2(g)\rightleftharpoons HCHO(g)+H_2O(g)$$

$n_{起始}$/mol	1	2	0	0
$n_{转化}$/mol	x	$2x$	x	x
$n_{平衡}$/mol	$1-x$	$2-2x$	x	x

平衡时容器气体的压强

$$p_{平衡}=\frac{(3-x)\times1.2}{3}p\ \text{kPa}$$

故有

$$p(HCHO)=\frac{xp_{平衡}}{3-x}$$

$$=\frac{x}{3-x}\times\frac{(3-x)\times1.2}{3}p\ \text{kPa}$$

$$=0.24p\ \text{kPa}$$

解得 $x=0.6$mol，故 $p_{平衡}=0.96p$ kPa。

(1)起始时容器内气体总压强为 $1.2p$ kPa，若5min 时反应到达 c 点，由分析可知，

$$v(H_2)=\frac{2\times0.6\text{mol}}{2\text{L}\times5\text{min}}=0.12\text{mol}\cdot\text{L}^{-1}\cdot\text{min}^{-1}$$

(2)温度不变，化学平衡常数不变，故 b 点时反应的化学平衡常数与 c 点对应的平衡常数相等，由分析可知，c 点平衡下，

$$p(CO_2)=\frac{0.4}{3-0.6}\times0.96p\ \text{kPa}=0.16p\ \text{kPa}$$

同理，

$$p(H_2)=0.32p\ \text{kPa}$$

$$p(HCHO)=p(H_2O)=0.24p\ \text{kPa}$$

$$K_p=\frac{p(HCHO)\cdot p(H_2O)}{p(CO_2)\cdot p^2(H_2)}$$

$$=\frac{0.24p\ \text{kPa}\times0.24p\ \text{kPa}}{0.16p\ \text{kPa}\times(0.32p\ \text{kPa})^2}\approx3.52\,(p\ \text{kPa})^{-1}$$

3. 0.010% 【解析】用 NaOH 调 $0.10\text{mol}\cdot\text{L}^{-1}$ 二元弱酸 H_2R 溶液的 pH，随 pH 升高，H_2R 的浓度增大，HR^- 的浓度先增大后减小，R^{2-} 的浓度增大，曲线 b 表示 H_2R 的物质的量浓度随 pH 的变化，曲线 a 表示 HR^- 的物质的量浓度随 pH 的变化，曲线 c 表示 R^{2-} 的物质的量浓度随 pH 的变化。根据曲线 a、c 的交点可知，当 pH=4.2，25℃时，H_2R 的 $K_{a2}=\frac{c(H^+)\cdot c(R^{2-})}{c(HR)}=c(H^+)=1.0\times10^{-4.2}$，$K_{h1}=K_w/K_{a2}=1.0\times10^{-9.8}$，再利用三段式列式求解即可得出答案。

20 控制变量法

1. C 【解析】A 选项的方案设计错误，应该将 $Na_2S_2O_3$ 溶液和 H_2SO_4 溶液分别在 60℃ 水浴中预热后再混合比较。B 选项中锌粒和锌粉表面积不同，存在两个变量。D 选项中 $KMnO_4$ 可以与过氧化氢发生反应而硫酸铜仅有催化作用，二者不能比较。

2. C 【解析】A 选项，实验Ⅰ和实验Ⅱ的反应温度相同，实验Ⅱ中加入 1mL 水，根据控制变量的原则，溶液总体积应保持不变，因而 $V_1=1$，类比分析可得 $V_2=2$。B 选项，实验Ⅰ、Ⅲ的温度不同，其他条件相同，因而可知设计实验Ⅰ、Ⅲ的目的是探究温度对反应速率的影响。C 选项，酸性 $KMnO_4$ 溶液呈紫红色，由表中数据可知，草酸溶液过量，$KMnO_4$ 可反应完全，因而可以用颜色变化来判断反应终点，即实验计时是从溶液混合开始，溶液紫红色刚好褪去时结束。D 选项，根据实验Ⅲ中数据可知，

$$\Delta c(KMnO_4)=\frac{0.01\text{mol}\cdot\text{L}^{-1}\times2\times10^{-3}\ \text{L}}{4\times10^{-3}\text{L}}$$

$$=0.005\text{mol}\cdot\text{L}^{-1}$$

$$v(KMnO_4)=\frac{\Delta c(KMnO_4)}{\Delta t}$$

$$=\frac{0.005\text{mol}\cdot\text{L}^{-1}}{0.5\text{min}}$$

$$=0.01\text{mol}\cdot\text{L}^{-1}\cdot\text{min}^{-1}$$

21 等效 H 法

1. B 【解析】①②③④的等效 H 的种类分别为 3 种、2 种、3 种、1 种。

2. 14 【解析】分子式为 C_8H_{10} 且含苯环的烃有 4 种：

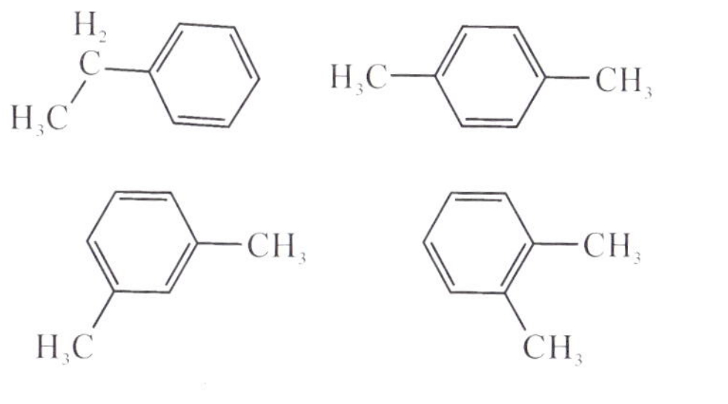

这 4 种烃的等效 H 种类分别为 5 种、2 种、4 种和 3 种，所以分子式为 C_8H_{10} 且含苯环的所有物质的一氯代物共有 14 种。

3. 详见解析　【解析】属于醇类的有 2 种：$CH_3CH_2CH_2OH$ 与 $CH_3CH(OH)CH_3$，属于醚类的有1 种：$CH_3OCH_2CH_3$。

4. $CH_3CH_2CH_2OH$　【解析】由质谱图可知有机化合物 A 的相对分子质量为 60，且该有机化合物中存在 C、H、O 由 3 种元素，分析得出 A 分子式为 C_3H_8O 或 $C_2H_4O_2$。

若分子式为 C_3H_8O，由题中所给信息知该分子中不存在醚键，A 分子可能存在

$CH_3CH(OH)CH_3$、$CH_3CH_2CH_2OH$

2 种结构，由题核磁共振氢谱图可知该分子中存在 4 种不同化学环境的氢原子，$CH_3CH_2CH_2OH$ 符合题意。

若 A 分子式为 $C_2H_4O_2$ 则 A 分子可能存在

CH_3COOH、$HCOOCH_3$、$HOCH_2CHO$

3 种结构，但均不满足 A 分子中存在 4 种不同化学环境氢原子的要求。由此可知有机化合物 A 应为 $CH_3CH_2CH_2OH$。

22　奇偶互换法

1.

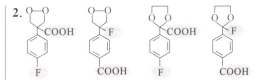

【解析】4 个—CH_3 可以分 2 组偶对挪一挪，注意—NH_2 和 ═CH_2 上的氢原子可被 2 个—CH_3 取代；奇偶互变中偶数取代结构 4 个—CH_3 可以重新组合转化为 1 个奇数结构—$C(CH_3)_3$。

2.

【解析】奇数取代结构—COOH 和—F 放置在对称轴线上，可以沿对称轴线挪动；偶数取代结构 2 个—O—放置在轴线对称位置上，可以沿对称位置同时挪动。

23　商余法

1. $(CH_3)_3C—C(CH_3)_3$

2,2,3,3-四甲基丁烷

【解析】由 114÷14＝8……2 可见，该烃分子式可为 C_8H_{18} 或 C_9H_6，后者不饱和，舍去。C_8H_{18} 的同分异构体，一氯代物没有同分异构体，表明其结构高度对称，由此可得答案。

2. C_9H_{20}、$C_{10}H_8$、$C_8H_{16}O$、$C_7H_{12}O_2$、$C_6H_8O_3$、$C_5H_4O_4$ 中任选三种。

【解析】通过本节例 1 的解析可知，A 可为 C_9H_{20} 或 $C_{10}H_8$；而一个 CH_4 的质量与一个 O 原子质量相当，则有机化合物 A 也可为 $C_8H_{16}O$ 或$C_7H_{12}O_2$ 等。

3. 详见解析

【解析】156÷14＝11……2，该烃分子式可为 $C_{11}H_{24}$，只有 2 种一溴代物的同分异构体的结构简式为

$(CH_3)_3C—C(CH_3)_2—C(CH_3)_3$

4. (1)C_7H_8　$C_6H_5—CH_3$

(2)$C_3H_8O_3$　$CH_2OH—CHOH—CH_2OH$

【解析】(1)92÷14＝6……8，该烃的分子式为 C_6H_{20}（超饱和），则 A 的分子式可为 C_7H_8，若 C_7H_8 分子中不含苯环，则必含双键或三键，会使溴水褪色。由此可知分子中含有苯环，甲苯可以使高锰酸钾褪色，又不

与溴加成。

(2)油脂水解产物为高级脂肪酸和甘油，A的相对分子质量决定了 A 只能是甘油，即 $C_3H_8O_3$，经验证其相对分子质量为 92，符合题意。

5. (1) $H_2C_2O_4$（或 $C_2H_2O_4$）

HOOC—COOH　乙二酸（或草酸）

(2) $H_2C_2O_4 + 2NaHCO_3 \xlongequal{} Na_2C_2O_4 + 2CO_2\uparrow + 2H_2O$

$5H_2C_2O_4 + 2MnO_4^- + 6H^+ \xlongequal{} 2Mn^{2+} + 10CO_2\uparrow + 8H_2O$

【解析】 90÷14＝6……6，与 A 相对分子质量相同的烃为 C_6H_{18}（超饱和），由题给信息，分子中含氧且只含 1 种化学环境的 H，用 O 代换"CH_4"，符合相对分子质量为 90 的分子式有 $C_4H_{10}O_2$、$C_3H_6O_3$、$C_2H_2O_4$，其中 $C_2H_2O_4$ 可由 2 个羧基连接形成乙二酸分子，符合题意。

24　图示法

1. 偏大　**【解析】** 定容时俯视刻度线，所配制溶液体积偏小，由 $c=\frac{n}{V}$ 可知，所配溶液浓度偏大。

2. (1) $CO_3^{2-} > ClO^- > HCO_3^- > CH_3COO^-$

(2) AB

【解析】 根据不同酸的 K_a 大小，在数轴上作图如下图所示，由此可知，A 项正确。

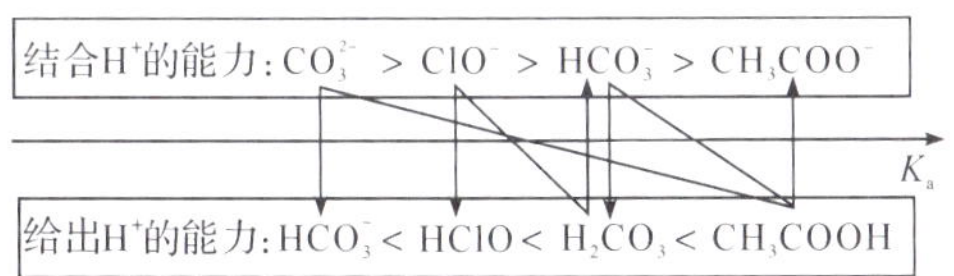

CO_3^{2-} 与 CH_3COOH 反应，生成 HCO_3^- 和 CH_3COO^-，CH_3COOH 过量，继续与 HCO_3^- 反应生成 CH_3COO^- 和 H_2CO_3，B 项正确。

氯水中有盐酸和次氯酸，向碳酸钠溶液中滴加少量氯水生成碳酸氢钠、次氯酸钠、氯化钠，故 C 项错误。

3. 200

【解析】 $H_2(g)+Br_2(l) \xlongequal{} 2HBr(g)$　ΔH_1

$Br_2(l) \xlongequal{} Br_2(g)$　ΔH_2

两步反应的焓变如下图所示，可以借助图示法求得

$H_2(g)+Br_2(g) \xlongequal{} 2HBr(g)$

$\Delta H=-102kJ \cdot mol^{-1}$

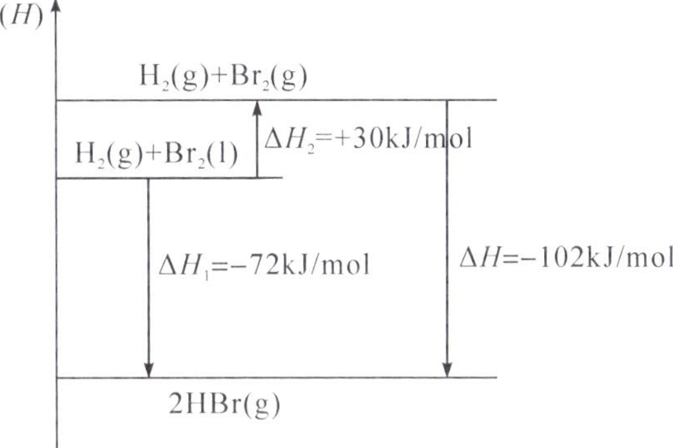

再由化学键的键能和焓变之间的关系可列式

$H_2(g)+Br_2(g) \xlongequal{} 2HBr(g)$

$\Delta H=[(436+a)-2\times369]kJ \cdot mol^{-1}$

$=-102kJ \cdot mol^{-1}$

解得 $a=200$。

25　电池模型法

1. D　**【解析】** 由题图可知，Zn 失去电子为电池的负极；CO_2 得电子生成 HCOOH，多孔 Pd 为电池的正极。根据题图可知，Zn 发生失去电子的反应，电极反应式为

$Zn+4OH^- -2e^- \xlongequal{} Zn(OH)_4^{2-}$

A 项正确。

CO_2 转化为 HCOOH 为放电过程，Zn 电极为负极，多孔 Pd 电极为正极，负极电势较低，B 项正确。

充电过程中，HCOOH 转化为 CO_2，C 项正确。

根据溶液呈电中性可知，外电路通过 2mol 电子时，双极膜中解离水的物质的量为 2mol，D 项错误。

2. C　**【解析】** 玻璃薄膜球内电极的电势低，则充当负极，发生氧化反应

$Ag(s)-e^- +Cl^- \xlongequal{} AgCl(s)$

A 项错误。

根据题意 pH 计的工作原理即通过电池的电动势计算溶液的 pH，故 B 项错误，C 项正确。

pH 计工作时，是将化学能转化为电能，D 项错误。

3. C 【解析】 由题中信息可知，b 电极为负极，发生反应

$Cu_2O-2e^-+2OH^- = 2CuO+H_2O$

然后再发生反应

$C_6H_{12}O_6+2CuO = C_6H_{12}O_7+Cu_2O$

a 电极为正极，发生反应

$O_2+4e^-+2H_2O = 4OH^-$

在这个过程中发生的总反应为

$2C_6H_{12}O_6+O_2 = 2C_6H_{12}O_7$

由题中信息可知，当电池开始工作时，a 电极为电池正极，血液中的 O_2 在 a 电极上得电子生成 OH^-，电极反应式为

$O_2+4e^-+2H_2O = 4OH^-$

b 电极为电池负极，Cu_2O 在 b 电极上失电子转化成 CuO，电极反应式为

$Cu_2O-2e^-+2OH^- = 2CuO+H_2O$

然后葡萄糖被 CuO 氧化为葡萄糖酸，CuO 被还原为 Cu_2O，则电池总反应为

$2C_6H_{12}O_6+O_2 = 2C_6H_{12}O_7$

A 项正确。

b 电极上 CuO 将葡萄糖被 CuO 氧化为葡萄糖酸后被还原为 Cu_2O，Cu_2O 在 b 电极上失电子转化成 CuO，在这个过程中 CuO 的质量和化学性质保持不变，因此，CuO 通过Cu(Ⅱ)和 Cu(Ⅰ)相互转变起催化作用，B 项正确。

根据反应 $2C_6H_{12}O_6+O_2 = 2C_6H_{12}O_7$ 可知，1mol $C_6H_{12}O_6$ 参加反应时转移 2mol 电子，18mg $C_6H_{12}O_6$ 的物质的量为 0.1mmol，则消耗 18mg 葡萄糖时，理论上 a 电极有 0.2mmol 电子流入，C 项错误。

D. 原电池中阳离子从负极移向正极迁移，故 Na^+ 迁移方向为 b→a，D 项正确。

26　绿色取舍法

1. C 【解析】工业废水经处理达标后排放可减少水体污染，A 项符合。

植树造林，增大绿化面积，通过植物的光合作用提高空气质量并减少水土流失等，B 项符合。

将废旧电池进行填埋处理，废旧电池中的物质难以分解，会造成土地污染和地下水污染，处理方法不合理，C 项不符合。

对含硫燃料预先进行脱硫处理，让能源更清洁，D 项符合。

综上选 C。

2. D 【解析】由铜与浓硝酸反应的方程式

$Cu+4HNO_3(浓) = Cu(NO_3)_2+2NO_2\uparrow+2H_2O$

可知生成 NO_2 气体，会污染环境，A 项错误。

由铜与稀硝酸反应的化学方程式

$3Cu+8HNO_3(稀) = 3Cu(NO_3)_2+2NO\uparrow+4H_2O$

可知生成 NO 气体，会污染环境，B 项错误。

此过程中使用到了氯气，氯气有剧毒，对环保不利，反应消耗硝酸银，成本较高，且银盐为重金属盐，对环保不利，C 项错误。

D 项过程用方程式可表示为

$2Cu+O_2 \xlongequal{加热} 2CuO$

$CuO+2HNO_3 = Cu(NO_3)_2+H_2O$

可以看出该过程不会产生有毒气体，环保且没有多消耗原料，D 项正确。

3. C 【解析】本题考查绿色化学，绿色化学实质是反应物全部反应生成所需的产物，不造成浪费、污染，从源头上做起。原子利用率为 100%，即反应物全部转化为最终产物，生成物只有 1 种，选 C。

4. (1)C

(2)$Ca(ClO)_2+2H_2O+2SO_2 = H_2SO_4+CaSO_4\downarrow+2HCl$

$2Br^--2e^- = Br_2$

$Br_2+SO_2+2H_2O = H_2SO_4+2HBr$

是　该反应不生成污染性物质，且实现了变废为宝，生成物除循环利用外，都是重要的工业原料

【解析】(1)C　收集 NH_3，在收集的过程中用滴有酚酞的水检验 NH_3 收集满并吸收逸出的 NH_3，防止污染环境，题图 1 符合绿色化学的要求，①合理；氯气与钠反应实验时，浸有碱液的棉球可以吸收多余氯气，符合绿

色化学的要求，②合理；用玻璃棒分别蘸取浓盐酸和浓氨水做氨气与酸反应生成铵盐实验，挥发的 HCl 和 NH_3 会污染环境，不符合绿色化学的要求，③不合理；铜与稀硝酸反应，生成的氮氧化物可以收集在气球里，防止污染环境，符合绿色化学的要求，④合理。①②④合理，选 C。

(2)根据反应过程中消耗 $Ca(ClO)_2$ 与产物 SO_4^{2-} 浓度相等，可以得出 SO_2 与 $Ca(ClO)_2$ 反应比例为 2∶1，反应方程式为 $Ca(ClO)_2 + 2H_2O + 2SO_2 \xlongequal{} H_2SO_4 + CaSO_4\downarrow + 2HCl$；电解 HBr 时阳极 Br^- 失电子被氧化，$2Br^- - 2e^- \xlongequal{} Br_2$；$Br_2$ 的水溶液吸收 SO_2 生成 HBr 和 H_2SO_4，发生的反应为 $SO_2 + Br_2 + 2H_2O \xlongequal{} H_2SO_4 + 2HBr$，这种方法吸收 SO_2，产物都是重要工业原料，且实现废物利用，符合绿色化学。

27 终始态分析法

1. (1)3.92

(2)65.57%

【解析】根据终始态分析法，

a mol Fe b mol Fe_2O_3	$\xrightarrow[0.075mol]{H_2SO_4}$	$FeSO_4$ 0.07mol H_2SO_4 0.005mol

混合物中所有铁元素最终都转到 $FeSO_4$ 中，

$n(Fe)_{总} = n(FeSO_4) = n(H_2SO_4)_{消耗}$

$= 0.07mol$

故单质铁为 3.92g。根据质量守恒有

$56a + 160b = 4.88$

$a + 2b = 0.07mol$

$a = 0.03mol$

$b = 0.02mol$

Fe_2O_3 的质量分数为 65.57%。

2. 45.0%　**【解析】**$2MnO_4^- + 6H^+ + 5H_2C_2O_4 \xlongequal{} 2Mn^{2+} + 10CO_2\uparrow + 8H_2O$，设含钙的物质的量为 x mol，由反应方程式和钙元素守恒可得关系式

$5Ca^{2+}$　～　$5H_2C_2O_4$　～　$2MnO_4^-$

5mol　　　　　　　　2mol

x mol　　$0.0500mol \cdot L^{-1} \times 36.00 \times 10^{-3}L$

解得 $x = 4.5 \times 10^{-3}$，则 0.400g 水泥样品中钙元素的质量为

$4.5 \times 10^{-3} mol \times 40g \cdot mol^{-1} = 0.180g$

故该水泥样品中钙的质量分数为

$\frac{0.180g}{0.400g} \times 100\% = 45.0\%$

3. $\frac{6c_1V_1 - 3c_2V_2}{a}\%$

【解析】吸收 NH_3 的硫酸的物质的量为 $V_1 \times 10^{-3}\ L \times c_1\ mol \cdot L^{-1} - V_2 \times 10^{-3}\ L \times c_2\ mol \cdot L^{-1} \times \frac{1}{2} = \left(V_1c_1 - \frac{1}{2}V_2c_2\right) \times 10^{-3} mol$

根据 $CO(NH_2)_2 + H_2O \xlongequal{\triangle} 2NH_3\uparrow + CO_2\uparrow$ 和 $2NH_3 + H_2SO_4 \xlongequal{} (NH_4)_2SO_4$，得到桥梁关系式 $CO(NH_2)_2 \sim 2NH_3 \sim H_2SO_4$，尿素物质的量为 $\left(V_1c_1 - \frac{1}{2}V_2c_2\right) \times 10^{-3} mol$，则尿素溶液中溶质的质量分数是

$\frac{\left(V_1c_1 - \frac{1}{2}V_2c_2\right) \times 10^{-3} mol \times 60g \cdot mol^{-1}}{a\ g} \times 100\%$

$= \frac{6c_1V_1 - 3c_2V_2}{a}\%$。

4. C　**【解析】**①$NH_4Cl(s) \xlongequal{} NH_4^+(g) + Cl^-(g)$　$\Delta H_1 = +698kJ \cdot mol^{-1}$。

②$NH_4Cl(s) \xlongequal{} NH_4^+(aq) + Cl^-(aq)$　$\Delta H_2 = +15kJ \cdot mol^{-1}$。

③$Cl^-(g) \xlongequal{} Cl^-(aq)$　$\Delta H_3 = -378kJ \cdot mol^{-1}$。

④$\frac{1}{2}(NH_4)_2SO_4(s) \xlongequal{} \frac{1}{2}SO_4^{2-}(g) + NH_4^+(g)$　ΔH_4。

⑤$\frac{1}{2}(NH_4)_2SO_4(s) \xlongequal{} \frac{1}{2}SO_4^{2-}(aq) + NH_4^+(aq)$　$\Delta H_5 = +3kJ \cdot mol^{-1}$。

⑥$\frac{1}{2}SO_4^{2-}(g) \xlongequal{} \frac{1}{2}SO_4^{2-}(aq)$　$\Delta H_6 = -530kJ \cdot mol^{-1}$。

设 $NH_4^+(g) \xlongequal{} NH_4^+(aq)$ 为⑦式，ΔH_1 对应①式依此类推；④+⑥+⑦=⑤，①+③+⑦=②。

以 NH_4^+(g)为始态,NH_4^+(aq)为终态,将⑦式作为桥梁把左右两个循环联系起来得,⑦=⑤-④-⑥=②-③-①,则⑤+①-⑥-②+③得④,$\Delta H_4=+838kJ\cdot mol^{-1}$,C项正确。

28 数形结合法

1. D 【解析】分析图像可知,将 KIO_3 溶液滴入 $NaHSO_3$ 溶液后,还原产物为 I^-,而不是 I_2,当 $NaHSO_3$ 完全反应后,再加入的 KIO_3 会与溶液中生成 I^- 反应生成 I_2,由此可得 $0\sim b$间发生的反应是

①$3HSO_3^- + IO_3^- \!=\!=\!= 3SO_4^{2-} + I^- + 3H^+$

$b\sim c$ 间发生的反应是

②$6H^+ + IO_3^- + 5I^- \!=\!=\!= 3I_2 + 3H_2O$

A、C项正确;根据反应①,a 点时反应的 $n(IO_3^-)=0.4mol$,$n(HSO_3^-)=3n(IO_3^-)=1.2mol$,B项正确;$b$ 点加入的 $n(IO_3^-)=1mol$,生成的$n(I^-)=1mol$,假设在第二阶段发生反应的 I^- 为 x mol,根据反应②,生成的 $n(I_2)=\frac{3x}{5}mol$,由此可得$(1-x):\frac{3x}{5}=5:2$,$x=0.4mol$,第二阶段加入的 $n(IO_3^-)=\frac{1}{5}\times 0.4mol=0.08mol$,因此总共加入的$n(IO_3^-)=1mol+0.08mol=1.08mol$,D项错误。选D。

2. D 【解析】题图中 NH_3 的转化率并不是平衡转化率,由"NH_3 与 O_2 作用分别生成 N_2、NO、N_2O 的反应均为放热反应"可知,升高温度则平衡逆向移动,NH_3 的平衡转化率减小,A项错误;由题图可知,其他条件不变,在175℃~300℃范围,随温度的升高,NH_3 的转化率逐渐增大至几乎不变,N_2 的选择性逐渐减小,则低温时,NH_3 的转化率为影响 N_2 产量的主要因素,高温时,N_2 的选择性为影响 N_2 产量的主要因素,故出口处 N_2 的量先增大后减小,B项错误;温度高于250℃时,N_2 的选择性减小较快,NH_3 更易转化成 NO 或 N_2O,仍会污染环境,C项错误;N_2 对环境无污染,由题图知,低温下 N_2 的选择性高,但低温下反应速率小,所以单位时间内 NH_3 的转化率不高,故需要研发低温下 NH_3 转化率高且 N_2 选择性高的催化剂,D项正确。选D。

3. D 【解析】当 $\lg\frac{c(HX^-)}{c(H_2X)}=0$ 时,$c(HX^-)=c(H_2X)$,当 $\lg\frac{c(X^{2-})}{c(HX^-)}=0$ 时,$c(X^{2-})=c(HX^-)$,己二酸是二元弱酸,部分电离,有 $H_2X \rightleftharpoons H^+ + HX^-$,$HX^- \rightleftharpoons H^+ + X^{2-}$ 随 NaOH 溶液的滴入,先出现 $c(HX^-)=c(H_2X)$,即 $\lg\frac{c(HX^-)}{c(H_2X)}=0$ 时 pH 较小,则曲线 M、N 分别表示 pH 与 $\lg\frac{c(X^{2-})}{c(HX^-)}$ 和 $\lg\frac{c(HX^-)}{c(H_2X)}$的关系曲线。

$K_{a2}=\frac{c(X^{2-})\cdot c(H^+)}{c(HX^-)}$,当 $\lg\frac{c(X^{2-})}{c(HX^-)}=0$ 时,$c(X^{2-})=c(HX^-)$,观察曲线 M,此时 $pH=5.4$,$c(H^+)=10^{-5.4}mol\cdot L^{-1}$,代入 K_{a2},得到 $K_{a2}=10^{-5.4}$,A项正确;由上述分析,B项正确;当 $\lg\frac{c(X^{2-})}{c(HX^-)}=0$,即 $c(X^{2-})=c(HX^-)$,此时溶液显酸性,由此可知在等浓度的 Na_2X、NaHX 混合溶液中,HX^- 的电离程度比 X^{2-} 的水解程度大,因此可推知 NaHX 溶液肯定呈酸性,溶液中 $c(H^+)>c(OH^-)$,C项正确;由上分析可知,等浓度的 Na_2X、NaHX 混合溶液呈酸性,若要使溶液呈中性,则 $c(Na_2X)>c(NaHX)$,$c(X^{2-})>c(HX^-)$,D项错误。选D。

4. B 【解析】一般来说,反应的活化能越高,反应速率越小,由题图可知,反应Ⅰ和反应Ⅳ的活化能较高,因此反应的决速步骤为反应Ⅰ、Ⅳ,A项错误;因 $H_3C-C(^{18}O^-)(OH)-OCH_3$ 与 $H_3C-C(^{18}OH)(O^-)-OCH_3$ 可相互转化,通过反应Ⅱ

可生成$^{18}OH^-$；CH_3OH中的氧原子来源与^{18}O无关，不可能生成$CH_3^{18}OH$，C项错误；总反应的焓变$\Delta H=$生成物总能量－反应物总能量，因此$H_3C—\overset{^{18}O}{\overset{\|}{C}}—OH$和$CH_3O^-$的总能量与$H_3C—\overset{^{18}O}{\overset{\|}{C}}—OCH_3$和$OH^-$的总能量之差为反应焓变，D项错误。选B。

29　等效转化法

1. B　**【解析】**将恒温恒容等比例投料的平衡态之间的比较"虚拟"恒温恒压等比例投料的等效平衡，原平衡与虚拟态平衡中N_2O_4的体积分数和平衡转化率相同，现将体积压缩成恒容状态，虚拟态平衡逆向移动，则有$m<n$，$a>b$，选B。

2. D　**【解析】**甲和乙若都是恒温恒压，则二者等效，但乙为绝热恒压，且该反应正反应为放热反应，则温度：甲＜乙，温度升高平衡向逆反应方向移动，浓度$c(SO_2)$：甲＜乙，平衡常数K：甲＞乙，故A、B项错误；丙和丁若都是恒温恒容，则二者等效，但丁为绝热恒容，则温度：丙＜丁，温度越高，反应速率越大，到达平衡的时间越短，所用的时间：丙＞丁，C项错误；温度升高平衡向逆反应方向移动，体积分数$\varphi(SO_3)$：丙＞丁，D项正确。

3. (1)$(1-a)$

(2)$3a$

(3)2　$(3-3a)$　D

若$3a>1$，B的物质的量小于2mol；若$3a=1$，B的物质的量等于2mol；若$3a<1$，B的物质的量大于2mol

(4)$\frac{a}{2-a}$

(5)乙　因为(5)小题中容器的容积不变，而(1)小题中容器的容积缩小，所以随着反应进行，(5)小题的容器中的压强小于(1)小题容器中的压强，有利于平衡逆向移动，故反应达到平衡后$a>b$

【解析】(1)由反应$A(g)+B(g)\rightleftharpoons C(g)$可知，生成$a$ mol C必消耗a mol A，则$n(A)=(1-a)$mol。

(2)因(2)与(1)为恒温恒压条件下的等效平衡，且(2)开始时A和B的物质的量为(1)开始时A和B物质的量的3倍，则达到平衡后(2)生成C的物质的量为(1)生成C的物质的量的3倍，故生成C的物质的量为$3a$ mol。

(3)因(3)与(2)为恒温恒压条件下的等效平衡，若1mol C全部生成A和B，则可得到1mol A和1mol B，则$x$mol＋1mol＝3mol，解得$x=2$。

	A(g) ＋	B(g) $\rightleftharpoons$	C(g)
开始物质的量/mol	2	2	1
转化物质的量/mol	$3a-1$	$3a-1$	$3a-1$
平衡物质的量/mol	$3-3a$	$3-3a$	$3a$

从而可得$y=3-3a$，$n(B)_平=(3-3a)$mol。由此可知，若$3a>1$，则B的物质的量小于2mol；若$3a=1$，则B的物质的量等于2mol；若$3a<1$，则B的物质的量大于2mol。

(4)因(4)与(1)和(2)均为等效平衡，则(4)与(1)和(2)中C的物质的量分数均相等，故C的物质的量分数为

$$\frac{a\ \text{mol}}{(1-a)\ \text{mol}(1-a)\text{mol}+a\ \text{mol}}=\frac{a}{2-a}$$

或$\frac{3a\text{mol}}{(3-3a)\text{mol}\ (3-3a)\text{mol}+3a\ \text{mol}}=\frac{a}{2-a}$。

(5)因为容器的容积不变，而(1)中容器的容积缩小，所以随着反应进行，(5)小题的容器中的压强小于(1)容器中的压强，有利于平衡逆向移动，故反应达到平衡后$a>b$。

30　关键点法

1. (1)0.02

(2)$3A(g)\rightleftharpoons 2C(g)+B(g)$　$\Delta H=+100a\ \text{kJ}\cdot\text{mol}^{-1}$

(3)0.004　60%

(4)AB

【解析】(1)t_4 时，由题图 1 中曲线的终点与起点可知，减小压强，$v_{正}$、$v_{逆}$ 以同等倍数下降，说明反应前后化学计量数之和相等，由 A、C 的物质的量浓度变化曲线的起点与终点可知，到 t_1 时刻，A、C 的物质的量浓度变化量分别为

$\Delta c(A)=(0.15-0.06)mol\cdot L^{-1}$

$=0.09mol\cdot L^{-1}$

$\Delta c(C)=(0.11-0.05)mol\cdot L^{-1}$

$=0.06mol\cdot L^{-1}$

即 A、C 的化学计量数之比为 0.09∶0.06＝3∶2，故反应式为

$3A(g)\rightleftharpoons 2C(g)+B(g)$

则 B 的起始物质的量浓度为

$(0.05-0.03)mol\cdot L^{-1}=0.02mol\cdot L^{-1}$。

(2)因升温，$v_{正}>v_{逆}$，平衡正向进行，故此反应为吸热反应，其热化学反应式为

$3A(g)\rightleftharpoons 2C(g)+B(g)$ $\Delta H=+100a\ kJ\cdot mol^{-1}$

(3)$v(C)=\frac{0.11mol\cdot L^{-1}-0.05mol\cdot L^{-1}}{15s}$

$=0.004mol\cdot L^{-1}\cdot s^{-1}$

$\alpha(A)=\frac{0.15-0.06}{0.15}\times 100\%=60\%$

(4)由题图 2 中 t_3 时刻到 t_4 时刻是直线可知，$v_{正}$、$v_{逆}$ 以同等倍数增大，故应是增大压强或加入催化剂。

2. 在温度、催化剂不变的情况下，本题的生氢速率 v 与反应物的浓度有关，随着投料比 $\frac{n(NaBH_4)}{n(H_2O)}$ 的增大，$c(NaBH_4)$ 增大，$c(H_2O)$ 减小，综合分析速率减小是因为 $c(H_2O)$减小对速率的影响占主导

【解析】溶液中发生的反应，反应速率与温度、催化剂、浓度等有关，因此题图中曲线的速率变化隐含着，随着投料比$\frac{n(NaBH_4)}{n(H_2O)}$的增大，$c(NaBH_4)$ 增大，$c(H_2O)$ 减小，需要综合分析速率变化。a 点为最高点(或拐点)，在 a 点之前，$\frac{n(NaBH_4)}{n(H_2O)}$ 的增大，$c(NaBH_4)$ 增大，速率增大；在 a 点之后，$\frac{n(NaBH_4)}{n(H_2O)}$增大，$c(H_2O)$ 减小，速率减小。

31 催化分析法

1. 催化剂表面反应物分子的吸附过程放热且快速达到平衡，升温则吸附平衡逆移，吸附的反应物浓度降低成为主因

2. $FeO^{+}+CO\rightleftharpoons Fe^{+}+CO_2$

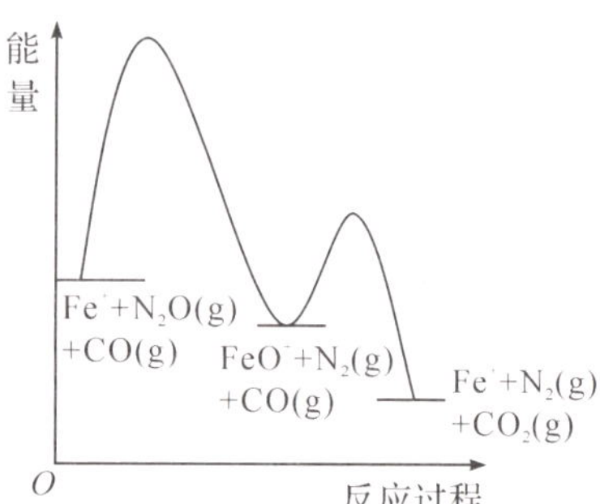

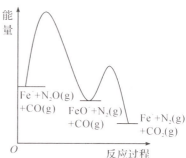

【解析】第一步反应生成物物质的量浓度 $c(N_2)$和第二步反应生成物物质的量浓度 $c(CO_2)$几乎相等，因此第二步反应速率极大，作图时第二步反应活化能需较小；由于物质的量不同、状态不一样，物质的能量就不一样，因此作图时需标注物质的量及状态情况。

3. AB 【解析】反应未平衡时，升高温度则化学反应速率增大，更多的反应物转化为生成物，且反应Ⅱ的活化能比反应Ⅰ的大，温度升高对活化能大的反应Ⅱ速率影响更大，更有利于提高产物中 H_2 的体积分数；若反应达平衡，据图可知，$CO_2(g)+H_2(g)\rightleftharpoons CO(g)+H_2O(g)$ $\Delta H<0$，升高温度，平衡逆向移动，有利于提高产物中 H_2 的体积分数。H^{+} 只能催化反应Ⅰ而对反应Ⅱ无影响。加入 H^{+}，短时间内能快速增大产物 CO 的选择性，减小生成 CO_2 的收率，故可使$\frac{n(CO)}{n(CO_2)}$能达到的极大值更大。

32 耦合促进法

1. $MgAl_2O_4(s)+4C(s)+4Cl_2(g)\xlongequal{高温}MgCl_2(s)+2AlCl_3(g)+4CO(g)$

氯化时加炭，既增大了反应的趋势，又为氯化提供了能量

【解析】由题干信息可知，不加炭的氯化反应很难进行，而氯化时加炭，增大了反应的趋势。同时C被氧化为CO放出热量，又为氯化提供了能量。

2. Ⅰ. $Cu^{2+}+Cu \rightleftharpoons 2Cu^{+}$

$K_1=6.35\times10^{-7}$；

Ⅱ. $CuCl(s) \rightleftharpoons Cu^{+}(aq)+Cl^{-}(aq)$

$K_2=K_{sp}=1.64\times10^{-7}$。

除Cl^-的反应为Ⅰ－Ⅱ×2得

$Cu^{2+}+Cu+2Cl^{-} \rightleftharpoons 2CuCl$

$K=K_1/[K_{sp}(CuCl)]^2=2.36\times10^{7}\gg10^{5}$。反应趋于完全，除$Cl^-$效果很好。

3. 由已知可得：

$AgCl+2NH_3 \rightleftharpoons [Ag(NH_3)_2]^{+}+Cl^{-}$

$K=1.77\times10^{-10}\times1.12\times10^{7}$

$=1.98\times10^{-3}$

$AgI+2NH_3 \rightleftharpoons [Ag(NH_3)_2]^{+}+I^{-}$

$K=8.52\times10^{-17}\times1.12\times10^{7}$

$=9.54\times10^{-10}$

从K值判断AgCl能被氨水溶解而AgI难以被氨水溶解，若没有类似“$Cu(OH)_2$溶解在一定浓度的氨水中”的NH_4^+耦合，因而AgCl与AgI在氨水中的溶解程度都要小得多。

33 近似计算法

1. 由于两种弱酸溶液均满足$\frac{c_0}{K_a}\geqslant380$，可以用近似计算法得出HA溶液中

$c(H^+)=\sqrt{1.0\times10^{-6}}\,mol\cdot L^{-1}$

$=10^{-3}mol\cdot L^{-1}$

HB溶液中

$c(H^+)=\sqrt{1.0\times10^{-8}}\,mol\cdot L^{-1}$

$=10^{-4}mol\cdot L^{-1}$

因此两溶液中$c(H^+)$之比为10∶1。

2. 由于$K_{a1}\gg K_{a2}$，

$c(S^{2-})\approx K_{a2}=1.3\times10^{-13}mol\cdot L^{-1}$

混合后溶液中$c(Cu^{2+})=0.01mol\cdot L^{-1}$。

溶液中

$Q=c(Cu^{2+})\times c(S^{2-})\approx1.3\times10^{-15}$

$>K_{sp}(CuS)$

所以有CuS沉淀生成。

3. 列三段式(单位：$mol\cdot L^{-1}$)

	$CH_3COOH \rightleftharpoons H^+$	+	CH_3COO^-
起始：	0.10	0	0
电离：	x	x	x
平衡：	$0.10-x$	x	$0.20+x$

$K_a=\frac{c(CH_3COO^-)\cdot c(H^+)}{c(CH_3COOH)}$

$=\frac{x(0.20+x)}{0.10-x}$

由于加入醋酸钠固体导致醋酸的电离平衡左移，可近似认为$0.20+x\approx0.20$，$0.10-x\approx0.10$，故有$K_a=\frac{0.20x}{0.10}=1.8\times10^{-5}$，解得$c(H^+)=9.0\times10^{-6}mol\cdot L^{-1}$。

4. C 【解析】由题图可知，曲线①为$\delta(HSO_4^-)$，曲线②为$\delta(SO_4^{2-})$，A项错误。$0.1mol\cdot L^{-1}$ Na_2SO_4溶液中$c(SO_4^{2-})$大于$0.1mol\cdot L^{-1}$ H_2SO_4溶液中$c(SO_4^{2-})$，所以$SrSO_4$在Na_2SO_4溶液中的溶解度小于在H_2SO_4溶液中的，B项错误。

$SrSO_4(s)+CO_3^{2-}(aq) \rightleftharpoons SrCO_3(s)+SO_4^{2-}(aq)$

$K=c(SO_4^{2-})/c(CO_3^{2-})$

$=K_{sp}(SrSO_4)/K_{sp}(SrCO_3)$

$=2.5\times10^{-7}/(1.6\times10^{-9})\approx156$

$c(CO_3^{2-})_{起始}=1mol\cdot L^{-1}$。

假设$c(CO_3^{2-})_{转化}=x\ mol\cdot L^{-1}$，$c(SO_4^{2-})_{生成}=x\ mol\cdot L^{-1}$，则有$x/(1-x)=156$，解得$x=0.9936$，C项正确。

由题图可得$K_{a1}=10^{-6.37}$，$K_{a2}=10^{-10.25}$，由于$K_{a1}\gg K_{a2}$，用估算法可得出碳酸溶液中$c(CO_3^{2-})\approx K_{a2}=10^{-10.25}mol\cdot L^{-1}$，与碳酸浓度无关。加入等体积$2mol\cdot L^{-1}$ $Sr(NO_3)_2$溶液后，溶液中

$Q=c(Sr^{2+})\cdot c(CO_3^{2-})\approx10^{-10.25}$

$<K_{sp}(SrCO_3)$

不会产生沉淀，D项错误。选C。

34 *K*值判断法

1. 氯化铵水解的离子方程式为

$NH_4^++H_2O \rightleftharpoons NH_3\cdot H_2O+H^+$

则水解平衡常数

$$K_h=\frac{c(NH_3\cdot H_2O)\cdot c(H^+)}{c(NH_4^+)}=\frac{K_w}{K_b}$$

假设加水过程中氯化铵的水解平衡不发生移动，则溶液中各微粒的物质的量浓度降至原来的0.1，则

$$Q=\frac{0.1\times c(NH_3\cdot H_2O)\cdot 0.1\times c(H^+)}{0.1\times c(NH_4^+)}$$

$$=0.1K_h<K$$

则氯化铵的水解平衡向水解方向移动，即“越稀越水解”。

2. 构建反应的化学方程式

$$SO_2+H_2O+BaCl_2 = BaSO_3\downarrow+2HCl$$

则该反应的平衡常数

$$K=\frac{c^2(H^+)}{c(H_2SO_3)\cdot c(Ba^{2+})}$$

$$=\frac{c(H^+)\cdot c(HSO_3^-)\cdot c(H^+)\cdot c(SO_3^{2-})}{c(H_2SO_3)\cdot c(Ba^{2+})\cdot c(HSO_3^-)\cdot c(SO_3^{2-})}$$

$$=\frac{K_{a1}\cdot K_{a2}}{K_{sp}(BaSO_3)}$$

$$=\frac{1.4\times10^{-2}\times6.0\times10^{-8}}{5.0\times10^{-10}}=1.68$$

说明 SO_2 通入 $BaCl_2$ 溶液能得到 $BaSO_3$，但是程度不大，同时也说明 $BaSO_3$ 也可以被较高浓度的盐酸溶解。

3. 若生成 Na_2CO_3，则反应的离子方程式为

$$2ClO^-+CO_2+H_2O = CO_3^{2-}+2HClO$$

$$K_1=\frac{c^2(HClO)\cdot c(CO_3^{2-})}{c^2(ClO^-)\cdot c(H_2CO_3)}$$

$$=\frac{c^2(HClO)\cdot c(HCO_3^-)\cdot c(CO_3^{2-})\cdot c^2(H^+)}{c^2(ClO^-)\cdot c(H_2CO_3)\cdot c(HCO_3^-)\cdot c^2(H^+)}$$

$$=\frac{K_{a1}(H_2CO_3)\cdot K_{a2}(H_2CO_3)}{K^2(HClO)}$$

$$=\frac{4.5\times10^{-7}\times4.7\times10^{-11}}{(4.0\times10^{-8})^2}=1.32\times10^{-2}$$

若生成 $NaHCO_3$，则反应的离子方程式为

$$ClO^-+CO_2+H_2O = HCO_3^-+HClO$$

$$K_2=\frac{c(HClO)\cdot c(HCO_3^-)}{c(H_2CO_3)\cdot c(ClO^-)}$$

$$=\frac{c(HClO)\cdot c(HCO_3^-)\cdot c(H^+)}{c(H_2CO_3)\cdot c(ClO^-)\cdot c(H^+)}$$

$$=\frac{K_{a1}(H_2CO_3)}{K(HClO)}=\frac{4.5\times10^{-7}}{4.0\times10^{-8}}=11.25$$

因为 $K_1<K_2$，所以 CO_2 通入漂白液（NaClO的水溶液）中发生第二个反应，即生成 $NaHCO_3$。

35　物料守恒法

1. (1) $c(K^+)=c(HC_2O_4^-)+c(C_2O_4^{2-})+c(H_2C_2O_4)$

(2) $3c(Na^+)=4c(CO_3^{2-})+4c(HCO_3^-)+4c(H_2CO_3)$

(3)存在

【解析】(1) KHC_2O_4 是强碱弱酸的酸式盐，$\frac{n(K)}{n(C)}=\frac{1}{2}$，$HC_2O_4^-$ 既会水解，又会电离，溶液中含C元素的粒子包括 $HC_2O_4^-$、$C_2O_4^{2-}$、$H_2C_2O_4$，因此有

$$\frac{n(K)}{n(C)}=\frac{1}{2}$$

$$=\frac{n(K^+)}{2n(HC_2O_4^-)+2n(C_2O_4^{2-})+2n(H_2C_2O_4)}$$

由十字交叉相乘得出物料守恒关系式为

$$c(K^+)=c(HC_2O_4^-)+c(C_2O_4^{2-})+c(H_2C_2O_4)$$

(2)等物质的量浓度的 Na_2CO_3 和 $NaHCO_3$ 以1∶2的体积比混合，$\frac{n(Na)}{n(C)}=\frac{4}{3}$，电离和水解后C元素在溶液中的存在形式包括 CO_3^{2-}、HCO_3^-、H_2CO_3，因此有

$$\frac{n(Na)}{n(C)}=\frac{4}{3}$$

$$=\frac{n(Na^+)}{n(CO_3^{2-})+n(HCO_3^-)+n(H_2CO_3)}$$

由十字交叉相乘得出物料守恒关系式为

$$3c(Na^+)=4c(CO_3^{2-})+4c(HCO_3^-)+4c(H_2CO_3)$$

(3)点③所示溶液电荷守恒为

$$c(Na^+)+c(H^+)=c(OH^-)+2c(C_2O_4^{2-})+c(HC_2O_4^-)$$

由pH=7得

$$c(Na^+)=2c(C_2O_4^{2-})+c(HC_2O_4^-)$$

由物料守恒有

$$c(C_2O_4^{2-})+c(HC_2O_4^-)+c(H_2C_2O_4)$$

$$=\frac{0.1\times20}{20+V[NaOH(aq)]}(mol\cdot L^{-1})$$

$c(Na^+)=\frac{0.1\times V[NaOH(aq)]}{20+V[NaOH(aq)]}(mol\cdot L^{-1})$

三式相加消去 $c(Na^+)$ 并化简得

$3c(C_2O_4^{2-})+2c(HC_2O_4^-)+c(H_2C_2O_4)=0.1mol\cdot L^{-1}$

因此，点③存在题给关系式。

2. 36% 【解析】剩余硝酸是 $1mol\cdot L^{-1}\times 0.08L=0.08mol$，则参加反应的硝酸为 $13.5mol\cdot L^{-1}\times 0.08L-0.08mol=1.0mol$。设合金中 Cu 和 Ag 的物质的量分别为 x mol 和 y mol，则有 $64x+108y=30.0$，根据氮原子守恒可知 $2x+y=1.0-0.3=0.7$，解得 $x=0.3$，$y=0.1$，所以银的质量分数为

$\frac{0.1mol\times 108g\cdot mol^{-1}}{30.0g}\times 100\%=36\%$

36 动静转换法

1. A 【解析】$\varphi(1)$ 与 $\varphi(2)$ 可以看作恒温下，两个体积相同的密闭容器中，一个充入 1mol X、1mol Y，另一个充入 2mol X、2mol Y，二者都达到平衡时各自的转化率。将 2mol X、2mol Y 拆分成两倍体积的两个 1mol X、1mol Y 反应体系：

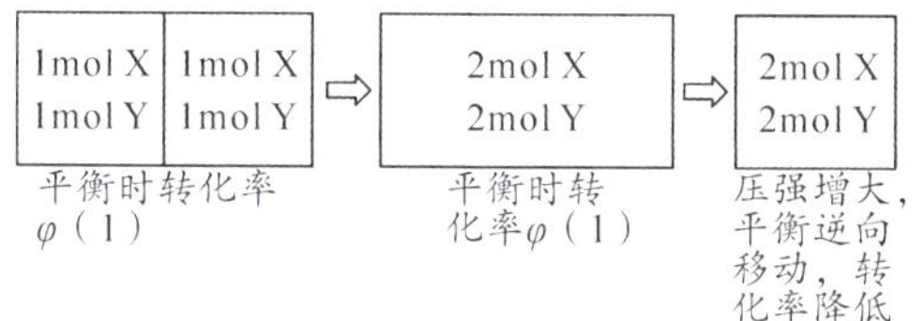

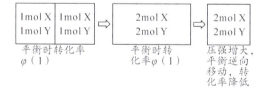

由此可得，$\varphi(1)$ 与 $\varphi(2)$ 的大小关系为 $\varphi(1)>\varphi(2)$，选 A。

2. > 【解析】设等物质的量浓度的醋酸溶液与 NaOH 溶液等体积混合，先分析反应产物，再考虑产物的水解或者电离带来的变化，此时醋酸溶液与 NaOH 物质的量相等，恰好完全反应得到产物醋酸钠，醋酸钠水解后溶液呈碱性，要使最终呈中性，则需继续加入醋酸，因此最终 V(醋酸溶液)$>V$(NaOH 溶液)。

3. 2∶1 【解析】由题可知

$3c(Na^+)=4[c(PO_4^{3-})+c(HPO_4^{2-})+c(H_2PO_4^-)+c(H_3PO_4)]$

则 $c(Na)_{总}:c(P)_{总}=4:3$。

设 $c(NaH_2PO_4):c(Na_2HPO_4)=X:Y$，则无论 NaH_2PO_4 与 Na_2HPO_4 在溶液中存在何种程度的电离与水解，根据 Na 与 P 的守恒，均存在

$c(Na)_{总}:c(P)_{总}=(X+2Y):(X+Y)$

即 $(X+2Y):(X+Y)=4:3$，解得 $X:Y=2:1$。

4. B 【解析】NH_4Cl 溶液中 $c(Cl^-)=c(NH_4^+)+c(H^+)-c(OH^-)$，盐酸溶液中 $c(Cl^-)=c(H^+)-c(OH^-)$，两溶液 $c(H^+)$、$c(OH^-)$ 均相等，所以 $c(Cl^-)$ 不相等，A 项错误；NH_4Cl 溶液中存在 NH_4^+ 的水解平衡

$NH_4^++H_2O\rightleftharpoons NH_3\cdot H_2O+H^+$

$$K_h=\frac{c(NH_3\cdot H_2O)\cdot c(H^+)}{c(NH_4^+)}$$

当加入等体积等 pH 的盐酸溶液时，$c(H^+)$ 未改变仍然为 $10^{-3}mol\cdot L^{-1}$，体积增大一倍，$NH_3\cdot H_2O$、NH_4^+ 的浓度为原来一半，

$Q=\frac{0.5c(NH_3\cdot H_2O)\cdot c(H^+)}{0.5c(NH_4^+)}=K_h$

因此，水解平衡不发生移动，B 项正确；氢气的体积未注明标准状况，C 项错误；仅分析 NH_4Cl 溶液，根据物料守恒可得

$c(Cl^-)=c(NH_4^+)+c(NH_3\cdot H_2O)$

再加入盐酸时，等式便不再成立，D 项错误。

5. < 【解析】该反应起始时只投入了反应物，由正反应开始，随着反应的进行，容器内的气体分子数逐渐减少，压强降低。但是达到平衡时，容器内的压强却是增大的，由于反应容器为恒容绝热，因此压强增大的主要因素为温度升高，故正反应为放热过程。

37 主次分析法

1. C 【解析】先要明确，这是 CH_3COOH 溶液和 NaOH 溶液的混合。根据加入的 NaOH

的量，溶质可能是① CH_3COONa 和 CH_3COOH，② CH_3COONa，③ CH_3COONa 和 NaOH 三种情况中的一种。根据电荷守恒有

$c(Na^+)+c(H^+)=c(CH_3COO^-)+c(OH^-)$

A 项正确；B 项中，pH＝5 时，溶质为 CH_3COONa 和 CH_3COOH，溶液呈酸性，以 CH_3COOH 电离为主，主次分析模型如下图所示。

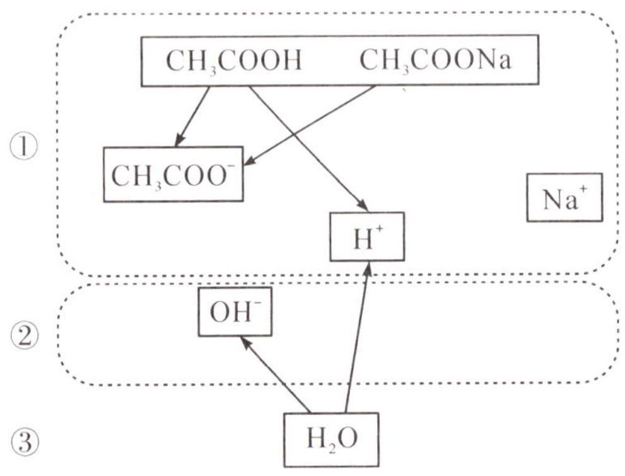

由上述模型可知，

$c(CH_3COO^-)>c(Na^+)>c(H^+)>c(OH^-)$

故 B 项正确；根据电荷守恒，再根据 C 项要求的二者混合后溶液 pH＝6，则 NaOH 溶液的体积小于 20.00mL，结合物料守恒有

$c(CH_3COO^-)+c(CH_3COOH)>0.05mol\cdot L^{-1}$

则可得

$c(Na^+)+c(H^+)+c(CH_3COOH)-c(OH^-)>0.05mol\cdot L^{-1}$

故 C 项错误；如果消耗 NaOH 溶液的体积为 20.00mL，二者恰好完全反应生成 CH_3COONa，溶液水解呈碱性，而溶液呈中性，所以消耗的 NaOH 溶液的体积小于 20.00mL，故 D 项正确。

2. D　**【解析】**弱酸与强碱溶液混合可反应，反应后溶液成分为 $0.1mol\cdot L^{-1}$ 的 HCN 与 NaCN 混合溶液。HCN 为弱酸，部分电离，$HCN\rightleftharpoons H^++CN^-$，使溶液呈酸性；NaCN 为强碱弱酸盐，$CN^-$ 部分水解，$CN^-+H_2O\rightleftharpoons HCN+OH^-$，溶液呈碱性；混合溶液呈碱性，以 NaCN 水解为主。主次分析模型如下图所示。

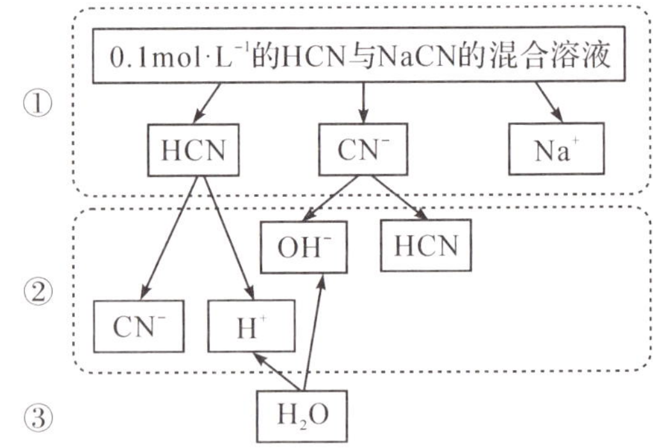

第①层溶液组分粒子浓度较大，属于主要粒子，包括 Na^+、CN^- 和 HCN，若不存在电离与水解，$c(Na^+)=c(CN^-)=c(HCN)$，但实际溶液呈碱性，则 $c(OH^-)>c(H^+)$，说明盐类的水解程度大于弱酸电离的程度，导致 $c(CN^-)$ 减小，$c(HCN)$ 增大，故 $c(HCN)>c(Na^+)>c(CN^-)$；第②层盐类的水解程度和酸的电离程度小，产生 H^+ 和 OH^- 浓度较小，均比主要粒子浓度小。因此，$c(HCN)>c(Na^+)>c(CN^-)\gg c(OH^-)>c(H^+)$，选项 A、B 项错误，根据物料守恒和电荷守恒可知 C 项错误，D 项正确。

38　溯源法

1. (1)氢酯比在 2～9 之间，增大氢气的浓度利于增大反应的速率，且反应Ⅰ的反应速率增大程度大于反应Ⅱ

(2)反应Ⅰ为放热反应，反应Ⅱ为吸热反应，温度升高，反应Ⅱ向正反应方向移动，反应Ⅰ向逆反应方向移动且程度更大

【解析】(1)氢酯比在 2～9 之间，比值越大，氢气浓度越大，由题图来看，乙醇的选择性增大，得出体系中局部反应，即反应Ⅰ速率增大；然后整体分析，因为由题图发现乙酸甲酯的转化率也在升高，且与乙醇的选择性增大相近，因此反应Ⅰ的反应速率增大程度在整个体系中起主导作用；结合题设要求得出本题结论。

(2)温度高于 240℃后，反应Ⅰ平衡移动，因为放热反应，所以转化率降低(局部分析)；体系中反应Ⅱ吸热，转化率升高(整体分

析);由题设整个反应体系转化率降低,可以得出本题结论(局部分析)。

2. (1)催化剂显著降低了 $C_{10}H_{12} \rightarrow C_{10}H_8$ 的活化能,反应生成的 $C_{10}H_{12}$ 很快转变为 $C_{10}H_8$,导致 $C_{10}H_{12}$ 不能积累

(2)升高温度或改变催化剂　改变催化剂,或提高温度增加十氢萘分解反应的活化分子数,可增大十氢萘的分解速率(升高温度对活化能大的反应速率影响大)

【解析】(1)先进行局部分析,即十氢萘($C_{10}H_{18}$)→四氢萘($C_{10}H_{12}$),$C_{10}H_{12} \rightarrow C_{10}H_8$,二者之间是连续反应。再整体分析,四氢萘既是产物,又是反应物,为什么在催化剂作用下难以增多,可以得出催化剂降低了四氢萘分解的活化能 E_{a2},提升了四氢萘分解速率,即四氢萘生成后就被分解掉了,因此没有累积。据此,也可得出第(2)问答案。

3. (1) $Fe + 2HCO_3^- \xlongequal{300℃} FeCO_3 + CO_3^{2-} + H_2\uparrow$

(2)随 $c(HCO_3^-)$ 增大,生成 $FeCO_3$ 和 H_2 的速率更大,量更大,生成 $HCOO^-$ 的速率更大,产率也更大

【解析】(1)在300℃时,密闭容器中 $NaHCO_3$ 溶液与铁粉反应,反应初期有 $FeCO_3$ 生成并放出 H_2,故离子方程式为

$Fe + 2HCO_3^- \xlongequal{300℃} FeCO_3 + CO_3^{2-} + H_2\uparrow$

(2)根据题意,体系中存在的反应有

$Fe + 2HCO_3^- \xlongequal{300℃} FeCO_3 + CO_3^{2-} + H_2\uparrow$

$FeCO_3$ 迅速转化为活性 Fe_3O_{4-x} 和

$H_2 + HCO_3^- \xlongequal{Fe_3O_{4-x}} HCOO^- + H_2O$

等三个反应。按照题干所说的 $c(HCO_3^-)$ 增大,由题图2中曲线可知,Fe的转化率升高,可以得出Fe与 HCO_3^- 反应的速率更大,量更大(局部分析);然后体系中其他两个反应均会正向更快更大程度地进行(整体分析);形成结论,在其他条件相同时,随 $c(HCO_3^-)$ 增大,其与铁粉生成 $FeCO_3$ 和 H_2 的速率更大,量更大,则得到活性 Fe_3O_{4-x} 的速率更大,量也更多,生成 $HCOO^-$ 的速率更大,产率也更大(局部解决问题)。

39　程序选择法

1. B　【解析】温度改变时,体系中的化学反应没有变,讨论的是平衡状态下的问题。含碳产物只生成一氧化碳和二氧化碳,它们的选择性之和应该等于100%。曲线①和曲线③的交点在50%左右,它们分别是一氧化碳和二氧化碳的选择性曲线中的一条,得出②是氢气产率的曲线。A项错误。体系中反应Ⅰ的生成物是反应Ⅱ的反应物,氢气的产率在330℃以后逐渐降低,消耗氢气的反应Ⅱ进行的程度在不断增大,一氧化碳的选择性提高,曲线③是一氧化碳的选择性曲线,B项正确。增大 $\frac{n(C_2H_5OH)}{n(H_2O)}$,乙醇的平衡转化率减小,C项错误;高效催化剂能增大反应速率,但不可以改变平衡时氢气的产率,D项错误。

2. (1)温度高于290℃时,随着温度升高,反应

$CO_2(g) + H_2(g) \rightleftharpoons CO(g) + H_2O(g)$

的平衡向右移动的程度大于反应

$2CO_2(g) + 6H_2(g) \rightleftharpoons CH_3OCH_3(g) + 3H_2O(g)$

的平衡向左移动的程度,使 CO_2 的平衡总转化率随温度升高而上升

(2) CO_2 催化加氢合成二甲醚的反应活化能较低,反应速率较大,而合成二甲醚的副反应 $CO_2(g) + H_2(g) \rightleftharpoons CO(g) + H_2O(g)$ 的活化能较高,反应速率较小,因此反应2.5h时二甲醚的实际选择性高于其平衡选择性

40　综合分析法

1. B　【解析】设定每个反应生成气体的压强如下,则有

$NH_4HCO_3(s) \rightleftharpoons NH_3(g) + H_2O(g) + CO_2(g)$

x Pa　x Pa　x Pa

$2NaHCO_3(s) \rightleftharpoons Na_2CO_3(s) + H_2O(g) + CO_2(g)$

y Pa　y Pa

A项,单独进行反应Ⅱ时,气体总压强 $p_2 = 2y = 4\times10^3$ Pa,所以 $y = 2\times10^3$ Pa,故反应Ⅱ

的平衡常数

$K_{p\text{Ⅱ}}=p(H_2O)\times p(CO_2)=4\times10^6\ Pa^2$

A 项正确。

同理可得，单独进行反应Ⅰ时，

$x=1.2\times10^4\ Pa$，$K_{p\text{Ⅰ}}=1.2^3\times10^{12}\ Pa^3$

B 项，设通入 z Pa NH_3，其他未知数不变。再次平衡后，

$p(NH_3)=(x+z)Pa$

$p(H_2O)=(x+y)Pa$

$p(CO_2)=(x+y)Pa$

由 $K_{p\text{Ⅱ}}=(x+y)^2=4\times10^6\ Pa^2$

可得 $x+y=2\times10^3\ Pa$。

$K_{p\text{Ⅰ}}=(x+z)(x+y)^2=1.2^3\times10^{12}\ Pa^3$

解得 $x+z=4.32\times10^5\ Pa$。所以总压强

$p_{总}=x+z+2(x+y)=4.36\times10^5\ Pa$

总压强不变，B 项错误。

C 项，平衡后，$p(NH_3)=x$ Pa

$p(H_2O)=(x+y)$ Pa

$p(CO_2)=(x+y)$ Pa

$K_{p\text{Ⅱ}}=(x+y)^2=4\times10^6\ Pa^2$

解得 $x+y=2\times10^3\ Pa$。由

$K_{p\text{Ⅰ}}=x(x+y)^2=1.2^3\times10^{12}\ Pa^3$

解得 $x=4.32\times10^5\ Pa$，所以总压强

$$\begin{aligned}p_{总}&=3x+2y=x+2(x+y)\\&=4.32\times10^5+2\times2\times10^3\\&=4.36\times10^5\ Pa\end{aligned}$$

C 项正确。

D 项，仍设与 C 项相同的未知数，因为缩小体积后 $K_{p\text{Ⅰ}}$、$K_{p\text{Ⅱ}}$ 均不变，故重新平衡后 x、y、z 的值均不变，总压强不变。

综上选 B。

2. A 【解析】化合物 E 和 TFAA 转化成 H 共发生三个反应，设每个反应的相应量如下。

①E + TFAA ⟶ F

$x\ mol\cdot L^{-1}$ $x\ mol\cdot L^{-1}$ $x\ mol\cdot L^{-1}$

②F ⟶ G

$y\ mol\cdot L^{-1}$ $y\ mol\cdot L^{-1}$

③G ⇌ H + TFAA

$z\ mol\cdot L^{-1}$ $z\ mol\cdot L^{-1}$ $z\ mol\cdot L^{-1}$

则反应结束后，

$c(E)=(0.10-x)\ mol\cdot L^{-1}$

$c(HFAA)=(0.08-x+c)mol\cdot L^{-1}$

$c(F)=(x-y)\ mol\cdot L^{-1}$

$c(G)=(y-z)\ mol\cdot L^{-1}$

$c(H)=z\ mol\cdot L^{-1}$

结合计算过程与题图可得，t_1 时刻，

$c(H)=z\ mol\cdot L^{-1}=0.01mol\cdot L^{-1}$

$c(TFAA)=(0.08-x+z)=0$

解得 $x=0.09$，所以 t_1 时刻，

$c(E)=(0.10-0.09)mol\cdot L^{-1}=0.01mol\cdot L^{-1}$

故体系中有 E 存在，A 项正确。

结合计算过程与题图可得，t_2 时刻，

$c(H)=c=0.08mol\cdot L^{-1}$

$$\begin{aligned}c(TFAA)&=(0.08-x+z)mol\cdot L^{-1}\\&=0.06mol\cdot L^{-1}\end{aligned}$$

$c(G)=(y-c)mol\cdot L^{-1}=0.01mol\cdot L^{-1}$

解得 $x=0.10$，$y=0.09$，$z=0.08$，则体系中 $c(F)=0.01mol\cdot L^{-1}$。B 项错误。

观察题图可知，TFAA 的物质的量浓度在极短时间内减小为 0，说明 E 与 TFAA 反应生成 F 的活化能很低，C 项错误。

由 B 项计算得，t_2 时刻，

$c(E)=0$

$c(TFAA)=0.06mol\cdot L^{-1}$

$c(F)=0.01mol\cdot L^{-1}$

$c(G)=0.01mol\cdot L^{-1}$

$c(H)=0.08mol\cdot L^{-1}$

体系中已不存在 E，说明 TFAA 不会被消耗。第三步反应使 TFAA 的物质的量浓度增大，但必须是体系中的 F、G 全部转化为 H，$c(TFAA)$ 才可能等于 $0.08mol\cdot L^{-1}$，但可逆反应不可能完全转化，D 项错误。

3. $\dfrac{p(SO_2)-p(SO_3)}{4}$　46.26　$\dfrac{46.26^2\times2.64}{35.7^2}$

【解析】设每个反应的转化量如下。

$2FeSO_4(s)\rightleftharpoons Fe_2O_3(s)+SO_2(g)+SO_3(g)$

a mol　a mol

$2SO_3(g)\rightleftharpoons 2SO_2(g)+O_2(g)$

b mol　b mol　$\frac{1}{2}b$ mol

平衡时，

$n(SO_2)=(a+b)mol \to p(SO_2)$

$n(SO_3)=(a-b)mol \to p(SO_3)$

$n(O_2)=\frac{1}{2}b\ mol \longrightarrow p(O_2)$

可得 $p(O_2)=\frac{p(SO_2)-p(SO_3)}{4}$。

气体总物质的量

$n_{总}=\left(2a+\frac{1}{2}b\right)mol \to 84.6kPa$

$n(SO_3)=(a-b)mol \to 35.7kPa$

解得 $a \to 40.98kPa$，$b \to 5.28kPa$。所以 $p(SO_2)=46.26kPa$，$p(O_2)=2.64kPa$，故

$K_{p外}=\frac{p^2(SO_2)\times p(O_2)}{p^2(SO_3)}=\frac{46.26^2\times 2.64}{35.7^2}kPa$

41 缺项配平法

1. $3NaH+Fe_2O_3 = 2Fe+3NaOH$

【解析】基于元素价态和题给信息可知氧化剂 Fe_2O_3 被还原为 Fe，而还原剂 NaH 中的 H 元素从 −1 价被氧化到 +1 价，结合元素组成分析可知产物是 NaOH，配平化学计量数可得 $3NaH+Fe_2O_3 = 2Fe+3NaOH$。

2. $2[Cu(NH_3)_4]^{2+}+3SO_2+4H_2O = 2NH_4CuSO_3\downarrow+6NH_4^++SO_4^{2-}$

【解析】分析反应物元素的化合价可知，$[Cu(NH_3)_4]SO_4$ 作氧化剂，+2 价的 Cu^{2+} 应被还原为 +1 价的 Cu^+，SO_2 作还原剂被氧化为 SO_4^{2-}；结合题给信息分析，可得白色沉淀应为 NH_4CuSO_3，即得

$[Cu(NH_3)_4]^{2+}+SO_2+$______ —— $NH_4CuSO_3\downarrow+SO_4^{2-}+$____

依据得失电子守恒配平化学计量数，可得

$2[Cu(NH_3)_4]^{2+}+3SO_2+$______ —— $2NH_4CuSO_3\downarrow+SO_4^{2-}+$____

最后结合电荷守恒和元素守恒分析，因溶液呈微酸性，另有产物 NH_4^+，补上 H_2O，配平化学计量数可得

$2[Cu(NH_3)_4]^{2+}+3SO_2+4H_2O = 2NH_4CuSO_3\downarrow+6NH_4^++SO_4^{2-}$

3. $4Au+O_2+8CN^-+2H_2O = 4[Au(CN)_2]^-+4OH^-$

【解析】Au 在反应中作还原剂，被氧化为配离子 $[Au(CN)_2]^-$，结合"富氧"条件分析可知 O_2 是氧化剂，被还原到 −2 价，还原产物可能是 H_2O 或 OH^-，即得

$Au+O_2+CN^-+$____ —— $[Au(CN)_2]^-+$____

依据得失电子守恒配平化学计量数，可得

$4Au+O_2+CN^-+$____ —— $4[Au(CN)_2]^-+$____

最后结合电荷守恒和元素守恒分析，补上 H_2O 和 OH^-，配平化学计量数可得

$4Au+O_2+8CN^-+2H_2O = 4[Au(CN)_2]^-+4OH^-$

4. $CaCN_2+4H_2O = Ca(OH)_2+2NH_3\uparrow+CO_2\uparrow$

【解析】依题意，$CaCN_2$ 中 Ca 显 +2 价，与水电离的 OH^- 结合为 $Ca(OH)_2$，而显 −2 价的 CN_2^{2-} 与水电离的 H^+ 结合为 H_2CN_2。依据元素守恒并结合题给信息分析 H_2CN_2 进一步水解得到 NH_3 和 CO_2，依据元素守恒配平化学计量数得到总反应方程式为 $CaCN_2+4H_2O = Ca(OH)_2+2NH_3\uparrow+CO_2\uparrow$。

5. $(C_2H_5)_2SO_4+2CO_3^{2-}+2H_2O \longrightarrow 2C_2H_5OH+2HCO_3^-+SO_4^{2-}$

【解析】依题意，将 $(C_2H_5)_2SO_4$ 分为两部分 $(C_2H_5)_2|SO_4$，$\overset{\delta+}{C_2H_5}$ 带正电性，与水电离的 OH^- 结合为 C_2H_5OH，而 $\overset{\delta-}{SO_4}$ 带负电性，与水电离的 H^+ 结合为 H_2SO_4。H_2SO_4 继续与足量的 Na_2CO_3 反应，将其转化为酸式盐，依据元素守恒和电荷守恒配平化学计量数可得总反应为

$(C_2H_5)_2SO_4+2CO_3^{2-}+2H_2O \longrightarrow 2C_2H_5OH+2HCO_3^-+SO_4^{2-}$

42 辩证分析法

1. (1)Si—H 键相比于 C—H 键，键长更长，键能更小，因此易于分解生成 Si 和 H_2；SiH_4 中 H 显 −1 价，易被氧化，还原性表现相对

较强。

(2)反应 $GaCl_3+NH_3 \xlongequal{} GaN+3HCl$ 中断裂 Ga—Cl 键和 N—H 键吸收的能量小于 N_2(氮氮三键)断键吸收的能量;$GaCl_3+NH_3 \xlongequal{} GaN+3HCl$ 气体增加,是熵增反应,而 $2Ga+N_2 \xlongequal{} 2GaN$ 气体减少,是熵减反应,而熵增有利于反应自发进行。

【解析】从热稳定性考虑键能,其中比较少见的思考方向是较大基团排斥力导致键角、键能变化,此为焓效应;分解熵增为熵效应;分解反应的自发程度,应该从焓和熵两个角度统筹考虑。

2. 酸性:苯硫酚>苯酚>乙醇。

【解析】类比于本节例 3,R—S—H 的酸性也应大于 R—O—H 的酸性。

3. (1)NO_2^+(sp 杂化,180°)>NO_2(sp^2 杂化,但单个电子排斥力弱于成对电子排斥力,>120°)>NO_3^-(sp^2 杂化,无孤电子对,120°) NO_2^-(sp^2 杂化,1 个孤电子对,<120°)。

(2)CH_4>CH_3Cl>CH_3I。

(3)∠Cl—C—Cl<∠H—C—H。

【解析】键角比较模型——首先判断杂化方式(一般 sp>sp^2>sp^3),然后比较孤电子对数(2 对压缩能力大于 1 对),孤电子对数相同(≠0)时,中心原子电负性越小,周边原子电负性越大,则键角可被孤电子对压缩得越小。大原子团、π 电子云压缩能力可类比于孤电子对。

43 极性分析法

1. < **【解析】**(邻位 CH_3 取代的苯环,连 NH—C(=O)—CH_3)中 N 原子右侧连着吸电子基团羰基,导致 N—H 键的极性更大,更易电离出氢离子。

2. $CF_3—CH_2—CH_2Cl$

【解析】$CF_3—CH=CH_2$ 分子中—CF_3 是吸电子基团,对碳碳双键会产生吸电子效应,使得双键两端的碳原子之间的共用电子对偏向双键中的中端碳原子,使链端碳原子带部分正电荷,中端碳原子带部分负电荷,氯化氢中带正电荷的氢原子结合带负电荷的链端碳原子,带负电荷的氯原子结合带正电荷的另一成键碳原子,如下图所示。

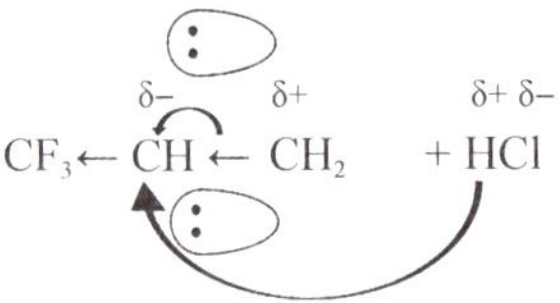

因此,形成的产物就以 $CF_3—CH_2—CH_2Cl$ 为主。

3. < **【解析】**后者分子中氨基连在—NH—上,导致氨基的氮原子上的电子云密度比前者大,结合质子能力增强,所以后者碱性强。

4. ①>③>② **【解析】**① 中 F 的电负性很强,—CF_3 为吸电子基团,使得—OOCH 中 C—O 键的极性更大,更易断裂,水解反应更易进行,② 中—CH_3 是推电子基团,使得—OOCH中 C—O 键极性更小,更难断裂,水解反应更难进行,因此在同一条件下,化合物水解反应速率由大到小的顺序为①>③>②。

5. 氟原子可增强 α-H 的活泼性。氟原子为吸电子基团,降低相连碳原子的电子云密度,使 α-C 与 H 的共价键的极性增强,有利于增强 α-H 的活泼性

44 键角比较法

1. OF_2 的中心 O 原子采取 sp^3 杂化,理论键角为 109°28′,但价层有 2 个孤电子对,由于孤电子对和成键电子对之间的排斥力大于成键电子对之间的排斥力,所以键角小于 109°28′

2. < 二者的中心氮原子均为 sp^3 杂化,NH_3 分子中的 N 原子有孤电子对,孤电子对与成键电子之间有较大斥力,$[Co(NH_3)_6]^{2+}$ 中的 N 原子无孤电子对

3. sp^3 < —NH_2 中 N 原子为 sp^3 杂化,有孤电子对,对成键电子对的斥力大,键角小,而—NH_3^+ 中 N 也是 sp^3 杂化,无孤电子对

4. < **【解析】**两种物质中的 P 都为 sp^3 杂化,

但P_4O_6中P有1个孤电子对，孤电子对对成键电子对的斥力较大，故P_4O_6中∠O—P—O小于P_4O_{10}中∠O—P—O。

5. 由于该物质的NH_3中N原子提供孤电子对和Zn^{2+}配位成键，由单独NH_3分子的孤电子对与成键电子对间的排斥作用变为成键电子对间的排斥，斥力减弱，所以∠H—N—H由单独NH_3分子中的107°变为109.5°

45 等电子体法

1. N_2O或CO_2或COS或CS_2或$BeCl_2$等
N_3^-或CNS^-或NO_2^+或CN_2^{2-}等
【解析】若为与CNO^-互为等电子体的分子，需将这1个电荷转化为1个价电子，这个价电子给C则变为N得N_2O，给N则变为O得CO_2（也可直接看作将N_2O中2个N原子进行价电子转移换为C、O从而得CO_2，再由CO_2进行价电子转移或同族元素互换可得COS、CS_2、$BeCl_2$等。
若为与CNO互为等电子体的离子，除前面判断出的N_3^-外，利用同族元素互换可得CNS^-；利用电子和电荷互换可得NO_2^+和CN_2^{2-}。

2. $[\ddot{\underset{..}{S}}::C::\ddot{\underset{..}{N}}]^-$
【解析】直接写出SCN^-的电子式难度较大，但在题给信息提示下，可以利用等电子体法，由我们熟知结构的等电子体CO和N_2、NO_2^+和CO_2等，参照其结构式和电子式来确定。

3. sp杂化　sp^2杂化、sp^2杂化
【解析】等电子体具有相同的结构特征，则等电子体的中心原子的杂化类型相同。用此方法将结构模糊或复杂的分子、离子转化成熟悉的等电子体，然后进行确定。如NO_2^+、$H_2B{=}NH_2$分别与CO_2、$CH_2{=}CH_2$互为等电子体，而CO_2、$CH_2{=}CH_2$的中心原子C原子分别为sp、sp^2杂化，则NO_2^+的中心原子N原子为sp杂化，$H_2B{=}NH_2$的中心原子B、N原子均为sp^2杂化。

4. D【解析】已知吡啶中含有与苯类似的大π键，说明吡啶中N原子也是采用sp^2杂化，杂化轨道只用于形成σ键和存在孤电子对，则吡啶中N原子的价层孤电子对占据sp^2杂化轨道，故选D。

46 结构分析法

1. 正四面体　sp^3
【解析】$Si(NH_2)_4$中Si价电子数为4，N已经与两个H形成共价键，所以还需要1个电子就达到八隅体，所以Si的4个价电子数全部用于与N形成共价键，没有孤电子对。将—NH_2看作一个整体，$Si(NH_2)_4$可记为AB_4E_0型，所以分子空间结构为正四面体，中心原子杂化方式为sp^3。

2. 正四面体　sp^2
【解析】BF_4^-属于AB_4E_0型，所以空间结构为正四面体。因为咪唑环存在大π键Π_5^6，所以环上的5个原子一定在一个平面上，否则无法形成大π键。N原子的结构是平面结构，只能是sp^2杂化。

3. sp^3　②
【解析】$SiCl_4$属于AB_4E_0型，所以空间结构为正四面体，Si杂化方式sp^3。

Cl　Cl
Cl—Si—O(H)(H)
Cl

含s、p、d轨道的杂化

题干中的信息有"①dsp^2、②sp^3d、③sp^3d^2"，dsp^2实际上表示的是$(n-1)$d轨道和ns、np轨道进行杂化（n表示能层序数），Si的价层电子排布式为$3s^23p^2$，$(n-1)$层为第2层，第二层没有d轨道，显然不可能是dsp^2杂化。再观察该中间体结构，中心Si形成5根化学键，所以sp^3d杂化更合理。
（编者注：sp^3d^2也有可能形成5根化学键，已远超出高中范围。有兴趣的读者可以参阅相关的大学教材。）

47　氢键模型法

1. 硝酸分子形成分子内氢键，而硫酸分子易形成分子间氢键

【解析】硝酸和硫酸的分子结构中均具备形成氢键的条件，但因为分子结构差异，形成的氢键种类存在差异。

硝酸分子的中心 N 原子的杂化方式为 sp^2 杂化，分子呈平面三角形，羟基氢与非羟基氧距离较近，能够形成分子内氢键。

硫酸分子的中心 S 原子为 sp^3 杂化，分子呈四面体形，羟基氢与非羟基氧距离较远，不能形成分子内氢键，反而易形成分子间氢键。

2. B　【解析】苯分子和三氯甲烷分子中只有 C—H 键，H 均呈正电性，A 项不符合；LiH 中的 H 呈负电性，HCN 中 H 呈正电性，B 项符合；C_2H_4 分子和 C_2H_2 分子中只有 C—H键，H 均呈正电性，C 项不符合；N_2H_4 分子和 NH_3 分子中 H 均呈正电性，D 项不符合。

3. 吡唑分子常通过氢键以二聚体（ ）的形式存在。而咪唑常通过氢键以多聚长链（…N NH…N NH…N NH…）的形式存在，分子间作用力更强，熔点更高。

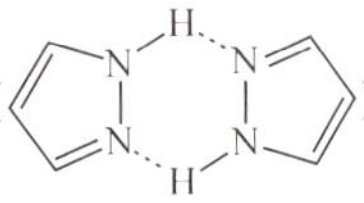

4. 乙烷分子的中心 C 原子采用 sp^3 杂化，轨道半径较大，C 负电性和 H 正电性不明显。

乙炔分子的中心 C 原子采用 sp 杂化，轨道半径较小，C 负电性及 H 正电性明显，因此乙炔与水分子间形成的静电作用（氢键）增强。

48　分数坐标法

1. $\frac{\sqrt{2}}{2}\sqrt[3]{\frac{164}{\rho N_A}}$ cm

【解析】首先根据晶胞密度计算出晶胞的棱长。令晶胞边长为 a cm，一个晶胞中占有 4 个N 和 4 个 Al，可以计算出

$$a=\sqrt[3]{\frac{4\times(14+27)}{\rho N_A}}\text{ cm}=\sqrt[3]{\frac{164}{\rho N_A}}\text{ cm}$$

观察晶胞可知，此晶胞结构与熟悉的金刚石晶胞几乎完全相同。N 占据相邻 4 个 Al 围成的四面体的空隙中心。所以 4 个 N 的分数坐标为$\left(\frac{3}{4},\frac{1}{4},\frac{1}{4}\right)$，$\left(\frac{1}{4},\frac{3}{4},\frac{1}{4}\right)$，$\left(\frac{1}{4},\frac{1}{4},\frac{3}{4}\right)$，$\left(\frac{3}{4},\frac{3}{4},\frac{3}{4}\right)$。其中任意两个 N 的距离均相等。例如取前两个坐标计算可得两个 N 之间的距离为

$$\sqrt{\left(\frac{3}{4}-\frac{1}{4}\right)^2+\left(\frac{1}{4}-\frac{3}{4}\right)^2+\left(\frac{1}{4}-\frac{1}{4}\right)^2}\times a\text{ cm}$$

$$=\frac{\sqrt{2}}{2}a\text{ cm}=\frac{\sqrt{2}}{2}\sqrt[3]{\frac{164}{\rho N_A}}\text{ cm}$$

2. 此题若运用观察法过于抽象，很难解答。若采用分数坐标法则很好解决。

已知“底面左上角的 M 离子选为晶胞顶点”，则 X 位置的分数坐标为$\left(\frac{3}{4},\frac{1}{4},\frac{1}{4}\right)$，其余三处 B 离子的分数坐标分别为$\left(\frac{1}{4},\frac{3}{4},\frac{1}{4}\right)$，$\left(\frac{1}{4},\frac{1}{4},\frac{3}{4}\right)$，$\left(\frac{3}{4},\frac{3}{4},\frac{3}{4}\right)$。现要求以 X 位置作为顶点，即将坐标原点移至此处。可做如下数学变化：

$$\begin{array}{r} \frac{3}{4}\quad\frac{1}{4}\quad\frac{1}{4}\\ +\frac{1}{4}\quad\frac{3}{4}\quad\frac{3}{4}\\ \hline 1\quad 1\quad 1 \end{array}$$

在晶胞中坐标“1”和“0”意义相同，所以这样处理后，X 位置即成为坐标原点。剩下三处 B 离子的分数坐标也做同样处理，即可得其在新坐标原点中的分数坐标如下：

$$\begin{array}{r} \frac{1}{4}\quad\frac{3}{4}\quad\frac{1}{4}\\ +\frac{1}{4}\quad\frac{3}{4}\quad\frac{3}{4}\\ \hline \frac{1}{2}\quad\frac{1}{2}\quad 0 \end{array}\qquad \begin{array}{r} \frac{1}{4}\quad\frac{1}{4}\quad\frac{3}{4}\\ +\frac{1}{4}\quad\frac{3}{4}\quad\frac{3}{4}\\ \hline \frac{1}{2}\quad 0\quad\frac{1}{2} \end{array}\qquad \begin{array}{r} \frac{3}{4}\quad\frac{3}{4}\quad\frac{3}{4}\\ +\frac{1}{4}\quad\frac{3}{4}\quad\frac{3}{4}\\ \hline 0\quad\frac{1}{2}\quad\frac{1}{2} \end{array}$$

故以 X 为晶胞顶点时剩余 B 离子的分数坐标分别为$\left(\frac{1}{2},\frac{1}{2},0\right)$,$\left(\frac{1}{2},0,\frac{1}{2}\right)$,$\left(0,\frac{1}{2},\frac{1}{2}\right)$。

3. A 型中,Ca^{2+} 的分数坐标为$\left(\frac{1}{2},\frac{1}{2},\frac{1}{2}\right)$,$Ti^{4+}$ 的分数坐标为(0,0,0),O^{2-} 的分数坐标为$\left(\frac{1}{2},0,0\right)$,$\left(0,\frac{1}{2},0\right)$,$\left(0,0,\frac{1}{2}\right)$。由题意可知将 Ca^{2+} 的分数坐标加上$\left(\frac{1}{2},\frac{1}{2},\frac{1}{2}\right)$则晶胞原点就被移到 Ca^{2+} 上了。所以 Ti^{4+} 和 O^{2-} 的分数坐标均加上$\left(\frac{1}{2},\frac{1}{2},\frac{1}{2}\right)$可得:$Ti^{4+}$ 的分数坐标为$\left(\frac{1}{2},\frac{1}{2},\frac{1}{2}\right)$,位于体心;$O^{2-}$ 的分数坐标为$\left(0,\frac{1}{2},\frac{1}{2}\right)$,$\left(\frac{1}{2},0,\frac{1}{2}\right)$,$\left(\frac{1}{2},\frac{1}{2},0\right)$,位于面心。据此可画出 B 型结构如下图所示。

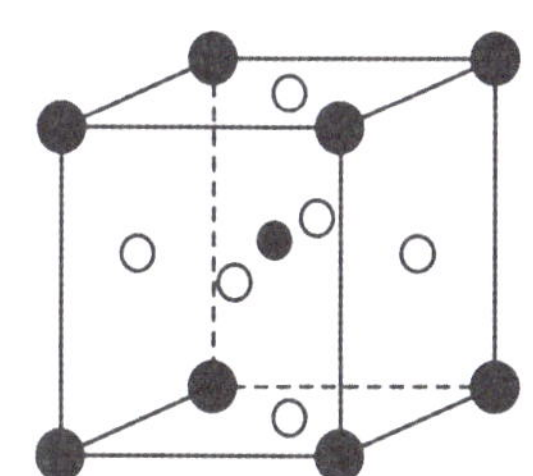

49 均摊法

1. MN　MN_3　MN_2

【解析】在 A 中,M、N 的个数相等,故 A 的组成为 MN。

在 B 中,M 有$\frac{1}{8}\times4+1=\frac{3}{2}$个,N 有$\frac{1}{2}\times4+2+4\times\frac{1}{8}=\frac{9}{2}$个,则 M 和 N 的个数比为$\frac{3}{2}:\frac{9}{2}=1:3$,故 B 的组成为 MN_3。

在 C 中,M 有$\frac{1}{8}\times4=\frac{1}{2}$个,N 有 1 个,二者的个数比为 1∶2,则 C 的组成为 MN_2。

2. $YBa_2Cu_3O_7$　$\frac{667}{3a^3N_A}$g·cm^{-3}

【解析】用均摊法计算。

Y 原子为 1 个;

Ba 原子为 2 个;

Cu 原子有 $8\times\frac{1}{8}+8\times\frac{1}{4}=3$ 个;

O 原子有 $8\times\frac{1}{2}+12\times\frac{1}{4}=7$ 个;

则该晶体中 Y、Ba、Cu、O 的原子个数比是 1∶2∶3∶7,所以晶体的化学式为 $YBa_2Cu_3O_7$。

晶胞中微粒的质量

$$m=Z\times\frac{M}{N_A}=\frac{(89+137\times2+64\times3+16\times7)}{N_A}\text{g}$$

晶胞的体积 $V=a\times a\times3a$ cm^3。

晶体密度

$$\rho=\frac{m}{V}=\frac{\frac{89+137\times2+64\times3+16\times7}{N_A}}{a\times a\times3a}\text{g·cm}^{-3}=\frac{667}{3a^3N_A}\text{g·cm}^{-3}$$

3. $\frac{65\times6}{N_A\times6\times\frac{\sqrt{3}}{4}a^2c}$

【解析】用均摊法计算。该晶胞中 Zn 原子的个数为 $12\times\frac{1}{6}+2\times\frac{1}{2}+3=6$。

晶胞中微粒的质量 $m=Z\times\frac{M}{N_A}=\frac{6\times65}{N_A}$g。

六棱柱底部正六边形的面积为 $6\times\frac{\sqrt{3}}{4}a^2c$ cm^2。

晶胞的体积 $V=6\times\frac{\sqrt{3}}{4}a^2c$ cm^3。

阿伏加德罗常数的值为 N_A,则 Zn 的密度

$$\rho=\frac{m}{V}=\frac{65\times6}{N_A\times6\times\frac{\sqrt{3}}{4}a^2c}\text{g·cm}^{-3}$$

50 几何套用法

1. (1)K_2SeBr_6

(2)$\frac{1}{2}\times\sqrt[3]{\frac{4M_r}{N_A\rho}}\times10^7$

【解析】 (1)根据晶胞结构得到 K 有 8 个，有 $8\times\frac{1}{8}+6\times\frac{1}{2}=4$，则 X 的化学式为 K_2SeBr_6。

(2)已知 X 的最简式的式量为 M_r，晶体密度为 ρ g·cm^{-3}，设晶胞参数为 a nm。

$$\frac{m}{V}=\frac{\frac{M_r\text{g}\cdot\text{mol}^{-1}}{N_A\ \text{mol}^{-1}}\times4}{(a\times10^{-7})^3\text{cm}^3}=\rho\ \text{g}\cdot\text{cm}^{-3}$$

解得 $a=\sqrt[3]{\frac{4M_r}{N_A\rho}}\times10^7$ nm。

观察晶胞结构图(题图 1)，不难发现 X 中相邻 K 之间的最短距离为晶胞参数的一半即 $\frac{1}{2}\times\sqrt[3]{\frac{4M_r}{N_A\rho}}\times10^7$ nm。

2. B 【解析】根据均摊法，晶胞中含有 4 个 Zr，$8\times\frac{1}{8}+12\times\frac{1}{4}+6\times\frac{1}{2}+1=8$ 个 O，则立方氧化锆的化学式为 ZrO_2，A 项正确。

结合 A 项的分析可知，晶体密度

$$\rho=\frac{m}{V}=\frac{\frac{91\times4+16\times8}{N_A}}{(a\times10^{-10})^3}\ \text{g}\cdot\text{cm}^{-3}$$

$$=\frac{492\times10^{30}}{N_A\cdot a^3}\ \text{g}\cdot\text{cm}^{-3}$$

B 项错误。

选 p、q 两点进行计算研究，p 点坐标参数为 $\left(\frac{1}{4},\frac{1}{4},\frac{1}{4}\right)$，$q$ 点坐标参数为 $\left(\frac{3}{4},\frac{3}{4},\frac{1}{4}\right)$，结合勾股定理可知，Zr 原子之间的最短距离为边长一半的 $\sqrt{2}$ 倍，即 $\frac{\sqrt{2}}{2}a$ pm，C 项正确。

根据 p 点坐标参数 $\left(\frac{1}{4},\frac{1}{4},\frac{1}{4}\right)$，$q$ 点坐标参数 $\left(\frac{3}{4},\frac{3}{4},\frac{1}{4}\right)$，若坐标取向不变，将 p 点 Zr 原子平移至原点，即 p 点坐标参数变为 (0，0，0)，根据矢量平移关系可知 q 点 Zr 原子坐标参数将变为 $\left(\frac{1}{2},\frac{1}{2},0\right)$，即位于晶胞 xy 面的面心，D 项正确。

3. (1)观察富勒烯分子结构，不难看出每个顶点(碳)形成 3 条棱，每条棱被 2 个环所共用。设五边形为 F_5 个，六边形为 F_6 个，根据均摊法和欧拉公式

顶点数＋面数－棱边数＝2

则有

$$\frac{5\times F_5+6\times F_6}{3}+F_5+F_6-\frac{5\times F_5+6\times F_6}{2}=2$$

化简得 $F_5=12$，即五边形个数恒等于 12 个(与六边形个数无关)。

(2)可利用不饱和度思想，富勒烯 C_x 的总的不饱和度

$$\Omega=(F_5+F_6-1)(\text{环数}-1)+\frac{V}{2}(\text{双键数})$$

另一方面把 C_x 看作烃的缺氢指数，有

$$\Omega=\frac{2\times V+2}{2}=V+1$$

二者联立可得 $F_5+F_6=\frac{V}{2}+2$，其中 V 为顶点数，根据均摊法，将 $V=\frac{5\times F_5+6\times F_6}{3}$ 代入，同样可得 $F_5=12$。

殊途同归，但仍可看出直接套用欧拉公式带来的便利性。

51 六元环状法

1. 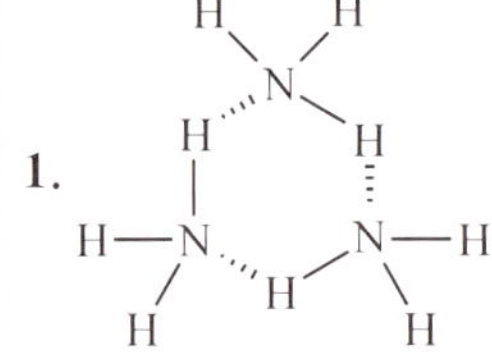

2. B 【解析】由题干信息“二者分子中均只有 1 种化学环境的 P 原子”，推想 P_4O_6 和 P_4O_{10} 的结构可以从白磷(P_4)结构的基础上演化而来，形成由 4 个椅式六元环构成的立体笼状分子：

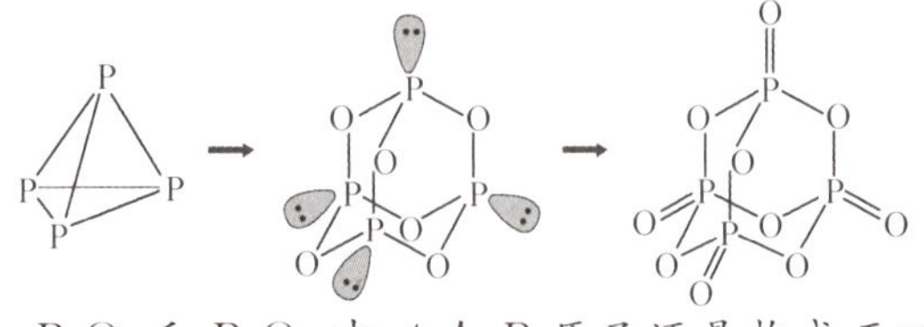

P_4O_6 和 P_4O_{10} 中，4 个 P 原子还是构成正四面体(但不直接成键)，A 项正确。

P_4O_6 分子中，P 原子和 O 原子均采用 sp^3 杂化，B 项错误。

P_4O_{10} 分子中有 2 种化学环境的 O 原子，即以单键连在 2 个 P 原子之间的 O 和以双键与 P 原子相连的 O 原子，C 项正确。

D 项正确。

3. (1) $Ca^{2+}[:\ddot{N}::C::\ddot{N}:]^{2-}$

或 $Ca^{2+}[:\ddot{\underset{..}{N}}::C\vdots\vdots N:]^{2-}$

(2) $H_2N—C≡N$

NH_2

N　N

H_2N　N　NH_2

【解析】(1) 计算 $CaCN_2$ 中非金属元素原子 (1 个 C、2 个 N) 间的共用电子对数

$$I=\frac{(3\times8)-(4+2\times5+2)}{2}$$

$=4(=1+3=2+2)$

所以电子式可以是：$Ca^{2+}[:\ddot{\underset{..}{N}}::C\vdots\vdots N:]^{2-}$ 或 $Ca^{2+}[:\ddot{N}::C::\ddot{N}:]^{2-}$。

也可利用等电子原理，推想 CN_2^{2-} 与 CO_2 互为等电子体，结构相似。

(2) 根据流程可知，X 由 $CaCN_2$ 水解产物二聚得到，解聚后则得到单体 Y，则 Y 即 $CaCN_2$ 水解产物，所以既可以通过 $CaCN_2$ 的结构，也可以通过 X 的结构推断 Y 的结构简式为 $H_2N—C≡N$。$H_2N—C≡N$ 三聚得到三聚氰胺，分子中只有 1 种化学环境的氢原子，结构高度对称，只能由 $H_2N—C≡N$ 发生加聚形成六元环状结构，所以其结构简式为

NH_2

N　N

H_2N　N　NH_2

。

52　降维法

1. 4　$\left(0,\frac{1}{2},\frac{1}{2}\right)$　4

【解析】由晶胞结构图（题图 1）可知，该锗晶胞与金刚石晶胞结构类似，故与锗原子距离最近且相等的锗原子有 4 个。

由晶胞结构图可知，若锗原子 A 的原子坐标为 (0,0,0)，则锗原子 B 的坐标为 $\left(0,\frac{1}{2},\frac{1}{2}\right)$。

由锗原子晶胞结构图可知，锗原子 B 位于晶胞右侧的面心，将该晶胞沿图中体对角线投影，如题图 2 中锗原子 A、C 的位置所示，锗原子 B 投影的位置是 4 号位。

2. 1　MgB_2　$\frac{\sqrt{3}}{3}a$

【解析】结合投影图（题图 2）可知，晶体结构图（题图 1）中实线部分为 1 个晶胞，Mg 位于晶胞顶点，如下图所示。

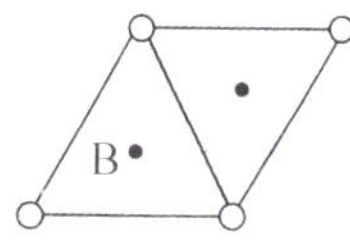

其中锐角处的顶点被 6×2 个晶胞所共用，钝角处的顶点被 3×2 个晶胞所共用，所以折算后 Mg 数目为 $4\times\frac{1}{6}+4\times\frac{1}{12}=1$。有 2 个B 位于晶胞体内，B 原子数目为 2，故该物质的化学式为 MgB_2。

如下图所示，B 位于边长为的正三角形的中心，故 B—B 的最近距离为 $\frac{\sqrt{3}}{2}a\times\frac{1}{3}\times2=\frac{\sqrt{3}}{3}a$。

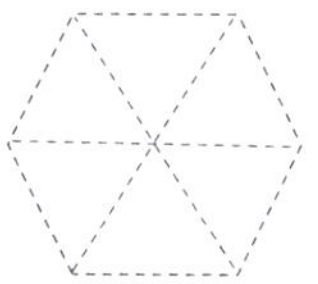

3. $SmAsFeO_{1-x}F_x$　$\frac{2[281+16(1-x)+19x]}{a^2cN_A\times10^{-30}}$

$\left(\frac{1}{2},\frac{1}{2},0\right)$　$\left(0,0,\frac{1}{2}\right)$

【解析】由晶胞结构中各原子所在位置及俯视图（题图 2）可知，该晶胞中 Sm 的个数为 $4\times\frac{1}{2}=2$，As 的个数为 $4\times\frac{1}{2}=2$，Fe 的个数为 $1+4\times\frac{1}{4}=2$，O 和 F 的个数之和为 $2\left(8\times\frac{1}{8}+2\times\frac{1}{2}=2\right)$，$F^-$ 的比例为 x，O^{2-} 的比例为 $1-x$，即得 $Sm_2As_2Fe_2O_{2(1-x)}F_{2x}$，故有该化合物的化学式为 $SmAsFeO_{1-x}F_x$。

1 个晶胞的质量为

$\frac{2\times[150-75+56+16\times(1-x)+19x]}{N_A}$ g $=$

$\frac{2[281+16(1-x)+19x]}{N_A}$ g

1 个晶胞的体积为 a^2c pm$^3=a^2c\times10^{-30}$ cm^3。

密度 $\rho=\frac{2[281+16(1-x)+19x]}{a^2cN_A\times10^{-30}}$ g · cm^{-3}。

原子 2 位于底面面心,坐标为 $\left(\frac{1}{2},\frac{1}{2},0\right)$;

原子 3 位于棱上,坐标为 $\left(0,0,\frac{1}{2}\right)$。

53 按图索骥法

1. 由质谱图可知该未知有机化合物 X 的相对分子质量为 130,则其所含 C 原子数为 $\frac{130\times55.37\%}{12}=6$,所含 H 原子数为 $\frac{130\times7.75\%}{1}=10$,所含 O 原子数为 $\frac{130\times36.88\%}{16}=3$,所以分子式为 $C_6H_{10}O_3$。

不饱和度 $\Omega=\frac{2\times6+2-10}{2}=2$。

核磁共振氢谱图中有 4 组峰,且其峰面积比为 2∶2∶3∶3。

结合氢原子总数为 10,以及峰的裂分情况,提示应该含有 1 个 CH_3—CH_2—,以及 1 个—CH_2—和 1 个—CH_3,且与之相邻的原子上没有 H 原子。

根据红外光谱图信息,结合 O 原子数和不饱和度,剩余两个 C 原子,归属在 —C(=O)— 和 C—O—C 中,且应存在共碳情况。

进一步结合质谱图中"碎片"离子峰,如 29 $[CH_3CH_2]^{+\cdot}$,43 $[CH_3\overset{O}{\overset{\|}{C}}]^{+\cdot}$ 等。

将上述"碎片"有机组合,相互佐证,验算符合,故 X 的分子结构为

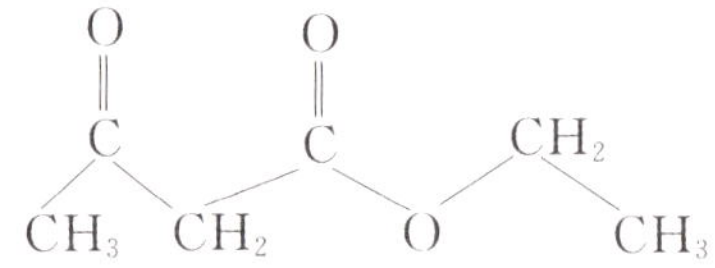

2. 从有机化合物 M 的质谱图典型的"双峰并峙"特点来看,M 含有 Br 元素,且其相对分子质量为 227。所以 C 原子个数为

$\frac{227\times58.15\%}{12}=11$

Br 原子个数为 1,剩余相对原子质量为

$227-227\times58.15\%-80=15$

应为 15 个 H 原子,故化合物 M 的分子式为 $C_{11}H_{15}Br$。

不饱和度 $\Omega=\frac{(2\times11+1-15)}{2}=4$,结合氢谱中出现有 7～8 区间的化学位移 δ(典型的芳环质子),故推测该有机化合物中存在苯环。

从 H 原子峰的组数与峰面积之比可知,15 个 H 原子应为 2∶2∶2∶9,猜测苯环上应为对位二取代(苯环上有 2 组峰),且存在叔丁基 CH_3—C(CH_3)(CH_3)— 结构片段。

将上述"碎片"有机组合,相互佐证,可推出 M 的结构简式为 CH_3—C(CH_3)(CH_3)—⟨苯环⟩—CH_2Br,代入验算(氢谱图符合,碳谱图符合,质谱图中典型的"碎片"离子峰为 $[CH_3$—C(CH_3)(CH_3)—⟨苯环⟩—$CH_2]^{+\cdot}$ 符合),故推断正确。

54 同位素示踪法

1. D 【解析】过氧化物与水反应的实质为过氧根离子结合水提供的氢离子生成过氧化氢,同时生成氢氧化钠,过氧化氢在碱性条件下不稳定,分解为水和氧气,所以 ^{18}O 出现在氢氧化钠中,不在氧气中,A 项错误。

$KClO_3$ 与 HCl 发生归中反应,$KClO_3$ 中氯元

素由+5价降低为0价，不能降低为−1价，HCl中氯元素化合价由−1价升高为0价，氯气中的Cl有$\frac{1}{6}$来自$KClO_3$，其余$\frac{5}{6}$来自HCl，KCl中的Cl全部来自HCl，B项错误。

NH_4Cl水解，其实是水电离的氢氧根、氢离子分别与NH_4^+、Cl^-结合，生成一水合氨和氯化氢，所以^2H应同时存在于一水合氨和HCl中，C项错误。

乙醇与乙酸反应酯化反应，反应中乙醇断裂O—H键，乙酸断裂C—O键，反应机理为

$$CH_3COOH+CH_3CH_2{}^{18}OH \underset{\triangle}{\overset{浓硫酸}{\rightleftharpoons}} CH_3CO^{18}OCH_2CH_3+H_2O$$

D项正确。

2. C 【解析】由分析可知，氧气与氢离子在金表面得到电子生成·OOH，化学方程式为$O_2+2e^-+H^+ = ·OOH$，A项正确。

题图1中双键碳原子的杂化方式为sp^2杂化，单键碳原子的杂化方式为sp^3杂化，CO_2中碳原子杂化方式为sp杂化，共有3种杂化方式，B项正确。

催化剂能改变反应的途径，降低反应活化能，增大反应速率，但化学平衡不移动，故催化剂可以改变实际转化率，但不能改变平衡转化率，C项错误。

水在CoO_x表面转化为·OH，·OH与甲醇反应生成甲醛和二氧化碳；由题图2可知，反应生成的二氧化碳含有^{16}O和^{18}O，说明二氧化碳的氧原子主要来源于水，D项正确。

3. D 【解析】NH_4Cl水解是NH_4^+结合水电离出的OH^-生成弱电解质$NH_3·H_2O$，CH_3COONa水解是CH_3COO^-结合水电离出的H^+生成弱电解质CH_3COOH，A项正确。

D_2O能够电离出D^+和OD^-，OD^-与NH_4^+中的H^+结合成DHO，所以生成的氨水为$NH_3·DHO$，剩余的D^+与D_2O结合成D_3O^+，因此实验①的离子方程式为

$$NH_4^+ + D_2O \rightleftharpoons NH_3·DHO + D^+$$

$$D^+ + D_2O \rightleftharpoons D_3O^+$$

B项正确。

$H_2{}^{18}O$电离出H^+与$^{18}OH^-$，H^+和CH_3COO^-结合成CH_3COOH，剩余$^{18}OH^-$，因此实验②的离子方程式为

$$CH_3COO^- + H_2{}^{18}O \rightleftharpoons CH_3COOH + {}^{18}OH^-$$，

C项正确。

依据B项的分析，NH_4Cl溶于D_2O生成的氨水的化学式为$NH_3·DHO$，所以若将NH_4Cl溶于$H_2{}^{18}O$和D_2O的混合水中，将得到$NH_3·DHO$和$NH_3·H_2{}^{18}O$，D项错误。

4. $Ag_2{}^{35}S$

【解析】过程Ⅱ中$S_2O_3^{2-}$断裂的只有硫硫键，根据反应机理可知，整个过程中SO_3^{2-}最终转化为SO_4^{2-}，S最终转化为Ag_2S。若过程ⅰ所用的试剂为$Na_2{}^{32}SO_3$和^{35}S，过程ⅱ的含^{35}S产物是$Ag_2{}^{35}S$。

55 通式模型法

1. C 【解析】因水为液体，由燃烧通式得出体积差为$\left(1+\frac{y}{4}\right)$，差量法求得$y=6$。

2. C 【解析】因为甲醛、乙醛两种有机化合物分子中碳原子与氢原子个数比都为1∶2，所以完全燃烧后生成的二氧化碳和水的物质的量之比都是1∶1。

3. C 【解析】由乙醇分子中C、H的个数，可确定A的分子式为$C_3H_4O_x$，再由消耗O_2相等，可确定A中氧原子为2。

4. B 【解析】总物质的量一定时，两种有机化合物无论以何种比例混合，完全燃烧后耗O_2量不变，则两种有机化合物应符合化学通式$C_aH_b(CO_2)_x(H_2O)_y$（a、b为常数，x、y均可变），故A、B的相对分子质量的差值（其中n为正整数）可为$18n$或$44n$。

若两有机化合物均为烃时，一种为C_xH_y，则另一种为$C_{(x-n)}H_{(y+4n)}$，故A、B的相对分子质量的差值（其中n为正整数）可为$8n$。

5. D 【解析】分子式能改写为$(CO)_mH_{2n}$形式的物质，完全燃烧后的产物与过量Na_2O_2反应，固体增加的质量与原物质的质量相等。

56 几何模型法

1. BC 【解析】将平面结构转化为立体结构，共线的碳原子最多只有4个，B项正确。以C═C为中心价键，考虑构型，6个碳原子一定共面，C项正确。

2. D 【解析】烷烃中碳原子的构型是锯齿状的，不在一条直线上，A项错误。
丙烯中含有甲基，根据单键碳的构型，不可能共平面，B项错误。
C项的分子结构中的环己烯不是平面结构(有4个单键碳构型)，故所有碳原子不可能在同一平面内，C项错误。
D项的分子结构可以理解成3个苯平面的关系，过3个中心的直线是3个平面的交线，共平面的最少原子数＝某个苯环的11个原子(6个碳原子和5个氢原子)＋中心线上5个原子(4个碳原子和1个氢原子)＝16个，共直线的原子在3个平面的交线上，共8个，D项正确。

3. D 【解析】根据乙烯、苯、乙炔、甲烷的结构，将该烃的分子平面结构转化为立体结构，如下图所示，选择碳碳双键为中心价键。

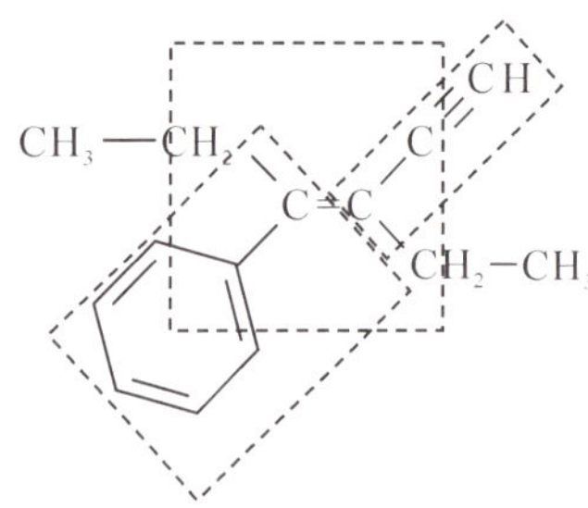

由图可知分子中共线最多碳原子数为3个。含四面体结构碳原子数即烷基的碳原子数，共4个。当苯平面、烯平面和炔平面重合时，共面碳原子数才会最多，此时2个甲基碳也可能在平面内，故最多碳原子数为14个。选D。

4. B 【解析】将有机化合物分子的平面结构转化为立体结构如下图所示。

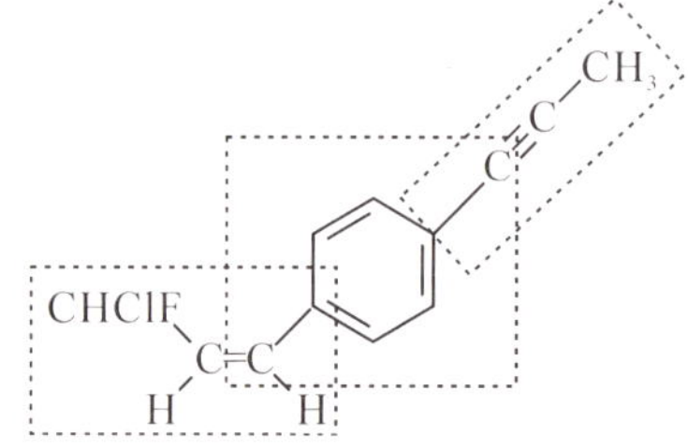

如图所示炔平面一定在苯平面中，烯平面与苯平面可以是相交或重合。
最少的共平面原子数是苯平面与炔平面内的原子数，甲基中最少共平面就是只有碳原子共面，故共有14个原子，A项错误。
根据双键碳的构型可知其他碳原子不可能都在同一直线上，B项正确。
当烯平面和苯平面重合时，所有碳原子共平面，C项错误。
当烯平面和苯平面相交时，12个碳原子不在同一平面内，D项错误。

5. B 【解析】该有机化合物的分子式为$C_{18}H_{16}O$，常温下难溶于水。将有机化合物的平面结构转化为立体结构如下图所示。

图中虚线框为共线的碳原子数，共有7个。共面的碳原子最多的状态是2个苯平面、炔平面和烯平面重合时，且甲基的碳也在平面内，因此共面的碳原子最多有18个。

57 不饱和度法

1. (1)$C_{16}H_{16}O_3SClN_3$
(2)C_8H_9OCl

【解析】(1)根据美托拉宗结构 ，可知含有2个苯环，$\Omega=8$，中间一个环加碳氧双键，$\Omega=2$，因此美托拉宗的不饱和度为8＋2＝10，缺20个H原子，结构中含有16个C原子，3个O原

子和 1 个 S 原子，1 个 Cl 原子，3 个 N 原子，故分子中 H 原子数为

$2\times16+2-20-1+3=16$

故美托拉宗的分子式为 $C_{16}H_{16}O_3SClN_3$。

(2)分析其结构 Cl—C(=O)— 可知，分子中含有立体封闭结构(多面体或笼状结构)，其不饱和度的计算：Ω=环数−1=3−1=2，再加碳碳双键和碳氧双键，不饱和度共为 4，缺 8 个 H 原子，结构中含有 8 个 C 原子，1 个 O 原子和 1 个 Cl 原子，故分子中 H 原子数为 $2\times8+2-8-1=9$，故该药物中间体的分子式为 C_8H_9OCl。

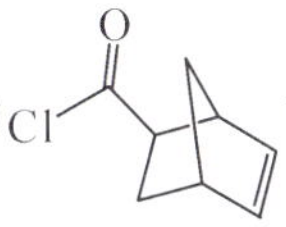

2. 否 **【解析】**根据相关概念，互为同系物或同分异构体的物质，其不饱和度相等。观察 J 和 K 的结构发现，J 中含有 1 个苯环和 2 个碳氧双键，$\Omega=6$，而 K 中含有 1 个苯环和 1 个碳氧双键，$\Omega=5$，不可能互为同系物。

3. 4 **【解析】**B 的结构中，含有 1 个苯环和 1 个—COOH，其不饱和度为 5。

题目要求其同分异构体满足含有苯环的醛或酮(不饱和度已经为 5)，且不含过氧键(—O—O—)，说明分子中剩余的 2 个氧原子只能以 2 个—OH 的形式存在，结合核磁共振氢谱图显示有 4 组峰，且峰面积比为 3∶2∶2∶1，说明结构中还存在 1 个—CH_3。

因此，B 的同分异构体可以是 (苯甲醛，CHO) +2 个—OH+1 个—CH_3，根据对称性可以写出 (CHO, HO, OH, CH_3)、(CHO, HO, OH, CH_3)；也可以是 (苯乙酮，CO) +2 个—OH+1 个—CH_3，根据对称性可以写出 (HO, OH, CO, CH_3)、(HO, OH, CO, CH_3)。

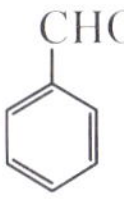

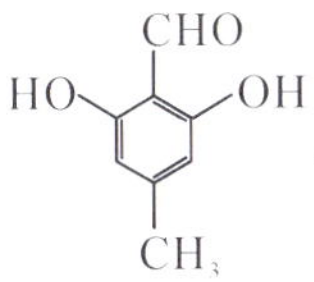

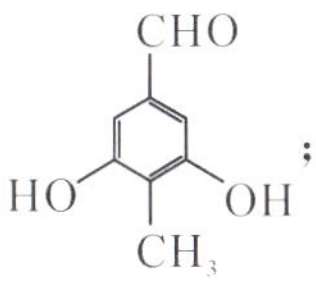

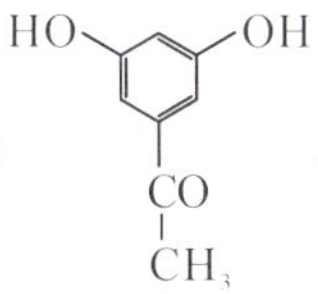

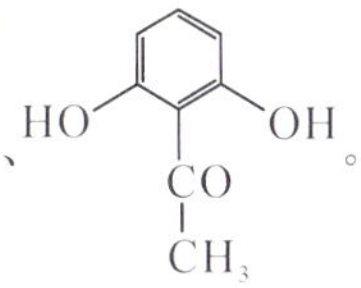

综上，满足条件的 B 的同分异构体共有 4 种。

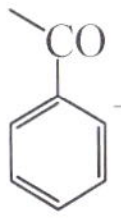

58 角色互换法

1. B **【解析】**二噁英的分子式为 $C_{12}H_8O_2$，其六取代物的数目与二取代物的数目相同。

2. 将 $C_8H_{11}N$ 中的氮原子替换成次甲基(—CH)，得到分子式为 C_9H_{12}，然后根据分子式判断不饱和度为 4，写出符合题意的碳架异构，确定每种碳架异构的一取代物的同分异构体数目，然后将连接有氢原子的碳原子(—CH)替换回氮原子即可得符合题意的同分异构体数目。具体解答过程如下表所示。

$C_8H_{11}N$ 的同分异构体数目

苯环上的碳架异构	非苯环上的一取代	同分异构体数目
苯环上 1 个取代基	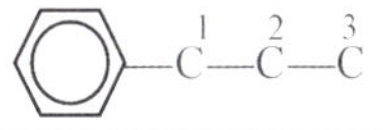 苯—C(1)—C(2)—C(3)	3
	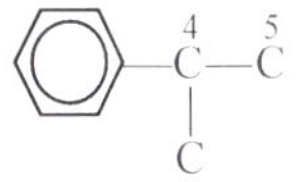 苯—C(4)(—C)—C(5)	2
苯环上 2 个取代基	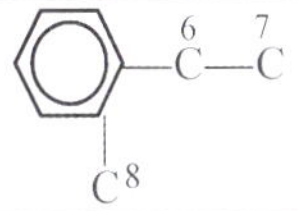 苯(邻位 C8)—C(6)—C(7)	3
	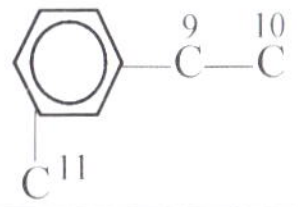 苯(间位 C11)—C(9)—C(10)	3
	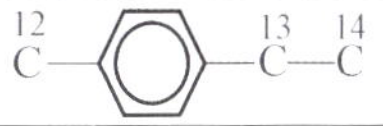 C(12)—苯—C(13)—C(14)	3
苯环上 3 个取代基	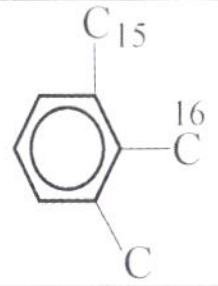 苯(C15, C(16), C)	2
	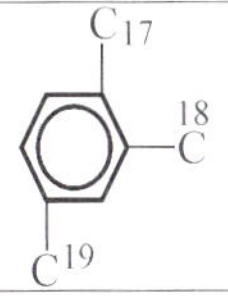 苯(C17, C(18), C19)	3
	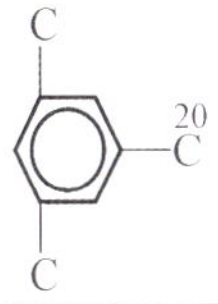 苯(C, C(20), C)	1

综上，该题的参考答案为20种。

3. 化合物D的不饱和度为3，其同分异构体中要求有五元碳环，不饱和度为1；能与$NaHCO_3$溶液反应，故有—COOH，不饱和度为1；能发生银镜反应，故有—CHO，不饱和度为1，所以本题相当于问环戊烷的二元取代物有几种，情况为（a 1 2 3），结构简式为

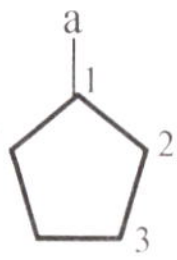

COOH、CHO（同碳），COOH、CHO（1,2位），HOOC、CHO（1,3位）。

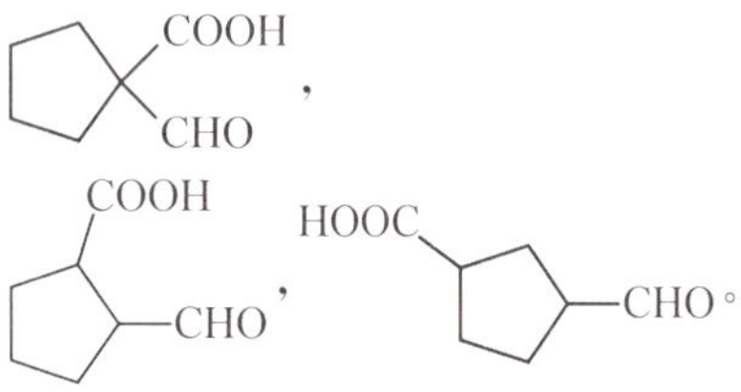

59 增减碳法

1. 产物共有9个碳原子，显然是三分子丙酮自己发生缩合反应得到的，比较容易想到一分子丙酮两侧的甲基与另外两分子丙酮的羰基发生两次羟醛缩合得到产物B，产物B又可以自己发生迈克尔加成反应得到产物C。

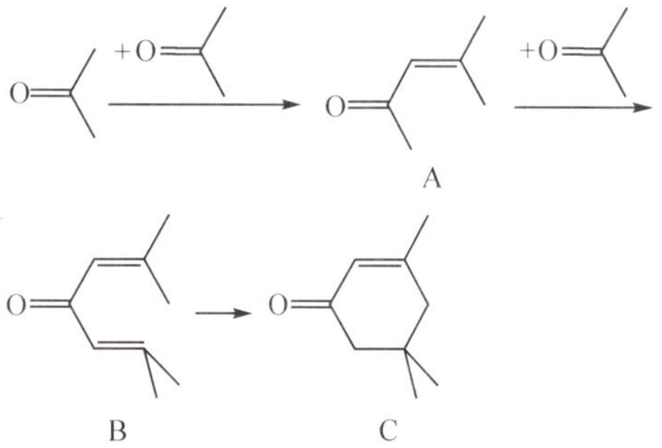

A　B　C

2. 本题的关键在于羧酸C的形成，显然是由苯甲醛与丙二酸二甲酯羟醛缩合得到A，但碳原子数多一个，此时需使用减碳的脱羧反应，得到少一个碳的羧酸C。

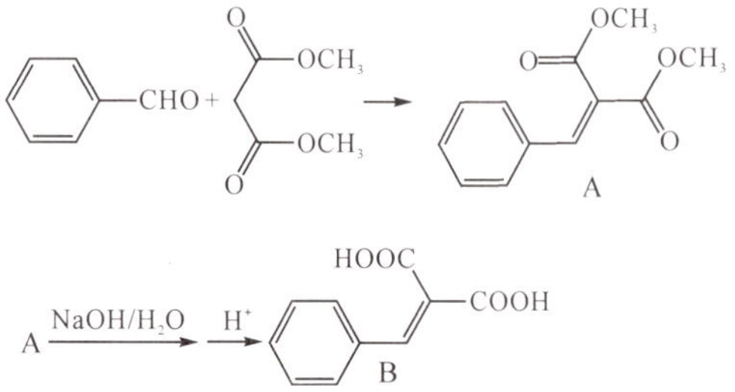

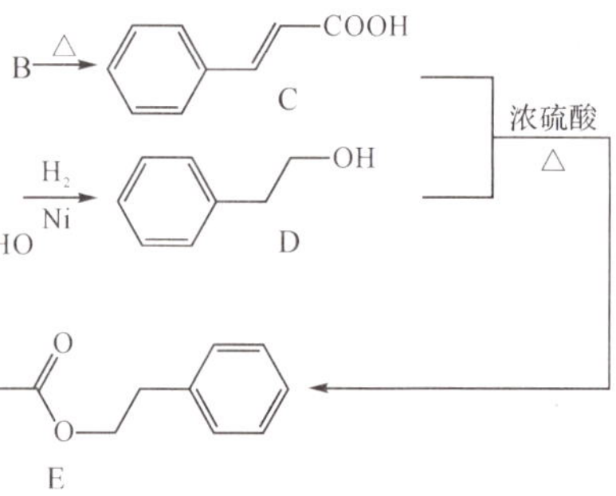

CHO + OCH_3 OCH_3 → OCH_3 OCH_3 A

A $\xrightarrow{NaOH/H_2O}$ $\xrightarrow{H^+}$ HOOC COOH B

B $\xrightarrow{\triangle}$ COOH C

CHO $\xrightarrow[Ni]{H_2}$ OH D

浓硫酸 △

O E

60 残基法

1. 3　（OH，$H_3C—N—CH_3$）【解析】根据题意可知，该分子中含有的限定性结构单元为苯环和酚羟基，且为了减小H的种类数，首先考虑苯环上酚羟基、氨基N处于对位的位置关系，即含有的关键片段是（OH，N）。从分子式可知，残余结构还有2个C，从^1H-NMR显示的比值看“6”一定是2个甲基，故只需要将2个对称的甲基在苯环和N上顺次移动即可。

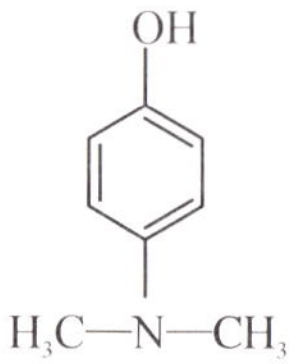

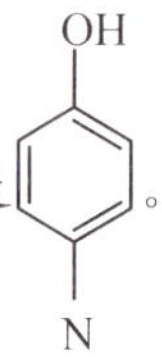

得到（OH，NH_2）、（OH，NH_2）、（OH，$H_3C—N—CH_3$）3种，其中二取代的是（OH，$H_3C—N—CH_3$）。

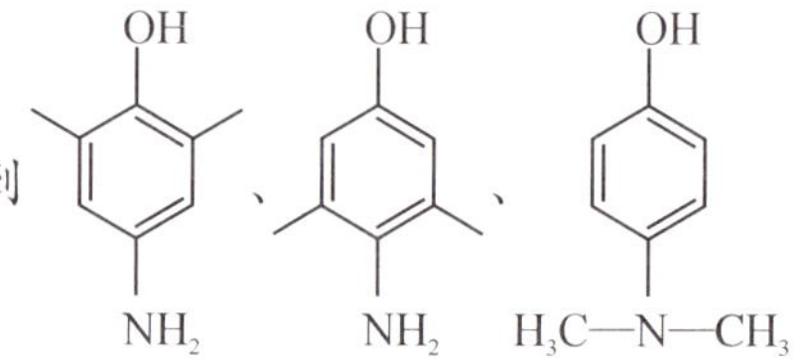

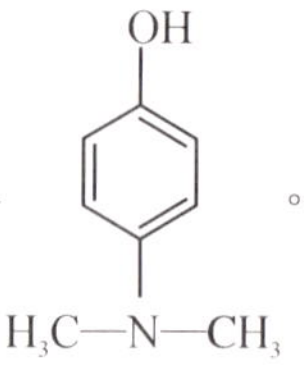

2. 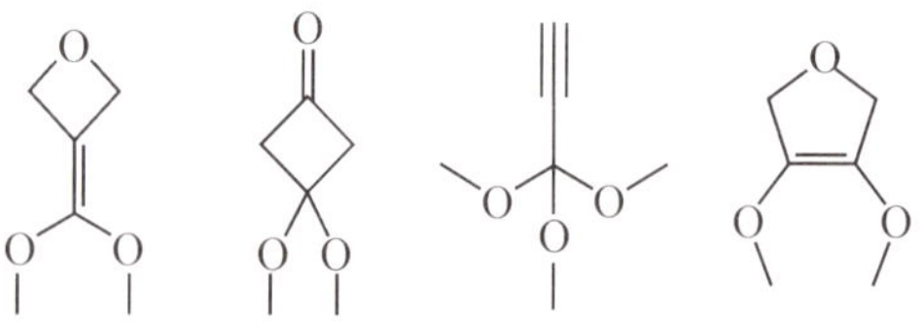 O　O　O O　O O　O　O　O O　O O　O　O O

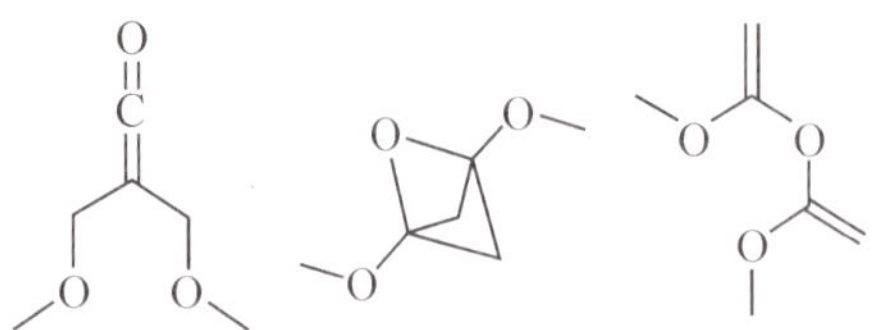

【解析】根据化合物分子组成为 $C_6H_{10}O_3$ 可知，不饱和度为 2，分子结构分 4 种情况：①含有 2 个双键；②含有 1 个环和 1 个双键；③含有 2 个环；④含有 1 个三键。

根根[1]H-NMR 只有 2 类不同环境的 H 可知，分子中的 10 个 H 必然分成 2 组，可以是 9+1 或者 6+4 两种类型，前者含有的必然是 1 个叔丁基或者 3 个等价的—OCH_3，后者是 2 个对称的甲基。

结合以上分析，若含有 3 个甲氧基、1 个三键，则残基为 1 个独立的 C，得出分子结构为（结构式）。其余分子依次分类讨论即可。

3. D 【解析】根据质谱图可知，该分子的相对分子质量为 60，分子中不含醚键结构，则含有的 O 个数需要进行讨论。

(1)仅含有 1 个 O，则残基式量为 60－16＝44，根据商余法 44÷12＝3……8，则分子组成为 C_3H_8O。

(2)含有 2 个 O，则残基式量为 60－32＝28，根据商余法 28÷12＝2……4，则分子组成为 $C_2H_4O_2$。

(3)含有 3 个 O，则残基式量为 60－48＝12，根据商余法 12÷12＝1，显然不可能。

分子组成为 C_3H_8O 对应的分子为正丙醇、异丙醇，但[1]H-NMR 谱图显示有 4 组峰，故只有正丙醇符合要求。分子组成为 $C_2H_4O_2$，符合要求的分子为乙二醇，但其 H-NMR谱图显示只有 2 组峰，故综合考虑只有正丙醇符合要求，选 D。

61 片段分析法

1. 合成路线如下：

（合成路线：甲苯 $\xrightarrow[\text{浓}H_2SO_4,\triangle]{\text{浓}HNO_3}$ 邻硝基甲苯 $\xrightarrow[Pd/C]{H_2}$ 邻甲基苯胺 $\xrightarrow[\triangle]{(CH_3CO)_2O}$ 邻甲基乙酰苯胺（$NHCOCH_3$） $\xrightarrow[\triangle]{\text{酸性}KMnO_4\text{溶液}}$ 2-乙酰氨基苯甲酸（COOH，$NHCOCH_3$））

【解析】由甲苯和产物的结构分析片段及关键位置进行定位，其片段为（①②），故甲基的邻位需要引入含氮基团，由于苯胺易被氧化，因此首先将甲苯硝化，将硝基还原为氨基后与$(CH_3CO)_2O$，最后再氧化甲基变为羧基，可得到产品。

2. (1)（结构式：CH_3，H_2N，NH_2）

(2)（结构式：CH_2Br，H_3CO，OCH_3）$+P(OC_2H_5)_3\longrightarrow$（结构式：$H_3CO$，$H_3CO$，$O=P(OC_2H_5)_2$）$+C_2H_5Br$

【解析】(1)根据有机化合物 B 的分子式和有机化合物 A 的结构及关键位置编号（结构式：CH_3，①O_2N，②NO_2）可以得到有机化合物 B 的结构为（结构式：CH_3，①H_2N，②NH_2）。

(2)根据有机化合物 C 的结构和 D 的分子式及关键位置编号可知有机化合物 D 的结构为（结构式：H_3CO①，H_3CO②，CH_3）。同理可推知有机化合物 E

的结构为 H_3CO①，H_3CO②，③$—CH_2Br$，E与$P(OC_2H_5)_3$发生反应得到有机化合物F（H_3CO①，H_3CO②，③$—CH_2P(=O)(OC_2H_5)_2$），从关键点位和分子式角度看③位Br被取代后与$—C_2H_5$形成C_2H_5Br。故化学反应方程式为

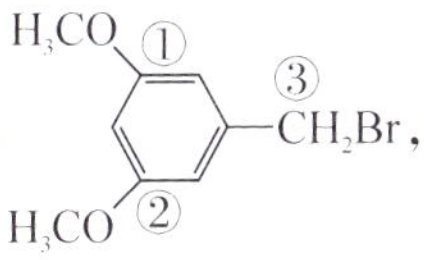

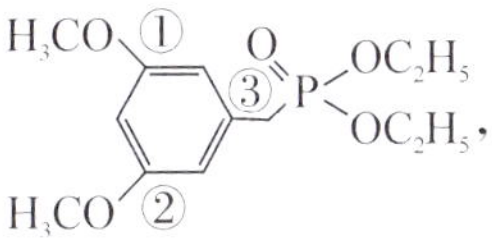

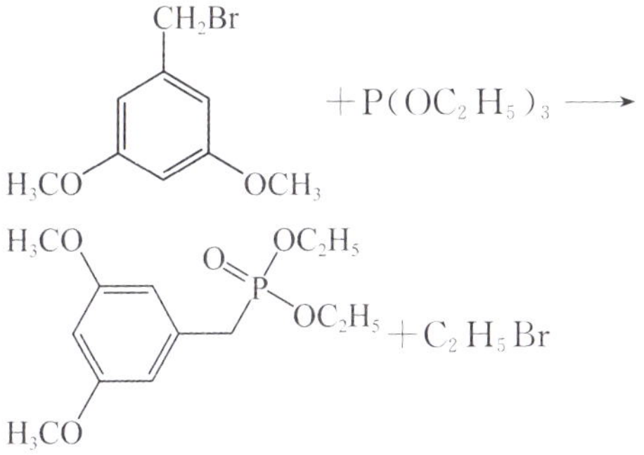

CH_2Br，H_3CO，OCH_3 $+P(OC_2H_5)_3 \longrightarrow$

H_3CO，H_3CO，$—CH_2P(=O)(OC_2H_5)_2$ $+C_2H_5Br$

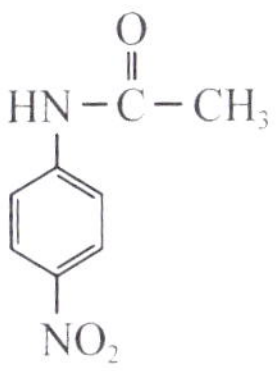

62 逆合成法

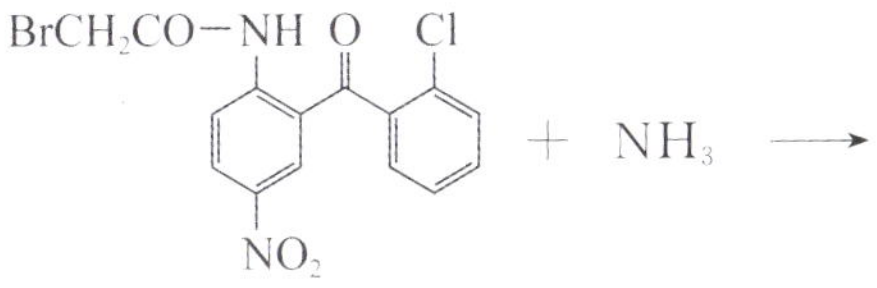

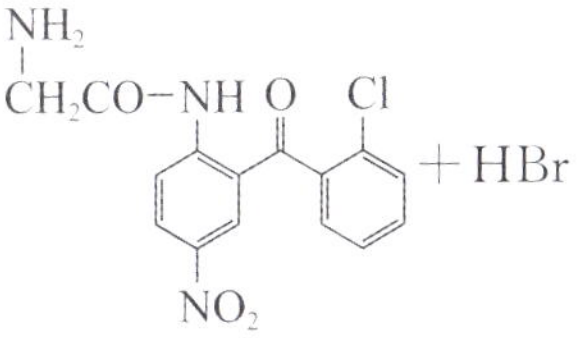

1.（1）$HN-C(=O)-CH_3$，NO_2

（2）BD

（3）$BrCH_2CO-NH$，O，Cl，NO_2 $+NH_3 \longrightarrow$

NH_2CH_2CO-NH，O，Cl，NO_2 $+HBr$

或 $BrCH_2CO-NH$，O，Cl，NO_2 $+2NH_3 \longrightarrow$

NH_2CH_2CO-NH，O，Cl，NO_2 $+NH_4Br$

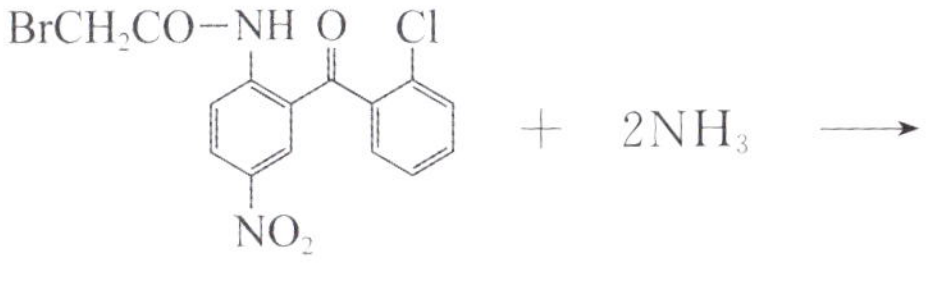

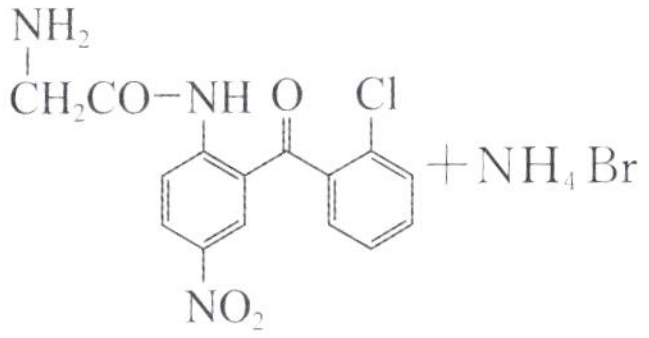

2.（1）

F，COOH，Cl $+CH_3OH \xrightleftharpoons[\triangle]{浓H_2SO_4}$ F，$COOCH_3$，Cl $+H_2O$

（2）①$CF_3\overset{O}{\overset{\|}{C}}CH_2\overset{O}{\overset{\|}{C}}OC_2H_5$ ②氟原子可增强α-H的活泼性，氟原子为吸电子基团，降低相连碳原子的电子云密度，使得碳原子的正电性增加，有利于增强α-H的活泼性

（3）N—H F_3C，O，HN，N，O，$COOCH_3$，F，Cl

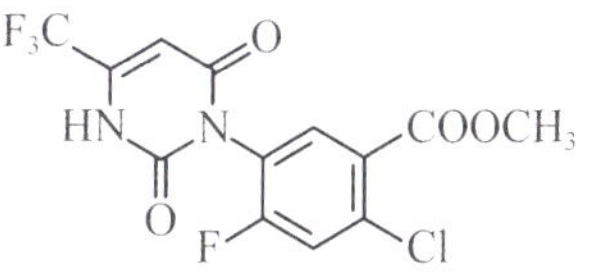

63 插入法

1. 根据苯环上有3种不同化学环境的氢原子可知，苯环上要么有1个取代基，要么有3个取代基（本题不可能）。先摆好—COO—结构，有2种，即 $O=C—O—H$ 和 $O=C—H$，O 。—NH—是二价基团，可以用来插入，插入方式有以下几种：$O=C—O—H$（⇩，⇨）、$O=C—H$，O（⇩，⇨）。因此所有同分异构的结构简式如下：

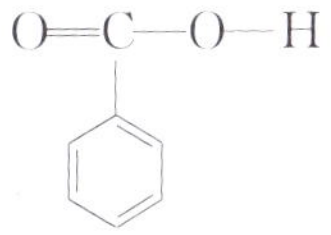

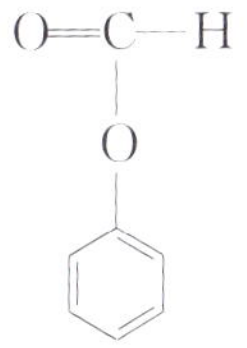

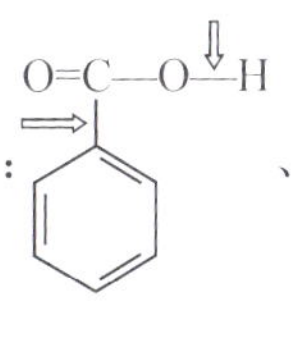

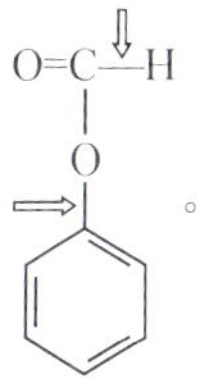

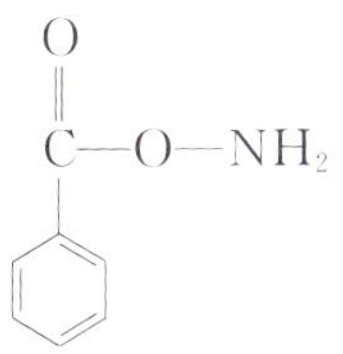

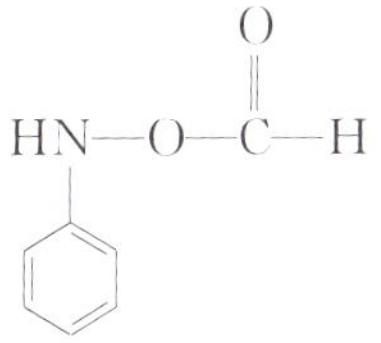

$C(=O)—O—NH_2$、$HN—O—C(=O)—H$、

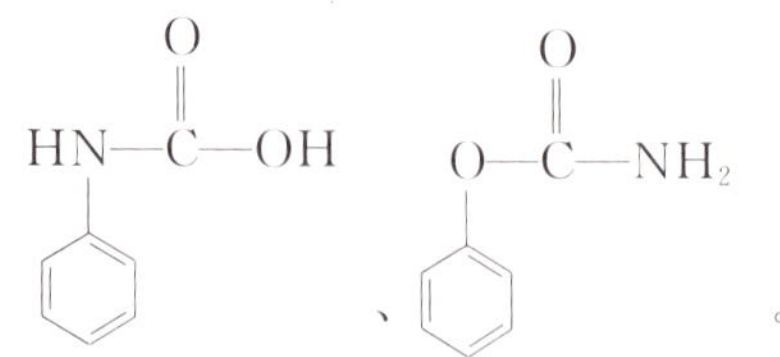

2. 因为属酚类化合物，所以有酚羟基的结构；能发生银镜反应，说明含有醛基或甲酸酯形成的醛基；苯环上有 3 种不同化学环境的氢原子，说明苯环上共连接了 3 个基团，其中一个是—CHO。采用“一价基团挂接”的方法，先挂接 2 个酚羟基，按邻、间、对位置，再挂接—CHO。符合条件的同分异构体有以下 4 种：

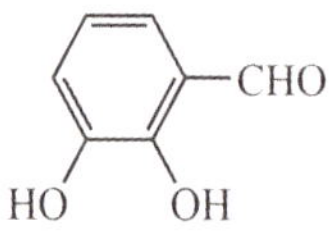

、、、。

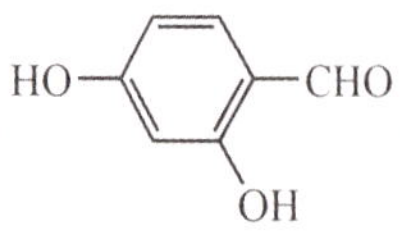

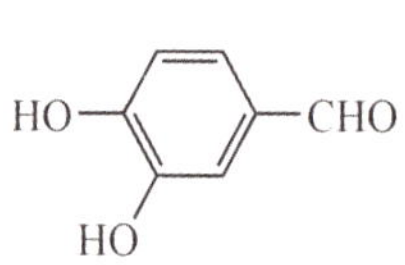

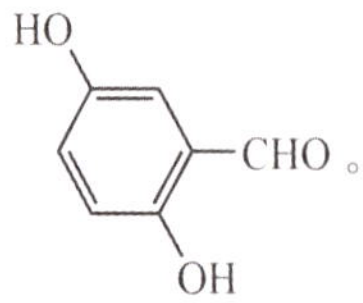

3. B 为 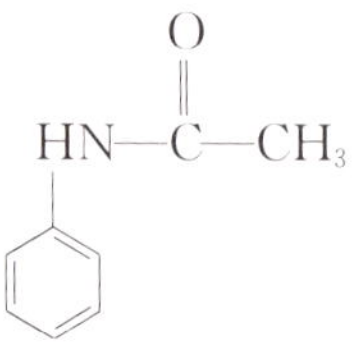 ，可先写出除氧原子和氮原子以外的碳骨架，有 2 种即  和  ，然后在碳骨架上插入或挂接氮原子和氧原子，由于仍有 1 个不饱和度，可插入氧的双键或者氮氧双键，也可以变为环状。分子中共有 4 种不同化学环境的氢原子，无碳氧单键，则其结构简式可有 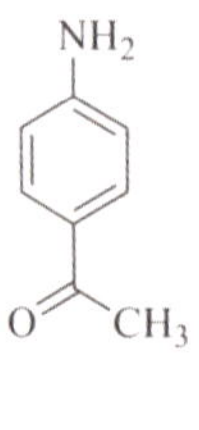 、、、、。

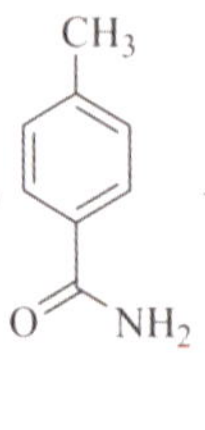

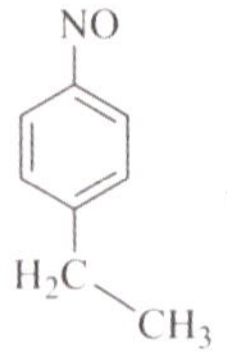

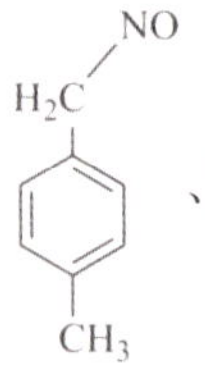

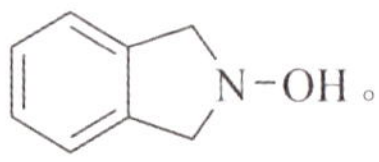

64 强弱比较法

1. 乙醇能还原酸性重铬酸钾，使得溶液由橙色变为绿色。反应为

$$2K_2Cr_2O_7+3C_2H_5OH+8H_2SO_4 = 2K_2SO_4+2Cr_2(SO_4)_3+3CH_3COOH+11H_2O$$

说明乙醇具有还原性。

乙醛能与弱氧化剂新制氢氧化铜反应，反应为

$$CH_3CHO+2Cu(OH)_2 \xrightarrow{\triangle} CH_3COOH+Cu_2O\downarrow+2H_2O$$

而乙醇不能与之反应。说明乙醇的还原性弱于乙醛的还原性。

2. B 【解析】盐酸和氢硫酸均不是相应元素的最高价态氧化物对应的水化物，不能作为判断氯与硫的非金属性强弱依据，A 项错误。

非金属性越强的元素其单质越容易与氢气化合，得到的氢化物越稳定，B 项正确。

分子晶体的沸点与分子间作用力和氢键有关，与非金属性的强弱无关，C 项错误。

金属性强弱可用金属与酸（水）反应的剧烈程度或者最高价氧化物对应的水化物的碱性强弱判断，在 $MgCl_2$ 溶液和 $AlCl_3$ 溶液中分别加入过量的氨水，均可生成沉淀，不能判断镁与铝的金属性强弱，D 项错误。

3. C 【解析】一元强酸稀释 10 倍，pH 增大 1；弱酸稀释 10 倍，pH 变化小于 1；弱酸越弱，pH 变化越小；HX 即使为强酸，稀释 10 倍，pH 变化也不会大于 1，而线 i 对应横坐标 1 时，pH>4，故线 i 不可代表 HX。由 $K_a(HX)>K_a(HY)$ 知 HX 的酸性强于 HY 的，则线 ii 代表 HX，线 iii 代表 HY。A 项错误。

升高温度弱酸和水的电离程度均增大，$c(H^+)$ 增大，a 点 pH 减小，B 项错误。

$b\to c$ 为加水过程，酸浓度减小，对水电离的抑制程度减小，水的电离程度增大。C 项正确。

酸性 HX＞HY，故等 pH 的两种酸存在 $c(HY)>c(HX)$，因此 HY 消耗的 NaOH 更多，反应后溶液中 $c(Na^+)$：HX＜HY。D 项错误。

4. Si 周围的 NH_2 基团体积较大，受热时二者之间的斥力较强[或 $Si(NH_2)_4$ 中 Si—N 键能相对较小]；从反应的化学方程式分析，产物中气态分子数显著增多（熵增），反应的倾向性大

65 整体思维法

1. B 【解析】根据题意混合气体总量为[6.72÷(14×2)]mol＝0.24mol，O_2 为 0.1mol。运用整体思维法，整合为分子组成符合 $(CO)_m(H_2)_n$ 通式的物质，在 O_2 中完全燃烧后通过足量的 Na_2O_2 粉末，增加的质量就是分子本身的质量。结合计算，题中隐藏着 O_2 不足量，因此，增加的质量小于 6.72g，选 B。

2. C 【解析】将分子式 $C_xH_yO_z$ 整合为 $(CO)_mH_n$，结合整体思考，只要 $x=z$，该物质在足量的 O_2 中充分燃烧，在足量的 Na_2O_2 中，Na_2O_2 的质量增加就等于该物质自身的质量。据此分析 A 项为 $A<B$，B 项为 $A<B$，C 项为 $A=B$，D 项为 $A>B$，选 C。

3. A 【解析】将 C_2H_2、C_6H_6 和 C_2H_4O 进行整体构式为 $(CH)_2$、$(CH)_6$、$(CH)_2\cdot H_2O$，混合物变为“CH”和“H_2O”两部分，则有

$$\omega(CH)=72\%\times\frac{13}{12}=78\%$$

$$\omega(H_2O)=1-78\%=22\%$$

$$\omega(O)=22\%\times\frac{16}{18}=19.56\%$$

故选 A。

4. B 【解析】从反应整体看，反应最后无论生成 $NaNO_2$ 或 $NaNO_3$ 与 $NaNO_2$ 的混合物，产物中 $n(Na):n(N)=1:1$，因此

$$n(NaOH)=\frac{224\times10^{3}}{22.4}mol=0.01mol$$

$$c(NaOH)=\frac{0.01}{0.02}mol\cdot L^{-1}=0.5mol\cdot L^{-1}$$

选 B。

66 菜单法

1. D 【解析】把足量 CO_2 通入 KOH 和 $Ba(OH)_2$ 的混合稀溶液中的粒子及相互作用依次列出。

【菜单】

(1)KOH 和 $Ba(OH)_2$ 混合稀溶液中主要的离子：Ba^{2+}、K^+ 和 OH^-。

(2)CO_2 与 OH^- 作用：

$CO_2+2OH^-=\!=\!=CO_3^{2-}+H_2O$

(3)CO_3^{2-} 与 OH^- 相互作用：

$CO_3^{2-}+Ba^{2+}=\!=\!=BaCO_3\downarrow$

(4)过量 CO_2 与 $BaCO_3$ 作用：

$CO_2+BaCO_3=\!=\!=Ba^{2+}+2HCO_3^-$

选 D。

2. (1)①$I^-+3Br_2+3H_2O=\!=\!=6Br^-+IO_3^-+6H^+$

②$IO_3^-+5I^-+6H^+=\!=\!=3I_2+3H_2O$

③$2I_2+H_2NNH_2=\!=\!=4I^-+4H^++N_2\uparrow$

(2)6

【解析】把题干信息转化为如下的“菜单”。

【菜单】

化学放大：I^-（少量）$\xrightarrow{+Br_2\text{ 水}}IO_3^-\xrightarrow{+\text{过量 KI}}$ $\xrightarrow{+CCl_4}I_2$ 的 CCl_4 溶液 $\xrightarrow{+\text{肼}}I^-(aq)$

3. B 【解析】涉及化学方程式全部列表如下。

【菜单】

序号	化学方程式	质量增加量	反应后溶质质量	反应后溶液质量
甲	$2Na+2H_2O=\!=\!=2NaOH+H_2\uparrow$	Δm	m	m
	0.1mol　　4.0g	4.2g	4.0g	104.2g
乙	$Na_2O+H_2O=\!=\!=2NaOH$	Δm	m	m
	0.1mol　　8.0g	6.2g	8.0g	106.2g
丙	$2Na_2O_2+2H_2O=\!=\!=4NaOH+O_2\uparrow$	Δm	m	m
	0.1mol　　8.0g	6.2g	8.0g	106.2g
丁	$2NaOH+2H_2O=\!=\!=2NaOH+H_2\uparrow$	Δm	m	m
	0.1mol　　4.0g	4.0g	4.0g	104.0g

从表中溶质质量和溶液质量分析可知，质量分数由大到少排序为丁＜甲＜乙＝丙。

4. C 【解析】根据题意，列菜单如下。

(1)为方便描述，先做如下自定义。

基团	代号	“口”的数目
$—CH_2—$	W	2
$—\overset{\vert}{C}H—$	X	3
$—CH_3$	Y	1
—OH	Z	1

注：“口”指基团可以键合其他原子或基团的位置。

(2)1 个 W 有 2 个“口”，2 个 W 有 2 个“口”，n 个还是 2 个“口”。

(3)1 个 X 有 3 个“口”，2 个 X 有 4 个“口”，3 个X 有 5 个“口”，m 个 X 有$(m+2)$个“口”。

(4)X 与 W 相连时，不管 W 数目多少，都不会影响“口”的数目。

(5)Y、Z 封堵由 W 和 X 组成碳链的所有“口”。

综上，Z 的数目为$(m+2)-a$，选 C。

67 “打包”法

1. (1)正确。【解析】Na_2S 和 Na_2O_2 的相对式量相同，所含阴离子个数和式量均相同，可“打包”为同一物质，因此 7.8g 混合物有 0.1mol，阴离子数为 N_A。

(2)正确。【解析】SO_2 和 S_2 的相对分子质量相同，等质量时分子数相等。

(3)正确。【解析】标准状况下，8.96L 气体的物质的量为 0.4mol，而 H_2 和 CO 分别与氧气反应的计量比均为 2∶1，可“打包”为同一气体，消耗氧分子的数目为 $0.2N_A$。

(4)错误。【解析】CO 和 CO_2 各自所含的原子数不同，不能进行“打包”。

(5)错误。【解析】虽然单烯烃中 C、H 原子的个数比均为1∶2，看似可将混合气“打包”成“CH_2”的集合体，并计算 28g “CH_2”即 2mol，得到共价单键数目为 $4N_A$ 的结果，但是此种处理方法未考虑到 C—C 键增加的因素。

(6)错误。【解析】标准状况下，22.4L 混合气体为 1mol，氦气和氟气的分子各自所含的原子数不同，不能进行“打包”。

2. $Fe_3C+22HNO_3(浓)=\!=\!=3Fe(NO_3)_3+CO_2\uparrow+13NO_2\uparrow+11H_2O$

【解析】这里 Fe 和 C 元素化合价难以确定，此时可将 Fe_3C 中各元素“打包”视为 0 价，再配平。

3. $3N_A$ 【解析】该混合物的两种物质相对分子质量均为 100，则物质的量为 0.06mol，且每个物质中均有 50 个质子数，由这两个共同点可把该混合物“打包”为一个质子数为 50，相对分子质量为 100 的物质，因此所含质子数为 $3N_A$。

4. 2∶1 【解析】已知

$CH_4+2O_2\xrightarrow{点燃}CO_2+2H_2O$

$2Na_2O_2+2CO_2=\!=\!=2Na_2CO_3+O_2$

$2Na_2O_2+2H_2O=\!=\!=4NaOH+O_2\uparrow$

容器中总反应的反应物是 CH_4、Na_2O_2、O_2，生成的 CO_2、H_2O、O_2 可以循环反应，压强为零时，说明最后容器中的物质不含气体和水，最后的生成物只有 Na_2CO_3、NaOH，可知 Na_2O_2 反应后固体质量增加的量相当于 CO 的质量和 H_2 的质量，因此可将 CH_4 和 O_2 的混合气体打包，只要 C 和 O 的原子个数的比例为1∶1，即可达到压强为零，因此可知 CH_4 和 O_2 的比例为 2∶1。

68 图像特殊值法

1. C 【解析】a 点溶质为 $NaHCO_3$，此时溶液呈碱性，由此可知，$NaHCO_3$ 溶液中 HCO_3^- 的水解程度大于其电离程度，故 A 项正确。由电荷守恒可知，$a\rightarrow b\rightarrow c$ 过程溶液中 $c(HCO_3^-)+2c(CO_3^{2-})+c(OH^-)=c(H^+)+c(Na^+)$，滴加 NaOH 溶液的过程中 $c(Na^+)$保持不变，$c(H^+)$逐渐减小，因此 $c(HCO_3^-)+2c(CO_3^{2-})+c(OH^-)$逐渐减

小，故 B 项正确。

由元素守恒可知，a 点溶液中 $c(Na^+)=c(HCO_3^-)+c(CO_3^{2-})+c(H_2CO_3)$，向 $NaHCO_3$ 溶液中滴加盐酸的过程中有 CO_2 逸出，因此 $a\rightarrow d\rightarrow e$ 过程中 $c(Na^+)>c(HCO_3^-)+c(CO_3^{2-})+c(H_2CO_3)$，故 C 项错误。

c 点溶液中 $c(Na^+)+c(H^+)=(0.05+10^{-11.3})mol\cdot L^{-1}$，$e$ 点溶液体积增大 1 倍，此时溶液中 $c(Na^+)+c(H^+)=(0.025+10^{-4.3})mol\cdot L^{-1}$，因此 $x>y$，故 D 项正确。

2. (1)由题图可知，pH=1.2 时，

$c(HC_2O_4^-)=c(H_2C_2O_4)$

$K_{a1}(H_2C_2O_4)=\dfrac{c(HC_2O_4^-)\cdot c(H^+)}{c(H_2C_2O_4)}=10^{-1.2}$

pH=4.2 时，

$c(HC_2O_4^-)=c(C_2O_4^{2-})$

$K_{a2}(H_2C_2O_4)=\dfrac{c(C_2O_4^{2-})\cdot c(H^+)}{c(HC_2O_4^-)}=10^{-4.2}$

(2)由电离常数表达式可知

$$\frac{c^2(HC_2O_4^-)}{c(H_2C_2O_4)\cdot c(C_2O_4^{2-})}=\frac{K_{a1}}{K_{a2}}=\frac{10^{-1.2}}{10^{-4.2}}=1000$$

3. B 【解析】由题意及题图的分析可知，线①为 $BaSO_4$ 的沉淀溶解图像，当溶液中 $-\lg[c(Ba^{2+})]=3.0$ 时，$-\lg[c(SO_4^{2-})]=7.0$，则 $-\lg[K_{sp}(BaSO_4)]=7.0+3.0=10.0$，因此 $K_{sp}(BaSO_4)=1.0\times10^{-10}$，A 项错误，B 项正确。

向饱和 $BaCO_3$ 溶液中加入适量 $BaCl_2$ 固体后，溶液中 $c(Ba^{2+})$ 增大，根据温度不变则 $K_{sp}(BaCO_3)$ 不变可知，溶液中 $c(CO_3^{2-})$ 将减小，因此 a 点将沿曲线②向左上方移动，C 项错误。

当溶液中 $c(Ba^{2+})=10^{-5.1}mol\cdot L^{-1}$ 时，两溶液中 $\dfrac{c(SO_4^{2-})}{c(CO_3^{2-})}=10^{y_1-y_2}$，D 项错误。

69　归纳法

1. C 【解析】Na_2O_2 可与某些元素的最高价氧化物反应，生成对应的盐和 O_2，Na_2O_2 具有强氧化性，与所含元素不是最高价态的氧化物反应时，只生成相对应的盐，不生成 O_2。N_2O_3 不是最高价态的氮氧化物，C 项不符合上述规律。

2. (1)$CH_3CH_2ONa+H_2O = CH_3CH_2OH+NaOH$

(2)$BrCl+H_2O = HCl+HBrO$

(3)$CH_3CH_2Cl+NaHS = CH_3CH_2SH+NaCl$

【解析】分析“盐类水解、卤代烃的水解”等所学知识，发生水解的基本原理是化合物分解为两部分，水中氢离子（或氢原子）加到其中的一部分，而氢氧根（或羟基）加到另一部分，得到两种新物质，据此得出。

3. (1)$Si(OH)_4$

(2)成酸元素半径越大，周围所能容纳的原子（原子团）数目越多

【解析】分析表格所提供信息，同样化合价的，中心原子核电荷数越大，周围的原子数目越多，对比 N 和 P、Cl 和 I 都是后者电子层数多，半径大，所能容纳的原子（原子团）数目越多。

4. (1)$C_{53}H_{108}$

(2)$C_{2\times3^{n-1}-1}H_{4\times3^{n-1}}(n\geq1,n\in \mathbf{N}^*)$

【解析】(1)分析三种一卤代物特点，都是把前一种分子中的氢全部替换为甲基，据此推理出第 4 种烷烃的化学式为 $C_{53}H_{108}$。

②甲烷、新戊烷、十七烷分子中氢原子个数为等比数列，即 4，12，36，…，公比 $q=3$，根据等比数列公式可知此烷烃的氢原子通项为 $4\times3^{n-1}$，设第 n 项的分子式为 C_mH_{2m+2}，可得 $2m+2=4\times3^{n-1}$，得 $m=2\times3^{n-1}-1$，即该烷烃通式为 $C_{2\times3^{n-1}-1}H_{4\times3^{n-1}}(n\geq1,n\in \mathbf{N}^*)$。

70　演绎法

1. a>c>d>b

【解析】关于原电池原理的题目，关键是利用原电池两极上的现象、两极上的反应、电子或电流的流动方向、金属活泼性强弱来判断

原电池的正负极。

2. C 【解析】本题考查元素在周期表中的位置、性质推测、化合价等,解答这类问题应熟练掌握元素周期律。本题中的已知事实:Mc 与 As 同主族,且为 115 号元素,即第七周期ⅤA 族元素。

根据周期表结构和元素周期律分析可知,As 元素的某些氧化物为两性氧化物,如三氧化二砷具有两性。

Mc 元素为金属元素,不容易得到电子,不存在−3 价,As 的气态氢化物中砷元素为−3 价,容易失去电子,所以具有较强的还原性。

3. B 【解析】本题中的已知事实:分子晶体中分子间形成的氢键数目多,分子之间的相互作用力强,则沸点高,故肼分子高于氨气;消去反应前后的饱和度会增加,过程④的反应物是 $R-\underset{\underset{N=NH}{|}}{CH}-R'$ 和 OH^-,生成物是 $R-\overset{\overset{R'}{|}}{\underset{\ominus}{CH}}$、$N_2$ 和 H_2O,其反应为

$$R-\underset{\underset{N=NH}{|}}{CH}-R' + OH^- \longrightarrow R-\overset{\overset{R'}{|}}{\underset{\ominus}{CH}} + N_2\uparrow + H_2O。$$

71 电性分析法

1. A 【解析】依据电性分析法:A 项,PCl_3 水解的产物是 HCl 和 H_3PO_3;B 项,CaO_2 水解时生成 $Ca(OH)_2$ 和 H_2O_2;C 项,NaBrO 水解的产物是 HBrO 和 NaOH;D 项,$Al(C_2H_5)_3$ 水解形成 $Al(OH)_3$ 和 C_2H_6。选 A。

2. C 【解析】由题图可知:A 项,步骤Ⅰ反应慢,是总反应的决速步骤;B 项,总反应属于取代反应,即乙氧基取代卤代烃中的 Br 原子,同时生成 HBr;C 项,H^+ 是生成物,不是催化剂,不能降低该反应的活化能;D 项,反应过程中氧原子的成键数目会发生变化,会有 2 根键或 3 根键。选 C。

3. (1)$2SbOCl+H_2O=Sb_2O_3+2HCl$

(2)$CH_3MgCl+H_2O=CH_4\uparrow+Mg(OH)Cl$ 或 $CH_3MgCl+2H_2O=CH_4\uparrow+Mg(OH)_2+HCl$

(3)$6SOCl_2+MgCl_2\cdot 6H_2O\xlongequal{\triangle}MgCl_2+6SO_2\uparrow+12HCl\uparrow$

(4)$SOCl_2+4NH_3=SO(NH_2)_2+2NH_4Cl$

(5)①$3LiNH_2\xlongequal{750℃\sim800℃}Li_3N+2NH_3\uparrow$

②$LiNH_2+C_2H_5OH\longrightarrow C_2H_5OLi+NH_3\uparrow$

【解析】利用电性分析法,从组成微粒所带电荷的角度就很容易判断物质水解(醇解、氨解等)的产物。

(1)水解属于复分解反应,不存在化合价变化,根据质量守恒可知 SbOCl 水解生成 Sb_2O_3 的化学方程式为

$2SbOCl+H_2O=Sb_2O_3+2HCl$

(2)CH_3MgCl 水解可生成 CH_4、HCl、$Mg(OH)_2$,或 CH_4、$Mg(OH)Cl$。

(3)由于 $SOCl_2$ 易水解生成 SO_2 和 HCl,抑制 Mg^{2+} 的水解,故 $SOCl_2$ 与 $MgCl_2\cdot 6H_2O$ 混合受热可得无水 $MgCl_2$。

(4)液氨有类似于水的性质,能发生自耦电离,根据

$SOCl_2+H_2O=SO_2\uparrow+2HCl\uparrow$

$NH_3+NH_3\rightleftharpoons NH_4^++NH_2^-$

则液氨中 $SOCl_2$ 氨解的化学方程式为

$SOCl_2+4NH_3=SO(NH_2)_2+2NH_4Cl$

(5)①$LiNH_2$ 中 N 原子与 H 原子数目之比为 1∶2,NH_3 中 N 原子与 H 原子数目之比为 1∶3,故化合物 X 含有 Li、N 元素,由原子守恒可知 X 为 Li_3N,反应的化学方程式为

$3LiNH_2\xlongequal{750℃\sim800℃}Li_3N+2NH_3\uparrow$

②醇解类似于水解,$LiNH_2$ 与 C_2H_5OH 反应生成 C_2H_5OLi 和 NH_3。

72 渐变分析法

1. AB 【解析】①$[Ne]3s^23p^2$、②$[Ne]3s^23p^1$、③$[Ne]3s^23p^14s^1$ 分别表示基态硅原子、基

态 Si^+ 和激发态 Si 原子。

激发态 Si 半径大于基态 Si,大于基态 Si^+,A 项正确。

①和②是基态微粒,B 项正确。

电离 1 个电子,即需要将 1 个电子激发到较高的激发态(会失电子),因此②需要吸收能量最多,③需要吸收能量最少,C 项错误。

基态 Si^+ 缺少 1 个电子,得电子能力最强,D 项错误。

2. $CH_3—NH_2 > NH_3 > H_2N—NH_2 > HO—NH_2$

【解析】结合质子能力相同部分是$—NH_2$,与之相连的结构中,电负性:

$—CH_3 < —H < —NH_2 < —OH$

导致$—NH_2$电子云密度:

$CH_3—NH_2 > NH_3 > H_2N—NH_2 > HO—NH_2$

此即结合质子能力的顺序。

3. $Fe(OH)Cl_2$、$Fe(OH)_2Cl$、$Fe(OH)_3$

【解析】$FeCl_3$ 溶液在蒸发时分步水解、渐变转化:

$FeCl_3 + H_2O \rightleftharpoons Fe(OH)Cl_2 + HCl$

$Fe(OH)Cl_2 + H_2O \rightleftharpoons Fe(OH)_2Cl + HCl$

$Fe(OH)_2Cl + H_2O \rightleftharpoons Fe(OH)_3 + HCl$

4. (1)$\frac{n(苯甲醇)}{n(催化剂)}$比值比较小时,催化剂的量相对于苯甲醇较大,随着比值的增大,更多的苯甲醇与催化剂接触,从而提高了苯甲醇的转化率。当比值较大时,催化剂提供的活性位点较少,不能满足所需的活性位点数量,因此转化率下降

(2)增大反应物浓度,反应速率增大,当苯甲醇占满所有活性位点后,苯甲醇浓度增大,反应速率不变